Joseph Collins/Frances Moore Lappé

Vom Mythos des Hungers

Die Entlarvung einer Legende: Niemand muß hungern

Fischer
Taschenbuch
Verlag

fischer alternativ –
Herausgegeben von Rudolf Brun

fischer alternativ
Eine Reihe des Fischer Taschenbuch Verlags
November 1980
Umschlagentwurf: Peter Hajnoczky, Zürich
Die Originalausgabe erschien unter dem Titel
»Food first – Beyond the Myth of Scarcity«
Aus dem Amerikanischen übersetzt von Ernst Otto
Fischer Taschenbuch Verlag GmbH, Frankfurt am Main
Eine Lizenzausgabe mit freundlicher Genehmigung
der S. Fischer Verlag GmbH, Frankfurt am Main
»Food first – Beyond the Myth of Scarcity«

Satz: Georg Wagner, Nördlingen
Druck und Bindung: Clausen & Bosse, Leck
Printed in Germany
1180-ISBN-3-596-24049-2

Inhalt

Vorwort

»Knappheit an Nahrungsmitteln« und »zu viele Menschen« sind die Stichwörter, die im Zusammenhang mit dem Welternährungsproblem am häufigsten fallen. Diese Erklärungsweise läßt die Katastrophe vielen unausweichlich erscheinen. Sie ist Teil der diffusen und lähmenden Zukunftsangst, die Lösung könnte uns bereits entglitten sein. Ebenso untauglich ist aber auch die allzu einfache Begründung, wonach die Armen hungern, weil die Reichen – wir – zuviel essen; Schuldgefühle lösen Abwehrreaktionen und Verdrängungsmechanismen aus statt Bereitschaft zu Veränderungen. Eine undifferenzierte Knappheitstheorie hat als weiteren Irrtum die Lösung allein den Technokraten überlassen, die das Hungerproblem durch Modernisierung und Industrialisierung der Landwirtschaft in der dritten Welt lösen wollen.

Frances Moore Lappé und Joseph Collins widerlegen in ihrem Buch »Food first«, das nun unter dem Titel »Vom Mythos des Hungers« auch in deutscher Sprache vorliegt, die These von der Knappheit. Auf unserem Planeten ist genügend Nahrung für alle vorhanden; nicht Mangel an Nahrung ist die Ursache des Hungers, sondern soziale, wirtschaftliche und politische Verhältnisse, welche die armen Bevölkerungsschichten in den ländlichen Gebieten der dritten Welt daran hindern, genügend Nahrung für ihren eigenen Bedarf zu produzieren. Hunger kann darum nicht durch Produktionssteigerung, sondern nur durch die Beseitigung der Armut und totalen Abhängigkeit überwunden werden.

Die erste Frage, die wir zu stellen haben, ist darum die Frage nach der Veränderung der Machtverhältnisse innerhalb der Entwicklungsländer und in der internationalen Wirtschaftsordnung. Nur wenn sich diese Rahmenbedingungen ändern, werden die Hungernden von der Steigerung der Produktion profitieren. Die zentralen Thesen der Autoren lauten:

1. Es gibt kein Land in der Welt, in dem sich die Bevölkerung nicht

von ihren eigenen Ressourcen ernähren könnte. Aber Hunger kann nur durch eine Veränderung der sozialen Verhältnisse überwunden werden. Er wird verschlimmert durch das kurzsichtige Bestehen auf technischem Input zur Steigerung der Produktion.
2. Ungleichheit ist das größte Hindernis für Entwicklung.
3. Die Erhaltung der landwirtschaftlichen Umwelt und die Ernährung des Volkes durch das Volk selbst sind Ziele, die sich gegenseitig ergänzen.
4. Unsere Sicherheit in bezug auf die Nahrung wird nicht von den hungrigen Massen bedroht, sondern durch die Eliten, die durch Konzentration und Internationalisierung der Kontrolle von Nahrungsmittelressourcen ihren Profit machen.
5. Die Landwirtschaft darf nicht dazu dienen, Exporteinkommen zu erzielen, sondern sollte dem Volk die Möglichkeit geben, zuerst Nahrung für sich selbst zu produzieren.
6. Der Hunger wird nicht durch Umverteilung von Nahrung überwunden, sondern durch Umverteilung der Kontrolle über die Nahrungsressourcen.

Frances Moore Lappé und Joseph Collins gehören zu jener Generation von Amerikanern, für die in der Vietnamkrise ein ganzes System von Werten zusammenbrach. Diese Krise hat sie das unbeirrte und hartnäckige Fragen gelehrt und ihnen das Selbstvertrauen gegeben, eine eigene Meinung zu erarbeiten und zu vertreten. Heute leiten sie das *Institute for Food and Development Policy* in San Francisco, das sie zusammen gegründet haben.

Frances Moore Lappé ist bekannt geworden durch ihren Bestseller »Diet for a Small Planet«, der unter dem Titel »Die Öko-Diät« im August 1978 in der Reihe ›fischer alternativ‹ im Fischer Taschenbuch Verlag erscheinen wird. Joseph Collins recherchierte für Richard Barnet und Ronald Mueller, die Autoren einer Studie über den Einfluß der multinationalen Konzerne, die unter dem Titel »Die Krisenmacher« deutsch bei Rowohlt erschienen ist. Manchen Lesern dürfte auch der »Bericht über den Hunger in der Welt« des *Transnational Institute* Amsterdam/Washington bekannt sein, an dem Joseph Collins mitgearbeitet hat, und der als Gegenreport zu den offiziellen Dokumenten an der Welternährungskonferenz 1974 eine wichtige Rolle spielte (In: Technologie und Politik, rororo).

Mit ihrem Institut setzen sich die Autoren zum Ziel, den Einfluß der Ernährungs-, Landwirtschafts- und Außenwirtschaftspolitik der Industrieländer auf die Ernährungssituation in der dritten Welt zu analysieren. Gegenstand der Untersuchungen ist auch die Tätigkeit der multinationalen Konzerne in den Industrie- und Entwicklungsländern, insbesondere der Einfluß der Agroindustrie auf die Entwicklung der ländlichen Gebiete in der dritten Welt. Ein großes Forschungsprojekt befaßt sich eingehend mit den Möglichkeiten einzelner Länder, in Landwirtschaft und Ernährung Self-Reliance zu verwirklichen.

»Vom Mythos des Hungers« ist zur Zeit wohl die umfassendste Analyse des Welternährungsproblems. Sie beruht auf einer sehr breiten und gründlichen Materialsammlung, die das Buch zu einem eigentlichen Nachschlagewerk macht, das Wissenschaftlern, Entwicklungsfachleuten und Publizisten im deutschen Sprachbereich den Zugang zur englischen und amerikanischen Fachliteratur öffnet.

Trotzdem ist »Vom Mythos des Hungers« ein sehr persönlich geschriebenes Buch, das die Autoren als Gesprächspartner gegenwärtig bleiben läßt. Sie beschreiben ihren eigenen Lern- und Erfahrungsprozeß, nehmen die Fragen des Lesers auf und eröffnen ihm durch diesen Dialog die Möglichkeit, sich auf Solidarität einzulassen.

»Vom Mythos des Hungers« ist ein Dokument der gemeinsamen Erfahrung und des gemeinsamen Bewußtseins, das seit der Welternährungskonferenz im Jahr 1974 einen rasch wachsenden Kreis von Menschen in allen Erdteilen verbindet, die sich mit Ernährungsfragen befassen. Dieses Bewußtsein ist über die oft bedrückende Analyse von Hunger und Armut hinaus dennoch von Hoffnung geprägt. Im Begriff Self-Reliance, dem zentrale Bedeutung zukommt, verdichtet sich das ganze Bedeutungsfeld von Selbständigkeit, Selbsterhaltung, Arbeit, Selbstverantwortung, Selbstvertrauen, Selbstbestimmung, Selbstregierung und Demokratie, politischer und wirtschaftlicher Unabhängigkeit auf persönlicher, lokaler, nationaler und übernationaler Ebene. In Eigenständigkeit und Selbstbestimmung, die als Doppelbegriff dem schwer zu übersetzenden »Self-Reliance« wohl am nächsten kommen, kristallisiert sich ein neues humanes und politisches Konzept, die Suche nach Lebens- und Wirtschaftsformen, die sich gegenüber der Natur, gegenüber den anderen Menschen, Bevölkerungsgruppen und Ländern aber auch sich selber gegenüber weniger ausbeuterisch verhalten. Self-Reliance wird damit zu einem zentralen Begriff gerade auch für die Debatte über die Entwicklungsprobleme der Industrieländer.

Zürich, im Januar 1978 *Anne-Marie Holenstein*

Teil I:

Warum dieses Buch?

Warum dieses Buch?

Ein *positives* Buch über den Hunger in der Welt zu schreiben klingt für die meisten Menschen genauso, wie wenn man Witze über den Tod macht – die Sache ist dafür einfach zu ernst! Diese Haltung treffen wir jedesmal an, wenn wir jemand vorgestellt werden und zu beschreiben versuchen, was wir tun wollen. Eine typische Antwort ist ein mitleidiger Seufzer zusammen mit einem befremdeten Blick: »Warum sollte ein normaler Mensch jeden Tag und den ganzen Tag lang über verhungernde Menschen nachdenken wollen?« Manchmal überkommen uns sogar latente Schuldgefühle, weil wir unvermeidlicherweise als Individuen erscheinen, die ein »Opfer bringen«. Wir fühlen uns selbst unbehaglich. Wie können wir in in wenigen Worten erklären, daß wir nicht nur bei der Tragödie des Hungers und der Entbehrung verweilen? Statt dessen lernen wir zum erstenmal, wo unser eigenes Interesse liegt. Das Ernährungsproblem ist für uns kein deprimierendes Thema, das zu vermeiden ist, sondern eher das nützlichste Werkzeug, um aus unserer komplizierten Welt einen Sinn herauszuholen. Wie können wir das aber in wenigen Sätzen erklären? Wir können es nicht – und deshalb schreiben wir dieses Buch.

BEVÖLKERUNGSEXPLOSION UND LEBENSMITTELVERKNAPPUNG: WELT VERLIERT KAMPF UM LEBENSWICHTIGES GLEICHGEWICHT.

New York Times 14. August 1974

Um die positive Botschaft zu entdecken, die in der offensichtlichen »Hoffnungslosigkeit« des Welternährungsproblems verborgen liegt, müssen wir uns zuerst den Kräften stellen, die jetzt Amerikaner – und Westeuropäer – in Positionen der Schuld, Furcht und äußersten Verzweiflung treiben. Bei der drohenden Art, in der uns das globale Ernährungsproblem vermittelt wird, überrascht es uns, daß die meisten von uns den größten Teil der Zeit verdrängen wollen. Überall bringen Zeitungsschlagzeilen eine deutliche Botschaft

WELTERNÄHRUNGSKRISE:
LEBENSQUALITÄT VOR UMWÄLZUNG
DURCH CHRONISCHE VERKNAPPUNGEN

New York Times 5. November 1974

Man sagt uns, daß wir alle in einem Kampf auf Leben und Tod stehen – einem Kampf zwischen der wachsenden Zahl von Menschen und den begrenzten Nahrungsmengen. Wir sind in einem Rennen, und einige von uns müssen unweigerlich verlieren. Sie beinhaltet die Botschaft, daß nicht jedermann genug zu essen haben wird. Und wie werden wir dabei abschneiden? C. W. Cook, der pensionierte Präsident von General Foods, einer der größten Nahrungsmittelfirmen der Welt, meint: »Mit einer immer überfüllteren und hungrigen Welt zu konkurrieren, und Millionen von Amerikanern mit niedrigem Einkommen mit angemessener Nahrung zu versorgen, könnte ein unmöglicher Traum werden.« Roy Vickers warnt in *»This Hungry World«:* »Wenn Lebensmittelknappheiten in Asien, Afrika und Lateinamerika zu Hungersnöten führen, können wir auch direkt durch Inflation, Krankheiten, Verknappungen und durch erzwungene Änderungen unseres amerikanischen Lebensstils betroffen werden.«

Da es bereits jetzt so viele hungernde Menschen auf der Welt gibt, halten es viele für offenkundig, daß wir schon jetzt nicht mehr ausreichend Nahrung haben. »Es ist bereits bewiesen, daß Malthus recht hat«, erklärt Dr. John Knowles, der Präsident der Rockefellerstiftung. Ein anderer Verantwortlicher der Rockefellerstiftung hat das Wachstum der Weltbevölkerung mit unserer gefürchtetsten Krankheit, dem Krebs, verglichen. Das Bevölkerungswachstum wurde in den 1960er Jahren mit »Bombe« und in den 1970er Jahren mit »menschlicher Sturmflut« bezeichnet. Es ist jedoch nicht die bloße Zahl, die uns durch diese erschreckenden Bilder Furcht einjagen soll: die wirklich entscheidende Frage, die wir uns zu Herzen nehmen sollen, ist die, *wessen* Zahl sich vermehrt. Als er das Rennen gegen den Hunger beschrieb, sagte uns Präsident Nixon: »Die erschreckende Tatsache ist die, daß sich die Armen doppelt so schnell vermehren wie die Reichen.«

Einige Autoren drohen mit einer vollständigen »Katastrophe«. Sie beziehen sich nicht bloß auf das Verhungern, sondern auf das amorphe Gespenst des Untergangs unserer »zivilisierten Werte« und des Emporkommens von Tausenden von Desperados. »Nicht nur unsere Nahrung scheint auf dem Spiel zu stehen, das innerste Wesen unserer Zivilisation wird durch die Hungernden bedroht, die unsere Nahrung wollen.«

Unser neues und potentiell sehr wertvolles Umweltbewußtsein fügt zu dieser doppelten Drohung ihre eigene Version der Apokalypse hinzu. Lester Brown warnt: »daß neue Anzeichen des landwirtschaftlichen Stresses auf das Ökosystem der Erde fast täglich erscheinen, daß die außerordentlich ansteigenden Lebensmittelforderungen, die durch das Bevölkerungswachstum und die steigenden Einkommen hochgetrieben werden, auf die letzten Kapazitäten des Ökosystems drücken, ... Man kann die Wahlmöglichkeiten zwischen Bevölkerungswachstum und Verbesserungen in der Lebensqualität nicht berechnen – eine Wahl, die wir jetzt treffen müssen, nachdem wir gegen die endgültigen Grenzen unseres Ökosystems drängen.«

Derartige Warnungen lassen die Menschen glauben, daß die Steigerung der Nahrungsmittelproduktion die Umwelt schädigen und dadurch unsere zukünftige Lebensmittelversorgung bedrohen wird. Man läßt uns fürchten, daß es keinen Ausweg aus der Verknappung gibt, weil sonst unsere Kinder die Zeche bezahlen müssen.

Diese Drohungen sind häufig von einer subtileren, aber genauso überzeugenden Botschaft begleitet. Man sagt uns, die Amerikaner müßten bei der Abwendung der Apokalypse eine besondere Rolle spielen. Man läßt uns fühlen, daß wir das Kreuz des Welthungers zu tragen haben. Immer wieder lesen und hören wir, daß die Vereinigten Staaten der einzige Puffer der Welt gegen das Verhungern sind. Die Lebensmittelsicherheit der Welt wird genau damit definiert, wieviel Getreide die Vereinigten Staaten produzieren und wieviel sie als Reserve zurückhalten können. Unvermeidlich glaubt jeder amerikanische Verbraucher, daß die Lebensmittelexporte an die Hungrigen die Schuld an unseren steigenden Lebensmittelpreisen haben.

Die instinktive Antwort auf eine derartige Last auf den Schultern unserer Nation ist die, hart zu werden, zu fühlen, wir würden unfair behandelt, wir müßten Widerstand leisten.

»Die Vereinigten Staaten haben keine moralische Verpflichtung, die Welt zu ernähren. Die Verantwortung der amerikanischen Führung gilt dem amerikanischen Volk«, erklärte Anthony Harrigan vom *Industrierat* der Vereinigten Staaten.

Eine derartige Reaktion auf die erschreckende Geschichte von der Verknappung wäre noch für viel mehr Amerikaner typisch, wenn uns eine gleich trügerische und äußerst negative Botschaft nicht in die andere Richtung ziehen würde. Wohlgemeinte Versuche, die Öffentlichkeit zur Aktion anzustacheln, haben die Welternährungskrise aus dem politisch-wirtschaftlichen Raum auf den Boden der individuellen Moral verlagert. Unser Konsum wird unermüdlich in Kontrast zu der Entbehrung anderswo gesetzt, die Botschaft lautet, daß *unser* Konsum *ihr* Leiden verursacht.

Man sagt uns beispielsweise, daß die Kunstdüngermenge, die wir für unsere Rasen, Golfplätze und Friedhöfe verbrauchen, der Menge gleichkommt, die Indien zur Nahrungserzeugung benötigt.

Wir empfinden alle unvermeidlich Scham und haben das Gefühl, daß unsere Verschwendung ein moralisches Versagen spiegeln muß. Einige fühlen Trost in der völlig richtigen Behauptung, daß das dadurch gesparte Getreide, das man in der Woche bei einem Hamburger weniger ißt, nicht unbedingt in hungrige Mäuler gelangen wird.

Ohne jedoch zu verstehen, wie der Hunger tatsächlich entsteht, sind wir wehrlos gegen ein unklares aber starkes Schuldgefühl, das Schuldgefühl, ganz einfach Amerikaner – und Westeuropäer – zu sein.

So werden die Hungrigen zugleich zu einer mächtigen Drohung und gleichzeitig zu einer beschwerlichen Verantwortung. Wir werden hin- und hergerissen.

Um unsere Konflikte zu lösen, ist eine verlockende Antwort aufgetaucht: die Rettungsboot-Moral – die einfache, durch den Wissenschaftler Garrett Hardin populär gemachte Vorstellung, daß die Erde jetzt ein Rettungsboot darstellt, das nicht genügend Proviant an Bord hat. Ist es da nicht logisch, daß die Lebensmittel an die gehen sollten, die am wahrscheinlichsten überleben werden, daß man nicht die Sicherheit aller riskiert, indem man einen weiteren Passagier an Bord nimmt?

»Was geschieht, wenn man den Raum in einem Rettungsboot teilt?« fragt Dr. Hardin. »Das Boot wird überflutet und alle ertrinken. Vollständige Gerechtigkeit, vollständige Katastrophe.«

Die Medizin zur Linderung des Schmerzes unseres Konflikts ist einfach: »Hör auf zu fühlen!«
Man sagt uns, daß die jüdisch-christliche Ethik in dieser neuen Ära der Knappheit veraltet, daß Mitleid ein Luxus ist, den sich niemand mehr leisten kann. Ein Brief eines Soziologen im Science-Magazin (21. März 1975) sagt uns, daß unsere christliche »Wohltuerei« die wahre Wurzel der heutigen Lage der Welt ist.
»Wir Menschen haben es über uns selbst hereingebracht, indem wir Menschenleben durch ärztliches Geschick und durch humanitäre Großzügigkeit retten ... Die Millionen Menschen, die unsere medizinische Hilfe gerettet hat, wurden zu Hunderten von Millionen Menschen, die jetzt in Hungersnöten verlorengehen müssen.« In der gleichen Ausgabe des Magazins schlägt ein Brief von einer Gruppe von Wissenschaftlern den gleichen Ton an. »Jetzt ist die Zeit, damit aufzuhören, emotional auf das zu reagieren, was, wie alle Hinweise andeuten, eine drohende Katastrophe ist. Die jüdisch-christliche Moral kann keine langfristigen Lösungen mehr bieten.« Man sagt uns, wir müßten eine neue Ethik lernen, die Ethik der reservierten Vernunft, wir müßten lernen, Menschen um des letztlichen Überlebens der menschlichen Rasse willen sterben zu lassen.
Solche Stimmen bieten eine Lösung für unsere widersprechenden Gefühle. Ein Autor, Peter Collier, sagt: »Sie bieten uns Betäubungsmittel für die unruhige Seele.« Müssen wir aber dieses Mittel nehmen? Müssen wir unsere Gefühle abtöten, um einen Aufschub für unsere Ängste zu finden? Oder können wir das, was als das unmöglichste Problem unserer Generation erscheint – die Lebensmittelkrise –, in das nützlichste Werkzeug zum Verständnis der komplizierten Kräfte umwandeln, die unser eigenes Leben begrenzen? Können wir weiter kraft dieser neuen Einsicht ein Gefühl der persönlichen Macht über diese Kräfte gewinnen – Kräfte, die in steigendem Maß die Freiheit unserer Wahl und unser Wohlbefinden vermindern?
Warum heißt die amerikanische Ausgabe dieses Buchs »Food first« (Nahrung zuerst)? Wir trafen uns auf dem ersten nationalen Ernährungstag im Frühling 1975 in Ann Arbor, Michigan. Frances Moor Lappé war als Autor vor *Diet for a Small Planet* und Joe Collins wegen seiner Arbeit an *Global Reach* eingeladen worden, einem Buch über die Auswirkungen der multinationalen Gesellschaften in den unterentwickelten Ländern – und wegen seiner Mitautorschaft an *World Hunger, Causes and Remedies.* Die Studenten, die unseren Gesprächen folgten, stellten uns die gleichen drängenden Fragen, die

man uns schon oft gestellt hatte, und wir versuchten, sie zu beantworten. Ja, wir hatten einige Antworten. Aber wir waren nicht befriedigt. Schließlich kamen wir zu dem Schluß, daß wir gemeinsam unsere Energie in die Suche nach Antworten auf die härtesten Fragen einsetzen wollten, die wir uns selbst gestellt hatten oder die man uns stellte: die Fragen nach den Ursachen des Hungers. Dann würden wir die Antworten auf eine Art zusammenfassen, die wir mit anderen Amerikanern teilen konnten.

Wenn Sie dieses Buch lesen, werden Sie feststellen, daß unser Titel »Food first« mehr als eine einzige Bedeutung hat. An erster Stelle bedeutet er offensichtlich, daß die Ernährung an erster Stelle kommen muß. Damit alle Menschen auf der Erde angemessen essen können, erscheinen alle anderen Probleme blaß. Konkreter bedeutet der Titel, daß es sich kein Land leisten kann, an seine Nahrungsressourcen als ein Mittel zu einem anderen Zweck zu denken, wie etwa als einem Einkommen aus Exporten, ehe sich nicht die Menschen selbst des betreffenden Landes ernährt haben. Das gilt für die Vereinigten Staaten genauso wie für jedes andere Land auf der Welt. Niemand kann es sich leisten, einige wenige Länder als die Nahrungslieferanten für die Erde anzusehen. Jedes Land kann und muß seine eigenen Lebensmittel-Ressourcen für seine eigenen Bedürfnisse mobilisieren. Erst dann kann der Handel dazu dienen, Auswahlmöglichkeiten zu bieten, statt die Menschen ihrer rechtmäßigen Produktionsmittel zu berauben.

Während wir studiert, gelesen und in aller Welt Menschen befragt haben, stellten wir fest, daß die von den Medien verbreiteten Thesen der Verknappung, der Schuld und Furcht Mythen sind. In der Tat mußten wir lernen:

»Es gibt heute keine absolute Verknappung. Jedes Land in der Welt besitzt die Kapazität, sich selbst zu ernähren.

Die Unterernährten im Ausland hungern nicht wegen der individuellen Habgier des Durchschnitts-Amerikaners, Durchschnitts-Europäers. Die Hungernden sind nicht unsere Feinde.«

Hunger ist in der Tat überhaupt kein Problem. Der Hunger ist ein Symptom einer Krankheit und wir sind genauso deren Opfer wie die Nomaden in Mali oder die Bauern in Indien.

Des weiteren haben wir eingesehen, daß keine Gesellschaft, die das Prinzip von »Food First« durchsetzen will, es sich leisten kann, die Konzentration von Reichtum und Macht zu dulden, die die meisten Nationen heute charakterisieren. Die stärkste Beschränkung der

Nahrungsproduktion und Verteilung stellt sich als die Ungleichheit heraus, die durch unsere Art von Wirtschaftssystem erzeugt wird; das System, das jetzt als angebliche Antwort auf ihre Probleme in die unterentwickelten Länder exportiert wird.

Wir sagen nicht nur, daß die Lösung des Hungers in einer besseren Verteilung liegt, um dadurch die Nahrung zu den Hungrigen statt zu den Wohlgenährten zu schaffen.

Wir sagen etwas anderes: Lebensmittelverteilung spiegelt nur die viel grundlegendere Frage wider, wer den Produktionsprozeß kontrolliert und wer an ihm teilnimmt. Die Herausforderung des »Food first« so zu akzeptieren, heißt die Herausforderung zu akzeptieren, uns mit den Grundannahmen unseres gegenwärtigen Wirtschaftssystems zu konfrontieren.

Unser größter Lohn war aber vielleicht die Entdeckung von realistischen und selbstbefreienden Antworten auf die drängendste Frage: »Was können Amerikaner, Europäer tun?« Wir lernten, daß die Amerikaner oder die Europäer das Lebensmittelproblem nicht lösen müssen. Hungernde Menschen können sich selbst ernähren und tun es auch, *wenn man sie nur läßt.* Dieser Bedingungssatz – »wenn man sie nur läßt« – ist der Kern unserer Antwort auf die Fragen, die wir früher nicht beantworten konnten. Statt *»Wie können wir die Welt ernähren?«* stellen wir jetzt eine völlig andere Frage: *»Was tun wir – und was wird in unserem Namen und mit unserem Geld getan – um Menschen daran zu hindern, sich selbst zu ernähren?«* Und *»Was sollten wir tun, um diese Hindernisse zu beseitigen?«*

Die Aufgabe der Amerikaner – und Europäer – wird jetzt klar. Wichtiger als Lebensmittelhilfe und die Planung eines landwirtschaftlichen Entwicklungsprojekts für die dritte Welt ist der Aufbau einer Bewegung in diesen Ländern, die die Verbindung klarmacht, wie Regierungen, Gesellschafts- und Landeliten die Nahrungssicherheit hier und im Ausland untergraben. In den unterentwickelten Ländern sind die Kräfte, die die Menschen aus dem Produktionsprozeß und damit auch aus dem Konsum verdrängen, die gleichen, die unser Ernährungssystem zu einem der am stärksten kontrollierten Sektoren unserer Wirtschaft gemacht haben. Immer weniger Farmen kontrollieren einen immer größeren Teil unserer Ernährung. Wir bekommen immer mehr zwecklose Verarbeitung und weniger Nährwert für höhere Preise. Indem wir in unserem Land darum kämpfen, die Lebensmittelwirtschaft zu demokratisieren, kämpfen wir direkt gegen die Kräfte, die in anderen Ländern zum Hunger beitragen.

Es gibt keinen anderen Weg zur Sicherung der Ernährung – weder für andere noch für uns selbst. Man läßt die Amerikaner und Europäer glauben, daß die Produktion geopfert wird, wenn die Gerechtigkeit die Priorität erhält. Wir haben festgestellt, daß das Gegenteil wahr ist. Die Monopolisierer des Landes, die traditionellen Landbesitzereliten und die Agroindustrie haben sich als die wirkungslosesten, unzuverlässigsten und destruktivsten Benützer der Produktionsmittel der Nahrung erwiesen. Die einzige Garantie für eine langfristige Produktivität und Nahrungssicherheit ist die, daß die Menschen selbst hier und in anderen Ländern die Kontrolle über die Nahrungsressourcen übernehmen.

Das bedeutet uns »Food first«. Der erste Schritt dazu ist jedoch der, das Problem des Hungers zu entmystifizieren. Vielleicht können wir hier am meisten helfen. Wir haben nicht als Fachleute begonnen. Wir begannen so, wie Sie es auch getan hätten. Unser Interesse wuchs. Die Ernährung ragte als das größte Problem unserer Lebenszeit vor uns auf. Was also konnte zwingender sein? Als wir immer mehr lernten, lasen, was die Experten lasen, und durch unser eigenes Land und im Ausland reisten, erfuhren wir, daß die Lösung für den Hunger in der Welt kein Geheimnis ist. Sie ist nicht in dem Keimplasma eines Samens verborgen und wartet nicht darauf, bis ein brillanter junger Agrarwissenschaftler sie entdeckt. Sie wird nicht in ökonomischen Studien von Entwicklungsplanern ausgesprochen. Nein, das einzige Hindernis für die Lösung des Hungers in der Welt ist das Gefühl der Machtlosigkeit, das den Menschen aufgezwungen wird; daß nämlich die ungeheure Größe des Problems außerhalb ihrer Kontrolle ist und daß es daher anderen anvertraut werden sollte.

Wenn Sie jetzt die Fragen und die folgenden Antworten lesen, dann erinnern Sie sich bitte, daß viele der Fragen unsere sind, oder einmal waren. Alles sind Fragen, die uns besorgte Amerikaner wieder und wieder gestellt haben.

Teil II:

Die Angst vor der Knappheit

1

Nur noch Stehplätze? Zu viele Menschen?

Frage: Zur Zeit haben wir in der Welt weniger als einen Acre* bebautes Land pro Person. Diese Fläche wird pro Kopf während der nächsten Generation halbiert werden, selbst dann, wenn das Bevölkerungswachstum nicht weiter ansteigt. Gibt es nicht schon jetzt zu viele Menschen im Verhältnis zu den produzierbaren Nahrungsmitteln und dem landwirtschaftlich nutzbaren Land?

Unsere Antwort: Eine Art zu zeigen, daß weder Land- noch Nahrungsmittelknappheit der Grund des Hungers ist, ist der Beweis, daß an beidem kein Mangel besteht. Die andere Art ist zu erklären, worin die eigentliche Ursache des Hungers besteht. In diesem Buch werden wir beides tun. Doch wir wollen dort beginnen, womit die Frage beginnt: Gehen unsere Boden- und Nahrungsmittelvorräte zu Ende?

Die meisten glauben, es gebe einfach nicht genügend Nahrungsmittel für alle. Doch trotz der enormen Landverschwendung – die wir noch belegen werden – und der »Ernährungskrise« der 70er Jahre werden für jeden Mann, jede Frau und jedes Kind auf der Erde täglich zwei Pfund Getreide, d. h. mehr als 3000 Kalorien produziert[1]**.

3000 Kalorien entsprechen ungefähr der Menge, die der durchschnittliche Bewohner der westlichen industrialisierten Welt verzehrt. Und diese Schätzung ist sehr niedrig angesetzt. Sie schließt nicht die zahlreichen anderen Grundnahrungsmittel wie Bohnen, Kartoffeln, Maniok, Fleisch von Tieren ein, die nicht mit Getreide gefüttert wurden, erst recht nicht mit Frischobst und Gemüse. Weltweit gesehen kann somit die Vorstellung, nach der es nicht genügend Nahrungsmittel für alle gebe, nicht aufrechterhalten werden.

Außerdem stellen wir fest, daß der »Acre-pro-Person«-Vergleich ein unzureichender Maßstab für Nahrungsmittelknappheit ist. Für

* 4047 Quadratmeter Agrarland.

[1]** Die Anmerkungen stehen gesammelt im Anschluß an das letzte Kapitel.

viele ist die Größe eines Stückes Land offensichtlich der wichtigste Faktor dafür, wieviel Menschen sich davon ernähren können. Wir haben jedoch lernen müssen, daß vier andere Faktoren weit wichtiger sind als die Größe eines Stückes Land.

Erstens: Es kommt auf die *Höhe der Investitionen der Menschen* zur Verbesserung der Produktivität des Landes an. Wie die Demographin Helen Ware bemerkt, ist »Bodenfruchtbarkeit nicht ein Geschenk der Natur, das ein für allemal festgelegt ist, sondern hängt von der menschlichen Nutzung des Landes ab«. Die meisten verbinden eine intensive Nutzung des Landes mit einem Verlust an Bodenfruchtbarkeit, aber, wie Dr. Ware unterstreicht, »Fruchtbarkeit kann in der Tat das Resultat intensiver Bewirtschaftungsmethoden sein . . .«[2] Die Qualität des Ackerlandes Japan stand einst hinter der Nordindiens zurück; heute übersteigt Japans Nahrungsgetreideertrag pro Acre den Ertrag Indiens um das Fünffache. Die Böden Westeuropas waren einst, mit Ausnahme der Po-Ebene und von Teilen Frankreichs, im allgemeinen von sehr minderwertiger Qualität, dennoch sind sie heute höchst fruchtbar. Jahrhundertelang war der Boden Finnlands weniger ertragreich als die meisten der angrenzenden Gebiete Rußlands; heute ist das finnische Ackerland bei weitem überlegen[3]. Es hilft daher nicht, einen Acre als feststehende Einheit zu nehmen, um daran den Grad der Übervölkerung zu messen; es hängt vielmehr von den Investitionen der Menschen ab, ob ein Acre fünf Menschen, einen oder überhaupt keinen ernähren kann.

Zweitens: Wie viele Menschen ein Acre ernähren kann, hängt weiterhin davon ab, ob das Land dazu dient, *unmittelbar die Menschen zu ernähren oder Vieh zu füttern.* In den Andenregionen Südamerikas und in den Ländern der Karibik nehmen ausgedehnte Viehweiden viermal soviel Land in Anspruch wie der Anbau von Feldfrüchten. Die Rinderranchs besitzen häufig das verhältnismäßig flachere Land der Flußtäler und Küstenebenen, während der Nahrungsmittelanbau auf den dürftigen Boden erosionsgefährdeter Hänge verbannt ist[4].

Hinzu kommt, daß in einer Welt, in der viele zu arm sind, um all die produzierten pflanzlichen Nahrungsmittel zu kaufen, das Vieh dazu gebraucht wird, die Wirtschaft vom Getreide-»Überschuß« zu befreien, der eigentlich die Preise senken könnte. An Vieh wird jährlich über ein Drittel des gesamten Getreides der Welt verfüttert. Das Resultat: die vier Milliarden Menschen auf der Erde – für viele ein Maßstab, um die Belastung des landwirtschaftlich nutzbaren Landes zu messen – sind keineswegs vier Milliarden *gleiche* Einheiten. Eine Person kann eine sehr viel größere Belastung für die landwirtschaftlichen Ressourcen bedeuten als eine andere. Lebt jemand hauptsächlich von pflanzlicher Kost, bei der die verzehrte Fleischnahrung mit Abfällen oder auf nicht bebaubarem Land erzeugt wird, fällt sein (oder ihr) Druck auf das bewirtschaftete Land relativ gering aus. Dagegen belastet jemand das bewirtschaftete Land sehr viel stärker, wenn seine (oder ihre) Kost zu weiten Teilen aus Fleischnahrung besteht, die, wie die des durchschnittlichen Nordamerikaners, durch »Zusammenschrumpfen« von jährlich 816 kg Getreide auf 113 kg Fleisch erzeugt wird. Wieder zeigt sich, daß ein einzelner Acre eine sehr unterschiedliche Anzahl von Menschen unterhalten kann. Dies hängt teilweise davon ab, ob das Land für den menschlichen Nahrungsverbrauch oder für die Erzeugung von Viehfutter bebaut wird.

Drittens: Wie viele Menschen ein bestimmtes Stück Land ernähren kann, hängt davon ab, ob darauf *Luxuserzeugnisse für den Export angebaut werden oder Nahrungsmittel für die einheimische Bevölkerung.* Was Menschen in unseren Ländern als Nahrungsmitteldefizitgebiete aufgrund von Übervölkerung ansehen, sind oft deswegen »Nahrungsmitteldefizitgebiete«, weil ein Großteil der produzierten Nahrungsmittel an kleine städtische Eliten geht oder exportiert wird. Das Allerschlimmste: Diese Exporte werden häufig im Namen der »Entwicklung« durchgeführt. Einige solcher Paradoxien sollen hier aufgeführt werden:

- Afrika ist ein Netto*exporteur* von Gerste, Bohnen, Erdnüssen, Frischgemüsen und Rindern (abgesehen von den Luxusexporterzeugnissen wie Kaffee und Kakao); dennoch gibt es bei Kleinkindern mehr Protein- und Kalorienunterernährung als auf jedem anderen Kontinent[5].
- In Mali stieg der Erdnußexport nach Frankreich in den Dürrejahren merklich an, während die Nahrungsmittelproduktion für den einheimischen Verbrauch im Jahre 1974 auf ein Viertel der Produktion von 1967 zurückging[6].
- Mexiko liefert jetzt an die Vereinigten Staaten über die Hälfte seines Bestandes an verschiedenen Winter- und Frühgemüsen, während häufig Kinder an mangelnder Ernährung sterben[7].
- Auf der Hälfte des landwirtschaftlich genutzten Bodens von Zentralamerika werden Nahrungsmittel für den Export produziert[8],

während in mehreren zentralamerikanischen Ländern die ärmsten 50 Prozent der Bevölkerung nur die Hälfte des notwendigen Proteins erhalten. (Die reichsten 5 Prozent dagegen konsumieren zwei- bis dreimal mehr als notwendig.)[9]

Viertens: Landwirtschaftlich nutzbares Land wird natürlich *niemanden ernähren, solange es nicht bebaut wird.* Diese Tatsache scheint zu trivial zu sein, um eigens erwähnt zu werden, und dennoch vergessen viele, daß in Afrika und Lateinamerika große kultivierbare Gebiete im Eigentum von Großgrundbesitzern brach gelassen werden. Eine Studie über Kolumbien im Jahr 1960 zeigte, daß die größten Farmer, die 70 Prozent der landwirtschaftlich nutzbaren Fläche besitzen, in Wirklichkeit nur 6 Prozent ihres Landes bebauten, während Bauern mit bis zu 5 Hektar Landbesitz insgesamt zwei Drittel ihres Bodens bearbeiteten[10]. Obwohl Kolumbien ein extremes Beispiel ist, findet man diese Struktur in ganz Lateinamerika. So werden auch nur 14 Prozent von Ecuadors bebaubarem Land genutzt[11].

Außerdem halten Konzerne oft weite Landstriche aus der Produktion heraus oder gebrauchen sie für Tagebergbau und Unternehmungen wie das beim Zinnbaggern in Malaysia der Fall ist, das die Bodenkrume zerstört und das Land für die Bewirtschaftung untauglich macht, wenn nicht eine kostspielige Wiederurbarmachung unternommen wird. Bauxit-, Kupfer- und Ölgesellschaften verringern die potentielle landwirtschaftliche Nutzfläche, indem sie große Landgebiete in Besitz halten, von denen vermutet wird, daß sie Reserven dieser Bodenschätze enthalten. Diese weitverbreitete Verschwendung landwirtschaftlichen Bodens, besonders von Großgrundbesitzern, macht die durch mehrere Studien bestärkte Schätzung glaubwürdig, nach der nur 44 Prozent des potentiell bebaubaren Landes in der Welt tatsächlich genutzt werden[12]. Die Beziehung zwischen Hunger und Land wird demnach weniger eine Frage der Quantität als eine der *Nutzung* sein. Wir entdecken, daß die *Menge* an Land weniger mit Hunger zu tun hat als die Frage, wer das Land kontrolliert.

2

Wie steht es aber mit den wirklich hoffnungslosen Fällen?

Frage: In der Welt, als Ganzes gesehen, mögen Sie recht haben, es gibt im Prinzip genügend Ressourcen zur Nahrungsmittelproduktion. Finden wir aber nicht den größten Hunger in den dichtbesiedelten Ländern mit schnell anwachsender Bevölkerung? Gibt es nicht »hoffnungslose« Fälle wie Bangladesh, die sich auf keinen Fall selbst ernähren können?

Unsere Antwort: Man sieht so viele Landkarten, auf denen die »hungrigen Länder« in einer dunkleren Schattierung dargestellt sind, und man wird beim Lesen so oft auf die »hungrige Welt« hingewiesen, daß es schwer wird, sich von der Vorstellung von Hunger als einem geographischen Ort zu befreien, zumal dieser Ort gewöhnlich »weit weg« ist.
Doch denken Sie einen Augenblick nach. Hungrige Menschen leben in einem Land mit den größten Nahrungsmittelüberflüssen in der Geschichte. Wenige Leute in Europa würden dabei etwa an Nordamerika denken: über 15 Prozent aller Einwohner der Vereinigten Staaten können aufgrund der Gesetzgebung jedoch Lebensmittelmarken erhalten. Dennoch haben Ernährungswissenschaftler bewiesen, daß es selbst mit Lebensmittelmarken unmöglich ist, Lebensmittel zu kaufen, die unter ernährungswissenschaftlichen Gesichtspunkten hinreichen. Stanislaus County, ein Landkreis in Kalifornien, im Herzen von Amerikas produktivstem Landwirtschaftsgebiet, wurde nichtsdestoweniger 1969 zum offiziellen Hungernotstandsgebiet erklärt. Tausende von arbeitslosen und unterbezahlten Einwohnern litten Hunger, weil ihnen das Geld fehlte, um die Nahrungsmittel zu kaufen, die sie buchstäblich auf den Feldern wachsen sehen konnten.
Ist es wirklich wahr, daß die Länder mit der größten Bevölkerungsdichte auch die hungrigsten Länder sind? Untersuchungen in aller Welt zeigen keinen derartigen Zusammenhang. Es gibt Staaten, die

mit einer sehr hohen Besiedlungsdichte pro Acre eine ausreichend ernährte Bevölkerung haben. Drei Vergleiche seien erwähnt. Frankreich hat ungefähr die gleiche Bevölkerungszahl pro bebauten Acre wie Indien[1]. Taiwan, wo die meisten ausreichend ernährt sind, hat zweimal soviel Menschen pro Acre als das von Hungersnöten gefährdete Bangladesh[2]. Und China, wo Hungererscheinungen in nur fünfundzwanzig Jahren ausgerottet wurden, hat zweimal soviel Menschen für jeden bebauten Acre als Indien[3].

Länder mit einer relativ geringen Bevölkerungsdichte pro bebauten Acre sind dagegen oft diejenigen, in welchen die meisten Bewohner unterernährt sind. In Afrika südlich der Sahara, einem der schlimmsten Hungersnotgebieten der Welt, gibt es nahezu zweieinhalb bebaute Acre pro Einwohner, mehr als in den Vereinigten Staaten oder in der Sowjetunion und sechs- bis achtmal mehr als in China. Und diese Zahl gibt aber nur etwa 12 Prozent des potentiell kultivierbaren Landes dieser afrikanischen Region an[4].

Überdies ist die Besiedlung in vielen Teilen Afrikas weniger dicht, als sie im sechzehnten Jahrhundert vor Einsetzen des Sklavenhandels war. In der Tat haben einige Ökonomen argumentiert, daß bestimmte afrikanische Länder in bezug auf die für die landwirtschaftliche Entwicklung notwendigen Arbeitskräfte unterbevölkert sind.

Als anderes Extrem haben einige afrikanische Länder wie Ghana und Kenia ein Verhältnis von Bevölkerung zu bebautem Acre, das dem Indiens nahekommt oder noch ungünstiger ist. Trotzdem finden wir in diesen beiden Ländern nicht die schlimmste Ernährungslage in Afrika. Zur Zeit ist diese in Zaïre festzustellen, einem Land mit einer kleineren Bevölkerung pro bebauten Acre, als dies bei den meisten europäischen und vielen lateinamerikanischen Ländern der Fall ist. Zaïre hat den niedrigsten Proteinkonsum pro Person in der Welt[5].

Lateinamerika ist wie Afrika ein Kontinent mit einer insgesamt niedrigen Bevölkerungsdichte. Lateinamerika hat 16 Prozent des kultivierbaren Landes der Welt, besitzt aber nur 6 Prozent der Weltbevölkerung und hat trotzdem, im Verhältnis gesehen, mehr Hungernde als Indien, Pakistan und Bangladesh. Wiederum gibt es auch hier keine offensichtliche Beziehung zwischen der Menge des zur Verfügung stehenden Landes pro Person und dem Ausmaß des Hungers. In einem Land wie Bolivien ist schwere Unterernährung für den größten Teil der Bevölkerung eine alltägliche Realität.

Dennoch hat Bolivien gut über einen halben Acre bebauten Landes pro Person, bedeutend mehr als Frankreich (und dazu ein Potential von mehr als zehn Acres kultivierbaren Landes pro Person). Mexiko, in dem der größte Teil der Landbevölkerung schlecht ernährt ist, besitzt mehr bebautes Land pro Person als Kuba[6], wo heute buchstäblich niemand mehr unterernährt ist. Natürlich gibt es Länder in Lateinamerika, die relativ hohe Bevölkerungsdichte und weitverbreiteten Hunger aufweisen – Länder wie Haiti und die Dominikanische Republik. Aber das sind Ausnahmen.
Solange Nahrungsmittel in einer Gesellschaft mit hohen Einkommensunterschieden gekauft und verkauft werden, sagt uns der Grad des Hungers nichts über die Bevölkerungsdichte.

Bangladesh – Ein hoffnungsloser Fall?

Bangladesh wird oft als Bilderbuchfall eines Landes herausgestellt, dessen Bevölkerung einfach weit über seinen Produktionsmöglichkeiten liegt. Als unsere Studien der verschiedensten Länder der Welt darauf hinzuweisen begannen, daß es wahrscheinlich kein Land gibt, in dem die lokalen Ressourcen zur Nahrungsmittelerzeugung für die Bevölkerung nicht ausreichen, entschieden wir uns, uns auf Bangladesh zu konzentrieren – auf einen »hoffnungslosen Fall«. Offengestanden, wir dachten, dies sei nun eine Ausnahme – aber es ist keine.
Bangladesh produziert zur Zeit wahrscheinlich genügend Nahrungsmittel, um seine gesamte Bevölkerung ausreichend zu ernähren. Aber die Reichen essen ein Vielfaches an Getreide wie die Armen. Sie konsumieren 30 Prozent mehr Kalorien und zweimal soviel Protein. Noch aufschlußreicher ist die Tatsache, daß nicht weniger als ein Drittel des gesamten vermarkteten Getreides von Bangladesh von Personen, die Lebensmittel horten, über die Grenzen nach Indien geschmuggelt wird, um gegen harte Rupien zu doppelt so hohen Preisen wie in Bangladesh verkauft zu werden[7].
Wie auch in anderen Ländern haben die Armen nichts zu essen, gleichgültig wieviel Nahrungsmittel vorhanden sind. Während viele nach den Überschwemmungen des Jahres 1974 verhungerten, lagerten, da es an *Käufern* mangelte, etwa 4 Millionen Tonnen Reis, weil, in den Worten der Zeitschrift »National Geographic«, »die große Mehrheit der Bevölkerung zu arm war, ihn zu kaufen«[8]. Ein Großteil

des Reises wurde von eben den Hungernden angebaut, die ihn nun dringend gebraucht hätten. Um ihre hochbezinsten Schulden an Geldverleiher zurückzuzahlen, mußten sie zur Erntezeit verkaufen, als die Preise auf ihrem niedrigsten Stand waren. Da sie dadurch später wiederum gezwungen waren, Kredite aufzunehmen, um Nahrungsmittel zu Spekulantenpreisen und in Konkurrenz mit Indiens Stadtbewohnern – die über höheres Einkommen verfügen – zu kaufen, war aller Voraussicht nach die Wahrscheinlichkeit einer noch größeren Hungersnot im darauffolgenden Jahr gegeben.

Bangladesh hat zweimal soviel bebautes Land pro Person wie Taiwan. Darunter befinden sich Alluvialböden, die zu den besten Böden der Welt gehören. Bangladesh hat sogar in der Trockenzeit ausreichende potentielle Wasservorräte, ein ideales Klima für den Anbau rund ums Jahr, das drei Reisernten erlaubt; zudem besitzt es inländische Fischereiressourcen, die nach Aussagen einer Forschungsgruppe der Organisation für Ernährung und Landwirtschaft (FAO) »möglicherweise die reichsten in der Welt sind«[9].

Warum wird das außergewöhnliche Nahrungsmittelpotential Bangladeshs nicht ausgenutzt? Nicht weil es zu viele Menschen gibt, sondern weil eine kleine Elite der Mehrheit den Zugang zu den Ressourcen des Landes verwehrt. Ohne Zugang zu diesen Ressourcen wird die Mehrheit der Menschen nicht nur keinen Nutzen aus ihnen ziehen, sondern ihre Initiative und Energie werden nicht genutzt, um diese Ressourcen produktiver zu machen.

Betrachten wir einmal die riesigen inländischen Fischereiressourcen. Gegenwärtig werden die Fischereigebiete von Besitzern kontrolliert, die nicht selbst in der Fischerei arbeiten und die sich damit zufriedengeben, eine kleine Menge Fisch zu hohen Preisen an einige wenige wohlhabende Konsumenten zu verkaufen. Ihre Profitspanne ist so groß, daß sie es unnötig finden, in eine Verbesserung der Fischereimethoden zu investieren. Die Fischer selbst sind lediglich Lohnarbeiter, die keinen Sinn darin sehen, ihre Techniken beim Fischfang zu verbessern oder die Fanggebiete vorteilhafter auszunützen; sie wissen, daß sie selbst keinen Nutzen daraus ziehen würden. Hinzu kommt, nach einem vertraulichen Bericht der Vereinten Nationen[10], daß die Fischer von diesen Besitzern sehr stark ausgebeutet werden, denn die Konsumenten in der Stadt bezahlen 500 bis 600 Prozent mehr, als die Fischer erhalten – Preise, durch die Fische für Millionen unerschwinglich sind. Fischereikooperativen, in denen Fischer arbeiten, die sich bewußt sind, daß weitere Kenntnisse über besseren Fischfang ihnen selbst zugute kommen, könnten für Hunderttausende besitzloser Familien Arbeitsplätze schaffen und zugleich eine ausgezeichnete Proteinquelle für Millionen bilden. In dieser Hinsicht könnte Bangladesh dem Beispiel Taiwan folgen, das durch Kleinbetriebe in der Binnenfischerei seine Fischproduktion in nur 25 Jahren um das Achtfache gesteigert hat.

Ferner ist die Struktur des Landbesitzes zu beachten. Ungefähr ein Viertel des landwirtschaftlich genutzten Landes von Bangladesh wird von Pächtern bearbeitet, die alle Risiken tragen und den größten Teil ihrer Ernte den nicht an der Bewirtschaftung beteiligten Grundbesitzern abliefern müssen[11]. Nur 7 Prozent der Farmen des Landes bewirtschaften 31 Prozent der landwirtschaftlichen Fläche[12]. Trotzdem sind die Großbetriebe tendenziell weniger produktiv pro Acre und bieten für weniger Menschen einen Lebensunterhalt als Betriebe von Kleinbauern. Hinzu kommt, daß die Großgrundbesitzer, deren Landwirtschaft zu alledem nicht einmal eine Nahrungsquelle für die eigenen Familien ist, häufig keine Grundnahrungsmittel anbauen, sondern für den Export arbeiten: zum Beispiel Jute anstelle von Reis. Während die Mehrzahl der Menschen ohne Reis auskommen muß, verdienen einige Devisen, um einen importierten Lebensstil zu finanzieren. Dabei besitzt ein Drittel der Landbevölkerung überhaupt kein Land oder weniger als zweieinhalb Acre pro Haushalt[13]. Jene mit wenig oder keinem Land müssen von den mageren Löhnen leben, die sie für Saisonarbeit auf den Großfarmen erhalten. Da sie keine Nahrungsmittel produzierenden Ressourcen kontrollieren, können sie keine Nahrungsmittelvorräte anlegen und sind somit Notzeiten besonders ausgesetzt – gerade dann, wenn Überschwemmungen und Dürren sie völlig arbeitslos machen, schießen spekulative Nahrungsmittelpreise infolge des Hortens von Nahrungsmitteln um 200 bis 500 Prozent in die Höhe.

Der erfahrene Agrarökonom René Dumont berichtete während der Hungersnot 1974, daß die reichsten Grundbesitzer in Bangladesh die Nacht hindurch vor dem Grundbuchamt Schlange standen, um das Land aufzukaufen, das die hungerleidenden, mit Hypotheken belasteten Kleinbauern als letzten Ausweg verkauften. Wie ein Bericht der Universität von Dacca 1974 klarstellt, sind Horten, Schwarzmarkthandel und Schmuggeln, obwohl als ›anti-sozial‹ verschrien, grundsätzlich nur rationale Verhaltensweisen von »Profitmaximierern«, den Helden der Privatwirtschaft, die immer dann in Erscheinung treten, wenn die Strukturen der Verfügungsgewalt über knappe Güter in keinem Verhältnis zur Struktur der Bedürfnisse stehen[14]. Im Wettbewerb um den knappen Teil der Ressourcen, der nicht von den Reichen monopolisiert wird, werden Millionen von Kleinbauern, Pächtern und Arbeitern ohne Landbesitz in Bangladesh davon abgehalten, sich in einer kollektiven Selbsthilfeaktion zusammenzuschließen, um die nahrungsmittelproduzierenden Ressourcen des Landes zu verbessern. Nur durch derartige gemeinsame Anstrengungen könnten die Einwohner Bangladeshs Bewässerungsanlagen, Entwässerungskanäle und Eindeichungen bauen und unterhalten, die notwendig sind, um das Wasser von der konstanten Flutbedrohung, die es jetzt darstellt, in jene ausgezeichnete Ressource umzuwandeln, die es werden könnte.

Aus solchen Gründen zieht ein FAO-Bericht aus dem Jahre 1975 über Bangladesh folgenden Schluß: »Eine Politik wirklich durchgreifender Landumverteilung könnte *sowohl die Produktion als auch die Gerechtigkeit* fördern.«[15] Kooperative Landbewirtschaftungssysteme könnten die Gefahr beseitigen, daß die Neuverteilung das Land in Einheiten aufsplittern würde, die zu klein wären, um effizient bewirtschaftet zu werden. Gestiegene Produktion würde die Folge sein, da zum erstenmal die *gesamte* Landbevölkerung spüren würde, daß die Arbeit, die notwendig ist, um das große Potential des Landes zu nutzen, ihnen selbst und nicht den Grundherren oder Geldverleihern zum Vorteil gereichen würde.

Ein Zeichen für das ungenützte Potential ist die Tatsache, daß nur ungefähr 5 Prozent der landwirtschaftlich genutzten Flächen des Landes bewässert sind, obwohl ein Drittel bis *die Hälfte* praktisch ohne monetäre Investitionen bewässert werden könnte[16]. Ein weiteres Kriterium liegt im Ernteertragspotential. Trotz der im Grunde erstklassigen Naturbedingungen erreichen die gegenwärtigen Reiserträge nur die Hälfte des Weltdurchschnitts und nicht mehr als 15 Prozent von dem Ertrag, der auf Versuchsfeldern in Bangladesh selbst als möglich erwirtschaftet wurde.

Bangladesh ist also kein hoffnungsloser Fall. So stellten wir auch in jedem anderen vermeintlich hoffnungslosen Land fest, daß es kein unüberwindbares *natürliches* Hindernis gibt, das entgegenstünde, daß sich sein Volk selbst ernährt. Seine Zukunft braucht nicht aus irgendeiner Kombination von Hungerleiden und erniedrigender fremder Barmherzigkeit zu bestehen. Das Haupthindernis ist die gegenwärtige Macht einiger weniger, die eine dringende soziale Neuordnung verzögern.

3

Das Schreckbild der Preise

Frage: Für bestimmte Länder können Sie vielleicht beweisen, daß die widerrechtliche Aneignung von Land Hunger erzeugt. Aber Sie kommen doch nicht umhin, den globalen Trend zu sehen! Zeigen nicht die steigenden Nahrungsmittelpreise in der gesamten Welt, daß wir in ein Zeitalter der Knappheit eingetreten sind?
Die Zeit der billigen Nahrungsmittel scheint ein für allemal vorüber zu sein. Die armen Länder, geschweige denn die Russen, stellen größere Forderungen an unsere Nahrungsmittelressourcen als je zuvor. Wie können Sie sagen, diese globalen Trends seien, wenigstens zum großen Teil, keine Widerspiegelung einer wachsenden Anzahl Menschen auf einer begrenzten landwirtschaftlichen Basis?

Unsere Antwort: So seltsam es auch klingen mag, was man uns beigebracht hat, als Knappheit anzusehen, ist in Wirklichkeit ein Ergebnis der Bemühungen, es mit dem Problem der *Über*produktion aufzunehmen – und das in einer Welt, in der die meisten Hungerleidenden die produzierten Nahrungsmittel nicht kaufen können. Die Krise der Überproduktion bringt Erscheinungen hervor, die Knappheit erzeugen: Produktionseinschränkungen, Anbau von Feldfrüchten, die keine Nahrungsmittel sind, Anbau von Tierfutter anstatt von Nahrungsmitteln, hinzu kommen quasi vorprogrammierte Unwirtschaftlichkeiten im Gebrauch der produzierten Güter. Es *gibt* Knappheit, doch es ist keine Knappheit an Nahrungsmitteln. Die Knappheit besteht an Menschen, die entweder Zugang zu den Mitteln haben, um die Nahrungsmittel anzubauen, oder das Geld besitzen, sie zu kaufen.
Ein herausragendes Beispiel hierfür bieten die Vereinigten Staaten. Die landwirtschaftliche Gesetzgebung verrät dort bis in die dreißiger Jahre zurück, daß historisch gesehen das Hauptproblem der Landwirtschaft die Überproduktion gewesen ist. Nachdem die »Geißel« der Überproduktion während der Depression die Landwirtschafts-

preise gestürzt hatte, setzte das »Landwirtschaftliche Anpassungsgesetz« von 1933 garantierte Minimalpreise für landwirtschaftliche Erzeugnisse fest. Das Zuteilungssystem, welches die maximale Größe der Anbaufläche genau festsetzte, die ein Farmer mit einer einzelnen Feldfrucht bepflanzen durfte – die »Grundstücks-Bank« (Soil Bank), die die Farmer bezahlte, wenn sie eine bestimmte Anzahl Acre brachliegen ließen –, und verschiedene andere Programme sind einige der Methoden, die im Laufe der Zeit angewandt wurden, um die Produktionskapazität der amerikanischen Farmer zu regulieren und einzuschränken.

Wer hätte in den Jahren vor 1970 gedacht, daß eine Knappheit bevorstand? 1969 wurde das »Jahr der großen Weizenschwemme« genannt. Ein Artikel in der amerikanischen Zeitschrift *Nation's Business* vom September 1969 mit dem Titel »Zuviel des Guten« und dem Untertitel »Amerikas Landwirtschaftsproblem besteht nicht darin, wie man mehr Nahrungsmittel, sondern wie man weniger anbaut«, zeigt einen Farmer, der in der Mitte eines »überflüssigen Feldes« auf einem Traktor steht und die weiße Fahne der Kapitulation schwingt. Die Schlußfolgerung des Artikels: »Es gibt zu viele Farmer, die zu viele Farmen mit zu großer Produktionskapazität bewirtschaften.«

Was die Amerikaner als die »Nahrungsmittelkrise der steigenden Preise« kennen, die in den Jahren 1972–1973 begann, war größtenteils das unmittelbare und beabsichtigte Ergebnis der *»Food Power«-Politik* der Vereinigten Staaten, die Knappheit als ein Mittel erkannte, um das Volumen und die Preise der landwirtschaftlichen Exporte zu steigern. Wie wir in Teil VII zeigen werden, war »Food Power« eine Strategie, um Nachfrage zu erzeugen und Preise anzuheben, um damit die Deviseneinnahmen der Vereinigten Staaten zu erhöhen. Dies wurde schon durch die Einschränkungen der Anbauflächen in den späten sechziger und frühen siebziger Jahren vorbereitet, die mit dem ansteigenden Getreideüberschuß fertig werden sollten. Die Größe der erlaubten Anbauflächen betrug 1970 nur 75 Prozent von 1967; 1970 wurde weniger Land bebaut als in den Jahren 1948–1957. 1969 und 1970 stieg die Getreidemenge, die auf dem Land, das aus der Produktion genommen worden war, hätte angebaut werden können – aber nicht wurde –, auf über 70 Millionen metrische Tonnen – ungefähr das Doppelte des gesamten Getreides, das in den frühen siebziger Jahren von den unterentwickelten Ländern jährlich importiert wurde.

Vor dieser Kulisse begannen Beamte der Vereinigten Staaten zu manövrieren. Durch Abwertung des Dollars (was amerikanisches Getreide für das Ausland billiger machte), durch die Annullierung eines Gesetzes, welches forderte, daß die Hälfte des Getreides, das für die Sowjetunion und für Osteuropa bestimmt war, auf amerikanischen Schiffen transportiert werden mußte und durch ein Angebot an die Sowjetunion, ihren Getreideeinkauf zu finanzieren, legten die Vereinigten Staaten einen Köder in Gestalt von Nahrungsmitteln aus. Andere Länder begannen anzubeißen. Das berüchtigte sowjetische Getreidegeschäft war der erste Fang. Neunzehn Millionen Tonnen Getreide wurden verkauft, nicht für hungernde Menschen, sondern um das sowjetische Vieh zu ernähren.

Sogar die Natur machte mit in Gestalt eines verspäteten Monsuns in Indien, in Form von Dürreperioden in Westafrika, China, Australien und Argentinien und einem jähen Rückgang in der Beute von Sardellen, die als Viehfutter gebraucht werden. Doch die Strategen der Vereinigten Staaten konnten sich nicht auf das Wetter als Erzeuger von Verknappungen verlassen. So nahmen Präsident Nixon und Landwirtschaftsminister Earl Butz im September 1972 weitere fünf Millionen Acres Weizenanbaufläche aus der Produktion, obwohl sie von den widrigen Wetterbedingungen in vielen Teilen der Welt Kenntnis gehabt haben mußten. Das bedeutete die größte Stillegung von landwirtschaftlich nutzbarem Land in diesen Jahren – in der Größenordnung der gesamten landwirtschaftlich genutzten Fläche von Großbritannien und Nordirland. Als dann Anfang 1973 die Exportverkäufe nachzulassen begannen, werteten die Vereinigten Staaten den Dollar zum zweiten Mal ab – und machten so plötzlich amerikanisches Getreide für die Japaner um 15 Prozent billiger. Auch die Japaner bissen an. Ein neuer Knappheitszyklus wurde durch die Entscheidungen einiger Regierungspolitiker eingeleitet.

Das Ergebnis war, daß der Weltgetreidebestand, der 1961 für fünfundneunzig Tage reichte, jetzt unter den Bedarf von dreißig Tagen gesunken war. Diese geplante und rapide Ausschöpfung der Getreidereserven trug mehr als jeder andere einzelne Faktor zu der beispiellosen Erhöhung und Unbeständigkeit der Nahrungsmittelpreise bei. Knappheit jedoch war *nicht* das Problem; die Welt produzierte in dem sogenannten Mangeljahr 1972–1973 mehr Getreide pro Kopf – ungefähr 287 kg – als im Jahr 1960, das nicht als Krisenjahr betrachtet wurde.

Durch das Marktsystem entstehen Warenzyklen, in denen auf »Jahre des Überflusses« »Jahre der Knappheit« folgen. Das Ergebnis? – Sie zeigen sich eben in hektischen Preisbewegungen. Erinnern Sie sich, daß wir 1973 bis 1974 eine Reis-»Verknappung« erlebten? Spätestens 1975 schätzte ein Reiserzeuger aus Louisiana die Situation auf diese Weise ein: »Nach meiner Ansicht gibt es einfach viel zuviel Reis.«[1] Im Marktsystem ist eine Zeit des Überflusses die Folge der vorangegangenen Zeit der Verknappung. In den sechziger Jahren bestand im Verhältnis zu dem, was die Leute kaufen konnten, Überproduktion. Die Preise fielen, als sich die Reissäcke stapelten. Mit niedrigen Preisen ging bis 1970 die Investition in Reis zurück, und der Anbau wurde eingeschränkt. Das Ergebnis: Bis 1973 hatten sich die Reispreise, verglichen mit den frühen sechziger Jahren, verdoppelt[2]. Dann hörten wir das Wehklagen über die Knappheit. Bei den gestiegenen Preisen strömten natürlich die Investitionen, und die Produktion stieg steil an. Im Jahre 1975, klagten dann die Reisbauern über »das Überangebot«[3].

Der chemische Dünger liefert ein weiteres dramatisches Beispiel. In den sechziger Jahren wurden neue Pflanzen gezüchtet. Die Gewinne sanken plötzlich, als das Angebot die Nachfrage weit überstieg, denn die meisten Bauern in der Welt sind zu arm, um sich chemische Düngemittel zu leisten. Die Gesellschaften schränkten daraufhin die Produktion ein, in der Hoffnung, daß die Gewinne ansteigen würden. Als der Weltpreis für Dünger tatsächlich kletterte, sprang der Gewinn der Düngemittelindustrie von 1,1 Prozent pro Einheit der eingesetzten Investitionen im Jahr 1971 auf 39,6 Prozent. Dann waren in weniger als einem Jahr die Preise so hoch gestiegen, daß die Düngemittelkäufe wiederum nachließen[4]. Im Juni 1975 berichtete die Titelseite der *Business Week* von der »Düngerschwemme«.

Die abwechselnden Perioden von Überangebot und Verknappung kommen deshalb zustande, weil wir ein System der Nahrungsmittelproduktion haben, in dem Investitionsentscheidungen im Prinzip nur auf der Einschätzung augenblicklicher Gewinnmöglichkeiten gemacht werden. Sind die Preise vielversprechend, werden Farmer und Viehproduzenten anbauen bzw. züchten, um aus den Preisen Vorteil zu ziehen. Aber da alle anderen Produzenten genau dem gleichen Wink folgen, kann es sein, daß zur Zeit der Ernte oder des Schlachtens (bei Rindern ist dies ungefähr 32 Monate nach der anfänglichen

Entscheidung zu züchten) ein Überschuß zu verzeichnen ist, der die Preise fallen läßt. Bei niedrigen Preisen wird es Farmern und Viehzüchtern widerstreben, intensiv anzubauen bzw. zu züchten; es kommt in Zukunft zu einer Verknappung, die die Preise zum Steigen bringt. Damit beginnt der Zyklus von vorn.

Getreide- und Viehzyklen sind fest miteinander verbunden. Eine gute Futtergetreideernte hat eine ansteigende Viehproduktion zur Folge, bis der Anstieg seine eigene Produktionseinschränkung erzeugt, sobald die Preise fallen. Experten erwarten nun, daß der »Schweinezyklus« unregelmäßiger wird; nachdem die Getreidereserven vernichtet worden sind, wird die Höhe der Schweineproduktion noch viel genauer die jährliche Futtergetreideernte widerspiegeln. Den Amerikanern erzählt man, daß diese Preiszyklen den gesunden Gleichgewichtsmechanismus eines marktwirtschaftlichen Systems darstellen. Der Haken besteht darin, daß in einem Nahrungsmittelverarbeitungs- und Vermarktungssystem, das von einigen Konzernen fest kontrolliert wird, die Verbraucherpreise als Antwort auf Warenzyklen ansteigen, aber selten auf das Niveau zurückfallen, wo sie bei Beginn des Zyklus lagen. Warenpreiszyklen werden somit zu einer praktisch anwendbaren Tarnung für Steigerungen in der Gewinnmasse.

Chronischer Überschuß

Von den Amerikanern erwartet man den Glauben, daß ein Zeitalter der Knappheit über uns gekommen ist. Solange jedoch Nahrungsmittel wie jede andere Ware gekauft und verkauft werden und solange ein großer Teil der Menschheit zu arm ist, die notwendigen Nahrungsmittel zu kaufen, wird das Hauptproblem der Agrarökonomen weiterhin die Bedrohung durch Überschuß und nicht durch Knappheit bleiben.

Die Verfütterung von über einem Drittel der Weltgetreideproduktion an Vieh ist ein Weg, den Unternehmer ersonnen haben, um den preissenkenden Überschuß zu reduzieren und gleichzeitig ein Produkt zu erzeugen, für das der Verbraucher gern einen hohen Preis bezahlen wird. Eine solche Verfahrensweise, mit einer chronischen Überschußsituation fertigzuwerden, läßt leicht vergessen, daß Vieh praktisch *ohne* Getreide aufgezogen werden kann, wie das die 250 Millionen Schweine in China beweisen! Doch das Verfüttern von

Getreide an Vieh löst nicht immer allein und so leicht das Problem des Überflusses.
1975–1976 hatten wir einen chronischen Weltüberschuß an Molkereiprodukten; die westlichen Märkte verzeichneten Bestände, die es noch nie zuvor gegeben hatte – wenigstens das Doppelte von jenen in den vorangegangenen Jahren. Ein Verfahren, sich des vom Vieh produzierten Überflusses zu entledigen, besteht darin, ihn sofort wieder an das Vieh zu verfüttern. Um von ihren 400 000 Tonnen Überschuß an Trockenmagermilch loszukommen, führte die Europäische Gemeinschaft (EG) einen Plan ein, in dem sie von Viehproduzenten verlangte, die Milch den Futterrationen unterzumischen[5]. Diese Praxis ist nicht neu. 1973 verbrauchte die EG eine Million Tonnen Trockenmagermilch als Futter für Kälber, um teures Kalbfleisch zu produzieren.
Die Theorie, daß wir nun in das Zeitalter der unvermeidbaren Verknappungserscheinungen eintreten, weil die Zahl der Menschen eine angenommene Schwelle überschritten habe, kann nicht aufrechterhalten werden. In einer Welt, in der Nahrungsmittelbestände absichtlich ausgeschöpft werden, damit die Getreideexporte der Vereinigten Staaten möglichst viele Devisen einbringen können, und in der sich Hunderte von Landwirtschaftsexperten den Kopf zerbrechen, wie man die Berge der sogenannten Überschüsse beseitigen kann, ist der Begriff der Verknappung schlimmer als eine Verzerrung. Er verschiebt die Ursache dafür auf namenlose Menschenmassen und auf die »natürlichen Ressourcen« der Erde. Nur so gesehen wird »Lebensmittelknappheit« zu einem Schreckenswort, vor dem wir uns alle machtlos fühlen.

4

Mehr Menschen: Eine dünnere Scheibe für jeden?

Frage: Wird die Produktion eines Landes nicht notwendigerweise in immer kleinere Teile aufgeteilt, wenn hohe Geburtsquoten das wirtschaftliche Wachstum eines Landes aufzehren? Und würde ein geringeres Wachstum nicht bedeuten, daß die Menschen ärmer werden, und weniger in der Lage sind, Nahrungsmittel zu kaufen?

Unsere Antwort: Erstens setzt diese Frage voraus, daß die Wachstumsrate der Wirtschaft eines Landes, gemessen an Normen wie dem Bruttosozialprodukt (BSP), die Wohlfahrt eines Volkes widerspiegelt. Doch solche Messungen werden bedeutungslos, wenn man erfährt, daß zum Beispiel Mexiko in den frühen 70er Jahren für »entwickelt« erklärt wurde, da sein Pro-Kopf-BSP die magische Grenze von 600 Dollar überschritten hatte. Denn während der gleichen Zeit jedoch sind sowohl der Ernährungsstand als auch das Realeinkommen der ländlichen Mehrheit in Mexiko ständig gefallen.

Wenn diese These richtig wäre, würden wir erwarten, eine Entsprechung zwischen hohen Geburtsquoten und niedrigen wirtschaftlichen Wachstumsraten zu finden. Doch was finden wir wirklich? Eine breitangelegte Studie vergleicht die Bevölkerung mit den wirtschaftlichen Wachstumsraten unterentwickelter Länder in der Periode von 1950–1970[1]. Die Studie zeigt zum Beispiel, daß Nikaragua, obwohl seine Bevölkerung sehr schnell wächst, ein rascher steigendes Pro-Kopf-Einkommen hat als Länder wie Chile und Malawi, deren Bevölkerung zu den langsamer anwachsenden der unterentwickelten Länder zählt. Beispiele von Ländern, die ein negatives Wachstum in der Gesamtproduktion pro Kopf zeigen, können sowohl unter Ländern mit langsamer wie auch mit schneller anwachsender Bevölkerung gefunden werden. Es scheint einfach kein klares Verhältnis zwischen dem Volkseinkommen pro Kopf und der Bevölkerungswachstumsrate zu bestehen. Wenn überhaupt, dann scheint eine

langsamer wachsende Bevölkerung hier einen geringen Vorteil zur Folge zu haben.
Es mag selbstverständlich erscheinen, daß es weniger für jeden gibt, je mehr Menschen vorhanden sind – bis wir uns erinnern, daß es die Menschen sind, die Nahrungsmittel anbauen und alle anderen Güter schaffen.

5

Sind Menschen eine Bürde oder eine Ressource?

Frage: Sicherlich kann niemand leugnen, daß es im Verhältnis zu den verfügbaren Arbeitsplätzen in den unterentwickelten Ländern zu viele Menschen gibt. Die Volkswirtschaftlerin Barbara Ward hat die Zuwanderung in die Städte, die aus der ländlichen Arbeitslosigkeit resultiert, mit »einer Flutwelle, einem Hurrikan ›Camille‹ von Landbewohnern« verglichen. Für sie ist es »nicht so sehr eine Abwanderung, als vielmehr eine Überschwemmung«. Robert McNamara, Präsident der Weltbank, beschreibt die wachsende Zahl der Arbeitslosen als »die Marginalisierten, die elend an den Rändern der Farmen und Städte ums Überleben kämpfen«. Liegt die Tragik der Arbeitslosigkeit im Verhältnis zum Hunger nicht einfach darin, daß eine längst notwendige Revolution in der landwirtschaftlichen Produktion unvermeidlich hinter einer steigenden Zahl Ungelernter und Analphabeten zurückbleibt? Hat deren Zahl nicht längst das überschritten, was die Landwirtschaft konstruktiv absorbieren kann? Sind nicht diese sich modernisierenden Länder zu einer steten Wachstumszunahme überzähliger Menschen verurteilt, die ohne Arbeit und somit ohne Einkommen für Nahrungsmittel zurückgelassen werden?

Unsere Antwort: Begriffe wie »Flutwelle« und »Überschwemmung« könnten uns allzuleicht zu der Überzeugung führen, daß wir Zeugen eines naturgegebenen und unvermeidbaren Prozesses sind. Dramatische Metaphern können uns allein durch ihre Vorstellungskraft aufrütteln, aber sie können uns auch vom wirklichen Verstehen ablenken. Diese Frage spiegelt mehrere weitverbreitete Ansichten wider, die wir als Mythen entlarvt haben.

Der erste Mythos: Die Landwirtschaft in unterentwickelten Ländern ist deshalb rückständig, weil einfach zuviel Menschen auf dem Land wohnen, um produktiv arbeiten zu können.

Wenn eine zu große Anzahl Arbeiter pro Acre landwirtschaftlich genutzter Fläche wirklich der Produktion im Wege stünde, besäßen dann nicht Länder mit einer *produktiveren* Landwirtschaft eine *geringere* Anzahl Arbeiter pro Acre als ihre weniger erfolgreichen Nachbarn? Aber was finden wir? Japan und Taiwan, beide als landwirtschaftlich erfolgreich angesehen, haben mehr als zweimal so viel Landarbeiter pro Flächeneinheit als die Philippinen und Indien. In Japan ist der Produktionswert pro Acre siebenmal höher als der auf den Philippinen und zehnmal höher als in Indien[1]. Die Gesamttendenz scheint tatsächlich ein *positives* Verhältnis zwischen der Zahl der Arbeiter pro Einheit Land und der Höhe des landwirtschaftlichen Ausstoßes dieses Landes aufzuzeigen. Dies mag für Amerikaner oder auch Europäer schwerlich zu akzeptieren sein, weil ihnen beigebracht wurde, Produktivität daran zu messen, wie *wenig* Leute benötigt werden, um die erforderlichen Nahrungsmittel anzubauen. In unterentwickelten Ländern mit zahlreichen ungenützten menschlichen Arbeitskräften ist eine solche Messung sinnlos.

Länder, die wir als stark übervölkert ansehen – Länder, von denen wir annehmen, daß sie nicht einen Bauern zusätzlich gebrauchen könnten –, sind landwirtschaftlich gesehen nicht notwendigerweise übervölkert. Als China versuchte, die Produktion zu steigern und dabei von seinem menschlichen Arbeitskräftepotential Gebrauch machte, entdeckte es, daß es den Arbeitsinput pro Acre gewinnbringend verdreifachen oder sogar vervierfachen konnte. Wenn nach Aussagen der Weltbank Länder wie Indien die Arbeitsintensität Japans erreichen könnten – das heißt, zwei Arbeiter pro Acre –, dann könnte ihre Landwirtschaft in der Tat die gesamte Arbeitskraft, die bis 1985 entstehen wird, absorbieren[2]. Der bedeutsame Unterschied jedoch besteht darin, daß Länder wie Japan, Taiwan und China arbeitsintensive Technologien entwickelt haben, die die zusätzlichen Arbeitskräfte *produktiv* einsetzen, was in Indien und auf den Philippinen nicht der Fall ist.

Eine zu große Landbevölkerung ist also keineswegs das Produktionshemmnis, wie das so oft dargestellt wird. In einigen Ländern stehen sogar *zuwenig* Landarbeiter zur Verfügung. Eine kürzlich vorgenommene Untersuchung über afrikanische Entwicklungsexperimente in ländlichen Gebieten kommt zu dem Schluß, daß viele Pläne aus Mangel an landwirtschaftlichen Arbeitskräften gescheitert sind. Für die Elfenbeinküste verzeichnet das Gutachten einen chronischen Mangel an ungelernten Arbeitskräften in der Landwirtschaft, sogar in dem Maße, daß Arbeitskräfte aus den Nachbarländern beschäftigt werden mußten[3]. Große landwirtschaftliche Projekte, wie der Gezira-Plan im Sudan, wurden nur durch die Beschäftigung von Arbeitskräften aus Nachbarländern möglich. Die Abwanderung der Arbeiter entzieht deren Heimatregionen in hohem Maße die leistungsfähige menschliche Arbeitskraft, die für die lokale landwirtschaftliche Entwicklung gebraucht würde.

Der zweite Mythos: Da die Landwirtschaft keine zusätzlichen Menschen mehr aufnehmen kann, müssen die überschüssigen Menschen aus den Landgebieten in die Städte ziehen, wo neue Arbeitsplätze in der Industrie für sie geschaffen werden müssen.

Genau diese Analyse des Problems verursachte sowohl die Vernachlässigung der Landwirtschaft als auch die Förderung der Industrialisierung durch Entwicklungsplaner in den fünfziger und sechziger Jahren. Das Ergebnis? Hohe Kapitalinvestitionen, doch auffallend wenig neue Arbeitsplätze in der Industrie.

Der Anteil der Arbeiter, der in unterentwickelten Ländern in der Fabrikation beschäftigt ist, fiel zwischen 1900 und 1950 von 8,5 Prozent auf 7,6 Prozent der gesamten Beschäftigten[4]. Diese Entwicklung fand auch in Ländern wie Brasilien statt, das als »Wunder« der industriellen Entwicklung hochstilisiert wird. Zwischen 1950 und 1964 erhöhte die indische Regierung die Kapitalinvestitionen in die Massenproduktion um das Fünfzehnfache. Die Zahl der Arbeiter jedoch, die von diesen Fabrikationsbetrieben beschäftigt wurden, stieg in der gleichen Zeit nur um wenig mehr als auf das Doppelte der ursprünglichen Beschäftigung[5]. Ausländische Konzerne aus Ländern mit hohen Lohnkosten wie den Vereinigten Staaten haben mit ihren arbeitskraftsparenden Technologien die chronische »Beschäftigungskrise« noch verschlimmert. Die in Lateinamerika untersuchten 257 multinationalen Gesellschaften haben pro Umsatzeinheiten weniger als die Hälfte der Anzahl von Beschäftigten, die von lokalen Gesellschaften eingestellt werden[6]. Ein Konzern behauptet ständig, daß seine Investition so und so viele Hunderte von Arbeitsplätzen »geschaffen« habe. Viele Volkswirtschaftler sind jedoch inzwischen zu der Ansicht gelangt, daß eine neue, moderne Fabrik, die ein paar hundert beschäftigt, sehr wohl Tausende ortsansässiger Handwerker zwingen kann, ihr Geschäft aufzugeben. Außerdem hätten die lokalen Ersparnisse, die von ausländischen Gesellschaften zur Herstellung einer neuen Fabrik als Kredite aufgenommen wurden, auf eine ganz andere Weise angelegt werden können, um so sehr viel mehr Arbeitsplätze zu schaffen.

Bemühungen, das Problem der Arbeitslosigkeit durch die Schaffung neuer Arbeitsplätze in zentralisierten städtischen Gebieten zu lösen, sind in jedem Fall unangebracht. In unterentwickelten Ländern besitzen Landwirtschaft und dezentralisierte Kleinbetriebe, die die lokale Landwirtschaft mit allem Nötigen versorgen, ein größeres Potential, Arbeiter zu absorbieren. China ist fähig gewesen, den Prozentsatz der ganztags in der Landwirtschaft tätigen Beschäftigten auf etwa 54 Prozent der gesamten Beschäftigten zu reduzieren, im Gegensatz zu den 70 bis 85 Prozent in den meisten unterentwickelten Ländern. Ähnlich macht die Landarbeit in Taiwan jetzt nur 30 Prozent der Gesamtbeschäftigung aus. Das wurde nicht durch das Schaffen städtischer Industrien erreicht, sondern durch die Entwicklung kleiner Betriebe und Werkstätten zur Herstellung von Landwirtschaftsgeräten und wichtigen Konsumgütern überall auf dem Lande. Chinas *ländliche,* aber nicht in der Landwirtschaft beschäftigte Bevölkerung stellt für die Landwirtschaft auch eine beträchtliche Arbeitskraftreserve dar. Sie ist verfügbar, wenn z. B. in der Erntezeit Arbeitsengpässe auftreten, die von vielen Ländern zur Rechtfertigung voreiliger und teurer Mechanisierungsinvestitionen benutzt werden.

Der dritte Mythos: Die Bevölkerungszunahme ist eine außerordentliche Last für die ums Überleben kämpfenden Länder der Dritten Welt. Denn dies bedeutet, daß dort zusätzliche Arbeitsplätze geschaffen werden müssen, wo 15 bis 30 Prozent der Bevölkerung bereits jetzt arbeitslos und viele der sogenannten Beschäftigten in Wirklichkeit unterbeschäftigt sind. Das Ergebnis ist eine steigende Zahl halb verhungerter, am Rande der Gesellschaft stehender Menschen, die außerhalb des Wirtschaftskreislaufes leben.

Bei den Forschungsarbeiten für dieses Buch begannen wir zu verstehen, daß Menschen nicht »am Rande der Gesellschaft lebend« geboren werden. Ihr Zustand kommt nicht dadurch, daß sie aufgrund einer begrenzten Menge landwirtschaftlich nutzbaren Landes einfach überzählig sind oder etwa von einer gegebenen Aufnahmekapazität einer Wirtschaft nicht absorbiert werden können. Was aber läßt dann diese Menschen als »überzählig« und »am Rande der Gesellschaft lebend« erscheinen?

Im England des sechzehnten und im Schottland des neunzehnten Jahrhunderts führte ein Wechsel in der Landnutzung direkt zu der Erscheinung von »überzähligen Menschen«. Die besitzenden Stände hatten beschlossen, daß Schafe mehr Profit einbringen würden als

der Ackerbau. Schafe jedoch brauchen eine Menge Land und nur wenige Hirten. Daher wurde das Land »eingezäunt«, und Tausende Ackerland bebauende Bauern wurden so ausgeschlossen. Viele zeitgenössische Berichterstatter sahen in der anwachsenden Zahl besitzloser Vagabunden ein sicheres Zeichen für »überzählige Menschen« – eine Ansicht, die dazu beitrug, die überseeischen Eroberungen zu motivieren. Die Übervölkerung existierte natürlich nur im Verhältnis zu einer Wirtschaft, die auf extensive Schafzucht gegründet war. Die Gesamtbevölkerung Englands im sechzehnten Jahrhundert war kleiner als die Bevölkerungszahl einiger heutiger englischer Großstädte zusammengenommen[7].
Die Kolonialmächte schufen solche am Rande der Gesellschaften lebenden Schichten auf ähnliche Weise, indem sie äußerst komplizierte und diversifizierte landwirtschaftliche Systeme auf Monokulturen reduzierten – Monokulturen, mit denen der meiste Profit auf ausländischen Märkten erzielt werden konnte. Sie formten ganze Länder in Produktionsstätten für ein oder zwei Agrarerzeugnisse um, was bedeutete, daß Pflanzen und Ernten nicht mehr über das ganze Jahr hinweg verteilt waren. Die Beschäftigungsmöglichkeiten waren somit vom Zyklus der ein oder zwei Hauptexporterzeugnisse abhängig. Dementsprechend waren in der vorherrschenden Zucker-Plantagenwirtschaft Kubas in der Mitte der fünfziger Jahre eine halbe Million Zuckerarbeiter nur für vier Monate im Jahr beschäftigt – und zwar zur Zeit der Zuckerernte[8].
Tatsächlich erscheinen heute Menschen durch die weitere Umwandlung der Landwirtschaft, die in den meisten unterentwickelten Ländern stattfindet, als solche »Randexistenzen«. Die Landwirtschaft, einst Existenzgrundlage für Millionen sich selbst versorgender Bauern, wird zur Profitgrundlage einflußreicher kommerzieller Unternehmer: traditioneller grundbesitzender Eliten, in den Großstädten wohnender Landwirtschaftsspekulanten und ausländischer Konzerne. Diese neuen Unternehmer in der Landwirtschaft benutzen die Profite, um sowohl ihren Landbesitz auf Kosten der Kleinbauern und der Besitzlosen zu vergrößern als auch um die Produktion auf Kosten der Beschäftigung der Landarbeiter zu mechanisieren.

Hierzu einige Beispiele:
- *Pakistan:* Ein Beamter der pakistanischen Planungskommission erklärt, daß in fünfzehn Jahren die volle Mechanisierung der Farmen über 25 Acres bewirtschafteter Fläche 600 000 bis

700 000 Arbeiter ersetzen kann. Die Anzahl der Traktoren ist in Pakistan von 3000 im Jahre 1960 auf 20 000 im Jahre 1969 gestiegen[9].

- *Lateinamerika:* Jeder Traktor ersetzt ungefähr drei Arbeiter in Chile und ungefähr vier in Kolumbien und Guatemala. Eine vorsichtige Schätzung gibt an, daß zweieinhalb Millionen Arbeiter schon durch die Mechanisierung durch Traktoren in Lateinamerika ersetzt worden sind. Und weniger als ein Drittel von ihnen wird weiter Beschäftigung in der Landwirtschaft finden[10].
- *Zentralamerika:* Kaffeeanbauer in Guatemala und Costa Rica haben ihren Bedarf an Arbeitskräften durch Mechanisierung auf ungefähr die Hälfte reduziert. Die Zahl der Arbeiter, die pro Acre für die Bananenproduktion gebraucht werden, beläuft sich nun auf ein Viertel der Anzahl des Jahres 1930[11]. Vom Zucker läßt sich ähnliches berichten.
- *Indien:* Im Bundesstaat Punjab erwartet man, daß bis 1980 die Nachfrage für Lohnarbeit für den Anbau von Feldfrüchten fast ganz verschwinden wird[12].

Die Ersetzung von Pächtern und Arbeitskräften durch Maschinen bedeutet eine größere vermarktungsfähige Ernte und mehr Profit für den kommerziellen Farmer – und dazu die Befreiung von den Schwierigkeiten, beträchtlich unterbezahlte Arbeitskräfte zu »managen«. Die Ersetzung von Menschen durch Maschinen in Ländern mit enormen ungenützten Arbeitskraftreserven hat natürlich keinen sozialen Wert. Ein Vorteil entsteht nur dem einzelnen Unternehmer, der Maschinen einsetzen kann, um seinen Gewinn, den er auf Kosten eines jeden Arbeiters erzielt, auf ein Höchstmaß zu steigern. Alles, was ein Außenstehender im Verlaufe dieses Prozesses sieht, ist verstärkte Arbeitslosigkeit; daher die Folgerung, daß es einfach zu viele Menschen gebe.

Beide Fragen auf Seite 41 und 43 verraten eine Menge darüber, wie wir, Amerikaner und Westeuropäer, den Menschen als Wesen zu sehen lernen. Uns wird beigebracht, Menschen als eine wirtschaftliche Position in einer Bilanz zu sehen, obwohl in Wirklichkeit aller Reichtum eines Landes durch das Einwirken von Menschen beginnt und endet – also durch die *menschliche Arbeitskraft*. Der wirtschaftliche Erfolg einer Nation hängt nicht so sehr von ihren reichen naturgegebenen Ressourcen ab, als vielmehr davon, wie effektiv ihre Bevölkerung motiviert und ihre Arbeitskraft genutzt werden kann. Menschen erscheinen *nur* in einem bestimmten Typ des wirtschaftlichen Systems als Faktor einer Rechnung: in einem System, in dem wirtschaftlicher Erfolg nicht am Wohlergehen des gesamten Volkes gemessen wird; in einem System, in dem die Produktion mehr und mehr von einigen wenigen monopolisiert wird, und in einem System, in dem eine Technologie gebraucht wird, um die Menschen vom Produktionsprozeß auszuschließen und damit den Profit des Grundherrn, den er auf Kosten eines jeden Arbeiters macht, auf ein Maximum zu steigern. Menschen werden nicht »am Rande der Gesellschaft« geboren.

6

Menschen – eine Belastung der Umwelt?

Frage: Wir haben über das Bevölkerungsproblem in Begriffen des Wirtschaftssystems gesprochen. Doch wie steht es mit der Belastung des Ökosystems, die eine weiter zunehmende Bevölkerung mit sich bringt? Die gegenwärtig hohe Quote des Bevölkerungswachstums übt einen enormen Druck auf das Ökosystem der Welt aus, was irreparable Konsequenzen für die künftige Nahrungsmittelproduktion haben könnte. *Wir* werden darunter vielleicht nicht zu leiden haben, doch was geschieht mit unseren Kindern und Kindeskindern?
Überweidung, Erosion in großem Ausmaß und sich ausdehnende Wüsten liefern bei steigender Zahl von Vieh und Menschen den Beweis für eine Überbeanspruchung des Ökosystems. Die steigende Bevölkerungszunahme zwingt die Landwirtschaft, auch minderwertigen und anfälligen Boden zu bearbeiten. In Lester Browns »By Bread alone« heißt es: »Eine Konsequenz des fortschreitenden Bevölkerungswachstums ist die Ausdehnung der Landwirtschaft auf Land mit nur dünnen Humusschichten, das einer fortgesetzten und intensiven Bebauung nicht standhalten wird.«[1] Sicherlich können Sie nicht umhin, den Bevölkerungsdruck als den entscheidenden Faktor in diesen verhängnisvollen Entwicklungen in Richtung Umweltzerstörung anzuerkennen.

Unsere Antwort: Wir teilen diese Sorge über die langfristigen Konsequenzen unserer gegenwärtigen Entwicklung. Auch wir sehen Anzeichen ökologischer Zerstörung. Die Verschlechterung unseres globalen Ökosystems und seiner landwirtschaftlichen Ressourcen geht in der Tat einher mit dem Wachstum der menschlichen Bevölkerung und des Viehbestandes. Aber gibt es eine zwingende kausale Verknüpfung? Wir mußten den Schluß ziehen, daß das nicht der Fall ist.
Ein großer Teil der gegenwärtigen Zerstörung des Ökosystems unterentwickelter Länder begann durch den Kolonialismus. Die

Plantagen, die von den Kolonialmächten errichtet wurden, belasteten das Land in doppelter Weise. Erstens enteigneten sie das beste Land zu Zwecken kontinuierlicher Bebauung mit Exporterzeugnissen. Zweitens drängten sie gewöhnlich die ortsansässigen Bauern auf dürftiges, oft hügeliges Land ab, das für eine intensive Bewirtschaftung überhaupt nicht geeignet war. Land, das sonst als Weideland, der Forstwirtschaft oder als unberührtes Land auch dem Ökosystem gedient haben könnte, wurde sehr bald durch Erosion verwüstet.
Diese doppelte Bürde – der Anbau zum Verkauf bestimmter Erzeugnisse für den Export und das Verdrängen der Mehrheit der Bauern auf erosionsanfällige Hänge – wird heute wieder verstärkt. Nehmen Sie z. B. ein zentralamerikanisches Land wie El Salvador. Das Land besteht zum größten Teil aus steilen Hügeln und Gebirgen. Die fruchtbarsten und produktivsten Böden bilden die mittleren vulkanischen Abhänge, einige verstreute inländische Flußgebiete und die Küstenebene. Seit der spanischen Eroberung gehört dieses erstklassige Land Großgrundbesitzern, die ganz auf Export ausgerichtet waren und sind: Baumwolle, Zucker, Kaffee und Viehranchs. Weniger als eine von hundert Farmen in El Salvador besitzt mehr als 250 Acres; doch diese wenigen besitzen zusammen die *Hälfte* des gesamten bebaubaren Landes von El Salvador einschließlich des gesamten erstklassigen Bodens[2].
Das restliche Land, das jetzt hauptsächlich aus kahlen Hügeln besteht, ist alles, was 350 000 *Campesinos* besitzen, um einen Lebensunterhalt für ihre Familien zu erwirtschaften. Ein Großteil des Landes, das sie gezwungenermaßen bebauen, ist so abschüssig, daß es mit einem Stock bepflanzt werden muß. Die Erosion kann sich so verheerend auswirken – nach einer Studie sind 77 Prozent des Ackerlandes der Nation von beschleunigter Erosion betroffen –, daß die Campesinos manchmal nach einem einzelnen mageren Jahresertrag einen Hang aufgeben müssen[3]. Was sie in Zukunft bewirtschaften, ist überhaupt nicht klar. Schon jetzt hat die rapide Erschöpfung des Bodens eine starke Abwanderung der Bevölkerung von El Salvador in das angrenzende Honduras ausgelöst. Diese Landsuche verzweifelter Menschen trug dazu bei, daß im Jahr 1969 zwischen den beiden Ländern Krieg ausbrach. Und uns erzählte man, dieser Krieg sei der erste in der Geschichte, der durch die Bevölkerungsexplosion ausgelöst worden sei.
Man könnte sich veranlaßt sehen, ein Gebiet wie die Karibik, wo semitropische Wälder zerstört und der Boden stark abgetragen

worden ist, so zu betrachten, indem man das Problem damit abtut, daß es dort zu viele Menschen gebe. Gegenwärtig ernähren die lokalen Farmen nur ein Drittel der karibischen Bevölkerung; rund 70 Prozent der Kinder sind unterernährt[4].

Aber bevor Sie »zu viele Menschen« als Ursache akzeptieren, sollten Sie einige Zahlen über die Landnutzung in den karibischen Ländern betrachten. Über die Hälfte des bebaubaren Bodens in den karibischen Ländern wird mit zum Verkauf bestimmten Exporterzeugnissen bepflanzt: Zuckerrohr, Kakao, Bananen, Tabak, Gemüse und Kaffee. In einzelnen Ländern ist die widerrechtliche Aneignung des besten Landes für den Anbau von Exporterzeugnissen noch dramatischer. In Guadeloupe werden über 66 Prozent des bebaubaren Landes für Zuckerrohr, Kakao und Bananen unter den Pflug genommen. In Martinique sind über 70 Prozent des Ackerlandes mit Zuckerrohr, Kakao, Bananen und Kaffee bepflanzt. In Barbados wächst auf 77 Prozent des Bodens nur Zuckerrohr[5].

»Haiti«, so berichtet der Umweltforscher Erik Eckholm, »gehört mit zu den wenigen Ländern, die in einer das ganze Land umfassenden Umweltzerstörung El Salvador den Rang streitig machen oder es vielleicht sogar schon übertreffen.«[6] Nicht zufällig besitzen nur einige wenige die Ackerbauflächen des Landes. Die besten Ländereien in den Tälern gehören einer Handvoll Menschen, einer Elite und ihren ausländischen Partnern, die endlose Felder mit Zuckerrohr, Kaffeebäumen und Rinderweiden nutzen – alles für den Export. Wir waren besonders betroffen von den elenden Hütten der Besitzlosen an den Rändern der fruchtbaren, bewässerten Felder, auf denen Futter für Tausende von Schweinen wuchs, die als Würstchen in Chicagos Schnellgaststätten enden. Inzwischen bleibt es der Mehrheit der Bevölkerung von Haiti überlassen, die einst grünen Berghänge zu zerstören – in ihren nahezu aussichtslosen Bemühungen, Nahrungsmittel anzubauen. In ihrer Verzweiflung sind Tausende in die Vereinigten Staaten geflohen, wo sie mit den schlechtestbezahlten Amerikanern um »Niedriglohnarbeit« konkurrieren.

Die gleiche Struktur findet man in Südamerika. Nach einer Untersuchung der Weltbank gehört in Kolumbien das zur landwirtschaftlichen Nutzung bestgeeignete Land abwesenden Grundherren, die es häufig nur als Viehweide benutzen. Wir haben bereits erwähnt, daß im Jahr 1960 reiche Landbesitzer, die 70 Prozent der gesamten landwirtschaftlich nutzbaren Fläche Kolumbiens kontrollieren, davon nur 6 Prozent bebauten[7]. Hinzu kommt, daß auf einem Großteil ihres Landes, auf dem einst Grundnahrungsmittel wie Mais und Weizen wuchsen, jetzt Futtergetreide oder gar Nelken und andere »Schmuckerzeugnisse« für den Export produziert werden. Die Studie der Weltbank stellte fest, daß zur gleichen Zeit eine »große Anzahl von Bauernfamilien ... versucht, auf einem viel zu kleinen Stück Land ... oft an Hängen mit 45 Grad Steigung oder mehr ... eine Existenz herauszuschinden. Das Ergebnis ist, daß sie das Land schonungslos ausbeuten, zur Erosion und anderen Problemen beitragen und dennoch nicht fähig sind, einen passablen Lebensunterhalt zu erarbeiten.«[8]

In Afrika sind es die zum Verkauf bestimmten Agrarerzeugnisse des Kolonialismus und deren fortlebendes Erbe, welche die Bodenressourcen zerstören – nicht der Druck von Afrikas Bevölkerung. Riesige Landstriche geologisch alter Sedimente, die sich ausgezeichnet für eine dauerhafte Anpflanzung von Weidegras und Bäumen eignen, sind statt dessen für die Bepflanzung von Baumwolle und Erdnüssen aufgerissen worden. Die Erde wird so äußerst schnell arm an Humus und verliert ihre Festigkeit. Der Wind, der in der Dürrezeit ziemlich stark ist, trägt mit Leichtigkeit den Boden ab. Diese Bodenverschlechterung führt zu abnehmenden Ernteerträgen[9] und konsequenterweise zu einer Ausdehnung des bebauten Landes, auf oft dürftige Bodenqualitäten.

In stärkerem Kontrast zur Monokultur der Exportproduktion steht die traditionelle, von der Monokultur verdrängte Subsistenz-Landwirtschaft, die aus ökologischer Sicht ziemlich gesund ist. Bei ihr handelt es sich um eine in einem langen Prozeß entwickelte Anpassung an den tropischen Boden und das tropische Klima. Sie spiegelt ein aus der Erfahrung stammendes Verstehen der komplizierten Rhythmen des lokalen Ökosystems wider. Der Anbau verschiedener Früchte auf einer Fläche, manchmal mehr als zwanzig verschiedene Arten, bedeutet gestaffelte Ernten und bietet ein Höchstmaß an Sicherheit gegen Verluste im ganzen, die auf ungünstige Wetterbedingungen, Schädlingsbefall oder Krankheiten zurückzuführen sind. Außerdem bietet dieses Verfahren dem Boden das ganze Jahr hindurch Schutz vor Sonne und Regen.

Das Problem der Bodenerosion *ist* ernst. Wir haben jedoch entdeckt, daß Bodenerosion hauptsächlich deshalb auftritt, weil das fruchtbare Land von einigen wenigen monopolisiert wird, wodurch die Mehrheit der Bauern gezwungen ist, den anfälligen Boden stark zu beanspruchen. Außerdem ist die Bodenverschlechterung nicht die

Folge der Bemühungen, die Grundnahrungsbedürfnisse einer wachsenden Bevölkerung zu befriedigen, sondern sie ist die Folge des Drucks andauernder Anpflanzung von zum Export bestimmten Erzeugnissen und Luxusnahrungsmitteln über weite Gebiete hin, was zur Vernachlässigung traditioneller Techniken, die einst den Boden schützten, führte.

Überweiden: Eine Fallstudie des Mißbrauches von Land

Überweiden ist eine andere sichere Art, einen dürftigen Boden zu ruinieren. Aber um der Sache auf den Grund zu kommen, muß man fragen, wer und aus welchem Grunde überweidet. Folgt daraus, daß minderwertige Böden nie für Vieh geeignet sind? Wenn Überweidung bedeutet, daß es zuviel Vieh auf dem Land gibt, müssen wir daraus schließen, daß es dort zu viele Menschen gibt?

Einige Außenstehende sehen Afrikas Nomadenhirten als »Schuldige« an. Wir haben jedoch lernen müssen, daß die nomadischen Viehzüchter in ihrer Tradition effizienten Gebrauch von riesigen Flächen semiariden Landes gemacht haben, das sonst unproduktiv geblieben wäre. Während ihre Wanderungen Außenstehenden als ziellos erscheinen mögen, sind sie in Wirklichkeit geplant, um Vorteil aus der Verschiedenheit von Regenfall und Vegetation zu ziehen. Die Nomaden können ihr Vieh über Hunderte von Kilometern treiben, von Weiden, die nur in der Regenzeit zu gebrauchen sind, zu Oasen mit ständigem Graswuchs auch in den Trockenzeiten. Das Nomadentum ist somit eine rationale Antwort auf eine Umwelt, die durch Wassermangel, zeitbedingte Dürre und weit verstreut liegende, von der Jahreszeit abhängige Futterquellen charakterisiert ist. Die »Taktik« der Nomaden macht von Ressourcen Gebrauch, die andere nicht mal als Ressourcen betrachten würden[10].

Eine weitere Anpassungstechnik der traditionellen Nomadenhirten ist das Halten einer Herde, die aus verschiedenen Vieharten besteht: aus Kamelen, Schafen, Ziegen, Eseln sowie Rindern. Eine gemischte Herde kann die Vielfalt ökologischer Besonderheiten ausnutzen. Rinder und Schafe weiden auf Grasland; Kamele grasen ebenfalls, fressen aber auch von Sträuchern und höheren Baumteilen, Ziegen ernähren sich gerne von Sträuchern und niederen Baumteilen. Auf diese Weise wird von Pflanzen, die der Mensch nicht verzehren kann, wertvolles Protein für die menschliche Ernährung produziert.

Verschiedene Vieharten haben auch verschiedene Reproduktionszyklen; verschiedene Gebärzeiten sichern die Versorgung mit irgendeiner Milchart durch das Jahr hindurch. Die Zähigkeit der Ziegen und Kamele ist die Ursache, daß man sich auch dann noch auf sie verlassen kann, wenn Rinder in Zeiten der Dürre eingehen. Eine artenreiche Herde dient während der jährlichen Trockenzeiten und der periodischen Dürren auch als »wanderndes Lagerhaus« für Nahrungsmittel, entweder als unmittelbare Nahrung oder als Tauschobjekt etwa für Getreide.

Von alters her produzierten die Nomaden genügend Fleisch und Milchprodukte, um sie gegen Getreide bei den Bauern einzutauschen. Außerdem düngten die Herden der Nomaden jährlich die brachliegenden Felder der Bauern. Auf diese Weise erhielten die Tiere gutes Weideland, und die Fruchtbarkeit der Äcker der Bauern erhöhte sich. Diese symbiotische Wechselbeziehung erlaubte einer bemerkenswert dichten Bevölkerung, auf scheinbar unwirtlichem Land sorgenfrei zu leben[11].

Wenn die Viehzucht ein so ausgezeichnetes Mittel war und sein kann, um dürftiges Land produktiv zu machen, was ist dann falsch gelaufen? Was steht hinter den zahlreichen Berichten über die Überweidung in Gebieten wie des afrikanischen Sahel, diesem riesigen Landstrich semiariden Bodens entlang der südlichen Grenze der Sahara?

Um solche Fragen zu beantworten, müssen wir zum Anfang dieses Jahrhunderts zurückgehen. Die französische Kolonialadministration schuf willkürliche »nationale« Grenzen, die heute durch die Regierungen der gerade unabhängig gewordenen Staaten verstärkt werden und die das Wanderbedürfnis der Nomaden nicht berücksichtigen. Endlose Beschränkungen haben es für die Nomaden zunehmend schwierig gemacht, mit ihren Herden im Einklang mit den Kurz- und Langzeitenzyklen der Natur umherzuziehen.

Die Franzosen belegten darüber hinaus jeden Nomaden mit einer Kopfsteuer. Die Steuer mußte in französischen Francs gezahlt werden, obwohl die meisten Nomaden in einer Tauschwirtschaft lebten. Die Nomaden mußten daher mehr Vieh züchten, so daß sie einige Tiere gegen Bargeld verkaufen konnten. Über die Jahre hin hat sich ihr Verlangen nach Geld durch den wachsenden Reiz importierter Gebrauchsgüter verstärkt.

Auch höhere Marktpreise veranlaßten die Nomadenhirten, ihre Herden über die Tragfähigkeit des Landes hinaus aufzustocken.

Sogar die seßhafte Bevölkerung begann, kleine Herden in der Nähe ihrer Häuser zu halten. Diese Herden, auf derart engen Räumen zusammengepfercht, verursachten teilweise eine örtliche Überweidung[12]. Außerdem führte die Rindfleischnachfrage der Städte und des Exports die Nomadenhirten dazu, das natürliche Gleichgewicht einer artenreichen Herde zugunsten von Rindern zu stören. Moderne Impfungen gegen Krankheiten förderten ebenso den Aufbau von Herden über die Tragfähigkeit des Weidelandes hinaus. Die Medizin, die gedacht war, die Herden zu retten, trug letztlich zum Hungertod Zehntausender von Tieren bei.

Hilfsorganisationen, einschließlich der Behörde für Internationale Entwicklung (AID) der Vereinigten Staaten, bohrten in den späten fünfziger und frühen sechziger Jahren tiefe Brunnen. Sie ignorierten die Tatsache, daß die einzige Methode der Beweidung, die das semiaride Land nicht überfordern würde, ein Verfahren ist, das sich auf das freizügige Wandern über ein weites Gebiet hin stützt; daß eine das ganze Jahr hindurch offene Tränke ein unzureichender Ersatz ist, wie die Erfahrungen noch zeigen sollten. Wenn der Regen auszubleiben begann, führten die Nomaden ihre Rinder in großer Zahl zu diesen Brunnen. Ein Brunnen verhält sich jedoch im Rahmen des Kommunikationssystems der traditionellen Kultur wie ein falsches Signal: Ein Brunnen ist ein *scheinbar* guter Ersatz für Regen. Doch, anders als der Regen, läßt er kein Weideland wachsen. Ein scheinbar kontinuierlicher Vorrat an Wasser, gewöhnlich der unbeständigste und einschränkendste Faktor in ihrer Weidewirtschaft, ließ die Nomaden den Umfang ihrer Herden weiterhin vergrößern.

Nach nicht allzu langer Zeit zogen oft über sechstausend Rinder in dem Sahel zu Brunnen, die von Weideländern umgeben waren, die bestenfalls sechshundert hätten ernähren können. Nachdem die Rinder die Gebiete um die Brunnen abgegrast und den Boden zerstampft hatten, konnte die zerstörte Erde nicht einmal mehr den spärlichen Regen aufnehmen. Ein Augenzeuge berichtet, daß jeder Brunnen sich »schnell zum Zentrum seiner eigenen kleinen Wüste von sechzig bis achtzig Quadratkilometer entwickelte«[13].

Von 1955 bis 1960 stieg die Zahl der Rinder, Ziegen und Schafe in Mali allein um 800 000. Nach 1960, als noch mehr Wasserlöcher gebohrt worden waren, schoß die Gesamtzahl des Viehs von fünf auf sechzehn Millionen, das sind mehr als drei Tiere auf jeden Bewohner Malis. Ein großer Teil der Tiere, die auf den rapide erschöpften

Weidegebieten in der Nähe der Brunnen eingepfercht waren, starben während der letzten Dürrezeit nicht an Durst, sondern an Hunger[14].
Sie werden wahrscheinlich gelesen haben, die Misere der Nomadenhirten beweise, daß diese Länder übervölkert sind und ihre Ressourcen erschöpft haben. Bedeutet die Existenz einer größeren Anzahl Rinder, daß es zu viele Menschen gibt? Wir glauben, daß die Antwort mittlerweile auf der Hand liegt: das ist nicht notwendigerweise der Fall. Es gibt jedoch keinen Grund, das Nomadenleben zu romantisieren. Zweifellos müssen die Nomaden in ihrer Beziehung zur übrigen Gesellschaft in ein neues ökologisches Gleichgewicht kommen. Das wird einige Änderungen erfordern, wie z. B. eine Regelung der Zusammenstellung und Größe der Herden. Aber dies wird auch noch grundsätzlichere Änderungen in der gesamten Gesellschaftsstruktur erfordern, zum Beispiel die Integration von Akkerbau und Nomadenhirtentum, was zumindest teilweise über gerechte und *beständige* Austauschverhältnisse von Vieh und Getreide erfolgen muß.
Außenstehende, besonders von Städten aus operierende Regierungseliten, die das Nomadenhirtentum als Anachronismus und als ökologische Katastrophe erklären (vielleicht grundsätzlich deshalb, weil sie die Nomaden nicht kontrollieren können), stellen beständig die seßhafte »moderne« Viehhaltung als erstrebenswert hin. Kommerzielles »Ranching« mit eingezäuntem Weideland und Getreidefütterung, was kostbares Getreide vergeudetet und überdies hauptsächlich von Rindfleischexporten abhängt, steht in scharfem Kontrast zur ökologischen Vernunft des traditionellen Nomadenhirtentums, das sich einer ganzen Reihe von Ressourcen bedient, die der menschlichen Nutzung sonst nicht zugänglich sind. Das »Ranchen« erhebt sich als tödliche Bedrohung über Afrikas semiaride Gebiete und deren ursprüngliche Bewohner[15].
Außerdem berücksichtigt das kommerzielle »Ranchen« das große Potential der wilden Tiere in Afrika überhaupt nicht. Wildtiere werden im Gegensatz zu Rindern nicht von der Tsetsefliege befallen, die in weiten Gebieten Zentral- und Südafrikas vorkommt. So fremd es auch klingen mag, einige Wissenschaftler betrachten die Tsetsefliege als Glück im Unglück[16].
Falls die Tsetsefliege ausgerottet würde, würde die Rinderzucht sehr wahrscheinlich zum Aussterben des Wildes führen, das, wenn es fachgerecht »bejagt« wird, ein enormes Fleischpotential für Afrika-

ner darstellt. Der bekannte Ökologe Raymund F. Dasman argumentiert, daß die Jagd »in vielen Gegenden Afrikas mehr Fleisch pro Hektar erbringen kann, als man von den traditionellen Haustieren auf dem gleichen Land erhalten kann«.
Afrika steht zweifellos eine schwierige Entscheidung bevor. Eine Verstärkung der kommerziellen Viehzucht würde teure importierte Inputs mit ernsthaften Umweltrisiken, die Ausrottung vieler Tierarten und eine steigende Abhängigkeit von sehr labilen ausländischen Rindfleischmärkten mit sich bringen. Die Alternative: Die Wiederherstellung eines ausgeglichenen Hirtensystems und einer gut geplanten Bejagung könnte durch die optimale Nutzbarmachung der Vegetation Afrikas enormes natürliches Proteinpotential ausschöpfen.
Die zu treffende Wahl ist wohl eindeutig. Sind aber der Reiz der Devisen, der ausländischen Darlehen für Rinderzuchtprojekte, der ausländischen Rindfleischnachfrage und der Rindfleischmythos, dem afrikanische Stadteliten verfallen sind, nicht allzu unwiderstehlich, um dagegen anzukämpfen, bevor es zu spät ist?

Der Amazonas

Wie die Großwildreservate Afrikas wurde das Amazonasbecken lange als eine der verbleibenden großen Naturreserven der Welt angesehen. Kürzlich nahm die Öffentlichkeit am Rande davon Kenntnis, daß auch dieses Gebiet bedroht ist. Das Amazonas *wird* »zerstört«, aber: ist Übervölkerung die Ursache?
Seit Mitte der sechziger Jahre besteht Brasiliens größtes Regierungsprojekt in der »Kolonisation« dieses außerordentlichen Gebietes. Die Pläne fordern die Rodung von mehreren Millionen Acres Tropenurwald. Schon jetzt planieren Legionen von gewaltigen 35 Tonnen schweren Raupenschleppern mit Pflugschaufeln, von denen jede 1150 kg wiegt, den Urwald mit 2,5 km Stundengeschwindigkeit und entwurzeln alles, was in ihrer Reichweite ist. In einigen Gebieten erfordert die Arbeit zwei solcher mit einer schweren Kette verbundenen Traktoren, die eine riesige Stahlhohlkugel mit einem Durchmesser von 2,40 m und einem Gewicht von 2700 kg vor sich herrollen. Wenn sich die Raupenschlepper vorwärts bewegen, reißt die Kette die Bäume aus, zerstört das ausgedehnte verflochtene Wurzelsystem, und vernichtet die dünne tropische Humusschicht.

Kilometerweit zu sehende Feuer zerstören den Rest[17]. Eine derartige massive Entwaldung geht nach einer Aussage des Präsidenten der brasilianischen Akademie der Wissenschaften, Warwick Kerr, »mit einer Geschwindigkeit voran, die größer ist, als sie Brasilien und vielleicht die Welt je zuvor gekannt haben. Der Urwald des Amazonas wird in 35 Jahren verschwunden sein, wenn er weiterhin mit der jetzigen Geschwindigkeit vernichtet wird.«[18]

Steht wirklich Brasiliens wachsende Bevölkerung hinter diesen unerbittlichen Traktoren? Keineswegs. Die Wahrheit ist, daß Brasilien mit bereits 2,3 bebauten Acres pro Person kaum die tropischen Wälder anzugreifen braucht, um seine Bevölkerung zu ernähren. Das Verhältnis zwischen bebautem Land und Bevölkerung ist etwas besser als das der Vereinigten Staaten. Der Urwald des Amazonas wird aus zwei völlig anderen Gründen zerstört.

Besiedlungs- oder »Kolonisations«-Projekte sind in der Geschichte immer eine Art von Sicherheitsventilen gewesen – hauptsächlich als ein Mittel, um der dringenden Notwendigkeit einer Landumverteilung auszuweichen. In Brasilien gehören gerade *einem* Prozent der Farmen über 43 Prozent des gesamten bebaubaren Landes – und dazu das beste Land. Im brutalen Kontrast dazu bleiben für 50 Prozent der Farmen weniger als 3 Prozent des Landes übrig. Darüber hinaus besitzen wenigstens 7 Millionen der ländlichen Familien überhaupt kein Land – und das in einem Staat, in dem, selbst ohne das Amazonasgebiet in Betracht zu ziehen, potentiell für jede Familie zehn bebaubare Acres zur Verfügung stünden. Vier von fünf auf dem Lande lebenden Familien verdienen, auch wenn sie Arbeit auf einem Großbesitz finden, weniger als 33 Dollar pro Monat. Doch ein Drei-Personen-Haushalt braucht monatlich wenigstens 65 Dollar allein für Nahrungsmittel. Dies alles führt zu einer massiven Auszehrung menschlichen Lebens. Im ländlichen Nordosten von Brasilien sterben ungefähr 200 von 1000 Neugeborenen schon im ersten Jahr ihres Lebens[19].

Um eine Provokation der mächtigsten Familien Brasiliens zu vermeiden, die entstünde, wenn man deren große, hauptsächlich für den Export produzierenden Besitzungen aufteile, verkündete die Militärregierung eine absurde Lösung: die arme Landbevölkerung ins Amazonasbecken umzusiedeln, ein tropisches Gebiet, das für eine intensive und dauernde Bewirtschaftung gänzlich ungeeignet ist[20]. Somit kommt der Druck auf den Urwald des Amazonas *nicht* von Brasiliens Bevölkerungswachstum, sondern von der Bemühung einer

Regierung, den Druck nach einer gerechten Umverteilung des Landes abzuschwächen.
Nach vielem beschönigendem Eigenlob hat die Regierung nach zehn Jahren lediglich 10 000 Kleinbauern neu angesiedelt. Trotz enormer bürokratischer Aufwendungen, mußten jedoch viele dieser Farmen bald aufgegeben werden, da ihr tropischer Boden keine intensive Bewirtschaftung zuließ. Das aber konnte die Regierung keineswegs beunruhigen – sie hat zum Schaden noch den Spott hinzugefügt. Nur ein paar Jahre, nachdem die Regierung ausposaunt hatte, daß der Wohlstand für die arme Landbevölkerung nur ein paar tausend Kilometer am Ende einer noch nicht fertiggestellten Straße läge, entschied sie sich für einen anderen Typ von Pionieren. Sie erteilte Konzessionen für Besitztümer, wovon keines kleiner als 250 000 Acres ist – hauptsächlich für exportorientierte Viehzucht und Forstwirtschaft zur Papierproduktion –, das war eine neue Tat.
Die »Pioniere«, das sind nun wieder einige der reichsten Familien Brasiliens, die bereits zu den größten Grundbesitzern des Landes zählen, einige brasilianische Konzerne und, als Glanzpunkte, ein paar Fernsehstars. Ebenfalls schnell dabei herauszufinden, was Brasilien für sie tun kann, sind viele der größten multinationalen Konzerne der Welt, zu ihnen gehören Anderson Clayton, Goodyear, Volkswagen, Nestlé, Liquigas, Bodden, Mitsubishi und Universe Tank Ship (ein unterprofilierter Riese, der aus Steuergründen in Liberia beheimatet ist, in Wahrheit aber dem bejahrten amerikanischen Multimilliardär D. K. Ludwig gehört). Die »Heimstätten« dieser Pioniere erreichen teilweise eine Größe von 3,7 Millionen Acres, das ist die Hälfte der Größe Hollands[21].
Niemals hat eine Regierung so viel für so wenig an so wenige abgegeben. Eine schier endlose Liste »fiskalischer Anreize« wird geboten. Eine dieser Begünstigungen erlaubt einem Konzern, die Hälfte der Steuern auf seinen Gewinn in das Amazonasgebiet zu investieren.
Zusätzliche Anreize werden für Rindfleisch-Exportunternehmungen angeboten. Das Ziel ist, Brasilien zum Hauptrindfleischlieferanten für Europa und die Vereinigten Staaten zu machen. Belém an der Mündung des Amazonas liegt eigentlich genauso nah an Miami wie an den dicht besiedelten Städten Brasiliens und ist zu Schiff fünf Tage näher an Europa gelegen als die argentinischen Schlachthöfe.
1975 entdeckte der Wärmesensor eines Aufklärungssateliten der Vereinigten Staaten eine plötzliche und intensive Erhitzung der Erde

im Amazonasbecken, wie sie gewöhnlich auf eine bevorstehende vulkanische Eruption hinweist. Eine besondere Bereitschaftstruppe wurde ausgeschickt. Und was fand sie? Einen deutschen multinationalen Konzern, der 1 Million Acres Tropenwald für eine Rinderranch abbrannte. Im Unterschied zum Roden und Abbrennen einiger weniger Acres durch die Cayapó-Stämme bedeutet das Niederbrennen von 1 Million Acres durch den Konzern den Tod fast der gesamten lokalen Fauna.

Mehrere Konzerne, z. B. Ludwigs, Georgia-Pacific und Bruyznell roden fleißig den Urwald (der über ein Sechstel des restlichen Holzbestandes der Welt enthält) und zerstören dessen wertvolle Bauholzressourcen. Sie bauen den Wald buchstäblich ab. Der Plan sieht vor, mit noch mehr Traktoren, unterstützt von einer Legion mächtiger Sägen und gefräßiger Feuer, die unerwünschten Bäume wegzuräumen. Das nächste Stadium sieht das Pflanzen eines »homogenen Waldes« vor mit Hunderttausenden Gmelinabäumen, die aus Westafrika stammen (wer weiß, welchen Umweltschaden das verursachen wird!). Die Gesellschaften hoffen, daß der Mutterboden lang genug halten wird, um diese neuen Bäume mit riesigen »Baum-Walzen« zu Papierbrei für den Export einzuebnen.

Und das alles mit Hilfe der Regierung – und natürlich mit vielen Millionen Profit.

Wenn Sie sich fragen, ob diese Verwüstung wenigstens Arbeitsplätze schafft, so lautet die Antwort wiederum: nein. Sie könnten hingehen und die in Zukunft dort Arbeitenden zählen. Wie bei den meisten finanzkräftigen Konzernen wird das investierte Geld in erster Linie für Maschinen eingesetzt, und nicht für Menschen. Ludwigs Rinder-, Papier- und exportorientierte Reisunternehmungen auf seinen 3,7 Millionen Acres sehen vor, lediglich 1200 ständige Arbeiter und eine bloße Handvoll Saisonhilfsarbeiter zu beschäftigen[22].

Einige rechtfertigen das ganze Amazonasprojekt als eine Notwendigkeit, die durch das Bevölkerungsproblem Brasiliens oder der Welt bedingt sei. In Wirklichkeit ist das Projekt jedoch ein Betrug der brasilianischen Regierung auf Kosten der Besitzlosen, eine Verwüstung der natürlichen Ressourcen des Landes, um für die Reichen einen schnell vergänglichen Profit zu schaffen. Auch nach der Meinung vieler bekannter Umweltwissenschaftler droht hier eine ökologische Katastrophe, nicht nur für Brasilien, sondern für die ganze Welt. Viele Ökologen warnen vor einem so großangelegten Eingriff in die Bodenstruktur, in das Entwässerungssystem und die Wasser-

verdunstung, der sehr wohl Kettenreaktionen auslösen könnte, die das Klima weltweit verändern.
Sie mögen sich fragen, wieso es so verhängnisvoll sein kann, einen Wald zu roden. Sind nicht auch die nordamerikanischen Wälder beseitigt worden, um Nahrungsmittel anzupflanzen? Alle Wälder sind jedoch nicht gleich. In einem Wald in gemäßigten Breiten verrottet das Laub verhältnismäßig langsam und erzeugt dabei eine tiefe Schicht nährstoffreichen Bodens. In einem tropischen Wald dagegen fördern Hitze und Feuchtigkeit eine schnelle Zersetzung der Vegetation. Ein Blatt, das in England achtzehn *Monate* zur vollständigen Verrottung braucht, könnte im Amazonasgebiet innerhalb einiger *Stunden* zersetzt werden. Bei einer so schnellen Verrottung wird die organische Materie in den meisten Fällen sofort in neues Pflanzenleben assimiliert. Tropisches Pflanzenleben ist somit im Grunde genommen ein geschlossener Zyklus von Wachstum und Verrottung. Der winzige Bruchteil, der aus diesem Zyklus austritt, wird zu einer dünnen nährstoffarmen Bodenkrume, die dem Pflanzenleben eher als mechanische Tragfläche denn als Nahrungsquelle dient. Wenn die als vielfältiges Schutzdach dienende Vegetation weggerissen wird, waschen Wolkenbrüche, die manchmal fünfzehn bis zwanzig Zentimeter Niederschlagsmenge an einem einzigen Tag abregnen, die ungeschützte Erde weg, und die Äquatorsonne backt das, was zurückbleibt, in steinhartes Ödland zusammen[23].
Sie könnten fragen, wieso so trübe Aussichten jemals eine profitorientierte Organisation reizen konnten. Dazu sollten Sie bedenken, daß ein Konzern, selbst wenn der Boden auf einer Fläche von 100 000 Acres verdorben ist, immer noch ein paar Millionen Bäume mehr in der Nähe ausreißen und abbrennen kann. Kern der Sache ist jedoch, daß – zum Teil wegen der »finanziellen Anreize« der Regierung – die erhofften Gewinne aufgrund des geringen investierten Kapitals äußerst attraktiv sind. Investoren müssen deshalb nicht über eine fünf- bis zehnjährige Periode hinausdenken, geschweige denn sich etwa über künftige Generationen Sorgen machen. Sie nennen das: einen Großanschlag ausführen.
Bei näherer Prüfung stellt sich heraus, daß für einen Großteil der Zerstörung der landwirtschaftlichen Umwelt nicht die Bevölkerungszahl eines Landes die Ursache ist, sondern andere Kräfte: Landmonopolisten, die Feldfrüchte ohne Nährwert und Luxusfrüchte exportieren, welche die Mehrheit der Bauern zwingen, minderwertiges Land überzustrapazieren; sich bis heute fortsetzende Kolo-

nialstrukturen in der Besteuerung und dem Anbau von zum Verkauf bestimmten Erzeugnissen; gutgemeinte, aber unaufgeklärte »Hilfe« und andere Formen von Eingriffen in traditionell gut angepaßte Systeme; und verantwortungsloses Profitdenken, sowohl von einheimischen als auch von ausländischen Eliten. Halbierte man die Weltbevölkerung morgen, keine dieser Kräfte würde aufgehalten werden.

* * *

»Während wir unser zähes Festhalten und unsere beachtliche Erfahrung, die wir in der Herstellung in 42 Betrieben in 12 Ländern gewonnen haben, als unseren Verdienst anrechnen, hätte der Erfolg der Massey-Ferguson in Brasilien nicht erreicht werden können ohne die aufgeklärte Regierungspolitik, die seit 1974 im Zeichen von Stabilität und Entwicklung steht.«
»Massey-Ferguson in Brasilien«, Erklärung von Albert A. Thornbrough, Präsident, 1975

»Ich besuchte Brasilien zum erstenmal vor über zehn Jahren. Ich war betroffen von der unbegrenzten Zuversicht und der breiten Einsicht der Menschen, die ich traf. Das erinnerte mich an die moralischen Kräfte der früheren Generationen, die die Vereinigten Staaten aufbauten. Und ich konnte nur daraus schließen, daß Ihre Nation, wie die meine, zur Größe ausersehen war.«
Henry Kissinger in Brasilien, Februar 1976

»Du kannst das Land da draußen jetzt zu demselben Preis wie ein paar Flaschen Bier pro Acre kaufen. Wenn du eine halbe Million Acres hast und zwanzigtausend Rinder, dann kannst du diese lausige Gegend verlassen und dich in Paris, Hawaii, in der Schweiz niederlassen oder wo immer du leben willst.«
Ein amerikanischer Rancher, der Land im Mato Grosso besitzt, zitiert in Robert Hanbury-Tenison: »A question of Survival for the Indians of Brasil«, London, 1973

7

Sind mehr Lebensmittel die Gifte wert?

Frage: Sie mögen recht haben, daß die Anzahl der Menschen nicht die eigentliche Bedrohung der Lebensmittel-Ressourcen darstellt – daß die Kernfrage darin besteht, wer das Land kontrolliert und wofür es gebraucht wird. Doch Sie haben bisher eine sehr ernsthafte Gefahr total vernachlässigt, mit der wir bei dem Versuch, mehr Nahrungsmittel zu produzieren, konfrontiert werden. Wir alle haben erschreckende Reportagen gelesen oder im Fernsehen verfolgt, die von den Gefahren berichten, die im Gebrauch von Schädlingsbekämpfungsmitteln und anderen Chemikalien zur Steigerung der Nahrungsmittelproduktion liegen.

Vielleicht werden wir mit diesen Gefahren leben müssen, da die Anwendung von Schädlingsbekämpfungsmitteln einer der Hauptgründe ist, warum die Vereinigten Staaten so viele Nahrungsmittel produzieren können. Vielleicht könnten unsere Nahrungsmittelüberschüsse einige Einschränkungen in der Verwendung von Chemikalien zulassen, so wie das kürzlich erfolgte Verbot von DDT. Doch was können da die unterentwickelten Länder machen, wo jeder Bushel* Getreide fürs Überleben zählt? Nehmen wir einmal an, diese Länder *könnten* ihre Nahrungsmittelproduktion steigern. Werden sie da nicht mehr Schädlingsbekämpfungsmittel verwenden müssen? Schafft das nicht eine ausweglose Situation? Sollten Nahrungsmittel für hungernde Menschen nicht den Vorrang vor allem anderen haben? Die Wahl scheint somit nur noch zwischen Verhungern und Vergiften von Menschenmassen zu bestehen.

Unsere Antwort: Wir verstehen, daß Sie sich in einer ausweglosen Situation zu befinden glauben. Nehmen Sie zum Beispiel den Fall des DDT. Für uns war die Verbreitung der Kampagne zum Verbot des DDT in den sechziger Jahren ein bescheidener erster Sieg für ein

* Maßeinheit in Amerika: Zwischen 14,515 und 27,216 kg. In diesem Fall für Getreide: 25,401 kg.

keimendes Umweltbewußtsein. Doch was hat dieses Verbot wirklich bewirkt? Trotz eines Verbotes in den meisten Industrieländern wird zur Zeit jährlich mehr DDT (über 150 000 metrische Tonnen) in der Umwelt abgelagert als vor zehn Jahren.[1] Ein Grund liegt darin, daß einflußreiche Lobbys chemischer Konzerne Erfolg hatten, zum Beispiel den Kongreß der Vereinigten Staaten dahin zu bringen, den Export von DDT von jeder Beschränkung oder gar einem Verbot auszunehmen, den ein Gebrauch von DDT oder anderen Schädlingsbekämpfungsmitteln innerhalb der USA treffen würde. 1974 zum Beispiel brachte es ein chemischer Konzern zustande (auf Kosten der Steuerzahler), die Behörde für Internationale Entwicklung der Vereinigten Staaten (AID) zu veranlassen, das Insektenvertilgungsmittel Phosvel nach Indonesien zu verschiffen, obwohl 1972 dieses Mittel in Ägypten mit schweren gesundheitlichen Schäden bei Wasserbüffeln in Verbindung gebracht worden war. Phosvel ist in den Vereinigten Staaten nicht zugelassen[2].

Vielleicht können es sich unterentwickelte Länder in ihrem verzweifelten Kampf, genügend Lebensmittel für ihre Bevölkerungen zu produzieren, wirklich nicht leisten, über die Umweltbelastung von Schädlingsbekämpfungsmitteln besorgt zu sein – so jedenfalls argumentieren die Chemie-Konzerne. Doch was sollte vor einer solchen Entscheidung alles berücksichtigt werden?

Bevor man eine so verzweifelte Entscheidung der unterentwickelten Länder unterstützt, sollte man zuerst die Konsequenzen für die ganze Welt berücksichtigen. In unserem Land können wir auch nicht den Gesundheits- und Umweltschäden durch Gifte entgehen, die außerhalb unseres Landes in die Umwelt versprüht werden. Das Ökosystem unseres Planeten erlaubt es nicht, die unterentwickelten Länder irgendwie unter Quarantäne zu stellen.

Wie alle anderen Pestizide bleibt auch DDT nicht dort, wo es angewendet wird. Wenn es einmal auf den Feldern ist, dringt es in Seen, Bäche, Flüsse und Ozeane vor. Über ein Viertel des gesamten DDT, das je produziert wurde, ist nun schon in unseren Ozeanen. Fast überall auf der Welt sind die Fische davon bereits betroffen[3].

DDT, das in Nicaragua auf Baumwollfeldern angewandt wurde, zeigte sich wieder in Rindern, die über Miami in die USA importiert wurden. Schädlingsbekämpfungsmittel treten so leicht in die Nahrungsmittelkette ein und enden im menschlichen Körper. Jeder junge amerikanische Erwachsene trägt schon wenigstens 0,08

Gramm Schädlingsbekämpfungsmittel als in seinem oder ihrem Körperfett abgelagerte Substanzen[4]. DDT, das in Guatemala auf Baumwollfeldern angewandt wurde, entdeckte man in gefährlichen Mengen in der Milch stillender Mütter. 1972 entwickelten in Ägypten sechs Menschen Symptome neuro-toxischer Vergiftung, mehrere Monate, nachdem das oben erwähnte Schädlingsbekämpfungsmittel Phosvel auf Baumwollfeldern – kilometerweit entfernt – angewandt worden war[5].
Geringfügigste Mengen von Schädlingsbekämpfungsmitteln können eine verheerende Wirkung haben. Der Umweltforscher Erik Eckholm vermerkt: »Nur ein Teil DDT auf 10 Milliarden Teile Wasser verringert das Wachstum von Austern erheblich, und zwei Teile DDT auf 10 Millionen Teile Wasser können Krabben und Krebse töten[6].« Forscher haben gezeigt, daß bei nur acht Teilen DDT auf eine Million Teile Wasser Forellen in einer bei Texas liegenden Meeresbucht nicht mehr laichen.

Sind Schädlingsbekämpfungsmittel notwendig?

Beim Versuch zu entscheiden, wie notwendig Schädlingsbekämpfungsmittel wirklich sind, wurden uns die Augen zuerst geöffnet, als wir ein paar grundlegende Fakten über den Gebrauch von Schädlingsbekämpfungsmitteln in den Vereinigten Staaten aufdeckten[7].
Große Mengen von Schädlingsbekämpfungsmitteln werden in diesem Land verwendet – jährlich ungefähr 0,5 Milliarden Kilogramm, das sind 2,7 kg toxischer Chemikalien auf jeden Amerikaner, oder über 30 Prozent des gesamten Weltverbrauchs. Die Sicherheitsvorschriften der Vereinigten Staaten für Schädlingsbekämpfungsmittel sind sehr viel nachlässiger als die der meisten anderen Industrieländer, was hauptsächlich auf den von mächtigen chemischen Konzernen ausgeübten Druck zurückzuführen ist. Einer umfassenden Studie über internationale Normen zufolge müßten die Amerikaner, falls die Vereinigten Staaten Japans Richtlinien über Giftstoffe übernähmen, ungefähr nur mit der Hälfte der Schädlingsbekämpfungsmittel auskommen. Die Studie bemerkte, daß auch die Sowjetunion »härtere Richtlinien hat als die USA«[8].
Ein so massiver Gebrauch von Schädlingsbekämpfungsmitteln müßte uns annehmen lassen, daß die Chemikalien auf dem größten

Teil des amerikanischen landwirtschaftlich genutzten Landes verwendet werden und daß die hohe amerikanische Produktivität im Nahrungsmittelanbau in nicht geringem Maße den freigebigen Dosen von Schädlingsbekämpfungsmitteln zu verdanken ist: Das ist falsch und wiederum falsch.

Tatsache Nummer eins: Nahezu die Hälfte der Schädlingsbekämpfungsmittel, die in den Vereinigten Staaten gebraucht werden, wird nicht auf Farmland, sondern auf Golfplätzen, in Parkanlagen und auf Rasenflächen verwendet[9].

Tatsache Nummer zwei: Nur 5 Prozent des Acker- und Weidelandes der Vereinigten Staaten werden mit Insektenvertilgungsmitteln behandelt, 15 Prozent mit Unkrautvernichtungsmitteln und 0,5 Prozent mit pilztötenden Mitteln[10].

Tatsache Nummer drei: Auf landwirtschaftliche Produkte, die keine Nahrungsmittel sind, entfallen über die Hälfte aller Insektenvertilgungsmittel in den Vereinigten Staaten. Baumwolle allein erhält nahezu die Hälfte (47 Prozent) aller verwendeten Insektenvernichtungsmittel. Es sollte bemerkt werden, daß selbst damit die Hälfte der gesamten Baumwollanbaufläche keinerlei Behandlung mit Insektenvertilgungsmitteln erfährt[11].

Tatsache Nummer vier: Die Umweltschutzbehörde (EPA – Environmental Protection Agency) der Vereinigten Staaten schätzt, daß vor dreißig Jahren amerikanische Farmer 22 Millionen kg Schädlingsbekämpfungsmittel gebrauchten und 7 Prozent ihres Ertrags vor der Ernte verloren. Heute benutzten die Farmer zwölfmal soviel Schädlingsbekämpfungsmittel, trotzdem hat sich der Anteil des Ertragsverlustes vor der Ernte nahezu verdoppelt[12].

Tatsache Nummer fünf: Selbst wenn die Anwendung aller Schädlingsbekämpfungsmittel gestoppt würde, würde der Ernteverlust, der auf Schädlingsbefall (Insekten, Pilze, Unkraut, Säugetiere und Vögel) zurückzuführen wäre, nur ungefähr um sieben Prozent steigen, d. h. von 33,6 auf 40,7 Prozent[13].

Tatsache Nummer sechs: Mehrere neuere Studien weisen auf einen überflüssigen Gebrauch von Schädlingsbekämpfungsmitteln in der Landwirtschaft hin. Die EPA hat gezeigt, daß die Verschwendung bei der Produktion von Mais, Sorghum* und Äpfeln sich allein auf 7,3 Millionen kg jährlich beläuft.

* Sorghum, auch Durra oder Mohrenhirse oder Kaffernkorn genannt, ist ein der Hirse verwandtes Getreidegras. Es ist in weiten Teilen Afrikas ein Grundnahrungsmittel (Anm. d. Übers.)

Helfen Schädlingsbekämpfungsmittel den Hungrigen, Nahrungsmittel zu produzieren?

Wir stellten diese Frage dem Leiter des Plant Protection Service (Pflanzenschutzdienstes) der FAO. Er schätzt, daß jährlich 345 Millionen kg Schädlingsbekämpfungsmittel in den unterentwickelten Ländern verwendet werden. Der »überwiegende Teil« wird jedoch für Exporterzeugnisse gebraucht, hauptsächlich für Baumwolle und in einem geringen Maße für »Obst und Gemüse, die in Plantagen für den Export angebaut werden«[14]. Das ist kein bloßer Zufall. Importe, wie etwa Schädlingsbekämpfungsmittel, fördern aus Gründen der Deviseneinnahmen, mit denen Importe bezahlt werden können, eine Konzentration auf Exporterzeugnisse. Ein unterentwickeltes Land kann sehr leicht auf die Produktion von immer mehr Exporterzeugnissen fixiert werden, damit es seine stetig steigenden Importe bezahlen kann. Schädlingsbekämpfungsmittel führen zu landwirtschaftlichen Gegebenheiten, die mehr Pestizide fordern. Die – bezogen auf die Höhe des finanziellen Einsatzes – sinkenden Gewinne, die oft das Ergebnis sind, steigern den Druck, noch mehr Land für den Anbau von Exporterzeugnissen zu beanspruchen. Dieser ganze Prozeß übergeht jedoch das Bedürfnis der einheimischen Bevölkerung nach Nahrungsmitteln.

Auch der finanzielle Aufwand für den einzelnen Bauern sollte nicht übersehen werden. Schädlingsbekämpfungsmittel sind, im wirtschaftlichen Sinne, nur ein weiterer Faktor, um die Landwirtschaft der Kontrolle durch kleine, sich selbst versorgende Bauern zu entziehen.

Schädlingsbekämpfungsmittel in unterentwickelten Ländern sind somit auf kleine exportorientierte Enklaven konzentriert, die in ihrer Funktion eine bloße Ergänzung der landwirtschaftlichen Systeme der Industrieländer darstellen. In diesen Enklaven werden Schädlingsbekämpfungsmittel oft so intensiv angewandt, daß Umweltwissenschaftler die »Möglichkeit« haben, die Auswirkungen des extremen »chemischen« Ackerbaus zu studieren. Eine derartige Möglichkeit ergab sich bei der Einführung von Schädlingsbekämpfungsmitteln auf die Baumwollfelder des Canete-Tals in Peru nach dem Zweiten Weltkrieg. 1956 wurden die Felder dermaßen von Schädlingen befallen, daß die Produktion eingestellt werden mußte. Dr. Boza Barducci, der Direktor der landwirtschaftlichen Versuchsstation des Gebietes, schreibt dazu:

»1956 kamen wir zu der Ansicht, daß es nahezu unmöglich war, in der Praxis eine erfolgreiche Kontrolle über Baumwollschädlinge durch chemische Mittel zu erreichen, wobei ich die wirksamsten Schädlingsbekämpfungsmittel, die gegenwärtig bekannt sind, mit einschließe.« Daraus folgert Barducci: »Solch drastische Verluste durch Schädlingsbefall wie im Canete-Tal widerlegen den weltweiten Glauben an die theoretische Wirksamkeit chemischer Produkte, eine Illusion, die von der chemischen Industrie erzeugt wird.«[15]

Die Insektenvertilgungsmittel, die Mitte der fünfziger Jahre auf ägyptische Baumwollfelder eingeführt wurden, wurden als ein »Triumph über die Natur« begrüßt. 1961 sanken die Erträge jedoch bis zu 35 Prozent. Eine ähnliche Entwicklung brachte die Baumwollproduktion im Nordosten von Mexiko nahezu zum Erliegen. In Malaysia und anderswo sind Kakao, Palmöl, Kautschuk und andere Exporterzeugnisse durch Schädlingsbefall vernichtet worden, der sogar durch die Einführung von Schädlingsbekämpfungsmitteln ausgelöst wurde[16].

In Nicaragua wurde die Baumwollanbaufläche zwischen 1950 und 1965 um das Zehnfache erweitert. In den späten fünfziger Jahren verordneten die Großplantagen, dem Rat der »AID«-Techniker der Vereinigten Staaten folgend, sowohl die Anwendung von Insektenvertilgungsmitteln durchschnittlich achtmal pro Saison wie auch eine großzügige Behandlung mit Düngemitteln. Die Erträge stiegen. Doch bis zum Jahr 1966 war es notwendig geworden, Insektenvertilgungsmittel achtundzwanzig- bis dreißigmal pro Saison zu verwenden. Sogar damit begannen die Baumwollerträge zu sinken: von 754 kg pro Acre im Jahre 1965 auf 592 kg pro Acre im Jahre 1968. In den späten sechziger Jahren mußten große Baumwollplantagen entlang den fruchtbaren Küstenebenen Zentralamerikas am Pazifik so viele Behandlungen ihrer Felder mit einem »Cocktail« von Schädlingsbekämpfungsmitteln (einschließlich DDT) aus der Luft vornehmen – manchmal sogar 45 bis 50 pro Saison –, daß die Baumwollproduktion nicht mehr profitabel war. 1968 hielt Nicaragua den zweifelhaften Rekord, am häufigsten Insektenvertilgungsmittel anzuwenden[17].

Trotz (oder gerade aufgrund?) solcher hohen Gaben von Schädlingsbekämpfungsmitteln wurden Nahrungsmittel wie Mais und Bohnen, die nicht besprüht worden waren, sondern nur in der Nähe der Baumwollfelder angebaut wurden, zum erstenmal schwer durch Insekten geschädigt. Gemäß einem AID-Bericht konnten nur wenig Nahrungsmittel geerntet werden.

In Gebieten, in denen Schädlingsbekämpfungsmittel intensiv benutzt wurden, haben Moskitos eine Widerstandsfähigkeit entwickelt. Die Malaria, von der man annahm, daß sie durch DDT »ausgerottet« worden sei, ist in Zentralamerika und Südasien wieder ausgebrochen. In dem Gebiet von Danli in Honduras (Bevölkerung: 32 000) erkrankte nur drei Jahre nach dem Beginn einer großangelegten Baumwollproduktion und damit von Sprühaktionen von Schädlingsbekämpfungsmitteln über ein Viertel der Bevölkerung an Malaria[18]. Ähnliche Krankheitsausbrüche sind in der Nähe von Baumwollplantagen, auf denen Insektenvertilgungsmittel angewandt wurden, in ganz Zentralamerika vorgekommen.

Was ist geschehen? Warum ist alles so offensichtlich falsch gelaufen? Ein Land nach dem andern wird von derselben Ereigniskette betroffen. In den ersten paar Jahren wurde der Schädlingsbefall zu mäßigen Kosten unter Kontrolle gehalten, und die Erträge sind höher als je zuvor. Die Farmer, die die Käfer buchstäblich von den Pflanzen herabfallen sehen, glauben, daß die Schädlingsbekämpfungsmittel ihnen Macht über Kräfte geben, die von jeher jenseits ihrer Kontrolle gelegen hatte. Nach und nach jedoch entwickeln die Schädlinge resistente Stämme dadurch, daß sich die widerstandsfähigsten Tiere fortpflanzen.

Ein Feld ist nicht einfach ein Schlachtfeld der Schädlinge gegen die Pflanzen. Eine genauere Beschäftigung mit den Zusammenhängen enthüllt ein äußerst komplexes, verzahntes System Hunderter verschiedener Arten von Insekten und anderen Organismen, die verschiedene ökologische Bedeutung haben. Es ist nicht richtig, daß der einzige gute Käfer ein toter Käfer ist. Einige Insekten fressen nur ganz bestimmte Teile der Nutzpflanzen, einige sind Schmarotzer oder fleischfressende Räuber, die von bestimmten anderen Insektenarten leben. Die pflanzenfressenden Arten schädigen die Nutzpflanzen sicherlich. Doch eine ganze Reihe von Untersuchungen zeigt, daß die überwiegende Mehrzahl der Insektenarten niemals Schaden in einer Höhe verursacht, die die Kosten einer Behandlung mit Insektenvertilgungsmitteln rechtfertigen würde. Ihre Anzahl wird durch die Existenz der Parasiten und Räuber unter den wirtschaftlichen Schädigungsgrenzen gehalten. Aber wenn diese natürlichen Kontrollen durch die Einführung eines Insektenvertilgungsmittels, das weder Freund noch Feind unterscheidet, vernichtet werden, sind viele sonst unbedeutende Insekten fähig, sich schneller zu vermehren als ihre Feinde.

Weil pflanzenfressende Schädlinge allgemein in größerer Zahl auftreten als ihre Feinde, werden sie, statistisch gesehen, mit größerer Wahrscheinlichkeit resistente Stämme erzeugen. Da sich diese mit der Zeit vermehren, wird jede weitere Anwendung von Insektenvertilgungsmitteln verhältnismäßig mehr nützliche Insekten und weniger Schädlinge töten und auf diese Weise den Schaden an den Nutzpflanzen eher vergrößern.
Schon 1971 hatten fünfzehn Hauptschädlingsarten Resistenz gegen die verwendeten Insektenvertilgungsmittel entwickelt. Die Zeit, die die Natur benötigte, um die Anfälligkeit für Insektenvertilgungsmittel zu überwinden, variierte zwischen vier und vierzehn Jahren. Es ist fast eine Ironie der Natur: je effektiver ein Insektenvertilgungsmittel im Ausrotten von einzelnen Schädlingen einer Art ist, um so schneller werden sich die resistenten Individuen entwickeln. Dies ist der Fall bei vielen Schädlingsarten. Für sie ist kein neues Insektenvertilgungsmittel entwickelt worden, um ein paar Jahre Aufschub zu erkaufen. Der Umweltforscher M. Taghi Farvar erwähnt die alarmierende Aussicht, daß die gegenwärtige Schädlingsbekämpfungsstrategie in Zentralamerika zu resistenten Schädlingsvölkern auf der ganzen Hemisphäre führen könnte[19].
Erst vor fünfundzwanzig Jahren war die Spinnmilbe ein unbedeutender Schädling. Der wiederholte Gebrauch von Schädlingsbekämpfungsmitteln, die vermutlich sogar für andere Schädlinge gedacht waren, hat die natürlichen Feinde und Konkurrenten der Spinnmilbe dezimiert. Heute ist dies der Schädling, der die Landwirtschaft weltweit am ernsthaftesten bedroht[20]. Auf Kenias Kaffeeplantagen hat niemand jemals den Riesenspanner, einen Schmetterling, besonders beachtet, so lange nicht, bis jemand anfing, Insektenvernichtungsmittel zu versprühen, um einen anderen relativ unbedeutenden Schädling zu vernichten. Man hatte Erfolg in der Vernichtung jenes Schädlings – aber zusammen mit ihm vernichtete man die natürlichen Feinde dieses Schmetterlings. Endlich befreit von ihren Feinden, eroberten diese Riesenspanner die Plantagen.

Der Tribut der Menschen

Auch nachdem das amerikanische Insektenvertilgungsmittel Phosvel mit der Verkrüppelung von 1200 Wasserbüffeln in Ägypten in Verbindung gebracht worden ist, setzte die Velsicol Chemical Corporation in Texas die Produktion fort. Phosvel, so hieß es, greife das Zentralnervensystem von Insekten an. Offensichtlich hat es die gleiche Wirkung auf Menschen. Ehemalige Angestellte von Velsicol haben eine Schadenersatzklage über 12 Millionen Dollar gegen die Gesellschaft wegen Schädigung ihrer Gesundheit – darunter Muskellähmungen, Nervensystemstörungen, unklares Sehvermögen und Sprach- und Gedächtnisblockierungen – angestrebt. Raymond David, ein früherer Aufseher in dem Betrieb, berichtete, daß Arbeiter in der Phosvel-Abteilung als »Phosvel-Trottel« bezeichnet wurden, da sie offensichtlich unter Nervenstörungen litten. »Das Unternehmen wußte, daß die Leute krank würden«, sagte David. Doch die Betriebsleitung versuchte, dieses Problem zu übertünchen. »Sie erzählten mir, all diese Burschen rauchten Marihuana. Sie sagten, die Burschen seien LSD-Süchtige«, erinnerte sich David. Im Jahr 1975 kündigte er; er fühlte, daß er nicht länger die Verantwortung für die Gefahren übernehmen konnte, denen seine Untergebenen ausgesetzt waren. Doch die Velsicol Corporation teilte offenbar Davids Vorbehalte nicht. 1976 versuchte die Gesellschaft, sich in den Vereinigten Staaten Phosvel genehmigen zu lassen.[21]

Taghi Farvar berichtet, daß »in Zentralamerika Tausende von Hochlandindianern, die jährlich zu den Plantagen an die pazifische Küste wandern, um die Baumwolle zu pflücken, durch Insektenvertilgungsmittel vergiftet werden; Hunderte von dokumentierten Todesfällen werden pro Jahr verzeichnet«[22]. Zwischen 1967 und 1968 wurden in Nicaragua über 500 Fälle menschlicher Vergiftungen durch Insektenvertilgungsmittel gemeldet, davon achtzig Todesfälle[23]. Die Botschaft der Vereinigten Staaten in Mexiko berichtete 1974 von 689 Vergiftungen und sieben Todesfällen unter Landarbeitern durch Insektenvertilgungsmittel[24]. Die Spezialkommission für Schädlingsbekämpfungsmittel der Nationalen Akademie der Wissenschaften der Vereinigten Staaten erklärte, daß schwere Berufskrankheiten hier »ernstlich unterschätzt sein könnten«[25].

In Asien vernichten Schädlingsbekämpfungsmittel eine wichtige Proteinquelle der Landbevölkerung – die Fische. In den überfluteten Reisfeldern haben die Bauern traditionell Fischkulturen angelegt, einmal als eine zum Verkauf bestimmte Erwerbsquelle, zum anderen als ausgezeichnete und billige Proteinquelle, um in Zeiten sinkender Reispreise einen Rückhalt zu haben. Doch heute reduziert z. B. auf den Philippinen der weitverbreitete Gebrauch von Schädlingsbekämpfungsmitteln die Fischproduktion auf den Reisfarmen sehr stark, dasselbe gilt für Malaysia und Indonesien. In Indonesien begannen zwischen 1969 und 1970 deutsche und japanische multinationale Konzerne mit der Besprühung von über zwei Millionen Acres Reisfelder, und zwar mit dem gleichen chemischen Mittel, das vermutlich nur zwei Jahre vorher Millionen Fische im Rhein getötet hatte. Viele Wasserbüffel, eine wichtige Arbeitskraft- und Nahrungsquelle für die Landbevölkerung Indonesiens, sind daraufhin eingegangen[26]. Und auch in Lousiana trat ein großes Fischsterben ein, nachdem verschiedene Insektenvertilgungsmittel auf nahegelegene Baumwollfelder angewendet wurden.

Das Geschäft mit dem Gift

Wie läßt es sich erklären, daß so zerstörende Zyklen immer wieder in verschiedenen Teilen der Welt ausgelöst werden? Die Antwort ist einfach: die Konzerne, die Schädlingsbekämpfungsmittel herstellen, sind an der Wall Street erledigt, wenn sie ihre Gewinne nicht maximieren und mit einer steten Wachstumsrate ihren Absatz vergrößern, der sich zur Zeit auf über 2,5 Milliarden Dollar im Jahr beläuft.

Die Grundlagen des Umweltschutzes, nicht zu sprechen von einer wirklich *effektiven* Schädlingskontrolle – weisen deutlich auf die Notwendigkeit hin, zum einen Schädlingsbekämpfungsmittel zu entwickeln, die so zweckgerichtet wie nur möglich sind, und zum andern die Wirkungen eines jeden neuen Schädlingsbekämpfungsmittels auf andere Insekten, gegen die das Mittel sich nicht richtet, auf anderes Tierleben und auf Menschen zu studieren; doch die Interessen eines chemischen Konzerns treiben dies genau in die entgegengesetzte Richtung. Um seine Gewinnspannen zu maximieren und seinen Absatz auszudehnen, versucht ein chemischer Konzern, die Forschungs- und Vermarktungskosten auf ein Minimum zu beschränken und mit Schädlingsbekämpfungsmitteln auf den Markt zu treten, die ein breitestes Spektrum der Schädlingsvernichtung aufweisen.

Der Absatz von Schädlingsbekämpfungsmitteln steigt außerdem, wenn mit einer »100prozentigen« Schädlingstilgung geworben wird. Eine 100prozentige Ausrottung ist jedoch äußerst teuer, unnötig, schlägt oft fehl, ist aller Voraussicht nach gefährlich und kann zu einem kostspieligen »overkill« führen[27].

Um ihre Gewinne zu maximieren, fördern die Unternehmen eine

nach einem Plan festgelegte Anwendung ihrer Mittel, anstatt das individuell, auf bestimmte Bedürfnisse ausgerichtet, anzuraten. Plangemäße Anwendung bedeutet größere und kalkulierbare Ansätze. Für einen Manager einer chemischen Gesellschaft ist es einfacher auszurechnen, wieviel Schädlingsbekämpfungsmittel zu produzieren und auf verschiedene Absatzmärkte zu verteilen sind, wenn er einfach die Anzahl der Acres seiner Kunden mit einer gegebenen Menge von Schädlingsbekämpfungsmitteln pro Acre multiplizieren kann. Auf diese Weise braucht er nicht in Betracht zu ziehen, in welchem Ausmaß eine spezielle Schädlingsart in einem bestimmten Jahr auftritt.

Während Agrobusiness-Konzerne versuchen, »blindes«, nach Termin angeordnetes Besprühen von Feldern in unterentwickelten Ländern – z. B. Indien – zu fördern, haben einige Farmer in den Vereinigten Staaten eingesehen, daß sie, über die Umwelt- und Gesundheitsschädigung hinaus, ganz einfach betrogen wurden. In Graham County in Arizona bewiesen Baumwollfarmer, die mit Wissenschaftlern der Universität von Arizona zusammenarbeiteteten, daß sie eine Menge Geld sparen können, wenn sie »blindes« Spritzen einstellen. Statt dessen arbeiteten ausgebildete Beobachter auf den Feldern, um das Ausmaß des Schädlingsbefalls zu messen. Die Ausgaben für Schädlingsbekämpfungsmittel sanken, um das Zehnfache – ebenso der Schaden durch Schädlingsbefall. Selbst mit einer Erhöhung der Vergütung für die Beobachter betrugen die gesamten Kosten für Schädlingsbekämpfung weniger als ein Fünftel der Kosten, die bei dem »plangemäßen« Spritzen entstanden waren. Nebenbei: Die chemischen Gesellschaften übten einen enormen Druck auf die höchste Ebene der Universitätsverwaltung aus, um den Rückzug der Wissenschaftler aus dem Programm zu erzwingen[28].

Ähnliche Experimente auf zweiundvierzig Baumwoll- und neununddreißig Citrusfarmen in Kalifornien reduzierten die Ausgaben für Schädlingsbekämpfungsmittel um mehr als 60 Prozent[29]. Eine vorsichtige Schätzung besagt, daß die Farmer der Vereinigten Staaten die Menge der Insektenvertilgungsmittel ohne Auswirkung auf die Ernteerträge um 35 bis 50 Prozent reduzieren könnten, indem sie nicht mehr »nach Plan«, sondern nur bei akuter Notwendigkeit mit Insektenvertilgern vorgehen[30].

Viele Pestizide, die auf Baumwollfeldern angewendet werden, scheinen wenig oder gar nichts mit den Erträgen oder der Qualität der

Baumwolle zu tun zu haben[31]. Ein unerfahrener Beobachter einer Baumwollpflanzung kann nicht wissen, daß eine junge Pflanze eine beträchtliche Anzahl von Fruchtkapseln hervorbringt – jedenfalls mehr, als sie später mit Baumwolle füllen kann. Während des weiteren Wachstums entwickeln sich über zwei Drittel der jungen Samenkapseln unvollkommen und fallen ab, einerlei, wie frei die Pflanze von Schädlingen ist. Insekten, die diese abfallenden Fruchtformen verzehren, mögen gefährlich aussehen. In Wirklichkeit haben diese Schädlinge jedoch nur geringe oder gar keine Wirkung auf die Baumwollerträge. Der Pflanzer, der die beschädigten unreifen Samenkapseln sieht, wird jedoch leicht überredet, daß er schon zu lange gezögert habe, die Sprühflugzeuge herbeizurufen.

Gift für die Schönheit

Was wir durch die Anwendung von Schädlingsbekämpfungsmitteln gewinnen, sind in vielen Fällen keine höheren Erträge oder bessere Qualität. Wir zahlen einen hohen Preis für Schädlingsbekämpfungsmittel, damit eine äußere Schönheit erzielt wird. Unsere Vorstellung, wie eine Apfelsine oder ein Apfel aussehen sollte, ist hauptsächlich das Ergebnis von vielen Millionen Dollar Ausgaben für die Reklame, die uns die »vollkommene« Frucht veranschaulichen soll. In mehreren lateinamerikanischen Ländern hat der stark angestiegene Gebrauch gefährlicher und kostspieliger pilztötender Mittel nichts mit Bemühungen zu tun, mehr Nahrungsmittel für die lokale Bevölkerung anzubauen, sondern damit, daß die für den Export angebauten Früchte und Gemüse diesen Schönheitsnormen der Vereinigten Staaten standhalten können.
Auf kalifornischen Zitrusfeldern werden im Kampf gegen den Blasenfüßer (Thrips) mehrere Male in jedem Jahr tonnenweise Schädlingsbekämpfungsmittel verwendet[32]. Dieses Tier ist ein unbedeutender Schädling; er reduziert weder die Erträge, noch beschädigt er Bäume oder verringert den Nährwert oder die Qualität der Zitrusfrüchte. Sein einziges Vergehen ist, daß er die Schale der Früchte leicht einritzen kann. Die intensiven Vernichtungsmaßnahmen schlagen wie gewohnt zurück. Die Blasenfüßer entwickeln Resistenz. Die Bauern versprühen immer mehr tödliche Schädlingsbekämpfungsmittel und erhöhen damit ihre Kosten bedeutend. Schlimmer aber, andere, einst harmlose Schädlinge wie die roten Milben werden

in der unnatürlichen Abwesenheit ihrer natürlichen Feinde zu wirklichen Schädlingen. Farmarbeiter werden Opfer chronischer und akuter Erkrankungen, da sie Parathion und anderen Organo-Phosphaten ausgesetzt sind, die anstelle von DDT für die Vernichtung der Blasenfüßer gebraucht werden.
Warum aber setzen die Bauern weiterhin solche Mengen tödlicher Gifte in die Umwelt frei und riskieren dabei auf lange Sicht ihr eigenes Wohlergehen? Der Grund liegt darin, weil die Werbung von riesigen Konzernen die Käufer derart konditioniert hat, daß diese von ihrem Frischobst Makellosigkeit erwarten. Die Anbauer erhalten Prämien nur für solches Obst. (Zum Beispiel erhielten im Jahr 1965 kalifornische Bauern einen Durchschnittspreis von 2,61 Dollar für eine Kiste Orangen, die die Schönheitskriterien erfüllten, jedoch nur 12 Cents für eine Kiste Orangen, deren Fleisch gleich gut war, die jedoch wegen kleiner Makel der Schalen für die Saftverarbeitung bestimmt wurden.) Die Anbauer haben natürlich das Ziel, den Anteil ihrer Ernte mit dem richtigen Aussehen für den Obstmarkt auf ein Höchstmaß zu bringen. Das bedeutet immer mehr Schädlingsbekämpfungsmittel, damit steigende Kosten sowie Schädigung unserer Nahrungsmittelressourcen und der Gesundheit der Landarbeiter.

Gibt es Alternativen?

Wir sind glücklich – und erleichtert, könnten wir hinzufügen –, berichten zu können, daß es Alternativen gibt, von denen viele voreilig als altmodisch abgetan worden sind. Da die Begleiterscheinungen der Einmischung in komplexe Gleichgewichte der Natur klarwerden, können Alternativen in einem neuen Licht gesehen werden.
Über Jahrzehnte hinaus hat sich Fruchtwechsel als wirksam erwiesen. Schädlinge, die Mais angreifen, wurden so oft in Grenzen gehalten, indem man Mais mit einer Frucht wie Sojabohnen auf dem gleichen Feld abwechselnd aufeinander folgen ließ. Der Maiswurzelwurm frißt keine Sojabohnenpflanzen, so daß er beim Wechsel von Mais auf Sojabohnen nicht überleben kann[33]. Einige Unkrautvernichtungsmittel, die jetzt allgemein beim Maisanbau in den Vereinigten Staaten gebraucht werden, verhindern diese Methode des Fruchtwechsels, weil sie im Boden verbleiben und alle anderen Pflanzen eingehen lassen. Farmer, die sich auf solche Schädlingsbe-

kämpfungsmittel verlassen, müssen somit eine Maispflanzung nach der anderen auf dem gleichen Land folgen lassen, ein Verfahren, das an sich dazu tendiert, Insekten, Krankheiten und Unkrautprobleme zu vermehren. (Bei diesem Teufelskreis überrascht es nicht, daß allein auf die Maisproduktion ungefähr die Hälfte der Unkrautvertilgungsmittel in der Landwirtschaft der Vereinigten Staaten verwendet wird.) Mittlerweile hat der Maiswurzelwurm nahezu totale Resistenz entwickelt[34]. Am Ende könnten die Maisfarmer in den Vereinigten Staaten gezwungen werden, zu jener »altmodischen Idee« – dem Fruchtwechsel – zurückzukehren.
Werden verschiedene Früchte auf einem Feld angepflanzt, wird das Schädlingsproblem im Vergleich zur Monokultur verringert. Die kleinen Baumwollfelder in Costa Rica, die zwischen Feldern, die andere Feldfrüchte tragen, verstreut liegen, haben weniger ernste Schädlingsprobleme als die Baumwollfelder in Guatemala, die oftmals weite Flächen – über 50 000 Acres – bedecken[35].
Auf ägyptischen Baumwollfeldern sammelte man früher mit Hand die Eier des Baumwollblattwurms. Dann setzten die Farmer ihr Vertrauen auf Insektenvertilgungsmittel. Die Erträge sanken verheerend[36]. Jetzt bedeutet »Fortschritt«, daß man zum Absammeln der Schädlingseier von Hand zurückkehrt.
Das Säubern der Felder nach der Ernte kann die Nahrungsreste wegräumen, von denen sich bestimmte Hauptschädlinge ernähren. Das Abbrennen der Baumwollschößlinge (die nach der Ernte übrigbleiben) hat sich als wirksamer erwiesen als Schädlingsbekämpfungsmittel[37]. In den Vereinigten Staaten war es in den dreißiger und vierziger Jahren immer noch Brauch, die Maisstoppeln und -stengel nach der Ernte umzupflügen. Dies war zugleich eine Maßnahme gegen die Maisbohrer[38].
Völker natürlicher Feinde von Schädlingen und Parasiten auf den Feldern anzusiedeln, das ist eine andere nichtchemische Methode der Zukunft. Nach dem Pestizid-Unglück im Canete-Tal Perus suchten die Bauern die natürlichen Kontrollen wiederherzustellen. Sie importierten aus Kalifornien zahlreiche nützliche Insekten, darunter dreißig Millionen Wespen und 90 Liter Marienkäfer, um die Wicklerlarven, und Blattläuse in Schranken zu halten[39].
In China machte es die großangelegte Beteiligung der Landkommunen in der Landwirtschaft möglich, die Schädlinge niedrig zu halten, bevor sie zu einem ernsten Problem werden. Unter der Führung erfahrener Agrarwissenschaftler organisieren sich junge Mitglieder

der Produktionsbrigaden zu einem Schädlings-Frühwarnsystem. Im Bezirk Shao-tung in der Provinz Honan durchstreifen 10 000 Jugendliche die Felder und berichten von jedem Anzeichen krankhafter Veränderung. Diese Jugendgruppen werden sehr treffend die »Barfußärzte der Landwirtschaft« genannt. Ihre Bemühungen haben den Schaden, der durch Rostkrankheiten und Reisbohrer verursacht wird, auf weniger als ein Prozent reduziert, sie haben auch die periodisch eintretenden Heuschreckeneinfälle unter Kontrolle gebracht. Eine derartige arbeitsintensive Technik hat den Bedarf an Schädlingsbekämpfungsmitteln stark reduziert[40].

Sind chemische Mittel die einzige Antwort auf Unkraut? Eine gewöhnliche Hacke oder ein Maismesser bleiben eine realistische Alternative zu kostspieligen und oft unwirksamen Unkrautvertilgungsmitteln. Sogar in den Vereinigten Staaten wird der größte Teil der Unkrautbekämpfung noch durch Pflügen vorgenommen. Hakken und Jäten erfordern keine Maschinen und schaffen Möglichkeiten für produktive Arbeitsplätze. Abdeckung, d. h. organisches oder auch anorganisches Material auf die Oberfläche des Bodens zu legen oder mit dem Boden zu verbinden, kann das Unkraut ohne Vertilgungsmittel reduzieren. Eine Studie aus Nigeria zeigte, daß Bodenabdeckung das Wachstum von Unkraut in einem solchen Umfang reduzierte, daß die Maiserträge sich verdoppelten.[41]

Das Beste dabei ist, daß wirksame Schädlingsbekämpfungsmethoden nicht das erfordern, was unterentwickelte Länder und Kleinbauern am wenigsten haben – Geld für importierte Schädlingsbekämpfungsmittel. Sie erzeugen vielmehr eine Nachfrage für das, was am meisten zur Verfügung steht – nach Arbeitskräften –, und beziehen dadurch mehr Menschen in den Produktionsprozeß ein.

In den Vereinigten Staaten sagen Wall-Street-Analytiker trotz der Gefahr der Pestizide und des Vorhandenseins wirklicher Alternativen voraus, daß der Markt für chemische Gifte in den nächsten acht Jahren um 50 Prozent ansteigen wird. Ungeachtet der Tatsache, wie ernsthaft die Bauern die Frage nach der Sicherheit und Vernunft der Schädlingsbekämpfungsmittel stellen, sind die meisten der Ansicht, daß sie es nicht riskieren können, als erste die Anwendung einzustellen. So ist Don Climer, ein Farmer in Nebraska, überzeugt, daß der einzige praktikable Schritt darin besteht, die gefährlichen Chemikalien zu verbieten. Climer bezweifelt, daß sich viele Farmer aufregen würden, falls dies geschähe. Auch wenn sich einige Erträge wirklich verringerten, so wären doch alle Farmer »in dem gleichen Boot«, bemerkt Climer.

Regierungen und Bauern in der ganzen Welt fallen weiterhin auf chemische Konzerne herein, teilweise, weil es ihnen an Information und Beratung über Alternativen mangelt. Die Organisation für Ernährung und Landwirtschaft der Vereinten Nationen (FAO) hat zum erklärten Ziel, einen Ring unabhängiger Experten anzubieten, die Pflanzenschutzinformationen ausfindig machen und verbreiten, einschließlich der richtigen Anwendung chemischer Schädlingsbekämpfungsmittel und Alternativen dazu. In China werden Experimente mit nichtchemischen Schädlingsbekämpfungsmitteln unternommen, oft von einfachen Bauern. Solche mit öffentlichen Mitteln unterstützten Forschungen werden zur Zeit auch in einigen Zentren in den Vereinigten Staaten und Europa vorgenommen. Werden diese Fortschritte durch die FAO verbreitet?

Wohl kaum. Schon *innerhalb* der FAO-Struktur ist eine direkte Zusammenarbeit mit Agrobusiness-Konzernen institutionalisiert, deren Gewinne von solchen Alternativen direkt bedroht sind. Ein erstklassiges Beispiel für diese »Industriezusammenarbeit« ist die Arbeitsgruppe Schädlingsbekämpfungsmittel, deren Beraterliste folgende Unternehmen einschließt: BASF, Bayer, Borden, British Petroleum, Ciba-Geigy, Cynamid, FMC, Hoechst, Hoffmann-La Roche, Imperial Chemical, Liquigas, Merck, Phillips, Sandoz, Shell, Stauffer und etwas, das sich Wellcome Foundation nennt. Mehr und mehr FAO-Techniker sehen sich selbst als »Zwischenhändler«, die ein multinationales Agrobusiness-Unternehmen und ein unterentwickeltes Land miteinander ins Geschäft bringen. »So, Ihr Land hat ein Problem. Lassen Sie uns mal sehen, welchen Rat wir von unserer Arbeitsgruppe Schädlingsbekämpfungsmittel bekommen können.«

Die voraussichtliche Stoßrichtung einer solchen Beratung – falls noch ein Zweifel bestehen könnte – geht klar aus dem Aktionspapier hervor, das auf Briefbögen mit dem Kopf der Vereinten Nationen gedruckt wurde, und zwar anläßlich einer offiziellen »Beratung mit führenden Persönlichkeiten der Agro-Industrie«, die im Jahre 1974 vor der Welternährungskonferenz organisiert worden war. Geschäftsführer solcher Unternehmen betonen, wie »wichtig« chemische Schädlingsbekämpfungsmittel sind, um das Hungerproblem in den unterentwickelten Ländern zu lösen. Sie argumentieren für *kürzere* Verfahren bei der Genehmigung von neuen Schädlingsbekämpfungsmitteln. Mit öffentlichen Mitteln finanzierte internationale Organisationen sollten nach ihrer Ansicht eine langfristige Studie durchführen, um festzustellen, wieviel Schädlingsbekämpfungsmittel in jedem Gebiet gebraucht (lies: »vermarktet«) werden können. Öffentliche Gelder sollten ein internationales »Vorratslager« mit »unbedingt notwendigen Schädlingsbekämpfungsmitteln« einrichten (das auch DDT enthalten soll). Konzerne sollten bei der Ausbildung des technischen Regierungspersonals im Gebrauch von Pestiziden enger mitarbeiten. (Einige Produzenten von Schädlingsbekämpfungsmitteln arbeiten schon so eng mit Regierungen zusammen, daß die beiden für die meisten Bauern nicht mehr zu unterscheiden sind. In Tansania wurde ein deutscher Konzern zum Berater der Regierung für die Anwendung von Schädlingsbekämpfungsmitteln und Sprühgeräten. Man benutzt sogar Agrarbeamte der Regierung zur Beaufsichtigung der Sprüheinsätze, für das diese von der Firma ein Gehalt zusätzlich zu ihrem Regierungsgehalt bekommen. Der Konzern hat dabei die Vollmacht, Regierungsbeamte zu entlassen, wenn sie nicht »richtig« beaufsichtigen.)[42]

Wir hoffen, daß Sie nunmehr die Äußerung, daß die Vergiftung unserer Umwelt notwendig sei, wenn die Hungrigen essen wollen, als falsche Drohung erkennen. Pestizide werden eindeutig nicht von den oder für die Hungrigen gebraucht und, wie im weiteren Verlauf dieser Darstellung noch hinreichend klarwerden wird: es ist nicht ein Mangel an Schädlingsbekämpfungsmitteln, was die Menschen hungern läßt. Die wirkliche Bedrohung besteht darin, daß die Technologie der Schädlingsbekämpfung in den Händen einiger Konzerne konzentriert ist, die nur dann Profit machen werden, wenn sie weiterhin die Bauern und »besorgte« Leute überall glauben lassen, daß unser bloßes Überleben von dem steigenden Gebrauch ihrer Produkte abhängt.

Die Bedrohung ist sogar noch schwerwiegender, seitdem einige angeblich unparteiische Organisationen, die eine Gegenkraft zur Macht des multinationalen Agrobusiness hätten bilden können, statt dessen deren Vermittler geworden sind. Organisationen wie die FAO sind weit davon entfernt, geeignete Alternativen zu entwickeln und zugänglich zu machen oder sogar Kenntnisse über einen angemessenen Gebrauch von Schädlingsbekämpfungsmitteln zu vermitteln – sie sind vielmehr im Begriff, Partner in der Verkaufsförderung der Konzerne zu werden.

Der erste Schritt, um die Macht des Agrobusiness zu schwächen, ist die Enttarnung der Mythen, nach denen »chemische« Landwirtschaft »wissenschaftlich«, »modern« und der einzige Weg zu hohen Erträgen sei. Ein steigendes Vertrauen in Schädlingsbekämpfungsmittel ist keineswegs die Antwort auf das Hungerproblem; dies kann im Gegenteil zu einer Verschärfung des Problems führen. Und wir alle werden dafür die Kosten tragen müssen.

* * *

»Voreilige und Strafaktionen beim Verbieten von Produkten (Schädlingsbekämpfungsmittel) helfen dem amerikanischen Verbraucher in keiner Hinsicht. Es steht sehr viel mehr auf dem Spiel als unsere Fähigkeit, Geschäfte zu machen. Wir reden nicht über Bestimmungen, die Zigaretten, irgendwelche Gebrauchsgüter, Flugzeuge oder Autos betreffen. Wir reden über den Nahrungsmittelbedarf der Welt.«
Dr. W. P. Crawford, Vizepräsident und Generaldirektor der Animal Health Products für die landwirtschaftliche Abteilung von Pfizer, Inc.

»(Eine) noch bedeutendere (Schwierigkeit im Verkauf von Produkten in Indien) ist die seelische Haltung des Landwirts gegenüber dem Töten. Schädlingsbekämpfungsmittel bedeuten Töten, wenn auch nur von kleinen und vielleicht unsichtbaren Insekten. Doch es ist Töten, wofür sie gebraucht werden. Dieses Töten ist ein Greuel für die Mehrheit der Landwirte, seien es Hindus, Dschainas oder andere. Von Natur aus ist der Landwirt großzügig, möchte anderen schenken, was er von Mutter Erde erntet. Er denkt nicht daran, daß er allein die Früchte seiner Arbeit genießen könnte . . . dieses ungesehene und unbekannte Leben zu töten, obwohl es von dem gedieh, was Mutter Erde abwarf, ist seiner Natur fremd. Auch wenn die Ernte reif ist, *verjagt* der Landwirt die Vögel, die sich von dem jungen Getreide ernähren wollen, er tötet nicht einen. Mit Schädlingsbekämpfungsmitteln gibt es nichts als Töten. Es dauert einige Zeit, bis sich das einfache Volk an die Vorstellung gewöhnt, winzige hilflose und wehrlose Kreaturen zu töten.«
»Pesticides«, Zeitschrift der indischen Pestizid-Industrie

»Umweltverschmutzungskontrolle bewegt sich grundsätzlich auf einem Kollisionskurs mit der Nahrungsmittelproduktion.«
Nationale Akademie der Wissenschaften der USA, 1974

8

Viele Kinder aus Unwissenheit?

Frage: Sie haben gesagt, daß Übervölkerung nicht die Ursache für Hunger, Arbeitslosigkeit, wirtschaftliche Stagnation, Umweltverschlechterung oder chemische Vergiftung der Umwelt ist. Wollen Sie damit sagen, daß die rapide Bevölkerungszunahme überhaupt kein Problem darstellt? Man kann die Wachstumsquote der Bevölkerung sich doch nicht auf unbestimmte Zeit unkontrolliert entwickeln lassen! Sie mögen recht haben, daß die Übervölkerung nicht der unmittelbare Grund für die jetzigen Probleme ist. Wollen Sie aber nicht zugeben, daß sie es bald sein wird, wenn wir nicht sofort etwas zur Geburtenbeschränkung unternehmen?
Die Menschen auf der ganzen Welt haben zu viele Kinder, weil sie nicht wissen, wie man ungewünschte Geburten verhindert. Außerdem können sie nicht einsehen, daß weniger Kinder in ihrem ureigensten Interesse lägen. Wenn man ihnen helfen könnte einzusehen, daß es sie ärmer und hungriger macht, wenn sie viele Kinder haben, dann wären sie vielleicht gewillt, Empfängnisverhütungsmittel zu gebrauchen. Eine dringliche Erziehungsaufgabe steht uns bevor – vielleicht die größte aller Zeiten –, die Menschen auf der ganzen Welt von der Unsinnigkeit eines unkontrollierten Bevölkerungswachstums zu überzeugen. Stimmen Sie da nicht zu?

Unsere Antwort: Da einige unsere Worte mißverstehen könnten, wenn sie meinen, wir berücksichtigten das Problem des rapiden Bevölkerungswachstums nicht, müssen wir uns in diesem Punkt unbedingt klar ausdrücken. Wir sagen *nicht,* daß keine Probleme entstünden, wenn sich die Weltbevölkerung weiter mit der jetzigen Geschwindigkeit vermehren würde. Wir sagen jedoch, daß weder das Bevölkerungswachstum an sich noch die Größe der heutigen Bevölkerung die heutige Ursache des Hungers sind. Eine weitere Entwicklung mit der gegenwärtigen Wachstumsrate würde zweifellos unser aller Wohlergehen in der Zukunft unterhöhlen – das ist eine selbstverständliche Tatsache. Doch da das so selbstverständlich ist, ist unsere Suche nach den wirklichen Gründen des rapiden Bevölkerungswachstums *nur um so dringlicher.*

Die Frage legt nahe, daß der wirkliche Grund des rapiden Bevölkerungswachstums Unwissenheit ist – daß Leute nicht begreifen würden, daß weniger Kinder in ihrem ureigensten Interesse sind. Wir stimmen damit nicht überein. Wenn Soziologen den Strukturen von Großfamilien in den unteren Gesellschaftsschichten in unterentwikkelten Ländern auf den Grund gehen, so entdecken sie immer wieder, daß die Armen durchaus vernünftig handeln. Durch den »Besitz« vieler Kinder erfüllen arme Bauern zwei absolute Lebensnotwendigkeiten, die das sozio-ökonomische System ihnen zu geben versäumt: die Notwendigkeit eines ausreichenden Einkommens und die Notwendigkeit der Sicherheit im Alter.

In vielen Teilen der Welt ist die Geburtenquote nur deshalb so hoch, weil sich die Familien bemühen, mehrere Kinder – insbesondere Söhne – zu haben. Solange Familien gezwungen sind, untereinander um Nahrungsmittel zu konkurrieren, wird die Anzahl der Kinder in jeder Familie entscheidend für das Auskommen dieser Familie sein. Denn wenn eine Familie kein Land besitzt, hängt ihr Einkommen entscheidend von der Anzahl ihrer Kinder ab, die ausgedungen werden können, um die Felder der anderen zu bestellen. Und wenn die Familie als Erntearbeiter einen bestimmten Teil dessen als Lohn erhält, was sie aberntet, so wird sie, je mehr Kinder sie hat, um so mehr Land bearbeiten können.

Wenn eine Familie nur ein kleines Stück Land besitzt, sollte man annehmen, der Wunsch nach Söhnen würde geringer sein, da schließlich ein kleines Stück Land unter vielen Söhnen aufgeteilt werden muß. Ein indischer Farmer erzählte jedoch dem Soziologen Mahmood Mamdani: »Natürlich bin ich besorgt wegen der Aufsplitterung des Landes. Doch bevor ich mich über mein Land sorge, das morgen aufgeteilt wird, muß ich mich darum sorgen, heute darauf ein Auskommen zu haben[1].«

Die Rationalität dieses Verhaltens ist äußerst klar, unentrinnbar logisch. Der schon oben zitierte Bauer bemerkte: »Schauen Sie sich nur um, niemand bebaut sein Land ohne die Hilfe seiner Söhne oder Brüder. Wenn jemand allein ist, muß er sein Land an andere mit großen Familien verpachten. Ohne Söhne läßt sich von dem Land nicht leben. Je mehr Söhne man hat, desto weniger Arbeiter braucht man anzustellen und um so mehr Ersparnisse kann man anlegen.«

Diese armen Bauern wissen, daß sie mit ihren Ressourcen vorsichtig umgehen müssen: »Warum 2500 Rupien für eine weitere Arbeitskraft bezahlen? Warum nicht einen Sohn haben?« fragt ein anderer Bauer. »Ein reicher Mann investiert in seine Maschinen. Wir müssen in unsere Kinder investieren«, erklärt ein Kleinbauer aus Nordindien.

Die Demographin Helen Ware hat ein ähnlich zwingendes Grundprinzip in afrikanischen Gesellschaften im Sahel-Gebiet beobachtet[2]. Schon mit zehn Jahren, so stellte H. Ware fest, kann ein Kind mehr produzieren, als es verbraucht. Kinder können zum Beispiel Wasser holen, Holz sammeln oder Vieh hüten.

Doch selbst dort, wo Kinder keine ökonomische Stütze sind, können Menschen viele Kinder benötigen, einfach weil sie keine alternative Sicherheit haben. Im Sahel-Gebiet gibt es »keine Rentenfonds, keine Wohlfahrtsunterstützung, keine Altenheime«, schreibt H. Ware. Milkha Singh, ein Farmer aus Manapur, einem Dorf im indischen Punjab, drückt es so aus: »Sie glauben, ich bin arm, weil ich zu viele Kinder habe.« Er lachte. »Wenn ich nicht meine Söhne hätte . . . Gott weiß, was mit mir und ihrer Mutter geschähe, wenn wir beide zu alt sind, um zu arbeiten und zu verdienen.«

Wie kann eine Familie in diesen Gesellschaftsformen ihren Bedarf an Familienarbeitskraft und sozialer Sicherheit im Alter decken? Nicht dadurch, daß sie nur ein oder zwei Söhne hat. In Ländern mit hohen Kindersterblichkeitsquoten sind viele Kinder notwendig, um sicherzustellen, daß einige überleben. Kindersterblichkeit scheint eine unmittelbare Wirkung auf die gewünschte Familiengröße zu haben. Eine Studie in Ägypten zeigte, daß Frauen, die ein Kind verloren hatten, sich mehr Kinder als jene wünschten, denen keines gestorben war[3]. Der Glaube indischer Bauern, daß viele Geburten notwendig sind, um das Überleben einiger Söhne zu sichern, ist offensichtlich begründet. Ein indisches Ehepaar müßte, statistisch gesehen, 6,3 Kinder haben, um mit 95prozentiger Wahrscheinlichkeit sicher zu sein, daß ein Sohn überlebt[4].

Wenn Kinder mit großer Wahrscheinlichkeit überleben, werden Ehepaare weniger Verlangen nach vielen Kindern haben. Zwei Ärzte mit umfassender Erfahrung in Afrika kamen deshalb zu dem Schluß, daß »das beste Verfahren der Geburtenkontrolle einfach darin besteht, die bereits geborenen Kinder zu ernähren«[5].

Wir hatten gesagt, daß das fundamentale Problem *nicht* Unwissenheit ist. Große Familien sind in vielen sozialen Systemen die einzige *vernünftige* Entscheidung, um das bloße Überleben sicherzustellen. Verarmte Bauern *planen* in der Tat auch ihre Familien – sie *müssen* nur Großfamilien planen. »Den Bauern Bevölkerungskontrolle zu predigen, ist dasselbe, als wollte man Menschen ohne Geld Sparsamkeit predigen«, schreibt ein indischer Gelehrter[6].

Rapides Bevölkerungswachstum ist nicht die Ursache des Hungers. Sowohl Hunger als auch rapides Bevölkerungswachstum erweisen sich als *Symptom* ein und derselben Krankheit. Die Behandlung von Symptomen ist jedoch fruchtlos; das wäre ein tragischer Irrweg, den wir uns nicht leisten können. Wenn wir es wirklich ernst meinen mit einer möglichen Ausgewogenheit der Bevölkerung und der Ressourcen dieses Planeten, dann müssen wir uns jener »Krankheit« zuwenden, die sowohl Hunger als auch hohe Geburtenquoten verursacht: der Unsicherheit und Armut der Mehrzahl der Menschen, die darin begründet liegt, daß eine Minderheit die produktiven Ressourcen eines Landes kontrolliert.

9

Intellektueller Fatalismus?

Frage: Die armen Leute in den hungrigen Ländern scheinen sich schneller als je zuvor zu vermehren, wobei sie die konzentrierte Beschäftigung der industriellen Länder mit dem »Übervölkerungsproblem« wohl überhaupt nicht beachten. Gibt es eine Hoffnung auf eine Bevölkerungsbegrenzung, solange so viele Menschen in Armut gehalten werden? Armut wird nicht in nächster Zeit überall auf der Welt beseitigt sein. Sind dann nicht Ihre Argumente bloß eine intellektualisierte Form des Fatalismus?

Unsere Antwort: Wegen der Art und Weise, mit der die »Bevölkerungsbombe« in das Bewußtsein der Öffentlichkeit gebracht wurde, sind viele Menschen nun überzeugt, daß die Armen sich schneller als je zuvor vermehren. In Wirklichkeit erleben wenigstens elf unterentwickelte Länder einen noch stärkeren Geburtenrückgang, als irgendeines der jetzigen Industrieländer verzeichnete[1]. Von 82 unterentwickelten Ländern wiesen zweiundsiebzig zwischen 1960 und 1970 einen Rückgang ihrer Geburtenquote auf. Siebzehn dieser Länder verzeichneten einen recht starken Rückgang – um wenigstens zehn Geburten pro tausend Einwohner[2].
Diese Entwicklung bedeutet zusammen mit der abnehmenden Quote des Bevölkerungswachstums in bestimmten Industrieländern, daß der jährliche Zuwachs der Weltbevölkerung in den letzten paar Jahren gesunken ist. 1970 betrug dieser Weltbevölkerungszuwachs, das heißt der Überschuß von Geburten über Todesfälle, 69 Millionen Menschen. 1975 lag der Anstieg wahrscheinlich näher bei 64 Millionen. Wenn man dazu berücksichtigt, daß die Anzahl der Menschen im fortpflanzungsfähigen Alter immer noch ansteigt, ist dieser Rückgang des jährlichen Zuwachses beeindruckend. Die Wachstumsquote der Weltbevölkerung scheint um 1970 einen Höchstwert erreicht zu haben und seitdem offenbar zu sinken[3].
Solche Verallgemeinerungen geben nicht viel her – außer, daß sie

den Mythos der Bevölkerungs»explosion« wirksam entmystifizieren. Nützlicher ist es, Länder mit sinkenden Geburtsquoten und andere Länder zu vergleichen. Auf diese Weise zeigt sich, daß eine sinkende Wachstumsquote der Bevölkerung offensichtlich *nicht* mit der Wachstumsquote des Bruttosozialproduktes oder gar mit dem Niveau des Pro-Kopf-Einkommens korreliert werden kann, sondern mit dem Trend zu einer *gleichen Verteilung* von Einkommen und Dienstleistungen, insbesondere der Gesundheitsfürsorge[4].

Nehmen wir zwei Länder, die deutlich unterschiedliche Fortschritte auf dem Weg zur Stabilisierung ihrer Bevölkerung gemacht haben. Die Geburtenziffer in Taiwan begann in den späten fünfziger Jahren zu sinken, zu einer Zeit, als das Bruttosozialprodukt pro Kopf noch extrem niedrig war – nicht mehr als 150 Dollar im Jahr. Auf den Philippinen jedoch blieb die Geburtenziffer weiterhin hoch. Warum? Zum Teil auch deswegen, weil die ärmsten 20 Prozent der Bevölkerung in Taiwan ungefähr doppelt so wohlhabend waren wie die entsprechenden philippinischen Gesellschaftsschichten, obwohl das Pro-Kopf-Einkommen der gesamten Gesellschaft in beiden Ländern 1960 ungefähr gleich war. Außerdem hat sich in Taiwan die Einkommensverteilung mit der Zeit verbessert, während auf den Philippinen die oberen Schichten immer reicher wurden[5]. Diese sozialen Unterschiede spiegeln sich deutlich in den Geburtenziffern der beiden Länder wider. Vor fünfundzwanzig Jahren hatten Taiwan und die Philippinen beide eine Geburtenquote von 40 auf 1000 Einwohner im Jahr. Bis zum Jahre 1974 war diese Quote in Taiwan auf 23:1000 gesunken. Auf den Philippinen jedoch beträgt die Geburtenziffer immer noch fast 40:1000.

Taiwans Geburtenziffer begann geraume Zeit vor der Einführung der Familienplanungsprogramme zu sinken, die nur 1966 in bedeutenderem Umfange durchgeführt wurden. Mehrere Bevölkerungsexperten haben statt dessen Taiwans sinkende Geburtenziffern auf die Landreform zurückgeführt, die schon 1902–1903 von japanischen Herrschern durchgesetzt wurde. Diese Reform hat – in Verbindung mit anderen Maßnahmen, die die Sicherheit der Pachten kleiner Bauern verstärkten – eine lebensfähige Landwirtschaft auf der Basis kleiner Betriebe geschaffen; ganz im Gegensatz zu anderen asiatischen Ländern, die schneller wachsende Bevölkerungen haben[6].

Ähnliche Kontraste können zwischen Ländern aufgezeigt werden, in denen die Geburtenziffer im Absinken ist, so wie in Sri Lanka,

Singapur, Hongkong, Ägypten, China, Argentinien, Uruguay, Costa Rica oder Kuba – von denen die meisten eine nationle Politik haben oder einst hatten, die die niedrigen Einkommensgruppen begünstigt –, und solchen Ländern wie Brasilien, Venezuela oder Mexiko, wo der Wohlstand der unteren Einkommensgruppen sich verschlechtert und die Geburtenziffern nicht in signifikantem Maße abnehmen[7]. In Ländern, in denen die Abnahme der Geburten bedeutend gewesen ist, scheinen die Bestimmungsgründe nicht so sehr in einem direkten Geburtenkontrollprogramm gelegen zu haben; vielmehr kann man in solchen Ländern eine Verlagerung der Kontrolle über die Ressourcen des Landes zugunsten der ärmeren Gesellschaftsschichten ausmachen.

Wohlstand wird nicht am Einkommen allein gemessen. Neben der Einkommensverteilung selbst scheinen andere Faktoren mit sinkenden Geburtenziffern in Verbindung gebracht werden zu können. Zwei asiatische Beispiele abnehmender Geburtenquoten – der Staat Kerala in Indien und China – verdeutlichen das. Die Statistiken zeigen, daß in Kerala die Bevölkerung ärmer ist als in vielen anderen indischen Bundesstaaten, doch es gibt entscheidende soziale und politische Unterschiede, die zu Keralas sinkender Geburtenzahl beitragen. Alan Berg, ein Ernährungswissenschaftler der Weltbank, hat dazu festgestellt, daß Kerala von allen Bundesstaaten Indiens die niedrigste Analphabetenquote hat (es ist der einzige Bundesstaat, in dem die Mehrzahl der Frauen Schulbildung hat), daß Kerala den höchsten Pro-Kopf-Verbrauch an unter ernährungswissenschaftlichen Gesichtspunkten wichtigen Nahrungsmitteln hat, sowie die niedrigste Säuglingssterblichkeit Indiens und eine Sterbequote, die niedriger ist als die von Westdeutschland oder Großbritannien[8].

Die durchschnittliche indische Geburtenquote ist in den letzten zwanzig Jahren von 41 auf 37,2 Geburten auf 1000 Einwohner gesunken. Im Vergleich dazu sank Keralas Geburtenzahl von 37:1000 auf 27:1000 während nur eines Jahrzehnts.

China hat die umfassendste Politik hinsichtlich der Sicherung der offensichtlich für eine Bevölkerungsbegrenzung notwendigen ökonomischen Voraussetzungen durchgeführt. Nach der Pensionierung erhalten die Arbeiter 50 bis 75 Prozent ihres Lohns, während andere Unterstützungen, insbesondere die Gesundheitsfürsorge, weiter zur Verfügung stehen. Auf dem Lande unterhalten die Kommunen einen Wohlfahrtsfonds, um diejenigen zu versorgen, die nicht arbeiten können. Sowohl in der Stadt als auch auf dem Land sind die

Arbeiterkollektive besorgt dafür, daß kein Familieneinkommen unter einem bestimmten Niveau liegt.

Darüber hinaus sei an unsere früheren Ausführungen erinnert (S. 41 ff.), daß Familien, die miteinander konkurrieren müssen, über ihr eigenes »Arbeitsangebot« verfügen müssen, damit sie schlicht überleben können. Doch wenn Arbeit und Produktion nicht innerhalb von Familien, sondern durch Kollektivbesitz und gemeinschaftliche Arbeit aufgeteilt werden, wie das in China der Fall ist, dann verschwindet die Notwendigkeit, »eigene« Familienarbeitskräfte aufzubieten[9].

Das chinesische Beispiel demonstriert die Fähigkeit eines Volkes, seine Reproduktionsrate mit beeindruckender Geschwindigkeit zu ändern, wenn einmal die grundsätzlichen Bedürfnisse nach individueller Sicherheit zufriedengestellt sind. Chinas Geburtenquote ist mit wahrscheinlich beispielloser Geschwindigkeit gesunken – von 32:1000 im Jahr 1970 auf 20 bis 25:1000 fünf Jahre später[10]. Da das chinesische Volk ein Fünftel der Menschheit ausmacht, haben seine Bemühungen die Geburtenquote der gesamten Welt deutlich verringert.

Uns, die wir in der industrialisierten westlichen Welt leben, mögen die Menschen in den Ländern, die einen wirklichen Rückgang ihrer Geburtenziffern erfahren, immer noch »arm« erscheinen – einige mit Pro-Kopf-Einkommen, das nur unerheblich über 200 Dollar im Jahr liegt –, doch in den meisten dieser Länder ändert sich das Leben der Armen in entscheidender Weise. Die lebensnotwendigen Erfordernisse nach genügendem Einkommen und Altersversorgung, die zuvor nur durch Großfamilien mit vielen Kindern erfüllt werden konnten, werden nun langsam durch soziale und politische Reformen realisiert: durch gesichertere Pachtverhältnisse, durch zuverlässigere Nahrungsmittelversorgung, durch bessere Gesundheitsfürsorge und durch Einkommenssicherung im Alter. Brauchen wir wirklich noch weitere Studien, um zu beweisen, daß Menschen die Zahl ihrer Nachkommen begrenzen werden, wenn nur der soziale und ökonomische Kontext eine solche Entscheidung rational und durchführbar macht?

10

Geburtenkontrolle oder Kontrolle der Bevölkerung?

Frage: Wenn Sie sich auf sozioökonomische Faktoren konzentrieren, ignorieren Sie da nicht das Recht eines jeden auf Zugang zu Informationen über Geburtenkontrolle und Empfängnisverhütungsmitteln? Sie mögen mit der Notwendigkeit der Familienarbeitskräfte und der Altersversorgung recht haben, doch viele Menschen in den armen Ländern *wollen* ihre Familiengröße begrenzen. Hohe Abtreibungsziffern in unterentwickelten Ländern (wobei die meisten Abtreibungen selbst und unter großen Gefahren für die Frau ausgeführt werden) beweisen dies. Obwohl sie über China sprechen, übersehen Sie wohl die Tatsache, daß China eins der umfassendsten Geburtenkontrollprogramme der Welt hat. In den meisten Ländern haben die Reichen bereits Zugang zur Geburtenkontrolle; ist es nicht einfach gerecht, wenn wir alles Mögliche tun, um das gleiche den Armen, die sie wollen, zukommen zu lassen?

Unsere Antwort: Niemand kann das Ziel mißbilligen, allen Menschen den Zugang zu den Informationen und Mitteln zu gewähren, die zur Bestimmung der Familiengröße notwendig sind. Ein entscheidender Unterschied muß jedoch gemacht werden. Programme zur Familienplanung, die *vorgeben*, das Programm des Hungers durch die Begrenzung des Bevölkerungswachstums zu mindern, verkünden implizit, daß den Armen selbst die Schuld am Hungerproblem zuzuschreiben sei. Familienplanung als eine wertvolle soziale Dienstleistung, die die individuelle Selbstbestimmung erleichtert, ist eine völlig andere Sache. Sie kann ein gerechtfertigter Weg sein, die realen Entscheidungsmöglichkeiten der Menschen zu erweitern. Wir haben dagegen nichts weiter gesagt, als daß Maßnahmen zur Geburtenkontrolle einfach dann nicht wirksam sind – abgesehen davon, daß sie Zustände wie in Orwells »1984« schaffen –, wenn die sozialen und ökonomischen gesellschaftlichen Bedingungen es den Menschen unmöglich machen, eine Entscheidung für weniger Kinder zu treffen.

Die Universität von Harvard (USA) und die Regierung von Indien förderten gemeinsam das Khanna-Programm, welches sich über sechs Jahre erstreckte und eine Million Dollar kostete. Als es abgeschlossen war, mußten seine Direktoren feststellen, daß, »obwohl die Geburtenziffer der Testgruppe gefallen war, die Geburtenziffer der Kontrollgruppe (die kein Programm der Familienplanung durchmachte) ebenfalls gesunken war, und zwar um fast genau denselben Prozentsatz«. In beiden Fällen war dies hauptsächlich einem Anstieg des durchschnittlichen Heiratsalters zuzuschreiben, was mit dem Khanna-Programm überhaupt nichts zu tun hatte.[1] Obwohl der Umfang der Studie (sie bezieht sich auf eine Stichprobe von 8000 indischen Kleinbauern) nicht sehr groß ist, wird sie mittlerweile als eine klassische Illustration der allgemeingültigen Feststellung gesehen, die James Kocher in einer Arbeit für den Bevölkerungsrat glänzend formuliert hat:

»Ich kenne keine Beweise für eine langfristige Abnahme der Geburtenzahlen – weder spontan noch aufgrund irgendeines Programmes der Familienplanung –, die jemals stattgefunden hätte, ohne daß bedeutende sozioökonomische Entwicklungen und Modernisierungen zur gleichen Zeit das Leben der Mehrheit der Bevölkerung entscheidend verändert hätten.«[2]

Die Betonung individueller Selbstbestimmung als eines legitimen Ziels der Geburtenkontrolle schließt eine nationale Politik nicht aus, in welcher Geburtenkontrolle *auch* dem Ziel der Bevölkerungsstabilisierung dient, wenn ein Land z. B. eine hohe Bevölkerungsdichte haben sollte. China hat diesen Weg beschritten. Doch in China lieferte die Wiederherstellung der sozialen Ordnung tatsächlich dem ganzen Volk bereits die materielle Sicherheit, die notwendig ist, um die Geburtenkontrolle zu einer *rationalen* Entscheidung zu machen. Ein Programm zur Geburtenkontrolle kann somit die Entscheidung für weniger Kinder auch zu einer *durchführbaren Möglichkeit* machen.

Wenn man so, wie wir, argumentiert, daß nämlich sozialer und ökonomischer Wandel einem Rückgang der Wachstumsquote der Bevölkerung vorausgehen muß, wird man oft einer zu mechanistischen Sicht bezichtigt. Solche Kritiker glauben von uns, wir dächten, daß sich, wenn einmal die sozialen und ökonomischen Vorbedingungen geschaffen worden seien, das Problem des rapiden Bevölkerungswachstums automatisch und »von selbst« lösen würde. Chinas umfassende Programme zur Geburtenkontrolle bezeugten, so sagen sie, die Notwendigkeit einer eigenständigen Aktion mit Hilfe der Familienplanung.

Was das chinesische Beispiel nach unserer Ansicht jedoch beweist, ist folgendes: Wenn die Mehrheit der Menschen am Entwicklungsprozeß teilnimmt, werden diese dann selbst zur Einsicht der Notwendigkeit einer Bevölkerungsbegrenzung gelangen – sofern diese Notwendigkeit in der Tat besteht.

Das Befürworten von Programmen zur Geburtenkontrolle in unterentwickelten Ländern kann mehr als nur ein wohlmeinendes Mißverstehen der Hauptursachen des Hungers darstellen. Wo Menschen keine Kontrolle über Ressourcen haben oder wo ihnen nicht einmal die elementarsten Dinge sicher sind, die Menschen zum Überleben brauchen, dort sind Programme zur Geburtenkontrolle nicht nur unwirksam, sondern zweigen auch Geldmittel ab, die eingesetzt werden könnten, um den Wohlstand der Armen durch eine grundsätzliche Neuordnung der landwirtschaftlichen Produktionsverhältnisse zu verbessern.

Einige Regierungen gehen sogar noch weiter. Indien denkt ernstlich an eine Gesetzgebung, die Menschen für das Kinderkriegen direkt bestraft. Ländliche Gebiete, die keine erfolgreichen Sterilisationsprogramme aufweisen, würden dann eine niedrige Priorität bei der Erschließung von Trinkwasser und dem Bau von landwirtschaftlichen Bewässerungsanlagen erhalten. Der indische Staat von West-Bengalen entwirft ein Gesetz, welches einen Ehepartner zu Geldbußen oder Gefängnis verurteilen würde, wenn er oder sie nicht sterilisiert wird, wenn sie schon mehr als zwei Kinder haben. Eine solche Gesetzgebung überrascht nicht, wenn man bedenkt, daß sie von einer von der Elite des Landes beherrschten Regierung kommt, die es vorgezogen hat, ihre Untertanen zu bestrafen, anstatt den Status quo durch eine Neuordnung der Kontrolle über die Ressourcen zu gefährden. Indiens Politik bringt Barry Commoners Worte in seinem Buch: »*The Closing Circle*« in Erinnerung: »Krieg ist ein Instrument, um eine soziale Frage zu lösen, nicht durch soziale Maßnahmen, sondern durch einen biologischen Prozeß – den Tod. Das gleiche gilt, glaube ich, für eine erzwungene Bevölkerungskontrolle.«[3]

Schon durch diese wenigen Fakten, die wir in diesem Abschnitt unseres Buches präsentiert haben, sollte es klar sein, daß »zu viele Menschen« nicht die Ursache des Hungers sind. »Zu viele Menschen« ist eine Illusion, die aus einer zunehmend konzentrierten

Kontrolle über Ressourcen erwächst. Das Gespenst der Übervölkerung entsteht, weil mehr und mehr Menschen von der Kontrolle über und sogar von der Teilnahme an dem Produktionsprozeß ausgeschlossen werden. Nur deshalb erscheinen sie als überflüssig. Gerade die Leute, die vorzugsweise den Armen mit ihren vielen Kindern selbst die Schuld an beklagenswerten sozialen Bedingungen zuschieben, sind oft die gleichen, die durch eine Umverteilung der Macht über die produktiven Ressourcen etwas zu verlieren haben. Und gerade diese Umverteilung würde den Menschen zum erstenmal eine echte Entscheidungsmöglichkeit geben, ihre Familiengröße zu bestimmen.

Jedesmal, wenn wir von der Bevölkerungsgröße als Ursache des Hungers und von einer kleineren Bevölkerungsgröße als Lösung des Problems lesen oder davon hören, müssen wir uns selbst die Frage stellen: Warum diese Betonung eines rapiden Bevölkerungswachstums – das nur ein Symptom ist, wenn wir auf die eigentlichen Ursachen hinweisen können? Auch wenn Maßnahmen zur Familienplanung fähig *wären,* das Bevölkerungswachstum zu reduzieren, würden dann die Hungernden besser ernährt werden, wenn die arme Mehrheit der Bevölkerung nicht an Kontrolle über die produktiven Ressourcen hinzugewinnen würde?

Teil III:

Das koloniale Erbe

11

Warum können sich die Menschen nicht selbst ernähren?

Frage: Sie haben gesagt, daß das Problem des Hungers kein Ergebnis der Übervölkerung ist. Aber Sie haben die grundsätzlichste und einfachste Frage noch nicht beantwortet: Warum können sich die Menschen nicht selbst ernähren? Senator Daniel P. Moynihan drückte es sehr unverblümt aus, als er sich an die dritte Welt wandte. »Der Anbau von Nahrung ist das erste, was man tut, wenn man aus den Bäumen herunterkommt. Die Frage lautet: ›Warum können die Vereinigten Staaten Lebensmittel anbauen und ihr nicht?‹«

Unsere Antwort: Nach der ersten Rede, die ich nach der Abfassung von *Diet for a Small Planet** hielt, versuchte ich, meine Zuhörer mit auf den Weg zu nehmen, den ich eingeschlagen hatte. Ich suchte zu verstehen, warum so viele Menschen auf der Welt hungern. Hier ist der Leitgedanke dieser Rede:

»Als ich begann, sah ich eine Welt, die in zwei Teile gespalten war: eine Minderzahl von Nationen war durch ihre landwirtschaftliche und industrielle Revolution ›gestartet‹, um eine unvergleichliche materielle Fülle zu erreichen, und es gab eine Mehrheit, die in einem primitiven, traditionellen unterentwickelten Zustand zurückblieb. Dieses Zurückbleiben der Mehrheit der Völker der Welt war, wie ich dachte, einem inneren Mangel oder sogar mehreren zuzuschreiben. Es schien offensichtlich, daß es den unterentwickelten Ländern an natürlichen Ressourcen fehlen müsse – besonders an gutem Land und gutem Klima – und an der kulturellen Entwicklung, einschließlich einer modernen Einstellung, die Arbeit und Fortschritt fördern.

Als ich aber nach den historischen Wurzeln der Situation suchte, erfuhr ich, daß mein Bild von diesen beiden getrennten Welten völlig

* Auf Deutsch: Die Öko-Diät, in »fischer alternativ«, Band 4012, August, Frankfurt 1978.

falsch war. Meine ›zwei getrennten Welten‹ waren nur verschiedene Seiten der gleichen Münze. Eine Seite war hauptsächlich deshalb oben, weil die andere unten war. Konnte das wahr sein? Wie standen die beiden Welten in Beziehung?
Das Verbindungsglied schien mir der Kolonialismus zu sein. Der Kolonialismus zerstörte die natürlichen Schemata der Produktion und des Handels, durch die die traditionellen Gesellschaften in den unterentwickelten Ländern früher die Bedürfnisse der Völker erfüllt hatten. Viele vorkoloniale Strukturen hatten, während sie von ausbeuterischen Eliten beherrscht wurden, ein System der wechselseitigen Verpflichtungen zwischen den Klassen entwickelt, die wenigstens eine minimale Ernährung für alle gesichert hatte. Einer meiner Freunde sagte einmal: Die vorkoloniale Dorfexistenz in einer Subsistenzlandwirtschaft war in der Tat ein beschränktes Leben – aber es war sicherlich kein Kalkutta.
Das Hungerelend in den Straßen von Kalkutta kann in der Tat nur als der Endpunkt eines langen historischen Prozesses angesehen werden – eines Prozesses, der ein traditionelles Sozialsystem zerstört.
›Unterentwickelt‹ wurde für mich statt eines Adjektivs, das das Bild einer statischen Gesellschaft heraufbeschwört, zu einem Verbum (›unterentwickeln‹), das den Prozeß bedeutet, in dem die Minderheit der Welt die Mehrheit umgewandelt – ja in der Tat oft beraubt und degradiert – hat.«
Das war 1972. Ich erinnere mich deutlich an meine Gedanken bei der Heimkehr. Ich hatte zum erstenmal öffentlich eine Ansicht über die Welt geäußert, die zu erfassen ich Jahre gebraucht hatte. Das Gefühl der Erleichterung war gewaltig. Für mich lag der Durchbruch in der Erkenntnis, daß man die heutige »Hungerkrise« nicht in statischen, beschreibenden Begriffen schildern könne. Man muß an den Hunger und die Unterentwicklung immer als an einen Prozeß denken.
Um die Frage »Warum Hunger?« zu beantworten, ist es alles andere als produktiv, einfach die Bedingungen in einem unterentwickelten Land zu *beschreiben*. Diese Bedingungen sind nämlich, ob es sich nun um den Grad der Unterernährung handelt, um das Niveau der landwirtschaftlichen Produktion oder sogar um die ökologische Ausstattung des Landes – nicht statistische Fakten, sie sind nicht »gegeben«. Sie sind vielmehr die »Resultate« eines weiterlaufenden historischen Prozesses. Als wir bei der Vorbereitung dieses Buches tiefer

in dem historischen Prozeß nachbohrten, entdeckten wir das Vorhandensein eines Mangel schaffenden Mechanismus, den wir vorher nur intuitiv geahnt hatten.
Aus diesem Forschen in der Vergangenheit gewannen wir eine große Befriedigung, da wir erkannten, daß das der einzige Weg zu einer Lösung des heutigen Hungers ist. Wir haben eingesehen, daß es auf die Kraft ankommt, die die Bedingungen schafft – und nicht auf die Bedingungen selbst, denn diese müssen das Ziel einer Veränderung sein. Sonst könnten wir die Bedingungen heute ändern, nur um morgen feststellen zu müssen, daß sie neu geschaffen wurden, mit einer neuen Bedrohung.
In der Frage »Warum können sich die Menschen nicht selbst ernähren?« liegt ein Gefühl des Befremdens darüber, daß so viele Menschen auf der Welt nicht in der Lage sind, das zu erreichen. Was uns jedoch in Erstaunen setzt, ist die Tatsache, daß nicht noch mehr Menschen in der Welt hungern, wenn man das Gewicht einer jahrhundertelangen Bemühung einiger weniger sieht, die Fähigkeit der Mehrheit zu untergraben, sich zu ernähren.
Wenn diese Kräfte rein verschwörerisch wären, wären sie leichter zu entdecken und viel mehr Menschen hätten sich bereits zum Widerstand erhoben. Wir sprechen über etwas, was subtiler und hinterhältiger ist; ein Erbe der kolonialen Ordnung, in dem Menschen mit dem Vorteil einer beträchtlichen Macht nach ihrem Eigeninteresse suchten und oft arrogant glaubten, daß sie im Interesse der Menschen arbeiteten, deren Leben sie zerstörten.

Das koloniale Denken

Die Kolonisatoren hielten die Landschaft in den unterjochten Ländern für primitiv und rückständig. Eine derartige Ansicht steht jedoch in scharfem Kontrast zu den Dokumenten aus der Kolonialzeit, die jetzt ans Licht kommen. A. J. Voelker, ein britischer Agrarwissenschaftler, der in den 1890er Jahren Indien zugeteilt war, schrieb:
»Nirgendwo würde man bessere Beispiele dafür finden, das Land skrupellos vom Unkraut freizuhalten – von Ingenuität in der Planung von Wasserförderung, von Kenntnis der Böden und ihren Eigenschaften, genauso wie der genauen Zeit für Aussaat und Ernte wie in der indischen Landwirtschaft. Es ist auch wundervoll, wieviel von

der Rotation bekannt ist, dem System der ›gemischten Aussaaten‹ und von der Brache . . . Ich wenigstens habe nie ein vollkommeneres System des Ackerbaus gesehen.«[1]

Nichtsdestotrotz verstärkte die Ansicht, die Landwirtschaft der Besiegten sei primitiv und rückständig, das Grundprinzip der Kolonisatoren, sie zu zerstören. Für die Kolonisatoren Afrikas, Asiens und Lateinamerikas wurde die Landwirtschaft lediglich zu einem Mittel, Reichtum herauszuholen – genauso wie Gold aus einer Mine –, und zwar kraft der Macht des Kolonisators.

Man sah in der Landwirtschaft nicht länger die Quelle für die Ernährung der einheimischen Bevölkerung, nicht einmal mehr für ihren Lebensunterhalt. Tatsächlich folgerte der englische Wirtschaftswissenschaftler John Stuart Mill, daß man an die Kolonien nicht als Zivilisationen oder Länder denken solle, sondern lediglich als an »landwirtschaftliche Establishments«, deren einziger Zweck es sei, die »größere Gemeinschaft zu versorgen, zu der sie gehören«.

Die Landwirtschaft der kolonisierten Gesellschaft war nur eine Unterabteilung des landwirtschaftlichen Systems des Kolonialherrn. Mill bestätigt zum Beispiel: »Unsere westindischen Kolonien können nicht als Länder betrachtet werden . . . Die westindischen Inseln sind der Ort, wo England es für *passend findet,* die Erzeugung von Zucker, Kaffee und einigen anderen Tropenprodukten weiterzuführen.«[2]

Vor der europäischen Intervention praktizierten die Afrikaner eine vielfältige Landwirtschaft, die auch die Einführung neuer Nahrungspflanzen asiatischen oder amerikanischen Ursprungs einschloß. Die Kolonialherrschaft reduzierte aber diese verschiedenfältige Erzeugung auf einzelne Exporternten, manchmal bis zur Verdrängung der Grundnahrungsmittel – und säten bei diesem Prozeß den Samen des Hungers.[3]

Der Reisanbau war früher in Gambia allgemein üblich gewesen. Mit der Kolonialherrschaft wurde aber viel des besten Lands für den Anbau von Erdnüssen (für die europäischen Märkte) weggenommen. Nordghana, einst für die Yamswurzeln und andere Lebensmittel berühmt, wurde gezwungen, sich ausschließlich auf Kakao zu konzentrieren. Auch der größte Teil der Goldküste wurde von Kakao abhängig. Liberia wurde praktisch in eine Plantage von Firestone und Tire and Rubber (Reifen und Gummi) verwandelt. Die Lebensmittelproduktion in Dahomey und Südostnigeria wurde des Palmöls wegen fast aufgegeben. Tanganjika (heute Tansania)

wurde gezwungen, sich auf Sisal, und Uganda, sich auf Baumwolle zu konzentrieren.
Das gleiche geschah in Indochina. Etwa um die Zeit des amerikanischen Bürgerkriegs entschieden die Franzosen, das Mekongdelta sei ideal für eine Reiserzeugung und für den Export geeignet. Durch ein Produktionssystem, das die Landbesitzer reich machte, wurde bis 1930 Vietnam zum drittgrößten Reisexportland der Erde, und doch hungerten viele landlose Vietnamesen.[4]
Statt den Bauern zu helfen, verstärkten die öffentlichen Arbeitsprogramme des Kolonialismus lediglich die Produktion von Exporterzeugnissen. Britische Bewässerungsanlagen, die in Indien im neunzehnten Jahrhundert gebaut wurden, halfen der Produktionssteigerung, die Ausweitung galt aber der Frühjahrsernte für den Export auf Kosten von Hirse und Hülsenfrüchten, die als die örtlichen Grundnahrungsmittel im Herbst geerntet werden.
Weil Menschen, die auf dem Land leben, nicht von selbst ihren natürlichen Drang bekämpfen, Nahrung für sich selbst anzubauen, mußten die Kolonialherren den Anbau von Exporterzeugnissen erzwingen. Die erste Strategie war, physische oder wirtschaftliche Gewalt anzusetzen, um die einheimische Bevölkerung zum Anbau von Exportprodukten statt Nahrung zu zwingen und diese dann den Kolonisatoren für den Export zu übergeben. Die zweite Strategie war die direkte Übernahme des Landes durch Pflanzungen großen Maßstabs, die für den Export produzierten.

Bäuerliche Zwangsproduktion

Wie Walter Rodney in »How Europe underdeveloped Africa« (Wie Europa Afrika unterentwickelte) erzählt, wurden Exportprodukte oft buchstäblich unter der Drohung von Gewehren und Peitschen erzeugt.[5] Ein Besucher im Sahel bemerkte 1928:
»Baumwolle ist eine künstliche Ernte, deren Wert den Eingeborenen nicht völlig klar ist ...« Etwas schief berichtet er von der »erzwungenen Begeisterung, mit der sich die Eingeborenen ... auf den ... Anbau von Baumwolle gestürzt haben«.[6] Der erzwungene Baumwollanbau war eine der großen Beschwerden, die zu den Maji-Maji-Kriegen in Tanganjika (heute Tansania) führten, er steckte noch 1960 hinter der nationalistischen Revolte in Angola.[7]
Obwohl auch rohe Gewalt angewendet wurde, war die Besteuerung

die beliebtere koloniale Technik, die Afrikaner zum Anbau von Exportprodukten zu zwingen. Die Kolonialverwaltungen erhoben ganz einfach Steuern auf Land, Häuser, Vieh und sogar auf die Menschen selbst. Da die Steuern in der Währung des betreffenden Kolonialreichs gezahlt werden mußten, mußten die Eingeborenen entweder Exportprodukte für den Verkauf anbauen oder in den Plantagen und Minen der Europäer arbeiten.[8]

Die Steuer war sowohl ein wirksames Werkzeug, um den Exportanbau »anzuregen«, wie eine Einkommensquelle, die die Kolonialbürokratien brauchten, um das System durchzusetzen.

Um die Produktion für den Export auszuweiten, um die Steuern bezahlen zu können, mußten die Bauern die Erzeugung der Nahrungsmittel vernachlässigen. 1830 machte die holländische Verwaltung in Java den Bauern ein Angebot, das sie nicht ausschlagen konnten: wenn sie auf einem Fünftel ihres Landes Exportprodukte für die Regierung anbauten, wollten ihnen die Holländer die Grundsteuer erstatten.[9] Falls sie sich weigerten und sie die Steuern nicht bezahlen konnten, verloren sie ihr Land.

In den 1930er Jahren entstanden in Afrika »Vermarktungsausschüsse«, eine weitere Technik, den Gewinn aus der Erzeugung von Exportprodukten durch die Eingeborenen in die Hände der Kolonialregierungen und internationalen Firmen zu bekommen. Die Kaufpreise durch die Vermarktungsausschüsse lagen unter dem Weltmarktpreis. Erdnüsse, die die Ausschüsse in Westafrika von den Anbauern kauften, wurden in Großbritannien um mehr als das Siebenfache von dem verkauft, was die Bauern erhalten hatten.[10]

Der Begriff der Vermarktungsausschüsse wurde 1937 mit dem »Kakao-Überfall« an der Goldküste geboren. Kleine Kakaobauern weigerten sich, an die großen Kakao-Konzerne zu verkaufen, bis sie höhere Preise erhielten. Als die britische Regierung einschritt und einverstanden war, den Kakao anstelle der großen Gesellschaften direkt zu kaufen, glaubten die Kleinbauern, wenigstens einen kleineren Sieg errungen zu haben. Hatten sie das aber wirklich?

Im folgenden Jahr richteten die Briten formell den Westafrikanischen Kakao-Kontrollausschuß ein. Theoretisch war sein Zweck, den Bauern einen vernünftigen Betrag für die Ernten zu bezahlen. In der Praxis konnte der Ausschuß aber als einziger Käufer den an die Bauern für ihre Ernte bezahlten Preis niedrig halten, als die Weltpreise stiegen. Rodney faßt den wirklichen »Sieg« so zusammen:

»Kein Teil des Nutzens ging an die Afrikaner, sondern vielmehr an

die britische Regierung und die privaten Gesellschaften . . . Große Gesellschaften wie die Unitd African Company und John Holt . . . erhielten Quoten, die sie zugunsten der Regierung zu erfüllen hatten. Als Agenten der Regierung waren sie jetzt nicht mehr direkten Angriffen ausgesetzt, und ihre Gewinne waren sicher.«[11]
Diese Vermarktungsausschüsse, die für die meisten Exportprodukte eingerichtet wurden, wurden in Wirklichkeit durch die Unternehmen kontrolliert. Der Vorsitzende des Kakao-Ausschusses war kein anderer als John Cadbury von Cadbury Brothers, die ein Teil des Kakao-Pools war.
Die Vermarktungsausschüsse leiteten einen Teil der Gewinne aus der Ausbeutung der bäuerlichen Produzenten direkt in das königliche Schatzamt. Während der Kakaoausschuß billig an das britische Ernährungsministerium verkaufte, erhöhte das Ministerium den Preis für die englischen Fabrikanten und steckte so in wenigen Jahren einen Gewinn von 11 Millionen Pfund ein.
Diese Vermarktungsausschüsse waren nur die institutionalisierte »Übersetzung« dessen, was das Wesen des Kolonialismus darstellt, das Herausholen von Reichtum. Während die Gewinne weiter ausländischen Interessen und der einheimischen Elite zuflossen, blieben die Preise, die die tatsächlichen Erzeuger der Ware erhielten, weiterhin niedrig.

Pflanzungen

Eine zweite Methode war die direkte Übernahme des Landes entweder durch die kolonialisierende Regierung oder durch ausländische Privatinteressen. Früher sich selbst versorgende Bauern wurden entweder durch Versklavung oder durch wirtschaftlichen Zwang dazu getrieben, die Plantagenfelder zu bestellen.
Nach der Eroberung des Königreichs Kandia (heute Sri Lanka) im Jahre 1815 bezeichneten die Briten den ganzen ausgedehnten Teil der Insel als Kronland. Als festgestellt wurde, daß dort Kaffee, ein einträgliches Exportprodukt, gedieh, wurden die kandianischen Ländereien an britische Investoren und Pflanzer um lediglich fünf Shilling pro Acre verkauft, die Regierung übernahm sogar die Kosten für die Vermessung und den Wegebau.[12]
Java ist ein erstklassiges Beispiel dafür, wie eine Kolonialregierung Land beschlagnahmte und es dann in ausländische Privathände gab.

1870 erklärten die Holländer alles unbebaute Land, das man Ödland nannte, zu Staatsbesitz zur Verpachtung an private holländische Unternehmungen. Zusätzlich ermächtigte das Agrarlandgesetz aus dem Jahre 1870 ausländische Unternehmen, Dorfland zu pachten[13]. Die Bauern, bei denen eine chronische Geldnot für Steuern und ausländische Verbrauchsgüter bestand, waren nur zu gern bereit, ihr Land für sehr bescheidene Summen an ausländische Gesellschaften und zu den durch die Firmen diktierten Bedingungen zu verpachten. Wo Land noch im Gemeindebesitz blieb, wurde der Dorfhäuptling durch hohe Provisionen, die die Plantagengesellschaften boten, in Versuchung geführt. Er verpachtete das Gemeindeland noch billiger, als das der einzelne Bauer getan hätte – oder verkaufte, was häufig der Fall war, das ganze Dorf an die Gesellschaft.[14]
Die Einführung der Plantagen bedeutete die Trennung der Landwirtschaft von der Ernährung, ebenso ging der Begriff des »Nahrungswerts« gegenüber dem des »Marktwerts« im internationalen Handel verloren. Man wählte den Anbau von Zucker, Tabak und Kaffee aus, und zwar nicht auf der Basis, wie gut sie die Menschen ernährten, sondern wegen ihres höheren Marktwerts im Vergleich zu ihrem Gewicht und ihrer Masse, so daß die Gewinnspannen selbst in Anbetracht der Verschiffungskosten nach Europa erhalten blieben.

Die Unterdrückung des Anbaus durch Bauern

Die Stagnation und die Verarmung des Sektors der bäuerlichen Lebensmittelerzeugung war nicht bloß das Nebenprodukt einer unbedachten Vernachlässigung, das heißt der unbeabsichtigten Folgen einer Überbetonung der Exportproduktion. Plantagen brauchten, genauso wie die modernen »agroindustriellen Komplexe«, eine Überfülle und leichte Verfügbarkeit von Landarbeitern mit niedrigem Lohn. Die Kolonialverwaltungen planten so eine Anzahl von Taktiken, alle dazu bestimmt, die selbstversorgende Landwirtschaft zu untergraben und so die ländlichen Bevölkerungen von Plantagenlöhnen abhängig zu machen.
Regierungsdienste und selbst die minimalste Infrastruktur (Zugang zu Wasser, Wege, Saatgut, Kredite, Kontrollinformationen über Schädlinge und Krankheiten und so weiter) wurden systematisch verweigert. Die Plantagen usurpierten den größten Teil des guten Landes, sie machten entweder einen großen Teil der Bevölkerung

landlos oder drängten sie auf schlechte Böden ab. Und doch lassen die Besitzer oft einen großen Teil ihrer Ländereien brachliegen, bloß um den Bauern daran zu hindern, es zu nützen. Del Monte besitzt in Guatemala 57 000 Acres, bebaut aber nur 9000. Der Rest liegt brach, nur einige tausend Stück Vieh weiden darauf.[15]

In einigen Fällen gehen die Kolonialverwaltungen noch weiter, um sich Arbeitskräfte zu sichern. In mindestens zwölf Ländern im östlichen und südlichen Afrika forderten die Ausbeutung des mineralischen Reichtums (Gold, Diamanten und Kupfer) und die Einrichtung von Plantagen für Exporterzeugnisse einen dauernden Zustrom billiger Arbeitskräfte. Um sich diese zu sichern, enteigneten Kolonialverwaltungen ganz einfach mit Gewalt das Land afrikanischer Gemeinden und trieben die Bevölkerung in kleine Reservate.[16]

Ohne ausreichendes Land für ihre traditionellen Rodungsmethoden mit Hackmesser und Feuer und ohne den Zugang zu den Mitteln – Werkzeuge, Dünger und Wasser –, um ein dauerndes Farmen auf so begrenzten Flächen zu ermöglichen, konnte sich die einheimische Bevölkerung kaum erhalten, geschweige denn Überschüsse erzielen, die sie verkaufen konnte, um die Steuern zu bezahlen.

Hunderttausende von Afrikanern wurden gezwungen, zu billigen Arbeitskräften zu werden, die die Pflanzungen »brauchten«. Nur durch die Arbeit auf den Plantagen und in den Minen konnten sie hoffen, die Kolonialsteuer zu zahlen.

1929 brach der Baumwollmarkt zusammen, und das nahm den bäuerlichen Baumwollpflanzern wie denen in Obervolta die Möglichkeit, ihre Kolonialsteuern zu bezahlen. Immer mehr junge Leute, in manchen Jahren bis zu 80 000, waren so gezwungen, an die Goldküste zu wandern und dort gegeneinander um schlecht bezahlte Arbeitsplätze in den Kakaoplantagen zu konkurrieren[17].

Die erzwungene Wanderung der körperlich tauglichsten Arbeiter, die die Nahrungserzeugung im Dorf der nötigen Arbeitskräfte beraubte, tauchte im Kolonialismus immer wieder auf. Noch 1973 »exportierten« die Portugiesen 400 000 Bauern aus Mozambique für die Arbeit in Südafrika gegen Gold, das im Schatzamt in Lissabon gespeichert wurde.

Die vielen Techniken des Kolonialismus, um die selbstversorgende Landwirtschaft zu untergraben und billige Arbeitsreserven zu schaffen, kann nicht besser illustriert werden als durch die Geschichte, wie Mitte des neunzehnten Jahrhunderts Zuckerplantagenbesitzer in

Britisch-Guayana mit dem Doppelschlag der Emanzipation der Zuckersklaven und dem Zusammenbruch auf dem Zuckerweltmarkt fertig wurden. Alan Adamson erzählt diese Geschichte plastisch in *Sugar without Slaves* (Zucker ohne Sklaven).[18]

Sollte es den ehemaligen Sklaven erlaubt werden, Plantagenland zu übernehmen und die nötige Nahrung anzubauen? Die Pflanzer, von denen viele durch den Zuckerkrach ruiniert waren, entschlossen sich, das nicht zuzulassen. Die von den Pflanzern beherrschte Regierung ersann mehrere Pläne, um die Lebensmittelselbstversorgung zu verhindern. Der Preis von Kronland wurde künstlich hoch gehalten und der Kauf von Land in Parzellen von weniger als 100 Acres verboten – zwei Maßnahmen, die garantierten, daß die neu organisierten Ex-Sklaven-Kooperationen nicht hoffen konnten, Zugang zu viel Land zu erhalten.

Die Regierung untersagte auch die Bebauung von 400 000 Acres mit der Begründung, die Besitztitel seien unklar. »Obwohl des weiteren viele Pflanzer einen Teil ihres Landes aus der Zuckerproduktion herausgenommen hatten, weil der Weltmarktpreis so stark gesunken war, erlaubten sie auf dem Land keine andersgeartete Erzeugung. Sie fürchteten, daß es schwierig werden würde, die Exsklaven, wenn sie einmal mit dem Lebensmittelanbau begonnen hatten, zur Zuckererzeugung zurückzuholen, wenn sich die Weltmarktpreise wieder erholten.

Die Regierung besteuerte zudem die bäuerliche Produktion, dann machte sie eine Kehrtwendung und unterstützte die Einwanderung von Arbeitern aus Indien und Malaysien, um die befreiten Sklaven zu ersetzen und die Produktion für die Pflanzer wieder einträglich zu machen. Schließlich vernachlässigte die Regierung die Infrastruktur für die Subsistenzlandwirtschaft und versagte den Kleinbauern Kredite.

Die vielleicht hinterhältigste Taktik, um den Bauern von der Lebensmittelproduktion wegzulocken, was die schwersten historischen Folgen hatte, bestand in einer Politik, den Preis importierter Lebensmittel durch die Beseitigung von Zöllen und durch Subsidien niedrig zu halten. Die Politik war zweischneidig: erstens sagte man den Bauern, keine Lebensmittel anzubauen, weil sie diese mit ihren Plantagenlöhnen immer billig kaufen könnten, und zweitens zerstörten die billig importierten Lebensmittel den Markt für einheimische Nahrung und machten die einheimischen Lebensmittelproduzenten arm.

Adamson erzählt, wie sowohl der Gouverneur von Britisch-Guayana wie der Minister für die Kolonien Earl Grey niedrige Zölle auf Importe begünstigten, um die heimische Nahrungsmittelproduktion zu untergraben und so Arbeitskräfte für die Pflanzungen frei zu machen. 1851 peitschte der Gouverneur eine Reduktion der Getreidezölle durch, um Arbeitskräfte auf die Zuckerplantagen »abzulenken«. Adamson schreibt: »Ohne es zu erkennen, hatte er (der Gouverneur) einen Finger auf den brennendsten Punkt der Monokultur gelegt – das krampfhafte Bedürfnis, jeden anderen Sektor der Wirtschaft zu zerstören, der um ›ihre‹ Arbeitskräfte konkurrieren könnte.«[19]

Vielen Kolonialregierungen gelang es, die Abhängigkeit von importierten Nahrungsmitteln zu erreichen. 1847 schrieb ein Beobachter in Westindien an Gouverneur Winthrop in Massachusetts: »Die Menschen sind so darauf erpicht, Zucker anzupflanzen, daß sie lieber Nahrung um jeden hohen Preis kaufen, als sie durch Arbeit zu erzeugen. So riesig ist der Gewinn bei der Zuckerarbeit . . .«[20]

Um 1770 importierte Westindien den größten Teil der Erzeugung der kontinentalen Kolonien an Trockenfisch, Getreide, Bohnen und Gemüse. Die Abhängigkeit von importierten Lebensmitteln machte die westindischen Kolonien äußerst anfällig für jede Störung im Nachschub. Diese Abhängigkeit von den Lebensmittelimporten bedeutete Unheil, als die dreizehn kontinentalen Kolonien ihre Unabhängigkeit erlangten und die Lebensmittelexporte aus dem Kontinent nach Westindien unterbrochen wurden.

Da sie auf kein verschiedenartiges Lebensmittelsystem zurückgreifen konnten, starben allein in Jamaika in den Hungersnöten zwischen 1780 und 1787 15 000 Plantagenarbeiter.[21] Die Abhängigkeit Westindiens von importierter Nahrung besteht bis auf den heutigen Tag weiter.

Die Unterdrückung der bäuerlichen Konkurrenz

Wir haben über die Techniken gesprochen, durch die eingeborene Bevölkerungen gezwungen wurden, Exportprodukte anzubauen. In einigen Ländern mit großen Plantagen haben es die Kolonialregierungen jedoch für nötig gefunden, Bauern daran zu hindern, unabhängige Exportprodukte anzubauen, aber nicht aus Sorge um ihre Wohlfahrt, sondern damit sie nicht mit kolonialen Interessen kon-

kurrieren können, die die gleichen Produkte anbauen. Es hat sich nämlich gezeigt, daß die Bauernproduzenten, wenn sie nur ein gewisses Maß an Möglichkeit erhalten, die großen Plantagen nicht nur in Begriffen des Ertrags pro Landeinheit, sondern, was wichtiger ist, in Wirtschaftlichkeit pro Produkteinheit übertreffen können.
In Holländisch-Ostindien (Indonesien und Niederländisch-Neuguinea) hat die Kolonialpolitik um die Mitte des vergangenen Jahrhunderts den Zuckerraffinerien verboten, Zuckerrohr von den eingeborenen Pflanzern zu kaufen, und belegte den von den eingeborenen Kleinbesitzern erzeugten Gummi mit einem Differentialzoll.[22]
Eine neue, nicht veröffentlichte Studie der UN über die landwirtschaftliche Entwicklung in Afrika kam zu dem Schluß, daß die landwirtschaftlichen Unternehmungen, die im Besitz von ausländischen kommerziellen Interessen sind und von diesen kontrolliert werden, wie die Gummiplantagen Liberias, die Sisalbesitzungen von Tanganjika (Tansania) und die Kaffeeplantagen Angolas, die Konkurrenz der Bauernproduzenten nur deshalb überlebten, weil die Behörden sie dadurch unterstützten, daß sie die einheimische landwirtschaftliche Entwicklung unterdrückten.[23]
Die Unterdrückung der einheimischen landwirtschaftlichen Entwicklung diente den Interessen der Kolonialmächte auf zweifache Weise. Sie verhinderte nicht nur eine direkte Konkurrenz der wirksameren eingeborenen Produzenten, sie garantierte auch die Arbeitskräfte für die Güter in ausländischem Besitz. Die Pflanzer und Investoren waren sich der Tatsache nicht unbewußt, daß Bauern, die durch ihre eigene Erzeugung wirtschaftlich überleben konnten, unter einem geringeren Druck standen, ihre Arbeitskraft billig an die großen Grundbesitzer zu verkaufen.
Die Antwort auf die Frage »Warum können sich die Menschen nicht selbst ernähren?« muß also mit dem Verständnis beginnen, wie der Kolonialismus die Menschen aktiv daran gehindert hat. Der Kolonialismus

zwang die Bauern, den Lebensmittelanbau durch den Anbau von Exporterzeugnissen zu ersetzen, die dann sehr billig enteignet wurden

übernahm das beste Ackerland für Plantagen für Exportprodukte und zwang dann die körperlich tauglichsten Arbeiter, die Felder des Dorfs zu verlassen und als Sklaven oder für sehr niedrigen Lohn auf den Plantagen zu arbeiten

förderte die Abhängigkeit von importierten Lebensmitteln

hinderte die einheimische Exportproduktion daran, mit den Exportprodukten, die durch Siedler oder ausländische Firmen erzeugt wurden, zu konkurrieren.

Das sind konkrete Beispiele für die »Entwicklung« der Unterentwicklung, Beispiele, die uns gelegentlich schon hätten auffallen sollen, als wir unsere geschichtlichen Schulbücher lasen. Warum war dies nicht der Fall? Irgendwie schienen unsere Schulbücher den Eindruck zu erwecken, daß der Strom der Geschichte seine eigene Logik hat, so als ob es einfach nicht anders hätte sein können.

12

Ist der Kolonialismus nicht tot?

Frage: Es mag wahr sein, daß der Kolonialismus die Fähigkeit der Menschen geschädigt hat, sich selbst zu ernähren. Die meisten unterentwickelten Länder sind aber jetzt seit zehn oder zwanzig Jahren, wenn nicht noch länger, unabhängig. Warum können sich diese Menschen immer noch nicht ernähren, wenn der Kolonialismus tot ist?

Unsere Antwort: Der Kolonialismus mag tot sein. Er hinterließ aber auf jeder Gesellschaft, mit der er in Berührung kam, unauslöschliche Spuren. Die Auswirkungen des Kolonialismus können durch die Erklärung der Unabhängigkeit nicht einfach weggewischt werden.
Die Erzwingung der Exportlandwirtschaft behindert die zukünftige Entwicklung, indem sie die einheimische Produktion und die Handelsschemata auf enge Exportinteressen hin orientierte.
Der Binnenhandel, der als das Mittel für eine autonome Entwicklung gedient haben könnte, wurde in der Nachfolge der allumfassenden kolonialen Exportanbausysteme, die die ausländischen Bedürfnisse befriedigen sollte, unterbrochen oder ganz zerstört. Blühende Industrien, die den inländischen Markt versorgten, waren vernichtet. Die Flut der billigen Textilien aus den Spinnereien der Kolonialmächte ruinierte die geschickten dörflichen Spinner und Weber in Indien und Afrika.
Ganze Länder wurden synonym mit nur einer Stadt, der Hauptstadt oder wenn diese im Binnenland lag, mit der Hauptstadt und ihrem Hafen. Die Binnenverbindungen und der Binnenhandel wurden nie entwickelt. Der Südamerikaner Eduardo Galeano schreibt dazu:
»Brasilien hat keine dauernden Landverbindungen mit drei seiner Nachbarn: Kolumbien, Peru und Venezuela . . . Jedes südamerikanische Land identifiziert sich immer noch mit seinem eigenen Hafen – eine Verneinung seiner Wurzeln und seiner wahren Identität, und zwar in dem Ausmaß, daß der gesamte internationale Handel über

See abgewickelt wird. Ein Inlandtransport besteht praktisch nicht.«[1]

Der Kolonialismus verkrüppelte die einheimische Landwirtschaft, indem er die Agrarforschung nur auf den Exportanbau hin dirigierte. Des weiteren begrenzte die Sklaverei den Elan zu verbesserten Agrartechniken sehr ernstlich.

Rodney sagt: »Menschen können gezwungen werden, sehr einfache manuelle Arbeiten auszuführen, aber nicht zu mehr. Das wurde erwiesen, als Afrikaner als Sklaven in Westindien und Amerika verwendet wurden. Die Sklaven beschädigten die Werkzeuge und übten Sabotage, die nur durch besondere Beaufsichtigung und dadurch kontrolliert werden konnte, indem man die Werkzeuge und die Produktionsprozesse sehr einfach hielt.«[2]

Ein anderer Schriftsteller bemerkte: »Der afrikanische Bauer ging mit einer Hacke in den Kolonialismus und kam mit einer Hacke wieder heraus.«[3]

Die schlimmsten, aber vielleicht überzeugendsten Auswirkungen der kolonialen Plantagenkultur sind folgende: Ein Verengung der landwirtschaftlichen Erfahrung auf die Plantagenarbeit, besonders mit Baumplantagen, hat ganze Populationen der bäuerlichen Grundgeschicklichkeiten beraubt. Zudem ist es heute für die Menschen schwieriger zum Anbau der benötigten Nahrung zurückzukehren, weil die Bauernarbeit in ihrer Vorstellung mit Elend und Entwürdigung assoziiert ist.[4]

Von 1650 bis 1850, als sich die Bevölkerungen anderer Kontinente vervielfachten und die Entwicklung dadurch sehr stimuliert wurde, führte der Sklavenhandel in Afrika zu einer Bevölkerungsstagnation. Mehr noch, der Sklavenhandel raubte Afrika seine fähigsten Arbeiter. Der Transfer von Menschen einer Rasse und Kultur für die Arbeit in Plantagen in einem fremden Land war eine Grundstrategie des Kolonialismus in allen Teilen der Welt. Menschen verschiedener Rasse und Kulturen wurden unter äußerst schweren Bedingungen zusammengeworfen. Rassenunterschiede und Feindschaften unter den Arbeitern waren für die Kolonisatoren ein Weg, die Arbeitskräfte zu kontrollieren.[5]

Überrascht es dann, daß diese erzwungene Vermischung von Rassen und Kulturen ein Erbe der sozialen Spannungen hinterlassen hat, die eine Kooperation und wirtschaftliche Einheit fast unmöglich machen? Durch die erzwungenen Wanderungen, das Stellen von Rasse gegen Rasse für die Brosamen der kolonialen Tische unterminierte

der Kolonialismus die Entwicklung, die auf wechselseitiger Zusammenarbeit basiert.
Der Kolonialismus untergrub auch die moralische Substanz der traditionellen Gesellschaften. Die traditionellen Gesellschaften erscheinen vielen als völlig autokratisch, wobei der Häuptling, die Kriegsherren oder der Dorfälteste unbeschränkte Macht besitzen. Während aber die Bauern verpflichtet waren, ihren Herrschern in den traditionellen Gesellschaften zu dienen, hatte die privilegierte Elite auch die Verpflichtung, die Mehrheit der Bauern zu schützen und für ihre Wohlfahrt zu sorgen. Wegen dieses Prinzips der Reziprozität hatten die Gesellschaften in den menschlichen Beziehungen einen hohen Grad von Vertrauen und menschlichem Mitgefühl.[6]
In Vietnam vor der Franzosenzeit gestatteten die Herrscher zum Beispiel, daß Gemeindeland verwendet wurde, damit jede Familie wenigstens einen Minimalnahrungsvorrat erhielt.
Der Kolonialismus zerstörte aber die Basis für dieses traditionelle System der Moral. Erstens verloren die traditionellen Herrscher in den Augen der Bauern viel von ihrer Autorität, als sie sich als unfähig erwiesen, ihr Land gegen den kolonialen Eindringling zu verteidigen. Mit der Einführung eines kommerzialisierten Produktionssystems wurden traditionelle Verpflichtungen durch auf Geld basierende Bande ersetzt. Der Glaube, daß Herrscher und Beherrschte für einander verantwortlich waren, wurde durch die Vorstellung ersetzt, daß ein wachsendes Bruttosozialprodukt für alle sorgen würde.
Das wichtigste war aber: Während der Kolonialismus den traditionellen Respekt für die Eliteklasse aushöhlte, investierte er diese Klasse mit größerer realer Macht. In Bengalen, Indien, im achtzehnten Jahrhundert zum Beispiel, machten die Briten die traditionellen Eliten, die früher nur für fiskalische und Verwaltungspflichten verantwortlich waren, zu Großgrundbesitzern, die die Einziehung der Steuern der Pächterbauern für die Krone besorgen mußten. Diese *zamindars,* wie sie genannt wurden, verwendeten ihre Macht, um großen Landbesitz für sich selbst zu erwerben.[7]
Ehe die Briten in Indien regierten, waren Schulden allgemein, aber der Geldverleiher war nicht mächtig. Ein Teil des Grundes dafür war der, daß Land nicht im Privatbesitz war. Ohne Privatbesitz war es nicht möglich, Land durch Schulden zu verlieren. Als die Briten aber einmal den Privatbesitz eingeführt hatten, um die Steuereinziehung zu erleichtern, wurde die Lage der Kleinbesitzer schwierig. Ob

Regen oder Trockenheit, ob gute oder schlechte Ernte, die Steuern mußten bezahlt werden. Mit dem Privatbesitz wurde das Land zur Sicherheit für Darlehen, mit denen man in schlechten Zeiten die Steuern bezahlte. Falls die schlechten Zeiten andauerten, verloren die Bauern ihr Land, da das koloniale Gesetzsystem sein Gewicht hinter die Möglichkeit der Kündigung von Hypotheken stellte.
Als das Kolonialsystem versuchte, die Übertragung von Land an die nicht-landwirtschaftlich tätigen Geldverleiher aufzuhalten, wurden viele Geldverleiher einfach selbst Landwirte. Es tat ihnen schwerlich leid, wenn ihre Schuldner ihre Darlehen nicht zurückzahlen konnten, weil eine Kündigung bedeutete, daß sie ihren Landbesitz vergrößern konnten. Hier finden wir einen der Gründe, warum die landlose Arbeiterklasse in Indien sich heute so pilzartig vermehrt.[8]
In Java besaßen die Bauern, ehe die Holländer kamen, eine bedeutende wirtschaftliche Kraft. Die Holländer führten aber, ähnlich wie die Briten, ein System der indirekten Herrschaft durch die vorhandene Elite ein. Die Bauern, die ihre Steuern nicht bezahlen konnten, konnten sich nur an die chinesischen Geldverleiher wenden. Als die Bauern das Darlehen nicht zurückzahlen konnten, wurden sie praktisch Pächter auf ihrem eigenen Land. Sie waren gezwungen, die Sorten anzubauen, die der Gläubiger wünschte, und zwar zu einem unter dem Markt liegenden Verkaufserlös, den der Gläubiger bestimmte.[9]
An diesen zwei Beispielen sehen wir, wie der Kolonialismus in seinem Bedürfnis, Geld aus der Kolonie herauszuholen, eine Geldwirtschaft einführte und seine Macht hinter die bereits Begüterten stellte. Der Kolonialismus förderte so die bereits bestehende Konzentration des Landbesitzes durch einige wenige und vermehrte die Landlosigkeit von vielen. Dieser Trend, der schon vor Jahren in Bewegung gesetzt wurde, bildet für eine wirkliche landwirtschaftliche Entwicklung ein großes Hindernis.
Der Kolonialismus hat aber noch mehr getan, als das Emporsteigen einer Klasse über die andere zu begünstigen. Der Kolonialismus verschärfte regionale Ungleichheiten. Als sich die Kolonialpolitik auf die schnelle Entwicklung der potentiell ertragreichsten Regionen konzentrierte, blieben die anderen, weniger begünstigten, zurück. Einige wenige urbane Räume wurden die Sitze der kolonialen Macht. Diese Ungleichheiten behinderten die Entwicklungsbestrebungen.
Wir haben jetzt gesehen, wie der Kolonialismus die traditionelle Landwirtschaft erstickte und verzerrte, um Reichtum in der Form

von Luxusanbauprodukten herauszuholen, wie der Kolonialismus die Bevölkerung versklavte oder die Wanderung ihres landwirtschaftlich produktiven Teils auf die Suche nach Lohnarbeit zwang, um die Kolonialsteuern bezahlen zu können, wie der Kolonialismus die Grundlagen für rassische und soziale Kämpfe legte, als verschiedenartige Kulturen zusammengeworfen wurden, wie er die Ungleichheiten auf dem Land verschärfte und die Sicherheit des Landbesitzes beendete, eine Sicherheit, in der man jetzt die erste Vorbedingung des landwirtschaftlichen Fortschritts sieht.

Unsere Kenntnis der Vergangenheit ist für unser Verständnis der Gegenwart grundlegend. Die Geschichte der Kolonialzeit sollte jedem von uns vertraut sein, ihr Ausgang ist für jeden von uns voraussagbar: absinkende Lebensmittelproduktion und stärkere Lebensmittelimporte, steigende Verarmung, wachsende Verwundbarkeit gegenüber den dauernden Schwankungen auf dem internationalen Markt und ungleiches inneres Wachstum.

All das war aber keineswegs allgemein bekannt. In den 1960er Jahren lasen wir als Collegestudenten die neusten Lehrbücher über »internationale Entwicklung«, die diese Wirtschaften als »dualistisch« beschrieben, was bedeutet, daß der eine Sektor, der kommerzielle Exportsektor, ein Potential des Wachstums als eines Teils der sich ausweitenden internationalen Wirtschaft besaß, während der andere, der traditionelle Sektor, hoffnungslos in der Vergangenheit steckengeblieben war. Nach dieser Analyse war es die Aufgabe der Entwicklung, dem Subsistenz-Sektor einen starken Anschub in die moderne Welt zu geben. Wenn wir die Entwicklung jedoch als einen Prozeß beschreiben und ihre kolonialen Wurzeln erkennen, wissen wir, daß der traditionelle und der moderne Sektor nicht durch einen bloßen Zufall nebeneinander stehen. Die Geschichte der Unterentwicklung zeigt auf, daß der wirtschaftliche Abstieg des rückständigen Sektors das direkte Ergebnis der Bildung des anderen, des kommerziellen Sektors, war, der mit der internationalen Wirtschaft verknüpft ist.

Wenn der Kolonialismus einmal über ein Land weggebraust ist, bleibt keine »traditionelle« Kultur übrig, die die wirtschaftlichen »Planer« in die Gegenwart »schieben« können. Die Ironie liegt darin, daß Entwicklungs-»Experten« die Antwort auf die Unterentwicklung darin sehen, daß sie die Wirtschaft der dritten Welt mit einem Mal in das internationale Marktsystem stoßen wollen, das ursprünglich strukturiert war, um sie in Unterwürfigkeit zu halten (siehe Teil VI).

Teil IV:

Trägt die Natur die Schuld?

13

Hat es nicht schon immer Hungersnöte gegeben?

Frage: Hat es nicht schon immer Hungersnöte als Folge von Trokkenheit oder Überschwemmungen gegeben? Wären wir jetzt nicht etwas unbescheiden, wenn wir erwarten, daß wir alle Hungersnöte überall in der Welt beseitigen können? Letzten Endes können wir das Wetter nicht kontrollieren.

Unsere Antwort: Nein – wir können das Wetter nicht kontrollieren. Da jedermann das Wetter mit Hungerkatastrophen assoziiert, waren auch wir einmal der Ansicht, daß sich die Welt in periodischen Hunger schicken muß. Was wir jedoch gelernt haben, war, daß der Hunger ein soziales, nicht ein natürliches Faktum ist, die Folge von menschlichen Arrangements und nicht eine Fügung Gottes. Unabänderlich ist das Problem, *nicht* das Wetter. Das Problem ist *nicht* eine Trockenheit oder ein Hochwasser. Das Problem ist das Versagen des Sozialsystems, den Herausforderungen der Natur zu begegnen.

Das gilt nicht nur heute, sondern vielleicht über einen viel größeren Teil der Geschichte, als wir je erkannt haben. In diesem Zusammenhang fielen nun die Worte eines französischen Historikers auf:

»Die großen französischen Hungersnöte und Nahrungsmittelverknappungen im Mittelalter traten auf, als es nicht an Lebensmitteln mangelte, sie wurden in der Tat in großen Mengen erzeugt und exportiert; das Sozialsystem und die soziale Struktur waren zum größten Teil für diese Mängel verantwortlich[1].«

Die meisten Menschen glauben, die Hungersnöte in Indien seien dauernde Phänomene, die in Beziehung zu dem ungünstigen Klima stehen. Die Häufigkeit der Hungersnöte in Indien war jedoch nicht konstant. Die Hungersnöte steigerten sich unter dem Kolonialismus, besonders während der zweiten Hälfte des neunzehnten Jahrhunderts, obwohl die Lebensmittelerzeugung mit dem Bevölkerungswachstum Schritt hielt.

Nach der Eröffnung des Suezkanals wurde Indien zu einem Großexporteur für Weizen nach England, in andere westliche Länder und nach Ägypten. Sir George Watt schrieb 1908: ». . . die besseren Klassen der Gemeinde exportierten die Überschüsse, die früher für Zeiten der Knappheit und des Hungers gelagert wurden.«[2]

Sehen wir uns eine der »berühmtesten« Hungersnöte dieses Jahrhunderts, die in Bengalen in den 1940er Jahren an. 1944 schätzte ein offizieller Regierungsbericht ziemlich zurückhaltend, daß eineinhalb Millionen Menschen ihr Leben durch Hunger verloren hatten. Was hat diesen Verlust an Menschenleben verursacht?

Eine Trockenheit 1942 hatte eine schlechte Ernte an Winterreis zur Folge. Trotz alldem gestattete die Regierung doch, daß Reis aus Bengalen strömte (in den ersten sieben Monaten 1942 wurden 185 000 Tonnen exportiert).[3] Die Nahrung ging dorthin, wo das Geld war, und unterwegs wurden riesige Gewinne eingesteckt. (Ähnlich hatte Indien in einer ernsten Hungersnot 1876–77 große Getreidemengen exportiert.) 1943 erklärte die Königliche Hunger-Kommission – die zwölfte derartige Kommission in zwei Jahrhunderten britischer Herrschaft –:

»Wir haben uns auf die Atmosphäre der Furcht und der Habgier bezogen, die bei dem Fehlen von Kontrollen eine der Ursachen des schnellen Anstiegs des Preisniveaus war. Aus diesem Unheil zog man riesige Profite, und unter diesen Umständen bedeutete der Gewinn für die einen den Tod für die andern. Ein großer Teil der Gemeinde lebte in Fülle, während andere verhungerten; angesichts des Leidens erlebte man viel Gleichgültigkeit. Die Korruption war in der Provinz weit verbreitet . . .«[4]

Der Fehler lag also in dem sozialen und wirtschaftlichen System und nicht bloß im Ausbleiben des Regens. Die unterschwelligen Ursachen der bengalischen Hungersnot waren in der langfristigen Stagnation der indischen landwirtschaftlichen Produktion unter zwei Jahrhunderten britischer Herrschaft verwurzelt.

Die wenigen britischen Investitionen in der Landwirtschaft galten dem »Nicht-Nahrungsanbau«. Von der Mitte der 1880er Jahre bis zu der Zeit der Hungersnot in Bengalen stieg die Produktion der kommerziellen Nicht-Lebensmittelerzeugung (wie etwa Baumwolle und Leinsamen) um 85 Prozent, während die Lebensmittelerzeugung um 7 Prozent zurückging. Während der gleichen Periode fiel in Ostindien, einschließlich Bengalen die Nahrungs-(Reis-)Produktion noch bezeichnender, zwischen 1901 und 1941 um 38 Prozent pro Kopf. Das Ergebnis war, daß Anfang der 1940er Jahre die Erzeu-

gung von Non-food-Gütern fast ein Drittel der Gesamtproduktion ausmachte.[6]
Wie sollten wir dann reagieren, wenn sich Schriftsteller wie Lester Brown auf die bengalische Hungersnot »als den letzten großen Hunger beziehen, der den Wechselfällen des Wetters zuzuschreiben ist«?[7]

Land der Hungersnöte?

Wurden Sie als Kind nicht auch gemahnt, kein Essen auf dem Teller zu lassen, weil in China Menschen verhungern? Selbst wenn der Zusammenhang nicht klar war, gab es für Ihre Eltern einen guten Grund, China und Hungersnöte in Beziehung zu setzen. Dem Buch »*China Land of Famine*« von Walter Mallory aus dem Jahr 1928[8] zufolge erlebte China fast jedes Jahr in einigen Provinzen eine Hungersnot. Und das war schon seit über tausend Jahren der Fall. 1929 stellte ein amerikanischer Rotkreuz-Bericht fest, daß jährlich 3 Millionen Todesfälle dem Hunger zuzuschreiben waren. Der gleiche Bericht sprach von dem Wohlstand der Elite[9].
Die offiziellen Berichte der Dynastien reichen über 2000 Jahre zurück und melden eine Gesamtsumme von 1621 Hochwassern und 1392 Trockenheiten, was Mallorys Schätzung von über einer Katastrophe pro Jahr bestätigt. Sicherlich haben sich die Wechselfälle des Wetters in China nicht geändert. Die Nordebene, potentiell die fruchtbarste Ebene des Landes, hat in letzter Zeit jedes Jahr ein Hochwasser, eine Trockenheit oder beides erlebt[10].
Wenn sich das Wetter nicht geändert hat, was dann? Die Auswirkung des Wetters auf das Land und die Bevölkerung Chinas haben sich dramatisch geändert. 1972–73, als achtzehn Nationen, die ein Drittel der Weltbevölkerung umfaßten, von einer Trockenheit betroffen wurden, als Westindien eine Hungersnot durchmachte und im Sahel in Afrika Tausende von Rindern starben, erlebte China ebenfalls das dritte Jahr der Trockenheit, das schlimmste seit Jahrzehnten. China hatte aber keine Hungersnot. Im Gegenteil erzielte die am härtesten betroffene Provinz drei Jahre hintereinander Rekordernten[11]. Was machte den Unterschied aus?
In China steht jetzt die Ernährung an erster Stelle. Der Brennpunkt liegt jetzt nicht einfach bei der Erzeugung und Verteilung, sondern auf der Schaffung eines Agrarsystems, das durch die Veränderungen des Wetters nicht mehr so verwundbar ist. Üblicherweise sind Ge-

biete, die von einer Trockenheit verheert wurden, wahrscheinlich im nächsten Jahr von einem Hochwasser betroffen, wie das in Bangladesh der Fall war. Ein System der Wasserkontrolle kann jedoch das Hochwasser eines Jahres zu einem Segen für das nächste machen. Die Regulierung des Hai-Flusses in der Provinz Hopei in der Nähe von Peking war eine große Bemühung zur Wasserkontrolle. In bloßen acht Jahren verbesserten Hunderttausende von Männern und Frauen 2700 Kilometer des Flußbetts, gruben 200 Zuflüsse und 2000 Kanäle aus. Sie bauten 50 000 Brücken und Tunnels und errichtete dazu weitere 800 große und mittlere Konstruktionen. Alles in allem wurden fünfunddreißig große Stauseen in den Bergen gebaut, um mehr als 106 Milliarden Kubikmeter Wasser zu speichern.[12]

In Ergänzung der Wasserkontrollprojekte wurden unterirdische Wasserreserven angezapft. Unter dem Slogan »Wir wollen Schweiß gegen Wasser und Wasser gegen Korn vertauschen« organisierten sich die Menschen der Provinzen Hopei, Honan und Schantung, um Hunderttausende Brunnen zu bohren, sie arbeiteten manchmal mit Pickel und Schaufel und manchmal mit arbeitsparenden Geräten, die sie selbst entworfen hatten. Jetzt können diese drei Provinzen 700 000 Pumpbrunnen benützen. Während eines einzigen Jahres der Trockenheit wurde das bewässerte Land durch diese Arbeit allein in der Hopei-Provinz von Peking um über 850 000 Acres ausgeweitet.[13]

Was genauso wichtig war – alle diese Arbeiten wurden mit dem Einsatz von nur wenig Kapital durchgeführt. Statt der üblichen riesigen Summen, die für Maschinen ausgegeben wurden, war es möglich, die Arbeitskraft von Millionen von Bauern zu mobilisieren, weil sie wußten, daß sie die Nutznießer sein würden – daß sie nämlich nie wieder Hunger erleben würden. China ist ohne eine Anleihe der Weltbank oder der AID zu einem Land mit einem Drittel des Ackerbodens der Erde geworden.[14]

Die Zerstörung durch Winde und Erosion ist durch große Programme der Anpflanzung von Bäumen kontrolliert worden. Allein in dem Raum um Peking werden alljährlich elf Millionen Bäume gepflanzt.[15] Die chinesischen Menschen haben aber nicht nur das Land, sondern auch sich selbst vorbereitet. Jede Familie in der Kommune Tatschai in Hopei hat zwei große Räume unter der Erde, von denen einer gewöhnlich als Lagerraum für Mais, Hirse und etwas Weizenmehl benützt wird.[16]

Was hat also den Unterschied in China ausgemacht? Die Antwort ist klar: die Chinesen entwickeln ein System, das annimmt, daß das Wetter weniger als ideal werden wird. Die Menschen haben, zum großen Teil mit der Hand, ein Agrarsystem gebaut, das die Auswirkungen des schlechten Wetters auf die Erzeugung ausgleicht. Selbst wenn es in China zu einem Absinken der gesamten Getreideerzeugung käme, würde das mehr oder weniger von allen geteilt werden. Niemand feiert, wenn der andere hungert.

Im Gegensatz dazu trifft in Indien die Auswirkung einer Trockenheit fast völlig den entsprechenden Raum und großenteils die Armen. Was die Preissteigerungen auf das Abnehmen der Vorräte hin anlangt, so leiden die landlosen Arbeiter, die Arbeitslosen und die Armen in den Städten unverhältnismäßig mehr.

Die Menschen leben lange genug auf unserem Planeten, um zu wissen, welche widrigen Wetterveränderungen zu erwarten sind. Die Entwicklung der menschlichen Zivilisation kann zum großen Teil als der Prozeß definiert werden, viele einfallsreiche Methoden auszudenken, um uns gegen die Launen der Natur zu schützen. Wenn wir daher von einer ausgedehnten Hungersnot hören, sollte die erste Frage, die wir stellen, nicht lauten »Welches schreckliche Naturereignis hat sie verursacht?«, sondern »War die Gesellschaft nicht fähig, mit dem Unglück fertig zu werden? Warum kann ein Land Naturkatastrophen erleben, ohne einen Todesfall zu haben, während in einem anderen eine Million Menschen sterben?«

* * *

»China kann buchstäblich nicht mehr Menschen ernähren . . . die größte Tragödie, die China heute erleiden könnte, wäre eine Abnahme seiner Sterblichkeitsquote . . . Millionen werden sterben. Es kann keinen Ausweg geben. Diese Männer und Frauen, Jungen und Mädchen müssen als tragische Opfer auf dem Zwillingsaltar der unkontrollierten Zeugung und des unkontrollierten Mißbrauchs des Landes und seiner Ressourcen verhungern.«

William Vogt, Road to Survival, 1948

14

Können wir die Wüste zurückhalten?

Frage: Gibt es nicht wichtige Ausnahmen? Was können wir zum Beispiel wirklich gegen die Ausdehnung der Wüste tun? Wir haben alle Bilder des unfruchtbaren ausgedörrten Lands des Sahel-Gebietes gesehen, dieses breiten Landstrichs, der an der Grenze der Sahara mehrere Länder durchschneidet. Offensichtlich kann das Sahel kein Leben erhalten. Glauben Sie wirklich, daß in diesem Fall die Verschlechterung des Klimas und die heranrückende Wüste nicht die Ursachen des Hungers waren?

Unsere Antwort: Wir haben viele Hinweise auf eine AID-Studie gesehen[1], derzufolge die Sahara angeblich mit Riesenschritten von bis zu 50 Kilometer im Jahr nach Süden rückt. Bei einer Nachprüfung stellte sich heraus, daß es sich dabei nur um Eindrücke von Reisenden nach dem »Hörensagen« handelt. Wissenschaftliche Untersuchungen, die Wüstenbewegungen zu messen, sind zu ganz anderen Resultaten gekommen. Obwohl es Beweise für eine »Bewegung« nach Süden gibt, scheint das Tempo eher einen knappen Kilometer pro Jahr oder 170 Kilometer in den letzten zwei Jahrhunderten zu betragen – und schwerlich 50 Kilometer pro Jahr.[2]
Wir wollen jedoch nicht darüber streiten, wie schnell oder wie langsam die Wüste angeblich vorrückt, und so die Vorstellung von der Wüste als einer unabhängigen, unaufhaltsamen Kraft bestärken. Solche Debatten vernebeln lediglich die sozialen Ursachen des Problems.
Viele nehmen fälschlicherweise an, daß die sahelische Trockenheit, die 1969 begann, *die* sahelische Trockenheit war. Die Klimatologen halten sie für einen »integralen Teil« des Klimas dieser Region.[3] Die meisten älteren Bewohner des Sahel glauben, daß die trockenen Jahre von 1910–1913 noch schwerer waren als die neueren, über die viel mehr berichtet wurde – und die Zahlen beweisen das.[4]
Die Regenmengen und der Wasserstand der Flüsse und Seen waren

1969–1973 nicht so niedrig, wie das bei der früheren Trockenheit der Fall war. Indem die Wissenschaftler die Verzögerung im Wachstum der Baumringe studierten, entdeckten sie, daß es in den letzten drei Jahrhunderten mehrere schwere Trockenheiten und von Zeit zu Zeit zahlreiche Trockenperioden gegeben hat. Die jüngste Studie, von der wir wissen, kam zu dem Schluß, »daß es keinen Hinweis auf einen langen Auf- und Abwärtstrend in der Regenmenge gibt, es besteht auch kein offensichtlicher Zyklus«. Die Ausweitung der Wüste kann also keiner langfristigen klimatischen Veränderung zugeschrieben werden.[5]

Die Wüstenbildung ist keinesfalls ein »Einbahn«-Vorgang. Die Wüste kann zurückerobert werden – und das ohne große finanzielle Kosten, wenn man nur große Arbeitsreserven mobilisiert. Algerien ist zum Beispiel der Schauplatz eines massiven und erfolgreichen Wiederaufforstungsprogramms. Das Ziel der nächsten zwanzig Jahre ist, in einem 1600 Kilometer breiten Streifen längs des Nordrands der Sahara sechs Millionen Bäume zu pflanzen. Zwischen 1965 und 1970 wurden bei dem Saharadorf Bou Saadu in Algerien durch das Pflanzen von Akazien und Eukalyptusbäumen 160 Acres zurückerobert. Diese Bäume gewährten Schutz vor Sandstürmen und vermehrten die Oberflächenfeuchtigkeit. Ein Bericht besagt: »Bald sprossen Gräser und Gebüsch, später pflanzten die Bauern Zitrusfrüchte, Oliven, Feigen, Granatäpfel, Getreide, Kartoffeln, Erbsen, Bohnen und Zwiebeln an[6].

Die Erfahrung in China bestätigt weiter, daß Wüsten zurückerobert werden können. Mehr als ein Zehntel Chinas besteht aus Wüsten. Vor dreißig Jahren schrieb ein Beobachter aus dem Westen über »Sand, der vorrückte, fruchtbare Felder bedeckte und die Menschen zur Flucht zwang«. Seit der Revolution haben die Chinesen die Wüste dadurch umgewandelt, daß sie Bäume und Gräser anpflanzten, Wind- und Sandbrecher bauten und Wassererhaltungsprojekte entwickelten. Zehntausende Acres Wüste sind der Bebauung wieder zugeführt worden, noch viel mehr wurden Weiden[7].

Das Sahel-Gebiet

In Teil II besprachen wir viele Techniken, mit denen sich die Nomadenhirten dem Klima des Sahel-Gebietes angepaßt haben. Wir zeigten, wie die koloniale Einmischung und kommerzielle Interessen

zum Zusammenbruch des traditionellen Systems der Nomaden führten und sie für die Trockenheit verwundbar machten. Jetzt wollen wir die andere Seite der Geschichte betrachten, nämlich die Umwandlung des Lebens der Kleinbauern, die die südliche Region des Sahel bewohnen. Im Laufe der Jahrhunderte hatten sie ein gründliches Verständnis für ihre Umgebung entwickelt. Sie kannten die Notwendigkeit, Land bis zu zwanzig Jahren brachliegen zu lassen, sie pflanzten eine große Vielzahl von Sorten an, die alle einer verschiedenen Mikroumgebung angepaßt waren und doch die Ernährung vorzüglich ergänzten. Nomaden und Bauern entwickelten oft eine wechselseitig wohltätige Beziehung. Die Bauern boten den Nomaden in der Trockenheit Land zur Weide sowie Getreide im Austausch gegen Milch, Mist für die Düngung und Esel zum Pflügen.
Das sahelische Mali war einst als der Brotkorb Afrikas bekannt. Man konnte immer damit rechnen, daß es Getreide verkaufen konnte, wenn die Nachbarn es brauchten. Vor der Kolonialzeit war es im Sahel Gewohnheit, bei den Bauern und in Dörfern Getreidekammern zu bauen und dort Hirse für Mehl und in einigen Fällen auch für den Verbrauch von mehreren Jahren zu lagern, weil man genau wußte, daß Jahre mit geringen Ernten zu erwarten waren. Eine UN-Studie trat der Ansicht entgegen, daß das Sahel übervölkert sei, und stellte fest: »Wenn man die traditionellen Lagerpraktiken weiter verfolgt, würde die Tragfähigkeit des Landes an Menschen und Tieren die der Durchschnitts- und nicht die der schlechtesten Jahre sein.«[8]

Was geschah mit dem System, das über Jahrhunderte weg mit der periodischen Trockenheit fertig werden konnte? Welche Ursachen kann man feststellen?

Erstens einmal – noch vor der französischen Eroberung Ende des neunzehnten und zu Beginn des zwanzigsten Jahrhunderts – waren diese Zivilisationen bereits durch zwei Jahrhunderte der Entvölkerung schwer untergraben worden, als Millionen der jüngsten und stärksten Menschen als Sklaven nach der Neuen Welt gebracht wurden. Dann kamen die Franzosen, und mit ihnen die Jahre blutiger Kämpfe. Nachdem die Franzosen das Sahel erobert hatten, entschieden sie, daß das nördliche Gebiet ideal für den Export von Baumwolle geeignet sei (zu einer Zeit, als die Engländer die meisten anderen Rohstoffquellen für die Spinnereien beherrschten) sowie für Erdnüsse (die einen billigen Ersatz für Walnußöl bildeten). Die erzwungene Produktion von Exporterzeugnissen unter dem Kolonialismus untergrub die selbstversorgende Landwirtschaft, wie wir bereits gesehen haben.

Die Techniken des Kolonialismus und ihre verheerenden Auswirkungen auf das Land und seine Bewohner sind schwerlich Realitäten nur der Vergangenheit. Während die sahelischen Länder 1960 formell ihre Unabhängigkeit erreichten, haben die Nachfolgeregierungen in der Erzwingung von Exportproduktionen die Franzosen häufig noch übertroffen. Die Steuern, die die Bauern nur durch Exportanbau bezahlen können, sind gestiegen. 1929 erhoben die Franzosen in Mali eine Steuer, die erforderte, daß jeder Erwachsene über fünfzehn Jahre fünf bis zehn Kilo Baumwolle produzierte, um sie bezahlen zu können. Im Jahre 1960, dem letzten Jahr der französischen Herrschaft, war die Steuer auf ein Äquivalent von vierzig Kilo angestiegen. 1970 während der Trockenheit, zwang die Nachfolgeregierung jeden Erwachsenen, achtundvierzig Kilo anzubauen, um die Steuern bezahlen zu können.[9]

Höhere Steuern und fallende Exportpreise zwingen die Bauern, die Produktion von Exporterzeugnissen zu steigern. Seit den Kolonialzeiten bis einschließlich der letzten Trockenheiten – konnte die Steigerung nur durch einen zerstörerischen Raubbau erreicht werden. Das immer tiefere Pflügen für den Anbau von Baumwolle in Senegal und Nordkamerun hat weite Flächen in Erosion gebracht. Da weniger Humus das Wasser zurückhält, hatte es den Anschein, als ob es weniger geregnet hätte. Immer größere Flächen werden bebaut (besser »abgebaut«), und zwar gegen die überlieferte Weisheit der Bodenerhaltung.

Die Ausweitung der Exportproduktion bedeutet, daß Land, das man einst jahrelang brachliegen und von den Herden der Nomaden düngen ließ, zu einer praktisch ununterbrochenen Bebauung gezwungen wird.[10] Es ist ein *circulus vitiosus.* Der Daueranbau laugt schnell den Boden aus und zwingt zu einer immer größeren Ausweitung des Exportanbaus auf Kosten des Acker- und Weidelands. Kunstdünger, der früher die Erträge von einigen Exporterzeugnissen steigerte, daß die Ausweitung der Anbaufläche weniger dringlich war, ist jetzt so teuer, daß die Bauern noch mehr Land für die Exporterzeugnisse bepflanzen müssen. Da sie zudem weniger Getreide anbauen, können sie weniger gegen Milch bei den Nomadenhirten eintauschen. Wie man sich denken kann, ist das Ergebnis Hunger für die Bauern wie für die Hirten, der Hungertod für Tausende von Tieren – und eine »heranrückende Wüste«.

Neuere Studien bestätigen die Auswirkung des Anbaus für Export auf den Hunger. Die Bewohner des Yatengadorfs in Obervolta haben herausgefunden, daß der Boden, der einst Baumwolle trug, ausgelaugt ist, wie der sehr niedrige Ertrag des Nahrungsmittelanbaus beweist. Die Dorfbewohner beklagten sich doppelt, sie stellten fest, daß sie für die Baumwollerträge nicht genügend Hirse (bei den wegen der Trockenheit gestiegenen Preisen) kaufen konnten, um die niedrigen Getreideernten auszugleichen.[11] Eine detaillierte Studie in Niger kam zu dem Schluß, daß Bauernfamilien in Dörfern, die die Erdnußerzeugung verstärkt betrieben, ein geringeres Einkommen erzielten und weniger gut aßen als die in der gleichen Provinz, in denen die Bauern der Erzeugung von Lebensmitteln den Vorzug gegenüber der von Erdnüssen gaben.[12]

Exporte aus Hungergebieten

Wie erklären diejenigen, die der Trockenheit und dem Heranrücken der Wüste im Sahel-Gebiet die Schuld geben, die großen Mengen landwirtschaftlicher Erzeugnisse, die selbst während der schlimmsten Jahre der Trockenheit aus dem Gebiet exportiert wurden?

Schiffe im Hafen von Dakar, die »Lebensmittelhilfen« brachten, fuhren mit Vorräten von Erdnüssen, Baumwolle, Gemüse und Fleisch wieder ab. Von den Agrarprodukten im Wert von Hunderten Millionen Dollar, die das Sahel-Gebiet während der Trockenheit exportierte, gingen über sechzig Prozent in Länder in Europa und Nordamerika und an den Rest der Eliten in anderen afrikanischen Ländern, besonders an die Elfenbeinküste in Nigeria.[13] Die Vermarktungskontrolle – und die Profite – befinden sich immer noch zum großen Teil in Händen ausländischer – vor allem französischer – Gesellschaften.

Viele Exporte aus dem Sahel-Gebiet stiegen während der Trockenheit tatsächlich an – einige kletterten sogar in Rekordhöhen. Die Rinderexporte erreichten 1971, dem ersten Jahr der vollen Trockenheit über 200 Millionen Pfund – verglichen mit 1969 eine Steigerung um 41 Prozent. Mit einem typischen Jahr vor der Trockenheit verglichen, steigerten sich die Exporte von Kühl- und Gefrierfleisch auf das Dreifache. Außerdem wurden allein 1971 56 Millionen Pfund Fisch und 32 Millionen Pfund Gemüse aus dem vom Hunger heimgesuchten Sahel exportiert.[14]

Mali war eines der am meisten betroffenen Länder und ein Hauptempfänger an Notlieferungen von Lebensmitteln. Während der frühen 1970er Jahre sank die Erzeugung von Lebensmitteln für den einheimischen Verbrauch scharf ab. Die Maisproduktion fiel beispielsweise zwischen 1969 und 1971 um mehr als ein Drittel, die Hirse, das Grundnahrungsmittel, das diese geringere Erzeugung hätte auffangen können, verzeichnete keine Steigerungen. Während der gleichen Jahre erreichten die Exporte Malis neue Rekordhöhen.

Während des Jahres 1971/72 betrug die Baumwollsamenproduktion 68 000 Metertonnen mehr, also das 400fache gegenüber den sechs vorausgegangenen Jahren mit normalem Regenfall. Die Erdnußproduktion ergab 150 000 Tonnen, eine Steigerung von mehr als 70 Prozent über eine Vierjahresperiode. Mehr als ein Drittel der Anbaufläche Malis war mit Erdnüssen bepflanzt. Die Reisproduktion – ebenfalls für den Export – erzielte 1972 die Rekordhöhe von 174 000 Tonnen.[15]

Unmittelbar vor und während der Trockenheit führte Tschad ein großes Programm (mit Dünger, der von der Europäischen Gemeinschaft unterstützt wurde) durch, um die Baumwollproduktion zu erhöhen. Zwei Drittel Millionen Acres, des besten von Tschads ohnehin knappem Ackerland, wurden statt den Lebensmitteln der Baumwolle reserviert. Diese Steigerung der Baumwollproduktion veranlaßte einen französischen Ernährungswissenschaftler zu der Äußerung: »Wenn Menschen verhungern, dann nicht aus Mangel an Baumwolle.«[16]

Regierungen und internationale Gesellschaften unterstützen weiterhin Exportunternehmungen. Straßen- und Eisenbahnen werden ausschließlich für den Transport von Waren zu den Haupthäfen gebaut. (Ein neuer Vorschlag, den Hungernden im Sahel zu helfen – der von den USA energisch unterstützt wird –, ist der Bau einer transsahelischen Autostraße für 250 Millionen Dollar.) Eine verbesserte Lebensmittelverteilung würde ein ausgedehnteres, aber auch weniger teures Netz von Dorfstraßen erfordern.

Die Regierungen entwerfen Bewässerungspläne, die auf dem überreichen Grundwasser und den großen Flüssen des Sahels basieren, um Wasser für den Exportanbau zu sichern. Während der Trockenheit machte ein Bewässerungsprojekt im Segou- und Mopti-Distrikt eine Rekordreisernte möglich. Fast der gesamte Reis wurde exportiert. Regierungskredite, Forschungen und technische Hilfen wie

Dünger, Schädlingsbekämpfungsmittel und verbessertes Saatgut werden in erster Linie für Exportprodukte verwendet. Bei einer so starken Unterstützung der Exporte auf Kosten der einheimischen Lebensmittelproduktion überrascht es keineswegs, daß sich die Lebensmittelproduktion *schon vor der Trockenheit* verschlechterte, während der Exportanbau blühte.[17]

Wie reagieren die Bauern? Abba Sidick, der Generalsekretär der Nationalen Befreiungsfront des Tschad, einer sich auf die Bauern stützenden Bewegung, die die Kontrolle über große Teile des Tschad erobert hat, erzählte uns bei einem Interview, es sei das Ziel der Befreiungsbewegung, in erster Linie Lebensmittel anzubauen. In gewissen Regionen Senegals haben sich die Bauern geweigert, mehr Erdnüsse zu pflanzen.[18] Angesichts des Widerstands der Bauern und eines Fallens der Weltmarktpreise unternimmt die Regierung von Senegal – nach den Worten der Weltbank – »drastische Maßnahmen, um die Erdnußerzeugung zu stimulieren«.

Die Förderung »moderner, arbeitsparender Produktionsmethoden« bedeutet weniger Abhängigkeit von den Bauern, die sich immer entscheiden könnten, sich mehr auf die Nahrung aus dem Boden zu verlassen.[19] Wenn die Bauern von ihrem Land verdrängt werden, werden wir zweifellos immer mehr von dem »übervölkerten Sahel« hören. In Niger, einem Land, das fast zweimal so groß ist wie Texas, gibt es jedoch, um nur ein Beispiel zu nennen, nur vier Millionen Einwohner.

Warum drängt die sahelische Regierung so sehr auf Exporte? Sie will Devisen zuverdienen. Das ist die Antwort, die jedermann gibt. Wozu aber diese Devisen? Viel davon wird verwendet, um den Bürokraten der Regierung und den wohlhabenden städtischen Arbeitern ein Leben im »Importstil« zu ermöglichen – mit Kühlschränken, Klimaanlagen, Autos und Fernsehgeräten. 1974 wurden 23 Prozent der Devisen, die Senegal verdiente, für solche Dinge ausgegeben. Die Erdnußexporte erbringen jährlich ein Drittel des Staatshaushalts, aber 47,3 Prozent des Budgets dienen der Bezahlung der Regierungsbürokraten.[20]

Zwischen 1961 und dem schlimmsten Jahr der Trockenheit, 1971, vervierfachte Niger, ein Land mit einer deutlichen Unterernährung und einer durchschnittlichen Lebenserwartung von nur achtunddreißig Jahren, seine Baumwollproduktion und verdreifachte die von Erdnüssen. Zusammen trugen diese beiden Exporte 1971 etwa 18 Millionen Dollar. 20 Millionen Dollar in Devisen wurden jedoch für den Import allein von Kleidung ausgegeben, der mehr als neunfache Betrag, der durch den Export von Rohbaumwolle verdient wurde. Über 1 Million wurde für Privatwagen und 4 Millionen für Benzin und Reifen gebraucht. In nur drei Jahren 1967–70 steigerte sich die Zahl der Privatwagen um über 50 Prozent, die meisten werden von der winzigen Elite der Hauptstadt gefahren. Mehr als 1 Million wurde für den Import alkoholischer Getränke und Tabakwaren verbraucht[21]. Bei einem Besuch in der Hauptstadt Niamey stellten wir fest, daß die örtliche Elite in einem wohlbestückten Supermarkt direkt aus Paris einkaufte – mit gefrorener Eiscreme aus einer Konditorei an den Champs-Elysées.

Selbst wenn ein Teil der Exportverdienste zum Import von Nahrung verwendet wird, erreicht diese gewöhnlich nicht die, die auf den Feldern arbeiten, sondern sie wird von den wohlhabenden städtischen Klassen verzehrt. Mehr als die Hälfte der Devisen, die Senegal 1974 durch den Export von Erdnüssen verdiente, wurde für den Import von Weizen für die Brotfabriken in französischem Besitz ausgegeben, die Weißbrot europäischer Art für die Städter herstellen.[22]

Gemästet durch Hunger

Noch schockierender als das Vorantreiben des Exports angesichts der abnehmenden Nahrungsproduktion ist die Tatsache, daß jedes sahelische Land mit der möglichen Ausnahme des mineralienreichen Mauretanien tatsächlich genügend Getreide produziert hat, um seine gesamte Bevölkerung selbst während des schlimmsten Dürrejahrs zu ernähren.[23] Warum haben dann so viele gehungert?

Die meisten Bauern, die Exporterzeugnisse produzieren, haben nicht genug Geld oder Lebensmittelreserven, um den Bedarf ihrer Familien von einer Vermarktungssaison zur nächsten zu befriedigen.

Um das zu überstehen, was sie die »hungrige Jahreszeit« nennen – die Monate der besonders harten Arbeit unmittelbar vor der Ernte –, müssen sie Darlehen in Geld oder Hirse zu wucherischen Zinsen bei den örtlichen Kaufleuten aufnehmen. Die Kaufleute haben das Getreide, weil sie es zur Erntezeit gekauft haben, wenn die großen Mengen die Preise niedrig machen und wenn die Bauern verkaufen müssen, um ihre Schulden und die Steuern zu bezahlen. Als wir die Tensobentenga-Region in Obervolta besuchten, stellten wir fest, daß sich selbst während des Jahres 1976 mit normalem Regen die Preise zwischen der Erntezeit und nur sieben Monate später verdoppelten. Der Kaufmann kann das gehortete Getreide, während der »hungrigen Jahreszeit« zum doppelten oder dreifachen Preis dessen verkaufen, das er während der Ernte bezahlt hat – und das Getreide sogar an die höher bezahlenden Märkte der Nachbarländer ausführen.

Ein AID-Beamter in Quagadougou in Obervolta schockierte uns mit der noch »vorsichtigen Schätzung«, daß zwei Drittel des Getreides, das die Kaufleute als Bezahlung der Schulden erhalten, an die Elfenbeinküste und nach Ghana exportiert werden. In solchen Gesellschaften, wo Spekulation in Nahrung »normal« ist, kann eine angemessene Produktion immer noch zur Knappheit für viele führen, sogar für die Produzenten selbst.

Für Bauern, die durch den *circulus vitiosus* der Verschuldung verwundbar gemacht wurden, beschleunigt die Trockenheit *tatsächlich* den Hunger. Durch Profitgier ausgebeutet, können sie es sich nicht leisten, die Qualität ihres Landes zu verbessern, sie sind oft gezwungen, den Boden zu erschöpfen – ja oft verlieren sie ihr Land vollständig. Ganz offensichtlich sind jedoch der Hunger und die scheinbare Ausweitung der Wüste Produkte nicht der Trockenheit, sondern einer parasitären Klasse von Wucherern und getreidehortenden Spekulanten.

Das Sahel – ein potentieller Brotkorb?

Es gibt Leute, die in dem Sahel keineswegs ein gottverlassenes Land, sondern einen potentiellen Brotkorb sehen. Sie weisen auf die ausnehmend großen unterirdischen Seebecken und die drei großen Flußsysteme einschließlich des Niger, des zwölftgrößten Flusses der Erde. Mit diesem Bewässerungspotential und dem Geschenk einer Tropensonne schätzen sie, daß das Sahel mindestens sechsmal mehr Getreide als im Augenblick erzeugen könnte, genauso wie erstaunliche Mengen an Fleisch, Gemüse und Obst für die lukrativen europäischen und nahöstlichen Märkte. Bei einem kürzlichen Besuch in Obervolta fanden wir eine deutsche Agroindustriefirma, die mit der Verwendung von Kleinzeppelinen zum Transport von Gemüse und Obst aus entfernt liegenden Dörfern zu dem Flughafen von Ouagadougou experimentierte, von wo aus die Frachten nach Frankfurt geflogen werden konnten.

Jeder, der das Sahel-Gebiet kennt, weiß, daß dort zweifellos mehr produziert werden könnte. Welche Chancen hat aber die Mehrheit der Menschen, einen Nutzen zu haben, wenn sie die Produktion nicht kontrolliert!

Die kürzlichen schlechten Zeiten waren wahrlich gut für die besser gestellte Minderheit. Ein FAO-Bericht schließt, daß die gesamte kollektive Struktur, die den Menschen half, sich den Krisen anzupassen, schnell verschwindet. Als das persönliche Gewinnstreben einmal begonnen hatte, steigerten einige Jahre der Knappheit die Polarisierung des Besitzes der Produktionsmittel ungemein. Ein neuerer UN-Bericht über das Sahel stellt fest: »Es fehlen jetzt nur ein oder zwei Jahre kurzer Regenfälle, und was an Land übrig ist, ist in den Händen einiger weniger Individuen.«[24]

Dieser Prozeß hat bereits viele Hirten und Bauern aus dem Land vertrieben. Ein französisches Forscherteam deutet sogar an, daß die Trockenheit als »moderne« Einzäunungsbewegung gearbeitet hat, sie hat den Weg für großräumige, mechanisierte und bewässerte Landwirtschaftsunternehmen gebahnt.[25]

Die jetzt landlosen Bauern standen bestenfalls als billige Saisonarbeiter für die kommerziellen Komplexe zur Verfügung. Die Verarmung der landwirtschaftlichen Mehrheit inmitten einer landwirtschaftlichen Blüte würde sicherstellen, daß die Masse der erzeugten Produkte zur dauernden Bereicherung der gleichen alten Eliten und ihrer ausländischen Partner exportiert wurde. Wir wollen in einem späteren Kapitel ein Beispiel einer in Kalifornien beheimateten Agroindustriegesellschaft untersuchen, die bereits »die Wüste zurückrollt«.

Eine Analyse des Hungers, die der »vorrückenden Wüste« die Schuld gibt, wird nie die Ungleichheiten der Machtverteilung, die dem Problem zugrunde liegen, in den Griff bekommen. Die vorgeschlagenen Lösungen werden unausweichlich auf die technischen und verwaltungsmäßigen Aspekte beschränkt bleiben, auf Bewässerungsprogramme, moderne Mechanisierung, neue Samensorten, ausländische Investitionen, Getreidereservebanken und so weiter.

Wir haben gesehen, daß man die Trockenheit nicht als die Ursache des Hungers sehen kann. Die Trockenheit ist ein natürliches Phänomen, der Hunger ein menschliches. Jedes mögliche Bindeglied besteht durch die wirtschaftliche und politische Ordnung einer Gesellschaft, die die Folgen einer Trockenheit entweder drastisch verringern oder verschärfen kann. Während ein Volk aber das Wetter nicht ändern kann, kann es das sehr wohl bei einer politischen und wirtschaftlichen Ordnung.

* * *

»Die wiederkehrende Trockenheit der letzten Jahre hat klargemacht, daß die Wüste in einem großen Maßstab heranrückt und daß die Kapazität zur Lebensmittelerzeugung in Westafrika ernstlich bedroht ist . . . was wir jetzt brauchen, ist ein umfassendes internationales Programm, das, statt die Auswirkungen der Trockenheit zu mildern, die Wüste zurückrollt . . .«
Henry Kissinger, 1976

»Vor allem erfordert die sahelische Situation den sofortigen Beginn einer Bemühung, das Bevölkerungswachstum in der Region zu verlangsamen und zu stabilisieren. Ein derartiges langfristiges internationales Programm wird in dem Ausmaß mit den Programmen vergleichbar sein müssen, die Ende der 1960er Jahre die Grüne Revolution begannen.«
Lester R. Brown, By Bread Alone, 1975

Teil V:

Die Modernisierung des Hungers

15

Ist nicht die Produktion das Problem?

Frage: Offensichtlich liegen die Länder der dritten Welt in der Nahrungsmittelproduktion weit zurück. Vor nur vier Jahrzehnten waren die Durchschnittserträge sowohl der Industrieländer als auch die der unterentwickelten Länder ungefähr gleich. Nun übertreffen die Getreideerträge der Industrieländer jene der unterentwickelten Länder um über 200 Prozent. Indien und die Vereinigten Staaten haben ungefähr die gleiche Anbaufläche, doch sehen Sie, wieviel Indien produziert: Wenn Indiens Ertrag pro Acre dem der Vereinigten Staaten entspräche, würde seine Getreideproduktion dreimal so hoch wie jetzt sein.
Bis 1985, so schätzt man, werden die unterentwickelten Länder um 85 Millionen Tonnen jährlich hinter der für sie notwendigen Nahrungsmenge zurückbleiben. Verblassen nicht alle anderen Fragen vor dieser dringendsten, nämlich wie wir mehr Nahrungsmittel produzieren können?

Unsere Antwort: Wer würde da nicht zustimmen? Wenn Menschen hungrig sind, vermutet jeder, es stehe nicht genügend Nahrung zur Verfügung. In der Tat lautete in den letzten dreißig Jahren die zentrale Frage jeder Kampagne gegen den Hunger: Wie können mehr Nahrungsmittel produziert werden? Wir hören nahezu jeden Tag Antworten, ein neuer Durchbruch nach dem anderen wird gemeldet: – Protein aus Petroleum, Tangernten, Luzerneextrakte – alles zur Deckung des Bedarfs an Nahrungsmitteln.
In der Sicht vieler funktioniert diese Methode, die die Lösung in der Produktionssteigerung sucht. Heute werden tatsächlich mehr Nahrungsmittel produziert. Die »Grüne Revolution« fügt nun schätzungsweise 20 Millionen Tonnen jährlich den Kornspeichern Asiens (mit Ausnahme Chinas) hinzu. In Mexiko verdreifachten sich die Weizenerträge innerhalb von nur zwei Jahrzehnten.
Doch einen Augenblick: Es gibt auch mehr Hungernde als je zuvor.

Da es in immer mehr Ländern mehr Nahrungsmittel als je zuvor gibt, können wir zwei verschiedene Schlüsse ziehen:
Entweder war die Konzentration auf die Produktion richtig, doch drastisch steigende Bevölkerungszahlen überrollten selbst diese dramatischen Produktionszunahmen;
oder die Diagnose war falsch. Knappheit ist nicht die Ursache des Hungers. Steigerung der Produktion, wie groß sie auch sein mag, kann niemals in sich selbst das Problem lösen.
Die einfachen Tatsachen der Weltnahrungsproduktion machen es deutlich, daß die »Knappheit wegen Übervölkerung«-Diagnose in der Tat falsch ist. Die gegenwärtige Weltgetreideproduktion könnte jeden Menschen auf der Erde mit mehr als 3000 Kalorien pro Tag versorgen. Was noch entscheidender ist: zwischen 1952 und 1972 lebten 86 Prozent der gesamten Bevölkerung der unterentwickelten Länder dort, wo die Nahrungsmittelproduktion mit der Bevölkerungswachstumsrate Schritt hielt oder sie übertraf.[1]
So ironisch es auch klingen mag, die Konzentration auf eine Steigerung der Produktion hat das Problem des Hungers verschärft. Da diese These der vorherrschenden Meinung widerspricht, haben wir sie in einem Land nach dem anderen zu verifizieren versucht.
Äußerst aufschlußreich für das Verständnis, warum und wie eine zu enge Konzentration auf Produktionssteigerung den Interessen der armen Mehrheit schadet, war unsere Untersuchung über den Beginn der Grünen Revolution in Mexiko. Kein anderer Versuch, die Produktion zu steigern, hat soviel Publizität erhalten. Wir gingen von der Annahme aus, daß die Grüne Revolution (die Kampagne, »Wundersaatgut« zu züchten und mit Kunstdünger, Bewässerung, Insekten- und Unkrautvertilgungsmitteln die »idealen Bedingungen« zu schaffen) in Ländern wie Mexiko eingeführt wurde, um den Menschen, die durch eine zurückgebliebene stagnierende Landwirtschaft blockiert waren, neue Hoffnung zu bringen. Wir stellten bald fest, daß wir uns geirrt hatten.

Agrarreform unter Lázaro Cárdenas

1910 besaßen 2 Prozent der mexikanischen Bevölkerung 97 Prozent des Landes, während in den meisten Staaten 95 Prozent der Landbevölkerung überhaupt kein Land besaßen. Während des blutigen Revolutionskrieges zwischen 1910 und 1917 starben mehr als eine

Million Bauern in ihrem Kampf um Land. Theoretisch gesehen, waren die Revolutionäre Sieger. Doch siebzehn Jahre lang sah die Kleinbauernmehrheit des Landes kaum revolutionäre Veränderungen. Im Jahr 1934 wurde dann Lázaro Cárdenas, ein auf dem Land geborener General der Revolutionsarmee, zum Präsidenten gewählt. Seine Regierung erließ sofort das radikalste Agrarreformgesetz in der Geschichte Mexikos. Zum erstenmal wurde ein Großteil des besseren Bodens des Landes zur Verteilung an die Besitzlosen bestimmt, ein Teil für die individuellen, ein anderer Teil für den genossenschaftlichen Anbau. 1940, gegen Ende der Amtszeit Cárdenas, profitierten 42 Prozent der gesamten landwirtschaftlichen Bevölkerung aus der Verteilung von über 70 Millionen Acres.[2] Zusammen besaßen diese Kleinbauern 47 Prozent des gesamten Agrarlandes und produzierten beeindruckende 52 Prozent des Wertes des nationalen Landwirtschaftsoutputs.[3]

Ein Grund für eine derartige Produktivität bestand darin, daß durch eine neugeschaffene National-Bank Kredite und technische Hilfe speziell den nun zahlreichen Nutznießern der Landreform zuflossen. Die Dienstleistungen – Bildungsprogramme, Gesundheitswesen, landwirtschaftsbezogene Schulung und einfache ländliche Kommunikationsmöglichkeiten – erfüllten die ländlichen Gebiete mit neuem Leben und hatten oft unmittelbare Auswirkungen. Im Lagunagebiet, um nur ein Beispiel zu erwähnen, vervierfachte sich das Realeinkommen der Nutznießer der Landreform zwischen 1935 und 1938.

Die Cárdenas-Regierung investierte auch in die wissenschaftliche Forschung. Das Ziel war jedoch nicht, die Landwirtschaft nach dem Vorbild der Landwirtschaft der Vereinigten Staaten zu modernisieren, sondern traditionelle landwirtschaftliche Methoden zu verbessern. Wissenschaftler begannen verbesserte Weizen- und besonders Maissorten, das Grundnahrungsmittel der Landbevölkerung, zu züchten, wobei besonders darauf geachtet wurde, was den Kleinbauern, die wenig Geld und alles andere als ideale Farmbedingungen hatten, nützen konnte.

Sozialer und ökonomischer Fortschritt wurde weder durch die Abhängigkeit von ausländischem Fachwissen noch durch teuer importierte landwirtschaftliche Produktionsmittel erreicht, sondern vielmehr mit den reichlich vorhandenen, nicht voll ausgenutzten Mitteln der örtlichen Kleinbauern. Obwohl Produktionssteigerung als wichtig angesehen wurde, sollte dieses Ziel nur dadurch erreicht werden, daß jedem Bauern geholfen wurde, produktiv zu sein, denn nur so würde die ländliche Mehrheit aus der Produktionssteigerung Nutzen ziehen. Befreit von der Furcht vor Gutsbesitzern, Managern und Geldverleihern, waren die Bauern zum Produzieren motiviert, weil sie wußten, daß sie endlich aus ihrer eigenen Arbeit Nutzen ziehen würden. Immer deutlicher verschob sich die Macht auf Agrarreformorganisationen, die von jenen kontrolliert wurden, die tatsächlich auf den Feldern arbeiteten.

Die Grüne Revolution als Gegenrevolution: Landwirtschaft im Dienst der Industriellen

Sie werden wahrscheinlich nicht überrascht sein zu hören, daß sich Cárdenas 1940 am Ende seiner Amtszeit mächtige Feinde zugezogen hatte. Da waren erstens einmal jene, die bei der Enteignung ihrer Hazienden hatten zusehen müssen. Dazu kamen städtische Finanzkreise, die durch Cárdenas' Modell eines Genossenschaftlichen Landeigentums und der Verstaatlichung bestimmter Industrien alarmiert waren. Anstelle ländlicher Dienstleistungen und Kollektivunternehmungen wollten sie den Staat für Elektrizität, Autobahnen, Talsperren, Staudämme, Flughäfen, Fernverbindungen und städtische Dienstleistungen zahlen lassen, welche der im Privatbesitz befindlichen kommerziellen Landwirtschaft und der Industrialisierung der städtischen Zentren zugute kamen – wovon natürlich sie profitieren würden[4].

Nicht die geringsten unter Cárdenas' Feinden waren einflußreiche Politiker in den Vereinigten Staaten. Landverteilung an Genossenschaften sowie Cárdenas' Verstaatlichung der Rockefeller-Standard-Oil-Tochtergesellschaft und der Eisenbahnen in ausländischem Besitz, riefen in Washington und an der Wall Street Besorgnis hervor. Die Kapitalinvestitionen der US-Konzerne fielen zwischen den mittleren dreißiger und frühen vierziger Jahren um ungefähr 40 Prozent.[5]

1942 gelang es diesen Gegnern der Landreform Cárdenas', das politische Machtgewicht innerhalb der Regierung von Cárdenas' Nachfolger, Avila Camacho zu erobern. Die Bedeutung dieses Machtwechsels für die Zukunft der mexikanischen Landwirtschaft wurde sofort klar. Präsident Avila Camachos erster Landwirtschaftsplan legte fest, daß die Landwirtschaft nun als Grundlage für den

Aufbau Mexikos als Industriemacht dienen sollte.[6] Landwirtschaftlicher Fortschritt sollte nicht mehr in erster Linie am Wohlergehen der ländlichen Mehrheit gemessen werden, sondern an seinem Beitrag zum Wachstum der übrigen Wirtschaft.

Die Politik der Vereinigten Staaten verstärkte diesen fundamentalen Richtungswechsel. Maßgebende US-Politiker identifizierten amerikanische Interessen mit der Stabilität der Avila-Camacho-Regierung und mit Mexikos Fähigkeit, Fertigwaren für den Zweiten Weltkrieg zu produzieren. Mehr Nahrungsmittel aus den ländlichen Gebieten in die Städte zu holen, wurde als entscheidend angesehen, denn das bedeutete niedrige Lebensmittelpreise, was bekanntlich wesentlich zur Dämpfung städtischer Unruhe und zur Niedrighaltung industrieller Löhne beiträgt. Niedrige Löhne sichern zudem, daß die Profite der Industrie hoch genug bleiben, um inländische und ausländische Investoren anzulocken.

Genau in diesem historischen Kontext ist die Grüne Revolution geboren worden. Die Avila-Camacho-Regierung hieß die Rockefeller Foundation in Mexiko willkommen, und 1943 begann die Foundation mit der neuen Regierung zusammenzuarbeiten, um ein landwirtschaftliches Forschungsprogramm einzuleiten. Das Ergebnis lag auf der einen Ebene in dem vielfach angekündigten Paket technischer Neuerungen, das später als die *Grüne Revolution* bekannt werden sollte. Auf der andern Ebene sorgte es dafür, die ganze Stoßrichtung des ländlichen Entwicklungsprogramms der Regierung Cárdenas umzukehren.

Der Direkter der Rockefeller Foundation für Mexiko hatte als Aufgabe, eine wissenschaftliche Revolution zu leiten, um die mexikanische Landwirtschaft in das moderne Zeitalter zu befördern. Politische Entscheidungen verwarfen systematisch Forschungsalternativen, die auf den nichtbewässerten Subsistenzsektor der mexikanischen Landwirtschaft ausgerichtet waren. Statt dessen konzentrierten sich alle Bemühungen auf die Entwicklung einer kapitalintensiven Technologie, die nur in Gebieten mit günstigen Voraussetzungen anwendbar war, wo bereits Bewässerungssysteme existierten oder geschaffen werden konnten. Die Hauptfrage war allein, wie man Saatgut, nicht Menschen, produktiver machen könnte. Ländliche Entwicklung wurde durch landwirtschaftliche Modernisierung ersetzt.

Die rasch anwachsende, stadtzentrierte Industrialisierung – gewinnträchtig für einige wenige – konnte aus zwei Gründen einfach nicht mit jener Art ländlicher Entwicklung koexistieren, die von der Cárdenas-Regierung gefördert worden war. Erstens hätte eine echte ländliche Familie produktiv zu machen und sie finanziell besser zu stellen, bedeutet, daß die ländliche Mehrheit selbst von jedem Zuwachs in der Nahrungsmittelproduktion viel verzehrt hätte. Es war aber genau dieser Zuwachs, auf den die aufsteigenden städtischen Interessenten zählten und den sie den ländlichen Gebieten als Nahrung für die industrielle Arbeitskraft entziehen wollten. Zweitens hätte eine wirkliche Verbesserung des ländlichen Lebens die Abwanderung in die Städte und Großstädte stark reduziert. Diesen kontinuierlichen Zustrom ländlicher Flüchtlinge »brauchte« man jedoch zur Aufrechterhaltung der niedrigen Industrielöhne.

Dementsprechend konnte nur ein Typus landwirtschaftlicher Politik den Zielen der städtischen und industriellen Interessenten dienen – nämlich eine Politik, die die Probleme der von Cárdenas geschaffenen Landreformgemeinden bewußt mißachtete, wogegen sie öffentliche Geldmittel dafür verschwendete, die Produktion einiger weniger großkommerzieller Produzenten zu steigern, die nicht für die ländlichen Gebiet selbst produzierten. Eine Studie der Vereinten Nationen sagt dazu:

»Die finanzielle Last der Umwandlung des Gebiets von Sonora in einen riesigen landwirtschaftlichen Handelsplatz wurde in hohem Grade durch Bundesfinanzen getragen; doch die Früchte der Bemühungen blieben zum größten Teil fest unter der Kontrolle der Elite privater Landbesitzer.«[7]

Die mexikanische Regierung subventionierte den Import landwirtschaftlicher Maschinen. Zusätzlich wurden außerdem zwischen 1941 und 1952 18 Prozent von Mexikos Bundesbudget und 92 Prozent seines Agrarbudgets für große Bewässerungsprojekte ausgegeben, um riesige neue Flächen reichen Farmlandes im Norden zu schaffen. Dieses wertvolle Land wurde dann zu niedrigen Preisen verkauft; doch nicht primär an die besitzlosen Armen, sondern an politisch mächtige Familien von Geschäftsleuten und Bürokraten. Obwohl in Mexiko laut Gesetz niemand mehr als 256 Acres bewässertes Land besitzen darf, ist die Durchschnittsfarm im Gebiet der mexikanischen Grünen Revolution bis auf 2000 bewässerte Acres angewachsen[8], wobei einzelne Besitzungen weit größer sind[9]. Es überrascht nicht, daß ungefähr 3 Prozent aller Farmen für 80 Prozent des Produktionsanstieges während der 50er Jahre verantwortlich waren.

Dieses Modell landwirtschaftlicher Entwicklung ist praktisch in fast alle unterentwickelten Länder innerhalb des Einflußbereiches der Vereinigten Staaten exportiert worden.

Auf einen Gewinner setzen

Indem sie schlagende Beweise aus der ganzen Welt ignorieren, wonach kleine, sorgfältig bewirtschaftete Landstücke pro Acre produktiver sind als große Güter und weniger kostspielige Inputs brauchen, haben Regierungen, internationale Kreditinstitutionen und ausländische Hilfsprogramme beständig die Kleinbauern (nicht zu reden von den Landlosen!) übergangen. Der französische Agrarwissenschaftler René Dumont beschreibt eine Ford-Foundation-Delegation, bestehend aus dreizehn nordamerikanischen Agrarwissenschaftlern, in Indien im Jahr 1959. Die Delegation behauptete, es sei praktisch unmöglich, in allen 550 000 Dörfern Indiens gleichzeitig Fortschritte zu machen. Deswegen empfahl sie die Subventionierung technischer Inputs in jenen Gebieten, die gut bewässert waren – und ließ dabei über die Hälfte der Bauernbetriebe des Landes im nationalen landwirtschaftlichen Entwicklungsprogramm unberücksichtigt. Es schien einfacher, einer kleinen Zahl großer Farmer zu helfen und die Weizenproduktion innerhalb nur weniger Jahre bis zu 50 Prozent zu steigern als das produktive Potential von 50 bis 60 Millionen Bauernfamilien zu mobilisieren. Auf diese Weise endete in der Mitte der sechziger Jahre Indiens *Neue Landwirtschaftliche Strategie* zur Förderung der verbesserten Saatgutsorten in einer Konzentration auf bloß ein Zehntel des bebaubaren Landes und dazu im großen Ausmaß auf nur ein Erzeugnis, Weizen.[10]

Überall sind die großen Farmer direkt begünstigt worden. Eine Studie über Gapan, Nueva Ecija, auf den Philippinen, aus dem Jahr 1966, zeigt, daß das erste Saatgut, das von dem von Rockefeller finanzierten Internationalen Reisforschungsinstitut produziert wurde, nur an Landbesitzer mit 25 oder mehr Acres verteilt wurde.[11] Kein Saatgut wurde direkt an Kleinpächter verkauft.

Das tunesische Landwirtschaftsprogramm gab Kredite nur an Bauern mit einem bestimmten Minimum an Landbesitz – gewöhnlich 120 Acres, was in Tunesien bereits zum Großgrundbesitz zählt. Außerdem gingen Subventionen für Milchproduzenten nur an jene Bauern, die mehr als 495 Liter Milch pro Tag produzierten. Subventionen für den Erwerb von Mähdreschern begünstigten nur den Großgrundbesitzer, der allein einen Kauf in Betracht ziehen konnte.

Als Hauptempfänger von Regierungshilfe einmal ausgewählt, haben die großen Farmer ihre privilegierten Startbedingungen voll ausgenutzt. Häufig haben die reichsten landbesitzenden Familien zusätzliche Gewinne eingesteckt, indem sie das Monopol für die Verteilung von Dünger, Schädlingsbekämpfungsmitteln und Maschinen an sich brachten, die notwendig sind, um das Potential der neuen Sorten zur vollen Entfaltung zu bringen. Organisationen großer kommerzieller Farmer, wie jene in Mexiko, verschafften sich beträchtliche Zusatzverdienste mit dem Export der Grünen Revolution, indem sie Tausende von Tonnen des neuen Saatgutes jährlich nach Asien und Afrika verkauften.

Mit dem einseitigen Schwerpunkt auf Produktionssteigerung hat sich die ländliche Entwicklung in ein technisches Problem gewandelt: wie man die »richtigen«, gewöhnlich im Ausland hergestellten Inputs an die »fortschrittlichen«, ausnahmslos bessergestellten Farmer bringt. Wir bezeichnen dieses einseitige Interesse an Produktionssteigerung als eng und einseitig, weil es die soziale Realität des Hungers mißachtet – das Problem der Befreiung des riesigen ungenützten menschlichen Potentials der einheimischen Bevölkerung, die daran gehindert wird, ihre eigenen Ressourcen und Fähigkeiten zu entwikkeln und zu nutzen. Die Reduktion des Landwirtschaftsproblems auf den Produktionsaspekt allein trennt den landwirtschaftlichen Fortschritt zunehmend von einer umfassenden ländlichen Entwicklung. Dieses Trugbild ländlicher Entwicklung unterhöhlt die Interessen der Menschen innerhalb der ländlichen Gemeinschaft, zugunsten von außenstehenden und abwesenden landbesitzenden städtischen Eliten, Geldverleihern, Industriellen, Bürokraten und ausländischen Investoren.

Der Zufluß öffentlicher Geldmittel mit dem Ziel der Produktionssteigerung hat die Landwirtschaft zu einem Ort der Profitmacherei degradiert. Mitprofitieren kann jedoch nur, wer über eine bestimmte Kombination von Land, Geld, Zugang zu Krediten und politischem Einfluß verfügt. Der Großteil der Landbevölkerung bleibt, weltweit gesehen, davon ausgeschlossen.

16

Aber ist die Natur nicht neutral?

Frage: Sie sehen die Grüne Revolution als Musterbeispiel eines produktionsorientierten Entwicklungsbegriffs, welcher den mittleren und Großbauern die Oberhand gegeben hat. Doch liegt das Wesentliche der Grünen Revolution nicht im neuen ertragreichen Saatgut? Warum sollte es nicht ebensogut für die armen Bauern wie für die reichen wachsen? Die Natur ist schließlich weniger voreingenommen, als es Regierungen sind, die sich den Gewohnheitsrechten der Reichen verpflichtet fühlen. Wenn einmal die Armen die ertragreichen Getreidesorten erhalten, können dann nicht auch sie ihre Position verbessern? Auch wenn die Kluft zwischen arm und reich immer noch bestehen mag, werden nicht alle Bauern ihre Erträge, ihren Lebensunterhalt und ihren Ernährungszustand verbessern?

Unsere Antwort: Der Begriff »ertragreiche Getreidesorten« (HYV = »high-yielding varieties«), wie sie in der Literatur über die Grüne Revolution genannt werden, ist in der Tat eine irrtümliche Bezeichnung. Wenn wir verstehen, warum dieser Begriff eine falsche Benennung ist, dann haben wir den Schlüssel zum Verständnis, warum das neue Saatgut nicht so neutral sein kann, wie die Frage es andeutet.
In ihrem Beitrag zu einer vom *Forschungsinstitut für Soziale Entwicklung* der Vereinten Nationen *(UNRISD)* für fünfzehn Länder durchgeführten Untersuchung folgert Ingrid Palmer, daß der Begriff »ertragreiche Getreidesorten« eine irrtümliche Bezeichnung ist, weil er impliziert, daß das neue Saatgut »in und aus sich selbst« ertragreich ist.[1] Das Unterscheidungsmerkmal dieses Saatgutes liegt jedoch darin, daß es auf bestimmte Schlüsselinputs wie Bewässerung und Dünger sehr stark reagiert. Ingrid Palmers Vorschlag folgend, haben wir beschlossen, den Begriff *»reaktionsstarke Getreidesorten« (HRV = »high-response varieties«)* zu gebrauchen, da er sehr viel deutlicher die entscheidenden Eigenschaften dieses Saatgutes zum Ausdruck bringt. Die Grüne Revolution besteht offensichtlich nicht nur darin, neue Getreidesorten in

den Boden zu stecken. Falls die armen Farmer es sich nicht leisten können, für die idealen Bedingungen zu sorgen, die dieses neue Saatgut reagieren lassen (doch in diesem Fall wären sie nicht arm!), wird ihr neues Saatgut einfach nicht so gut wachsen wie jenes, das von den bessergestellten Farmern gesät wird. Das neue Saatgut zieht die »besseren Standorte« vor.

Genauso bedeutend ist es für die Mehrheit der Farmer in der Welt, daß das neue Saatgut größeren Ertragsschwankungen unterliegt als das verdrängte Saatgut.[2] Die HRVs sind Dürre und Flut gegenüber empfindlicher als ihre traditionellen Vorgänger. Sie sind besonders empfindlich gegen Wasserstreß – weil sie nicht fähig sind, Nährstoffe zu assimilieren, wenn in bestimmten Phasen ihres Wachstumszyklus nicht genügend Wasser an die Pflanzenwurzeln gelangt. Das neue Saatgut zu düngen, ist unter diesen Umständen oft nicht rentabler als das Düngen der traditionellen Sorten.[3] In Pakistan zum Beispiel fielen im Jahr 1968/1969 die Erträge des mexikanischen Zwergweizens um ungefähr 20 Prozent, wegen einer Reduktion des durchschnittlichen Niederschlags um zwei Drittel und überdurchschnittlich hoher Temperaturen[4].

Die angepaßten Lokalsorten hingegen wurden durch die Wetterveränderungen nicht nachteilig betroffen. Ihre Erträge stiegen sogar um 11 Prozent. Auch die neuen Sorghum-Sorten, die nun in Obervolta in Afrika gepflanzt werden, sind weniger dürrebeständig als ihre lokalen Verwandten.[5] Die HRVs können zudem anfälliger gegen zuviel Wasser sein. Weil sie von kürzerem Wuchs sind, ertragen die HRVs des Reises die höheren Flutstände nicht, die die einheimischen Arten aushalten können.

Da die HRVs sowohl gegen zuviel als auch gegen zuwenig Wasser empfindlicher sind, genügen einfache Bewässerungssysteme nicht. Ein hochentwickeltes Wasserkontrollsystem wird notwendig. Die sozialen Konsequenzen werden beispielsweise in Indiens Punjab klar. Höhere Erträge aus diesem neuen Saatgut sind von kontrollierter Wasserzufuhr aus Tiefbrunnen abhängig. Doch ein Tiefbrunnen liegt weit jenseits der Mittel der kleinen Bauern.

Um Vorteil aus den HRVs zu ziehen, sind Bauern gezwungen worden, ihre Verschuldung zu verdoppeln oder gar zu verdreifachen. Da Kleinbauern sich zwischen den Ernten oft verschulden müssen, um nur die minimalsten Bedürfnisse ihrer Familien zu decken, sind sie meistens gar nicht in der Lage, diese schwere zusätzliche Last auf sich zu nehmen.

HRVs sind oft wenig resistent gegen Krankheiten und Schädlinge. Diese Anfälligkeit resultiert aus der Verpflanzung einer Sorte, die sich während einer kurzen Zeit in einem bestimmten Klima (mit etwas Nachhilfe der Agronomen) »entwickelt« hat, in ein gänzlich unterschiedliches Klima. Dadurch werden Sorten verdrängt, die sich über Jahrhunderte als Antwort auf eine lange Geschichte natürlicher Bedrohungen in jener Umwelt entwickelt hatten. Das bloße Überleben der Kleinbauernfamilien hängt von jeder einzelnen Ernte ab. Darum können Kleinbauern keine Mißernte riskieren. Für Großbauern ist dieses Risiko viel geringer. Der Unterschied liegt nicht bloß darin, daß sie eine Mißernte besser überstehen.

Großbauern haben es in vielen Fällen auch fertiggebracht, sich gegen krankheitsanfälliges Saatgut zu schützen. In Mexiko standen zum Beispiel Vereinigungen von Großbauern seit den frühen Tagen der Grünen Revolution in ständigem Kontakt mit Saatgutvermittlungsstellen der Regierung und sind vor Krankheiten, die einzelne neue Pflanzensorten möglicherweise befallen könnten, rechtzeitig gewarnt worden. Als jedoch die Vermittlungsstelle, mit der die Nutznießer der Landreform, also die Kleinbauern, verbunden waren, informiert wurde, ihr Saatgut sei gegen Krankheit anfällig geworden, wollte sie das Saatgut nicht zurückziehen und sie setzte in solchen Fällen den Verkauf fort. Das erklärt weitgehend die verheerend schlechten Erträge im mexikanischen Landreformsektor während der späten 50er und frühen 60er Jahre.[6]

Außerdem ist das neue Saatgut nur für gut beregnete und bewässerte Gebiete geeignet. Es ist wohl kein reiner Zufall, daß diese begünstigten Gebiete von den wohlhabenderen Bauern bewohnt werden. HRV-Weizensorten sind in Indien vor allem in den Staaten Punjab und Haryana verbreitet, und die Produktionssteigerung konzentriert sich auf diese beiden Staaten, hauptsächlich wegen der fruchtbaren Alluvialböden und weil ein Kanalsystem die Wasserversorgung das ganze Jahr hindurch sichert.[7]

Nyle C. Brady, Direktor des Internationalen Reisforschungsinstituts IRRI, wo viele der neuen Arten entwickelt worden sind, schätzt, daß die »neuen Reissorten nur für 25 Prozent der Anbaufläche der Welt geeignet sind, hauptsächlich für die Gebiete mit genügend Wasser für Bewässerung«.[8] Da die neuen Sorten weniger widerstandsfähig gegen Überschwemmungen sind, können sie in vielen Teilen Thailands, Bangladeshs und Südvietnams nicht angebaut werden.[9] Keine dieser neuen Samensorten ist erfolgreich in Gebieten mit konstant

hohen Temperaturen und andauerndem Regenfall, begrenztem Sonnenlicht und humusarmen, ausgelaugten Böden.
Angesichts der biologischen Anforderungen dieses Saatguts überrascht es nicht, daß noch 1972–1973 die HRVs nur einen sehr kleinen Prozentsatz ausmachten. Sie belegten nur ungefähr 15 Prozent der gesamten Anbaufläche der Welt, mit Ausnahme der sozialistischen Länder.[10] Überdies sind sie auf wenige Gebiete konzentriert: 81 Prozent des HRV-Weizens wachsen in einem kleinen Gebiet in Indien und in Pakistan; und nur vier Länder (Indien, die Philippinen, Indonesien und Bangladesh) sind für 83 Prozent der HRV-Reis-Produktion verantwortlich.[11]
Der Anbau bleibt infolge der erforderlichen idealen Bedingungen auf bestimmte begünstigte Gebiete beschränkt. Die HRV haben daher die Einkommensunterschiede zwischen geographischen Regionen verschärft, genauso wie sie Ungleichheiten zwischen den sozialen Gesellschaftsschichten verschlimmert haben.
Zwei weitere Faktoren tragen dazu bei, die neuen Samen alles andere als »neutral« zu machen. Erstens bleiben Mais- und Sorghumhybriden nicht genetisch rein. Um die hohen Erträge beizubehalten, müssen stets jedes Jahr neue Hybridsamen gekauft werden. Allein dieses Erfordernis gibt die Erfolgschancen den reicheren und den Bauern, die enger mit den Saatgutverteilern und anderen Kreditquellen verbunden sind. Die vielen Bauern, die nur soviel Land besitzen, um die Nahrung für ihre Familie anzupflanzen, werden niemals das Geld besitzen, um Hybridsamen einzukaufen.
Zweitens erfordert der erfolgreiche Anbau der neuen Sorten Spezialkenntnisse, was automatisch jene begünstigt, die Zugang zu den landwirtschaftlichen Beratungsdiensten der Regierung und entsprechender Fachliteratur haben. In vielen Ländern gelang es den Großgrundbesitzern, die Beratungsdienste der Regierung zu monopolisieren. Sie waren auch wie z. B. im mexikanischen Staat Sonora in der Lage, private Landwirtschafts- und Schädlingsexperten anzustellen, um ihre technischen Probleme zu lösen.[12] Da laut einer Studie in Uttar Pradesh, Indien, 70 Prozent der Familienhäupter Analphabeten sind, ist der »Zugang zur Literatur somit primär das Privileg der bessergebildeten reicheren Grundbesitzer«. Nichtschriftliches Material konnte das Problem auch nicht lösen: der Dorfvorsteher betrachtete das Radio als sein Privateigentum und lud nur seine Freunde zum Hören ein.[13]
Die Bevorzugung kann sehr subtil sein. Eine Studie über die Grüne

Revolution formuliert sehr zutreffend: »Die neue Technologie benachteiligt diejenigen, die über traditionelle Kenntnisse im Zusammenspiel der örtlichen Gegebenheiten von Boden und Klima verfügen, deren Energien jedoch durch die Mühen des Ackerbaus absorbiert werden ... Sie bevorzugt die, die die Mechanismen des Einflußnehmens beherrschen.«[14]

Und trotzdem bleibt in den meisten von uns die Vorstellung tief verwurzelt, wonach ein Same, der doch scheinbar das Produkt unparteiischer Forschung ist, neutral sein muß. Die meisten nehmen an, es sei nur eine Frage der Zeit, bis das neue Saatgut auch die Armen erreicht und allen Bauernhöfen einen höheren Lebensstandard bringt. Die Abhängigkeit der HRV von *optimalen* Bedingungen macht das jedoch in den meisten Gebieten heute unmöglich. Sicher können sowohl die reichen als auch die armen Bauern den Samen säen, aber wer kann den Pflanzen die optimale Nahrung aus Nährsubstanz und Wasser geben und sie vor Krankheiten und Schädlingen schützen? Kann es sich die Familie, die von den Nahrungsmitteln, die sie erzeugt, abhängig ist, leisten, mit den weniger zuverlässigen Samen zu spekulieren?

Der einzige Weg, diese Samen neutral werden zu lassen, ist ein von der Gesellschaft bereiteter Weg – indem sie allen Bauern gleichen Zugang zu den notwendigen Inputs gewährt. Wenn dies die Neuverteilung der Kontrolle über alle Nahrungsmittel produzierenden Ressourcen, einschließlich Landverteilung, bedeutet, kann es gelingen. In Kuba werden zum Beispiel 75 bis 90 Prozent der Reisanbauflächen mit dem HRV-Saatgut bepflanzt.[15] In Taiwan, ebenfalls einem Land mit relativ ausgeglichener Landverteilung, beläuft sich die Verwendung verbesserter Samen auf über 90 Prozent. Wo »gleicher Zugang« jedoch nur Kreditprogramme bedeutet hat, hat es kaum funktioniert.

Jede Vorstellung, der Zugang zu einer neuen Technologie sei ohne Änderung der sozialen Grundstruktur für alle möglich, übersieht die einzig wirklich funktionsfähige Lösung – wonach die Bauern selbst die Neuerer werden. Dann löst sich die Frage der Verbreitung neuer Samen oder neuer Kenntnisse als Problem in sich selbst auf. Wie sich zudem jeder leicht selbst ausmalen kann, sind die unter derartigen Bedingungen entwickelten Samen nicht die, die ideale Bedingungen fordern.

Schon 1961 züchteten die Chinesen Samen für weniger günstige klimatische Verhältnisse. Chinesische Bauern haben erfolgreich Samen entwickelt, die sowohl ertragreicher als auch fähig sind, schlechtem Wetter und anderen Übeln zu widerstehen, wie zum Beispiel die Gerstensorten, die den Höhenlagen angepaßt sind und kälteresistente Weizensorten.[16] Außerdem wird das Saatgetreide nicht von zentralen Experimentierstationen produziert, sondern von ganz gewöhnlichen Bauernfamilien.[17] Die meisten Kommunen haben ihre eigenen Laboratorien, um neue Sorten am Ort selbst zu entwickeln. Die Ausbreitung der neuen Technologie ist daher kein Problem.

Wenn sie einmal von Menschen manipuliert wird, verliert die Natur ihre Neutralität. Elite-Forschungsinstitute werden neue Samen produzieren, die für eine privilegierte Schicht kommerzieller Bauern perfekt funktionieren. Eine genetische Forschung, die gewöhnliche Bauern einbezieht, wird Samen produzieren, die für diese nützlich sind. Somit gleicht neues Saatgut jeder anderen technologischen Entwicklung; sein Beitrag zum sozialen Fortschritt hängt gänzlich davon ab, wer es entwickelt und wer es kontrolliert.

17

Hat uns die Grüne Revolution nicht »Zeit gekauft«?

Frage: Sie sagen, daß die einseitige Konzentration auf Produktionssteigerung den wohlhabenderen Bauern zugute gekommen ist. Doch warum soll das so schlimm sein? Immerhin ist mehr Nahrung produziert worden. Wie kann dies den Armen schaden? Sie brauchen Nahrung dringender als alles andere. Sie scheinen zu erwarten, daß Strategien zur Produktionssteigerung, wie die Grüne Revolution, auch *soziale* Probleme lösen sollen.
Wie könnten sie das? Produktionssteigerung ist ein wissenschaftliches und technologisches Problem. Norman Borlaug, der Vater der Grünen Revolution, hat gesagt, das Bestmögliche, was die Grüne Revolution leisten könne, bestehe darin, »uns Zeit zu kaufen«, während wir das Bevölkerungswachstum verlangsamen und an ökonomischen Problemen arbeiten. Hat nicht die Grüne Revolution all das erreicht, was man vernünftigerweise von ihr erwarten konnte? Ist nicht ein Fortschritt mit Nachteilen besser als überhaupt kein Fortschritt?

Unsere Antwort: Um diese Frage zu beantworten, mußten wir systematisch untersuchen, was denn genau geschieht, wenn die Lösung des Hungerproblems erst einmal in einem gewaltigen technologischen Vorstoß zur Produktionssteigerung gesucht wird. Dabei haben wir die äußerst dynamischen Mechanismen kennengelernt, durch die die Bessergestellten sich *auf Kosten* der Mehrheit »weiterentwikkelt« haben. Die Entwicklung folgt weltweit einem auffallend übereinstimmenden Muster. Die Frage impliziert zwar, daß die Wirkung der Grünen Revolution sich auf unterentwickelte Länder beschränkt.
Dem ist aber nicht so.
(Teil VII wird eine ähnliche Transformation der Landwirtschaft in den Vereinigten Staaten belegen.)

Mehr Getreide: Wer profitiert?

Im Hinblick auf den Hunger in unterentwickelten Ländern erscheint vielen Außenstehenden die Tatsache, daß durch Produktionssteigerung das Getreide billiger werden kann, als Teil der Lösung. Der Fehler besteht darin, daß zwei Faktoren übersehen werden: Erstens sind viele der Armen selbst Produzenten, deren Lebensunterhalt vom Verkauf ihres Getreides abhängt. Zweitens haben für die, die von der neuen Technologie nicht profitieren können, die Erträge nicht zugenommen. Mit einer insgesamt größeren Produktion und dem Versagen der Regierungspolitik, die Preise zu halten, sind die armen Bauern mit den nicht verbesserten Erträgen in einer schlechteren Lage als je zuvor.

In Griechenland drängten die Agrarkreditgesellschaften die Bauern, im Ausland gezüchteten HRV-Weizen zu säen. In den Ebenen, die Großbauern gehören, waren das Ergebnis höhere Erträge, die die griechiche Gesamtproduktion vergrößerten. In den Bergen trugen die HRV-Samen jedoch weniger ein als die Sorten, die Generationen hindurch von den Bergbauern angebaut worden waren. Da die nationale Produktion (wie übrigens auch die Weltproduktion) stieg, fielen die Weizenpreise. Die kommerziellen Großbauern in den Tiefebenen konnten diesen Preissturz überstehen, weil ihr Produktionsvolumen groß und im Wachsen begriffen war. Doch für die ärmeren Höfe an den Berghängen war ein aus den geringeren Erträgen und sinkenden Preisen resultierender Einkommensrückgang oft der letzte Schlag, der zum Verlassen zahlreicher Bergdörfer führte. Zugleich gingen Weizensorten für immer verloren, die durch eine nie bewußt reflektierte Selektion über Jahrhunderte hinweg den schwierigen Umweltbedingungen angepaßt worden waren.[1]

Steigende Pachtzinsen

In vielen Ländern haben Gutsherren festgestellt, daß sie einen Teil der angestiegenen Produktionskosten auf die Pächter wälzen können, indem sie de facto die Pächter zwingen, für die neue Technologie zu bezahlen. Zum Beispiel sind seit der Einführung der neuen Technologie die Pachtzinsen ungefähr um ein Drittel bis zur Hälfte gestiegen. Die Ernteabgaben verschoben sich von der traditionellen 50:50-Teilung zwischen dem Gutsherrn und dem

Pächter auf 70 zu 30 zugunsten des Gutsherrn[2] und schalten somit den Pächter wirksam von den Produktionsgewinnen aus. In einem bestimmten Gebiet in Indien, wo der Pächter es gewohnt war, die Hälfte der Ernte zu erhalten, bekommt er jetzt nur noch ein Drittel; ein weiteres Drittel geht an den Gutsherrn, und das das letzte Drittel wird als Abzahlung der Schulden für den Tiefbrunnen verwendet, den der Gutsherr erworben hat (und es wird natürlich an den Gutsherrn weitergehen, sobald der Brunnen bezahlt ist).[3] In einem Gebiet in Malaysia müssen Pächter nun 100 Prozent der Düngerkosten bestreiten.[4]

Gutsherren alten Stils hatten einst den Pächtern gegenüber klarumrissene, auf Gegenseitigkeit beruhende Verpflichtungen. Trotz aller Nachteile der traditionellen feudalen Systeme konnte der Gutsherr nie daran denken, seine Verpflichtungen auf die Pächter abzuwälzen. Da jetzt aber mehr und mehr Gutsherren vom Land abwesende Stadtbewohner sind, ist der traditionelle von Angesicht-zu-Angesicht-Handel durch unpersönliche geldbestimmte Beziehungen ersetzt worden. Gutsherren fordern zunehmend eine Barzahlung der Pacht anstatt eine Bezahlung in Naturalien. In den nördlichen Staaten von Malaysia werden Barzahlungen zu *Beginn* der Saison gefordert. Der Pächter muß also ausgerechnet zu der Zeit den Pachtzins bringen, wenn er ihn mit aller Wahrscheinlichkeit nicht bezahlen kann. Darum muß er zu hohen Zinssätzen Geld leihen – und reduziert auf diese Weise sein Gesamteinkommen. Wenn die Ernte mißlingt, muß er den Pachtzins trotzdem aufbringen, eine Härte, welche die traditionelle 50:50-Teilung der Ernte zwischen Gutsherr und Pächter nicht kannte.

Aus dem gleichen Grunde ziehen es manche Gutsherren vor, den Lohn lieber in bar als in Agrarprodukten zu zahlen. In Zeiten inflatorischer Nahrungsmittelpreise, ist es für den Pächter jedoch vorteilhafter, seinen Anteil in Naturalien anstatt Geld zu bekommen. Wir erfuhren von einem bestimmten Bezirk in Indien, wo Gutsherren jetzt nur noch Barlöhne zahlen und es vorziehen, den Reis zu horten und ihn später mit enormem Profit zu verkaufen. 1974 berichtete Indiens »Economic and Political Weekly«, daß in Thanjavur, Tamil Nadu, Scharen von Polizisten in den Reisfeldern stationiert waren, um Aufstände zu unterdrücken, die auf die Weigerung des Gutsherrn hin ausgebrochen waren, auch nur einen Teil des Lohns in Naturalien zu zahlen.[5]

In Ländern, in denen es die Besitzverhältnisse immer noch zulassen, daß mit Nahrungsressourcen in erster Linie private Gewinne gemacht werden, haben Gelder der Regierung für Bewässerungsarbeiten und Subventionen für Düngemittel und Maschinen mit den höheren potentiellen Erträgen der neuen Samen zusammengewirkt, um die Landwirtschaft in die heißeste Wachstumsindustrie der Welt zu verwandeln. Anstatt den Lebensunterhalt für Millionen kleiner selbstversorgender Bauern zu gewährleisten, wird die Landwirtschaft von einer neuen Klasse von »Farmern«, die sich aus Geldverleihern, Offizieren, Bürokraten, städtischen Spekulanten und ausländischen Konzernen zusammensetzt, zunehmend als ein Geschäft betrachtet und betrieben, das leicht Gewinne einbringt. In Gegenden, die für rein kommerzielle Produktionssteigerung ausersehen worden sind, sind die Bodenpreise auf das Drei-, Vier- oder sogar Fünffache angestiegen, während diese sogenannten Farmer um das Land konkurrieren, von dem sie oft mit Recht glauben, daß es ihnen ein Vermögen einbringen wird.[6]

Aufschlußreich ist der Bericht des Entwicklungswirtschaftswissenschaftlers Wolf Ladejinsky, wie Nichtbauern in Indien Land zur Spekulation aufkaufen:

»Die Käufer sind eine bunte Gruppe: einige mit dem Land durch Familienbande verbunden, andere mit der Landwirtschaft völlig unvertraut. Ein paar haben unproduktive Rupien durch nichtdeklarierte Einnahmen erworben, und die meisten von ihnen betrachten die Landwirtschaft als ein Steuerparadies, was sie auch ist, und als eine Quelle für ein steuerfreies Nebeneinkommen. Der Arzt von Jullundur, der zum Halbtagsbauern wurde, ist fein heraus. Die vor vier Jahren erworbenen Acres haben sich im Wert verdreifacht. Schenkt man ihm Gehör, so betreibt er Landwirtschaft ›zum Nutzen der Nation‹ . . . Seine einzige Sorge ist, ob es ihm gelingt, weitere 10 Acres, die er im Auge hat, zu kaufen – und wie enttäuscht wird er sein, wenn sie ihm entgehen! Als wir ihn bei der Aufsicht über das Dreschen beobachteten, war er alles andere als ein ›Gentleman Farmer‹.«[7]

Nichtbauern sind dabei, die Landwirtschaft zu übernehmen, nicht nur, weil die Regierungen Agrarinvestitionen attraktiv gemacht haben, sondern weil zunehmend nur die reicheren Stadtbewohner Kredit erhalten oder es sich leisten können, das höher bewertete

Land und die nötigen Inputs zu kaufen. Durch die steigenden Bodenpreise wird der Erwerb durch den Kleinbesitzer oder Pächter, der schon vorher ziemlich unwahrscheinlich war, nun völlig ausgeschlossen. In Ländern, in denen die Sicherheit des Besitzes gesetzlich garantiert ist, wenn der Pächter ein gegebenes Stück Land über eine bestimmte Anzahl von Jahren hin ununterbrochen bebaut hat, ist vielen Gutsherren nun jedes Manöver recht, das ein legales Anrecht des Pächters auf das nun wertvoll gewordene Land verhindert. In Tanjore, Indien, schieben Gutsherren Pächter jedes Jahr von einem Stück Land zum andern, um solchen Besitzverordnungen mit Erfolg auszuweichen.[8]

Außerdem steigen die Steuern mit dem Marktwert des Landes. In Kolumbien bringen reiche potentielle Käufer kleiner Landstücke die Steuerbehörden dazu, das Land neu zu bewerten, um dadurch Druck auf die kleinen Bauern auszuüben. Kleinbauern, die es sich nicht leisten können, die neuen Kaffeesorten anzupflanzen, müssen einsehen, daß sie die höhere Steuerrechnung nicht bezahlen können, und sind deshalb gezwungen, an die Großgrundbesitzer zu verkaufen, die gewöhnlich die Bezahlung der Steuern durch eine Bestechnungssumme umgehen können.[9]

Weniger Menschen kontrollieren mehr Land

Immer weniger Menschen kontrollieren immer größere Teile der Agrarproduktion. Dem Muster zunehmender Monopolisierung landwirtschaftlichen Bodens folgen zur Zeit Indien, Bangladesh, Mexiko, die Philippinen und Kolumbien, alles Länder, in denen die offiziell subventionierte »Modernisierung« nun bedeutet, daß hohe Kapitalerträge lediglich von der Größe der Bodenfläche abhängen, die man besitzt oder kontrolliert, und nicht davon, wie gut man sie bewirtschaftet.

In dem Gebiet von Tamesis, Kolumbien, erweiterten zwischen 1963 und 1970 die bessergestellten Kaffeeanbauer, die die neuen Sorten anbauen konnten, die Durchschnittsgröße ihrer Güter bis zu 76 Prozent.[10] In den von der Regierung subventionierten bewässerten Zonen von Marokko nimmt die Landkonzentration auf ähnliche Weise zu. In nur fünf Jahren, von 1965 bis 1970, stieg die Durchschnittsgröße der modernen Farmen in marokkanischem Besitz in einem bewässerten Gebiet um 30 Prozent.[11] Im indischen Punjab vergrößerte sich zwischen den fünfziger und mittleren sechziger Jahren der Anteil des Landes im Besitz der Großbauern (mit 100 bis 150 Acres) vier- bis zehnmal rascher als der Anteil der Kleinbauern.

Ein weiteres Indiz für die zunehmende Konzentration des Grundbesitzes zeigt sich darin, daß die Kleinbauern ihr Land verkaufen. In den Jahren 1969–1970 und 1972–1973 verkauften Bauern in Bangladesh, die weniger als einen Acre besaßen (das trifft auf ein Viertel aller Bauern zu) gut über die Hälfte ihres Landes.[13]

Manchen erscheint die Verdrängung der Kleinbauern zwar bedauerlich, doch leider unvermeidbar. Die Konzentration in der Kontrolle der landwirtschaftlichen Produktion ist aber nicht unvermeidbar. Sie ist das Ergebnis menschlichen Handelns und Planens. Großbauern im mexikanischen Bundesstaat Sonora sahen in den frühen 50er Jahren, daß die Grundstückpreise infolge der massiven Bewässerungspläne der Regierung bald steigen würden. Sie schmiedeten Pläne, wie das Land, das sich noch im Besitz von Tausenden von Kleineigentümern befand, billig zu übernehmen wäre. Sie wandten sich an ihre Freunde in der Nationalen Agrarkredit-Bank – der Regierungsbehörde, von der das Überleben der Kleinbauern in dem Gebiet abhing. Die Bank fing an, die Gewährung der zum Anbau notwendigen Kredite für die Kleineigentümer hinauszuzögern. In einigen Fällen erhielten sie ihren Kredit so spät, daß sie ihren Weizen, um nur ein Beispiel zu nennen, verspätet anpflanzen mußten und so mehrere Jahre hindurch Mißernten hatten. Die Bank fing auch an, Säcke mit Weizensaatgut zu liefern, von denen einige sagen, es habe sich zwischen ihren Fingern zu Staub verwandelt, und Dünger abzugeben, der mit Sicherheit nichts als ein weißes Pulver war. Die Ausgaben der Kleinbauern stiegen steil an. Nach mehreren mißlichen Jahren kam der letzte Schlag: Die Regierung erklärte die Hypotheken auf die Güter jener Bauern für verfallen, die Schulden bei den Bundesbehörden hatten. Die Großbauern hatten gesiegt. Die Mehrheit der in einer auf diese Weise ruinierten Siedlung wohnenden Kleinbauern mußte am Ende ihr Land für ungefähr ein Neuntel des Marktpreises an die zwei größten und politisch einflußreichsten Landbesitzer im Staat verkaufen.[14]

Wo üblicherweise viel Land gemeinsam bearbeitet worden war, wie in Afrika, haben es die neuen Agrarunternehmer möglicherweise sogar noch leichter, ihre kommerziellen Aktivitäten auszudehnen. Ohne private Eigentumsrechte oder die Tradition der Kleinbauernhöfe wie in Asien, steht den Stammeshäuptlingen und ausländischen

Konzernen, die sich Kommunalland für ihren privaten Gewinn aneignen wollen, kaum etwas im Weg.

Wie man Bauern landlos macht

In bestimmten Gebieten sind Gutsherren dabei, ihre Pächter vom Land zu vertreiben. Sie sehen darin mehrere Vorteile. Zum Beispiel werden sie Pächter los, die möglicherweise unter einer Reformbewegung, die das Land denen zuteilen will, die es bebauen, Land beanspruchen könnten. Außerdem finden es die Großgrundbesitzer profitabler, die Produktion zu mechanisieren oder Saisonarbeiter einzusetzen, die keine Ansprüche auf das Land oder auf die Ernte stellen. Eine Studie für die Welt-Bank über die Größe der Bauernhöfe im indischen Punjab in den sechziger Jahren ergab, daß Höfe, die mechanisiert worden waren, über einen Dreijahreszeitraum um durchschnittlich 240 Prozent gewachsen waren, primär deshalb, weil die Gutsherren sich entschlossen, Land selber zu kultivieren, das sie vorher verpachtet hatten.[15] Der Gewinn der Gutsherren – höheres Bargeldeinkommen – bedeutete einen Verlust für die Gesellschaft, da eine wesentliche Anzahl von Pächtern nun das Land für ihren Lebensunterhalt nicht mehr pachten konnten. In Indien gab es 1969 in Bihar 40 000 und in Karnataka (Mysore) 80 000 Kündigungsverfahren gegen Pächter.[16]
Der Druck wächst, und immer mehr Pächter werden vertrieben. Damit steigt die Zahl der landlosen Arbeiter. In allen nichtsozialistischen Ländern zählen jetzt 30 bis 60 Prozent der erwachsenen Männer in ländlichen Gebieten zu den Landlosen. In Mexiko wuchs die Zahl der landlosen Arbeiter zwischen 1950 und 1960 schneller als die Bevölkerung, nämlich von 2,3 auf 3,3 Millionen. Im Staat Sonora, auf den Mexiko in den 40er Jahren seine Grüne Revolution konzentrierte, machten landlose Arbeiter 57 Prozent der landwirtschaftlichen Arbeitskräfte aus. 1960 waren sie auf 62 Prozent und 1970 auf annähernd 75 Prozent angewachsen.[18] Zwischen 1964 und 1970 hat sich die Zahl landloser Familien in Kolumbien mehr als verdoppelt.[19] Zwischen 1951 und 1966 nahm die Zahl der landlosen Arbeiter in Bangladesh um das Zweieinviertelfache zu.[20] In Indien stieg zwischen 1961 und 1971 die Zahl der Landarbeiter um mehr als 20 Millionen oder um 75 Prozent. In der gleichen Zeit sank die Zahl der Landwirte um 15 Millionen oder um 16. Prozent.

Keine dieser bestürzenden Zahlen schließt die Millionen Landflüchtiger ein, die keine Landarbeit finden und sich auf eine oft hoffnungslose Arbeitssuche in die Städte begeben. So steigt die Zahl der Landlosen, während die Zahl der ländlichen Arbeitsplätze zusammenschrumpft. Traditionsgemäß hatten in vielen Ländern sogar die ärmsten besitzlosen Bauern Zugang zu einem Teil der Ernte. In Indien, Bangladesh, Pakistan und Indonesien fühlten sich die Großgrundbesitzer einst verpflichtet, allen, die an der Ernte teilnehmen wollten, ein Sechstel der von ihnen geernteten Menge zukommen zu lassen. Dadurch wurde sogar den Ärmten Arbeit für ein paar Säcke Getreide zugesichert. Mit der Aussicht auf profitable Verkäufe entziehen sich die neuen Agrarunternehmer traditionellen Verpflichtungen der Grundbesitzer den Armen gegenüber. Es ist jetzt unter Grundbesitzern üblich, das Getreide auf dem Halm vor der Ernte an außenstehende Vertragspartner zu verkaufen. Der Außenstehende, ohne lokale Verpflichtungen, kann sich die billigsten Arbeitskräfte auswählen und bringt sogar Arbeiter aus Nachbargebieten herein.[21]

In Java wurde landlosen Arbeitern früher erlaubt, auf brachliegenden unbewässerten Feldern in der Zwischensaison Maniok und Gemüse anzubauen. Seit der Einführung der neuen Reissorten wollen die Gutsbesitzer das Land rund ums Jahr bewässern und bebauen.[22]

Die massive Mechanisierung ist für die ländlichen Armen ein zweischneidiges Schwert. Großgrundbesitzer sehen die einzige Möglichkeit, ihre Maschinen abzuzahlen, in der Verringerung der Kosten pro Acre durch die Ausdehnung der Anbaufläche. Wie wir schon gesehen haben, vertreibt diese Entwicklung mehr und mehr Pächter und Kleinbauern vom Land und vergrößert die Zahl der arbeitslosen Landarbeiter. Gleichzeitig verringern jedoch die Maschinen drastisch Zahl und Dauer der Beschäftigungsmöglichkeiten. Ein Traktor reduziert die Anzahl der Arbeiter auf ein Fünftel der Arbeitskräfte, die nötig wären, um das gleiche Feld mit einem Ochsenpflug zu bearbeiten. Das gleiche gilt für eine mechanische Mähmaschine, verglichen mit einer Handsense.[23]

Das Endergebnis ist zum Beispiel im pakistanischen Punjab, daß die Zahl der auf den Feldern erforderlichen Arbeitskräfte gegenüber der Zeit vor der Mechanisierung in wenigen Jahren um 50 Prozent abgenommen hat. Eine Analyse dieses Trends in Indien ergab, daß die »Mechanisierung der Ernte im Punjab wahrscheinlich das Ange-

bot an Arbeitsplätzen insgesamt um 90 Millionen Arbeitstage verringern wird. Betroffen sind vor allem die Tagelöhner«.[24]
Während Mexikos rascher Mechanisierung, als die Anzahl der landlosen Arbeiter rapide zunahm, sank der Durchschnitt der Arbeitstage, an denen der einzelne Arbeiter beschäftigt war, von 194 auf 100. Je zahlreicher die Arbeitsuchenden, um so leichter ist es für die Großgrundbesitzer, die Löhne niedrig zu halten und dabei ironischerweise die Betriebskosten für den Maschinenpark, der ohnehin stark subventioniert wird, auszugleichen. Das Einkommen der Landarbeiter, das schon immer unglaublich niedrig war, ist weltweit ständig im Sinken begriffen. In Mexiko fiel in den 50er Jahren das *jährliche* Einkommen der Landarbeiter von $ 68 auf $ 56, während das durchschnittliche Volkseinkommen pro Kopf von $ 308 auf $ 405 anstieg.[25]
Die von uns beschriebene Strategie zur Produktionssteigerung gibt den Armen oft die Illusion, daß dadurch Arbeitsplätze geschaffen würden. Eine der bestdokumentierten Fallstudien betrifft den mexikanischen Staat Sonora. Rodungen und riesige, mit öffentlichen Geldern ausgeführte Bewässerungsprojekte zogen in den fünfziger und sechziger Jahren Arbeitskräfte nach Sonora. Als 1971 diese Projekte fertiggestellt waren, wurden viele Arbeitskräfte überflüssig, weil das Land nun durch große, hochmechanisierte Unternehmen bearbeitet wurde. Die Arbeiter konnten bestenfalls noch sechs Monate im Jahr beschäftigt werden.[26] So waren ausgerechnet jene, die es Sonora durch ihre Arbeit ermöglicht hatten, Mexikos Produktionsschaukasten zu werden, von den Früchten ihrer Arbeit ausgeschlossen.
Wir haben gesehen, daß mit der Einführung neuer Technologien in Gesellschaften, in denen kleine Gruppen landwirtschaftliche Ressourcen monopolisieren können, der Grundstückswert und damit auch die Pachtzinsen steigen und Pächter vom Land und Arbeiter von ihren Arbeitsplätzen verdrängt werden. Es überrascht darum nicht, daß in diesen Verhältnissen Kleinbauern in immer tiefere Schulden geraten, um überhaupt am Leben zu bleiben. Projekte für billige Kredite verschlimmern oft nur die mißliche Lage der Armen. In Malaysia zum Beispiel erhalten Gutsherren gewöhnlich Darlehen von ländlichen Banken, indem sie ihr Land als Bürgschaft benutzen. (Die Banken geben nur ungern Darlehen mit niedrigen Zinsen an Pächter, weil diese keine Bürgschaft stellen können.) Das erhaltene Geld wird dann von den Gutsherren an Pächter zu Zinssätzen weiterverliehen, die dem Ermessen des Gutsherrn überlassen sind.

Das Ergebnis ist ein wachsender Schuldenberg, der den Kleinbauern permanent so verschuldet, daß er gezwungen ist, für seine Arbeit Löhne zu akzeptieren, die 30 bis 50 Prozent unter den üblichen Bedingungen liegen.

Wenn mehr Nahrung mehr Hunger bedeutet

Wir haben nun den Endpunkt des tragischen Abstiegs der ländlichen Mehrheit erreicht. In allen Ländern, in denen Agrarressourcen als Quellen für privaten Reichtum ausgebeutet werden, hat die Kampagne zur Steigerung der Nahrungsmittelproduktion die Lebensbedingungen der armen Mehrheit noch verschlechtert, obwohl die Produktion pro Kopf angestiegen ist. Wir haben festgestellt:

Die Bodenpreise steigen und drängen Pächter und Kleinbauern vom Land.

Die Pachtzinsen steigen.

Geldauszahlungen werden üblich, doch Geld kauft weniger Nahrungsmittel.

Die Kontrolle über das Farmland wird in wenigen Händen konzentriert, von denen viele keine Bauern, sondern Spekulanten sind.

Sogar Kommunalland (wie in vielen afrikanischen Dörfern oder Landreformgebieten) wird von mächtigen Einzelpersonen, wie Häuptlingen oder Kaziken, für ihre Privatgewinne angeeignet, und zwar auf Kosten des allgemeinen Wohlergehens.

Der Einfluß der Konzerne wächst und dringt in weitere Produktionsgebiete ein.

Kleinbauern verschulden sich auswegslos.

Armut und Ungleichheit verschärfen sich.

Die Gesamtmenge der Produktion, nicht die Teilnahme der ländlichen Bevölkerung am Produktionsprozeß (Lebensunterhalt und Ernährung), wird zum Maßstab des Erfolgs für Agrarplaner.

Qualität und Marktwert, nicht der Nährwert, werden zum Ziel landwirtschaftlicher Planung.

Das Endergebnis? In den ländlichen Gebieten hungern immer mehr Menschen.

Eine Reihe wichtiger Studien, die jetzt von der Internationalen Arbeitsorganisation (ILO) abgeschlossen werden, dokumentiert, daß in den sieben südasiatischen Ländern, die 70 Prozent der ländlichen Bevölkerung der nichtsozialistischen unterentwickelten

Welt umfassen, die ländlichen Armen heute schlechter dran sind als vor zehn oder zwanzig Jahren. Die zusammenfassende Studie stellt ironisch fest:

»Die Zunahme der Armut hängt nicht mit einem Fallen, sondern mit einer Steigerung der Getreideproduktion pro Kopf, dem Hauptbestandteil der Nahrung der Armen, zusammen.«

Hier sind typische Beispiele:

Die Philippinen: Trotz der Tatsache, daß die landwirtschaftliche Produktion während der letzten fünfzehn bis zwanzig Jahre um 3 bis 4 Prozent pro Jahr anstieg, erfuhr ungefähr ein Fünftel der ländlichen Haushalte einen dramatischen und *absoluten* Rückgang des Lebensstandards, welcher sich während der frühen siebziger Jahre beschleunigte. Bis 1974 fielen die Taglöhne in der Landwirtschaft real fast auf ein Drittel gegenüber dem Stand von 1965.[27]

Bangladesh: Zwischen 1963 und 1975 stieg der Anteil der als absolut arm klassifizierten ländlichen Haushalte um mehr als ein Drittel, jener der als extrem arm klassifizierten um das Fünffache. Gleichzeitig hatten ungefähr 15 Prozent der ländlichen Haushalte in Bangladesh im Jahr 1975 bedeutend höhere Realeinkommen.[28]

West-Malaysia: Bis 1970 sank das Durchschnittseinkommen der unteren 20 Prozent der ländlichen Haushalte gegenüber 1957 um über 40 Prozent, während das Durchschnittseinkommen der nächsten 20 Prozent in der gleichen Periode um 16 Prozent fiel. Im Gegensatz dazu erhöhten die oberen 20 Prozent der ländlichen Haushalte ihr Durchschnittseinkommen um 21 Prozent.[29]

Sri Lanka: Trotz eines Anstiegs des Pro-Kopf-Einkommens zwischen 1963 und 1973 *fiel* der eigentliche Reisverbrauch für alle außer der höchsten Einkommensklasse. Alle Arbeiter erlebten einen Rückgang ihrer Reallöhne, außer jenen in Industrie und Handel, deren Reallöhne stabil blieben.[30]

Der Grund, warum die meisten Menschen nicht fähig gewesen sind, diesen tragischen Rückgang zu erkennen, liegt zum Teil in einer irreführenden Sprache, die Begriffe gebraucht, welche die Wirklichkeit verdunkeln, wie zum Beispiel der Begriff »pro Kopf«. Wie diese Beispiele zeigen, sind Pro-Kopf-Produktion und -Einkommen in vielen Ländern gestiegen, in denen es der Mehrheit der Bevölkerung mit jedem Jahr schlechter ergeht. Natürlich führt genau jene Entwicklungspolitik, die selbst mit dem »Pro-Kopf-Maßstab« mißt, zu einer Verschlechterung der Situation für die Mehrheit der Menschen in den Entwicklungsländern.

Viele sehen die Grüne Revolution als eine technische Neuerung an und sind der Ansicht, es könne folglich von ihr nicht erwartet werden, daß sie soziale Probleme löst. Doch wir haben festgestellt, daß es keine solche Trennung zwischen technischer Neuerung und sozialer Änderung geben kann. Ob die Förderung der reicheren Bauernklasse eine vorsätzliche Regierungspolitik ist oder nicht, die Einführung einer jeden gewinnbringenden Technologie in eine Gesellschaft, die mit Machtungleichheiten (Geld, Landeigentum, Privileg, Kreditzugang) durchsetzt ist, setzt die verheerenden Mechanismen, die zur Verschlechterung der sozialen Bedingungen für die machtlose Mehrheit führen, in Gang.
Die Bessergestellten und Mächtigen in einer Gesellschaft bereichern sich weiterhin auf Kosten der Staatskasse und der Armen auf dem Lande. Während die schon anfänglich besser Gestellten noch größere Kontrolle über den Produktionsprozeß gewinnen, wird die Mehrheit der Bevölkerung an den Rand gedrängt und für den Prozeß der Agrarproduktion völlig irrelevant. In solchen Gesellschaften funktionieren die Reserven der Land- und Arbeitslosen nur, um die Löhne für jene niedrig zu halten, die tatsächlich eine Arbeit finden. Von der Teilnahme an der landwirtschaftlichen Ökonomie ausgeschlossen, ist die arme Mehrheit nicht länger Nutznießer, denn aus der Produktion ausgeschlossen zu sein heißt auch vom Konsum ausgeschlossen zu sein. Ein 36-cents-pro Tag Arbeiter in Bihar, Indien, erfaßt diese Wahrheit genau: »Wenn du kein Land besitzt, bekommst du nie genug zu essen«, sagt er, »auch wenn das Land gut produziert.«
Die Grüne Revolution hat uns *keine* Zeit gekauft, wie die Frage nahelegt. Modernisierungsprozesse, die lediglich repressive soziale Strukturen überlagern, stärken nur die Besitzerklassen, die dadurch sogar noch besser gestellt werden und darum noch weniger geneigt sein werden, sich von ihrem neu gefundenen Reichtum zu trennen. Das Problem des Hungers als ein Problem der Produktion zu definieren, ist nicht nur inkorrekt, sondern macht recht eigentlich das Problem aus! Es besteht ja gerade darin, daß man sich auf Produktionssteigerung konzentriert, ohne sich der entscheidenden Frage zu stellen, wer den Produktionsprozeß bestimmt und wer daran teilnimmt. Produktionssteigerung ohne gleichzeitige Lösung der sozialen Probleme verschlimmert die Lage der Mehrheit. Eines der

größten Hindernisse sind die rein quantitativen Entwicklungskonzepte der Industrieländer. Wir können nicht vorankommen – wir können nicht den ersten Schritt unternehmen, das Wohlergehen der breiten Mehrheit der Weltbevölkerung verbessern zu helfen – wenn wir nicht zuvor deutlich einsehen, daß wir uns jetzt rückwärts bewegen.

* * *

»In den meisten Entwicklungsländern hatte die Landbevölkerung traditionell wenig Vertrauen in die Landesregierung. Die Regierungspolitik wurde gewöhnlich mißtrauisch betrachtet, und vielleicht aus gutem Grund . . . Die Landbevölkerung beginnt nun dieser Regierung mit mehr Vertrauen und Zuversicht zu begegnen, ja mindestens bis zu einem gewissen Grade zu fühlen, daß es ihre Regierung ist. In dieser Sicht kann von der Grünen Revolution auch gesagt werden, daß sie dabei ist, konstruktiv zur politischen Stabilität beizutragen.«

George Harrar, Präsident der Rockefeller Foundation in seiner »Review and Annual Report« 1970

18

Wohin ist die ganze Produktion gegangen?

Frage: Sie sagten vorhin, daß im Zusammenhang mit der Modernisierung und Produktionssteigerung die in vielen Ländern gemachten riesigen Kapitalinvestitionen die Erträge vieler bessergestellter Bauern in der Tat steigerten. Wenigstens gibt es also mehr Nahrungsmittel. Doch wenn Menschen noch immer hungrig sind, sogar hungriger als vorher, was ist mit dieser zusätzlichen Produktion geschehen? Sicherlich hilft die erhöhte Produktion jemandem. Wem hat sie geholfen? Wohin ist sie gegangen?

Unsere Antwort: Sie haben recht. Wenn der von vielen Ländern gewählte Weg, mehr Nahrung zu produzieren, die Chancen, genug zu essen, für viele reduziert hat, dann müssen wir fragen, was mit der erhöhten Produktion geschieht. Wir haben aus Studien aus der ganzen Welt folgendes zusammengetragen:
– Ein Teil geht an die städtischen mittleren und oberen Einkommenschichten. In Ländern wie den Philippinen und Mexiko hat die erhöhte Produktion aufsteigenden Industriellen und deren ausländischen Partnern genützt, die für die Arbeiter in den städtischen Industrien billige Nahrungsmittel fordern, um die Lohnforderungen niedrig zu halten. Die Produktionssteigerung hat auch Regierungseliten geholfen, die städtische Unruhen fürchteten – wie der Nahrungsmittelaufstand in mexikanischen Großstädten während der 40er Jahre – falls nicht genügend Nahrungsmittel aus den ländlichen Gebieten herausgezogen werden können.
– Einiges davon wird in Luxusprodukte verwandelt, die die Armen sich nicht leisten können. Die Regierungen der Vereinigten Staaten und Pakistans arbeiteten mit einer in New Jersey seßhaften Corporation zusammen, um pakistanische Maiserträge zu verbessern – traditionell ein von den ländlichen Armen produziertes Hauptnahrungsmittel. Hybridsamen und andere Inputs erhöhten tatsächlich die Erträge. Der Mais wird jetzt jedoch von relativ wenigen Großfar-

mern angebaut. Anstatt als Grundnahrungsmittel wird er zur Herstellung eines Süßstoffes gebraucht, der zum Beispiel für alkoholfreie Getränke verwendet wird.
– Einiges davon wird ans Vieh verfüttert, um Fleisch zu erzeugen, das die Mehrheit der einheimischen Bevölkerung sich nicht leisten kann.

Ein FAO-Bericht aus dem Jahr 1971 berät die Länder der dritten Welt, wie man das »Überschuß«-Getreide beseitigen könne, das aus der Produktionskampagne der Grünen Revolution resultierte. Die FAO schlug damals vor, einen größeren Teil des Weizens als Viehfutter zu verwenden oder zum Anbau von grobkörnigem Getreide zu wechseln, das für Vieh besser geeignet sei als Weizen und Reis.

Konnte das ernst gemeint sein? Die FAO gab Ländern mit den ernstesten Unterernährungsproblemen in der Welt den Rat, mit dem sogenannten Überschußproblem durch Erhöhung des Futtergetreidebedarfs fertig zu werden!

1973 wurden zwei Drittel von Kolumbiens Grünem Revolutions-Reis an das Vieh verfüttert oder in der Bierproduktion verwendet.

Wachsende Maiserträge lieferten das Rohmaterial für den Start einer Hühnerfutterindustrie. Sollte dies bedeuten, Kolumbiens Unterernährte würden von nun an Poulet essen? Für über ein Viertel der Familien im Land würde der Einkauf von nur zwei Pfund Hühnerfleisch oder einem Dutzend Eiern einen ganzen Wochenverdienst oder mehr fordern. Ein großer Teil der wachsenden Eierproduktion geht in verarbeitete Nahrungsmittel wie Snacks und Mayonnaise, die von multinationalen Lebensmittelkonzernen an die städtische Elitegruppen verkauft werden.[1]

Auch wenn in vielen Ländern die pro Kopf produzierten Getreidemengen höher sind, schlägt sich das nicht, wie man annehmen könnte, in einem Preisrückgang nieder. Die »Nachfrage« nach Getreide für Rinder und Hühner hält die Preise hoch.

Und was geschah mit den Früchten unserer eigenen Grünen Revolution in den Industrieländern? Obwohl die Vereinigten Staaten die Maiserträge fast verdreifachten, hat das den Hunger in Amerika nicht zum Verschwinden gebracht. Die gesteigerte Maisproduktion wurde für das Vieh verwendet, und der Fleischkonsum vieler Amerikaner, die ohnehin schon mehr Protein aufnahmen als ihr Körper gebrauchen konnte, hat sich verdoppelt.

Mit Unterstützung der verarbeitenden Nahrungsmittelindustrie und der Futtermittelindustrie können Nahrungsmittel für die vielen in Nahrungsmittel für die wenigen umgewandelt – und mit höheren Profiten verkauft werden.

Wo die Mehrheit der Bevölkerung zu arm gehalten wird, um einen inländischen Markt zu bilden, und die Landwirtschaft von importierten Inputs, wie Düngemitteln und Maschinen, abhängig gemacht wird, verstärkt sich die Kolonialstruktur der Exportproduktion durch die Suche nach einem einträglichen Markt und nach den Devisen, die zur Bezahlung von importierten Inputs gebraucht werden. Indien exportiert ein so wichtiges Nahrungsmittel wie Kartoffeln nach Schweden und der Sowjetunion, doch die für die indische Bevölkerung erhältliche Kartoffelmenge hat sich zwischen 1972 und 1974 um 12 Prozent reduziert.[2] Zentralamerika exportiert zwischen einem Drittel und der Hälfte seines Rindfleisches allein an die Vereinigten Staaten.

Obst und Gemüse, die in Zentralamerika für den Export in die Vereinigten Staaten produziert werden, werden häufig entweder von einem überreichlich versorgten Markt ausgeschlossen, oder sie schaffen es nicht, den »Qualitäts«normen der Vereinigten Staaten bezüglich Größe, Farbe, Glätte standzuhalten. Da die zumeist landlose einheimische Bevölkerung zu arm ist, um irgend etwas zu kaufen, müssen 65 Prozent des produzierten Obstes und Gemüses, einer Studie zufolge, »buchstäblich weggeworfen oder, wo möglich, an das Vieh verfüttert werden« (welches seinerseits exportiert wird).[3]

Vernachlässigung der Landreform und statt dessen Konzentration auf die Produktionssteigerung kommerzieller Farmunternehmer waren bestimmend, wohin die Produktion geht. Da die wachsende Produktion nicht mit einem ähnlich wachsenden Käufermarkt zusammentrifft, werden die produzierten Nahrungsmittel letzten Endes an eine städtische Elite gehen, exportiert oder als Viehfutter verwendet, wobei die Endprodukte Milch, Eier und Fleisch wiederum nur für gutgestellte Schichten erschwinglich sind.

* * *

»Mexiko exportierte 10 Prozent seiner Getreideernte zwischen 1965 und 1969, doch die Produktionsgewinne wurden von einer der schnellsten Bevölkerungswachstumsraten der Welt überrundet . . . In den mittleren siebziger Jahren importierte Mexiko ein Fünftel

seines Getreidebedarfs . . . Das Problem liegt nicht darin, daß die Landwirtschaft Mexikos und der Philippinen nicht vorangekommen ist, sondern vielmehr darin, daß die Fortschritte einfach von dem unerbittlichen Bevölkerungswachstum aufgezehrt wurden.«
Lester R. Brown, »The Global Politics of Food: Role and Responsibility of North America«, 1975

19

War die Grüne Revolution nicht ein entscheidender wissenschaftlicher Durchbruch?

Frage: Sie mögen die Auswirkungen der Grünen Revolution kritisieren, vermittelte uns die Grüne Revolution aber nicht wenigstens entscheidende Kenntnisse, die wir auf keine andere Weise bekommen hätten? Was könnte, da in vielen Teilen der Welt die Ackerfläche nicht mehr ausgeweitet werden kann, wichtiger sein als eine Pflanzenforschung, um die Erträge zu verbessern?

Unsere Antwort: Anzunehmen – wie diese Frage es tut –, daß Forschungserfolge in der Pflanzengenetik niemals ohne die Forschungsinstitute der Rockefeller Foundation gemacht worden wären, ist eine akute Form kultureller Kurzsichtigkeit. Der Versuch, Erträge genetisch zu verbessern, ist gar nicht so neu. Seit den frühen 50er Jahren sind verbesserte einheimische Reissorten, lokal »verbesserte Sorten« genannt, unabhängig voneinander in verschiedenen asiatischen Ländern produziert worden – besonders in Japan, Taiwan, Malaysia, Indonesien, Sri Lanka und China. Bemühungen dieser Art in Indien und Ägypten reichen mindestens ein halbes Jahrhundert zurück.
Selbst vor der Einführung der neuen Sorten aus dem Internationalen Reisforschungsinstitut in den 60er Jahren nahmen lokal verbesserte Sorten 34 Prozent des Reisanbaugebietes Indiens ein.[1] Sri Lanka war in der Entwicklung verbesserten einheimischen Saatguts so erfolgreich, daß es eine Abhängigkeit von ausländischen Samensorten nahezu gänzlich vermeiden konnte.[2] Der Teil von Sri Lankas Ackerland, das verbessertes Saatgut ausländischer Herkunft trägt, nämlich nur 4,4 Prozent im Jahr 1970–1971, wurde 1972–1973 halbiert.[3] Sri Lanka entschloß sich, sich auf sein eigenes verbessertes Saatgut zu stützen, als die von internationalen Organisationen jahrelang aufgedrängte importierte Sorte in einem Jahr durch Krankheitsbefall faktisch vernichtet wurde.[4]
In mehreren Ländern werden bedeutende Flächen mit lokal verbes-

serten Sorten angebaut. In der Saison 1969–1970 wurden 69 Prozent von Brasiliens regenbewässerten Weizenfeldern mit lokal ausgesuchtem und verbessertem Saatgut bepflanzt. Ägypten benutzt lokale, für regenbewässerten Anbau geeignete Sorten auf 45 Prozent seiner Weizenfläche. Bezeichnenderweise werden die lokal verbesserten Sorten ohne Bewässerung angepflanzt; eine Bedingung, die die empfindlichen, im Ausland gezüchteten Getreidesorten, wie schon vorher diskutiert, nicht ertragen.[5] Ingrid Palmer kam in ihren im Auftrag der UNO durchgeführten Untersuchungen zu dem Schluß, daß im Iran und Irak verbesserte einheimische Sorten besser gedeihen als das importierte Saatgut. Dies trifft auch für Weizen in Tunesien und für Reis in Brasilien und Sri Lanka zu.[6]
Amerikanische Agrarwissenschaftler waren überrascht, als sie kürzlich auf einer Forschungsreise in China reaktionsstarke Zwergreissorten antrafen, ähnlich dem vom Internationalen Reisforschungsinstitut auf den Philippinen entwickelten »Wunderreis«.[7] Es hätte ihnen allerdings bekannt sein sollen, daß ein Programm zur Verbesserung von Saatgut in China schon lange in vollem Gang war. Zwischen 1952 und 1964 wurden 1200 Hauptarten verbesserten Saatguts eingeführt und allgemein gebraucht. Wenn zutrifft, daß die Hälfte des bebauten Landes in China bereits 1965 mit verbessertem Saatgut bepflanzt worden war, wie die Chinesische Akademie der Wissenschaften berichtete, dann ist China dem Rest der Agrarländer in der Welt weit voraus.[8]
Jetzt, da das anfänglich euphorische Interesse für die Grüne Revolution abzuflauen beginnt, kehren einige Gebiete zu den lokal verbesserten Sorten zurück, die sowohl der lokalen Ökologie als auch dem lokalen Geschmack besser angepaßt sind.

Die Landwirtschaft ein wenig verbessern

Die eingangs gestellte Frage geht auch davon aus, daß die *genetische* Forschung der bedeutendste Beitrag zur Verbesserung der landwirtschaftlichen Produktion auf begrenzten Ackerflächen ist. Doch höhere Erträge kommen nicht immer nur von Saatgut, das besser fähig ist, Sonne und Wasser zu nutzen und Schädlingsplagen zu widerstehen. Höhere Erträge sind in der Geschichte mit der altmodischen Idee erreicht worden, bessere Ackerbau-Methoden anzuwenden. Sie hängen davon ab, wie das Saatgut gepflanzt wird, wie das Land gepflügt wird, wie die Pflanzen geschützt und die Felder vom Unkraut befreit werden. Ein amerikanischer Weizenexperte, der Bauern in der Türkei half, ihre Weizenerträge zu verdoppeln, bekennt: »Es kam nicht von irgendeinem Wundersaatgut . . . Wir haben nur den Ackerbau ein wenig verbessert.« Der Schlüssel zum Erfolg war in diesem Fall die Erhaltung der Bodenfeuchtigkeit während der Brachzeit, und dies wurde durch vorsichtige Techniken des Pflügens und Eggens und der Unkrautbeseitigung erreicht.[9]

In Gebieten, wo die Bodenstruktur der einschränkende Faktor ist, kann verbessertes Saatgut kaum der geeignete Ausgangspunkt zur Steigerung der Erträge sein. In ihrer Studie über Afrika kommt Ingrid Palmer zu dem Schluß, daß ». . . das Hauptproblem in absehbarer Zukunft nicht die Erhöhung der Reaktionsfähigkeit oder Erträge von Pflanzen ist, sondern die Bodenverbesserung«. Bis das erreicht ist, werden nach ihrer Meinung die lokalen Samensorten besser funktionieren als die importierten Sorten.[10] In Teilen Afrikas sind die Böden so arm, daß sie nicht einmal Stickstoff absorbieren können, von dem das neue Saatgut abhängig ist. Der erste Schritt kann somit nicht in der Einführung neuen Saatguts bestehen. Durch Fruchtwechsel, einschließlich Gräsern und Hülsenfrüchten, und durch Bedecken des Bodens mit Laub, Blättern usw. muß erst die Bodenstruktur verbessert werden.

In bestimmten Gebieten Afrikas, wie Togo und Obervolta, könnten verbesserte Anbautechniken bestimmt Erträge ohne »Wunder«saatgut erhöhen. Esel und Ochsen als Zugtiere, die jetzt noch praktisch unbekannt sind, könnten die Produktion einer Familie verdoppeln. Die Aussaat in Reihen könnte es möglich machen, ungefähr 80 Prozent mehr Saatgut zu säen. Fußhohe Deiche in sumpfigen Tälern würden genügend Regenwasser halten, um Flutreis anzupflanzen, was die Produktion verdoppeln könnte.

Wenn man die Weltöffentlichkeit durch Nobelpreise und mit Schlagzeilen auf die Wunder aufmerksam macht, die sich auf den Feldern der Forschungsinstitute unter Idealbedingungen ereignen, dann macht man es sich allzu leicht, bewährte traditionelle Methoden zu ignorieren, die immer noch verbessert werden könnten, um den Boden besser zu nutzen. Eine richtige Fruchtfolge kann zum Beispiel Nährstoffe, die dem Boden von einer Feldfrucht entzogen werden, mit dem Anbau einer andern Feldfrucht dem Boden wieder zuführen und auf diese Weise eine Alternative zu importierten chemischen Düngemitteln liefern.

Warum ist ein Fruchtwechsel so wichtig? Einige Pflanzen (wie Mais und Weizen) verbrauchen sehr viel Stickstoff, während Pflanzen aus der Familie der Hülsenfrüchte (Erbsen, Bohnen, Linsen), da sie stickstoffixierende Bakterien beherbergen, Stickstoff aus der Luft nehmen und ihn dem erschöpften Boden zurückführen. Selbst jetzt bei der starken Betonung chemischer Düngemittel, führen Hülsenfrüchte dem Boden Indiens ungefähr gleichviel Stickstoff zu wie die Kunstdünger. Außerdem könnte der Beitrag der Hülsenfrüchte zur Düngung der Böden wahrscheinlich erhöht werden. So könnten in Indien die großen Gebiete der bewässerten Weizenfelder, die in der Nachsaison brach gelassen werden, ihren Stickstoffbedarf ständig wieder decken, wenn sie mit Hülsenfrüchten bepflanzt würden.
Hülsenfrüchte sind darüber hinaus ein ausgezeichnetes Nahrungsmittel.
Wir haben schon erwähnt, wie die Konzentration auf Monokulturen infolge der Grünen Revolution das Interesse an den Vorteilen der entgegengesetzten Methode, am gemischten Anbau, verdrängt. Es ist Mode geworden, gemischten Anbau, das Pflanzen mehrerer Früchte auf einem Feld, als primitiv und weniger wissenschaftlich zu betrachten. Als einheimische Bauern vorschlugen, Bohnen und Mais auf dem gleichen Feld anzupflanzen, wiesen die technischen Berater für das von der AID, der staatlichen Hilfsorganisation der Vereinigten Staaten, geförderte Puebla-Projekt in Mexiko diese Idee zurück. Nach einer Reihe von Jahren, entdeckten die »Experten« schließlich, daß die Mischfeldmethode bessere Erträge abwarf. Die zwei Früchte auf ein Feld zu bringen, hatte den gleichen Effekt wie Legumen mit Getreide abzuwechseln. Gemischter Anbau kann vielfältige Vorteile haben, einschließlich der maximalen Bodennutzung und der wirksamsten Nutzung von Arbeitskräften infolge der gestaffelten Pflanz- und Erntezeiten. Es ist eine Technik, die den lokalen Verhältnissen bezüglich der Arbeits- und Umweltbedingungen optimal angepaßt und rentabel ist. In einem Gebiet im nördlichen Nigeria sind über drei Viertel Ackerland mit mehr als einer Feldfrucht bepflanzt. Manchmal kommen bis zu sechs Feldfrüchte vor, darunter Hülsenfrüchte, stärkehaltige Wurzelgemüse, Knollengewächse und Gemüse. Diese vernünftige und ökologisch sensible Wirtschaftsweise ist durch die Grüne Revolution mit ihren Monokulturen bedroht, welche für mechanisierte, kommerzielle Groß-Unternehmen am besten geeignet sind, nicht aber für Kleinbauern.

Die Konzentration ausschließlich auf Erträge läßt die Frage leicht vergessen, *was* denn eigentlich produziert wird. In Mexiko essen 60 Prozent der Bevölkerung Mais als Grundnahrungsmittel. Trotzdem ist Mais das vernachlässigte Stiefkind der Grünen Revolution. Zwischen 1940 und 1960 wechselten Mexikos kommerzielle Großfarmer oft von Mais auf lukrativere kommerzielle Feldfrüchte wie Weizen, Baumwolle und Futtergetreide.[11]

Erst in jüngster Zeit haben Ernährungswissenschaftler in »entwikkelten« Ländern erkannt, wie gut die traditionelle Ernährungsweise mancher Dritte-Welt-Länder mit ihren ausgeglichenen Mischungen von Getreide (wie Mais oder Reis) und Hülsenfrüchten (Bohnen oder Linsen) den ernährungsphysiologischen Bedürfnissen angepaßt war. Die Konzentration auf wenige Getreidesorten, wie sie die Grüne Revolution mit sich bringt, hat den Ernährungsstand in vielen Fällen verschlechtert.

Als ich (Frances Lappé) mit der Arbeit begann, die schließlich zur Publikation von »Diet for a Small Planet« führte, war ich fasziniert von der Entdeckung, daß Ernährungsgewohnheiten, die sich unabhängig voneinander in verschiedenen Teilen der Welt entwickelten, eine gemeinsame, ernährungsphysiologisch sehr gesunde Basis hatten. Die Kombination von Mais und Bohnen in Mexiko oder Reis und Linsen in Indien oder Reis und Sojabohnenprodukten in Japan war kein Zufall. Diese Zusammensetzungen erzeugen nämlich mehr biologisch verwertbares Protein, als wenn die Kost sich nur auf ein Nahrungsmittel konzentriert. Wenn diese beiden Nahrungsmittel zusammen gegessen werden, gleichen sie, wegen ihrer gegensätzlichen Aminosäurestrukturen (der Bausteine des Proteins) die Schwächen des anderen gegenseitig aus. Falls somit das Grüne-Revolution-Getreide Hülsenfrüchte in der traditionellen Nahrung ersetzt, sinkt nicht nur der Gesamtproteinkonsum, da Hülsenfrüchte zwei- bis viermal mehr Protein enthalten als Getreide, sondern die *ausgeglichene* Kombination von Getreide und Hülsenfrüchten, die die biologische Verwertbarkeit des Proteins verbessert, wird ebenso unterhöhlt.

Trotzdem schrumpft die mit Hülsenfrüchten bepflanzte Ackerfläche weiter. Seit den frühen 60er Jahren ist die Anbaufläche für Hülsenfrüchte in Indien allein um zweieinhalb Millionen Acres gesunken.[12] Dieser Rückgang spiegelt sich in der Nahrung der Inder wider.

Zwischen 1956 und 1971 ging in Indien der durchschnittliche Tagesverbrauch von Hülsenfrüchten um ungefähr 31 Prozent zurück. Auf Java macht der Anbau der Sojabohne, eigentlich die proteinreichste Nahrungspflanze der Welt, Platz für den von der Regierung geförderten Grüne-Revolution-Reis und den mit gesetzlichen Bestimmungen erzwungenen Anbau von Zuckerkontingenten.[13]

Die Grüne Revolution – kein absolutes Muß

Die Frage, die wir in diesem Kapitel diskutieren, geht von der Voraussetzung aus, daß genetische Forschung der wertvollste Beitrag zum landwirtschaftlichen Fortschritt ist und nimmt auch an, daß die in der Grünen Revolution verkörperten Kenntnisse niemals ohne die Forschungsbeiträge der Ford- und Rockefeller-Stiftungen entdeckt worden wären. Keines von beiden trifft, wie wir soeben gesehen haben, zu. Viele sehen die Grüne Revolution als ein absolutes Muß an. Wir betrachten sie als eine mögliche Wahl.

Es war eine Wahl, Saatgut zu züchten, das höhere Erträge unter Optimalbedingungen produziert. Es war eine *Wahl,* nicht mit der Entwicklung von Saatgut zu beginnen, das fähiger gewesen wären, Zeiten der Trockenheit und Schädlingen zu widerstehen. Es war eine Wahl, sich *nicht* auf die Verbesserung traditioneller Methoden und Ertragsteigerungen zu konzentrieren, wie zum Beispiel auf gemischten Anbau. Es war eine Wahl, sich *nicht* auf die Verbesserung der ausgeglichenen, traditionellen Ernährung mit Getreide und Hülsenfrüchten einzustellen.

Im Licht all dieser »nicht begangenen Wege« müssen wir uns zudem fragen: Vergessen wir in unserem Eifer, das Neue aufzunehmen, in unserem Vorwärtsdrängen, den Bereich der menschlichen Kenntnisse und Kontrolle zu erweitern, nicht, an der *Verwendung* der uns schon überlieferten gesammelten Weisheit zu arbeiten? Hat unsere Faszination für die Wissenschaft uns von der Auseinandersetzung mit den unvergleichlich schwereren Problemen sozialer Organisation und der landwirtschaftlichen Arbeitsweisen wirklicher Bauern ferngehalten?

Für die Mehrheit der Hungernden ist »Wunder«saatgut ohne sicheren Zugang zu Land, Werkzeugen, Vorrathaltung und einem Markt bedeutungslos. Die Grüne Revolution hat uns gelehrt, daß das Problem des Welthungers nicht in einem Forschungsinstitut gelöst werden wird.

20

Braucht die dritte Welt nicht unsere Maschinen?

Frage: In Ihrer Diskussion der Grünen Revolution scheinen Sie die Mechanisierung immer als ein Problem einzubeziehen. Doch ist nicht die Mechanisierung ein Teil der Lösung des Hungerproblems? Sind Sie sicher, daß Sie in Ihrem Eifer, sich in die Lage des armen Bauern einzufühlen, nicht Gefahr laufen, die Misere zu romantisieren? Ist ein armer Landarbeiter in Indien nicht froh, wenn er von zermürbender Arbeit durch eine effizientere Maschine befreit wird?

Unsere Antwort: Diese Frage ist der Gegenstand so mancher heißen Debatte. Für viele um die Umwelt besorgte Menschen ist die »Technologie« ein rotes Tuch. Maschinen werden einfach als brennstofffressende Ungeheuer angesehen, die die Erde beschädigen und zerstören. Für andere ist Agrartechnologie unsere letzte und beste Hoffnung. Wer in Frage stellt, ob es zweckmäßig sei, hochmechanisierte Agrartechnologie in traditionelle Agrargesellschaften zu transferieren, wird gleich verdächtigt, arme Bauern für immer zu einem Leben trostloser, zermürbender Plackerei zu verdammen.

Diese Debatte hat auch uns sehr beschäftigt und bedrückt. Bestimmt wollen wir nicht die Masse der Menschheit verdammen, auf den Feldern zu stagnieren, nur weil wir eine Hacke ästhetischer finden als einen Traktor! Wir wollen auf keinen Fall zu dieser Anti-Maschinen-Bewegung übergehen, bloß weil es modern geworden ist, »small is beautiful« zu verkünden. Ist es möglich, so fragten wir uns, einen Standpunkt zu vertreten, in dem sich nicht einfach unsere Vorteile widerspiegeln, sondern der den wirklichen Bedürfnissen sowohl der Bauern als auch all der Hungernden entspricht?

Wir glauben jetzt, daß es *möglich ist.* Wir stellten uns selbst zwei Fragen hinsichtlich der Mechanisierung großen Maßstabs der Landwirtschaft in der dritten Welt: Ist sie realistisch? . . . Ist sie notwendig? Die Antworten auf diese Fragen sind nicht so schwer zu finden, wie wir zuerst befürchtet haben.

Erstens ist es *realistisch,* moderne, brennstoffverbrauchende Technologie als die Antwort auf landwirtschaftliche Stagnation in armen Ländern zu betrachten? Wir verneinen das. Für die meisten Länder bedeuten Landwirtschaftsmaschinen importierte Maschinen plus importierter Brennstoff und importierte Ersatzteile. Oft haben die armen Länder für diese Importe einfach keine Devisen. 1974 waren im indischen Punjab, dem Gebiet, das den größten Teil des von Indien vermarkteten Weizens liefert, Traktoren und Bewässerungspumpen außer Betrieb, weil es an Devisen zur Bezahlung des zunehmend teurer werdenden importierten Brennstoffes fehlte. Die Situation wird sich wahrscheinlich nicht bessern, sondern verschlechtern. 1975 waren die Bruttoauslandschulden der Regierungen der nichtindustrialisierten Länder auf über $ 150 Milliarden angewachsen. Neue Devisenanleihen sind keine große Hilfe. Jährliche Zahlungen für ältere Anleihen verzehren bereits über 40 Prozent der gesamten Hilfsgelder aus Industrieländern (vgl. Teil IX).

Die Nahrungsmittelproduktion einer Nation von Devisen erfordernden importierten Maschinen abhängig zu machen, kann in jedem Fall selbstzerstörerisch wirken. Die Maschinen selbst bestimmen letztlich, was angebaut wird. Um die landwirtschaftliche Technologie zu importieren, muß ein Land nämlich etwas anderes verkaufen, um die Devisen zur Bezahlung zu bekommen. Je mehr Traktoren und Erntemaschinen importiert werden, um so mehr Erdnüsse, Gemüse, Baumwolle, Fleisch, Palmöl oder Kakao müssen folglich für den Export produziert werden. Agrartechnologie kann auf diese Weise die einheimische Nahrungsmittelversorgung schwächen, einfach, weil auf dem Land, auf dem Nahrungsmittel für den Eigenbedarf wachsen könnten, Devisen »wachsen« müssen, damit die Maschinen bezahlt werden können.

In einem noch fundamentaleren Sinne jedoch kann eine von fossilen Brennstoffen abhängige Landwirtschaft keine Langzeitlösung für irgendeinen von uns werden. Professor David Pimentel, einer der angesehensten Analytiker längerfristiger Auswirkungen unserer Energieoptionen in der Landwirtschaft macht folgendes klar: »Eine Weltbevölkerung von 4 Milliarden bei der gleichzeitigen Anwendung moderner intensiver Landwirtschaft zu ernähren, würde eine Energiemenge, gleichbedeutend mit 4,5 Milliarden Liter Brennstoff pro Tag, erfordern. Wenn Petroleum die einzige Quelle der Fossilenergie wäre und wenn alle Petroleumreserven gebraucht würden, um die Weltbevölkerung auf der Basis intensiver Landwirtschaft zu

ernähren, dann würden die bekannten Reserven bloße 29 Jahre reichen.[1]«
Georg Borgstrom, der einen großen Teil seines professionellen Lebens dem Studium dieser Fragen gewidmet hat, gibt eine ähnliche Schätzung: »Ein globales Ernährungssystem mit dem Grad des Energieaufwands des amerikanischen Ernährungssystems würde 80 Prozent des jetzigen Weltenergieverbrauchs erfordern.«[2]
Professor Pimentel und Georg Borgstrom sind sicherlich keine naiven Mitläufer einer Zurück-aufs-Land-Generation, die altmodische Methoden romantisieren. Sie stellen jedoch ernstlich in Frage, ob es realistisch ist oder nicht, an die Verbreitung energieintensiver Agrartechnologie in der ganzen Welt zu denken.
Aber selbst wenn es möglich wäre, müßte ein sehr hoher Preis gezahlt werden: Die Nutzung des Landes müßte sich noch stärker von der Nahrungsproduktion für den einheimischen Verbrauch hin zu Devisen einbringenden Erzeugnissen verlagern. Wir müssen auch den Verlust an Unabhängigkeit berücksichtigen, der sich durch die Verschuldung und die Abhängigkeit von Importen und ausländischen Firmen ergibt. Da niemand bestreiten kann, daß dieser Preis sehr hoch ist, schien es uns logisch, uns in einem nächsten Schritt zu fragen:

Ist eine großangelegte Mechanisierung notwendig, um die Produktion zu steigern?

Kleine Bauernhöfe, sogar sehr kleine Bauernhöfe mit weniger als einem Acre Land, haben gezeigt, daß sie pro Acre produktiver sind als größere Höfe, und zwar in allen Teilen der Welt, wie es in der Antwort 21 (Seite 186 ff) dokumentiert ist. Da wir wissen, daß diese kleinen Höfe weniger mechanisiert sind als die größeren, müssen wir den Schluß ziehen, daß Mechanisierung an sich nicht zu einer größeren Produktion pro Acre führt.
Eine Mechanisierung wird natürlich die Produktivität pro Feldarbeiter steigern. Wir sagen bewußt *Feld*arbeiter, da hochmechanisierte Landwirtschaft viele Arbeiter erfordert, die nicht auf dem Feld sind. In der Tat ist einer aus sieben in der arbeitenden Zivilbevölkerung der Vereinigten Staaten in der Produktion von Landwirtschaftsmaschinen oder Dünger oder in der Nahrungsmittelverarbeitung oder -vermarktung beschäftigt. (Wenn Sie das nächstemal hören, daß ein Amerikaner 45 Menschen ernährt, dann erinnern Sie sich, daß eine

genauere Schätzung eher 16 ergeben würde – nämlich alle jene versteckten Arbeiter miteingeschlossen.)[3]

Der wichtigste Punkt jedoch ist der, daß es eine brauchbare Methode der Produktivitätsmessung gibt. Landwirtschaftsberater Roger Blobaum schlägt vor, daß die Produktivität immer an den knappsten Ressourcen gemessen werden sollte: die Höhe des Outputs pro verbrauchter Energieeinheit, ist zum Beispiel der bedeutendste Leistungsindikator in einer Nation, deren Fossilbrennstoff zu Ende geht. In Ländern mit genügend Arbeitskräften und begrenzten Landreserven zählt vor allem die Produktivität pro Acre. Die Steigerung der Produktivität pro Acre setzt nicht unbedingt »moderne« Maschinen voraus, sondern kann auch von Menschen geleistet werden, die ein vitales Interesse an der Produktion haben und das Land intensiv und sorgfältig bebauen. Einer Studie des *Internationalen Reisforschungsinstituts (IRRI)* über Tieflandreisanbau zufolge gibt es keinen bedeutenden Ertragsunterschied zwischen Farmen, die einen Traktor gebrauchen und jenen, die einen Büffel benutzen. Noch erstaunlicher war die Schlußfolgerung, daß 1960 in Japan hochmechanisierte Farmen keine höheren Erträge hatten als jene, die mit einer Hacke bebaut wurden. (Und niemand hat je das IRRI der Romantisierung der Hacke bezichtigt!) Der erstaunliche Anstieg der Reiserträge im Agrarreform-Japan vor 1960 war nicht auf Mechanisierung zurückzuführen, sondern teilweise den Methoden der Kleinbauern zuzuschreiben, die verbessertes Saatgut, Dünger, Wasserpumpen, bessere, von Tieren gezogene Pflüge und Eggen und einfache sich drehende Jätwerkzeuge und Pedaldrescher benutzten.

Das ist kaum hohe Technologie – doch es funktionierte.[4]

Verfechter der Großtechnologie haben jedoch ein Argument, welches sie für unangreifbar halten. Das schneller wachsende Saatgut der Grünen Revolution macht es unmöglich, auf dem gleichen Feld und im gleichen Jahr zwei oder mehr Ernten von Feldfrüchten anzubauen. Jene, die Traktoren und Erntemaschinen fördern, behaupten, es gebe oft während der Pflanz- und Erntezeit infolge der zusätzlich erforderlichen Arbeit, einen Arbeitsengpaß, um jede Feldfrucht schnell zu pflanzen und zu ernten, damit die nächste angepflanzt werden kann.

Wir müssen uns jedoch fragen, wer den Begriff »Engpaß« definiert. Einen Engpaß für einen Gutsherrn könnte jene Jahreszeit bedeuten, wenn er höhere Löhne zu zahlen hat, weil die größere Nachfrage nach Arbeitskräften den Arbeitern eine etwas bessere Verhandlungsposition gibt. Die gleiche Zeit, die der Gutsherr einen Engpaß nennt, könnte jene Jahrszeit sein, von der der Arbeiter abhängig ist, um die zusätzlichen Rupien oder Peseten zu verdienen, die während der übrigen Jahreszeit sein Überleben ermöglichen, wenn die Arbeit knapp wird und die Löhne noch niedriger werden.

Auf jeden Fall ist die landwirtschaftliche Großtechnologie nicht die einzige Lösung für Engpässe in der Hauptsaison. Verbesserte Techniken im kleinen Rahmen können, wie wir noch zeigen werden, ebenfalls helfen. Der Bedarf an Arbeitskräften kann zudem gleichmäßiger über das ganze Jahr verteilt werden, zum Beispiel durch Verbesserung der Bewässerungsmöglichkeiten, um das Bepflanzen weniger vom Wetter abhängig zu machen und durch gestaffelte Ernten, indem Samensorten und Feldfrüchte mit verschiedenen Reifezeiten verwendet werden.[5]

Es gibt noch einen Aspekt, der in den Köpfen der Planer in Industrieländern kaum oder nie eine Rolle spielt, weil für sie Stadt und Land weit voneinander entfernt und ohne Beziehung zueinander sind. Leichtindustrien und Dienstleistungen können in das Leben auf dem Lande integriert werden, eine Methode, die sich in so verschiedenen Ländern wie Ägypten und China als erfolgreich erwiesen hat.

In vielen chinesischen Landkommunen sind soviel wie 30 Prozent der Bevölkerung nicht direkt in der Landwirtschaft, sondern in örtlichen Kleinindustrien beschäftigt. Diese Gruppe stellt eine wichtige Arbeitskraftreserve dar, die beim Anpflanzen oder der Ernte helfen kann. Auf der anderen Seite sind diese Arbeiter, wenn der Engpaß überwunden ist, nicht unbeschäftigt, sondern kehren in ihre Fabriken und Dienstleistungsbetriebe zurück. Ein derartiger Plan funktioniert in China, wo die meisten Menschen nicht länger auf die Landwirtschaft herabblicken und nahezu jeder praktische Erfahrung in der Feldarbeit besitzt.

Bei allen Diskussionen über die Mechanisierung muß berücksichtigt werden, daß das »Sparen von Arbeitskräften« für den landwirtschaftlichen Unternehmer die Entlassung von Arbeitern bedeutet, wodurch er Löhne einspart. Arbeitskraftsparende Mechanisierung jedoch ist gut für die Gesellschaft im ganzen nur, wenn es bedeutet, Arbeitern eine unnötige, mühsame Arbeit zu ersparen, und wenn eine echte ökonomische Entwicklung Beschäftigung für alle in anderen Wirtschaftssektoren sichert.

Wenn keine Maschinen im Stil der US-Farmen, was dann?

Eine Großmechanisierung ist zur Produktionssteigerung offensichtlich nicht notwendig. Anderseits sind technologische Verbesserungen möglich, die die Produktion pro Acre steigern, die Arbeit einfacher machen können und trotzdem Arbeiter nicht verdrängen, wie es durch Maschinen amerikanischen Stils geschieht. Stellen Sie zum Beispiel einem Traktor mit 100 PS eine einfache Landwirtschaftsmaschine mit 10 PS gegenüber. Eine einfache Landwirtschaftsmaschine ist für Kleinbauern erschwinglich und verwendbar, ein Traktor nicht. Während ein 100 PS Traktor menschliche Arbeitskraft *ersetzt, ergänzt* eine einfache Landwirtschaftsmaschine die menschliche Arbeitskraft.[6]
In der Antwort auf Frage 5 wiesen wir darauf hin, daß die Landwirtschaft in den meisten unterentwickelten Ländern sehr viel mehr Arbeiter brauchen könnte, als zur Zeit beschäftigt sind. In der Tat wurde an Hand der erfolgreicheren Landwirtschaftssysteme nachgewiesen, daß sie eine *größere* Anzahl Arbeiter pro Acre beschäftigen. Was somit gebraucht wird, sind Maschinen, die sowohl die Arbeit weniger anstrengend machen als auch den Bedarf an menschlicher Arbeitskraft erhöhen, anstatt sie zu ersetzen.
Was heute in Agrarländern gebraucht wird, ist nicht eine andere *Ebene* der Technologie, sondern eine andere *Art* der Technologie. Eine Technologie mit einem anderen Zweck, eine Technologie, die die Produktion anhebt und gleichzeitig *mehr* Menschen in den Produktionsprozeß nützlich einbezieht.[7]
Die Ironie liegt darin, daß die neuen Getreidesorten der Grünen Revolution Teil eines solchen Versuches hätten sein können. Das neue Saatgut kann, da es umfassenderer Pflege und reichlicher Anwendung von Düngemitteln bedarf, potentiell mehr Arbeitsplätze schaffen. Doch in den meisten Ländern leiteten jene Kräfte, die die Grüne Revolution in Gang setzten, zugleich einen Mechanisierungsprozeß ein, der Beschäftigungsmöglichkeiten reduzierte. In Kolumbien wurde eine Schätzung gemacht, wieviel Arbeitskräfte ein Modernisierungsprogramm erfordert, das reaktionsreiches (HRV)-Saatgut, mehr Dünger und größere Sorgfalt bei der Anpflanzung braucht. *Ohne* Mechanisierung würden diese Verbesserungen 45 Prozent *mehr* menschliche Arbeitskraft pro Acre erfordern. *Mit* Mechanisierung würden 34 Prozent Arbeitskräfte *weniger* erforderlich sein.[8]

Das erhöhte Arbeitspotential bei den reaktionsreichen Samensorten (HRVs) ist auf mehrere Faktoren zurückzuführen. Wir haben schon erwähnt, daß die allgemein schneller reifenden Sorten es den Bauern ermöglichen, jedes Jahr mehr als einmal anzubauen – dabei erhöhen sie den Bedarf an menschlicher Arbeitskraft und die Notwendigkeit, alle Arbeitsprozesse zu beschleunigen. Doch eine solche Arbeitsbeschleunigung müßte nicht unbedingt Großmechanisierung bedeuten. Eine Reduktion der Saatbeetvorbereitungszeit kann durch einen Pflug mit Streichblech (ein einfaches keilförmiges Instrument) und eine moderne Egge (ein Gerät zum Aufbrechen der Erde gleich einem riesigen Kamm) erreicht werden, die die Arbeit gegenüber den traditionellen Methoden in einem Fünfzehntel der Zeit verrichten.[9]

Dreschen von Hand kann zu lange dauern, um mehrfache Bebauung zu ermöglichen. Maschinen großen Ausmaßes sind jedoch nicht nötig. Eine einfache Dreschmaschine kann die Arbeit von einem Monat auf nur wenige Tage reduzieren und macht so den doppelten Anbau möglich. (Maschinen beschleunigen nicht immer die Dinge. Chinesische Bauern haben entdeckt, daß sie dreimal anbauen können, falls eine ganze Arbeitsgruppe bei intensiver Anpflanzung von Hand mitarbeitet, statt sich auf die langsamer arbeitenden Reispflanzmaschinen zu verlassen.)

Nicht nur eine häufigere Anpflanzung wird durch Technologie im kleinen Maßstab ermöglicht, sondern sogar der Arbeitskraftinput wird durch die Einführung bestimmter Maschinen tatsächlich gesteigert. Die Drehjätmaschine ist ein Beispiel. Das neue Saatgut mit seinem reaktionsreichen Potential macht das Jäten wertvoller. Und weil die Drehjätmaschine effektiver ist, ist es sinnvoll, mehr Arbeitskräfte in das Jäten mit diesem Gerät hineinzustecken.[10]

Wir wollen nicht den Eindruck geben, daß wir von Techniken sprechen, die erst vor kurzem in irgendeinem Forschungszentrum für Alternativtechnologie erträumt wurden. Pascal de Pury, ein unermüdlicher Agrarwissenschaftler mit jahrelanger Erfahrung in Afrika, der jetzt mit dem Weltkirchenrat über angepaßte Technologie arbeitet, sagte uns, daß sich eine solche Technologie oft als eine Wiederentdeckung traditioneller Praktiken eines Volkes erweist, deren man sich später unter dem Druck westlicher Arroganz schämte. Immer und immer wieder findet er Bauernkulturen, die Techniken über Jahrhunderte verfeinert und angepaßt hatten, um sie nun in unserer Zeit zunehmend zu verlieren. In Gefahr, unwiederbringlich verlorenzugehen, sind nicht eine exotische »kulturelle Mannigfaltigkeit«, sondern erfolgreiche, produktive Techniken, den lokalen Bedingungen einzigartig angepaßt und von ihrem Wesen her durch das Volk kontrollierbar. Sie werden verlorengehen, wenn es den Eliten in diesen Ländern mit der Unterstützung durch ausländische Hilfe ermöglicht wird, Maschinen zu importieren, um ihre Gewinnspannen zu erweitern.

Das Kennzeichen der Techniken, die aus der Erfahrung des Volkes herauswachsen, besteht darin, daß sie von den Menschen selbst hergestellt werden können. Es gibt einfach keine Notwendigkeit, von der Einführung der Technologie abhängig zu werden. Diese grundlegenden landwirtschaftlichen Techniken sind nicht komplizerter Art. Tiefbrunnen, einfache Dieselmotoren, von Tieren gezogene Pflüge und Sämaschinen können alle auf lokaler Ebene, ohne kapitalintensive Ausrüstung von Arbeitern hergestellt werden. Zum Beispiel produzieren in der Stadt Daska, im pakistanischen Punjab, mehr als 100 Kleinfabriken Dieselmotoren hauptsächlich aus lokal erhältlichem Material.[11] In Pakistan, wie in den meisten anderen unterentwickelten Ländern, ist das die Ausnahme. In China ist es die Regel. Wie schon erwähnt, hat jede Kommune eine gewisse Leichtindustrie, oft einer Werkstatt ähnlicher als einer Fabrik, um die Landwirtschaft zu versorgen. Ein Beispiel ist die preiswerte Pumpe, die 1962 unter dem Druck des Rückzugs sowjetischer Techniker lokal erfunden wurde. Sie kostet ein Achtel der vorher benutzten russischen Vorrichtung und wird in Tausenden von ländlichen Kommunen hergestellt.

In China kommen die Entwürfe für neue Maschinen bezeichnenderweise von den Bauern, die auf den Feldern arbeiten. Der Agrarforscher und Chinabesucher Roger Blobaum spricht von einem neuen chinesischen Traktor, an dem »nicht viel zu sehen ist«. Doch er fügt hinzu: »Der Fabrikleiter betonte ausdrücklich, daß er von Ingenieuren entworfen wurde, die ihren Sommer in den Kommunen verbringen, und daß er genau das ist, was die Bauern bestellten. Er wird umgebaut werden, wann immer sie entscheiden, daß sie etwas anderes wollen.«[12]

Welche Kräfte stehen hinter der Großmechanisierung?

Wenn die ausländische Großtechnologie nicht notwendig ist, um die Produktion zu steigern, warum wird sie zunehmend in unterentwickelte Länder importiert? Um diese Frage zu beantworten, müssen wir zuerst begreifen, wer diese Maschinen einführt. Mechanisierung ist voll und ganz das Geschäft der Großgrundbesitzer. Die 4 Prozent der indischen Farmer, die mehr als 25 Acres besitzen, machen 96 Prozent der Traktorbesitzer Indiens aus.[13] Mit dem Zusammenbruch der traditionellen Strukturen, welche die Agrargesellschaften früher zusammenhielten, sind Großgrundbesitzer eifrig darum bemüht, alle Pächter loszuwerden, so daß sie einen größeren Anteil an dem Profit behalten können. Die Mechanisierung ebnet ihnen den Weg. Schönes Reden über die Effizienz der Mechanisierung gibt ihnen die logische Grundlage.

Großgrundbesitzer haben die Mechanisierung als einen Weg betrachtet, den Mindestlohnforderungen zu entgehen. Studien landwirtschaftlicher Modernisierung in Indien verraten, daß ein Hauptgrund für die rapide »Traktorisierung« in den späten 60er Jahren nicht größere Effizienz war, sondern die Möglichkeit, Arbeiter loszuwerden. Von Pächtern loszukommen ist für einen Gutsbesitzer attraktiv, der von der Landreformgesetzgebung bedroht ist, die jenen das Land geben will, die es bebauen, nämlich seinen Pächtern.

Die Mechanisierung ermöglicht es reicheren Bauern, ihren bebauten Landbesitz weiter zu vergrößern. Solange ein Landwirtschaftsbetrieb sisch auf Arbeiter stützt, gibt es Grenzen für die Größe eines Grundbesitzes, welcher vom Besitzer wirksam überblickt werden kann. Die Maschinen machen es jedoch möglich, Land von faktisch jeder Größe zu bewirtschaften. Außerdem lassen sich Maschinen leichter kontrollieren als Menschen. Gutsbesitzer brauchen keine Sorge zu haben, daß Reis von den Feldern entwendet werden könnte, um die hungrige Familie eines Traktorfahrers zu ernähren.

Wer zieht sonst noch Nutzen aus der Verbreitung der Großtechnologie überall in der Welt? Die Leute, die sie herstellen, natürlich. Der Kommentator der Grünen Revolution, Lester Brown, sagte es in »Seeds of Change«: »Der multinationale Konzern hat ein wohlbegründetes Interesse an der Agrarrevolution, zusammen mit den armen Ländern selbst.«[14] Dieser Gedanke ist bei den multinationalen Agrarkonzernen nicht ungenutzt geblieben, wie wir bei unseren Besuchen in Gebieten der Grünen Revolution, im Nordwesten von Mexiko, feststellten.

Die riesigen Agrarfirmen, deren Märkte zu Hause zunehmend gesättigt sind, begannen in den 60er Jahren in neue Märkte besonders in den unterentwickelten Ländern zu drängen. In der Zeit von 1968 bis 1975 steigerte International Harvester seine Verkäufe außerhalb Nordamerikas von weniger als einem Fünftel auf nahezu ein Drittel der Gesamtverkäufe und John Deere's Überseeverkäufe sprangen von 16 Prozent auf 23 Prozent seines Gesamtumsatzes. Massey-Ferguson, ein Agrarmaschinenriese mit Hauptsitz in Kanada, begriff als erster das wirkliche Wachstumspotential im Ausland; 70 Prozent seiner Verkäufe werden nun außerhalb Nordamerikas getätigt.[15]

Diese rapide Ausdehnung ist nicht ohne die Hilfe mächtiger Freunde geschehen. Die Regierungen industrieller Länder bieten direkt oder durch internationale Kreditorganisationen wie die Welt-Bank ausländische Agrarhilfe an, meistens in Form von Krediten für Maschinenimporte.[16]

Sowohl die Behörde für Internationale Entwicklung (AID) der Vereinigten Staaten als auch die Welt-Bank haben an Pakistan große Anleihen für die Landwirtschaftsmechanisierung vergeben. Ähnliche Welt-Bank-Anleihen haben auch Indien, die Philippinen und Sri Lanka aufgenommen. 1966, als eine Welt-Bank-Anleihe an die Philippinen billige Kredite für die Landwirtschaftsmechanisierung verfügbar machte, stiegen die Traktorverkäufe steil an. Obwohl nach den Worten des Entwicklungsökonomen Keith Griffin die Bank behauptet, dabei zu sein, »diese Politik einer genaueren Prüfung zu unterziehen, . . . bleibt die Agrarprojektabteilung der Bank stark auf Traktoren eingestellt«.[17]

Wie bei den Problemen des Pflanzenschutzes vor Schädlingen, funktioniert die Organisation für Ernährung und Landwirtschaft der Vereinten Nationen (FAO) nicht als Hilfe, um Alternativen zu entwickeln, sondern als ein Zwischenhändler zwischen unterentwickelten Ländern und multinationalen Agrarmaschinenkonzernen. Ihre Arbeitsgruppe für Agrarmechanisierung hat Kontakte zu Caterpillar Tractor, John Deere, Fiat, FMC, Massey-Ferguson, Mitsui, British Petroleum und Shell.

In vielen unterentwickelten Ländern wird der Wert der einheimischen Währung im Verhältnis zur ausländischen Währung künstlich hoch gehalten, um bestimmte Importe zu fördern. Landwirtschaftsmaschinen, die aus dem Ausland importiert werden, sind dadurch oft »billiger«. Diese Politik und andere Subventionsmethoden in Ländern wie Pakistan führten dazu, daß der gleiche Traktor nur die Hälfte von dem kostete, was er in Iowa kosten würde, wenn der Wert des Weizens als Rechnungseinheit genommen wird. In den späten 60er Jahren subventionierte die indische Regierung die Mechanisierung durch billige Kredite so stark, daß im Ludhiana-Bezirk des Punjab selbst Bauern mit weniger als 15 Acres Land Traktoren kauften, obwohl sogar die wichtigsten Lieferanten landwirtschaftlicher Maschinen meinten, daß wenigstens 25 bis 30 Acres nötig seien, um einen Traktor wirtschaftlich zu machen.[18] Die Regierung des Iran unterstützte eine großangelegte mechanisierte Landbewirtschaftung, indem sie jene Farmen, die mechanisierten, vom Landreformgesetz ausnahm.[19]

Übertragung der Technologie oder Übertragung der Vorurteile?

Die meisten Bewohner der Industrieländer setzen die Befreiung des Menschen von der Feldarbeit mit Effizienz und Fortschritt gleich. (Wie könnte jemand außer ein paar Nostalgikern und »auf pathologische Weise antitechnologischen Menschen« es anders sehen?)[20] Wer würde es nicht vorziehen, Menschen aus einem mühsamen Leben auf den Feldern in ein leichteres Leben in der Stadt fliehen zu helfen? In den meisten Fällen jedoch gibt die Einführung der großangelegten, energiereichen Agrartechnologie nicht plötzlich den Landarbeitern die Möglichkeit zu gehen. Eher gibt sie ihnen *keine andere* Möglichkeit, *als* zu gehen. Dasselbe gilt auch von Kleinfarmern in Amerika und Kleinbauern in Europa. Wir können die Technologie in der Landwirtschaft nicht als etwas betrachten, das die Leute von der Arbeit befreit, wenn produktive Arbeit genau das ist, was die Leute mehr als alles andere brauchen und wollen.

Obwohl eine großangelegte Mechanisierung für die Steigerung der Produktion nicht nötig ist, finden es die Bewohner der Industrieländer schwer, das zu glauben. Warum? Teils weil wir uns immer wieder vorstellen, daß Maschinen notwendig sind, um all die aufwendigen Arbeiten im Leben zu verrichten. Unsere Vorstellungen werden von den eigenen Erfahrungen bestimmt. Die meisten von uns leisten sehr wenig mit dem eigenen Körper. Unsere Arme und Hände mögen einen Gang einschalten; unsere Finger drücken einen Knopf. Doch wir wissen wenig von dem schöpferischen Potential unseres eigenen Körpers. Wir setzen somit instinktiv voraus, daß große Maschinen notwendig sind.

Ein sehr beeindruckendes und anschauliches Beispiel, das diese Annahme widerlegt, ist die Umwandlung erodierter Täler in China in eine Reihe fruchtbarer Terrassenfelder – nahezu alles *ohne* Maschinen ausgeführt. H. V. Henles FAO-Studie über China berichtet von der logischen Arbeitsweise, mit der das chinesische Volk die Schwerkraft in seinen Dienst stellte. Große Dämme wurden in den ausgelaugten und unfruchtbaren Tälern hauptsächlich von Hand errichtet. Diese verschlammten langsam bis schließlich ein neues terrassiertes Feld entstand, dann wurde ein weiterer Damm etwas höher im Tal angelegt. Allmählich wurde so eine Reihe terrassierter Stufen geschaffen.[21]

Es gibt vielleicht noch einen Grund, warum wir in den Industrieländern dazu neigen, große Maschinen als wesentlich zu betrachten. Wir leben nämlich in einer Gesellschaft, die uns zunehmend das Gefühl gibt, daß wir von unseren Nachbarn isoliert sind und in Konkurrenz mit ihnen stehen. Das Potential kollektiver Aktionen wird darum selten auch nur in Betracht gezogen und im Praktischen nie »erlebt«.

Wer führt die Mechanisierung durch?

Diejenigen, die die Mechanisierung als die Antwort für unterentwickelte Länder fördern, benutzen oft folgendes Argument: »Sieh dir China an«, sagen sie. »Die chinesische Landwirtschaft beginnt, in großem Umfang zu mechanisieren. Ist das nicht eine Lektion für den Rest der dritten Welt?«

Diese Ansicht ist in einem bestimmten Sinne richtig: Es gibt hier für den Rest der Welt eine wichtige Lektion zu lernen. Sie lautet jedoch nicht, daß eine umfangreiche Mechanisierung in sich die Antwort für unterentwickelte Landwirtschaft ist. Die Lektion ist vielmehr, daß Mechanisierung an sich überhaupt nicht die Kernfrage ist. Die Kernfrage lautet eher, *wer* die Maschinen besitzt.

Wo die Arbeiter selbst die Maschinen besitzen, wie in China, wird die Mechanisierung fortschreiten, weil die Arbeiter den natürlichen Wunsch haben, sich die mühsame Plackerei der Feldarbeit zu erleichtern. Es ist Chinas Ziel, die »drei Beugungen« zu eliminieren: das Unkrautzupfen, das Umpflanzen von Sämlingen und das Ernten. Die Folge der Mechanisierung wird ein besseres Leben für die Bauern sein, nicht Arbeitslosigkeit. Die Mechanisierung der Landwirtschaft hat in China hohe Priorität, da Arbeitskräfte in anderen arbeitskraftintensiven Leistungssektoren benötigt werden, wie für das Bauen und die Erhaltung von Wasserkontrollsystemen, die Arbeit in Fabriken, die Zement aus lokalem Rohstoff produzieren und den Betrieb dezentralisierter Düngemittelfabriken. Von der

Landwirtschaftsmechanisierung, die Arbeitskraft für andere lebenswichtige Arbeiten freisetzt, profitiert die chinesische Gesellschaft als Gesamtheit, nicht als Privateigentum.

Unter allen Ländern Lateinamerikas hat Kuba jetzt die größte Traktordichte. Trotzdem gibt es für jeden Beschäftigung. Die Geschichte vom Beladen der Zuckerfrachtschiffe ist lehrreich. Traditionell wurde kubanischer Rohzucker in Frachter von Arbeitern verladen, die einen Sack nach dem andern auf ihrem Rücken die Laufplanke hinauf in den Schiffsraum schleppten. Es dauerte über einen Monat, ein Schiff zu füllen. Die Zuckerfirmen versuchten, diesen Arbeitsvorgang zu mechanisieren (mit Fließbändern), doch diese Pläne wurden jedesmal von sich organisierenden Arbeitern durchkreuzt, die wußten, daß ihr Leben davon abhing, diese Maschine fernzuhalten. Sobald die kubanische Regierung in andere Wirtschaftssektoren expandierte und jedem einen produktiven Arbeitsplatz zusagte, wurden die Zuckerendstationen schnell mechanisiert. Jetzt wird ein Schiff in wenig mehr als 24 Stunden beladen! Niemand widersprach, als die Transportbänder eingeführt wurden; niemand *wollte* je ein Leben mit dem Tragen der Zuckersäcke über die Laufplanke zubringen. Jetzt ist Kuba dabei, das Zuckerrohrschneiden, eine der erschöpfendsten aller Landwirtschaftsarbeiten, rasch zu mechanisieren. Eher, als Massen Unbeschäftigter zu erzeugen, wird es die Entwicklung Kubas beschleunigen, indem es Arbeiter für andere Sektoren der Wirtschaft freisetzt.

Genauso wie wir nicht sagen können, daß alle großangelegte Mechanisierung notwendigerweise von Übel ist, können wir sagen, daß angemessene Technologie notwendigerweise die Antwort ist. Die »richtige« Technologie kann nicht von außen aufgedrängt werden, noch kann sie in einer »falschen« Gesellschaft viel ausrichten. Die wirklich richtige Technologie, ob sie nun kapital- oder arbeitsintensiv ist, kann nur das Produkt einer tiefgehenden sozialen Umstrukturierung sein, in der jene, die auf den Feldern arbeiten, selbst entscheiden, was für sie das Richtige ist.

Die Konzentration und Reduktion der Frage auf die sogenannte Technologielücke reduziert auch das Problem des Hungers auf die Frage, wie die Produktion gesteigert werden könnte. Doch wie wir schon gesehen haben, bringt eine solche enge Konzentration auf Produktionssteigerung nur mehr Profit und mehr Nahrungsmittel in die Hände einer Elite, während sie die Position der Mehrheit weiter untergräbt.

Hunger kann nicht einfach durch die Entwicklung besseren Saatguts gelöst werden; und auch nicht durch den Bau besserer Maschinen. Hunger ist kein technisches Problem.

* * *

»Wir brauchen keine Umverteilung des Reichtums, sondern eine Verteilung der Technologie, welche die industrielle Welt besitzt ... Der Empfänger der Technologie muß bereit sein, seine Lebensweise zu ändern, und, ob es ihm paßt oder nicht, er wird wohl mit dem Geber jener Technologie in einer jahrelangen Übergangstrainingszeit zusammenarbeiten müssen. Einige Dritte-Weltler mögen das ›Neokolonialismus‹ nennen, und das steht ihnen frei. Andere könnten es als ›gegenseitig nützliche Zusammenarbeit‹ bezeichnen.«
Ray Vicker, »Wall Street Journal«

»In Telukpinang, 97 Kilometer südlich von Djakarta, haben die Fabriken wie in anderen Teilen Indonesiens die Arbeit übernommen, die traditionell von Frauen von Hand verrichtet wurde – das Dreschen und Schälen der Reishalme. Man schätzt, daß Reismühlen eine Million oder mehr Arbeitsplätze allein auf Java, der Hauptinsel Indonesiens, eliminiert haben.
Er (der Gutsherr) erinnerte sich, daß er gewohnt war, zwei Frauen einzustellen, manchmal drei oder vier, und ihnen für je 10 zwei Liter Reis gab. Doch jetzt, sagte er, behält er die gesamte Ernte für sich und zahlt denen, die ihm helfen, den Gegenwert von ungefähr 60 Cents pro Tag plus Mittagessen.
Die Mühle ist im Besitz eines Generalmajors der indonesischen Armee, der in einem Vorort Djakartas wohnt. Die Dorfbewohner baten darum, seinen Namen nicht zu nennen, da sie seine Macht fürchten.«
»New York Times«, 30. November 1975

»In der Vergangenheit sind einige Versuche, die Mechanisierung einzuführen, auch auf Widerstand in weniger entwickelten Ländern gestoßen – besonders in Gebieten mit hoher Arbeitslosigkeit und einer scheinbar unbegrenzten Versorgung mit billigen Arbeitskräften ... Das waren jedoch nur vorübergehende Rückschläge.«
Arthur J. Olsen, Vizepräsident der FMC Corporation, Rede auf der »Feeding the World's Hungry« Konferenz, 1974

21

Liegt die Ursache nicht in der Rückständigkeit der Kleinbauern?

Frage: Anscheinend betrachten Sie den Kleinbauern als den Retter der hungrigen Welt. Liegt aber nicht ein wesentlicher Grund für die niedrige Produktion in den armen Ländern darin, daß so viel Land Kleinbauern gehört, deren Grundstücke zu klein sind, um effizient zu sein? Sind nicht die meisten Kleinbauern viel zu rückständig und traditionsgebunden, um auf Entwicklungsprogramme zu reagieren?

Ein weiterer Punkt, der nicht vergessen werden sollte, wird von Ray Vicker in seinem Buch *»This Hungry World«* gut formuliert: ». . . der große Farmer ist wahrscheinlich deshalb groß, weil er die Intelligenz, das Kapital und Managertalent besitzt, um groß zu bleiben. Außerdem ist ein Großbauer eher geneigt, etwas zu riskieren. Ist das nicht die Art Bauer, die wir jetzt mehr als je zuvor brauchen? Vielleicht haben wir gerade den Punkt erreicht, an dem wir uns Gleichheit und Gerechtigkeit nicht leisten können – wenn auch wir essen wollen?

Unsere Antwort: Ob der »kleine Mann« notwendigerweise weniger effizient und produktiv ist als der »große« ist von entscheidender Bedeutung für die Schätzung des Produktionspotentials der unterentwickelten Länder, da ungefähr 80 Prozent der ländlichen Produzenten die sogenannten kleine Leute sind, die weniger als 12 Acres Land bebauen.

So fragen wir: Ist »klein« in jedem Fall mit einem tiefen Produktionsstand gleichzusetzen? Um diese Frage zu beantworten, lasen wir Studien aus allen Teilen der Welt, und überall war das Urteil das gleiche: Im Gegensatz zu unserer Vermutung produziert der Kleinbauer in den meisten Fällen mehr pro Einheit Land als der Großbauer. Dazu nur einige Beispiele:

Der Wert des Outputs pro Acre in Indien ist auf den kleinsten Bauernhöfen ein Drittel höher als auf den größeren Höfen.[1]

In Thailand produzieren Parzellen von 2 bis 4 Acres ungefähr 60 Prozent mehr Reis pro Acre als Farmen mit 140 Acres und mehr.[2]
In Taiwan ist das Nettoeinkommen der Bauernhöfe pro Acre mit weniger als einem Acre nahezu zweimal so hoch, wie das jener Höfe mit über fünf Acres.[3]
Die Welt-Bank berichtet von einer Analyse der Unterschiede im Wert des Outputs auf großen und kleinen Farmen in Argentinien, Brasilien, Chile, Kolumbien, Ekuador und Guatemala. Die Schlußfolgerung? Die kleinen Farmen waren drei- bis vierzehnmal produktiver pro Acre als die großen Farmen.[4]
Man bedenke nun, welche Bedeutung solche Vergleiche haben, wenn man die geringe landwirtschaftliche Produktivität in unterentwickelten Ländern erklären will. Auf der Basis einer Studie über 83 Länder, *besitzen etwas mehr als 3 Prozent aller Großgrundbesitzer, jene mit 124 Acres oder mehr, ungefähr 80 Prozent des gesamten Ackerlandes.*[5] Ein extremes Beispiel ist Bihar, der ärmste Staat Indiens, wo 90 Prozent der 53 Millionen Einwohner von der Landwirtschaft leben und zwei Drittel der Bauern weniger als 1 Prozent des Landes besitzen. Mit anderen Worten, die größten Landbesitzer kontrollieren das meiste Ackerland, obwohl Studien aus allen Teilen der Welt zeigen, daß sie am *wenigsten* produktiv sind.
Um die höhere Produktivität der Kleinbauern zu erklären, braucht man sie nicht zu romantisieren. Kleinbauern holen genau deswegen mehr aus ihrem Land heraus, weil sie mit den mageren, ihnen überlassenen Ressourcen überleben müssen. Studien zeigen, daß Kleinbauern dichter anpflanzen als eine Maschine, daß sie sich gegenseitig ergänzende Feldfrüchte mischen und abwechselnd anbauen, eine Kombination von Ackerbau und Vieh wählen, die arbeitsintensiv ist, und vor allem ihre ganz begrenzten Ressourcen voll ausschöpfen. Die Landbewirtschaftung ist für die Kleinbauernfamilie kein abstraktes Profitkalkül, das gegen andere Investitionen abgewogen wird. Hier geht es vielmehr um Leben oder Tod.

Wie steht es mit der Effizienz der kleinen Farmer in den Vereinigten Staaten?

Jede Einzelstudie, die je vom *Landwirtschaftsministerium der Vereinigten Staaten (USLM)* gemacht wurde, hat festgestellt, daß die effizienteste Farm – gemessen in Kosten pro Outputeinheit – die mechanisierte Ein- oder Zwei-Farmer Einheit ist, nicht der große Unternehmerbetrieb. Alle mit der bloßen Größe verbundenen Ersparnisse (und es gibt auffallend wenige) werden sehr schnell durch die höheren Kosten für Management, Aufsicht und Arbeitskräfte auf den großen Farmen ausgeglichen.[6]

Um diese Entdeckung zu überprüfen, untersuchten wir das Nettoeinkommen pro Acre gemäß den verschiedenen Größenkategorien der US-Farmen von 1960 bis einschließlich 1973. Wir stellten fest, daß es in diesen vierzehn Jahren nur zwei Jahre gab, in denen die größten Farmen ein größeres Nettoeinkommen pro Acre erzielten als die Familienfarm.[7] Genau jener Strukturzusammenhang zwischen größerer Produktion und Kleinbauern – der uns bei unserem Studium der unterentwickelten Länder dermaßen überraschte – fand sich auch in den Vereinigten Staaten wieder.

Wenn wir aber zu den unterentwickelten Ländern zurückkehren, bleibt doch eine große Frage: Wenn Kleinbauern nicht von Natur aus unproduktiv und die meisten Bauernhöfe in den unterentwickelten Ländern klein sind, warum bleibt dort die nationale Produktion so niedrig?

Die Kleinen bezahlen mehr

Erstens natürlich besitzen Kleinbauern, obwohl sie die Mehrheit der Farmer bilden, sicher nicht das meiste Land, wie wir gesehen haben. Außerdem haben kleinbäuerliche Produzenten, verglichen mit Großgrundbesitzern, keinen gleichen Zugang zu Land und Agrarinputs, wie Wasser, Dünger und Geräten. Der Pionier der Grünen Revolution, Norman Borlaug, drückte es selbst so aus:

»Ich habe großen Respekt vor dem Kleinbauern . . . Wenn Sie sehen, was er mit seinem Land macht, finden Sie nahezu ausnahmslos, daß er das Maximum in der ihm gegebenen Lage produziert. Das Problem ist, daß er normalerweise wenig hat, mit dem er arbeiten kann.«[8]

Agrarinputs wie Dünger und Wasser erreichen die Kleinbauern nicht, weil sie weder das Geld noch die Kredite haben, um sie zu kaufen. Sehr oft bedingen Darlehen von Regierungsbehörden einen Minimalbesitz, der den kleinen Bauern ausschaltet. In Pakistan zum Beispiel muß ein Bauer wenigstens 12,5 Acres besitzen, um ein Darlehen für einen Tiefbrunnen von der Agrarentwicklungsbank zu

erhalten. Diese Bedingung schließt über 80 Prozent der Bauern Pakistans aus.[9] Nach einer Schätzung haben nur ungefähr 5 Prozent der Bauern Afrikas Zugang zu institutionellen Krediten – und es ist nicht schwer zu erraten, welche 5 Prozent![10]
Nach einer Schätzung Sudhir Sen's, eines indischen Berichterstatters über die Grüne Revolution, fehlt es ungefähr der Hälfte von Indiens Kleinbauern an einem beurkundeten Recht auf Land, ohne das sie keine Produktionsdarlehen von Kreditinstituten erhalten.[11] (Auch dort, wo es Ausnahmen gibt, ist der Pächter immer noch benachteiligt. In Tamil Nadu, Indien, erhält der Pächter nur 60 Prozent der Kreditsumme pro Acre, die der Großgrundbesitzer geliehen bekommt.)[12] Vielleicht noch bedeutsamer ist, daß Kleinbauern zögern, ihr Land überhaupt als Darlehensbürgschaft anzusehen. Arme Bauern treffen diese wohl vernünftige Entscheidung, weil sie den Verlust ihres Landes nicht riskieren wollen.
Von institutionellen Krediten größtenteils ausgeschlossen, werden Kleinbauern der Abhängigkeit von privaten Geldverleihern und Händlern überlassen, die Wucherzinsen verlangen. Wir haben Schätzungen von Zinsraten gesehen, die von 50 Prozent bis zu 200 Prozent reichen! Gemäß dem Bericht des Agrarökonomen Keith Griffin bezahlten in einem Gebiet der Philippinen 15 Prozent der Kreditnehmer einen Zinssatz von über 200 Prozent, während 20 Prozent der Kredtinehmer nur 16 Prozent bezahlten. Außerdem können Händler, die zugleich Kreditgeber sind, die Zinsen erhöhen, indem sie Ernterückzahlungen unterbewerten und die Waren, die Schuldner von ihnen kaufen, überbewerten.[13] Im Gegensatz dazu braucht der Großunternehmer keine Zinsen zu zahlen oder kann sogar, indem er Darlehen aufnimmt, daraus Gewinn ziehen. Wenn für die von kommerziellen Institutionen für den Großunternehmer zugänglich gemachten Nominalkreditzinssätze die Inflationsrate in Betracht gezogen wird, ist nämlich der reale Zinssatz oft negativ.[14]

Verpflichtungen gegenüber Geldverleihern und Gutsbesitzern

Wir beschrieben schon früher die Schuldverpflichtung, die so viele Kleinbauern in einer Form dauernder Lehnsverhältnis-Abhängigkeit hält. Keith Griffin sagt zutreffend: Die *Campesinos* Lateinamerikas haben nicht an der Unsicherheit der Pachtverhältnisse gelitten, sondern an den übermäßig sicheren Pachtverhältnissen. Die Schuldenknechtschaft, so führt er aus, ist gebraucht worden, um Bauern an das Land zu binden, um den Gutsbesitzern die Sicherheit zu geben, daß Arbeitskräfte zur Verfügung stehen, besonders in Lateinamerika, wo es in gewissen Wirtschaftssektoren an Arbeitskräften mangelt.[15] Welche Auswirkungen ergeben sich daraus für die Produktion? Die Motivation, die Produktion zu steigern, wird unvermeidlich unterdrückt, weil die so gefangenen Bauern wissen, daß höhere Erträge niemals ihnen, sondern allein den Grundbesitzern oder Geldverleihern zugute kommen. Schuldenknechtschaft kann bedeuten, daß der Kleinbauer die Schulden zurückzahlen muß, indem er die Felder seines Kreditgebers bearbeitet. Der eigene Hof des Bauern wird vernachlässigt. Unfähig, sein Land ausreichend zu bearbeiten, hat der Kleinbauer oft keine andere Wahl als aufzugeben.

Die Frage deutet an, daß eins der Hauptprobleme der armen Länder in der Rückständigkeit ihrer Kleinbauern besteht. Doch sind die armen Bauern wirklich rückständig, oder spiegelt nicht ihre Leistung nur eine realistische Einschätzung ihrer Möglichkeiten wider?

Betrachten Sie die Pächter, die einen bedeutenden Teil der ländlichen Bevölkerung in unterentwickelten Ländern darstellen. Obwohl sie in vielen Fällen die gesamten Inputs liefern müssen, dürfen sie nur einen Teil der Ernte behalten. Wenn ihnen von der Ernte sehr viel genommen wird, warum sollten sie dann die Investitionen machen, die zur Produktionssteigerung notwendig sind? Auf ähnliche Weise wirken sich unsichere Pachtverhältnisse als Ineffizienz aus.

Von Pächtern mit Dauerverschuldung und der Unsicherheit, ob sie im nächsten Jahr noch auf dem gleichen Grundstück sein werden, kann kaum erwartet werden, daß sie die Bodenfruchtbarkeit durch Fruchtwechsel und Brachliegenlassen der Felder schützen.

Ohne ein bestimmtes Minimum an Landbesitz, eine Pachtsicherheit, Kredite zu vernünftigen Zinsen und Kontrolle über die Produktion, macht ein Bauer einfach eine realistische und rationale Einschätzung, daß es sich nicht lohnt, Inputs zur Produktionssteigerung zu kaufen oder Schritte zur Erhaltung der Bodenfruchtbarkeit zu unternehmen. Allgemein verschmähen Bauern Düngemittel oder andere Inputs oder Verbesserungen nicht aus sogenannter Rückständigkeit, sondern aufgrund von realistischen wirtschaftlichen Überlegungen.

Die Vorstellung, daß die Menschen deshalb an der Spitze stehen, weil sie alles besser machen als andere, ist in den meisten von uns tief verwurzelt. Aber diese Annahme ist falsch. Was diese Vorstellung ersetzen muß, ist das neue, von Erich und Charlotte Jacoby in ihrem klassischen Buch »*Man and Land*« großartig formulierte Verständnis:

»Grundbesitzer, Geldverleiher und Händler, die Hauptkomponenten jeder ländlichen Hierarchie, erhielten ihre starke wirtschaftliche Position nicht, weil sie die landwirtschaftliche Produktion durch verbessertes Farmmanagement oder vernünftige Investition steigerten, sondern lediglich, weil sie fähig waren, Vorteile aus den wirtschaftlichen Möglichkeiten zu ziehen, die der schwachen Verhandlungsposition und sozialen Hilflosigkeit der Bauern entsprangen.«[16]

Wir haben schon gesehen, wie Großgrundbesitzer bevorzugt Zugang zu Krediten und zu neuer regierungssubventionierter Technologie erhalten, nicht wegen eines bewiesenen Rekords in leistungsfähiger Produktion, sondern weil sie Vermögen und Einfluß haben, um kreditwürdig zu sein. Mit diesem Zugang zu Krediten können sie Farmverbesserungen finanzieren, die noch mehr Einkommen erzeugen. Um 1968 hatte eine kleine Minderheit pakistanischer Bauern, jene mit mehr als 13 Acres, 96 Prozent der Tiefbrunnen in Pakistan installiert. Studien weisen darauf hin, daß ein Tiefbrunnen allein, sogar ohne verbessertes Saatgut und Dünger, das Nettofarmeinkommen bis zu 35 Prozent steigern kann. Der Außenstehende sieht nur, daß die Produktion der größeren Bauern ansteigt und daß vielleicht auch seine Farm wächst. Aber ist dies der Intelligenz und dem Talent des einzelnen Bauern oder einem sozialen Faktor zuzuschreiben: dem ungleichen Zugang des Großgrundbesitzers zu Krediten, die ihn befähigen, den Tiefbrunnen zu kaufen?[17]

Großbauern ziehen auch Nutzen aus der Unfähigkeit der kleinbäuerlichen Produzenten, die institutionellen Kreditfristen einzuhalten. Kommerzielle Großbauern in Mexiko zum Beispiel, waren nur zu glücklich, auf dem Schwarzmarkt zu Diskontpreisen die Inputs – Saatgut, Dünger oder Schädlingsbekämpfungsmittel – zu kaufen, die arme Bauern als Regierungsdarlehen erhalten hatten, aber nicht zurückzahlen konnten, weil sie zu arm waren, um damit eine ausreichende Produktionssteigerung zu erzielen.[18] Über ähnliche Vorgänge wurde aus Tunesien während der Grüne-Revolutions-Kampagne von 1970–1971 berichtet.

Außerdem sind Großgrundbesitzer fähig, höhere Preise als Kleinbauern zu erhalten – oft mit Kniffen, die nichts mit größerer Effizienz in der Bewirtschaftung ihrer Güter zu tun haben. Während der späten 40er und frühen 50er Jahre bildeten die Großgrundbesitzer in Mexiko exklusive Produzentenvereinigungen. Diese Vereinigungen investierten, oft mit Hilfe von Regierungskrediten, in Lagerhäuser und Silos, die ihnen Kollektivverhandlungen ermöglichten und sie somit von der Abhängigkeit vom offiziellen Getreidepreis befreiten. Die Kleinbauern, die Land durch die frühere Landreform erhalten hatten, waren davon ausgeschlossen. Sie waren durch die Laufzeit der offiziellen Kredite, von denen sie abhängig waren, gebunden. Sie hatten ihre Ernte an die Regierungskreditbanken zu verkaufen, die zur Inflationsbekämpfung die an diese Kleinbauern bezahlten Preise niedrig hielten.[19]

Weiterhin haben Preisstützungen – oft als eine Methode zur Hilfe an die armen Bauern gerechtfertigt – faktisch geholfen, die Profite aus der Landwirtschaft in den Händen der ländlichen Elite zu konzentrieren. Die Türkei hält ihren Weizenpreis 63 Prozent über dem Weltmarktpreis; in Indien und Pakistan lag der Weizenpreis während den frühen Jahren der Grünen Revolution 100 Prozent über den Weltmarktpreisen. Doch wer zieht daraus Nutzen? Meistens Händler und Großhändler. Der höhere Preis erreicht fast nie den kleinbäuerlichen Produzenten. Der »konstant verschuldete Bauer ist eigentlich vertraglich gebunden, sein Erzeugnis zu Preisen zu verkaufen, die von privaten Geldverleihern – und Händlern bestimmt werden, da keine wirksamen Marktgenossenschaften existieren, die seine Interessen schützen«, erklären die Jacobys. »In vielen unterentwickelten Ländern hindern starre Pachtsysteme den Pächter sogar daran, seinen eigenen Anteil an der Ernte auf dem Markt anzubieten, und zwingen ihn, einen Preis zu akzeptieren, der von Grundbesitzern und Geldverleihern festgesetzt wurde, die die Ernte horten, bis der Markt bessere Preise bietet.«[20]

Risikofreudige Großbauern?

Die Frage deutet an, daß die Umverteilung des Landes jenen Großgrundbesitzern schaden könnte, die zu Neuerungen bereit und willig sind, Risiken auf sich zu nehmen. Doch wenn dieses Bild der

Großgrundbesitzer stimmt, wie kann man dann das Zögern erklären, mit dem die Großgrundbesitzer in Mexiko die neuen Weizensorten annahmen? Der Grund liegt darin, daß mächtige Großgrundbesitzer feststellten, sie könnten ihre Gewinne auch *ohne* Ertragssteigerung erhöhen. Sie verhandelten nach 1954 erfolgreich, um die garantierten Weizenpreise so hoch zu halten, daß sie ohne Verwendung der neuen Inputs der Grünen Revolution Vermögen erraffen konnten. Cynthia Hewitt de Alcántara, die die Grüne Revolution analysiert hat, bemerkt kurz und bündig:

»Wenn jemand meinte, mit Weizen mehr Geld machen zu müssen, so war der zu befolgende logische Weg dazu, in Mexico City Einfluß für einen noch höheren Weizenpreis geltend zu machen, und es war nur von zweitrangiger Bedeutung, auch die schwierigeren Anforderungen der neuen Technologie zu meistern.«[21]

Zweitens stellten große kommerzielle mexikanische Anbauer während der 50er und frühen 60er Jahre fest, daß sie ohne ernsthafte Anstrengungen zur Ertragssteigerung ihre *Profite* enorm erhöhen konnten – und zwar allein durch Expansion ihrer Unternehmen, wobei sie oft die Felder der angrenzenden Kleinbauern und Nutznießer der Landreform vereinnahmten.

Weil sie die Möglichkeit hatten, sowohl für höhere Preise ihren Einfluß geltend zu machen als auch mehr Land zu erwerben, spotteten viele Großgrundbesitzer über die Idee des verbesserten Saatguts noch jahrelang, nachdem das viel ertragsreichere Potential des neuen Saatguts erwiesen worden war. Sie zogen einen Wechsel tatsächlich erst in Betracht, als *jedes Risiko* durch ein föderatives Investitionsprogramm *beseitigt wurde,* ein Programm, welches Milliarden Pesos in Bewässerungsarbeiten, Straßen, Speichermöglichkeiten, Elektrizität, Eisenbahnen, langfristige Agrarkredite und schließlich in einen garantierten Weizenpreis einfließen ließ. Immerhin brauchten die privaten Weizenanbauer in Sonora vierzehn Jahre, bis sie die Produktionshöhe erreichten, die auf den Testfeldern der Grünen Revolution erzielt worden waren.[22]

Die Verschwendung des Reichtums

Wer weiterhin echte Entwicklungshoffnungen auf den Beitrag der Großgrundbesitzer setzt, übersieht eine weitere entscheidende Frage. Was geschieht mit dem Profit, der von den Großgrundbesit-

zern gemacht wird? Wird dieser Profit mit der gleichen Wahrscheinlichkeit produktiv in die Landwirtschaft investiert, wie es mit dem gleichen Profit geschehen würde, falls er unter vielen kleineren Bauern verteilt oder kollektiv kontrolliert wäre?
Wir haben jedoch festgestellt, daß viele Großgrundbesitzer, von denen manche sagen würden, sie bewiesen durch ihr Großwerden ihre Managerbegabung, ihren neuen Reichtum in Wirklichkeit verschwenden. Die Konzentration der Profite aus der Modernisierung der Landwirtschaft in wenigen Händen brachte es mit sich, daß viel von dem, was in die landwirtschaftliche Entwicklung hätte zurückinvestiert werden können, für Luxusgüter ausgegeben wird, um den auffallenden Konsumdrang der ländlichen *nouveaux riches* zu befriedigen. In der ganzen Welt sind die neuen Agrarunternehmer beim »Investieren« von Überschußprofiten in touristische Vergnügungsorte, Bars, Taxiflotten und Reisegesellschaften zu finden.
Wir stellten beim Studium der Situation im landwirtschaftlichen Sektor Mexikos überrascht fest, daß gerade die 30 Jahre lang von der mexikanischen Regierung derartig verhätschelte Besitz-Elite sich zu Beginn der 70er Jahre am Rande des Bankrotts befand. 1971 berichtete Hewitt de Alcántara:
»Schätzungsweise 80 Prozent der großen Agrarunternehmen an der Hermosillo-Küste (Mexiko) liefen ein Jahr nach dem anderen in die roten Zahlen, und die Situation im Yaqui-Tal war wenig besser. Ein Großbauer nach dem anderen meldete Konkurs an.«[23]
Der finanzielle Kollaps der übergroßen kommerziellen Farmer war nicht allein eine Folge übertriebener Investition in Agrartechnologie. Auf unseren Forschungsreisen fanden wir offensichtlich leichtfertige Ausgaben von einigen wenigen inmitten der ebenso offensichtlichen Armut der Mehrheit: geschmacklose Häuser im Ranchstil, mehrere importierte Luxusautomobile, periodische Einkaufsreisen über die Grenze, Las Vegas-Vergnügungsreisen, Schwimmbecken, Privatflugzeuge und Kinder in amerikanischen Internatsschulen.
Großbauern sind die am *wenigsten* zuverlässigen Kreditempfänger. Die Weltbank berichtet, daß Großbauern eigentlich *schlechtere* Rückzahlungsleistungen aufweisen als Kleinbauern in so verschiedenen Ländern wie Bangladesh, Kolumbien, Costa Rica und Äthiopien.[24] Ähnlich berichtet das US-Landwirtschaftsministerium, daß die Säumnisraten und die Zahl der Verfallserklärungen in den Vereinigten Staaten bei Großdarlehen für Großbauernhofeinheiten höher sind als bei den kleineren Darlehen für Familienfarmen.[25]

Ein letzter schwerwiegender Faktor ist die Verschwendung wertvollen Landes durch Großgrundbesitzer. Von Plantagenbesitzern wurde immer gesagt, daß sie mehr Land erwerben, als sie je brauchen können. Doch eine kürzlich veröffentlichte Studie über Landnutzung in Zentralamerika berichtet, daß die historische Struktur sich heute bestätigt: Bauern, die bis zu 16 Acres besitzen, bebauen 72 Prozent ihres Landes; Bauern mit über 86 Acres jedoch bebauen nur 14 Prozent ihres Landes. Sie gebrauchen 49 Prozent für Weideland und lassen 37 Prozent ungenutzt.[26] Ähnlich zeigte eine Studie über Ekuador, daß 1968 Bauern mit weniger als 25 Acres ungefähr 80 Prozent ihres Landes bewirtschafteten, während die größten Bauern mit mehr als 2500 Acres nur etwas mehr als ein Viertel ihres Landes bestellten.[27] Was bringt nun eigentlich die Leute zu der Annahme, daß Großgrundbesitzer die letzte große Hoffnung für landwirtschaftliche Entwicklung sind, wenn sie doch so ungeheuer verschwenderisch mit dem Land umgehen?

Die Ineffizienz der Ungleichheit

Letzten Endes hängt jede Entwicklung davon ab, ob Menschen motiviert und bereit sind, auf ein gemeinsames Ziel hin zusammenzuarbeiten. Doch ein soziales System, das bevorzugten Zugang zu Land, landwirtschaftlichen Inputs und Regierungsprogrammen nur einigen wenigen gewährt, unterbindet jede Möglichkeit der Zusammenarbeit und des gemeinsamen Lernens. Man rechnet zum Beispiel damit, daß die Orientierung des neuen Saatguts und anderer Inputs auf die Großbauern hin einen machtvollen »Demonstrationseffekt« haben würde, daß all die kleineren Produzenten den Großgrundbesitzern nacheifern würden. Aber die Kleinbauern haben mehr Bauernverstand. Die angesehene Expertin für ländliche Entwicklung, Ingrid Palmer, faßt die Perspektive der Kleinbauern treffend zusammen:

»Es muß für die Kleinbauern offensichtlich sein, daß die erfolgreichen Bauern, die von der Zuckerfabrik zuerst erfuhren, Kumpel der Lieferanten derselben waren und um alle möglichen Methoden der Drahtzieherei für Inputs wußten. Da der ganze Handel unter Ausschluß der Öffentlichkeit vor sich geht, sehen die Kleinbauern dies als ein weiteres Beispiel des sie ausschließenden ›inneren Zirkels‹, falls sie jemals von technischen Autoritäten aufgefordert werden, das gleiche zu tun, sind sie verdammt sicher, daß es nicht zu den gleichen Bedingungen wäre, wie sie den großen Bauern angeboten werden.«[28]

Ihre Intuition ist gewöhnlich richtig. Der vielgerühmte Demonstrationseffekt hat genau das Gegenteil von dem verursacht, was er ursprünglich bewirken sollte. Die einfache Tatsache, daß der Großgrundbesitzer mit dem neuen Versuch erfolgreich ist, genügt oft, den Kleinbauern zu überzeugen, daß er damit keinen Erfolg haben kann.

Die Vermutung schließlich, daß wir uns der Produktionssteigerung wegen größere Gerechtigkeit einfach nicht leisten können, ignoriert die fundamentalste Produktionsbremse innerhalb des Systems der freien Marktwirtschaft: den Mangel an Käufern mit Geld, für die gestiegene Produktion zu zahlen. Man vergißt zu oft, daß Hunger allein die Produktion in der freien Marktwirtschaft nicht ausreichend stimulieren kann. Nur zahlende Kunden stimulieren die Produktion, und in den meisten Marktwirtschaften wächst heute ihre Zahl, wenn überhaupt, sehr langsam.

Die Frage impliziert, daß »ein wenig Ungleichheit eine gute Sache ist« oder wenigstens ein notwendiges Übel. In Zeiten vermuteter Knappheit ist die Vorstellung sogar noch leichter zu akzeptieren, daß wir uns an jene wenden sollten, die »oben« sind. Die Tatsachen zwingen uns jedoch zur Schlußfolgerung, daß dies genau der falsche Weg ist. Wir haben durch unsere Untersuchungen gelernt, daß Großgrundbesitzer gerade wegen ihrer mächtigen Position kaum genötigt sind, ihre Produktion – und insbesondere nicht die Produktion von lokalen Grundnahrungsmitteln – zu steigern; daß sie Ressourcen aus der Landwirtschaft in unnötigen Konsum und unproduktive Investitionen ableiten und daß sie ihr Land nicht voll ausnutzen. Wegen der Sachzwänge, die sie der Motivation und dem Konsum auferlegt, haben wir schließlich Armut als die schwerwiegendste Blockierung jeder Produktionssteigerung identifiziert. Wirtschaftliche Gerechtigkeit und wirtschaftlicher Fortschritt sind untrennbar.

Unsere Schlußfolgerung wird durch die Erfahrungen jener Gesellschaften unterstützt, die die ländliche Ungleichheit bewußt verringert haben. Die Chinesen beschlossen, nicht nur die Begünstigung der besser gestellten Bauernhöfe zu beenden, sondern auch Ungleichheiten auszugleichen, so daß alle Bauern gemeinsam vorankommen konnten. Sterling Wortman, ein Vizepräsident der Rockefeller Foundation, berichtete nach seiner Rückkehr aus China: »Lo-

kal gesehen, gibt es keinen guten oder schlechten Bauern. Es mag Unterschiede zwischen den einzelnen Regionen geben, aber innerhalb eines bestimmten Gebiets ist die Produktivität auf allen Feldern auf den gleichen hervorragenden Stand gestiegen.«[29]
In seinem »Report on China's Agriculture« berichtet H. V. Henle von der FAO über die Huadong-Kommune. Vor der Revolution zählte Huadong zu den ärmsten Gebieten der Gegend. Zwischen 1933 und 1949 starben ungefähr 3600 Menschen an Hunger, 4620 Kinder wurden als Sklaven verkauft und 4400 flohen. Die armen Kleinbauern, die 84 Prozent der Bevölkerung ausmachten, besaßen nur 9 Prozent des Landes. Heute, nachdem die grundsätzliche Ungleichheit und die Leistungsunfähigkeit als deren Folge ausgetilgt wurden, produziert diese Kommune so erfolgreich Reis, Ölsamen, Erdnüsse und andere Nahrungsmittelerzeugnisse, daß niemand mehr hungert und ein Drittel seiner Einwohner nicht in der Landwirtschaft beschäftigt zu werden braucht.[30]
Chinas Nationalproduktion zeigt, daß größere Produktivität die Folge größerer Gleichheit ist. Mitte der siebziger Jahre produzierte China fast 2000 Pfund Getreide pro Acre – doppelt soviel wie die entsprechende Pro-Acre-Produktion Indiens und Pakistans und nahezu der doppelte Pro-Acre-Ertrag gegenüber der Zeit vor der Revolution.[31]
Wie uns der Chinaspezialist der Cornell-Universität, Benedict Stavis erzählte, ernährt China 50 Prozent mehr Menschen um 20 Prozent besser (aufgrund von Vergleichen der Pro-Kopf-Zahlen für Getreide und Hülsenfrüchte) mit 30 Prozent weniger bebautem Land. Außerdem spiegelt seine Pro-Kopf-Statistik, gerade wegen Chinas weit größerer Gleichheit im Zugang zu produktiven Ressourcen, sehr viel genauer die Realität der Nahrungsmittelverteilung wider.

Ist klein immer schön?

Obwohl Kleinbauern, die unter den extremen, von uns umrissenen, erschwerten Bedingungen arbeiten, sich oft produktiver als Großgrundbesitzer erweisen, ist der landwirtschaftliche Fortschritt *nicht* eine Aufgabe des einfachen Zulieferns von mehr Kredit, Ausrüstung, Saatgut, Dünger und Bewässerung. Vor allem muß berücksichtigt werden, daß 30 bis 60 Prozent der in der Landwirtschaft Beschäftigten kein Land besitzen. Lediglich Inputs in die Richtung der Kleinbauern zu schieben, könnte daher niemals einen Entwicklungsaufschwung für die gesamte Bevölkerung in Gang setzen. Auch sollte man nicht den Fehler machen, zu glauben, daß die kleinen Bauernhöfe von Natur aus produktiver sind als die großen. Wir haben festgestellt, daß die Größe des Stücks Land weniger ausmacht als die *Beziehung* der Menschen dazu. Wir haben gesehen, daß kleine Bauernhöfe sehr produktiv sein können – wie in Japan –, wo die das Land bearbeitenden Menschen wissen, daß die Produktivität ihnen selbst zugute kommen wird. Und wir haben genau das Gegenteil gesehen: kleine Bauernhöfe mit niedriger Produktivität, wenn durch Kredit, Verschuldung und Pachtverordnungen jenen, die die Felder bearbeiten, das Ergebnis ihrer Bemühungen versagt wird.

Ähnlich steht es mit großen Bewirtschaftungseinheiten. Wir haben soeben die Ineffizienz der privaten Großgrundbesitzerbetriebe dokumentiert. Wechseln Sie diese privaten Grundbesitzer gegen antidemokratische Bürokraten aus, und die Produktivität wird immer noch niedrig bleiben, wie es die Entwicklung in der sowjetischen Landwirtschaft demonstriert hat. Das chinesische Volk hat ein anderes System entwickelt – eines, das den Vorteil aus größeren Bewirtschaftungseinheiten zieht und gleichzeitig den Menschen, die das Land bearbeiten, direkt die Kontrolle darüber gibt. In China ist der Landbesitz der Produktionsbrigade übertragen, die ein großes Dorf oder mehrere kleine Dörfer umfaßt. In der Praxis übergibt die Produktionsbrigade das Land zur Bebauung an die Arbeitskräfte des Dorfes, Produktionsteam genannt. Außer dort, wo große Traktoren und Mähdrescher gebraucht werden, ist das Dorfproduktionsteam für das eigene Feldmanagement und Rechnungswesen verantwortlich. Das Einkommen wird gemäß einem vereinbarten Arbeitspunktesystem verteilt, wobei jedem die notwendige Grundnahrung in Form von Getreide und andere wesentliche Dinge zugesichert sind.[32]

Somit kontrollieren in China die Menschen, die auf den Feldern arbeiten, sowohl das Land als auch die notwendigen Inputs direkt. Sie selbst bestimmen, wie das Einkommen aufgeteilt werden soll. Die Zentralregierung verlangt jetzt einen kleinen Prozentteil der Gesamtproduktion als Steuer, statt eine feste Menge zu fordern, wobei die Orte mit dem auskommen müßten, was übrigbleibt. Die Steuer beträgt gewöhnlich nur 1 bis 7 Prozent.[33] Auch wenn die Produktion beträchtlich ansteigt, erhöht die Zentralregierung nicht notwendigerweise die Steuerquote. Größere Produktion kommt daher direkt denen zugute, die die Felder bearbeiten. Wir haben das Ergebnis schon erwähnt: Die Nahrungsmittelproduktion ist in China

kontinuierlich angestiegen, und es hat mindestens seit den frühen 60er Jahren keine Hungersnot mehr gegeben.
Wir haben betont, daß mit größerer Gleichheit durch Umverteilung des Landes eine Steigerung der Produktion einherging, und zwar in so verschiedenen Ländern wie Japan, China, Taiwan, Ägypten, Kuba und Vietnam. Obwohl die Neuverteilung von Land und anderen landwirtschaftlichen Produktionsmitteln, selbst wenn sie nur teilweise erfolgt, die Produktion stimulieren kann, ist Neuverteilung nicht per se ein Entwicklungsimpuls. Wenn das Programm von einer Staatsbürokratie durchgeführt wird, in der Menschen nur passive Empfänger von Vergünstigungen der Regierung sind, setzt sich die alte Abhängigkeitsstruktur fort. Die einzige Änderung besteht dann nämlich darin, daß die Gruppe, die nun im Besitz der Macht ist, wohlwollend handelt. Da die Entwicklung jeder Sozialstruktur gänzlich auf der Entwicklung der Individuen in ihr gegründet ist, muß die Reduktion der Ungleichheit diese Abhängigkeitsstrukturen durchbrechen. Sie muß einen Prozeß einleiten, in dem die Menschen ihr Leben mehr und mehr selbst bestimmen. Der Prozeß der Landreform ist darum genauso wichtig wie die Reform an sich. Die Menschen müssen zusammen überlegen und entscheiden, wie sie das Land verteilen und alle einander widersprechenden Ansprüche in Einklang bringen wollen.
Die Erfahrung der Landreform wird auf diese Weise zu einem wertvollen gesellschaftlichen Erziehungsprozeß, der die Menschen auf die neue Aufgabe kollektiver Verwaltung vorbereitet. Genau diese Schlußfolgerung zieht eine Gruppe asiatischer Landökonomen in ihrer Reflexion über das Lehrreiche an der chinesischen Erfahrung: »Landreform durch Aktion . . . der Massen bietet eine Möglichkeit, an andere Verhältnisse der Herrschaft und der Abhängigkeit zu rühren: Frauen und Jugendliche, die niedrigen Kasten, selbst die Kinder, werden in diese Erfahrung einbezogen, die sie gefühlsmäßig stark bewegt und ihnen hilft, auch andere tiefverwurzelte Hemmungen in ihrem Denken zu beseitigen.«[34]
Größere Gleichheit durch die Initiative der Menschen zu erlangen ist daher der einzige Weg zu individueller und gesellschaftlicher Selbständigkeit. Ohne sie kann es keine Entwicklung geben.

* * *

»Heute betrachten einige Soziologen den Großgrundbesitzer mit Horror und argumentieren, daß die Entwicklungsaufgabe in der

Einkommensnivellierung innerhalb einzelner Länder bestehen sollte, und das bedeutet, sich eher auf den kleinen als auf den großen Grundbesitzer zu konzentrieren. Das bringt uns noch einmal zu der Frage: Wollen wir mehr Nahrungsmittel erhalten, um eine Welt mit einer explodierenden Bevölkerung zu ernähren? Oder wollen wir eine Neuverteilung der Einkommen? Ich glaube nicht, daß wir beides tun können.«
Ray Vicker, »This Hungry World«

»Unter allen Umständen untergräbt die Agrarreform den Produktionsprozeß.«
Magalhaes Chacel, brasilianischer Ökonom, »New York Times«, 16. August 1976

22

Hat die Grüne Revolution nicht die Sicherheit der Nahrungsversorgung verstärkt?

Frage: Sie wollen nur Versager sehen. Dabei übersehen Sie den wirklichen Beitrag der Grünen Revolution. Nach einem Bericht der »New York Times« tragen die verbesserten Getreidesorten jährlich 20 Millionen Tonnen mehr Getreide zur Produktion in Asien und Südostasien bei.
Sie haben zweifellos recht, daß bestimmte Gruppen daraus mehr Nutzen zogen als andere. Doch wo würden wir heute stehen, wenn das neue Saatgut nicht eingeführt worden wäre? In den frühen 70er Jahren waren wir mit ungewöhnlich schlechten Wetterbedingungen konfrontiert. Die internationalen Reserven schrumpften dramatisch, doch irgendwie kamen wir durch. Wenigstens war die Situation nicht so verzweifelt, wie sie hätte sein können, wenn nicht die Grüne Revolution in der vorherigen Dekade die Weltgetreideproduktion erhöht hätte. Hat nicht die Grüne Revolution wenigstens für ein gewisses Maß an Sicherheit in der Nahrungsmittelversorgung auf globaler Ebene gesorgt?

Unsere Antwort: Wir zählen zu den wichtigsten Ergebnissen unserer Recherchen, daß echte Sicherheit in der Nahrungsmittelversorgung nicht in bloßen Produktionszahlen errechnet werden kann, sondern nur durch die Beantwortung folgender Frage: Wie verletzbar ist ein Nahrungsmittelproduktionssystem Kräften gegenüber, die außerhalb der Kontrolle der Nahrungsmittelproduzenten selbst liegen?

Wie zuverlässig sind Produzenten?

Mit der Entscheidung, landwirtschaftlichen Fortschritt mit der Förderung der großen kommerziellen Produzenten gleichzusetzen, wird die Landwirtschaft aus den Händen selbstversorgender Bauern genommen, die ein persönliches Interesse an Nahrungsmittelproduktion haben, und Unternehmern anvertraut, deren einziges Ziel im Geldverdienen besteht. Das Ergebnis ist verringerte Sicherheit in der Nahrungsmittelversorgung.

Wenn z. B. Agro-Businessmen in Kolumbien entdecken, daß sie mit dem Anbau von Viehfutter für Nahrungsmittelkonzerne wie Ralston Purina mehr Geld verdienen können, als mit Grundnahrungsmitteln wie Bohnen, dann werden sie Futtergetreide anbauen. Wenn ein mexikanischer Agrarunternehmer in Sinaloa (Mexiko) feststellt, daß er mit Exporttomaten nahezu zwanzigmal mehr herausholen kann als mit Weizenanbau, dann wird er sich wahrscheinlich auf Tomaten umstellen. Wenn Großunternehmer in Zentral- und Südamerika sehen, daß sie mit Blumenanbau für den Export mehr Geld verdienen als mit Maisanbau für die einheimische Bevölkerung, werden sie eben Blumen anpflanzen.

Auf einer Forschungsreise in den Nordwesten Mexikos trafen wir zufällig mehrere neuerrichtete Brennereien, die Branntwein aus Trauben herstellten, die auf Tausenden Acres bewässerten Landes wuchsen, Land, auf dem die lokale Bevölkerung nahrhafte Nahrungsmittel anbauen könnte. Am nächsten Tag erklärte uns der Leiter der Getreideforschung im nahegelegenen, von der Regierung unterstützten Forschungszentrum, daß ein Farmer in diesem Gebiet pro Acre Rebland einen Profit von etwa 500 Dollar macht – viermal mehr als mit Weizen.

In einem Land wie Mexiko, in dem die Säuglingssterblichkeit wegen Unterernährung in den letzten zehn Jahren um 10 Prozent gestiegen ist, verringerte sich die Anbaufläche für Grundnahrungsmittel – Mais, Weizen, Bohnen und Reis – in der gleichen Zeit um 25 Prozent. Es überrascht nicht, daß Mexiko in den letzten drei Jahren 15 Prozent seines Maises, 25 Prozent seines Weizens und 45 Prozent seiner Sojabohnen importieren mußte.

Mexiko ist der Modellfall eines Landes, das seine landwirtschaftlichen Ressourcen bereits weitgehend großen kommerziellen Produzenten überlassen hat. Das Ergebnis? Die Regierung mußte die »modernisierten« Bauern praktisch bestechen, damit sie weiterhin Grundnahrungsmittel für den einheimischen Markt produzieren; sie mußte zwischen 1970 und 1975 die Preisgarantien bis zu 112 Prozent aufstocken. Trotz dieser Maßnahmen ist der Anteil des mit Grundnahrungsmitteln bebauten Landes gesunken. Weil der kommerzielle Agrarsektor die Produktion kontrolliert, konnten die kommerziellen Großfarmer mit Produktionseinschränkungen drohen,

um höhere, regierungssubventionierte Preise zu erhalten. Zeitweise verwirklichten sie die Drohungen, indem sie auf Futtergetreide oder Exportprodukte wechselten, bis die von der Regierung angebotene Unterstützung für den Anbau eines Grundnahrungsmittels hoch genug wurde. Die Nahrungsmittelversorgung eines Landes, in dem kommerzielle Großbauern eigentlich die Nahrungsmittelproduktion kontrollieren, ist aus einem weiteren Grund permanent gefährdet: Die Großbauern können Nahrungsmittel in Zeiten steigender Preise vom Markt zurückhalten, in der Erwartung späterer höherer Profite.
Die Nahrungsmittelversorgung eines Landes einer verhätschelten Elite anzuvertrauen, stellt sich in der Tat als eine gefährliche und kostspielige Entscheidung heraus.

Wie stark verletzen die Gefahren der Natur ein Agrarsystem?

Können wir Sicherheit in der Nahrungsmittelversorgung in Produktionsgesamtmengen messen, wenn die landwirtschaftliche Basis, welche die Zunahmen erzeugte, in sich selbst bedroht ist? Man bedenke folgende scheinbar isolierten Vorfälle:
Indonesien 1974–1975: Wenigstens 500 000 Acres mit der neuen Samensorte bepflanzte Reisfläche wurden durch eine Viruskrankheit zerstört, die von Singzikaden-Plagen verbreitet wurde.[1] (Indonesien hat seitdem ein Programm mit dem Ziel gestartet, den HRV-Reis durch seine eigenen lokal verbesserten Sorten zu ersetzen.)
Philippinen 1970–1972: Das Tungro-Reisvirus erreichte epidemische Ausmaße auf den Feldern der Grünen Revolution.[2]
Sambia, 70er Jahre: Eine Katastrophe in Form eines neu identifizierten Schimmelpilzes, genannt *Fusarium,* hat die neuen hybriden Maisarten befallen, die von kommerziellen Farmern angebaut wurden, während die traditionellen Maissorten der Dorfbewohner von Befall frei bleiben.[3]
Was sagen diese Beispiele für Ernteverluste durch Katastrophen und Schädlingsbefall aus?
Die Felder der Grünen Revolution sind oft anfälliger als Felder, die in der traditionellen Art mit lokal entwickelten Samen bepflanzt sind. Wieso? Teilweise einfach deswegen, weil der dichtere Stand auf den Grüne-Revolutions-Feldern den Schädlingen reichlichere Nahrungsgrundlage bietet. Mehrfaches, durch die schneller reifenden

neuen Samen ermöglichtes Bebauen und Ernten gibt auch den Schädlingen das ganze Jahr über Nahrung. Außerdem wurde das neue Saatgut mit der höchsten Priorität daraufhin gezüchtet, möglichst ertragreich, nicht aber Krankheiten oder Schädlingen gegenüber möglichst resistent zu sein.

Die Gefahr des Ernteverlustes wird dadurch vergrößert, daß das neue Saatgut Krankheiten und Schädlingen neuartige Möglichkeiten bietet, während wirksame traditionelle Praktiken, die sich mit diesen Problemen befassen, zu Opfern der Grünen Revolution werden. Zum Naßreisanbau gehörte traditionell das Überfluten der Felder für mehrere Wochen in jedem Jahr, was viele Schädlinge ertränkte. Leider läßt sich der starre Zeitplan für den Anbau der neuen Sorten mit dieser Praxis nicht vereinbaren. Der Anbau einer Nahrungspflanze im Wechsel mit einer den Boden verbessernden Pflanze (Gründüngung genannt), ist ein bewährtes traditionelles Verfahren, um Schädlinge zu kontrollieren, indem man ihre Wirtspflanze für eine Saison eliminiert. Diese Praxis war sogar in den Vereinigten Staaten bis vor kurzem weit verbreitet. Mit dem wachsenden Gebrauch von Kunstdünger kam die Gründüngung jedoch außer Mode. Das »Puddelverfahren« ist eine weitere Praxis, die ausstirbt. (Man läßt Wasserbüffel mit ihrer schleppenden Gangart die Felder »durchpflügen«, um den Boden mit Luft zu durchsetzen, die Wasserretention zu erhöhen, das Unkraut zu zertrampeln und Insekten zu vernichten.)[4]

Die genetische Gleichförmigkeit des über große Flächen angepflanzten neuen Saatguts bedeutet, daß die Felder viel anfälliger für Epidemien werden. Vor ein paar Jahren bekamen die Vereinigten Staaten eine flüchtige Ahnung, was dies bedeuten könnte. 1970 vernichtete der große südliche Maisblattbrand 50 und mehr Prozent der Ernte in vielen Staaten der Golfküste (15 bis 20 Prozent der gesamten US-Maisernte). Ein tragischeres Beispiel ist der irische Kartoffelmehltau, wodurch über eine Million Menschen in den 40er Jahren des 19. Jahrhunderts starben. Wissenschaftler glauben jetzt, daß der Mangel der Kartoffelpflanzen an genetischer Verschiedenheit das Grundproblem war.

Heute lassen sich die gesamten Zwergweizensorten* der Grünen Revolution (jetzt 20 Prozent des gesamten angebauten Weizens) auf eine *einzige* Mutterpflanze zurückführen. Das gleiche gilt für Zwerg-

* Zwerg (dwarf) bezieht sich auf die charakteristische geringe Höhe der Pflanzen, die ein Umknicken verhindert, auch wenn reiche Erträge ihre Spitzen schwerer machen.

reissorten. Sollten die Gene, die die Mutterpflanze zur Bildung der Zwergform besitzt, je mit einer Art verbunden werden, die die Anfälligkeit für Pflanzenkrankheiten wie Überwucherungen der Spelzen, Wurzelfäule oder Getreidebrand in sich trägt, dann könnte die Gründe Revolution über Nacht schwarz werden.
Der dichtere Stand, mehrfache Aussaat und Ernten pro Jahr und genetische Gleichförmigkeit können das neue Saatgut anfälliger machen. Darum legt jetzt die Pflanzenforschung größeres Gewicht auf das Züchten von Resistenz. Aber die Kernfrage ist viel komplexer, als einfach einen Samen zu finden, der gegen heute bekannte Krankheiten resistent ist. Die Natur ist nicht statisch. Schädlinge und Krankheiten passen sich ununterbrochen an.
Wissenschaftler, wie H. Garrison Wilkes, ein Spezialist in Maisgenetik an der Universität von Massachusetts, glauben, daß es nur eine Frage der Zeit ist, bis eine Mutation einer existierenden Krankheit stattfindet, die eine neue Samensorte befallen kann. H. G. Wilkes bemerkt, daß sich »in der Natur selbst sowohl Pflanzen als auch Krankheiten, die diese Pflanzen befallen, einander andauernd durch den Evolutionsprozeß anpassen«. Darum warnt er: »In der modernen Landwirtschaft mutieren die Pflanzen nicht mehr länger, sondern werden von neuen Samen jedes Jahr für kontinuierliche höhere Erträge gezüchtet. *Die Mutation der Krankheiten kann jedoch nicht gestoppt werden.*«[5]
Diese Unvermeidlichkeit würde nicht so schwer wiegen, wenn wir immer schnell ins Labor zurückeilen könnten, um eine neue Art zu produzieren. Wir würden der Natur immer einen Schritt voraus bleiben und dabei jeweils höchstens eine Getreideart verlieren. Aber eine resistente Spielart zu entwickeln, braucht Zeit. Kann die Welt im Ernstfall eine Zeitspanne von zehn oder zwanzig Samengenerationen abwarten – das sind vier bis fünf Jahre – bis eine resistente Hybride gezüchtet ist? Die Antwort ist ein ganz klares Nein.[6]
Außerdem nimmt dieses Szenarium an, daß das Material weiterexistieren wird, mit dem Pflanzenzüchter immer wieder neue resistente Spielarten kreuzen können. Aber ist dem so? Wir haben hier in Teil V über die soziale und ökonomische Transformation der Agrarkultur gesprochen. Aber wie steht es mit der Transformation der Weltagrarkultur im Hinblick auf die Pflanzen selbst? Was geschieht, wenn die kommerzialisierte, standardisierte Landwirtschaft nahezu in jede Ecke des Globus eindringt?
Die Menschheit hat in ihrer Geschichte über 3000 Arten an Nah-

rungs-Pflanzen kultiviert, davon gut die Hälfte in genügender Menge, um damit Handel zu treiben. Heute gibt es im starken Kontrast dazu nur fünfzehn Arten, die faktisch der ganzen Welt als Nahrung dienen und 85–90 Prozent der gesamten menschlichen Energie liefern; zu ihnen gehören Reis, Mais, Weizen, Sorghum, Gerste, Zuckerrohr, Zuckerrüben, Kartoffeln, süße Kartoffeln, Maniok, die gewöhnliche Bohne, Erdnüsse, Kokosnüsse und Bananen. Von diesen liefern nur drei Pflanzen – Weizen, Reis und Mais – jetzt 66 Prozent des Saatgetreides der Welt.[7]

Da wir nun alle von einigen *wenigen* Pflanzen abhängen, ist die Erhaltung der genetischen Verschiedenheit innerhalb dieser Arten absolut entscheidend. Wie wir schon gesehen haben, ist genetische Verschiedenheit notwendig, um die totale Vernichtung einer Nahrungspflanze zu verhindern, in der alle Pflanzen für den gleichen Krankheitserreger anfällig sind. Sie ist auch entscheidend als Vorratslager, aus dem neue resistente Spielarten gezüchtet werden können. Das Erbgut genetischer Verschiedenheit ist nicht gleichmäßig über die Erde verteilt. In den 20er Jahren entdeckte der russische Pflanzengenetiker N. I. Vavilov acht Haupt- und drei Nebenzentren extremer pflanzlicher Genverschiedenheit, alle in der dritten Welt lokalisiert (den Wendekreisen des Krebses und Steinbocks entlang), in gebirgigen Regionen durch abschüssiges Gelände oder andere natürliche Barrieren von außen abgeschirmt. Diese Zentren repräsentieren nur ein Vierzigstel der Erdoberfläche, sind aber das Herkunftsgebiet nahezu aller unserer Nahrungspflanzen. Aus diesen Reservoiren stammen viele der wertvollsten Spielarten und Gene, die von Pflanzengenetikern in den letzten fünfzig Jahren benutzt wurden.[8]

Bis heute sind Wissenschaftler immer wieder zu diesen Reservoiren der Mannigfaltigkeit für neues Keimplasma zurückgekehrt, um widerstandsfähige Sorten zu züchten. Doch diese Mannigfaltigkeit ist niemals ausreichend beschützt worden. Sammlungen genetischen Materials gingen oft verloren, wenn Wissenschaftler sie ablegten, nachdem sie die Gene gefunden hatten, die ihrem augenblicklichen Ziel entsprachen. In den 70er Jahren verschlimmerte sich das Problem plötzlich dramatisch. Der Pflanzengenetiker H. G. Wilkes drückt es so aus: »Wir stellten fest, daß mexikanische Bauern hybrides Maissaatgut von einer Firma im mittleren Westen Amerikas zum Anbau beziehen, daß tibetanische Bauern Gerste aus einer skandinavischen Pflanzenzuchtstation anbauen und daß türkische Bauern Weizen aus dem mexikanischen Weizenprogramm anpflanzen.« Er zieht den Schluß: »Jedes dieser klassischen Gebiete genetischer Verschiedenheit wird zu einem Gebiet der Uniformität.«[9]

Sind einmal fremde Samensorten eingeführt, können die einheimischen Sorten in einem einzigen Jahr aussterben, wenn ihre Samen verbraucht und nicht verwahrt werden. H. G. Wilkes bemerkt: »Das genetische Erbgut eines Jahrtausends in einem bestimmten Tal kann buchstäblich mit einer einzigen Schüssel Haferbrei verschwinden.«[10]

Einige argumentieren, daß unsere Versicherung gegen genetische »Ausradierungen« in der Errichtung von Saatgutbanken liegt, die Schatzkammern genetischer Mannigfaltigkeit sein würden. Leider sind auch Saatgutbanken verletzbar. Eine der wichtigsten Sammlungen von Maiskeimplasma in Peru und zugleich eine der größten Lateinamerikas ging unwiederbringlich verloren, als die Kompressoren für die Kühlschränke, in denen das Keimplasma gelagert war, ausfielen! Das Maisforschungszentrum in Mexiko, das das ursprüngliche Saatgut der Grünen Revolution erzeugte, verlor versehentlich einiges seines unersetzbaren, während der 40er Jahre gesammelten Maiskeimplasmas.[11] Bangladesh hat immer noch etwa 1200 verschiedene traditionelle Reisarten und Indonesien 600. Wie wirksam kann diese genetische Verschiedenheit beschützt werden, wenn sie erst einmal von den Feldern zur Kühllagerung in eine Saatgutbank gebracht wird? Eine von vielen Wissenschaftlern vorgeschlagene Alternative zu den Saatgutbanken sind sorgfältig ausgesuchte Naturreservate in der ganzen Welt, welche lebende Sammlungen auf den Feldern enthalten könnten.

Solange die Forschung jederzeit primär die Domäne einer weniger Konzerne bleibt, fragt man sich, welche Schutzmaßnahmen getroffen werden. Schon jetzt beliefern Pioneer Hy-Bred International, Inc. und DeKalb AG Research 55 Prozent des Hybrid-Mais-Marktes. Diese beiden und sechs weitere Konzerne beherrschen im Grunde genommen die gesamte Hybridenentwicklung und -vermarktung.[12]

Kann von solchen Firmen erwartet werden, lebende Schatzkammern genetischer Verschiedenheit erhalten zu helfen, an denen alle Länder teilnehmen könnten? Oder werden sie ihre genetischen Forschungen gegen ihre Konkurrenten schützen und nur die gegenwärtig am besten verkäufliche Sorte fördern?

Die Eigenständigkeit ist der dritte Maßstab einer echten Sicherheit der Nahrungsmittelversorgung. Um festzustellen, wie eigenständig ein Agrarsystem ist, muß man zuerst wissen, wer die landwirtschaftlichen Inputs kontrolliert, die nötig sind, um das Land produktiv zu machen. Nehmen Sie zum Beispiel das neue Hybrid-Mais-Saatgut.

Da dieses neue Saatgut sich nicht vollkommen selbst reproduziert, finden Bauern, die Saatgut von einer Ernte für die nächste Aussaat zurückhalten, ihre Erträge und die Qualität stark vermindert. Der Bauer – einmal in dem Hybrid-Saat-System gefangen – ist daher für jede Saison von einer neuen Saatgutlieferung abhängig. Dieses Saatgut kommt jetzt hauptsächlich von Privatgesellschaften, die es durch kontrollierte Bestäubung produzieren. Das amerikanische Landwirtschaftsministerium hat Saatgut mit dem Namen »apomixe« Hybride entwickelt, das die Bauern jahrelang, ohne neue Einkäufe bei den Saatgutgesellschaften, verwenden können.[13] Es sei unwahrscheinlich, so wurde uns gesagt, daß diese Entwicklung von den großen Firmen unterstützt wird, da dadurch ihr ganzes Verkaufssystem bedroht würde.

Offensichtlich läuft auch die Abhängigkeit von importiertem Kunstdünger der Erhaltung eines sicheren, eigenständigen Agrarsystems entgegen. Nichtsdestoweniger exportieren die in den Industrieländern ansässigen Konzerne und Institutionen den Mythos, daß chemische Düngemittel der beste Weg sind, um Produktionsgewinne zu erzielen. Dieser Weg zur Steigerung der Erträge ist für die meisten Europäer und Amerikaner ein selbstverständliches Modell. Von 1942 bis 1967 steigerte sich der Kunstdüngerverbrauch in den Vereinigten Staaten um das Zehnfache – allerdings nicht deshalb, weil es der einzige Weg zu Produktionsgewinnen war, sondern aus anderen Gründen.

Einmal wurde Kunstdünger spottbillig. Die Preise für Stickstoffdünger fielen auf die Hälfte und in manchen Fällen auf ein Viertel der Kosten unmittelbar nach dem Zweiten Weltkrieg. Die größere Nachfrage nach Stickstoffdünger kann auch mit der raschen Förderung des Fleischkonsums in Verbindung gebracht werden. (Man braucht ungefähr sechzehnmal mehr Stickstoff, um Fleisch auf Futtergetreidebasis zu produzieren, als zur Herstellung von Pflanzenprotein gebraucht wird.)

Noch bedeutsamer ist, daß der Kunstdüngerverbrauch wächst, um die Verarmung der Böden auszugleichen, die auf Stickstoffverlust durch schlechte Bebauungspraktiken und daraus sich ergebende Erosion zurückzuführen ist. Eine Schätzung setzt den Verlust an Bodenstickstoff in den reichen Böden des mittleren Westens Amerikas im letzten Jahrhundert auf 40 Prozent an.[14] Man schätzt, daß fünfzehn bis zwanzig Jahre lang organisches Material – Mist, Ernteréste, Abwasserschlamm und so weiter – auf diese Böden zurückgeführt werden müßte, um die organische Substanz und den Stickstoffgehalt der Böden wiederherzustellen. Die erschöpften Böden verraten viel über die amerikanische Landwirtschaft. Eine sorgfältige Bewirtschaftung, die notwendig ist zur Erhaltung empfindlicher oder zur Anreicherung armer Böden, entwickelte sich in Amerika nie, weil es bis jetzt einfach nicht notwendig erschien.
Die entscheidende Bedeutung sorgfältiger Landbewirtschaftung wurde den Amerikanern erst kürzlich klar. Ein Beamter des »Soil Conservation Service« in Iowa erklärte, daß es von der Art der Bodenpflege abhängt, ob die Humusschicht nur sechsunddreißig Jahre oder für eine unbestimmte Zeit ausreicht. Wenn der Boden im Herbst aufwärts und abwärts gepflügt und Jahr für Jahr Mais angepflanzt wird, ohne Ernterückstände auf den Feldern zu lassen, dann werden die gesamten fünfzehn bis zwanzig Zentimeter Humusschicht, selbst von Land mit einem sehr leichten Gefälle, verlorengehen. Wenn dagegen nicht gepflügt wird, wenn Konturtrassen angelegt und Ernterückstände auf den Feldern liegengelassen werden, könnten die zwanzig Zentimeter Bodenkrume für unbestimmte Zeit ausreichen, da stets neuer Humus entsteht. Heute jedoch erhält nur ein Drittel von Iowas Agrarboden die Maßnahmen zur Bodenpflege, die zur Erhaltung der Humusschicht notwendig sind.[15]
Ist dieser amerikanische Rekord in der Vernachlässigung der Bodenpflege und in der Abhängigkeit von Kunstdünger ein brauchbares Modell für unterentwickelte Länder heute?
Die Entwicklungsländer importieren jetzt 55 Prozent ihrer Stickstoffdünger,[16] was sie den hochschnellenden Düngerpreisen gegenüber sehr anfällig macht. Die Weltdüngerpreise stiegen zwischen 1970 und 1974 sprunghaft um das Dreifache an. Der Ernteertrag sank in der Folge in vielen Ländern, einfach weil sie von Kunstdünger abhängig geworden waren und ihn sich nicht länger leisten konnten. Aber auch wenn es möglich wäre, sich auf importierte Kunstdünger zur Steigerung der Nahrungsmittelproduktion zu ver-

lassen – ist das tatsächlich der richtige Ausgangspunkt für unterentwickelte Länder?
Kunstdünger können die Erträge steigern, doch sie können die organische Substanz des Bodens nicht erhalten oder bereichern. Die organische Substanz ist jedoch der entscheidende Schlüssel zur Fruchtbarkeit; sie erhält die krümelige Bodenstruktur, gewährleistet ein besseres Wasserhaltungsvermögen (entscheidend in Dürrezeiten) und ermöglicht dem Sauerstoff, zur Nutzung durch die Bodenorganismen einzudringen, welche Dung, Erntereste und anderes organisches Material zersetzen.
Sich hauptsächlich auf Kunstdünger zu verlassen, kann auf lange Sicht selbstzerstörerisch wirken. Je mehr man sich auf Kunstdünger verläßt anstatt auf Dung, Kompost, Fruchtwechsel und Gründüngung, um so mehr verschwindet die organische Substanz, desto weniger sind die Pflanzen fähig, anorganischen Stickstoff aus Kunstdünger zu absorbieren, so daß die Dosen laufend erhöht werden müssen. Kunstdünger sollten darum niemals als ein *Ersatz* für organischen Dünger angesehen werden. Zuerst sollten alle Quellen für organisches Düngematerial mobilisiert und dem Boden zurückgeführt werden. Für Länder wie China und Algerien, die Petroleum zur Herstellung von Kunstdünger zur Verfügung haben, kann die Entwicklung und Verwendung dieses Potentials vernünftig sein. Obwohl China große Anstrengungen unternimmt, um Petroleum zur Düngerherstellung zu nutzen, sind immer noch 70 Prozent seines Düngers organischer Herkunft, genügend, um eine ausreichende Nahrungsproduktion zu garantieren.
Selbst wenn es keine lokalen Ressourcen für Kunstdüngerproduktion gibt (und dies trifft für die meisten unterentwickelten Länder zu), können Ertragsgewinne durch die Mobilisierung des heute noch verschwendeten Potentials organischer Stoffe erzielt werden. Vorsichtig geschätzt, könnten Abfälle von Tieren, Pflanzen und Menschen in unterentwickelten Ländern *sechs- bis achtmal* mehr Nährstoffe liefern, als diese Länder im Jahr 1970/1971 durch Anwendung chemischer Düngemittel erhielten. 1973 wurde der ökonomische Wert der organischen Abfälle in unterentwickelten Ländern auf über $ 16 Milliarden geschätzt. Indem man arbeitsintensive Methoden anwendet, könnte der Stadtabfall in Indien zu Düngemitteln verarbeitet werden, und zwar zu einem Drittel der Kosten importierten chemischen Düngers.[17] Bis jetzt ist dieses Potential noch kaum angezapft worden.

Die meisten Maßstäbe für die Sicherheit der Nahrungsmittelversorgung sind auf globale Agrarproduktionsstatistiken fixiert. Doch Sicherheit der Nahrungsversorgung kann einfach nicht in einem Marktsystem existieren, in dem Nahrungsmittel ein Geschäft sind.

Man kann sich nicht darauf verlassen, daß kommerzielle Produzenten weiter für Hungernde anbauen, wenn sie mit Luxusfrüchten für die Minderheit, die immer gut bezahlen kann, mehr Geld verdienen können. Wir haben zudem gesehen, daß ein Großteil der angestiegenen Produktion ohne zwingende Notwendigkeit auf Kosten gesteigerter Anfälligkeit erreicht worden ist. Da Produktionssteigerung lediglich als ein technisches Problem betrachtet wurde, wurde die Landwirtschaft selbst völlig umgestaltet, indem sie von einem hoch komplexen, eigenständigen auf ein äußerst vereinfachtes und abhängiges System reduziert wurde. Die Grüne-Revolutions-Strategie verkehrt ein eigenständiges Recycling-System in eine lineare Produktionsformel: »Wähle das beste Saatgut, pflanze einheitlich über die größtmöglichen Flächen an, und dünge mit Kunstdünger.« Die Reduktion der Landwirtschaft auf diese einfache Formel macht die Pflanzen für Krankheiten und Schädlinge und den Boden für Erosion anfällig.

Eine derart reduzierte Landwirtschaft macht hochdosierte Kunstdünger und Schädlingsbekämpfungsmittel notwendig, um ihre innewohnenden Anfälligkeiten zu überdecken. Die echte Sicherheit der Nahrungsmittelversorgung wird weiterhin untergraben, wenn die Produktion zunehmend von Zulieferungsquellen von außen, über die es keine lokale Kontrolle gibt, abhängig gemacht wird. Wir sind alle dauernd den verfänglichen Unternehmenswerbungen ausgesetzt, die versuchen, uns so einzuschüchtern, damit wir an die konzernvermarkteten Agrarinputs als die einzige Sicherheit gegen Hunger glauben sollen. Dennoch schließen die steigenden Kapitalkosten dieser Art der Nahrungsmittelproduktion die Landbevölkerung in immer größerer Zahl aus und treiben die Nahrungsmittelpreise außer Reichweite derer, die die Nahrung am dringendsten brauchen.

Dieses Agrarsystem ist in den Industrieländern erst fünfundzwanzig Jahre lang in Betrieb, und trotzdem wird es als die sichere, ja die einzige Antwort für die gesamte Welt exportiert. Das ist ein unglaublich risikoreicher Vorschlag, wie immer man es betrachtet.

Wir haben gelernt, daß wirkliche Sicherheit in der Nahrungsmittelversorgung nicht einfach in Produktionszahlen gemessen werden kann. Sie muß daran gemessen werden, wie zuverlässig, wie elastisch und wie eigenständig das landwirtschaftliche System ist. Nach allen diesen Maßstäben bedeutet das Programm der Grünen Revolution für uns alle weniger Sicherheit in der Nahrungsmittelversorgung.

Teil VI:

Die Handelsfalle

23

Wie steht es mit ihren natürlichen Vorteilen?

Frage: Sie haben das Potential der unterentwickelten Länder für die Nahrungsmittelproduktion geschildert. Aber es gibt einen anderen Aspekt: Warum ist es notwendig, daß diese Länder ihre Nahrung selbst anbauen? Sind nicht bestimmte Gebiete für den Anbau einzelner Agrarprodukte besser geeignet als andere? Unterentwickelte Länder können nicht vom Industriegüterexport leben. Sie haben kaum oder zuwenig Industrie. Darum ist es doch nur logisch, daß diese Länder das produzieren, was sie am besten produzieren können. Wenn das nun Kaffee, Tee oder Kakao ist – warum sollte man sie nicht diesen natürlichen Vorteil ausnutzen lassen?

Unsere Antwort: Das Argument vom »natürlichen Vorteil« hört sich tatsächlich vernünftig an. Doch eine scheinbar natürliche Sachlage kann auch ganz einfach deshalb natürlich aussehen, weil die unsere Wirklichkeit gestaltenden wirtschaftlichen Kräfte schon sehr lange Zeit wirksam gewesen sind. Wenn wir unseren Morgenkaffee oder ein Stück Schokolade genießen, nehmen wir an, daß diese Genüsse praktisch gottgewollt sind. Wir sind so weit gekommen, uns bestimmte Länder als Regionen mit einheitlichem Klima vorzustellen, zum Anbau von Kaffee, Kakao, Kautschuk und Bananenbäumen vorherbestimmt, um den Rest der Welt mit diesen unwesentlichen »wesentlichen Dingen« zu versorgen. (Wenigstens scheint für viele Menschen die morgendliche Tasse Kaffee ziemlich wesentlich zu sein.) Wir müssen jedoch die Vorstellung aufgeben, wonach in der Art und Weise, wie die armen Länder ihr Land jetzt nutzen, irgend etwas Vorbestimmtes ist.

Einer der bedrückendsten Nahrungsmittelmythen sagt, daß viele Länder nur »tropische Feldfrüchte«, früher »Kolonialwaren« genannt, anpflanzen können. In Wirklichkeit können sie eine unglaubliche Vielfalt von Nahrungspflanzen anbauen – Getreide, proteinreiche Hülsenfrüchte, Gemüse und Obst. Die »Bananen-Republik«-

Terminologie läßt es leicht vergessen, daß Lateinamerika bis in die späten 30er Jahre des 19. Jahrhunderts sehr gut ohne einen einzigen Bananenbaum auskam. (Die erste Banane gelangte erst 1866 in die Vereinigten Staaten.) Was United Brands, Standard Fruit (Dole) und Del Monte »vorzügliches Bananenland« nennen, erweist sich als erstklassiges Ackerland – flach, tiefgründiger Boden, gut bewässert, geeignet für eine breite Vielfalt von Nahrungspflanzen. In der Tat: als United Brands und Standard Fruit ihre größeren Bananenplantagen im Rio-Aguan-Tal in Honduras aufgaben (aus Gründen der »Produktionszusammenlegung«), siedelten sich besitzlose Bauern darauf an und pflanzten Mais, Reis und Bohnen. Als der Zweite Weltkrieg den Kaffeemarkt beschränkte, wurden viele Kaffeebäume in Brasilien ausgerissen, damit Nahrungsmittel auf diesen Böden angebaut werden konnten, die zu den besten des Landes gehörten.[1]

Die meisten unterentwickelten Länder hängen nun für 50 bis 90 Prozent ihrer Exporteinnahmen von einem oder zwei Agrarprodukten ab. In der Zeit von 1970–1972 machten Bananen für Panama 58 Prozent der gesamten Exporteinnahmen aus, für Honduras 48 Prozent und für Somalia 31 Prozent.[2] Kaffee ist von entscheidender Bedeutung für elf Länder geworden, deren Deviseneinnahmen zu 25 Prozent oder mehr davon abhängen. 1972 brachte Kaffee für Kolumbien 53 Prozent der Devisen ein, für Burundi 78 Prozent, für Ruanda 50 Prozent, für Äthiopien 50 Prozent und für Uganda 61 Prozent.[3]

Die Konzentration auf eine begrenzte Zahl von Agrarprodukten erzeugt die Anfälligkeit, die das Kennzeichen der wirtschaftlichen und politischen Stellung der unterentwickelten Länder ist. Anfälligkeit bedeutet die Unfähigkeit, sein eigenes Geschick zu kontrollieren. Gibt es eine zutreffendere Definition der Unterentwicklung an sich?

Zu dieser Anfälligkeit gegenüber Konjunkturschwankungen – bedingt durch die Abhängigkeit von einigen wenigen Agrarprodukten – kommt das umfassendere Problem des allgemeinen Wertrückgangs der landwirtschaftlichen Güter, die von den meisten unterentwickelten Ländern exportiert werden. In der Tat *überstieg* der totale Verlust an Deviseneinnahmen für Afrika infolge der fallenden Preise, besonders bei landwirtschaftlichen Erzeugnissen, in den beiden Jahrzehnten nach dem Zweiten Weltkrieg, das gesamte ausländische Kapital, das in der gleichen Zeit als Investition, Darlehen oder Kredit an Afrika gegeben wurde.[4]

Bananen, die wichtigste Frischfrucht im internationalen Handel, illustrieren sehr gut, was dies bedeutet. Der Bananenpreis ist in den letzten zwanzig Jahren um ungefähr 30 Prozent gefallen, während der Preis für Fertigwaren gestiegen ist. 1960 entsprach der Preis eines Traktors drei Tonnen Bananen. 1970 kostete der gleiche Traktor den Gegenwert von 11 Tonnen Bananen.[5] (Es ist eine gehörige Tretmühle, wenn man nahezu viermal so schnell laufen muß, um auf der gleichen Stelle zu bleiben!)

Eine Berg-und-Tal-Bahn

So schwer auch das abnehmende Exporteinkommen die Wirtschaften der unterentwickelten Länder schädigt, die wirkliche Nemesis ökonomischer Planung sind die Preisschwankungen. Die hohen Preise in einem Jahr können Wirtschaftsplaner und Bauern verlokken, sich unausgesetzt auf eine bestimmte Feldfrucht zu verlassen, ja sogar die Produktion zu erweitern. Wilde Preisschwankungen üben jedoch verheerende Wirkungen auf langfristige Entwicklungspläne aus. Die Preise können nicht nur von Jahr zu Jahr schwanken, sondern von Woche zu Woche und sogar von Tag zu Tag.

Die Kolonialmächte wählten (siehe Teil III) jene Agrarprodukte aus, die kein häufiges Anpflanzen erforderten. Das war alles gut und schön für die Kolonialherren, welche die Abhängigkeit von Arbeitskräften auf ein Minimum reduzieren wollten. Die Folgen aber können für jene ehemaligen Kolonien verheerend sein, deren gesamte Wirtschaft jetzt ausschließlich auf Kaffee, Palmöl oder Bananen angewiesen ist. Ein Kaffeebaum braucht fünf Jahre bis er Früchte trägt; Palmölbäume erfordern drei bis vier Jahre. Ebenso kann man in der Bananenproduktion nicht je nach Preisänderungen ein- und aussteigen, wie es ein amerikanischer Farmer mit Weizen und Hafer könnte. Ein Bananenbaum erreicht sein volles Potential erst zwei Jahre nach der Anpflanzung, und selbst dann macht er sich, wenn überhaupt, erst durch die Erträge der nächsten fünf bis zwanzig Jahre bezahlt. Bei Kakaobäumen muß man ein Jahrzehnt oder länger bis zur ersten Ernte warten.

Was geschieht, wenn Sie durch die hohen laufenden Preise ermutigt werden, sich in den Anbau neuer Kaffeepflanzungen zu stürzen? Wenn Ihre erste Ernte eingebracht werden kann, müssen Sie möglicherweise feststellen, daß dem Kaffeemarkt der Boden entzogen worden ist. Die Wahrscheinlichkeit, daß dies eintrifft, ist sehr groß, da Produzenten in Ihrem und anderen Ländern zur gleichen Zeit wie Sie angepflanzt haben werden, um der Nachfrage nachzukommen. Das Ergebnis ist eine Überproduktion, wenn einmal die neuen Bäume mehr zu tragen beginnen, als die Verbraucher, selbst bei Preissenkungen, kaufen wollen. (Bedenken Sie, ein Rückgang des Ladenpreises von 10 Cents, den General Food für Maxwell House-Kaffee verlangt, stellt wahrscheinlich einen weit größeren Preisrückgang für den Anbauer dar. Und dennoch werden Sie vermutlich nicht noch mehr Kaffee trinken.) Es hat bereits mehrere Kaffeepleiten gegeben. Während der Depression fielen die Kaffeepreise um 80 Prozent. Die brasilianische Regierung versuchte erfolglos eine Preisstützung durch Verbrennen von 80 Millionen Säcken (jeder 60 kg schwer!), was der Menge des gesamten Weltverbrauchs in zwei Jahren entspricht.[6]

Spekulationsgeschäfte sind ein Hauptgrund für extreme Preisschwankungen. Nehmen Sie Kakao. Der größte Teil des exportierten Rohkakaos (ungefähr vier Fünftel der gesamten Produktion werden roh exportiert) wird durch Händler und Spezialfirmen in New York, London, Paris, Amsterdam und Hamburg auf der Preisbasis verkauft, die durch Angebote und Offerten an den Kakaoterminmärkten bestimmt wird. Was ist die Ursache für die Preisanschläge auf den Kakaoterminmärkten? Vielleicht ist eine Zusammenkunft der Kakaoproduzenten einberufen worden. Das allein kann von den kalt berechnenden Kakaohändlern als Hausse-Tendenz angesehen werden und dementsprechend die Kakaopreise für einen Tag oder für einen Monat, hochtreiben.[7] Gerüchte von einem politischen Wechsel in der Regierung eines wichtigen Kakaoproduzenten oder ein einziger Bericht über irgendwelche obskuren Kakaoschädlinge können die gleiche Augenblickswirkung haben.

Der springende Punkt ist der, daß die Preisschwankungen, sagen wir infolge von wetterbedingten Abweichungen im Angebot, von einer kleinen Anzahl Leute, die gewöhnlich nichts mit dem Anbau der Feldfrucht zu tun haben, außerordentlich verstärkt werden. Ihr »Geschäft« ist die Spekulation. Ihr Interesse ist ein aktiv schwankender, schnell wechselnder Markt, da man durch richtiges Spekulieren an der Börse Geld machen kann, egal ob die Preise nach oben oder nach unten gehen. Wie ein Vertreter einer amerikanischen Handelskammer 1975 in einem Seminar für Geschäftsführer in Agrokonzernen sagte: »Stabilität, meine Herren, ist die einzige Sache, mit der

wir nicht fertig werden.« Anders als die Börsenkursschwankungen, die sich nicht direkt auf die Einnahmen der gehandelten Konzerne auswirken, treffen Spekulationen auf dem Terminmarkt direkt die Einnahmen der Produzenten und die *Voraussagbarkeit* der Einnahmen.
Die Spekulation führt auch ein Element der Unsicherheit ein, das an sich die Verkaufsaussichten für Produzenten drücken kann. Hersteller von Süßigkeiten suchen zum Beispiel ihre Profitrisiken zu reduzieren, indem sie die Verwendung von den im Preis stark schwankdenen Bestandteilen verringern. Eine Spekulationsware wie Kakao wird wahrscheinlich immer weniger gebraucht und womöglich durch einen zuverlässigen synthetischen Stoff ersetzt werden. Wenn Sie die Anzeigen in »*Food Engineering*« und »*Food Technology*« und ähnlichen Publikationen durchblättern, werden Sie entdecken, daß Großunternehmen schon jetzt vor Herstellern von Süßigkeiten damit prahlen, daß ihre chemische Schokolade besser als echte Schokolade ist.

»*Alles auf zwei Karten setzen*«

Was kann ein staatlicher Planer in Ghana tun, wenn über die Hälfte der bebaubaren Bodenfläche seines Landes jetzt mit Kakaobäumen bepflanzt ist? In den späten 50er Jahren, als die Kakaopreise hoch waren, beschloß Ghana seine Produktion zu verdoppeln. Entwicklungspläne wurden gemacht, die mit steigenden Deviseneinnahmen rechneten. Doch während die Preise, die Ghana für seine Importe bezahlen mußte, ständig stiegen, schwankte der Preis, den es für Kakao erhielt, ständig: In einem Jahr stieg er auf ungefähr 1000 Dollar pro Tonne und fiel wieder hinunter bis auf weniger als 400 Dollar im nächsten Jahr; nach einem erneuten Anstieg auf 1000 Dollar sank der Preis später auf weniger als 600 Dollar.[8] Der Gesamtrückgang vom Höhepunkt der mittleren fünfziger Jahre ist auf 80 Prozent geschätzt worden.[9] Sie können sich vorstellen, was aus Ghanas Entwicklungsplan wurde. Das Einkommen aus Sisal war nicht zuverlässiger. Tansanias erster Fünf-Jahres-Plan rechnete für Sisal mit einem Weltmarktpreis von 90 Pfund. Schon kurz danach fiel der Preis auf 60 Pfund.
Gegen Ende 1976 verkündete Kuba, daß der plötzliche Zusammenbruch des Zuckerpreises (von 64 Cents auf 6 Cents pro amerikani-

sches Pfund in achtzehn Monaten) Kuba dazu zwinge, seinen Fünf-Jahres-Plan entsprechend der veränderten Situation neu zu formulieren.
Vor mehreren Jahren verwandelte die Regierung von Malaysia in einem der ehrgeizigsten Siedlungsprojekte, die je in Asien in Angriff genommen wurden, Hunderttausende Acres Dschungel in neue Siedlungen, in denen Palmöl und Kautschuk für den Export angebaut wurden. Es schien zu gelingen. Die Siedler konnten ihre Häuser verbessern, einige Konsumartikel kaufen und sogar für die Ausbildung ihrer Kinder sparen. Dann – 1974 – änderte sich das ganze Bild. Die Rezession in den Industrieländern brachte den Preis für Kautschuk und Palmöl zum Stürzen. Da sie gänzlich von diesen beiden Agrarprodukten abhängig waren, fielen auch die Einkommen der Siedler stark. Heute werden die neugerodeten Flächen nicht mehr besiedelt. Ein Mitglied des malaysischen Parlaments bemerkte: »Mit unserem ganzen landwirtschaftlichen Entwicklungsplan haben wir ›auf zwei Karten‹ gesetzt – Kautschuk und Palmöl. Es gibt keine Diversifikation, wir bauen zuwenig für unsere eigene Ernährung an. Alles ist für den Verkauf bestimmt, und wenn die von uns nicht kontrollierten Weltmarktpreise fallen, dann ist es unser Volk, das darunter leidet.«[10]
Außer ihrer Verwundbarkeit – bedingt durch die Abhängigkeit von langsam reifenden Feldfrüchten mit höchst unstabilen Preisen – stoßen die landwirtschaftlichen Exportprodukte, für die sich die einstigen Kolonialherren entschlossen hatten, heute bei den Konsumenten an die Sättigungsgrenze. Dabei spielt es keine Rolle, wie wohlhabend die Verbraucher sind oder wie tief die Preise sinken, denn die Konsumenten können nun einmal nur begrenzte Mengen von Produkten wie Kakao, Kaffee und Bananen essen oder trinken.

Der »Lohn« der Exportagrikultur

Wie hat sich nun die exportorientierte Landwirtschaft für die unterentwickelten Länder ausgewirkt? Über die Hälfte der auf der Liste der Vereinten Nationen genannten 40 Länder, die von der Nahrungsmittelkrise der 70er Jahre am schwersten betroffen wurden, sind von landwirtschaftlichen Exporten wenigstens zu 80 Prozent ihrer Exporteinnahmen abhängig.[11] Das allein sagt einiges aus.
Die Einkünfte aus ihren landwirtschaftlichen Exporten haben mit

den Kosten ihrer steigenden Nahrungsmittelimporte aus den Industrieländern einfach nicht Schritt gehalten. Die Getreideimporte allein sind jetzt auf über 50 Millionen Tonnen pro Jahr gestiegen. Ironischerweise sind die Preise der Agrarprodukte, die vorherrschend von Industrieländern verkauft werden, wie Getreide und Sojabohnen, sehr viel schneller gestiegen als die Preise der Güter, die von den unterentwickelten Ländern exportiert werden. Die landwirtschaftlichen Exporteinnahmen der Industrieländer sind daher mehr als zweimal so schnell gestiegen als jene der unterentwikkelten Länder. Der Anteil der unterentwickelten Länder an den Einnahmen des Weltagrarhandels fiel von 40 Prozent in den Jahren 1961–1963 auf 30 Prozent von 1970–1972.[12] Außerdem fielen zwei Drittel der durch die jüngsten Preisanstiege der Agrarexporte verursachten Gewinne den Industrieländern zu.[13] Sie, nicht die unterentwickelten Länder, sind es, die eindeutig den Kampf um die Agrarexporteinnahmen gewonnen haben.

Vom Agrarhandel als dem wichtigsten Stimulus für Wachstum abzuhängen, hat faktisch *kein* Wachstum bedeutet. Für etwa die Hälfte der Bevölkerung in den unterentwickelten Ländern ist das Pro-Kopf-Einkommen während der letzten vier Jahre nicht gestiegen. Natürlich bedeutet diese Durchschnittsangabe in Wirklichkeit, daß einige wenige gewonnen haben, während die Mehrheit schlimmer dran war als vier Jahre zuvor.

Warum sollten unterentwickelte Länder nicht ihren »natürlichen Vorteil« für die Produktion einiger weniger tropischer Agrarprodukte ausnutzen? Wir sind zu dem Schluß gekommen, daß an der ganzen Sache nichts naturgegeben ist und daß sie keinen Vorteil bringt. Wir haben festgestellt, daß die Entwicklung der exportorientierten Landwirtschaft nicht natürlich war, sondern daß sie auf Agrarprodukten aufgebaut wurde, die den Interessen der Kolonialherren entsprachen. Wir haben gesehen, wie die Preise für Agrarprodukte aus der Hinterlassenschaft des Kolonialismus gesunken sind, in manchen Fällen absolut und in jedem Fall relativ zu den Industrieprodukten, welche die Entwicklungsländer vom Ausland kaufen; wie Preisschwankungen die Entwicklungsplanung zu einem Alptraum machen und wie Sättigung des Verbrauchermarktes in den Industrieländern die lange und gewundene Straße zu einer Sackgasse macht.

Was ursprünglich als ein System entworfen wurde, mit dem man den Reichtum aus unterworfenen Ländern herausholen konnte, wird jetzt immer noch von vielen als der einzige Entwicklungsweg für diese Länder propagiert. Es ist merkwürdig, daß die meisten Beobachter den Widerspruch nicht sehen oder nicht sehen wollen. Für uns ist der Widerspruch unwiderlegbar. Heute dient die exportorientierte Landwirtschaft, die die Wirtschaft unterentwickelter Länder beherrscht, in der gleichen Weise ausländischen Interessen wie vor Hunderten von Jahren. Wie kann ein solches System jemals als Basis für selbstbestimmte Entwicklung betrachtet werden?

24

Brauchen die reichen Länder die Produkte der unterentwickelten Länder nicht?

Frage: Aber *brauchen* die Industrieländer nicht jene tropischen Produkte aus den unterentwickelten Ländern, die sie selbst nicht anbauen können? Gibt dies nicht den unterentwickelten Ländern eine starke Verhandlungsposition?

Unsere Antwort: Während Agrarexporte für die unterentwickelten Länder selbst wirtschaftlich über Leben und Tod entscheiden, sind diese Exporte für die Industrieländer von sekundärer Bedeutung. Darum können es sich die Industrieländer leisten, die Entwicklungsländer mit ihren Forderungen nach höheren Preisen hinzuhalten. Ein Preisanstieg ist immer mit dem Risiko eines spontanen, aber verheerenden Rückgangs des Verbrauchs verbunden. Die Amerikaner reagierten auf die Kaffeepreiserhöhung von 1954 mit der Änderung ihrer Kaffeetrinkgewohnheiten. Sie begannen, ein Pfund Kaffee zu strecken, so daß sie daraus sechzig Tassen anstatt der früheren vierzig machen konnten.
In den wenigen Fällen, in denen die importierte Ware für die Wirtschaft der Industrieländer wichtig ist – wie beispielsweise Kautschuk oder Jute –, können die Industrieländer Ersatzprodukte entwickeln. Tatsächlich geben die Industrieländer wenigstens 1 Milliarde Dollar pro Jahr dafür aus. Naturkautschuk, Jute und Hartfasern sind am meisten durch Substitute gefährdet. Synthetische Ersatzstoffe für Kaffee, Tee, Kakao und Gewürze existieren schon. Kann die künstliche Banane (»garantiert nicht faulend«) noch weit entfernt sein? Alles in allem: die Verhandlungsposition der unterentwickelten Länder steht auf keiner sicheren Grundlage.

Der Mythos vom freien Handel

Durch Importtarife und -quoten auf der einen Seite und Subventionierung ihrer eigenen Agrarprodukte auf der anderen Seite können

Industrieländer unterentwickelte Länder immer daran hindern, von vergleichsweisen Vorteilen zu profitieren. Seit der Kennedy-Runde in den 60er Jahren sind die durchschnittlichen Einfuhrzölle auf Importe aus unterentwickelten Ländern zweimal so hoch wie auf Importe aus allen Ländern zusammen.

Außerdem steigen die Einfuhrzölle der Industrieländer mit dem Grad der Verarbeitung des Produktes: somit sind Zölle auf Fertigprodukte (wie Schokoladentafeln) fünfmal höher als Zölle auf Rohstoffe (wie Kakaobohnen). Halbfertigwaren (wie Kakaopulver) fallen irgendwo dazwischen.[2] Japan erhebt typischerweise keine Zölle auf Kakaobohnen, 30 Prozent auf Kakaopulver und 35 Prozent auf Schokolade. Derartige Tarifgesetze haben für die unterentwickelten Länder die Möglichkeiten und auch das Interesse stark beschränkt, vom Rohstoffexport auf den Export verarbeiteter Produkte überzugehen. Da ein großer Teil des Potentials für Gewinne und für die Entwicklung einer integrierten selbständigen Wirtschaft in der Verarbeitung von Rohstoffen liegt, ist dies natürlich ein ernsthaftes Entwicklungshindernis.

In der Mitte der sechziger Jahre beschloß die brasilianische Regierung, die Schaffung einer Industrie für die Herstellung von sofort löslichem Kaffeepulver zu fördern (die nicht unbedingt brasilianischen Firmen gehören mußte und, wenn möglich, in den Vereinigten Staaten durch eine amerikanische Firma vermarktet werden sollte). Da brasilianisch-verarbeiteter Kaffee im Preis wettbewerbsfähig war, eroberte er in weniger als zwei Jahren 14 Prozent des Marktes in den Vereinigten Staaten. Kaffeeverarbeiter der Vereinigten Staaten schlugen zurück, indem sie das Außenministerium soweit brachten, auf Brasilien Druck auszuüben, seine eigenen Exporte von verarbeitetem Kaffee so hoch zu besteuern, daß sie mit dem in den Vereinigten Staaten verarbeiteten brasilianischen Kaffee nicht länger wettbewerbsfähig waren.

Die direkteste Taktik, die Industrieländer zur Einschränkung der Importe anwenden, sind die Importquoten. Quoten erarbeiten auf verschiedene Weise. Das importierende Land kann gewisse Waren aus irgendeinem Land bis zu einer bestimmten Höhe importieren und dann die weitere Einfuhr stoppen. Man kann sich leicht vorstellen, welche entmutigende und auflösende Wirkung dieses System auf Länder haben muß, die nie wissen – selbst nachdem sie in Exportproduktion investiert haben –, ob das Produkt auf ausländischen Märkten zugelassen wird. 1975 veranlaßte der Protest der kaliforni-

schen und texanischen Produzenten gegen den Massenimport von Erdbeeren und Gemüsen aus Mexiko die Behörden der Vereinigten Staaten, mehrere Millionen Kilogramm zurückzuschicken. Ein großer Teil dieser Produkte mußte nachträglich weggeworfen werden.
Dann gibt es die Quotenverteilung auf jedes exportierende Land, wobei die Höhe der letzten Exporte maßgebend ist. Neulinge verlieren dabei klar, und die Motivation zur Verbesserung der Produktionsmethode wird erstickt.[3]
Die Drohung der Auferlegung von Quoten durch die Industrieländer schwebt dauernd über potentiellen Lieferanten aus der dritten Welt. Seit der Abschaffung des Zuckerquotensystems durch die Vereinigten Staaten im Jahre 1974 haben verschiedene unterentwickelte Länder, besonders Senegal und Sudan, ihre Zuckerproduktion erweitert – eifrig darauf bedacht, den Vorteil ihrer Wettbewerbsposition im neueröffneten Ballspiel wahrzunehmen. Doch wie wird es sich auf diese Länder auswirken, wenn der Kongreß der Vereinigten Staaten als Antwort auf den Druck amerikanischer Farmer hin wieder entscheiden sollte, eine stark einschränkende Importquote einzuführen? Die Produzenten würden einfach auf ihren Zuckersäkken sitzenbleiben.
Doch Quoten und Tarife sind nur ein Teil der Geschichte, wie die Industrieländer Produkte aus den armen Ländern fernhalten. Manchmal können kleine Änderungen in den Verordnungen eines Industrielandes für ihre einheimische Industrie Exporte aus einem unterentwickelten Land völlig untergraben. Baumwollballen wurden in den Vereinigten Staaten mit jenen braunen, stark faserigen Hüllen gebündelt, durch die die Baumwolle herausdrückte. Diese Hüllen wurden nahezu ausschließlich aus Jute hergestellt, dem Haupt- (und nahezu einzigen) Exportgut Bangladeshs. Die Annahme von Handelsbestimmungen über das Nettogewicht im Jahr 1971 schuf jedoch einen Ansporn für die Industrie, weniger teure, leichtere Hüllen zu erfinden.[4] Synthetische Hüllen sind nun in den Markt eingedrungen und werden von chemischen Firmen, die versuchen, den Markt zu erobern und Jute endgültig zu verdrängen, sogar unter dem Herstellungspreis verkauft.
Natürlich haben politisch einflußreiche Kreise in den unterentwickelten Ländern nicht passiv zugewartet, als die Industrieländer Tarife und Quoten einführten. Sie haben ihren Einfluß für Präferenzabkommen geltend gemacht, die ihnen bevorzugt Zugang zu den Märkten der Industrieländer vor anderen Exporteuren geben. Mit

großem Widerstreben sind solche Präferenzen schließlich von mehreren westlichen Ländern eingeführt worden. Es überrascht jedoch nicht, daß die Produkte, denen Vorzugsbehandlung gewährt wurde, genau jene sind, bei denen die Industrieländer ohnehin schon führend waren und einen wesentlichen Vorsprung in bezug auf Preis, Qualität, Formgebung, Vermarkungskanäle und Know-how haben. Bevorzugt werden Agrarprodukte, die von den unterentwickelten Ländern exportiert werden. Die Zollsenkung wird darum das bisherige Kräfteverhältnis, wenn überhaupt, dann nicht wesentlich verrücken.[5] Alle Waren, die zur wirklichen Drohung hätten werden können, wurden von den Zollpräferenzen ausgenommen. Als nach Jahren der Verzögerung die Vereinigten Staaten beschlossen, dem Präferenzsystem beizutreten, behielten sie sich das Recht vor, mehrere Waren davon auszuschließen, und machten dabei den Zugeständnischarakter des Systems fast zu einer Farce. Das Handelsgesetz von 1974 schließt Textilien, Schuhe, Stahl und Uhren wie auch alle anderen Produkte aus, die die einheimische Industrie bedrohen oder die Staatssicherheit (z. B. Petroleum) betreffen.[6]
Die Industrieländer haben in Präferenzabkommen Klauseln eingefügt, die es ihnen ermöglichen, die Zollsenkungen aufzuheben, wenn die Importe einheimische Arbeitsplätze gefährden (lies: wenn sie Verkäufe und Profite inländischer Kapitalgesellschaften verringern). Außerdem stellt das Handelsrecht der Vereinigten Staaten die Bedingung, daß, wenn immer ein Exportartikel eines Landes während eines Kalenderjahres einen Wert von $ 25 Millionen oder 50 Prozent des gesamten amerikanischen Imports dieses Artikels erreicht, Präferenzabkommen für diesen Artikel aufgehoben werden.[7] Das Ganze bedeutet einfach, daß die Industrieländer *nicht* daran denken, die Vorteile, die sie aufgebaut und über Jahrhunderte geschützt haben, auf einem Servierteller, genannt »Präferenzabkommen«, zu überreichen.
Wir haben die facettenreiche Anfälligkeit der unterentwickelten Länder im internationalen Handel herausgestellt, die in die eine Feststellung mündet: Auch wenn die Exportlandwirtschaft eine solide Entwicklungsbasis wäre (was wir nicht glauben), könnte sie wegen der starken, diskriminierenden Kräfte, die in den Industrieländern ihren Ursprung haben, niemals funktionieren.

25

Gibt es nicht Kartelle?

Frage: Sind nicht einige unterentwickelte Länder dabei, Erzeugerverbände – ein höflicher Ausdruck für Kartell – zu organisieren, um einen besseren Preis für ihre Produkte zu erhalten? Was hindert die Bananenproduzenten, die Kakao- und Teeproduzenten, ihre eigenen kleinen »OPECs« zu gründen?

Unsere Antwort: Zuerst einmal sind Bananen nicht Öl. Die Menschen in den Industrieländern können sehr viel leichter ohne Bananen, Kakao oder Tee auskommen als ohne Öl. Außerdem konkurrieren die meisten produzierenden Länder miteinander um einen Anteil an stagnierenden, von wenigen Käufern beherrschten Märkten. Angola steht im Wettbewerb mit Brasilien um den Kaffeemarkt. (Das ist eine direkte Erbschaft des Kolonialismus. In der Mitte der zwanziger Jahre und wieder unmittelbar nach dem Zweiten Weltkrieg förderten Großbritannien, Frankreich und Portugal den Anbau von Kaffee in ihren afrikanischen Kolonien mit dem direkten Ziel, Brasiliens Vorherrschaft zu brechen.) Ghana versucht mit seinem Kakaoverkauf die erste Stelle vor Kamerun zu halten. Bangladesh versucht verzweifelt, mit seinem Juteverkauf Indien zu übertreffen. Jute aus Indien und Bangladesh steht im Wettbewerb mit Hanf aus Thailand. Die Industrieländer können die Produzentenländer auch getrennt halten, indem sie die bestrafen, die Erzeugerkartellen beitreten. Die Vereinigten Staaten fügten in ihrem Handelsgesetz von 1974 eine Klausel ein, die Handelspräferenzen jedem Land versagt, das einem Erzeugerverband für irgendeine Ware beigetreten ist.

Kartell der Konzerne

Wichtig ist aber vor allem, daß die Entscheidungen der Regierungen produzierender Länder schon vorweggenommen sind: Wie kann ein

unterentwickeltes Land darauf hoffen, ein wirkungsvolles Produzentenkartell zu organisieren, wenn die Kartelle der Konzerne schon längst alles kontrollieren? Wir hoffen, daß wir mit unserer Antwort auf Frage 23 nicht den Eindruck erweckt haben, daß die Preisschwankungen landwirtschaftlicher Erzeugnisse nur eine Frage schlechter Ernten, politischer Unruhen oder Spekulationen sind. Wenn einige wenige Konzerne den Zugang zu den Märkten kontrollieren, können sie kaum daran gehindert werden, den Markt für Profitmaximierung zu manipulieren; dabei treiben sie die Preise nach unten, um von den Erzeugern aufzukaufen und wieder hoch, um die Waren mit gutem Profit auf dem Markt zu verkaufen.
Der Kakao veranschaulicht sehr gut den Kontrast zwischen den Chancen der produzierenden Länder und jenen der multinationalen Unternehmerkartelle, die in Wirklichkeit die Produktion und Vermarktung der meisten Waren kontrollieren. Die von einer kleinen Anzahl großer Firmen in den Industrieländern beherrschte Kakaoverarbeitung bleibt eine der gewinnträchtigsten Industrien der Welt. 1967 lag die in der Schokoladeproduktion verdiente Bruttogewinnspanne 38 Prozent über der Durchschnittsgewinnspanne für vergleichbare Nahrungsmittel verarbeitende Industrien.[1] Doch wie profitabel ist es für die produzierenden Länder?
Gemäß einer ghanaischen Zeitschrift verlor Ghana im Jahr 1970/1971 50 Millionen Dollar wegen der Manipulierung des Kakaomarktes durch die wenigen großen Kakaofirmen der Welt. Ein multinationaler Konzern, Gill and Duffus, kontrolliert 40 Prozent des Weltkakaohandels. Er stellt Schokolade her, spekuliert auf dem Kakaoterminmarkt und veröffentlicht die »Cocoa Market News«. Wie die Zeitschrift weiter berichtet, »gibt es keine Hemmungen und Gleichgewichte, die Gill and Duffus von der Marktmanipulation zur Maximierung ihrer Gewinne abhalten könnten«.[2]
Ähnlich steht es mit dem Palmöl. Wir hörten von einem Erzeugerkartell für Palmöl und gingen der Sache nach, um herauszufinden, wie es Palmöl exportierenden unterentwickelten Ländern helfen könnte. Wir stellten fest, daß das Erzeugerbündnis in Wirklichkeit niemand anderes als ein europäischer Konzern war, eins der ersten der aus der tropischen Landwirtschaft profitierenden Unternehmen. Dieses kontrolliert jetzt 80 Prozent des internationalen Markts für Ölsaaten. Zum Erzeugerbündnis zählen sechs Mitglieder, doch ein Zweig in Afrika hält einen Anteil von 80 Prozent der gesamten Exporte der Gruppe. Zugleich erfuhren wir, daß bei einem Sinken

des Weltmarktpreises für Palmöl die einheimische Regierung und die Kleinproduzenten darunter leiden, nicht aber der Konzern. Der Konzern »verlangsamt einfach seine Aktivitäten, wenn die Preise sinken, und ersucht den Staat dringend um vielfache Ausnahmen«.[3] Auf diese Weise schützt man sich selbst vor den Launen des internationalen Palmölmarktes.

Der Kaffeemarkt ist nicht so straff kontrolliert wie der für Palmöl – noch nicht. Doch Nestlé und General Foods kontrollieren zusammen schon 30 bis 40 Prozent des Weltkaffeehandels.[4] Straffe Kontrolle des Angebots gibt Unternehmen wie General Foods, Nestlé, Coca-Cola und Proctor and Gamble, die Kaffee verarbeiten und vermarkten, gleich zwei Möglichkeiten zur Profiterhöhung: Man bezahlt den Produzenten in den unterentwickelten Ländern weniger und verlangt mehr von den Konsumenten in den Industrieländern. Nehmen Sie die Preistendenzen für brasilianischen Kaffee in den 60er Jahren. 1968 bezahlten amerikanische Firmen 30 Prozent weniger für brasilianischen Kaffee als 1964. Doch der Kaffeetrinker in Amerika bezahlte 13 Prozent mehr. Die verarbeitenden und vermarktenden Konzerne erhöhten somit ihren Anteil um 43 Prozent! In der gleichen Zeit sanken die Gewinne der brasilianischen Produzenten um die Hälfte.[5]

Die Regierungen der Industrieländer kassieren ebenfalls. Der lateinamerikanische Schriftsteller Eduardo Galeano klagt: Kaffee »bringt mehr Reichtum in europäische Staatskassen, als er in den Händen der produzierenden Länder läßt«. 1960 und 1961 brachten die gesamten Importsteuern auf lateinamerikanischen Kaffee der Europäischen Wirtschaftsgemeinschaft einen Reingewinn von 100 Millionen Dollar, mehr, als die Lieferländer erhielten.[6]

Bananen veranschaulichen die gleiche Problematik. Ein Untersuchungsbericht der Vereinten Nationen über die Aufteilung eines Dollars, den der Konsument für Bananen ausgibt, zieht den Schluß, daß die produzierenden Länder im Durchschnitt nur 11 Cents pro Dollar erhalten. Somit würden die Produzenten in Honduras vom Verkauf einer Kiste Bananen zu 5,93 Dollar im Detailhandel einen Anteil von ungefähr 66 Cents bekommen. Die Supermarketketten, die 99,8 Prozent des Detailbananenhandels in den Vereinigten Staaten kontrollieren, nehmen für sich einen Anteil von annähernd 1.90 Dollar von der gleichen Kiste.[7] Bis jetzt hat noch niemand ausgerechnet, welcher winzige Bruchteil des von uns gezahlten Preises an die Plantagenarbeiter geht, die arbeiten.

Wie die Kakaoindustrie wird die Bananenindustrie, die eine Größenordnung von über 2 Milliarden Dollar erreicht, von einigen wenigen Riesenkonzernen beherrscht – in diesem Fall sind es nur drei – United Brands (früher United Fruit, mit 35 Prozent am Weltmarkt beteiligt), Castel and Cook (Dole, mit 25 Prozent) und Del Monte (ein Neuling, mit 10 Prozent).[8] Wir können abschätzen, in welchem Ausmaß die multinationalen Konzerne den Markt beherrschen, wenn wir uns vergegenwärtigen, was der Versuch der bananenproduzierenden Länder auslöste, einen größeren Anteil der Einkünfte aus ihren Produkten zu erhalten.

1974 organisierten sich die Regierungen fünf bananenproduzierender Länder für eine gemeinsame Aktion und gründeten die *Vereinigung Bananenexportierender Länder (Union of Banana Exporting Countries – UBEC)*. Sie beschlossen eine einheitliche Erhöhung der Exportsteuern auf jede Kiste Bananen, die ihre Länder verließ. Doch die marktbeherrschende Kontrolle der Konzerne macht es diesen leicht, die Steuer zu bekämpfen. Ein Konzern weigerte sich einfach, Bananen zu exportieren; 145 000 Kisten Bananen gingen verloren. Der Konzern war groß genug, um diesen Verlust zu verkraften. Nahrungsmittelexportierende Länder können es sich nicht wie die OPEC-Länder leisten, auf ihren Produkten eine Zeitlang zu sitzen. Bananen haben eine Lebensdauer von nur einundzwanzig Tagen von der Zeit der Ernte bis zum Verkaufsstand.

Nach dem Hurrikan Fiji im Jahr 1974 drohten Nahrungsmittelgiganten, ihre Bananenplantagen nicht wieder zu bepflanzen, wenn die Exportsteuer nicht gesenkt würde. Eine Firma versuchte es mit Bestechung. Zugegebenermaßen bot der Konzern Regierungsbeamten von Honduras 1,25 Millionen Dollar für eine Steuersenkung an. Es funktionierte. Die Bestechung war erfolgreich und brachte eine Steuersenkung von 50 Cents auf 25 Cents pro Kiste. Auf diese Weise ersparte eine Ausgabe von 1,25 Millionen Dollar der Firma 7,5 Millionen an Steuern. Im Frühling 1976, als dieses Buch verfaßt wurde, war es nur drei der fünf Mitglieder der Vereinigung Bananenproduzierender Länder gelungen, überhaupt eine Steuer zu erheben (die zwischen 25 Cents bis zu 40 Cents pro Kiste schwankt).[9]

Die Sieger im »Bananenkrieg« waren eindeutig nicht die fünf Mitglieder der Bananenvereinigung, sondern drei Nahrungsmittelkonzerne. 1973 machten diese Konzerne einen Profit von 20 Cents pro Kiste Bananen. Als aber die Produzenten die Steuer einführten und die Konzerne durch Einschränkung der Einkäufe Vergeltung übten, stieg der Weltpreis für Bananen um 40 Prozent. Die Konzerne waren imstande, das »schreckliche Dritte-Welt-Kartell« für den Preisanstieg verantwortlich zu machen, während sie selbst nun einen Gewinn von ungefähr 70 Cents pro Kiste einsteckten – mehr als das Dreifache ihres früheren Gewinnes. Dazu kommentierte »Newsweek«: All das zeigt wieder einmal, daß ein Kartell zu organisieren manchmal keine Banane wert ist![10]

Es ist darum sehr zweifelhaft, ob eine Produzentenvereinigung die Exporteinnahmen der partizipierenden Länder erhöhen wird. Einmal sind die Waren selbst nicht lebenswichtig – weder für den einzelnen Konsumenten noch für die Wirtschaft der Industrieländer. Dazu kommt der Wettbewerb zwischen den produzierenden Ländern. Wie läßt sich eine volle Zusammenarbeit unter allen Produzenten erreichen, wenn der Produzent, der sich weigert, der Vereinigung beizutreten, alle Käufer anzieht? Für ein Land, das verzweifelt Devisen braucht, ist das Fernbleiben von der Vereinigung einfach eine viel zu große Versuchung. Ekuador zum Beispiel, das ungefähr 30 Prozent aller Bananen aus Lateinamerika exportiert, hat sich geweigert, der Bananenvereinigung beizutreten.

* * *

»Bananenbäume sind wie Geldbäume. Ich wünschte, wir hätten mehr davon.«

Alfred Eames Jr., Präsident des Del Monte Konzerns, »Forbes«, 15. Dezember 1970

26

Hilft das Exporteinkommen nicht den Hungernden?

Frage: Wenn auch die Probleme in der Tat groß sind, hilft nicht das Exporteinkommen, das unterentwickelte Länder aus ihren Agrarexporten erhalten, letzten Endes doch den Hungrigen?

Unsere Antwort: Im Gegenteil. Einige Forscher haben festgestellt, daß es oft der Mehrheit der Bevölkerung besser geht, wenn das Einkommen eines Landes aus der Exportlandwirtschaft sinkt. Andre Gunder Frank, der bekannte Erforscher des Prozesses der Unterentwicklung in Lateinamerika schreibt:
»Wenn die guten Zeiten kommerzieller Landwirtschaft nachlassen, wie es während der 30er Jahre der Fall war, bringt dies eine Periode der ›guten Zeiten‹ für die Subsistenzlandwirtschaft. Demgemäß verkehrte sich der Trend zur Landkonzentration während dieses Jahrzehnts vorübergehend ins Gegenteil, da Großgrundbesitzer Teile ihrer Besitzungen verkauften, um ihr flüssiges Kapital zu erhöhen. Unter solchen Umständen ist es Pächtern eher möglich, ihre Forderungen nach Land und die Erlaubnis, Grundnahrungsmittel anzubauen, durchzusetzen; ganz allgemein wächst der nichtkommerzielle Sektor. Aber wenn die Nachfrage nach einem oder mehreren kommerziellen Produkten zunimmt, sehen sich Kleinbesitzer bedrängt und ausgekauft.«[1]
Es mag sein, daß das Einkommen der Kleinbauern in unterentwikkelten Ländern leicht steigt, wenn die Preise für ihre Produkte auf dem Weltmarkt steigen. Doch diesem Vorteil steht die Drohung gegenüber, durch landgierige kommerzielle Farmer oder Konzerne vom Land verdrängt zu werden, die an den höheren Preisen durch Erhöhung der Produktion profitieren wollen.
Die Kleinproduzenten oder Arbeiter haben wenig aus den gestiegenen Exporteinnahmen ihres Landes zu gewinnen, teilweise schon darum, weil nur ein geringer Teil des Exportpreises sie überhaupt erreicht. Es ist typisch für Guatemala, wo 75 Prozent aller Kinder

unter fünf Jahren unterernährt sind, daß Wanderarbeiter auf den Kaffeplantagen schätzungsweise einen Dollar pro Tag verdienen.[2] Wie die Preise für viele andere Güter stiegen auch die Kaffeepreise 1973 dramatisch. Brasiliens Verdienste schossen auf 1 343 048 000 Dollar. Wieviel ging davon an den Arbeiter auf einer typischen Kaffeeplantage? Ungefähr 58 Dollar im Monat. (Im »Kaffeeland« selbst braucht man jedoch 1.66 Dollar, um ein einziges Pfund gerösteten Kaffee zu kaufen.) 1975 beliefen sich Sri Lankas Teeexporte auf 860 Millionen Dollar. Der Tee wurde von 650 000 Arbeitern auf unlängst verstaatlichten Plantagen produziert. Das Höchste, was ein männlicher Arbeiter verdienen konnte, waren 14 Dollar im Monat, eine Frau 11.40 Dollar.[3]

In Mali werden Bauern von einem französischen multinationalen Konzern vertraglich verpflichtet, Erdnüsse anzubauen. Sie stellen ihr Land und ihre Arbeitskraft zur Verfügung, erhalten jedoch nur den gleichen Betrag für ein Pfund Erdnüsse wie der Konzern, dessen Leistung doch lediglich darin besteht, die Erdnüsse ins Ausland zu verkaufen.[4] Die gleiche Situation besteht für Bauern, die Erdnüsse im Senegal produzieren. Ein senegalesischer Regierungsbeamter berichtet, daß der Reingewinn für den Staat den Gesamtbetrag übersteigt, den die staatlichen Genossenschaften den Erdnußproduzenten bezahlen.

Steigende Preise auf dem Weltmarkt bedeuten nicht unbedingt steigende Preise für die kleinbäuerlichen Produzenten. Ein Bericht, den die Vereinten Nationen kürzlich über die »am wenigsten entwikkelten Länder« veröffentlichten, hält fest, daß die Produzentenpreise in Ruanda fest geblieben sind, während die internationalen Kaffeepreise sich von 1968 bis 1973 um 58 Prozent erhöhten.[5]

Steigende Weltmarktpreise können sogar weniger Einkommen für den Plantagenarbeiter oder den Kleinproduzenten bedeuten. Als der Weltmarktpreis für Erdnüsse im Jahr 1968–1969 anstieg, fiel der Preis, den die senegalesische Regierung den Bauern zahlte.[6] An der Elfenbeinküste bestehen die gleichen Verhältnisse: zwischen 1960 und 1971 stieg der Exportpreis um 11 Prozent, während der den Erzeugern bezahlte Preis um 6 Prozent sank.[7] Als der Zuckerpreis auf dem Weltmarkt vor ein paar Jahren um ein Mehrfaches anstieg, fiel der Reallohn eines Zuckerrohrschneiders in der Dominikanischen Republik geringer aus als der Verdienst zehn Jahre vorher. Der Lohn reichte nicht einmal aus, um eine ausreichende Menge Grundnahrungsmittel zu kaufen.

Überall drängen politisch einflußreiche Regierungskreise auf größere Produktion, sobald der Weltmarktpreis für ein Exportprodukt steigt. Es überraschte uns jedoch, daß einige Regierungsbehörden in Afrika, die für die Vermarktung zuständig sind, Produktionssteigerungen zu erreichen suchen, indem sie den bäuerlichen Produzenten *weniger* für jede produzierte Einheit bezahlen. Dahinter steht die Überlegung, daß die Bauern dadurch gezwungen werden, noch mehr zu produzieren, um ihr Einkommen auf der gleichen Höhe halten zu können.
Wir können also unsere Vorstellung vergessen, wonach es einen automatischen Zusammenhang zwischen dem steigenden Exporteinkommen eines armen Landes und einer Verbesserung der Wohlfahrt für die Mehrheit seiner Bevölkerung gibt. Wir haben außerdem festgestellt, daß die Produktion landwirtschaftlicher Erzeugnisse für den Export oft direkt die einheimische Versorgung mit Nahrungsmitteln unterhöhlt. Sie monopolisiert nicht nur das Land, ebenso werden die Anforderungen, welche die Produktion für den Export stellt, den Anbau von Nahrungsmitteln beeinträchtigen.
In Kenia wurde zum Beispiel viel Arbeit in die Produktion einer ertragreicheren Baumwollart gesteckt. Die Sorte, die schließlich entwickelt wurde, war zwar produktiver, doch leider weniger robust. Nahrungspflanzen konnten nicht länger auf dem gleichen Feld mit Baumwolle angebaut werden, wie es Tradition war; die neue Baumwolle war diesem Konkurrenzkampf nicht gewachsen. Die Baumwollexporte sind dadurch zwar gestiegen, doch fragen wir uns, wie sich diese Veränderung auf die Ernährung der Bevölkerung ausgewirkt hat. In den trockeneren Gebieten Obervoltas ist die Pflanzsaison kurz. Wo die Bauern durch die Regierung verpflichtet sind, eine bestimmte Landfläche mit Baumwolle zu bebauen, müssen sie eine Feldfrucht finden, die später gepflanzt, aber noch in die Pflanzsaison hineingezwängt werden kann. Sorghum und Hirse, die traditionellen Nahrungsmittel passen einfach nicht in diesen Plan; aber Maniok, eine erheblich weniger nahrhafte Pflanze, tut es. Maniok verdrängt auch in Tansania die nahrhaften Pflanzen, weil zu bestimmten Jahreszeiten die Arbeitskräfte in der Tabakproduktion gebraucht werden. Maniok erfordert weniger Arbeitskräfte als andere Nahrungspflanzen.[8] Die Wirtschaftsökonomin Ingrid Palmer hat auch in Lateinamerika einen alarmierenden Anstieg der Maniokproduktion pro Kopf der Bevölkerung festgestellt, was indirekt auf eine Verschlechterung der Ernährungssituation schließen läßt.[9]

Der Welt-Bank-Agrarökonom Uma Lele hat untersucht, wie in Tansania und Kenia die Nahrungsmittelproduktion in wesentlichem Ausmaß durch Produkte wie Baumwolle, Tee und Tabak ersetzt wird, die für den Verkauf bestimmt sind. In einem Jahrzehnt stieg die mit Tee bepflanzte Anbaufläche in Kenia pro Familie um mehr als das Zweieinhalbfache. In Tansania stieg die Anbaufläche für Baumwolle pro Familie um das Fünffache. Regierungsressourcen für die Entwicklung landwirtschaftlicher Beratungsdienste sowie Maßnahmen zur Ankurbelung der verkaufsorientierten Produktion wurden nur ganz selten auch auf den Anbau der traditionellen Nahrungsmittel übertragen. Der Rückgang der Nahrungsmittelproduktion in Gebieten, die vor allem Agrarprodukte für den Verkauf erzeugen, wurde nicht kompensiert durch Steigerung der Nahrungsproduktion für den Eigenbedarf in anderen Gebieten.[10]
Bei den Bemühungen, Brasilien zu einem führenden Sojabohnenexporteur zu machen, hat die Sojabohnenproduktion den Anbau schwarzer Bohnen, des traditionellen Grundnahrungsmittels der Bevölkerung, massiv verdrängt. Im Oktober 1976 ging der Vorrat an schwarzen Bohnen in den Kaufläden der Armen von Rio de Janeiro einfach aus. In ihrer Verzweiflung versuchten die Armen einen Aufstand, der jedoch von der Polizei niedergeschlagen wurde. Die knappgewordenen schwarzen Bohnen waren nur noch auf dem Schwarzmarkt erhältlich. Der Preis für ein Pfund entsprach dem Mindestlohn für einen halben Arbeitstag.[11] Doppelt tragisch ist es, daß Brasilien nun begonnen hat, schwarze Bohnen aus Chile einzuführen, wo die Regierung ebenso bereit ist, die gesunde und ausreichende Ernährung der Bevölkerung den Deviseneinnahmen zu opfern.
Da Regierungen die Jagd nach Devisen über die Interessen der Massen gestellt haben, sind mehr und mehr Bauern gezwungen worden, oft äußerst nahrhafte Erzeugnisse zu verkaufen, um mit dem eingenommenen Geld die kalorienarme Nahrung zu kaufen, mit der sie ihre Familien gerade am Leben erhalten können. Ein Schriftsteller faßt die tragische Realität so vieler unterentwickelter Länder zusammen: »Der Kleinbauer verkauft Stickstoff, Phosphor, Kalium und Spurenelemente seines Bodens in der Form von Tabak oder Baumwolle und kauft dafür polierten Reis oder Nudeln in dem kleinen Laden an der Straße. Er verkauft auf diese Weise die Lebenskraft seines Bodens, um Stärke und Kohlehydrate zu kaufen.«[12]

Dem Anbau von Produkten für den Verkauf Priorität zu geben, bedeutet schließlich, daß das bloße Überleben einer landwirtschaftbetreibenden Familie das Jahr hindurch von dem Geld abhängt, das nur ein oder zweimal im Jahr zur Erntezeit verfügbar ist. Doch solche Zahlungen machen Bauern zu offenen Zielscheiben räuberischer Kaufleute, die nutzloses Zeug und teuerverpackte Lebensmittel verschachern. Abwechslungsreicher Nahrungsmittelanbau ist die einzige Garantie für eine ausreichende Nahrungsmittelversorgung der ländlichen Familie während des ganzen Jahres. Im selbstversorgenden China sagt man, daß Bauern sehen, woher ihre nächste Mahlzeit kommen wird, wenn sie aus der Haustüre treten.

Hungrige Menschen können das, was exportiert wird, nicht essen, noch haben sie Aussichten, sich aus den Exporteinnahmen zu ernähren oder von der sogenannten Entwicklung, die durch diese Exporteinnahmen erreicht wurde, zu profitieren. Menschen werden dem Hunger nur entkommen, wenn konsequente politische Maßnahmen ihnen erlauben, Nahrungsmittel anzubauen und die Nahrung, die sie anbauen, auch zu essen.

Ländern zu der Behauptung, sie müßten die Löhne der Landarbeiter niedrig halten, damit ihre Produkte auf dem internationalen Markt konkurrenzfähig bleiben. 1973 stießen die Enthüllungen des britischen Fernsehens über die erschreckenden Lebensbedingungen der Arbeiter auf Sri Lankas Teeplantagen auf Proteste der Regierung und der ausländischen Grundeigentümer (einschließlich Liptons, der Unilever-Tochtergesellschaft, mit Marktanteilen von über 50 Prozent des verkauften Tees in den Vereinigten Staaten). Die Lebensbedingungen der 650 000 Arbeiter zu verbessern und ihre zwischen 36 und 48 Cents pro Tag liegenden mageren Löhne anzuheben, würde, so hieß es, Sri Lankas Tee vom Markt verdrängen.[5]

Mit ähnlichen Entschuldigungen haben Regierungen Großgrundbesitzer von den Landreformplänen ausgeschlossen. Nach ihrer Argumentation würde die Aufteilung der großen, für den Export produzierenden Besitzungen die Stellung des Landes bezüglich Handel und Finanzen gefährden. Auf den Philippinen wurde zum Beispiel Land, auf dem Exporterzeugnisse angebaut wurden, einschließlich über 7 Millionen Acres mit Anpflanzungen wie Zuckerrohr und Kokospalmen von der Landreformgesetzgebung ausgenommen.[6] Regierungsbeamte, die solche Entscheidungen fällen, sind natürlich oft selbst Großgrundbesitzer.

Die exportorientierte Produktion wächst

Vorausgesetzt, daß der multinationale Agrarhandel und die einheimischen Eliten von der Konzentration auf die Exportlandwirtschaft profitieren und die Exportlandwirtschaft weiterhin von internationalen Kreditorganisationen gefördert wird, überrascht es nicht, daß die Produktion für den Export in einem schnelleren Tempo wächst als die Nahrungsmittelproduktion für den Eigenbedarf.

Von den mittleren fünfziger bis zu den mittleren sechziger Jahren stieg die Wachstumsrate für Exporterzeugnisse 2,2mal schneller als die für die gesamte landwirtschaftliche Produktion in den unterentwickelten Ländern. In bestimmten Ländern fiel dieser Trend noch deutlicher aus. Von 1940 bis 1962 wuchs Mexikos Baumwoll- und Kaffeeproduktion nahezu dreimal so schnell wie die Produktion von Reis und Mais.[7] Die Kaffeeproduktion in Afrika ist in den letzten zwanzig Jahren um mehr als das Vierfache gestiegen, die Teeproduktion um das Sechsfache, die Zuckerrohrproduktion hat sich

verdreifacht, während sich die Kakao- und die Baumwollproduktion verdoppelten.[8] Zwischen 1952 und 1967 wuchs die Anbaufläche für Baumwolle in Nicaragua um das Vierfache, während die Fläche für Grundnahrungsgetreide halbiert wurde.[9]
Von Eliten kontrollierte Regierungen haben diese Tendenz gefördert. In Kolumbien wurden 1965 90 Prozent aller Agrarkredite für Exporterzeugnisse ausgegeben – Kaffee, Baumwolle und Zukker.[10] Wie wir im Sahel feststellten, bedienen sich viele Regierungen weiterhin Praktiken der ehemaligen Kolonialregime, um den Anbau von Exportprodukten zu forcieren. In Ostjava bestimmt die Regierung, daß 30 Prozent des Landes für den Zuckerrohranbau verwendet werden.[11] Sogar in Ländern wie Tansania, die einen großen Teil ihrer Ressourcen der ländlichen Entwicklung zugeführt und von Selbstversorgung gesprochen haben, wurden Kolonialgesetze reaktiviert, welche eine untere Grenze für die Anbauflächen festlegen, auf denen Exporterzeugnisse produziert werden. Die Rhetorik vieler Entwicklungsplaner über die Mannigfaltigkeit der Landwirtschaft meint in Wirklichkeit eine Mannigfaltigkeit unter Exporterzeugnissen.[12]

Abhängig von Exporten

Wenn einmal der Weg der Exportlandwirtschaft eingeschlagen ist, *scheint* es in der Tat zunächst fast unmöglich, wieder davon wegzukommen. In »Diet for a Small Planet« verglich ich (Frances Lappé) die »Exporterzeugnisfalle« mit der Drogensucht. Es schien mir die einzig passende Analogie zu sein. Einmal »abhängig«, ist es äußerst schmerzlich davon loszukommen. Aber zu dieser Zeit verstand ich die Rolle noch nicht, die die Verschuldung für die Fortdauer dieser Süchtigkeit spielt, und zwar sowohl für den einzelnen Bauern als auch für den Staat.[13]
Bauern, die Exporterzeugnisse produzieren, würden oft nur zu gern das stark reduzierte Einkommen aus den fallenden Preisen für ihre Exportprodukte mit dem Anbau von Nahrungsmitteln für ihre Familien ausgleichen. Wenn sie sich jedoch verschuldet haben, um dadurch die Inputs für den Anbau von Exporterzeugnissen zu erhalten, haben sie kaum noch diese Wahl. Sie sind gezwungen, Bargeld zu verdienen, um ihre Schulden zu bezahlen. Sonst verlieren sie ihr Land an den Geldgeber.

Ähnliches geschieht auf nationaler Ebene, wenn ein unterentwickeltes Land »Hilfe« vom Ausland erhält; selbst wenn das geliehene Geld die Produktionskapazität des Landes erhöht, kann die Schuld trotzdem nicht zurückgezahlt werden, ehe das Land nicht genug exportiert hat, um die notwendigen Devisen zu verdienen. Pesos und Rupien helfen nicht. die meiste sogenannte Hilfe muß in derselben Währung, in der sie geliehen wurde, zurückgezahlt werden. Das Land befindet sich in einer Zwickmühle. Reichen die Exporte nämlich nicht aus, um die nötigen ausländischen Devisen zur Rückzahlung der Schulden zu erhalten und für die notwendigen Importe zu bezahlen, dann scheint die einzige unmittelbare Lösung in der Suche nach einem weiteren Darlehen zu liegen. Dies bedeutet nur einen weiteren Vorstoß in die Richtung Exporterzeugnisse, um eine noch größere Schuld zurückzuzalen!

Wir dürfen nicht vergessen, daß diese Strukturen nicht deshalb fortbestehen, weil die Regierungen der unterentwickelten Länder die Art dieser Falle nicht *verstehen*. Sie bestehen deshalb fort, weil, wie wir nun gesehen haben, die Exportlandwirtschaft den Interessen der landbesitzenden Elite und den meist städtischen Konsumenten in unterentwickelten Ländern dient und ebenso den Interessen des multinationalen Agrarhandels und internationaler Kreditorganisationen wie der Welt-Bank.

Wer sich für gerechtere Handelsstrukturen einsetzt, darf nicht die Vorstellung unterstützen, die Exportlandwirtschaft könne die Grundlage der Entwicklung sein. Das würde bedeuten, die Zahlungsbilanz und das Einkommenswachstum des Landes mit dem Wohlergehen der Bevölkerung gleichzusetzen. Bis sich eine grundlegende Umstrukturierung innerhalb der unterentwickelten Staaten durchsetzt, werden höhere Preise und bessere Exportgeschäfte ihrer Waren mit aller Wahrscheinlichkeit gegen die Interessen der armen Mehrheit arbeiten.

28

Isolationismus oder Selbstversorgung?

Frage: Ihre Aussagen scheinen darauf hinauszulaufen, daß unterentwickelte Länder vor der Wahl zwischen fortgesetzter Abhängigkeit und Isolationismus stehen. Ist Isolationismus nicht immer ein Schritt zurück?

Unsere Antwort: Wir sprechen nicht von Isolationismus. Wir sagen eher, daß konstruktive gegenseitige Abhängigkeit nur aus einer Position der Stärke und der Sicherheit erwachsen kann. Eigenständigkeit in der Versorgung mit den wichtigsten Nahrungsmitteln ist die unerläßliche Bedingung dieser Sicherheit; ohne sie wird »gegenseitige Abhängigkeit« zum Tarnschleier, hinter dem ein Land die Nahrung eines anderen kontrolliert. Ein Beispiel soll ausführlicher erklären, was wir damit meinen.

Die Geschichte Kubas während der letzten zwanzig Jahre zeigt im Kontrast zu einem Land wie der Dominikanischen Republik deutlich, daß der Handel nicht gegen das Wohlergehen der Mehrheit arbeiten muß, wenn einmal die Grundbedürfnisse der Bevölkerung befriedigt werden. Zu Beginn der kubanischen Revolution war die Reaktion gegen die elitebeherrschte Zuckerwirtschaft so stark, daß nicht nur der Anbau von Nahrungsmitteln gefördert wurde, sondern die Zuckerproduktion bewußt vernachlässigt wurde. Mit der Zeit jedoch lernte die kubanische Bevölkerung, daß sie Nahrungsmittel für den lokalen Verbrauch produzieren und dennoch beträchtliche Devisen durch den Zuckerexport verdienen konnte.

1969 entwickelte das Nationale Agrarreforminstitut eine Dezentralisierungspolitik, die den intensiven Anbau von Exporterzeugnissen mit der lokalen Produktion verschiedener Grundnahrungsmittel für lokale wirtschaftliche Unabhängigkeit miteinander verband. Mit anderen Worten, ein Gebiet konnte sich auf Zuckerrohr, Zitrusfrüchte oder Viehhaltung konzentrieren, wobei die Farmer nach einem, unter ihrer eigenen Mitarbeit formulierten Gesamtnationplan zusammenarbeiteten. Diese lokale Spezialisierung erhöhte die Produktion und Effizienz der Vermarktung. Unmittelbar neben diesen kommerziellen Produktionsgebieten bauten die Farmen Gemüse und andere Nahrungsmittel für den lokalen Verbrauch an.[1]

Als Ergebnis dieser Politik dauern die Fortschritte in der lokalen Nahrungsmittelproduktion an. In der Zeit von 1971 bis 1975 stieg die Agrarproduktion, Zucker ausgenommen, um 38 Prozent. Im gleichen Zeitraum erhöhte sich die Gemüseproduktion für die lokale Bevölkerung um mehr als das Doppelte, und die Obstproduktion stieg um mehr als 60 Prozent. Die Eierproduktion betrug 1,7 Milliarden Stück, über sechsmal mehr als im Jahr 1958. Die Geflügelproduktion ist seit 1963 um das Vierfache gestiegen. Die Schweinefleischproduktion hat sich gegenüber 1963 verdreifacht, und Zukkerrohr- und Nahrungsmittelabfälle sind in steigendem Maße für die Schweinefütterung verwendet worden.[2]

Kuba bleibt auch heute noch der bei weitem größte Zuckerexporteur der Welt. Trotzdem arbeiten die Zuckerexporte aus Kuba nicht gegen den guten Ernährungsstand der Bevölkerung.

In Kuba gibt es kaum noch Unterernährung, was sich durch den rapiden Rückgang der Säuglingssterblichkeitsquoten bestätigt, die mit schlechter Ernährung assoziiert wurden; im letzten Jahrzehnt. Zwischen 1971 und 1974 stieg der Nahrungsmittelverbrauch um 20 Prozent. Außerdem hat es während der letzten zehn Jahre kaum eine Erhöhung der Lebensmittelpreise gegeben.[3]

Wenn man an mangelernährte und verarmte Menschen denkt, meint man, daß jeder einzelne Acre für den lokalen Nahrungsmittelkonsum erforderlich wäre, um alle zu ernähren, anstatt nur die Elite-Minderheit. Die letzten zwanzig Jahre kubanischer Geschichte haben bewiesen, daß dem nicht so ist. Selbst wenn über 40 Prozent des gesamten öffentlich kontrollierten Ackerlandes in Kuba für Zuckeranbau reserviert werden,[4] werden geradezu dramatische Steigerungen der Nahrungsmittelproduktion erreicht, um jedem Kubaner eine nährstoffreiche Nahrung zuzusichern.

In scharfem Kontrast dazu steht das Schicksal der Bevölkerung der Dominikanischen Republik, deren ausreichende Ernährung dem Zuckerboom geopfert wird. Die Flächen, die mit Zucker bepflanzt werden, um die Profite multinationaler Konglomerate zu erhöhen, wachsen rapid, während die Nahrungsmittelproduktion pro Kopf stark zurückgeht.

Weitere Kontraste können hinsichtlich der Wirkung der Zuckerexporte auf die Wohlfahrt der Bevölkerung dieser beiden Länder aufgezeigt werden. Sie veranschaulichen, daß weder der Zucker noch der Handel die »Feinde« sein müssen, wenn einmal die Ernährung grundsätzlich gesichert ist.

Handel durch wen und für wen, das sind die entscheidenden Fragen. Erstens spielen Deviseneinnahmen aus dem Zuckerexport in der Wirtschaft eines Landes wie Kuba eine andere Rolle als in der Dominikanischen Republik. In Kuba ermöglichen die Einnahmen aus den Zuckerexporten ein breites Spektrum an Waren für leistungsfähige, Arbeitsplätze schaffende Industrien. In der Dominikanischen Republik werden Deviseneinnahmen für Luxusimporte verschwendet, wie wir schon erwähnt haben, oder für solche Investitionsprojekte vergeudet wie Gulf and Western's »Touristenparadiese«.

Ein zweiter Kontrast betrifft die Auswirkungen auf die Beschäftigung. Die Dominikanische Republik leidet unter einer Arbeitslosenquote von 30 bis 40 Prozent. Fünfundsiebzig Prozent aller Bauern sind weniger als 135 Arbeitstage im Jahr beschäftigt.[5] Außerdem sind die Interessen der dominikanischen Arbeiter gefährdet durch den Zuzug von Arbeitern aus Haiti, die nun über die Hälfte der Arbeitskräfte für das Zuckerrohrschneiden ausmachen. Die intensive saisonbedingte Nachfrage nach Arbeitskräften (Zuckerrohr verdirbt, wenn es nicht innerhalb einer kurzen Zeit geschnitten und in einer Raffinerie verarbeitet wird) hat zu einer großen Bevölkerungsdichte in den Zuckerrohrmonokulturgebieten geführt und dennoch nur wenige ganzjährige Arbeitsplätze geschaffen.

Mit der Mechanisierung der Zuckerrohrernte vergrößert sich die Arbeitslosigkeit in der Dominikanischen Republik noch mehr. Die Mechanisierung der kubanischen Zuckerernte hingegen, die für die gesamten bebauten Felder bis 1985 realisiert werden soll, wird keine Arbeitslosigkeit verursachen, wie wir schon ausgeführt haben; statt dessen befreit die Farmmechanisierung in Kuba die menschliche Arbeitskraft von der mühsamen Arbeit des Zuckerrohrschneidens zugunsten garantierter Arbeitsplätze in anderen lebenswichtigen Wirtschaftszweigen.

Schließlich erfolgen Kubas Zuckerexporte im Vergleich mit der Dominikanischen Republik innerhalb eines völlig verschiedenen Handelssystems. Kubas Zuckerproduktion wird nicht länger von Privatkonzernen beherrscht. Somit ist die Planung für den Wohlstand des Landes als Ganzes möglich. Der größte Teil der kubanischen Zuckerexporte wird nun durch zwischenstaatliche Wirtschaftsabkommen geregelt, sowohl mit sozialistischen als auch mit kapitalistischen Ländern.

Wenn die Zuckerpreise plötzlich stürzen, wie es Mitte des Jahres 1976 geschah, werden zwar Kubas Entwicklungspläne nachteilig betroffen, aber das grundsätzliche Wohlergehen der Bevölkerung ist nicht gefährdet. Niemand wird in Kuba hungern, weil dem Weltmarkt der Boden entzogen wird. Das kubanische Volk denkt nicht daran, den Fehler zu begehen, sich auf diese Exporteinkommen zu verlassen, um Nahrungsmittel für den Grundbedarf der Bevölkerung einzuführen. Die wichtigsten Nahrungsmittelimporte Kubas sind heute Reis, Milchprodukte und Weizen – und die einheimische Produktion der beiden ersten Nahrungsmittel steigt sehr rasch.[6]

Kuba ist zum Teil deshalb so erfolgreich in der Nutzung von Agrarexporten zur Schaffung von Einkommen für die Entwicklung, weil es extreme Preisschwankungen infolge des zugesicherten Zuckerabsatzes in der Sowjetunion und in osteuropäischen Ländern vermeiden konnte. Andere unterentwickelte Länder sind nicht in einer ähnlich günstigen Situation und müßten somit vom Handel noch unabhängiger werden als Kuba, um einheimischen Bedürfnissen entgegenzukommen. Kuba ist deshalb kein in allen Punkten übertragbares Modell. Doch der wesentliche Punkt bleibt gültig: wie sich Exportlandwirtschaft auswirkt, hängt davon ab, ob Nahrungsmittel für den einheimischen Verbrauch erste Priorität erhalten und ob das Exporteinkommen zu einem besseren Leben für *alle* beiträgt. Keine dieser Bedingungen ist in irgendeinem der Länder, in denen Menschen heute hungern, erfüllt worden.

Teil VII:

Der Mythos von der »Food Power«*
(Nahrung als politisches Machtinstrument)

* Der Begriff wurde in Analogie zu Black Power und Oil Power geprägt.

29

Braucht die dritte Welt unsere Nahrungsmittel nicht?

Frage: Sie haben gute Gründe angegeben, warum die Entwicklungsbemühungen der armen Länder nicht von landwirtschaftlichen Exporterzeugnissen abhängen sollen. Haben aber die Vereinigten Staaten nicht die besten Böden und das günstigste Klima für Getreideanbau in der ganzen Welt? Die USA sind eines der wenigen Länder der Welt mit einem Überschuß für den Export. Sollte er nicht in die hungrige Welt exportiert werden? Bedeutet dieses einmalige Potential nicht auch eine besondere Verpflichtung?

Unsere Antwort: Vielleicht war meine erste wirkliche Entdeckung, als ich (Frances Lappé) mit den Untersuchungen begann, die schließlich zu »Diet for a Small Planet« führten, daß Amerikas Rolle im Weltgetreidehandel nicht in der Ernährung der Hungernden, sondern im Verkauf an die Reichen bestand.
Die Vorstellung, wonach die Vereinigten Staaten der Brotkorb der Welt sind, ist so tief verwurzelt, daß die meisten Amerika ausschließlich als einen Exporteur betrachten. Die übliche, von den Nachrichtenmedien propagierte Vorstellung besteht darin, daß die Vereinigten Staaten große Mengen an Nahrungsmitteln durch ihre Hilfsprogramme exportieren.
Aber es gibt drei klaffende Löcher in dieser nationalen Selbstdarstellung:
Erstens ist das, was die USA tatsächlich *auf Hilfsbasis an Nahrungsmitteln exportieren (das heißt, zu langfristigen niedrigen Zinssätzen finanzieren) nur ein kleiner Teil der kommerziellen Exporte (6 Prozent im Jahr 1975).*
Zweitens gehen über 56 Prozent der US-Agrarexporte an die Industrieländer und nicht an die unterentwickelten Länder.
Drittens sind die USA, obwohl es zutrifft, daß sie der führende Nahrungsmittelexporteur der Welt sind, auch einer der Hauptnahrungsmittelimporteure.

Alles, was man liest und hört, scheint genau den gegenteiligen Eindruck zu vermitteln.
Im Haushaltsjahr 1975 waren die ersten vier Empfänger der US-Agrarexporte Japan, die Niederlande, Westdeutschland und Kanada. Einen bedeutungsvollen Kontrast fördert der Vergleich mit den US-Exporten an die unterentwickelten Länder zutage, die auf der Liste der Vereinten Nationen als die von den Nahrungsmittel- und Ölpreissteigerungen am »stärksten betroffenen« (MSA – most seriously affected) verzeichnet sind.[1] Die Vereinigten Staaten exportierten keine landwirtschaftlichen Erzeugnisse an neun der vierzig MSA-Länder, weder 1973 noch 1974. Sechsunddreißig dieser vierzig MSA-Länder exportierten Nahrungsmittel und andere Agrarerzeugnisse in die USA, einschließlich dreier Länder, die keine Agrarexporte aus den Vereinigten Staaten erhalten.
Um Ihnen eine Vorstellung davon zu geben, wie wenig dieser Handel mit der Ernährung notleidender Menschen zu tun hat, gibt es ein weiteres Beispiel. Sowohl 1973 als auch 1974 waren die Agrarexporte der Vereinigten Staaten an Kanada – selbst ein Getreideexporteur – an Wert größer als an alle MSA-Länder zusammen oder an den ganzen afrikanischen Kontinent. In der Tat waren 1973 die Exporte nach Kanada nahezu zweimal so groß wie jene nach Afrika. Die US-Agrarexporte an vier Staaten des afrikanischen Sahel – Mauretanien, Mali, Niger und Tschad – betrugen während der Dürrejahre 1973 und 1974 wertmäßig weniger als die Hälfte der Exporte, die allein nach Schweden oder Norwegen oder Dänemark gingen.
1974 exportierten die Vereinigten Staaten 51,9 kg Weizen pro Kopf nach Japan, aber nur 3,4 kg pro Kopf nach Indien. Pro Kopf erhielt Pakistan nur 18 Prozent der Weizenmenge, die an die Niederlande ging.[2]
Entgegen der allgemeinen Auffassung sind die Industrieländer die Hauptnahrungsmittelimporteure; nicht die unterentwickelten Länder. 1974 rangierten die Vereinigten Staaten an dritter Stelle unter den führenden Nahrungsmittelimporteuren der Welt, dicht hinter Japan und Westdeutschland. Und über ein Drittel der US-Importe kommen aus unterentwickelten Ländern.[3]
Während wir uns Amerika als das wichtigste Rindfleischland der Welt vorstellen, sind die Vereinigten Staaten in Wirklichkeit der führende Fleischimporteur der Welt. Sie importieren über 40 Prozent des gesamten Rindfleischs im Welthandel. 1973 führten die

USA nahezu eine Milliarde kg Rindfleisch ein. Das macht zwar nur 7 Prozent der Inlandproduktion aus, doch ist die Menge im Verhältnis zu den Bedürfnissen der meisten anderen Länder kaum klein zu nennen. Dies bedeutet ebenso, daß ein beträchtlicher Teil der nahrungsmittelproduzierenden Ressourcen in Ländern mit vielen hungrigen Menschen für die Erzeugung von Rindfleisch für die Industrieländer gebraucht wird. Im internationalen Handel gelangt mehr Fleisch aus unterentwickelten Ländern in Industrieländer als umgekehrt.[4]

Die Vereinigten Staaten sind der Hauptimporteur von Fischereiprodukten. Mit einem Anteil von nur 6 Prozent der Weltbevölkerung importieren sie mehr als ein Viertel des Fischs und ein Drittel der Schalentiere im Welthandel.[5] Außerdem sind die Vereinigten Staaten ein Nettoimporteur von Milchprodukten.[6]

Wenn Sie das nächste Mal hören oder lesen, wie sehr die Hungrigen von den Exporten der Industrieländer »abhängen« und daß die USA der »Brotkorb« der Welt sind, dann denken Sie wieder an diese Fakten.

Wer sind die *wirklichen* Nahrungsmittelspender? Es sind viele der hungrigsten Menschen der Welt.

30

»Food Power« zur Rettung der Wirtschaft?

Frage: Sie haben gesagt, daß die Vereinigten Staaten ihre Nahrungsmittelexporte gebrauchen, um Geld zu machen, und nicht, um sich als wohltätig zu erweisen. Das stimmt natürlich. Aber ist es nicht absolut notwendig, allein um die Rechnung der Ölimporte zu bezahlen, die seit der Ölkrise so unverschämt hoch geworden ist?

Unsere Antwort: Diese Frage legt nahe, daß unsere Fähigkeit, die Ölimporte zu bezahlen von der Erhöhung unserer Nahrungsmittelexporte abhängt. In der Tat wird den Amerikanern glaubhaft gemacht, daß nicht nur die Stärke ihrer Währung, sondern auch ihre diplomatische Stärke und sogar die moralische Überzeugungskraft der USA mit der neuentdeckten Food Power verknüpft sind.
So hörten die Amerikaner von einem Beamten des US-Landwirtschaftsministeriums, daß Nahrungsmittelexporte zur Bezahlung für »importiertes Erdöl und andere Waren notwendig sind, die wir zur Erhaltung unseres Lebenstandards einführen müssen«.[1] Sie hörten von Präsident Ford, daß »unser landwirtschaftlicher Überfluß die Tür zu 800 Millionen Menschen auf dem chinesischen Festland aufstoßen half . . . Er half, Beziehungen zu den Sowjets zu verbessern. Er half, Brücken zu der sich entwickelnden Welt zu schlagen.«[2]
Sie hörten, daß ihre Nahrungsmittel nicht nur den Hunger verringern, sondern sogar hungrige Menschen für die Demokratie gewinnen werden. Der frühere Präsident der Colorado Rinderzuchtvereinigung (Colorado Cattle Feeders Association) hofft, daß durch die Verbesserung der Ernährungssituation im Ausland »Staaten ihre politischen Auffassungen ändern und vom Kommunismus zu einer demokratischen Regierungsform überwechseln werden«.[3] Allles in allem wurde den Amerikanern glaubhaft gemacht: Food Power ist die Rettung!
Was sind nun aber die eigentlichen Beweggründe hinter der amerikanischen Food-Power-Strategie der siebziger Jahre?

Für die Weltöffentlichkeit wurde das Konzept der Food Power 1974 während der Welternährungskonferenz in Rom geboren, auf der viele Abgeordnete und Beobachter den damaligen Landwirtschaftsminister Earl Butz beschuldigten, politische Machtspiele mit dem Leben der Hungernden zu spielen. Butz selbst erklärte, daß Nahrungsmittel »eines der Hauptinstrumente in unserer Verhandlungsausrüstung sind«.[4] In Wirklichkeit jedoch wurde die Food-Power-Strategie mehrere Jahre vor der Ernährungskonferenz von hohen Regierungsbeamten der Vereinigten Staaten ausgearbeitet.

Die Ursprünge der Food Power: Die Zahlungskrise

In den späten sechziger Jahren beschlossen Regierungsbeamte, daß, im Hinblick auf das Zahlungsbilanzdefizit des Staates, etwas unternommen werden müßte.

Was ist das Zahlungsbilanzproblem, und wodurch wurde es verursacht? Wie hängt es mit der Frage nach der Notwendigkeit der Nahrungsmittelexporte zusammen?

Was ein Zahlungsbilanzdefizit ist, ist wirklich kein großes Geheimnis: ein Land hat dann ein Defizit, eine passive Bilanz, wenn mehr Geld hinausgeht als hereinkommt. Die Bilanz bezieht Transaktionen von Regierungen, Konzernen und Individuen ein.

Jahrelang hatte die Regierung der Vereinigten Staaten als die führende Militärmacht der antisozialistischen Welt Milliarden über Milliarden ausgegeben. Vietnam allein kostete den Vereinigten Staaten weit über eine halbe Billion Dollar. Außerdem machten in den Vereinigten Staaten seßhafte Konzerne große Kapitalinvestitionen in Westeuropa und in einem geringeren Ausmaß in Lateinamerika und Asien.

Viele multinationale Konzerne verschlimmerten die negative Handelsbilanz. Die Auslagerung von Betrieben wandelte Länder wie Mexiko, Taiwan und Singapur mit billiger Arbeitskraft und niedrigen Steuern zu Drehscheiben für den Rückexport von Verbrauchsgütern wie Transistoren, Fernsehgeräte, Kameras und Textilien in die Vereinigten Staaten und andere Industrieländer um. Ironischerweise schickten somit die Vereinigten Staaten Dollars ins Ausland, um Produkte von in den USA ansässigen Konzernen einzuführen. In den späten 60er Jahren breiteten sich auch viele europäische und japanische Firmen global aus und begannen, in die Vereinigten Staaten zu exportieren, oft aus Betrieben mit niedrigen Steuern und

geringen Löhnen, doch Seite an Seite mit konkurrierenden Tochterfirmen amerikanischer multinationaler Konzerne. Daher importierten die Vereinigten Staaten 1970 alarmierende 5,5 Milliarden Dollar mehr an Fertigwaren, als sie exportierten.[5] in den USA ansässige multinationale Konzerne machten 42 Prozent aller Importe aus, oft indem sie bei ihren eigenen Überseetochterfirmen »einkauften«.[6] Konzerne der Vereinigten Staaten wurden zudem für wichtige Rohstoffe zunehmend von ausländischen Quellen abhängig. Die Vereinigten Staaten importierten mehr als 90 Prozent von acht Grundrohstoffen. 1970 betrug das Handelsdefizit in Rohstoffen 3,4 Milliarden Dollar.[7]
Als Ergebnis all dieser Kapitalabflüsse erfuhren die Vereinigten Staaten 1971 das erste Zahlungsbilanzdefizit im privaten Sektor (Konzerne und Einzelhandel) in einem Jahrhundert. Daher entwickelte sich die Zahlungsbilanzkrise lange, *bevor* der Preis für importiertes Öl anstieg.

Der Mythos von der Ölabhängigkeit

Barry Commoner zieht in seiner zum Bestseller gewordenen Studie »Poverty of Power« den Schluß, daß die Vereinigten Staaten ausreichende unerschlossene Ölreserven haben, um eine stufenweise, allmähliche Übergangszeit zu überbrücken, bis erneuerbare Energiequellen, wie die Sonnenenergie genutzt werden können. (Es spielt keine Rolle, wie groß die Reserven sind, Erdöl ist eine *endliche* Quelle.) Das Problem der Ölkrise war und ist nicht der Mangel an Energiequellen, sondern der Mangel an staatspolitischem Willen, der sich dem engen Profitstreben einiger weniger Ölkonzerne, die die USA zunehmend von ausländischem und endlichem Öl abhängig machen, hätte entgegengestellt werden können. Wenn wir diesen historischen Kontext berücksichtigen, dann wird es schwer, das vereinfachende Food-Power-Grundprinzip zu akzeptieren, wonach der Mangel an einheimischen Energiequellen, Nahrungsmittelexporte erzwinge, um das importierte Öl zu bezahlen.

Die Geburt von Food Power

Da sie die Ursachen nicht angehen wollte, lautete für die Nixon-Regierung die einzig mögliche Frage: Welche Exporte aus den Vereinigten Staaten können in einem wirklich beträchtlichen Maße gesteigert werden, um die steigenden Importrechnungen auszugleichen? 1970 berief Nixon eine Kommission ein, die aus Konzernleitern und ihren Anwälten bestand, um eine Antwort zu liefern. Diese Commission on International Trade and Investment Policy, jetzt als Williams Commission bekannt, zog den Schluß, daß es nur zwei Handelskategorien gab, die die Riesensummen an Devisen einbringen könnten, die zum Ausgleich der Zahlungsbilanz benötigt wurden: hochentwickelte Technologieprodukte und landwirtschaftliche Erzeugnisse.

Die breiten Umrisse der Food-Power-Strategie wurden ersonnen. Food Power müßte dem amerikanischen Volk als eine unbedingte Notwendigkeit »verkauft« werden. Eine Menge Fragen mußte beantwortet werden. Wie könnte man andere Länder so weit bringen, genügend amerikanische Nahrungsmittel einzuführen, um all die Importausgaben, die die Vereinigten Staaten nicht reduzieren wollten, auszugleichen? Ebenso entscheidend war die Frage, wie sich die Preise hinauftreiben ließen, so daß jeder verkaufte Bushel den größtmöglichen Gewinn für die Zahlungsbilanz der Vereinigten Staaten erbrachte. Und wie erreicht man das in Ländern, die die Existenzgrundlage ihrer eigenen Farmer schützen wollen?

Die Nixon-Administration erarbeitete folgenden Spielplan: Locke erstens potentielle Käufer an, indem du ihre ersten Getreideeinkäufe billig machst und sie durch reichliche Finanzierung unterstützt. Dann überrede andere Länder, ihren Schutzzoll auf US-Getreideexporten herabzusetzen, indem du ihnen anbietest, unter der Fahne des freien Handels einheimische Stützpreise für amerikanische Farmerzeugnisse aufzuheben. Um sicherzugehen, daß die Preise steigen, weise den Landwirtschaftsminister an, eine Reduktion der amerikanischen Akkerbaugebiete zu verordnen; der letzte nötige Schritt auf dem Weg zur Getreidepreiserhöhung würde dann schlechtes Wetter in den Hauptländern der Getreideproduktion sein. Der Nixon-Butz-Spielplan wurde ungeachtet der Tatsache ersonnen, daß er das Leben von Millionen Menschen betraf, für die Nahrungsmittel nicht ein Zahlungsbilanzproblem, sondern ein Problem der Überlebensbilanz sind.

Sehen wir uns jetzt die Stufen an, durch die die Food-Power-Strategie verwirklicht wurde. Vergessen Sie nicht, daß das erste Ziel war, die Exporte so attraktiv wie nur möglich zu gestalten. Die Abwertung des Dollars sollte die Produkte der Vereinigten Staaten für

ausländische Käufe verbilligen. Nixon wertete im Dezember 1971 zuerst um 11 Prozent und Anfang 1973 um weitere 6 Prozent ab. (Unterentwickelte Länder, die ermutigt worden waren, ihre Reserven in Dollar zu halten und ihre Währung an den Wert des Dollars zu binden, verloren über Nacht Millionen.)
Ein zweiter Weg, die Waren der Vereinigten Staaten attraktiver zu machen, waren bequeme Finanzierungsmöglichkeiten. Im Juli 1972 stellten die Vereinigten Staaten einen 750-Millionen-Dollar-Kredit durch die regierungseigene Commodity Credit Corporation in Aussicht, um sowjetische Getreideeinkäufe zu unterstützen. Nixon hatte den Sowjets schon den Hof gemacht durch die Rückgängigmachung der Bedingung, daß wenigstens die Hälfte jeder verkauften Getreidelieferung an die Sowjetunion oder irgendein osteuropäisches Land auf Schiffen mit amerikanischer Flagge transportiert werden sollte. Und die Sowjets waren bereit zu kaufen. Obwohl ihre Getreideproduktion die der Vereinigten Staaten sogar übertraf und für den direkten Verbrauch ausreichend war, forderten viele Sowjetbürger mehr Fleisch als Nahrung. Um es rasch zu produzieren, war mehr Viehfutter erforderlich. Die Kremlstrategen entschieden, daß 17 Millionen Tonnen des billigen Getreides der Vereinigten Staaten zu glänzenden Bedingungen die Lösung war. Schlechtes Wetter, das ihre Ernten um ein Drittel kürzte, überzeugte sie vollends.
Der nächste Schritt bestand darin, die Preise zum Hochschnellen zu bringen. Der rascheste Weg war Produktionsbeschränkung. Butz verordnete im September 1972, weitere 5 Millionen Acres Weizenland aus der Produktion zu nehmen. Dies erhöhte die totale Anbaufläche, die brachgehalten wurde, auf 62 Millionen Acres, eine Summe, die der Größe des gesamten Ackerlandes Großbritanniens entspricht. Bei der Kaufwilligkeit der Sowjets, dem abgewerteten Dollar und akuten weltweiten Wetterproblemen reichte diese Beschränkung der Anbaufläche um Verknappung, erschöpfte Reserven und damit höhere Preise für alle zusätzlichen Auslandsverkäufe zu garantieren.

Kunden zusammentrommeln

Zwischen den Haushaltsjahren 1970 und 1974 stieg die Menge des amerikanischen Weizenexportes um ungefähr 90 Prozent, während der *Wert* nahezu um 400 Prozent wuchs! Für Futtergetreide war das

Verhältnis nahezu ebenso auffallend. Was würde aber geschehen, wenn weitverbreitete gute Ernten weltweit wieder größere Getreidemengen verfügbar machten? Um die Preise hoch zu halten, war es notwendig, Kunden zu finden.

1974 gab der *Foreign Agricultural Service (FAS)* über 10 Millionen Dollar aus, um Märkte für amerikanische Exporte zu entwickeln. In einer kürzlichen Ausgabe seiner Zeitschrift »Foreign Agriculture« erklärte der FAS mit betontem Stolz, wie er eine »aggressive Auslandsmarktentwicklung« fördere, um die »schwere Konkurrenz« im Rennen um gestiegene Agrarexporte abzuschlagen.

Als ein Arm des US-Landwirtschaftsministeriums ist der FAS ein Brückenkopf für das Eindringen der Agroindustrie in die Märkte anderer Länder. Die »Zusammenarbeit« des FAS mit nahrungsmittelexportierenden Industrien fällt in drei Kategorien: »Marktforschung«, »Dienstleistungen für den Handel« und »Produktförderung«.

Wenn ein amerikanischer Konzern wissen möchte, ob sich das Eindringen in einen bestimmten Markt lohnen würde, wendet er sich an seine Freunde im FAS – an einen der 96 US-Landwirtschaftsattachés oder -beamten in ausländischen Ländern – der in Aktion tritt. Erstens: Erfüllt dieses Produkt die Importeinfuhrbedingungen der ausländischen Regierung? Zweitens: Ist es für den einheimischen Geschmack annehmbar? (Rufe den »professionellen Geschmacksausschuß« zusammen!) Wenn das Konzernprodukt diese beiden Hürden überwunden hat, unterstützt der FAS einen Markttest.

Der FAS hat eine Rindfleischkampagne in Japan unterstützt, wobei Wert darauf gelegt wurde, daß sie »auf besserklassige Hotels und Lieferanten für die Tourismusindustrie ausgerichtet war«. Seine Bemühungen halfen auch, den Erfolg von Schnellimbißketten zu begründen – deren Bedarf zu 90 Prozent importiert wird. Obwohl die Schnellimbißketten im amerikanischen Stil erst im Jahr 1970 in Japan auftauchten, sagt der FAS voraus, daß bis 1979 diese Ketten 70 Prozent aller derartigen Verkäufe übernommen und dabei die traditionellen Reis-, Fisch- und Nudelbars ersetzt haben werden.

Da die Vereinigten Staaten 44 Prozent des gesamten Weizens im Welthandel exportierten, arbeitete der FAS in Schulen mit, um der Bevölkerung beizubringen, wie man mit Weizen kocht, und das in Teilen der Welt, in denen Weizen kein traditionelles Nahrungsmittel ist.

31

Wer gewinnt, wer verliert?

Frage: Vielleicht ist Food Power nicht notwendig. Was ist aber an der gegenwärtigen Food-Power-Strategie so bösartig? Ist das Endergebnis nicht positiv, wenn wir dadurch Geld verdienen, daß wir Lebensmittel an Länder verkaufen, die sie wollen, und wenn dadurch unseren Farmern geholfen wird?

Unsere Antwort: Wenn Food Power so gut ist, warum versuchten dann Nixon, Flanigan und Butz, den Flanigan-Bericht nicht in die Hände des Kongresses kommen zu lassen? Warum versuchten sie sogar zu leugnen, daß es ihr Bericht war? Der wirkliche Grund dafür, die Food-Power-Strategie unter Verschluß zu halten, war der, daß ihr Rezept »Freier Markt – durch und durch« ein belebendes Tonikum für große Farmer und die großen Getreideexportgesellschaften bedeutete – und zwar um den Preis, daß sich die amerikanischen Konsumenten den Gürtel enger schnallen und Tausende von Familienfarmen geschlossen werden mußten. Augenscheinlich sprach der Bericht die Dinge nicht mit diesen Worten aus. Die Bedeutungen für dieses Land der sogenannten Freimarkt-Landwirtschaft waren aber klar genug.

Das Etikett »Freihandel« führt hinterhältig in die Irre, wenn man es auf ein System anwendet, in dem sechs riesige Getreidehandelsgesellschaften 85 Prozent des amerikanischen Getreidehandels kontrollieren. Während die Regierung eine exportorientierte Landwirtschaft im Namen der Familienfarmer fördert, werden diese Exporte nicht durch die Farmer, ja nicht einmal durch die nationale Regierung, sondern durch eine Handvoll privater Korporationen durchgeführt.

Familienfarmer bewirten die Bürokraten des Kreml nicht mit Speis und Trank, sie unterschreiben auch keine Riesenverträge in Moskau, Tokio, Bonn und Kairo. Farmer verkaufen an Leute wie Cargill, Cook Industries und Continental Grain. 1974 kontrollierte Cargill allein 29 Prozent des aus den Vereinigten Staaten exportierten

Weizens, 16 Prozent des Maises, 18 Prozent der Sojabohnen, 22 Prozent des Sorghum, 42 Prozent der Gerste und 32 Prozent des Hafers. Bei dem Vorgang wird die Zahlungsbilanz des US-Schatzamtes tatsächlich verbessert, der Großteil der Gewinne landet aber bei diesen wenigen Gesellschaften und nicht bei den Familienfarmern.

Nur die Farmer werden auf den »freien Markt« gesetzt. Die Gesellschaften haben Informationsquellen, um beurteilen zu können, ob die Produktionszieleinschätzungen der Regierung wahrscheinlich steigen oder fallen werden. Sie können sich auf die Informationen ihrer ehemaligen Direktoren, die jetzt auf Regierungsposten sitzen, und auf ihre eigenen Bemühungen verlassen, ausländische Geschäfte einzuleiten. Über das, was sie erfahren, können sie sogar die Regierung im dunkeln lassen. Des weiteren besitzen sie ihre eigenen Nachrichtennetze, die dauernd die Ernteaussichten und die wahrscheinlichen Lebensmittelkäufe anderer Länder abschätzen. *Business Week* zufolge ist das weltweite Nachrichtennetz von Continental Grains so wirksam, daß Agenten des CIA »häufig mit den Händlern der Gesellschaft speisen und trinken, um in ihren Gehirnen zu lesen«.[1]

Das sowjetische Getreidegeschäft: Eine Fallstudie des »unfreien Markts«

Eine extreme Kälte zusammen mit einer unzureichenden Schneedecke in der Sowjetunion im Winter 1971–72 vernichtete 25 Millionen Acres Weizen – das Äquivalent der Hälfte der gesamten US-Ernte. Das Fehlen des Schnees bedeutete auch geringe Bodenfeuchtigkeit, was die Frühjahrsaussaat erschwerte. Die Ernten mußten gerade in dem Augenblick schlecht ausfallen, in dem die Macher der Sowjetpolitik mit der Entwicklung von mit Getreide gefütterten Herden begonnen hatten, um mehr Fleisch zur Verfügung stellen zu können.

Jetzt erschien Clarence D. Palmby, Butz' Staatssekretär, der für den Außenhandel verantwortlich war, auf dem Plan. Anfang April 1972 führte Palmby eine amerikanische Handelsdelegation in die Sowjetunion (vor seiner Abreise bot ihm Continental Grain eine Vizepräsidentschaft in ihrem Hauptquartier in Manhattan an. Obwohl Palmby jetzt behauptet, er habe das Angebot abgelehnt, ist es Tatsache, daß er vor seiner Abreise nach Moskau in Manhattan ein Appartment für 100 000 Dollar kaufte und den Namen eines Präsidenten von Continental als Referenz benutzte).[2] Die Sowjets wollten offensichtlich über Getreidekäufe sprechen, die amerikanischen Kreditbedingungen waren für sie jedoch unbefriedigend. Sie waren aber noch interessiert und diskutierten – Palmbys späterer Aussage zufolge – weiterhin Möglichkeiten.

Als Palmby einen Monat später wieder in Washington war, erschienen Vertreter der Sowjetunion in seinem Büro. Sie erörterten Kreditbedingungen, die Möglichkeit eines Tauschhandels und die Frage, ob sie direkt von der Regierung kaufen könnten. Palmby lehnte den Vorschlag von Regierung-zu-Regierung glattweg ab[3]. Er sagte den Sowjets: welche Kreditbedingungen auch mit der Regierung ausgehandelt würden – die Käufe selbst müßten durch die Getreidegesellschaften getätigt werden. Im Juni fanden die Sowjets Palmby in seinem neuen Büro bei einer dieser Gesellschaften – Continental Grain.

Was bedeutete das alles für den amerikanischen Weizenfarmer? Trotz vieler deutlicher Hinweise, daß die Sowjets in großem Stil kaufen wollten, und der unwiderlegbaren Beweise, daß das schlechte Wetter fast überall in der Welt eine außergewöhnliche Nachfrage nach amerikanischem Getreide schaffen würde, informierte das USLM* – gegen das Gesetz – die Farmer nicht. Im Mai warnte die Veröffentlichung des USLM *Wheat Situation* die Farmer, daß selbst nach allen voraussehbaren Käufen ein großer Überschuß bleiben würde. So wußten nur einige wenige US-Regierungsbeamte und Direktoren der Getreidehandelsgesellschaften Bescheid.

Anfang Juni 1972 stürmten Continental Grain, Cargill und die vier anderen Mitglieder des Getreideklubs auf die Felder der Frühernten im Südwesten, um Weizen aufzukaufen. Die Farmer wußten, daß die Ernten groß sein würden; da sie über die glänzenden Aussichten auf dem ausländischen Getreidemarkt nicht informiert waren, waren sie nur allzu glücklich, ihren Weizen loszuwerden. Sie erhielten etwa $ 1.25 pro Bushel**. Einige Wochen später hätte der gleiche Weizen dem Farmer $ 2.25 eingebracht (Anfang 1973 war der Weizen um $ 5 pro Bushel nur schwer zu bekommen).

* Das US-Landwirtschaftsministerium.

** Amerikanische Maßeinheit, die je nach Produkt variiert: zwischen 32 und 60 amerikanischen Pfund (1 Pfund = 453 Gramm). Seihe Anmerkung auf Seite 64.

Am 5. Juli half Clarence Palmby, Vizepräsident der Continental Grain, der Gesellschaft, das größte Weizengeschäft in der Geschichte abzuschließen – drei Tage vor der offiziellen Bekanntgabe der 750-Millionen-Dollar-Anleihe an die UdSSR, die das Geschäft überhaupt möglich machte und über die verhandelt worden war, als Palmby noch in Regierungsdiensten stand. Palmby war noch im USLM, als er Treffen zwischen Continental und den Russen beiwohnte, und er wußte bestimmt, daß ein großes Geschäft im Gange war; Palmby und seine Bosse im USLM hatten aber – trotz ihres legalen Auftrags dazu – die Farmer immer noch nicht informiert.
Das USLM benachrichtigte die Farmer erst Mitte Juli. Um diese Zeit war der Weizen im Südwesten und die Froherernten im Mittelwesten, ein Viertel der Gesamternte, bereits verkauft.[4] Allein in Oklahoma kostete die Zurückhaltung der Information durch das USLM den Farmern $ 47 Millionen. Und Butz' Erklärung? »Die Farmer verloren wegen der frühen Verkäufe kein Geld, sie verdienten nur nicht zusätzlich, was möglich gewesen wäre.«[5]
Die Sowjets kauften, und die Getreidegesellschaften verkauften weiter. Während Riesengeschäfte abgeschlossen wurden, informierte *Wheat Situation* die Farmer, daß die Sowjets kauften, aber auch, daß die wahrscheinliche Gesamtmenge etwa die Hälfte von dem betragen würde, was Continental Grain Anfang Juli schon tatsächlich an die Sowjets verkauft hatte. Während die Sowjets weiter Weizen kauften, reiste Minister Butz im Land herum und sprach über *Mais*verkäufe.
Zusätzlich zu den Extragewinnen, die erzielt wurden, weil nichtinformierte Farmer bereit waren, billig zu verkaufen, hatten die Getreidegesellschaften noch eine weitere Garantie für einen Profit ohne Beispiel. Um die Exporte zu ermutigen, zahlte die Regierung damals den exportierenden Gesellschaften Subsidien, indem sie den Unterschied zwischen dem Preis in der Heimat zu dem sie den Weizen kauften, und dem niedrigeren Preis ausglich, zu dem sie im Ausland verkauften. Diese Subsidien betrugen bis zu 47 Cents pro Bushel. (Für einen derartigen zusätzlichen Anreiz bestand offensichtlich keine Notwendigkeit: die Sowjets brauchten das Getreide für ihr Vieh, und außer den Vereinigten Staaten hatte kein anderes Land zu verkaufen. Als die einheimischen Preise schließlich stiegen, beanspruchten die Gesellschaften noch größere Subsidien, obwohl sie einen Teil des Weizens, den sie verkauften, schon früher zu niedrigeren Preisen gekauft hatten.)

Eine spätere Untersuchung im Senat deckte auf, daß eine Getreideexportgesellschaft manchmal die Subsidien für Verkäufe an ihre Tochtergesellschaft, die völlig in ihrem Besitz war, kassierte. Die Untersuchung belegte Verkäufe von Cargill an deren Tochtergesellschaft in Panama. Diese Tochtergesellschaft verkaufte an eine weitere Tochterfirma in Europa, die den Weizen dann zu einem unbekannten, aber zweifellos höheren Preis an einen Dritten verkaufte. So steckte das Hauptquartier Subsidien von vielen Millionen Dollar als nicht steuerfähiges Einkommen ein – während die Gewinne der auswärtigen Tochtergesellschaften vor einer Besteuerung geschützt waren, solange sie im Ausland verblieben (und das trotz des Bestrebens des Landes, die Zahlungsbilanz zu verbessern!). Diese Transaktionen vollzogen sich praktisch auf dem Papier, der Weizen verließ nie das Schiff, auf das er ursprünglich verladen worden war.
In lediglich sieben Wochen überreichten die Steuerzahler den sechs Getreideexportgesellschaften 300 Millionen Dollar Subsidien, Food Power konnte in der Tat für einige sehr einträglich sein. Im Gegensatz dazu bewegten sich die Subsidien an die Farmer in die entgegengesetzte Richtung. 1972 wurden an die Farmer noch Subsidien gezahlt, um den Unterschied zwischen der »Parität« – einem Preisniveau, das in Beziehung zu den Kosten der Maschinen und des Inputs, den die Farmer kaufen mußten, als fair galt, und dem durchschnittlichen Marktpreis über eine Periode von fünf Monaten – auszugleichen. 1972 lag der Haken darin, daß die Regierung die Periode vom Juli an beginnen ließ, als die meisten Farmer im Südwesten und einige im Mittelwesten bereits verkauft hatten. Als die Nachricht von dem großen Geschäft bekannt wurde, stiegen die Weizenpreise und verringerten den Unterschied zwischen den durchschnittlichen Marktpreisen und der Parität, wodurch die Subsidien für die Farmer beschnitten wurden. Der Verlust der Farmer an Subsidien wurde auf 55 Millionen Dollar geschätzt.
Cook Industries andererseits vermehrte seine Jahresgewinne von 1972 bis 1974 auf das Fünfzehnfache. Cook ist die einzige Firma mit öffentlichem Aktienbesitz und daher die einzige Gesellschaft, die ihre Gewinne darlegen muß. Dan Morgan von der *Washington Post* berichtet jedoch, daß Firmen im Privatbesitz wie Cargill und Bungle zuverlässigen Handelsquellen zufolge ihren Nettowert seit 1972 verdoppelt oder verdreifacht haben.[6] Das General Accountin Office stellte fest, daß die Großhändler an diesen Hunderten von Millionen Bushels Gewinne zwischen 2 und 53 Cents pro Bushel[7] erzielten,

während man normalerweise einen Gewinn von 1.6 Cents pro Bushel für gut hält.
Der »Freihandel« und der Drang zum Export wirkte sich demnach für die großen Getreidegesellschaften gut aus.[8] Butz fügte dem Schaden noch eine Beleidigung hinzu, als er erklärte, die großen Getreidegesellschaften hätten bei den Getreideverkäufen von 1972 nur deshalb gewonnen und die Farmer verloren, »weil die Farmer eben nicht smart genug gewesen seien, die Situation auszunützen«. Einige Handelsgesellschaften hätten groß verdient, aber so heiße eben das Spiel.[9]
Butz hat recht, das Spiel heißt »Big Money«. Im Namen des Freihandels konnten die Gesellschaften ihre Kontrolle ausweiten und ihre Gewinne steigern. Während des Winters 1972–73 konnten drei der großen Getreideexportgesellschaften 90 Prozent der Sojabohnenernte für $ 4.00 pro Bushel in die Hand bekommen und die Sojabohnenpreise nur wenige Monate später bis zu $ 10.00 pro Bushel hinauftreiben[10]. In Wirklichkeit gibt der Freihandel den privaten Multimillionendollar-Gesellschaften freie Hand, Preise und Vorräte zu ihrem Vorteil zu manipulieren.
Wenn wir »privat« sagen, meinen wir wirklich höchst privat – mit keinem Raum für die Nachprüfung durch die Öffentlichkeit. Fünf oder sechs Getreidekonglomerate sind private Firmen im Besitz von wenigen Individuen oder Familien. Keine veröffentlicht detaillierte finanzielle Informationen. Als sich Dan Morgen wunderte, warum Getreidehandel-Lobbyisten in Washington so schwer zu finden sind, erklärte es ihm ein ehemaliger Getreidehandel-Lobbyist so: »Die Getreidehandelsgesellschaften brauchen keine starke Lobby – für sie gibt es nämlich keine Vorschriften.«[11]
Als die amerikanischen Konsumenten in diesem Winter in die Lebensmittelgeschäfte gingen, entdeckten sie, daß ihr Weizen exportiert worden war. Besonders die Fleischpreise schossen in die Höhe, weil die Preise für Futtergetreide so schnell stiegen, daß viele Farmer ihre Rinder- und Schweinemast bremsten. Der Landwirtschaftsausschuß des Kongresses kam zu dem Schluß, daß sich die höheren Lebensmittelpreise, die direkt den Getreideexporten und der Art ihrer Handhabung zuzuschreiben waren, auf 3 Milliarden Dollar beliefen.
Der Freihandel gestattet es den Spekulanten, die Preise ohne jede Beziehung zu den wahren Vorräten in die Höhe zu treiben. Als Donal Paarlberg, damals Chefwirtschaftswissenschaftler der USLM,

1973 von Lebensmittelpreisen sprach, sagte er, sein Stab könne nur die Hälfte oder zwei Drittel des plötzlichen Preisanstiegs erklären. »Der Rest ist psychologische und spekulative Tätigkeit – und das ist nicht in unseren Modellen enthalten«, erklärte er.[12] Wie real ist aber ein Modell des freien Marktes, wenn er die Spekulation nicht in Rechnung stellt?

Der freie Markt und der kleine Bauer

Das US-Landwirtschaftsministerium (USLM) hat unabänderlich die Idee zu verkaufen gesucht, man müsse die amerikanischen Farmer dem Funktionieren des freien Markts überlassen, um »die Regierung vom Rücken des Farmers herunterzubekommen«. Welcher Farmer wäre schon gegen diese Vorstellung? Tatsächlich brauchen die amerikanischen Farmer eine Art Kontrolle als Rückversicherung gegen Preisstürze, die durch Überproduktion im Verhältnis zu der Kaufkraft der Bevölkerung verursacht werden. Wie Jim Hightower, wohlbekannt wegen seiner Tiefenstudien der Probleme der amerikanischen Farmer, erklärte, besitzen die »amerikanischen Farmer ohne Produktionskontrolle regelmäßig die Fähigkeit, sich selbst aus dem Geschäft zu produzieren«.[13]
Das Landwirtschaftsministerium gibt zu, daß es, wenn man die Farmer dem freien Markt aussetzt, bedeutet, daß sie »weltweite Schwankungen in der Nachfrage« erleben und daß »ihre Preise unbeständiger« werden.[14] Ein Familienfarmer kann sich jedoch den Schwankungen nicht so anpassen wie eine Gesellschaft. Wenn die Marktindikatoren für General Motors schlecht aussehen, entläßt die Gesellschaft ganz einfach Arbeiter oder schließt sogar eine Fabrik. Allein bei der Unberechenbarkeit des Wetters sind die Marktaussichten eines Farmers schwerlich klar. Kann sich aber ein Farmer ganz einfach »stillegen« und nicht mehr anbauen, wenn die Aussichten schlecht sind?
Hightower berichtet die nicht atypische Geschichte, wie ein Regierungsbeamter, der sich nie wegen seines von den Steuerzahlern bezahlten Gehaltes Sorgen zu machen brauchte, einigen Farmern die »neuen Horizonte« erklärte, die ihnen durch die US-Food-Power (Macht durch Lebensmittel) eröffnet wurden.
»In einem Atemzug sagte ein Stellvertretender Landwirtschaftsminister einer Farmergruppe, daß in der neuen Ordnung der Dinge jeder

Farmer auf die Signale der Nachfrage auf den Weltmärkten reagieren müsse, daß nur ihr eigenes vorausschauendes Management sie vor dem ›Auf und Ab‹ des Marktes schützen würde. Im nächsten Atemzug schon sagte dieser Staatsdiener den Farmern, daß sich die Märkte auf einer täglichen Basis änderten, wobei sich die Türen so schnell öffneten und schlössen, daß niemand sagen kann, was als nächstes passiert. Viel Glück und Good-bye.«

Oft liegen die Dinge so, daß kleine Farmer gezwungen werden sollen, die Sache auszubaden. Wenn sie auf dem freien Markt nicht überleben, bedeutet das, daß sie eben nicht tüchtig genug waren, »es zu schaffen«, deshalb sei es für das Land als Ganzes das Beste. Earl Butz, der frühere Landwirtschaftsminister, beschrieb diese Farmer, die in den letzten Jahren untergegangen sind, als entweder »nicht bereit, sich zu ändern oder nicht konkurrenzwillig«.

Nur gibt es da einen großen Haken. Was den Großproduzenten das Überleben möglich macht, hat nichts mit ihrer »Tüchtigkeit« zu tun. Große Kapitalmengen und gestreute Investitionen gestatten es ihnen, selbst bei einem nicht stabilen Markt zu überleben. Tatsächlich kann ein unstabiler Markt sich zum Nutzen der Großproduzenten auswirken, die bereit sind, die kleinen Farmer aufzukaufen, die während schlechter Marktperioden nichts haben, auf das sie sich zurückziehen können[15].

Das ist der gleiche Prozeß des »Aus dem Feld Schlagens«, den wir nach der Einführung des modernen kommerziellen Farmens in den unterentwickelten Ländern erlebt haben. In den Augen eines amerikanischen Farmers ist die Bereitschaft der amerikanischen Regierung, die Farmer den Haussen und Baissen des Marktes zu überlassen, gleichbedeutend mit einem Elefanten in einem Hühnerstall, der erklärt: »Okay, Leute, jeder für sich selbst.«[16]

Die Food-Power-Alternative erschien vielen Farmern in den Jahren 1973–74 gut. 1975 war ihr Nettoeinkommen aber bereits um 15 Prozent gesunken.[17] Im Herbst 1976 war der Preis für zukünftige Weizenlieferungen bereits auf $ 3.18 pro Bushel gefallen oder 24 Prozent unter den Punkt, der für den Farmer gerade noch tragbar ist – und die Farmer erhalten nicht den vollen Preis, der für zukünftige Weizenlieferungen genannt wird.[18] (Selbst ein $ 3.50 Preis für einen Bushel; der Brot für $ 24.50 ergibt, bringt dem Farmer nur einen Dollar).[19]

1975 und 1976 waren die Farmer schlechter dran als zu irgendeinem früheren Zeitpunkt einschließlich der Depression. Das Niveau des

Farmeinkommens wird gewöhnlich als ein Paritätsverhältnis festgestellt. Parität mißt die Preise, die die Farmer bekommen, im Verhältnis zu den Produktionskosten. Eine Parität von 100 Prozent bedeutet einen befriedigenden Ertrag. 1976 erhielten die Farmer nur 76 Prozent der Parität, im November 1976 war die Parität auf 66 Prozent gefallen. Selbst in der Dekade der 1930er Jahre war es den Farmern besser ergangen. Der Durchschnitt betrug damals 78 Prozent.[20]

Wer hat also gewonnen? Auf dem Farmsektor waren Gewinneinkommen in den letzten Jahren fast ausschließlich den Großbetrieben zugefallen, während wöchentlich Hunderte von Kleinfarmern aufgeben mußten. Die größten Farmen der USA, die nur 4 Prozent aller Farmen darstellen, steigerten ihr durchschnittliches Jahresnettoeinkommen zwischen 1971 und 1974 um das Zweieindrittelfache von $ 36 000 auf $ 84 000.[21] Diese obersten 4 Prozent hatten die Kontrolle über 46 Prozent des Gesamtverkaufs von Farmerzeugnissen schon 1973 erreicht.[22]

Die Mehrzahl aller Farmer mit Jahresverkäufen von $ 20 000 oder weniger konnten ihr Durchschnittseinkommen nur um etwa 20 Prozent steigern – von $ 2000 1971 auf weniger als $ 2500 1974.[23] Etwaige Einkommenssteigerungen von Kleinfarmerfamilien entstanden nur durch Nebenerwerbstätigkeiten. Das allein sagt viel über die Auswirkung der Food-Power-Strategie.

Die Verteidiger der Regierungspolitik weisen darauf hin, daß die Farmer, obwohl die Preise, die sie jetzt bekommen, gefallen sind, doch mehr erhalten als vor 1972. Was diese Verteidigung übersieht, ist jedoch die Tatsache, daß die Produktionskosten viel stärker gestiegen sind. Ein typischer Traktor kostet doppelt soviel wie 1971. Der Preis von Kunstdünger hat sich verdreifacht. Was noch schlimmer ist: wenn Überproduktion oder ein Absinken der heimischen oder internationalen Nachfrage zu einem Preissturz führt, bleiben die Produktionskosten trotzdem hoch. Die wenigen großen Gesellschaften, die den Verkauf von Farmbedarf monopolisiert haben, können ihre Preise anheben, um ihren Gewinn gegen die steigenden Kosten zu schützen. Die Farmer sind daher der Gnade des Markts wie der der Gesellschaften ausgeliefert. 1972 stellte die Federal Trade Commission fest, daß die fehlende Konkurrenz in der Farmmaschinenindustrie den Farmern weitere $ 251 Millionen an Überpreisen gekostet hat.[24]

Die Farmverschuldung ist ebenfalls ein Indikator für die Verwund-

barkeit der kleinen Farmer einem weniger voraussehbaren Freimarktpreis gegenüber. Die Gesamtverschuldung der Farmer in den Vereinigten Staaten hat jetzt $ 93,6 Milliarden erreicht. Sie steigerte sich allein 1975 um 12 Prozent und hat sich in lediglich einem Jahr mehr als verdoppelt.[25] 1974 entsprach die Verschuldung eines durchschnittlichen Farmers dem Einkommen von fast drei Jahren, verglichen mit dem von neun Monaten 1950.[26]
Schließlich halten die meisten Amerikaner ihr Land für das hauptsächlich kleiner Farmer, denen ihr Grund und Boden gehört. Diese Ansicht übersieht aber die Tatsache, daß 22 Prozent der Produktion jetzt direkt oder indirekt von riesigen Gesellschaften kontrolliert werden. Ferner läßt sie, was genauso wichtig ist, die großen Flächen gepachteten Landes außer acht. In den Vereinigten Staaten sind 38 Prozent alles Farmlandes gepachtet, fast 90 Prozent davon von Grundbesitzern, die nicht Landwirte sind.[27]
Das bedeutet, genauso wie wir es in den unterentwickelten Ländern sahen, einen beträchtlichen Unsicherheitsfaktor. Wenn die Erzeugerpreise fallen, während die Kosten steigen, so daß die Farmer die Pacht nicht bezahlen können, werden die Pächter hinausgeworfen.

Was hält das US-Landwirtschaftsministerium von der Zukunft?

Das Landwirtschaftsministerium weiß genau, welche Auswirkung die Freihandelspolitik auf die Struktur des ländlichen Amerika haben wird. 1975 veranlaßte das Ministerium eine Untersuchung, was mit den amerikanischen Farmen unter verschiedenen Handels- und Regierungs-Subsidien-Politiken geschehen würde.[28] Die Studie kam zu dem Schluß, daß Amerika bis 1985 weitere eineinhalb Millionen Farmen verlieren würde, wenn der amerikanische Farmer den Schwankungen des freien Markts überlassen würde. Von den Farmern, die übrigblieben, würden nur neun Prozent ihr Land voll besitzen, im Vergleich zu dem Drittel von heute.
Diese Aussichten auf die unvermeidlichen Ergebnisse der Food-Power-Freihandelsstrategie waren für das Ministerium so peinlich, daß die Abteilung, die die Untersuchung innerhalb des Ministeriums durchführte, aufgelöst wurde.
Das Ministerium scheint offensichtlich diese wachsende Konzentration des Farmbesitzes nicht verhindern zu wollen. In seinen Augen ist die Abnahme der kleinen Farmer bereits ein *fait accompli.* In

einer Überlegung, wie die amerikanische Landwirtschaft in der Zukunft aussehen werde, sagt der Direktor für Agrarwirtschaft im US-Landwirtschaftsministerium »eine hochkoordinierte Industrie großer Farmen . . . die wahrscheinlich auf die gleiche Art arbeiten werden wie die nicht landwirtschaftlichen Industrien« voraus.[29]
Man beachtet nicht, daß das USLM in seinen eigenen Studien gezeigt hat, daß es keine Wirtschaftlichkeit einer Farm mit zwei Leitern gibt[30] und daß der größte Wert pro Acre auf der familiengroßen Farm erzeugt wird.[31]
Das USLM förderte vor kurzem die Untersuchungen, wie gangbar eine computerisierte Milchfarm mit 3600 Kühen sei. Ist das der Traum des Ministeriums von zukünftigen Milchfarmen? Heute beträgt der Durchschnitt einer Milchfarmherde 100 Stück. Die Umwandlung der Milchindustrie in Unternehmen mit 3600 Stück würde das Verschwinden von 300 000 Milchfarmen bedeuten.[32]
Der frühere Stellvertretende Landwirtschaftsminister Robert Long hat die Politik des Ministeriums, den Kleinfarmer zu vernachlässigen, auf folgende unglaubliche Art verteidigt. Er behauptete, wenn das Ministerium dem kleinen Farmer helfen würde, würde die Produktion wachsen. Wenn aber die Produktion wachse, würden die Preise fallen – was dem kleinen Farmer weh tun würde.[33]
Man kann nur schließen, daß das USLM wenige große Farmen wünscht, die die US-Landwirtschaft kontrollieren, Farmen, die die Produktion sicherlich *nicht* steigern, so daß die Preise hoch bleiben können.

Was verlieren wir?

Man hält die Anhänger von Familienfarmen oft für Romantiker, die sich nach der guten alten Zeit sehnen, die es in Wirklichkeit nie gegeben hat. Ist es lediglich Nostalgie, die viele wünschen läßt, das »Kleinfarm-Amerika« wiederzubeleben? Um diese Frage zu beantworten, müssen wir wissen: Was ist der Unterschied zwischen einem landwirtschaftlichen Amerika, das von einigen wenigen Großbesitzern, und einem, das von Familienfarmen beherrscht wird?
1944 leistete man in Kalifornien ein bemerkenswertes Stück soziologischer Arbeit. Ein Forscher des USLM wählte zwei Städte, Arvin und Dinuba, aus, die sich im Dollarwert ihrer Produktion ähnelten, in der Farmgröße aber unterschieden, die eine mit wenigen großen

und die andere mit vielen kleinen Farmen. Der Unterschied zwischen den beiden Gemeinden kann uns viel über die Zukunft Amerikas sagen, wenn der gegenwärtige Kurs auf die Konzentration der Kontrolle nicht umgedreht wird.
Unter dem Aspekt der Lebensqualität erwies sich die Kleinfarmgemeinde als beträchtlich reicher als die mit den großen Farmen. »Die Lebensqualität«, im allgemeinen ein unklarer Begriff, wurde durch diese Studie genau festgelegt. Dinuba, die Kleinfarmgemeinde wies zum Beispiel

etwa 20 Prozent mehr Menschen mit einem höheren Einkommensstand auf,

eine arbeitende Bevölkerung, die hauptsächlich im eigenen Betrieb arbeitete, im Gegensatz zu der Großfarmgemeinde, wo weniger als 20 Prozent im eigenen Betrieb tätig und fast zwei Drittel landwirtschaftliche Lohnarbeiter waren;

viel mehr demokratische Entscheidungen fällende Organisationen und eine viel stärkere Vertretung in ihnen;

bessere Schulen, Parkanlagen, Zeitungen, Bürgergruppen, Kirchen und öffentliche Dienste;

die doppelte Zahl an Kleinbetrieben und 61 Prozent mehr Kleinhandelsgeschäfte.

Der Forscher Walter Goldschmidt hatte die Absicht gehabt, die Studien durch den Vergleich mit anderen Farmgemeinden fortzusetzen. Er bekam diese Chance niemals. Die Unterstellungen der Studie waren für das Landwirtschaftsministerium so »heiß«, daß Goldschmidt Weisung erhielt, seine Untersuchungen einzustellen. In einer kürzlichen Aussage von einem Senatsausschuß über Landmonopole in Kalifornien wurde Goldschmidt gebeten, über die Veränderungen in der amerikanischen Landwirtschaft in den dreißig Jahren seit seiner Studie über das Kleinfarm-Dinuba und das Großfarm-Arvin nachzudenken. Er stellte fest:
»Die Vision der Zukunft unter einer gesteigerten Gesellschaftskontrolle ist eher die Vision Arvins als die Dinubas – tatsächlich die von Super-Arvins.«[34]

Food Power und der amerikanische Konsument

Wir haben unsere Aufmerksamkeit auf den Verfall des Kleinfarmers konzentriert. Die Amerikaner und die Westeuropäer glauben oft, daß der Verlust des Farmers der Gewinn des Verbrauchers ist. Dem amerikanischen und dem westeuropäischen Konsumenten geht es aber nicht besser als dem Farmer.

Als die Farmpreise hoch waren, konnten die riesigen Verarbeitungs- und Exportgesellschaften die Kosten direkt auf den Verbraucher abwälzen. Wenn die Preise für Farmerzeugnisse fallen, sind die Konsumentenpreise wunderbarerweise abgeschirmt und die Gewinne der Lebensmittelgesellschaften blähen sich auf. Es überrascht keineswegs, daß die Farmer 1975 4,7 Prozent auf die Parität verdienten, die Lebensmittelketten jedoch 12,6 Prozent und die Lebensmittelverarbeiter 24,6 Prozent.[35] Der *Internal Revenue Service* hat festgestellt, daß Lebensmittelketten im Durchschnitt um 48 Prozent höhere Gewinne erzielen, als die Kleinhandelsgeschäfte.[36]

Des weiteren löst in einer hochkonzentrierten Wirtschaft eine Rezession, die von einem Absinken von Lebensmittelkäufen begleitet wird, nicht, wie das in Wirtschaftswissenschaftsklassen von Colleges behauptet wird, einen Preissturz bei Lebensmitteln aus. Tatsächlich hat eine Studie des Gemeinsamen Wirtschaftsausschusses des Kongresses das Gegenteil als richtig herausgestellt. Wenn einige wenige große Gesellschaften einen ganzen Sektor kontrollieren, kann ein Absinken des Verbrauchs zu einer Preissteigerung führen, weil die Gesellschaften die Einbußen im Verkauf ausgleichen wollen.[37]

Die wiederholte Behauptung, daß die amerikanische Familie im Durchschnitt lediglich 16 Prozent ihres Budgets für Nahrung ausgeben muß, wäre lächerlich, wenn die Realität nicht so ernst wäre. Aber selbst ein höherer Durchschnitt verbirgt die Last, der sich die meisten Amerikaner gegenübersehen. Die untere Hälfte aller Amerikaner muß beträchtlich mehr ausgeben.

Die Familien mit mittleren Einkommen (die mittleren 10 Prozent) geben mindestens 20 Prozent ihres Einkommens für Lebensmittel aus – die auf der untersten Sprosse der Einkommensleiter aber 69 Prozent.[38]

Nicht einberechnet sind versteckte Kosten, wie das Budget des USLM und andere durch Steuern bezahlter Programme, die der Lebensmittelproduktion Subsidien gewähren.

So viel zu der Ansicht über Amerika als eine Nation von Menschen, Die ihre »billige« Nahrung nicht richtig zu schätzen wissen. Wir können schließen, daß diese Ansicht nur für die Einkommensgruppe der obersten 10 Prozent zutrifft, sie geben nur 10 Prozent ihres Einkommens für Nahrung aus.

Vom Januar 1972 an, gerade als Food Power in vollen Schwung geriet, bis zum Oktober 1975 stieg der Verbraucherpreisindex für Lebensmittel um 48 Prozent.[39] Zwischen Anfang 1972 und Mitte 1975 betrug die Gesamtsteigerung der Lebensmittelrechnung der Nation jedes Jahr fast $ 20 Milliarden.[40] Und doch sagt uns ein Spitzenbeamter des USLM: »Tatsache ist, daß die Nation keine wirksamere antiinflationäre Agrarpolitik haben könnte.«[41]

Food Power gegen Food first

Hat es einen Sinn, eine nationale Politik zu betreiben, die Lebensmittelexporte fördert (die hauptsächlich dazu bestimmt sind, den steigenden Appetit der Wohlgenährten der Welt auf Fleisch zu befriedigen), während Millionen Amerikaner unterernährt sind? Der Senatsausschuß für Ernährung und menschliche Bedürfnisse stellte fest, daß kürzlich die steigenden Lebensmittelpreise eine »statistisch bedeutsame Abnahme des Pro-Kopf-Verzehrs von Protein und vielen wesentlichen Vitaminen und Mineralien hervorgerufen haben«.[42] Ernährungswissenschaftler sagten vor dem gleichen Ausschuß aus, daß es nicht möglich sei, auf Grund von Lebensmittelmarken eine ausbalancierte Kost zu erhalten – und doch müssen sich 20 Millionen Amerikaner auf das Lebensmittelmarkenprogramm stützen.
Einige Eingeweihte deuten an, daß die Haushalts-Lebensmittel-Verbraucherübersicht, die im Januar 1976 geplant war, verzögert wurde, um den Präsidenten in einem Wahljahr nicht mit Berichten über das Absinken des Ernährungszustands bei Millionen Amerikanern zu beschweren. Nach den Wahlen kündigte das USLM an, es könne aus »Mangel an Mitteln« ein Beispiel von 5000 Familien mit niedrigem Einkommen nicht in die Untersuchung einschließen. Schließlich schätzte in einem kürzlichen Leitartikel der *New York Times* ein stellvertretender Professor der Vorsorgemedizin in Virginia, daß bei einer Million Amerikaner Hundenahrung einen beträchtlichen Teil der Kost darstelle.
Die ernsteste Kritik an Food Power besteht darin, daß sie die Vereinigten Staaten selbst in die dem Prinzip »Food first« entgegengesetzte Richtung treibt. Wie in vielen unterentwickelten Ländern, sieht man auch in den USA Lebensmittel nur als eine weitere Ware, mit der sich Devisen verdienen lassen. Food Power ist nicht die Lösung für ein Problem. Food Power ist ein Schlupfloch für Präsi-

denten, ein Weg »undenkbare« Schritte zu vermeiden. Sich auf Food Power zu verlassen, um ausländische Devisen zu verdienen, ist ein Ausweg für eine Regierung, die nicht gewillt ist, die Macht und die Profite der großen Getreidehandels- und sonstigen Gesellschaften anzurühren, die auf der Suche nach Märkten, nach billigem Land und ebensolchen Arbeitskräften ins Ausland gehen.

Eine Food-Power-Freihandels-Strategie verstärkt in der Tat direkt und indirekt die Macht der großen Gesellschaften, indem sie den kleinen Farmern, die keine extremen Marktschwankungen ertragen können, dadurch die Existenzmöglichkeit abschneidet, daß sie die Preisschwünge, von denen die großen spekulierenden Gesellschaften gedeihen, vermehrt, und indem sie Lebensmittelexporte fördert, um fremde Devisen zu verdienen. Damit können die Vereinigten Staaten weiterhin die Einfuhr von Agrar- und Industrieprodukten bezahlen, die oft im Ausland von amerikanischen Gesellschaften erzeugt werden; und das sind Produkte, die man auch daheim hätte herstellen können.

Schließlich ist Food Power auch ein Weg, um die kostspielige US-Militärpolitik zu bezahlen, die die amerikanische militärische Präsenz in jedem Winkel der Welt zur »Aufrechterhaltung von Gesetz und Ordnung« nötig macht. Wir beginnen jetzt erst damit, den Preis dafür zu bezahlen, daß wir unser Land sowie die Lebensmittelaufbereitung und -verteilung immer mehr von immer weniger Menschen kontrollieren lassen. Heute kontrollieren 5,5 Prozent aller Farmen in den USA über 50 Prozent allen Farmlands[43], sechs Getreidegesellschaften kontrollieren 85 Prozent aller Getreideexporte[44], 50 von fast 30 000 Nahrungsproduzenten die Hälfte der Werte dieser Industrie.[45] Wir haben das Ergebnis bereits gesehen: fast 20 Milliarden Dollar jährliche Mehrausgaben für Lebensmittel, steigende Armut und Unterernährung für viele Amerikaner und der Verlust der Existenz für Millionen der Landbevölkerung.

Ganz offensichtlich muß ein Programm, diese Trends umzukehren, in Amerika mit einer Landreform beginnen, mit einer Gesetzgebung gegen die Übernahme der Landwirtschaft durch Gesellschaften und der Begrenzung der Farmgröße. Die kleinen Farmer sollten geschützt werden, wenn die Lebensmittelpreise unter eine Ebene sinken, die den Farmern einen anständigen Lebensunterhalt sichert.[46]

Eine natürliche Begleiterin einer Landreform in Amerika wäre die Entwicklung einer örtlichen und regionalen Lebensmittelselbstversorgung. Mit anderen Worten: die Arbeit, um die Kontrolle über unser Land und unsere Nahrung neu zu verteilen, muß auch eine Bewegung in Gang setzen, um eine größere Zahl von Amerikanern auf örtlicher Ebene an der Beschaffung von Grundbedürfnissen zu beteiligen. Durch die Arbeit, Demokratie in unsere Ernährungswissenschaft zu bringen, werden wir demonstrieren, daß ohne wirtschaftliche Demokratie in jedem Sektor unserer Wirtschaft unsere politische Demokratie bedeutungslos ist.

Die Vereinigten Staaten müssen, wie die unterentwickelten Länder, heute autarker in der Ernährung werden, sowohl zum Nutzen unseres eigenen Volks wie dafür, die Nation für den Rest der Welt zu einer geringeren Last zu machen. Unsere Nahrungsexporte ins Ausland zu treiben, ist auch nicht im Interesse der Mehrheit der Menschen in diesen anderen Ländern. Während er im Interesse der ausländischen Eliten sein mag, untergräbt unser Export letztlich die Produktion in anderen Ländern, den Lebensmittelunterhalt ihrer Bevölkerung und ihre Selbstbestimmung. In einer Welt extremer Machtdifferentiale zwischen den Ländern gibt es keine »wechselseitige Nahrungsabhängigkeit«. Die wechselseitige Abhängigkeit wird, wie wir gesagt haben, eine Tarnung für die Kontrolle der Nahrung durch einige wenige.

Der Weg, um die Food-Power-Strategie zu diskreditieren, ist der, aufzuzeigen, wie sie gegen die Amerikaner und die Mehrheit im Ausland arbeitet. Wie können wir Amerika für die Welt sicherer machen? Wie würde ein autarkes Amerika aussehen? Das sind die wichtigsten Fragen.

Wir würden dem Leser, auch dem deutschsprachigen, jedoch einen schlechten Dienst erweisen, wenn wir ihm den Eindruck gäben, daß diese Umdirigierung durch unsere gegenwärtige Regierung vorgenommen werden könnte. Dieses Kapitel demonstriert ja gerade, daß unsere Regierung den Interessen verpflichtet ist, die von der wachsenden Kontrolle über unser Ernährungssystem den Nutzen haben. Die nötige Umstrukturierung der Landwirtschaft der Vereinigten Staaten ist daher nicht etwas, das die Regierung für uns unternehmen wird. Wir müssen die Verantwortung selbst übernehmen, uns und andere Amerikaner hinsichtlich des Kampfs um die Kontrolle über das Farmland zu schulen, der eben jetzt in Amerika ausgetragen wird.

Auf einer Studienreise im nordwestlichen Mexiko kamen wir in eine Gemeinde landloser Arbeiter, die kürzlich Land besetzt und bebaut hatten, das legalerweise ihnen gehörte, das aber seit Jahrzehnten von einem Großgrundbesitzer kontrolliert worden war.

Sobald sie erkannt hatten, daß wir Amerikaner waren, fragten sie: »Habt ihr in Amerika keine Landreform?« Ja, auch wir stehen an einem nationalen Wendepunkt. Wollen wir gestatten, daß die Grundnotwendigkeiten des menschlichen Überlebens von einigen wenigen kontrolliert und wie jede andere Ware behandelt werden, bei der der Profit durch die Schaffung von Verknappung betont wird?

* * *

»Die Agrarpolitik sollte auf die Erhaltung des Ackerbaus als einer gängigen Industrie und nicht eines Lebensstils dirigiert werden. Die Zahl der Farmer oder die Farmgröße sind irrelevant, soweit sie nicht die Leistung der Agrarindustrie beeinflussen.«

US-Landwirtschaftsministerium, Neue Weisungen für die US-Agrarpolitik, (Bericht über den Young-Ausschuß des USLM. 1972), S. 11.

»Jede Regulierung, die die landwirtschaftliche Produktion behindert, jede neue Gesetzgebung, die mit den Management-Entscheidungen des einzelnen Farmers in Konflikt steht, jede neue Wirtschaftskontrolle, die seinen Gewinnanreiz aushöhlt, treibt einen weiteren Nagel in den Kollektivsarg der Menschheit.«

Earl Butz – A Policy of Plenty, S. 57.

Teil VIII:

Der Welthunger als das große Geschäft

32

Brauchen die unterentwickelten Länder das Know-how der amerikanischen Unternehmen nicht?

Frage: Brauchen unterentwickelte Länder, wenn sie je ihr Nahrungsanbau-Potential realisieren wollen, nicht die landwirtschaftliche Hilfe fortschrittlicherer Länder? Vielleicht ist es aber ein Fehler zu denken, daß diese Hilfe durch Regierungskanäle kommen sollte. Da gibt es zuviel Politik, zu viele Möglichkeiten für bürokratische Amtsschimmel-Reiterei, zuwenig Geschäftssinn. Brauchen die Länder nicht gerade das, was die Gesellschaften anzubieten haben: das Know-how, das von dem erfolgreichsten Agrarsystem der Welt herrührt?

Unsere Antwort: Manager der Agroindustrie würden dem sicherlich zustimmen. Wenn man je der pessimistischen Einschätzungen des Welthungers müde wird, braucht man nur auf das zu hören, was die Leiter von Gesellschaften zu sagen haben. Der Hunger ist für sie ganz deutlich eine »Wachstumsindustrie«.
Charles Hall, ein Bankier, der 1974 einer Konferenz mit dem Thema: »Die Ernährung der Hungrigen der Welt: die Herausforderung an die Geschäftswelt« vorstand, proklamierte, daß die »sich vermindernde Selbstgenügsamkeit« der unterentwickelten Länder durch die Anwendung einer ›Systemmethode‹ umgedreht werden kann, »in der multinationale Konzerne eine wesentliche Rolle spielen«.[1]
Hall zufolge »besitzen« die multinationalen Gesellschaften »die organisatorische und die Management-Fähigkeit, das Kapital und die Technologie – oder haben dazu Zugang –, um solche Systeme schon jetzt anzuwenden. John H. Perkins, ein Bankpräsident, beschrieb die Herausforderung als eine, die »den hungernden Ländern« die technologische Revolution bringe, die die »amerikanische Landwirtschaft in das erstaunlichste Produktionssystem der Erde umgewandelt hat«. Es ist also nicht der Eifer, ein missionarischer Eifer, der der Agroindustrie fehlt.

Selbst Firmen, die wir normalerweise nicht der Agroindustrie zurechnen würden, sind auf den Reklamewagen »Die Agroindustrie – hat – die – Lösung« gesprungen. Auf einer von den UN geförderten Konferenz betonte ein Direktor der St. Regis Paper Company beredt, wie eine verbesserte Verpackung in Papier der Schlüssel für die Lösung des Welthungers sein könne. (Was konnte er nur damit meinen? – Der Trick besteht darin, einen trockenen Getreidebehälter zu entwerfen, der den indischen Monsun übersteht.)[2]
Ein anderer »Möchte-gern-Retter der Hungernden in der Welt« ist die World Food System Inc., ein institutioneller Lebensmitteldienst. Sein Präsident berichtete auf der gleichen Konferenz, daß Essenlieferdienst-Systeme den hungernden Millionen in der Welt »eine befriedigende Eßerfahrung geben und gleichzeitig eine Konsumenten-Marktanalyse« ermöglichen könnten. Ja, warum hatte nicht jemand schon früher daran gedacht? Alle Hungrigen brauchen lediglich einen wirksamen Lebensmittellieferdienst und eine Übersicht darüber, was am besten schmeckt.

Eine Globale Farm für den Globalen Supermarkt

Die Frage zu Beginn dieses Kapitels stellt die Behauptung auf, daß die Firmen der Agroindustrie eine einzigartige Sachkenntnis besitzen, die sie mit den Armen in den unterentwickelten Ländern teilen können. Aber, so fragen wir, Sachkenntnis, *welche* Art von Nahrung anzubauen, und *für wen?*
In Teil V haben wir die Mechanisierung und Kommerzialisierung der Landwirtschaft in unterentwickelten Ländern erörtert; in Teil VI die Förderung der Landwirtschaft für den Export. Man braucht die beiden nur zu addieren und hat die steigende weltweite Durchdringung der Agroindustrie, die Verbindung der Farmen der unterentwickelten Länder mit den globalen Lebensmittelmärkten: eine Globale Farm, die einen Globalen Supermarkt beliefert.
Die hungernden Menschen der Erde werden in eine noch direktere Konkurrenz mit den Wohlgenährten und den Überfütterten geworfen. Die Tatsache, daß etwas in der Nähe des eigenen Heims wächst, daß die natürlichen und finanziellen Produktionsmittel für den Anbau verbraucht werden, oder sogar, daß man selbst bei dem Anbau schuftet, bedeutet nicht mehr, daß man das Produkt wahrscheinlich auch essen wird. Es wird vielmehr an den Globalen Supermarkt

gehen, wo die Armen in dem gleichen Regal danach greifen müssen wie Hunderte von Millionen anderer auch. Jede Ware hat ihren Preis, und dieser Preis wird zum großen Teil dadurch bestimmt, was die bessergestellten Kunden bieten. Niemand ohne Geld wird die Kassen passieren können. Selbst Fido und Felix in den Vereinigten Staaten können die meisten Hungernden der Welt überbieten. Der entstehende Globale Supermarkt wird der Gipfel der »wechselseitigen Nahrungsabhängigkeit« in einer Welt der Ungleichen sein.

Soviel die Agroindustriegesellschaften über die Erzeugung von Nahrung in den unterentwickelten Ländern sprechen – sie sprechen nicht über die Grundnahrungsmittel – Bohnen, Mais, Reis, Weizen und Hirse –, die die Hungrigen brauchen. Statt dessen beziehen sie sich auf Luxuserzeugnisse: Spargel, Gurken, Erdbeeren, Tomaten, Ananas, Mango, Rindfleisch, Geflügel und sogar Blumen.

Des weiteren beruht die »Sachkenntnis« der Agroindustrie nicht so sehr auf der Produktion als auf der Vermarktung. Sie weiß, wo und wer die wohlhabenden Käufer in der Welt sind – eine kleine Gruppe in den städtischen Zentren der unterentwickelten Welt – also etwa in Mexico City, Nairobi, Delhi und Rio und eine viel größere Gruppe in New York, Tokio, Zürich und Stockholm, und die Agroindustrie kennt die Art ihrer »Nachfrage«.

Del Monte ist lediglich ein Beispiel für die Agroindustrie, die eine Globale Farm für einen Globalen Supermarkt schafft. Del Monte hat Farmen, Fischereien und Verarbeitungsanlagen in mehr als zwei Dutzend Ländern. Aufsichtsratsvorsitzender Alfred Eames jr. schrieb in einem der letzten Jahresberichte begeistert. »Unser Geschäft ist nicht lediglich das Verpacken in Büchsen, es ist die Speisung der Menschen.« Welcher Menschen aber? Del Monte unterhält Pflanzungen auf den Philippinen, um die nach Bananen ausgehungerten Japaner zu füttern, schließt Verträge mit mexikanischen Bauern, um die Spargelsüchtigen in Frankreich, Dänemark und der Schweiz zu versorgen, und eröffnet eine neue Pflanzung in Kenia, damit einigen Briten ihre Ration an jetfrischen Ananas nicht fehlt. Eine Ananas, die auf der Pflanzung auf den Philippinen nur 8 Cents erbringt (immer noch einen bedeutenden Teil des Lohns des Arbeiters), kann in Tokio $ 1.50 eintragen. Kein Wunder, daß Del Monte 90 Prozent seiner Erzeugung aus den Philippinen exportiert. Und doch hat der durchschnittliche Filipino die gleiche ungenügende Kalorienzufuhr wie der durchschnittliche Bangladeshi, eine ernste Protein-Kalorien-Unterernährung betrifft schätzungsweise die

Hälfte aller Filipino-Kinder unter vier Jahren – eine der höchsten Zahlen auf der Welt.

Es ist absolut nicht neu, daß Lebensmittel für die angebaut werden, die sie sich leisten können. Neu ist die Vorstellung der Agroindustrie, daß die ganze Welt ihre »Globale Farm« sein kann. Die Produktion vieler Agrarerzeugnisse mit niedrigem Nährwert, die aber Spitzenpreise einbringen, wird aus den Ländern verlagert, in denen die meisten Käufer leben. Diese überseeischen Erzeugungsstätten in vielen Ländern mit großen unterernährten Populationen werden bloße Ausweitungen des landwirtschaftlichen Systems von Ländern wie den Vereinigten Staaten oder Japan.

Tatsächlich beziehen sich die Gesellschaften regelmäßig auf ihre Farmen und Verarbeitungsanlagen in den unterentwickelten Ländern als auf ihre »Auslandsproduktionseinheiten« – eine sehr aufschlußreiche Terminologie.

Diese historische Verlagerung vollzieht sich während unserer eigenen Lebenszeit. Ein grundlegender Faktor, der half, die Agroindustrie-Vision von einer Globalen Farm zu schaffen, war die Entwicklung der billigen Transporttechnologie. Ein Direktor der Bank of America beobachtete die Verlagerung der Produktion der Agroindustrie aus Amerika. »Da die Willkommensmatten in vielen unterentwickelten Ländern ausgebreitet sind, mit der Verlockung von billigem Land und billiger Arbeitskraft und bereitstehenden internationalen Märkten, erfolgte ein wahrer Sturm, um in die unterste Etage zu kommen.« Des weiteren winken Konzessions- und Steuer-Zufluchthäfen – und 360 Tage Sonnenschein können das Farmen weiter erleichtern.

Die mexikanische Verbindung

In Mexiko ist dieser Sturm auf eine Verbindung mit dem Globalen Supermarkt bereits weit fortgeschritten. Früher haben die amerikanischen »Sonnengürtel« und Treibhäuser noch weiter im Norden die Vereinigten Staaten auch während des Winters und des Vorfrühlings mit Gemüse versorgt. Jetzt aber wird das alles durch Agroindustrieriesen, wie Del Monte, General Foods und Campbells, genauso wie zahlreiche »Lebensmittelmakler« und Supermarktketten, wie Safe Way und Grand Union verändert.

Man nehme zum Beispiel die Spargelindustrie. Bis vor wenigen

Jahren konnte man wetten, daß der Spargel, den man aß oder der von den Vereinigten Staaten nach Europa exportiert wurde, in Mittelkalifornien wuchs. Jetzt aber wurde ein bedeutender Teil der Produktion nach Irapuato, 210 Kilometer nordwestlich von Mexico City verlegt.[3] Seit 1975 wurde beispielsweise weißer Spargel nicht mehr in Kalifornien angebaut. In Mexiko kontrollieren zwei Firmen über 90 Prozent der Spargelerzeugung. Eine davon ist Del Monte. 1973 zahlte Del Monte amerikanischen Spargelfarmern 23 Cents pro Pfund ihrer Ernte. Die mexikanischen Vertragspartner erhalten 10 Cents pro Pfund.[4] Diese mexikanischen Vertragspartner zahlen den Saisonarbeitern lediglich 23 Cents pro Stunde.[5] Da die Lohnkosten 7 Prozent der Kosten im Gemüseanbau bilden, setzt Del Monte billige Arbeit in noch größere Gewinnspannen um.[6]

Mexikanischer Boden und mexikanische Arbeit beliefern bereits zur Hälfte bis zu zwei Dritteln den US-Markt für viele Winter- und Vorfrühlingsgemüse.[7] Die Zuwachsraten waren phänomenal. Ein Weg, sie zu verfolgen, ist der »Jährliche, taktische Agraraußenhandelsbericht des USLM«. (Man braucht ihn lediglich anzufordern. Der Bericht hat die Dicke eines Telefonbuchs. Wenn man sich aber eingelesen hat, bringt einen der nächste Weg in den Supermarkt in Kontakt mit der Globalen Farm. Typisch für die Veröffentlichungen der US-Regierung ist jedoch, daß sie die Firmen der Agroindustrie, die die Importwaren kontrollieren, nicht namentlich aufführt.)

Hier sind einige Beispiele für die Verlagerung der Produktion für den lokalen Verbrauch in den Vereinigten Staaten nach Mexiko.[8]

Die meisten sind Unternehmen, die durch amerikanische Gesellschaften vertraglich abgesichert und finanziert wurden. Von 1960 bis 1971 steigerten sich die Zwiebelimporte aus Mexiko in die Vereinigten Staaten um mehr als das Fünffache auf 95 Millionen Pfund, von 1960 bis 1974 schossen die Gurkenimporte von weniger als 9 Millionen auf über 173 Millionen Pfund empor. Von 1960 bis 1972 verzehnfachten sich die Auberginenimporte, und die Fruchtsaftimporte stiegen um das Dreiundvierzigfache. 1972 wurden über eine halbe Milliarde Pfund Tomaten in Mexiko für die Vereinigten Staaten angebaut. Gefrorene Erdbeeren und Kantalupen aus Mexiko decken jetzt ein Drittel des amerikanischen Jahresverbrauchs.

Die Nationalbank von Mexiko bemerkt, daß der heimische Erdbeerverbrauch davon abhängt, »was von den Exporten übrigbleibt«.[9]

Etwa die Hälfte aller Tomaten, die im Winter in den Vereinigten Staaten verkauft werden, kommen aus Mexiko, oder genauer gesagt von etwa 50 Pflanzern im Staat Sinaloa, die 1976 Tomaten für 100 Millionen Dollar in den Westen und Mittelwesten der Vereinigten Staaten verkauften.

Diese Verlagerung ist so weit fortgeschritten, daß Ray Goldberg, von der Harvard Business School, in seiner Studie von 1974 »Agribusiness Management for Developing Countries« feststellt: »Wenn die gegenwärtige Wachstumsrate der Importe aus Mexiko anhält, wird Mexiko in relativ kurzer Zeit fast den ganzen Wintervorrat der meisten dieser Früchte und Gemüse liefern.« Die gleiche Studie geht so weit, daß sie empfiehlt, Mexiko solle »eine weitere Ausweitung« von Gemüseexporten anstreben.[10]

Die multinationale Agroindustrie verändert radikal die Verfügbarkeit von Nahrung für die Armen Mexikos, aber in der falschen Richtung. Noch vor wenigen Jahren war die nationale Erzeugung vieler Früchte und Gemüsesorten ausreichend, um die Preise niedrig genug zu halten, daß auch die Familien mit niedrigem Einkommen wenigstens gelegentlich einige dieser einheimischen Erzeugnisse essen konnten.

Heute aber verdrängen die Luxusprodukte für den Globalen Supermarkt häufig die nahrhafteren Erzeugnisse für den heimischen Verbrauch[11] und beanspruchen Land, das früher bis zu 12 einheimische Frucht- und Gemüsearten erzeugt hatte.[12]

Auf dem Land, das jetzt bei Del Monte unter Vertrag steht, wuchsen früher Mais, Weizen und Sonnenblumen für den einheimischen Verbrauch. (Bezeichnenderweise monopolisieren die Anbauten für den Globalen Supermarkt die Mittel und die Dienste der Ackerbauprogramme der Regierung). So offenkundig es auch klingen mag, müssen wir uns daran erinnern, daß Land, auf dem für den Globalen Supermarkt angebaut wird, zugleich Land ist, auf dem die Bevölkerung keine nahrhaften Erzeugnisse für den eigenen Verbrauch anbauen kann. Höhere Preise für Grundnahrungsmittel, die der Verzerrung der Produktionspriorität zuzuschreiben sind, machen selbst die Bohnen zu einem Luxus, den sich die Armen Mexikos nicht mehr leisten können.

Eine Gurkenrepublik?

Um sowohl die US- wie die mexikanischen Produzenten auszuspielen, hat die Agroindustrie damit begonnen, mit mittelamerikanischen Geschäftsfarmen Verträge für eine Vielzahl von frischem Obst- und frischen Gemüsen abzuschließen. Während der Bananenimport kaum zunahm, stieg der Import anderen Frischobsts und -gemüses (wie Gurken, Kantalupen, eßbarer Eibisch, Süßmelonen), die aus Mittelamerika in die Vereinigten Staaten kamen, zwischen 1964 und 1972 um das Dreizehnfache an. Die Agrarwissenschaftler, die internationale Hilfe und die Geldinstitute, die sich scharf nach der Bruttoproduktion und den Erträgen ausrichten, ohne zu fragen, wer dabei gewinnt und wer verliert, haben diese Ausweitung auf nichttraditionelle Früchte und Gemüse mit Beifall begrüßt (nichttraditionell steht im Gegensatz zu der großen »Tradition« der Bananen, des Kaffees und der Baumwolle).

Enthusiasten sehen in dieser scharfen Zunahme erst einen Beginn für Zentralamerika. Goldberg zufolge könnten derartige nichttraditionelle Importe von 18 Millionen Pfund 1972 auf über 100 Millionen Pfund im Jahre 1980 anwachsen, sie könnten so zu einer neuen Tradition werden! Schon 1969 wurden 19 Prozent der gesamten Anbaufläche von Zentralamerika mit nichttraditionellen Früchten und Gemüsen bebaut.[13]

Wenn wir diese 19 Prozent mit den 29 Prozent Ernteland kombinieren, die dem Kaffee, der Baumwolle und den Zuckerexporten vorbehalten sind[14], verstehen wir allmählich, warum so viele Menschen in diesen Ländern unterernährt sind.

Die unbedingte Unfähigkeit der Globalen Farm, die Bedürfnisse der Mehrzahl der Menschen zu befriedigen, die Absurdität dieses ganzen Plans, wurde uns aus einer Tatsache klar, die eiskalt in einer Studie der Harvard-Business-School festgestellt wurde: Mindestens 65 Prozent des Obsts und des Gemüses, das in Mittelamerika für den Export erzeugt wird, »wird buchstäblich weggeworfen oder wenn möglich als Viehfutter verwendet«[15], weil es entweder einem überversorgten Markt in den USA gegenübersteht oder nicht den »Schönheitsmaßstäben« der dortigen Konsumenten entspricht – während daheim, wo diese Produkte erzeugt werden, die Menschen zu arm sind, sie zu kaufen.

Erdbeerfelder auf ewig?

In nur fünfzehn Jahren sind ganze Flächen in Mexiko durch US-Versorger des Globalen Supermarktes mit der Basis in den USA in Erdbeer-Lehensgüter umgewandelt worden: durch Pet Milk, Ocean

Garden, Imperial Frozen Foods, Griffin and Brand, und Better Food Sales. Schon 1970 wurden über 150 Millionen Pfund, drei Viertel davon gefroren, in die Vereinigten Staaten exportiert.

Zwei Jahre lang hat Dr. Ernest Feder, der ehemalige FAO-Spezialist für die Bauern in Lateinamerika, mühsam die Erdbeerindustrie in Mexiko untersucht. Er war von den Erdbeeren nicht sonderlich fasziniert – er ist im Gegenteil gegen sie allergisch –, aber er glaubte, daß die Industrie aufzeigen würde, wie die Agroindustrie auf eine Landbevölkerung in einem unterentwickelten Land einwirkt.[16]

Dr. Feders Forschung machte es klar, daß wir nicht von einer mexikanischen Erdbeerindustrie, sondern von einer solchen der USA, die in Mexiko lokalisiert ist, sprechen sollten. Mexikanische Bauern produzieren die Beeren und besitzen sogar einige Produktionsmittel. Die wirkliche Kontrolle bleibt jedoch bei den amerikanischen Investoren und Lebensmittelgroßhändlern. Mit ihren Produktionsverträgen und ihren Kreditmöglichkeiten treffen diese amerikanischen Firmen alle wichtigen Entscheidungen: über die Menge und die Qualität, die Sorten, die angebaut werden, die Preise der Düngemittel, die Frage, wie und wann der Anbau erfolgt, die Vermarktungsprozesse einschließlich der Preise für die Produzenten, den Transport und die Verteilung und die Erträge der Kapitalinvestitionen.

Die US-Vermarktungskontrolle ist so mächtig, daß alle mexikanischen Erdbeeren, trotz der Bemühungen der Regierung, Märkte in Europa zu entwickeln, über amerikanische Exporteure laufen, selbst wenn sie endgültig in einem Drittland, wie Kanada oder Frankreich, verkauft werden.

Noch aufschlußreicher hinsichtlich dieser Kontrolle ist, daß alle Erdbeerpflanzen aus Plantagen in den Vereinigten Staaten kommen. Nach fünfzehn Jahren des kommerziellen Erdbeeranbaus Mexikos haben die Mexikaner noch keine Quelle hochgradiger Erdbeersetzlinge, beruhend auf Sorten, die den Bedingungen in Mexiko angepaßt sind. Nur zwei Sorten werden an mexikanische Produzenten verkauft, es sind nicht die, die am besten für Mexiko geeignet sind, aber solche, die dem Geschmack der amerikanischen Konsumenten entsprechen.

Obwohl die Konkurrenz unter den Erdbeerproduzenten als ein Krieg zwischen mexikanischen und kalifornischen Produzenten erscheinen könnte, besteht die Rivalität in Wirklichkeit zwischen zwei amerikanischen Gruppen mit verschiedenen Produktionsstätten.

Die einzige Art aber, wie die mexikanische Produktion mit der kalifornischen rivalisieren kann (wo Düngung und sorgfältiges Management hohe Erträge pro Arbeiter und pro Acre sichern), ist der, die Produktionskosten extrem niedrig zu halten. Dazu müssen die Löhne erbärmlich niedrig gehalten werden. Der Lohndurchschnitt beträgt nur ein Siebtel dessen in Kalifornien, selbst wenn man die höheren Lebenshaltungskosten in den Vereinigten Staaten in Rechnung stellt. Feder ist überzeugt, daß gerade die Durchsetzung der mexikanischen Minimallohngesetze »dazu tendieren würde, die US-Erdbeerindustrie in die USA zurück oder in ein anderes lateinamerikanisches Land zu treiben«. Hinzu kommt, daß das Interesse der US-Erdbeerindustrie an Mexiko in enger Verbindung mit dem billigen Land und billigem Wasser steht. »Wasser ist für die Investoren billig, weil die Kosten dafür durch vom Bund finanzierte Bewässerungssysteme bezahlt werden.«

Die Investoren bringen, wie Feder bemerkt, nur so viel Technologie mit, um die Produktion ohne Steigerung der Kosten in Gang zu halten. Wenn sie Kapitalien investieren müßten, die mit denen in Kalifornien vergleichbar sind, könnten sie genausogut in den Vereinigten Staaten bleiben.

Schließlich besteht die Attraktion Mexikos darin, daß billig erworbenes Land billig unterhalten werden kann. Statt sorgfältig zu bestellen und zu düngen, pflügt man einfach weiteres Land auf. Das Land wird Feder zufolge »ausgeplündert«, schlechte Pflanzen, eine zerstörerische Anwendung der Bewässerung, schlechtes Farmen und ein Mißbrauch von Schädlingsbekämpfungsmitteln ruinieren in vielen Gegenden den Boden.

Die Agroindustrie weiß jedoch, daß sie ganz einfach auf neues Land weiterziehen kann, schließlich sogar in ein neues Land, wo der gleiche Prozeß von neuem beginnen kann.

Weil ein derartiges Agrarsystem nicht nach den Bedürfnissen der einheimischen Bevölkerung orientiert ist, wird es, eben durch diese Tatsache, in eine harte Konkurrenz mit Produktionszentren in anderen Ländern geworfen. Um konkurrieren zu können, muß die kommerzielle Landwirtschaft die Unterentwicklung (billige Löhne und billiges Land) aufrechterhalten, selbst wenn das für eine weitere Zukunft ernste Gefahren in sich birgt. Es ist ein *circulus vitiosus*, das Aufrechterhalten der Unterentwicklung »sichert« das dauernde Fehlen eines starken heimischen Markts, der allein die Produktion auf den örtlichen Verbrauch hin orientieren könnte.

Man braucht viel Fracht, um einen DC-10-Lastenjet zu füllen. Trotzdem startet dreimal in der Woche von Anfang Dezember bis Mai eine DC-10 aus Senegal, beladen mit grünen Bohnen, Melonen, Tomaten, Auberginen, Erdbeeren und Paprika. Ihr Ziel: Amsterdam, Paris oder Stockholm. Ironischerweise begann dieser Lufttransport ausgerechnet dann, als die Trockenheit in Senegal einsetzte; er wuchs geradezu dramatisch, als sich die Lage verschlimmerte.[17]

Ende der 1960er Jahre bezeichneten gewisse Agroindustriefirmen Afrikas trockene Regionen mit einem Kreis. Sorgten sie sich etwa um Hunger in diesen Gebieten? Nein. Was sie im Sahel sahen, war nicht der Hunger, sondern Gebiete mit niedrigen Produktionskosten, wo sie bei dem europäischen Bedarf an Winterprodukten profitieren konnten.

1971 besuchte Fritz Marschall, ein in Deutschland geborener Direktor der europäischen Tochtergesellschaft der weltweiten, in Kalifornien beheimateten Bud Antle, Senegal. Vielleicht haben Sie schon von Bud Antle gehört. Der Firma, einem der größten Eissalat-Produzenten der Welt, gelang es einmal, Cesar Chavez wegen eines Streiks einsperren zu lassen. Marschall fiel die Ähnlichkeit des Klimas in Senegal mit dem im südlichen Kalifornien auf, wo vor nur zwei Generationen Bewässerungsprojekte der US-Regierung die Wüste hatten erblühen lassen. Warum, so überlegte Marschall, konnte Senegal nicht Kalifornien als die Gemüsequelle seiner Gesellschaft für den teuren europäischen Wintermarkt ersetzen?

Im Februar des folgenden Jahres hatte Marschall, der in europäischen Gemüseanbauerkreisen als der »Treiber« bekannt war, Bud Senegal als Tochtergesellschaft der Brüsseler Tochtergesellschaft von Bud Antles, House of Bud, aufgebaut.

Heute unterhält Bud Senegal riesige Gartenplantagen und verwendet dabei die allerneueste Technologie. Israelische, holländische und amerikanische Ingenieure haben ein Berieselungssystem mit Kilometern von perforierten Plastikrohren aufgebaut. Das Wasser für dieses System kommt aus Nordsenegal über Hunderte von Kilometern von Leitungen, die auf Regierungskosten erbaut wurden. Um Platz für die Produktion zu schaffen, ließ Bud Dutzende jahrhundertealter Affenbrotbäume (Baobabs) entwurzeln. Um die Baobabbäume, die manchmal neun Meter Umfang hatten, zu entfernen,

brauchte man die Zugkraft von zwei, manchmal sogar von drei Caterpillars. Die Dorfbewohner der Gegend erklärten uns den Nutzen dieser ungewöhnlichen Bäume. Sie schützen nicht nur den Boden, sondern liefern der einheimischen Bevölkerung zugleich alles Material zur Herstellung von Stricken bis zu Häusern.
Da das Unternehmen unter dem Titel »Entwicklung« läuft, brauchte Bud praktisch kein eigenes Kapital einzusetzen. Zu den Aktionären und den Gläubigern zu ›weichen Bedingungen‹ gehören die Regierung von Senegal, das House of Bud, die Weltbank und die Deutsche Entwicklungsbank. Die Regierung von Senegal half auch dabei, Dorfbewohner von dem Land zu entfernen, auf dem Bud-Plantagen entstehen sollten. Selbst vier Angehörige des Friedenkorps halfen bei der Entwicklung von Plantagen für die Vermarktung durch Bud.
Trotz aller Rhetorik über die Entwicklung und der Realität der weitverbreiteten Untererernährung in Senegal ist die ganze Produktion darauf ausgerichtet, Verbraucher im Europäischen Gemeinsamen Markt zu füttern. Und das trotz der Tatsache, daß 1974 allein europäische Steuerzahler 53 Millionen Dollar ausgaben, um europäisches Gemüse zu vernichten (»aus dem Markt zu ziehen«), lediglich zu dem Zweck, die Preise hoch zu halten.
In einem Jahr sanken die Preise für Bohnen in Europa unter die Kosten des Pflückens, Verpackens und Luftverfrachtens von Buds großer Ernte in Senegal. Bedeutete das aber mehr Nahrung für die hungernden Senegalesen? Schwerlich. Der Direktor von Bud Holland, Paul van Pelt, gab zu: »Da die Senegalesen nicht mit grünen Bohnen vertraut sind und sie nicht essen, mußten wir die Ernte vernichten.«
Von Mai bis Dezember machen es die europäischen Preise unrentabel, Gemüse dorthin zu exportieren. Läßt Bud Senegal nun seine Plantagen brachliegen, oder erlaubt die Gesellschaft der einheimischen Bevölkerung, in diesen Monaten Lebensmittel für sich selbst anzubauen? Wiederum nein! Bud hat die bessere Idee – Futter für das Vieh anzubauen.
Der Fall von Bud Senegal erinnert uns an das gewaltige Erzeugungspotential von Afrikas halbtrockenen Regionen, die wir in unserer Antwort auf Frage 14 erörtert haben. Offensichtlich machen keine natürlichen Begrenzungen den Hunger unvermeidlich.
Das House of Bud vervielfältigt jetzt seinen Erfolg mit Mangos auf Mali, Auberginen aus Martinique und Kokosnüssen und Ananas von

der Elfenbeinküste. Bud hat das Ideal der multinationalen Gesellschaft der vertikalen Integration erreicht. Die Gesellschaft kontrolliert alle Phasen von der Produktion über die Verarbeitung und den Transport bis zum Kleinverkauf.

American Foods Share Co., eine multinationale Gesellschaft, die zwei schwedischen Reedereien gehört, hat das Auge ebenfalls auf Afrika gerichtet. Präsident Robert F. Zwarthuis erklärt: »Wer sagt, daß wir nach Äthiopien gehen, um diesen Armen zu helfen, lügt.« Die Gesellschaft testet jetzt Länder wie die Elfenbeinküste, Ägypten, Kenia und Äthiopien als Produktionsstätten zur Versorgung Europas. Seiner Schätzung nach können Investitionen in Afrika den zweieinhalbfachen Kapitalertrag bringen wie in Schweden.[18]

Zwarthuis gibt zu, daß ihn das Bedürfnis für eine »dauernde Versorgung« Länder wie Äthiopien, Ägypten bevorzugen läßt, »die keinen örtlichen Markt für diese Produkte haben«. Er sieht voraus, daß »Afrika der größte Gemüseproduzent der Erde, nicht nur für Europa, sondern auch für Amerika werden wird«. Neuere Berichte der Weltbank über Senegal und Mauretanien sehen die Zukunft der Region ebenfalls im Export von Auberginen, Mangos und Avocados.

Warum ist Afrika für die Agroindustrie so attraktiv? Nicht nur deshalb, weil es den hoch bezahlenden Verbrauchern im Nahen Osten und in Westeuropa so nahe liegt, viele afrikanische Länder haben auch viel ungenütztes Land. Nehmen wir zum Beispiel Äthiopien, wo trotz der kürzlichen Hungersnot der größte Teil des bebaubaren Landes nicht genützt wird. Die Existenz großer unbebauter ehemals kaiserlicher und kirchlicher Güter war eine Einladung für die Agroindustrie, die nach billigen Produktionsstätten sucht. Ein Hindernis, das Fehlen geeigneter Straßen zum Transport der Produkte aus dem Land, wird beseitigt. Auslandshilfe und Anleihen der Weltbank beginnen »das Land zu eröffnen«.

Äthiopiens Klima macht mehrere Alfalfaernten im Jahr möglich, im Gegensatz zu den zwei oder höchstens drei in den Vereinigten Staaten. Anfang der 1970er Jahre gewährte die äthiopische Regierung der italienischen Firma MAESCO eine Konzession zur Erzeugung von Alfalfa für die Viehfütterung in Japan. Die Pflanzungen der MAESCO liegen in dem Gebiet, wo 1973 Tausende von Menschen, die durch derartige kommerzielle Pflanzungen von ihrem besten Weideland vertrieben wurden, zusammen mit ihren Kamel-,

Schaf-, Rinder- und Ziegenherden verhungerte. In diesem Jahr begann MAESCO damit, Rinder und Schafe für den Export zu züchten.[19]

Der Export der Steak-Religion

Die Frage behauptet, daß die unterentwickelten Länder das amerikanische Know-how brauchen. Sicherlich gibt es eine Tätigkeit, bei der eine Menge amerikanischen Know-hows im Ausland angewandt wird – in der Rinderzucht. Firmen aus den USA haben mit einem missionarischen Eifer begonnen, die amerikanische Steak-Religion in der Welt zu verbreiten. Und doch, so fragen wir, wer hat den Nutzen? Geht das Fleisch an die Hungernden? Oder bedeutet es lediglich Billig-Importe für Fertigkostketten in den Vereinigten Staaten?

Zwischen einem Drittel und der Hälfte der gesamten Fleischproduktion in Zentralamerika und der Dominikanischen Republik wird exportiert – in erster Linie in die Vereinigten Staaten.

Alan Berg stellt in seiner Brookings-Institution-Studie über die Welternährung fest, daß das Fleisch – trotz dramatischer Gewinne in der Pro-Kopf-Fleischerzeugung in Zentralamerika – »nicht in lateinamerikanischen Mägen, sondern in den Hamburgers in den Restaurants der Vereinigten Staaten landet«.[20]

Zentralamerika ist der auserwählte Ort für Investitionen in Fleischexportunternehmen geworden, erstens einmal, weil es den Vereinigten Staaten so nahe liegt, und zweitens, weil das Fleisch frei von Maul- und Klauenseuche ist. Das trifft für Argentinien und Brasilien nicht zu, deren Frisch- und Gefrierfleischimporte in die Vereinigten Staaten nicht erlaubt sind. Sollte sich Zentralamerika deshalb für glücklich halten?

1975 schickte Costa Rica mit seinen zwei Millionen Einwohnern 60 Millionen Pfund Fleisch in die USA. Der Pro-Kopf-Verbrauch in Costa Rica sank von fast 49 Pfund 1950 auf 31 Pfund 1971. Wenn die 60 Millionen Pfund Fleisch in Costa Rica geblieben wären, hätte sich der lokale Fleischkonsum verdoppelt.

Zahlen über den Pro-Kopf-Verzehr sind jedoch trügerisch. Viele Costa Ricaner – die ohne Land oder Arbeit, um Geld zu verdienen – können sich nie Fleisch leisten – ganz gleich wieviel zur Verfügung steht. Die Hälfte der Kinder des Landes bekommen nicht genug zu essen – und noch viel weniger Fleisch. Für das Phänomen des Globalen Supermarkts ist es jedoch wahr, daß sich einige wohlhabende Costa Ricaner auch Fleisch aus Costa Rica leisten können – in einem der drei MacDonald-Restaurants in San José (El Big Mac ist jetzt in jeder mittelamerikanischen Hauptstadt anzutreffen).

Der Exportmarkt für Fleisch hat Farmer in Costa Rica und Guatemala von der Zucht von Milchkühen weggelockt. Das Ergebnis war ein starkes Ansteigen der Milchpreise, so daß Milch für die meisten Familien nicht mehr erschwinglich ist.

Wir könnten denken, daß die Einheimischen – auch wenn das meiste Fleisch in den Export geht, weil die Bevölkerung zu arm ist, es zu kaufen – an diesen Exporten verdienen. Sprechen wir aber wirklich davon, daß zentralamerikanische Fleischproduzenten auf dem großen Markt Erfolg haben?

Eigentlich nicht. An dem Fleischexportmarkt verdienen die traditionellen Oligarchen genauso wie ehemalige US-Diplomaten (z. B. die ehemaligen Gesandten in Nikaragua und Britisch Honduras), ein ehemaliger Direktor des Friedenkorps in Costa Rica, große Rancher im Westen (einschließlich des Anwalts der riesigen King-Ranch in Texas) und riesige Verarbeiter, wie die John Morell Co., die Fleisch-Verarbeitungsgesellschaft von United Brands. Selbst multinationale Industriegesellschaften wie Autokonzerne steigen in das Fleischgeschäft ein.[21]

Die Weltbank, regionale Banken und Agroindustriegesellschaften, die an Milliarden-Dollar-Projekten arbeiten, scheinen mehr als je darauf bedacht, die Fleischerzeugung aus Lateinamerika und Afrika für den Export zu steigern. Mehrere Studien deuten an, daß das vielleicht nur ein Anfang ist.[22] Die Zuwachsrate der Weltnachfrage nach Rindfleisch war höher als die nach einem anderen Agrarprodukt.

Diejenigen, die zu jeder Mahlzeit Fleisch haben wollen, kann man sicher zu einem immer höheren Preis verlocken, wenn sie das Fleisch nur bekommen. Die amerikanische Steak-Religion hat bereits in Japan und Westeuropa Fuß gefaßt und wird auch in Osteuropa, der Sowjetunion und dem ölproduzierenden Nahen Osten »in«. In vielen asiatischen Ländern wird der Geschmack nach mit Getreide gefüttertem Fleisch entwickelt. Warum aber verlagert sich die Rinderproduktion in die unterentwickelten Länder? Erstens einmal wenden sich große US-Rancher von den hohen Land- und Lohnkosten in den Vereinigten Staaten ab. Ein Rancher drückt es so aus:

»Darauf läuft es hinaus – $ 95 pro Kuh und Jahr in Montana – und $ 25 in Costa Rica.«[23]
Zweitens sucht die Fleischindustrie, um die steigenden Kosten für Futtergetreide zu vermeiden, nach Räumen, in denen das Weiden noch wirtschaftlich ist. Mehr noch: in letzter Zeit haben multinationale Konglomerate die großen fleischverarbeitenden Farmen übernommen. (Armour ist jetzt in Wirklichkeit Greyhound, Wilson ist L.T.V., Swift ist Esmark und Correll ist, wie wir eben sahen, nur eine andere Bezeichnung für United Brands.) Wie die Fleischschneider in den Vereinigten Staaten und in Europa gerade jetzt erkennen werden, werden diese Firmen jetzt versuchen, die arbeitsintensive Fleischvorbereitung (Entfernung der Knochen, Verpacken) an die neuen Produktionsstätten in Länder mit niedrigen Lohnkosten zu verlagern. Schließlich wollen die riesigen Agroindustrien sich nicht die Mühe machen, von mehreren unabhängigen Lieferanten zu kaufen und untereinander wegen dieser Lieferanten zu konkurrieren. So integriert sich United Brands »rückwärts« zu Rancher-Tochterfirmen, die wegen der billigen Löhne, der Regierungsunterstützung und verfügbarer Entwicklungsmittel in Ländern wie Honduras besonders attraktiv sind. Die Globale Ranch ist lediglich eine Variante der Globalen Farm.
Ein weiterer Antrieb für die Verlagerung der Fleischindustrie ins Ausland ist das Drängen der US-Regierung wie der Gesellschaften, amerikanische Märkte für den Getreide- und den Sojabohnenexport aufzubauen. Die Fleischproduktion könnte für viele Länder der dritten Welt auch das Äquivalent der »Schraubenzieher-Industrien« der 1960er Jahre werden.
Genauso, wie in den sechziger Jahren unterentwickelte Länder Verbrauchsgüter, die in Industrieländern hergestellt wurden, zur Rückverfrachtung in diese Industrieländer zusammensetzten, importieren jetzt von amerikanischen Gesellschaften geleitete Rinderunternehmen allgemein amerikanisches Getreide zur Verfütterung an Vieh, das wieder an die Vereinigten Staaten verfrachtet wird.
In ihrem Bemühen, die Exporte nach Westeuropa, Japan und in die Vereinigten Staaten zu steigern, haben viele Regierungen in unterentwickelten Ländern eine ganze Reihe von Maßnahmen eingeleitet, um den einheimischen Fleischverbrauch zu drosseln. Mehrere lateinamerikanische Länder, einschließlich sogar Argentiniens und Uruguays, haben in jedem Jahr Tage und Wochen bestimmt, in denen kein Fleisch verkauft werden darf. (Die Hauptfolge war, daß

sich die Wohlhabenden plötzlich entschlossen, Kühltruhen zu kaufen.)
Afrika ist in mancher Hinsicht für die Investoren in Vieh genauso attraktiv wie Lateinamerika. Man berichtet, daß europäische Gesellschaften zahlreiche Ranchobjekte in Kenia, dem Sudan und Äthiopien in Betracht ziehen – einigen der schönsten und billigsten Weideländer, die Europa zudem nahe sind. Einem FAO-Beamten, der nicht genannt werden möchte, zufolge ist der Plan der Düngemittel der Grünen Revolution dazu zu verwenden, auf vollmechanisierten Farmen Futtergetreide zu bauen. Das Futter soll das Vieh von den Ranches mästen. Das Ziel ist der Export.

Ein Huhn in jedem Topf?

Die Amerikaner tendieren dazu, Hühner im Gegensatz zu Fleisch für eine echte »Volksnahrung« zu halten. Die Förderung der Hühnerzucht in unterentwickelten Ländern könnte wie eine gute Idee klingen. Ist eine billige Proteinquelle nicht gerade das, was diese Länder brauchen?
So sieht es Ralston Purina allerdings nicht. Ralston Purina erwog die Schaffung einer Geflügelindustrie in Kolumbien, nicht damit die Armen dort mehr Hühner in ihren Topf bekämen, sondern um ein Bedürfnis für ihr Hauptprodukt Kraftfutter zu schaffen. Die Erfahrung hat multinationale Futtermittelgesellschaften wie Purina gelehrt, daß die Förderung der Geflügelproduktion der schnellste Weg ist, Kunden für Kraftfutter zu gewinnen. Die Geflügelindustrie erfordert weniger Anfangskapital und Land als die Rinderzucht. Des weiteren gehört Hühnerfutter zu den einträglichsten Produkten der Futtermittelgesellschaften.
Als erstes bot Purina kommerziellen Farmern Kredite zum Ankauf von Kücken und Futter. Bald gab es mehr Küken, als mit Futtergetreide ernährt werden konnten. Die Gesellschaft bot also anderen kommerziellen Farmern Kredite zum Anbau von Futtermitteln und ermutigte die Regierungen und privaten Gläubiger, das gleiche zu tun. Traditionelle Futtermittel wie Mais wichen anderen, wie Sorghum. Ein Teil des für die menschliche Nahrung bestimmten Maises brachte jetzt als Mahlgut für die Purinamühlen höhere Preise.
Bohnen, ein weiteres Grundnahrungsmittel für die Armen, wichen den Sojabohnen als Futtermittel. Zwischen 1958 und 1968 wurde

die Anbaufläche, die mit traditionellen Bohnen bepflanzt wurde, halbiert, während sich die Sojabohnenanpflanzungen – alle als Futtermittel – versechsfachten.
Die Lage der Armen wird durch die Natur des Markts noch erschwert. Da die Futtermittelerzeugung Land beansprucht, das früher Bohnen und Getreide für den menschlichen Verbrauch erzeugte, steigen die Preise dieser Grundnahrungsmittel.
Ralston spricht immer noch gern davon, daß sie als erste die Produktion neuer Proteinquellen – Hühner und Eier, in Gang brachte. Es ist richtig, daß Kolumbien, 1957 ein Eierimporteur, 1960 keine Eier mehr einführte. Von 1966 bis 1971 verdoppelte sich der Export von Brathühnchen von 11 Millionen auf 22 Millionen.
Wie jedoch die ausgezeichnete, von der Verbraucherunion geförderte Studie »Hunger für den Profit« feststellte: »ersetzte die Verlagerung des Ackerlands von Bohnen auf Futtermittel nicht einfach eine billige Proteinquelle durch eine teure, sie reduzierte auch die Gesamtverfügbarkeit von Protein, weil tierische Proteinquellen schwieriger zu produzieren sind als pflanzliche«.[24]
Ein Stück Land, das zum Anbau von Bohnen und Mais benützt wird, kann den Proteinbedarf von bedeutend mehr Menschen decken, als wenn es zum Anbau von Futtermitteln verwendet wird. Basierend auf tatsächlichen Erfahrungen in der Valle-Region von Kolumbien, kam die Universidad del Valle zu folgenden Schätzungen:
Ein Acre Land, auf dem Hühnerfutter angebaut wird, liefert nur ein Drittel der Proteinmenge für Menschen, die das gleiche Land erzeugen könnte, wenn Bohnen oder Mais angebaut würden. Wenn das Land verwendet würde, um Sojabohnen für die menschliche Ernährung zu erzeugen, könnte es sogar sechzehnmal mehr Protein liefern als bei der Verwendung für den Anbau von Hühnerfutter.[25]
Wenn man das Futter zur Produktion von Eiern statt von Hühnern verwendet, vermindert sich dieser Unterschied etwas. Den Berechnungen zufolge, die auf Statistiken der kolumbianischen Regierung für 1970 basieren, würde ein Dutzend Eier mehr als einen ganzen Wochenverdienst von mehr als einem Viertel der Bevölkerung kosten.
Ralston Purina und die anderen Futtermittelgesellschaften in Kolumbien zitieren gern Zahlen, die die Steigerung des Eierverbrauchs pro Kopf demonstrieren.
Wie üblich, führen Pro-Kopf-Zahlen jedoch häufig in die Irre. Höhere Durchschnitte spiegeln nur den gesteigerten Eierverbrauch

durch kleine Gruppen mit mittlerem oder hohem Einkommen, direkt oder verarbeitet in Snacknahrung oder Mayonnaise. Was alle zusätzlichen Eier anlangt, die Ralston Purina auf einer nationalen Basis auch zählen mag – es gibt Beweise, daß die kolumbianische Proteinlücke achtmal schneller wächst als die Bevölkerung.[26] Was also wie die Möglichkeit erschien, eine dringend nötige Quelle billigeren Proteins in Kolumbien zu schaffen, untergrub schließlich die einzigen zugänglichen Proteinquellen der Bevölkerung. Ralston Purina hilft uns, wie bereits in Teil V erörtert, lehren, daß die »modernen Techniken und Produktionsfertigkeiten an sich nichts bedeuten. Wir müssen immer fragen ›Wofür? Für wen? Um den Preis welcher Alternativen?‹« Die Antwort auf diese Fragen wird davon bestimmt, wer die Produktion leitet, das Volk selbst oder multinationale Gesellschaften.

Wo sind all die Blumen hin?

Ein weiteres Know-how, das die Agroindustrie unbedingt in die unterentwickelten Länder bringen will, ist die Produktion von »ornamentalen Anbauten« – dem akademischen Namen für Blattpflanzen. Wenn die örtlichen Bauern sich keine Hühner und keine Eier leisten können, können sie vielleicht ihre Hütten mit Schnittblumen freundlicher gestalten. Seit 1966 hat sich der Wert der in die Vereinigten Staaten importierten Schnittblumen und Blattpflanzen über sechzigfach auf mehr als 20 Millionen Dollar im Jahre 1975 gesteigert – über 90 Prozent davon kommen aus Lateinamerika.[27]
Experten sind der Meinung, daß es 1980 nicht mehr tragbar sei, weiter an vielen heutigen Produktionsstätten in den Staaten Schnittblumen anzupflanzen. Das bevorzugte Land ist Kolumbien, wo die Schnittblumen jetzt ein 17-Millionen-Dollar-Geschäft pro Jahr darstellen. 1973 schätzte ein Wirtschaftswissenschaftler der kolumbianischen Regierung, daß ein mit Nelken bepflanzter Hektar Land 1 Million Pesos im Jahr einbringt, der gleiche Hektar mit Weizen oder Mais brächte nur 12 500.[28]
Wenn man überlegt, daß mindestens 70 Prozent des Ackerlands in Kolumbien von einer kleinen Gruppe reicher Farmer kontrolliert werden, die nicht daran zu denken brauchen, daß man von der auf dem Land angebauten Nahrung leben muß, überrascht es nicht, daß Blumen und Blattpflanzen neben Futtermitteln und Vieh auf ihrer Liste der Prioritäten ganz oben stehen.

Ekuador und Guatemala und in einem geringen Ausmaß auch Mexiko werden ebenfalls in große Blumenproduktionsstätten für den Globalen Supermarkt verwandelt. Schon 1972 lieferte Guatemala den Vereinigten Staaten 159 278 421 – das USLM zählte sie – Chrysanthemen, Rosen, Nelken, Pomponchrysanthemen, Maßliebchen usw.

Die Verlagerung der Blumenerzeugung durch die Agroindustrie in unterentwickelte Länder folgt dem zweifachen Schema, das wir schon bei anderen Anpflanzungen gesehen haben.[29] Erstens einmal ist es die Suche nach billigeren Produktionsstätten (die Vorbereitungen des Landes für die Blumenanpflanzung in Mittelamerika sollen weniger als zehn Prozent der vergleichsweisen Kosten in Florida betragen) Zweitens ist es die Bemühung der Gesellschaften, die Operationen vom Blumensamen bis zum Blumengeschäft zu integrieren. Historisch gesehen, lag das Blumengeschäft in den Staaten in den Händen einer großen Zahl unabhängiger Unternehmen: kleiner Gärtner, Großgärtnereien und Blumenversandbetrieben und Zehntausenden von Blumengeschäften. Gewisse Agroindustriefirmen wie Sears, Green Giant, Stratford of Texas, Pillsbury, United Brands sowie die Supermarktketten sehen allmählich die Gewinne, die man macht, wenn man den Einzelverkauf mit billigen Produktionsstätten verbindet[30] – ein Integrationsprozeß, der über die Reichweite des Blumenladens in der Nachbarschaft hinausgeht. Man weiß, daß United Brands und Stratford of Texas bereits Hunderte von Acres in Mittelamerika bebauen lassen und Pläne für neue Ausweitungen ausarbeiten. Diese Gesellschaften möchten Blumen mit Markennamen bezeichnen, wie das United Brands in den 1960er Jahren bereits mit den Chiquita-Bananen tat. Sie werden die Blumen durch Supermarktketten und Konzessionsgeschäfte vermarkten.

Agroindustriefirmen tun also genau das, was die Frage andeutet. Sie bringen ihr Produktions-Know-how in Länder, wo viele Menschen ohne Nahrung sind. Was aber erzeugen sie: Spargel, Gurken, Erdbeeren, Auberginen, Fleisch und Blumen. Immer mehr von den wichtigsten agrarischen Produktionsmitteln, die die hungernden Menschen im Ausland für ihre Nahrung brauchen, werden umgeleitet, um Amerikaner und andere wohlgenährte Ausländer zu versorgen.

Bei der Beantwortung der Frage haben wir uns nicht die schlimmsten Gesellschaften ausgesucht. Die, die wir als Beispiele nannten, werden von Managern geleitet, die nicht besser sind oder schlechtere Absichten haben als andere. Aber es gibt ein grundsätzliches Hindernis: Gesellschaften müssen mit Gewinn verkaufen. Sie sagen, Agroindustrien können es sich nicht leisten, nicht erfolgreich zu sein. »Sie haben recht. Es zählt nur, was unter dem Strich steht«, sagt James McKee, Generaldirektor von CPI International in einem Interview. »Wenn wir das nicht beachten würden, wären wir nicht mehr lange da, soviel Gutes wir auch tun mögen.« Das aber ist genau der Grund, warum sie den Hungernden nicht helfen können. Ganz gleich, wie viele Hungrige es gibt, solange sie verarmt sind, ergeben hungernde Menschen einfach keinen Markt.

* * *

»Wir finden uns zur rechten Zeit in dem richtigen Geschäft. Die Landwirtschaft und die Lebensmittelindustrie werden in einer Welt der Verknappungen Spitzenpriorität besitzen. Ein Zuwachs in der Bevölkerung und im Einkommen werden eine nie dagewesene Nachfrage schaffen. Die Lebensmittelindustrie wird mindestens für den Rest des Jahrhunderts die Wachstumsindustrie sein.«
Management von Heinz.

»Wir müssen die Entwicklungsländer der Welt ermutigen, raffiniertere Systeme der Lebensmittelverteilung aufzubauen, um die unnötige Vergeudung und den Verderb von Lebensmitteln zwischen Produktionsstätten und den bedürftigen Menschen zu eliminieren. Unsere Futtermittel- und Lebensmittelunternehmen sind auf diese kritischen Ziele gerichtet.
Die Restaurantgruppe ist aus Schnellbedienungsgaststätten und einem Netz von Spezialitätenrestaurants zusammengesetzt. Beide brachten Rekordgewinne.
Ein neues Programm zur Entwicklung farbgetönter Interieurs, die je nach der Gegend auf den Gast abgestimmt sind, wurde eingerichtet. Die Architektur- und Graphik-Abteilung der Lebensmittelhersteller hat viele neue Muster für einen erfreulichen Eindruck inner- und außerhalb der Restaurants entworfen.
Details wie hängende Blumenkörbe, Trennwände aus farbigem Glas, halbversteckte Abfalleimer und farbige, bequeme Sitze wurden entworfen, um die Zufriedenheit des Gastes zu steigern. Neue hellorangefarbene und gelbe Uniformen für das Restaurantpersonal, die in der zweiten Hälfte des Finanzjahrs eingeführt wurden, sind ein weiterer Schritt, um den visuellen Eindruck zu verbessern.«
Ralston Purina »Bericht an die Aktionäre« 1974. S. 12

33

Haben die Menschen nicht doch einen Nutzen?

Frage: Die Agroindustriefirmen gehen offensichtlich ins Ausland, nicht um die Hungernden zu ernähren, sondern um die billigen Produktionsstätten auszunützen, um Luxuserzeugnisse an die Wohlgenährten rings um die Welt verkaufen zu können. Das ist aber doch sicher nicht alles! Schaffen die multinationalen Gesellschaften nicht Tausende von Arbeitsplätzen in der Landwirtschaft, und bringen sie den kleinen Farmern, deren Produkte die Gesellschaften kaufen, nicht ein höheres Einkommen? Während die Agroindustrie so für den Entwicklungsprozeß irrelevant erscheinen mag, weitet sie nicht in Wirklichkeit die einheimische Wirtschaft aus und fördert so die Entwicklung des Landes?

Unsere Antwort: Der Tradition nach bedeutet eine Investition in eine ausländische Landwirtschaft den Besitz und die Bearbeitung von Plantagen. Das änderte sich. Infolge der Gefahren der »Enteignung, von Revolutionen und Aufständen« sind sie »ein schlechtes Risiko«. Das sagt die Overseas Private Investment Corporation (OPIC),[1] die Behörde der Regierung der Vereinigten Staaten, die amerikanische Firmen gegen eben solche Risiken versichert. Der direkte Besitz der Produktion ist des weiteren für eine Gesellschaft, die so wenig Kapital wie möglich festlegen möchte, nicht attraktiv.

Vertrags-Farmen

Es überrascht daher nicht, daß 1965 die Investitionen der Agroindustrie in direktem Landbesitz im Ausland nicht halb so groß waren wie noch ein Jahrzehnt früher.[2] Trotzdem erfolgte diese Abnahme in einer Zeit des gesteigerten Interesses an Investitionen in der Landwirtschaft der dritten Welt. Ist das ein Widerspruch? Nicht in Wirklichkeit. Viele Agroindustriefirmen steigen von dem Plantagenmodus in den des Vertragsfarmens um. Ausnahmen erfolgen dort, wo

gewisse Diktaturen ausländische Gesellschaften sich völlig sicher fühlen lassen, und andererseits dann, wenn die Firmen der Ansicht sind, sie müßten direkt produzieren, um die Qualität zu kontrollieren.
Im Unterschied zu direktem Besitz bedeuten Vertragsfarmen, daß die Gesellschaft einheimische Farmer zur Unterzeichnung eines Vertrags bewegt, der diese verpflichtet, gewisse Düngemittel zur Produktion einer festgesetzten Menge eines bestimmten Produkts abzunehmen. Ablieferungsdatum und Preise sind in dem Vertrag fixiert. Die Gesellschaft behält offensichtlich die nötige Kontrolle, investiert nur wenig Kapital – und es gibt, das ist für sie das Beste – nichts, das verstaatlicht werden kann.
United Brands (UB) erkundete diesen Weg aus dem direkten Besitz, wobei man trotzdem die Kontrolle behielt. Die Gesellschaft sah das Licht im Jahre 1960, als die kubanische Regierung 271 000 Acres verstaatlichte.[3]
Die Gesellschaft begann mit ihrem »Assoziierte-Produzenten-Programm«, das ihr gestattete, viel von ihrem Land zu verkaufen. In Zentralamerika allein ist der direkte Landbesitz der UB von knapp 2 Millionen Acres im Jahre 1954 auf ein Drittel im Jahr 1971 gesunken.
In Ekuador verkaufte die Gesellschaft ihre ganzen ausgedehnten Besitzungen schon Mitte der sechziger Jahre. In jedem Fall behielt die UB jedoch die totale Kontrolle.
Ein assoziierter Produzent ist ein Einheimischer, der Land von der Pflanzungsgesellschaft kauft oder pachtet. Ein derartiges Individuum ist schwerlich ein hart kämpfender Kleinbauer. In Guatemala besitzt der eine Assoziierte Produzent von Del Monte, der ehemals mit der United Fruits unter Kontrakt stand, 3000 Acres.[4]
Eine Studie der Vereinten Nationen stellte fest, daß die dreizehn assoziierten Produzenten von Del Monte in Costa Rica durchschnittlich 612 Acres besitzen.[5] Die assoziierten Produzenten verpflichten sich vertraglich, ihre Produktionsmittel und die technische Hilfe von der Gesellschaft zu kaufen und ihre gesamte Produktion an diese abzuliefern. Wenn die Gesellschaft überzeugt ist, daß der Vertragspartner politisch »gut steht«, könnte er auch ein Startdarlehen von der Gesellschaft erhalten. Die Gesellschaft teilt die Differenz zwischen den gesamten Produktionskosten und dem Verkaufspreis, den die Gesellschaft festsetzt. Einen weiteren Gewinn steckt die Gesellschaft dadurch ein, daß sie die Erzeugnisse, wie es die *Business Week*

nennt ». . . auf dem großen, wohlbestallten Markt vermarktet«.
Die ausländischen Gesellschaften erhalten noch zwei weitere Bonusse – einen wirtschaftlichen und einen anderen politischer Natur. Wenn der Auslandsmarkt blüht, verlassen sich die Gesellschaften darauf, daß die Vertragsproduzenten ihre eigenen direkten Pflanzungsproduktionen ergänzen. Wenn jedoch ein Überangebot die Preise drückt, heben die Gesellschaften ganz einfach die Qualitätsmaßstäbe an, um so die Käufe von den assoziierten Partnern zu verringern. Politisch gibt dieses System den Gesellschaften einen einflußreichen Block von Einheimischen, die ihr Wohlergehen mit dem der Gesellschaft identifizieren – die beste Rückversicherung gegen eine Verstaatlichung der restlichen Besitzungen oder gegen nationale Steuerreformen, wie das die Bananenrepubliken 1974 erwiesen.
Die Gesellschaft wird vielleicht nicht mehr United Fruit heißen, und vielleicht gibt es bald keine eigenen Pflanzungen der Gesellschaft mehr. Für die durchschnittlichen Menschen hat sich jedoch wenig geändert. Die besten Ländereien bringen immer noch Bananen und Gemüse für die Wohlgenährten dieser Erde. Das Beste, das die Landbewohner erhoffen können, sind niedrig bezahlte Saisonarbeiten auf den Feldern eines assoziierten Produzenten. Der größte Teil der produzierten Werte geht immer noch an die UB.[6]
Der frühere Landwirtschaftsminister Orvielle Freeman, ein führender Sprecher der Agroindustrie, glaubt, daß diese Form des Vertragsfarmens der Landwirtschaft der dritten Welt eine helle Zukunft bietet. Er ist jetzt Präsident von *Business International* und einer Gesellschaft, die sich Multinational Agrobusiness Systems Inc. nennt. Auf einer von den UN organisierten Konferenz über die »Agroindustrie und den Hunger in der Welt«[7] teilte er seine Vision mit anderen multinationalen Managern – eine Vision »einer Art Vertragsfarmen«, die er lieber »Satellitenfarmen« nennt. Er sieht voraus, daß viele »Agroindustriefirmen« – er nennt dabei Del Monte, FCM, International Systems and Controls, die hawaiianischen Zuckergesellschaften und Nestlé – »mit der Erfahrung, der Technologie und dem Management-Know-how« eine produzierende Kerneinheit von optimaler Größe pflegen, »die die modernste Technologie benützen« und Hunderten von angrenzenden Kleinfarmern »Beaufsichtigungsdienste leisten« und ihre Produktion unter Vertrag nehmen.
Eine derartige Vision ist nicht neu. Das Vertragsfarmen wurde nicht

von der Agroindustrie für unterentwickelte Länder erfunden. Es ist ein schon erprobtes Werkzeug der Agroindustrie, um die Kontrolle über die Lebensmittelproduktion in den Vereinigten Staaten selbst zu gewinnen. Um zu verstehen, was das Vertragsfarmen heute den unterentwickelten Ländern bietet, müssen wir wissen, was es für die amerikanischen Farmer bedeutet hat.

Die »neuen Sklaven«

Das Lebensmittelgeschäft in den USA steht unter einer strengen Kontrolle. Obwohl ein Lobbyist der Nahrungsmittelindustrie behaupten könnte, daß es eine von der Konkurrenz bestimmte Industrie mit 28 656 lebensmittelerzeugenden Firmen ist, besitzen nur 50 Markennamen-Riesen über 60 Prozent der gesamten Lebensmittelproduktionswerte und stecken 75 Prozent der Gesamtgewinne der Industrie ein.[8]

Es ist daher schwerlich eine Übertreibung, wenn man sie »Riesen« nennt. Wie wirkt sich das aber auf das Leben auf den Farmen oder auf den durchschnittlichen Konsumenten aus?

In diesem einem Monopol nahekommenden Kontext beabsichtigen die großen Verarbeiter – wie Del Monte, Campbell Soup, General Foods, Heinz und Coca Cola –, die Preise, die sie für Farmerzeugnisse bezahlen, auf einem Minimum zu halten. Ihr Hauptwerkzeug ist der Vertrag. Es ist unglaublich, daß das Landwirtschaftsministerium diese Verarbeiter nicht als Gesellschaftsfarmer, sondern als »Existenzfarmer« einstuft, da sie alles »konsumieren«, was sie »erzeugen«. Das zur Statistik der Gesellschaftsfarmer.[9]

Del Monte besitzt direkt fünfundfünfzig Farmen in den Vereinigten Staaten mit einer Gesamtfläche von 130 000 Acres und hat des weiteren Hunderttausende von Acres durch Verträge mit 10 000 Farmern in Kontrakt. Schon 22 Prozent der amerikanischen Lebensmittelproduktion stehen unter direkter Gesellschaftskontrolle – vier Fünftel davon durch Vertrag.[10] Von dem in den Vereinigten Staaten erzeugten Gemüse werden 78 Prozent durch Vertragsfarmer und 10 Prozent durch die Gesellschaften direkt erzeugt. Das bedeutet, daß diese Gesellschaften 88 Prozent der amerikanischen Gemüseernte kontrollieren.[11]

Es gibt daher keinen konkurrenzfähigen Markt, an den sich der individuelle Farmer wenden könnte. Er hat kaum eine Wahl, als bei

einer Gesellschaft zu unterschreiben. Fast alle bevorzugten Produkte, wie Süßmais, grüne Bohnen, Tomaten und sogar Puffmais, werden unter Vertrag angebaut.[12]
Der Vorgang ähnelt dem Vorgehen der Ölgesellschaften von dem Bohrloch bis zu der Tankstelle. Wie wir in Teil VII gesehen haben, ist das Arrangement für den Familienfarmer wie für den Konsumenten verhängnisvoll.
Die Amerikanische Landwirtschaftliche Vermarktungsgenossenschaft schätzt, daß Ende dieses Jahrzehnts 50 Prozent der gesamten amerikanischen Lebensmittel mit Gesellschaftsverträgen erzeugt werden und daß die Riesen der Agroindustrie 1985 75 Prozent der US-Lebensmittelproduktion im Griff haben werden.[13] Sollten wir uns deswegen wohlfühlen? Ist das das erfolgreiche Modell, das die Agroindustrie den unterentwickelten Ländern anzubieten hat?
Wir können die Antwort auf diese Fragen nur finden, wenn wir zuerst feststellen, wie der typische Produktionskontrakt in den Staaten funktioniert.
Vor der Anpflanzungszeit unterschreibt ein Farmer bei einer Gesellschaft einen Vertrag, eine bestimmte Menge eines spezifizierten Produkts zu erzeugen und an einem festgelegten Datum zu liefern. Viele Verträge legen den Dünger fest und bieten auch gewisse Kredite an.
»Die Farmer unterschreiben, weil sie im Druck sind«, erklärt Gene Potter von der Nationalen Farmorganisation.[14] Es gibt viele Verkäufer und nur wenige Käufer. Der Farmer, der schwer verschuldet ist, ist schwerlich in einer guten Verhandlungsposition. Der vorgedruckte, von einem Anwalt der Gesellschaft abgefaßte Vertrag wird ihm auf einer Basis »unterschreib oder laß es bleiben« – vorgelegt.
Wenn sich die Farmer organisieren, um die Gesellschaft unter Druck zu setzen, beschleunigt die Gesellschaft lediglich die Verlagerung ihrer Produktion in ausländische Produktionsstätten. Das ist bereits zum Teil der Fall. Die Spargelbauer in Kalifornien, Oregon und Washington produzieren größtenteils unter Vertrag für Del Monte. Vor einigen Jahren organisierten sie sich in einer Handelsorganisation und erreichten eine Preiserhöhung durch Del Monte. Damals verlegte Del Monte einen Teil seiner Spargelunternehmen nach Mexiko.[15]
Die überlegene Macht des Verarbeiters endet nicht damit, daß er die Farmer zum Unterschreiben bringt. Die Verträge, die sie unterzeichnen, sind letzten Endes von den Gesellschaften für die Gesellschaf-

ten aufgesetzt. Jim Hightower berichtet, die Spargelbauer hätten festgestellt, daß ihre Verträge mit Del Monte »es der Gesellschaft gestatten zu entscheiden, welcher Teil der Ernte« akzeptabel ist. 1972 wurden so acht Prozent der Ernte zurückgewiesen – »da kein offener Markt vorhanden war«, bemerkt Hightower, »mußten die Farmer den Verlust buchstäblich schlucken.«
Er enthüllt weiter, wie der Verlust der Farmer der Gewinn von Del Monte ist.
»In vielen Fällen kauft Del Monte jedoch den abgewiesenen Spargel bei den Farmern – zu herabgesetzten Preisen. 1972 betrug der Preis für akzeptablen Büchsenspargel 23 Cents pro Pfund. Der Preis für den Spargel, den die Gesellschaft unannehmbar fand, betrug 0.0005 Cents pro Pfund.
Del Monte hat allein die Macht zu entscheiden, ob ein Pfund Spargel 23 oder 0.0005 Cents wert ist. Der Vertrag verpflichtet den Farmer weiter, allen »unannehmbaren« Spargel der Gesellschaft anzubieten. Erst wenn die Gesellschaft ihn nicht will, kann der Farmer ihn anderswo hinbringen. Es gibt aber niemand anderen.
Warum schreibt Del Monte solche Klauseln in den Vertrag? Weil in dem Spargelabfall riesige Gewinne stecken. Der Farmer mag den Spargel Del Monte praktisch schenken müssen. Del Monte verschenkt ihn jedoch sicherlich nicht an Sie. Del Monte verpackt und verkauft diesen »nicht annehmbaren« Spargel als Spargelsuppe, Spargelabschnitte und Spargelspitzen, die alle auf den Supermärkten beträchtliche Gewinne bringen.«[16]
Keine Untersuchung des Vertragsfarmens ist ohne einen Blick auf die Geflügelindustrie vollständig: die erste in den Vereinigten Staaten mit Vertragsunternehmen großen Maßstabs. Der Produktionsvertrag war das Werkzeug, durch das Gesellschaften Ende der fünfziger Jahre die Kontrolle über die Geflügelproduktion in den Vereinigten Staaten übernahmen.
Da die Preise zu dieser Zeit nur wenige Cents pro Pfund betrugen, war ein Kreditangebot der Gesellschaft etwas, das ein hart bedrängter Farmer nur schwer ausschlagen konnte. Die gleiche Gesellschaft beherrschte den Markt für Futtergetreide, natürlich schrieb der Vertrag vor, daß der Farmer nur das Futter des Gläubigers verwendete.
Binnen zehn Jahren stieg der Prozentsatz der Hühnerproduktion unter Vertrag in den Vereinigten Staaten von 5 Prozent auf 92 Prozent.[17]
Das Landwirtschaftsministerium besteht trotzdem darauf, diese Ver-

tragsfarmer »Familienfarmer« zu nennen. In Wirklichkeit sind sie wenig mehr als Angestellte einer Fabrik der Gesellschaft. Nur besteht hier ein großer Unterschied. Ein Angestellter des Mississippi-Farmbüros sagte Befragern aus dem Landwirtschaftsministerium: »Heute könnte kein Farmer aus Mississippi Hühnchen auf dem Markt verkaufen, wenn er sie produzieren wollte. Die Vögel gehören den Farmern nicht. Diese stellen nur die Arbeit und die Häuser. Sie tun genau das, was man ihnen sagt.«[18]

George Anthan, ein ausgezeichneter Forschungs-Reporter für das *Des Moines Register* beschrieb einen Besuch in einem »Hühnergebiet« im nördlichen Alabama, nachdem die »Integratoren« gekommen waren.

»Damit die Farmer einen Vertrag bekamen, mußten gewisse ›Verbesserungen‹, die von der Gesellschaft festgelegt waren, auf den Farmen vorgenommen werden. Diese Investitionen wurden durch die Farm über eine örtliche Bank erledigt. Falls die Verbesserungen nicht vorgenommen wurden, wurde der Vertrag zurückgezogen, wodurch dem Farmer praktisch kein Markt blieb. Die Integratoren boten dafür, daß die Farmer die von den Gesellschaften geforderten Veränderungen vornahmen, aber keine langfristigen Verträge.

Die Farmer, mit denen ich sprach, sagten mir: Jedesmal, wenn es so ausgesehen habe, als ob die Darlehen abgezahlt seien, kamen die ›Integratoren mit neuen Verbesserungen‹, wie Gasheizung, isolierten Kükenhäusern und automatischen Füttergeräten. Wenn der Farmer einmal verschuldet war, mußte er im Geschäft bleiben, um das aber tun zu können, mußte er sich noch tiefer verschulden. Einer der Farmer beschrieb sich und seinesgleichen als die ›neuen Sklaven‹.

Die meisten Farmer mußten Arbeit in der Stadt annehmen, um ihr Einkommen aufzubessern; sie hatten gewöhnlich eine Frau oder eine Tochter, die für Minimallöhne in der örtlichen Hühnerverarbeitungsanlage arbeiteten. Die Farmer bekamen etwa 2 Cents für ein Pfund Hähnchen. Ich fand keinen einzigen Farmer, der mehr für das Pfund bekam als vor fünf oder zehn Jahren, aber die Kosten hatten sich verdoppelt.«[19]

Harrison Wellford sagt in dem Kapitel »Poulty-Peonage« (Geflügelsklaven) seiner Pionierstudie »Sawing in the Wind«[20]), so stellte ein USLM-Wissenschaftler fest, daß die Hühnerzüchter in Alabama für ihren Dienst für die Gesellschaft in der Stunde ein Minus von 36 Cents machten. Die gleiche Studie im Jahre 1967 kam zu dem Schluß, daß die Hühnerfarmer verarmten, weil sie nicht die nötige

Kraft in den Verhandlungen mit den Gesellschaften hatten. 1962 versuchten mehrere Geflügelzüchter in Arkansas, die unter Vertrag standen, eine Genossenschaft zu bilden. Man setzte diese Züchter auf die schwarze Liste und ruinierte sie dadurch, daß sichergestellt wurde, daß sie nie wieder einen Vertrag bekamen.[21]

Die Züchter sprechen nicht gegen diese unfairen Handelspraktiken, aus Furcht, auf schwarze Listen gesetzt zu werden. Diese Furcht trat in einem Interview mit einer Vertragsfarmerin in Alabama im ABC-Fernsehen im Jahre 1973 dramatisch zutage.

»Die Frau fürchtete sich so sehr vor Vergeltungsmaßregeln, daß sie nicht gestattete, ihr Gesicht zu zeigen oder den Namen der Gesellschaft zu erwähnen, für die sie Hühner züchtete. Am Ende fragte der Interviewer: ›Warum bleiben Sie dann bei der Hühnerzucht?‹ Die Antwort: ›Weil wir müssen. Wir verlieren sonst unser Haus, weil eine Hypothek von $ 29 600 für die Hühnerhäuser zu bezahlen ist. Unsere Farm. Alles, wofür wir gearbeitet haben.‹«[22]

1958 schrieb Earl Butz, als er eben das Amt des Stellvertretenden Landwirtschaftsministers aufgegeben hatte, um Dekan der Agrarwissenschaft in Purdue sowie Direktor bei Ralston Purina zu werden, einen weitverbreiteten Artikel, der an die amerikanischen Farmer gerichtet war. »Fürchten Sie sich nicht vor einer Integration.« Heute wollen die Agroindustrie, die Regierung der Vereinigten Staaten und die Weltbank, daß die Farmer in den unterentwickelten Ländern den Gesellschaften vertrauen, weil sie hoffen, daß sie nicht von dem Schicksal der Klein-Hühnerfarmer in Amerika gehört haben.

Zehntausende von amerikanischen Farmern, die in den Fragen der modernen Welt schwerlich naiv sind und in einem Land leben, wo es eine ganze Zahl von Gesetzen gegen Monopole und für einen fairen Handel gibt, genauso wie regulierende Ämter, waren doch nicht in der Lage, ihre Interessen gegen einige wenige mächtige Geflügelzucht- und Vermarktungsgesellschaften zu schützen. Wie groß ist dann die Wahrscheinlichkeit, daß es selbst den wohlhabenden Bauern in Ländern wie Pakistan, Mexiko, Kolumbien und Thailand besser ergehen wird?

Die Riesen der Agroindustrie können ganze Städte, ja sogar Regionen in Unternehmen der Gesellschaften umwandeln. Das Agrobusiness Accountability-Projekt, eine unabhängige Forschungsgruppe, fertigte eine Tiefenstudie[23] über die »Spinathauptstadt der Welt«, Crystal City, den Countysitz des Zavala-Countys, Texas, an, wo Del Monte 3600 Acres bewässerten Farmlands besitzt, auf dem jährlich

Spinat im Wert von 14 Millionen Dollar angebaut wird. Da Del Monte allen Spinat, der um Crystal City produziert wird, dort in Büchsen verpackt, ist die Gesellschaft der größte Arbeitgeber der Stadt. Es gibt keine Konkurrenz: Del Monte kann den Spinat der Farmer kaufen, ohne gegen Green Giant, Bird's Eye, Libby oder irgend jemand sonst bieten zu müssen.[24, 25, 26]

Die Agroindustrie begegnet dem Bauern

Wie sind nun die wahren Lebensbedingungen derer, deren Arbeit den Globalen Supermarkt versorgt? Hat das Kommen der Agroindustrie anständige Arbeitsplätze, ein Einkommen für angemessene Ernährung und eine sichere Grundlage für die Entwicklung bedeutet? Sicherlich nicht im Fall der Erdbeerindustrie in Mexiko, die Ernest Feder in seinem Buch »Strawberry Imperialism. An Enquiry into the Mechanisms of Dependency in Mexican Agriculture« eingehend untersucht hat (Siehe auch Teil VIII – Frage 32.).
Wie Feder berichtet, waren Zamora und das benachbarte Jacona Mitte der sechziger Jahre, ehe das Erdbeergeschäft über das Zamoratal hereinbrach, Kleinstädte. Heute hat Zamora 100 000 Einwohner und Jacona 30 000. Tausende und mehr kommen auf der Suche nach Arbeit in die Stadt und kehren entweder abends in ihre Dörfer zurück oder schlafen nachts auf den Straßen, da für einige die Fahrpreise 30 Prozent ihres täglichen Verdiensts ausmachen würden – selbst wenn sie Arbeit finden. Aber Dreiviertel der Bevölkerung leben in, fast einen Kilometer breiten, Kartonagen-Slums, die rings um die Stadt verlaufen. Keine sanitären Anlagen, kein fließendes Wasser und nur wenig Elektrizität. Alles in allem ein klassischer Fall von »Übervölkerung«.
Und doch findet man im Zamoratal auch die ranchartigen Häuser der neuen Erdbeermillionäre. Als Angestellte ziehen diese wenigen Individuen und ihre amerikanischen Partner den direkten Nutzen aus dem verzweifelten Elend der großen Mehrheit. Da die Zahl der Arbeitsuchenden die Zahl der Arbeitsplätze weit übersteigt, können die Erdbeeranbauer die Löhne niedrig halten. Einige Anbauer schicken trotz der hohen Zahl der Arbeitslosen in Zamora Rekrutierungslastautos in entlegene Dörfer, weil die Bauern dort bereit sind, für noch weniger zu arbeiten.

In Zamora kann man in den vier Monaten der Hauptarbeit auf den Feldern über 5000 Arbeitsuchende finden, die sich um 5 Uhr 30 in der Nähe des Bahnhofs versammeln. Von mit Maschinenpistolen bewaffneten Soldaten bewacht, erwarten sie die Ankunft der Anbauer oder ihrer Agenten, die in Lastautos eintreffen.
Die größten Anbauer kommen und nehmen auf einmal mehrere hundert Arbeiter mit. Trotzdem finden viele keine Arbeit. Sie müssen entweder in ihre Dörfer zurück oder darauf hoffen, daß sie am nächsten Tag mehr Glück haben.
Wer angeheuert wird, bekommt etwas weniger als den gesetzlichen Mindestlohn von $ 3 pro Tag. Das gilt besonders für Frauen und Kinder, die trotz des Gesetzes »gleicher Lohn für gleiche Arbeit« mit zwei Dritteln der Löhne zufrieden sein müssen, die Männern bezahlt werden. Die Arbeitgeber sagen, daß sie Frauen und Kinder lieber nehmen, weil »sie sich nicht so weit bücken müßten«. Mit dieser »Fürsorglichkeit« wurde Vermögen verdient. Wie die Feldarbeiter in den Obst- und Gemüseindustrien in den Vereinigten Staaten (wo die Orangenkiste allein mehr kostet als die Arbeit, sie zu füllen) muß eine Familie alle Mitglieder aufs Feld schicken, wenn sie durchkommen will.
Wenn die Lastautos kommen, wagt es kein Arbeiter zu fragen, wieviel bezahlt wird, denn Feder zufolge würde man ihm ganz einfach sagen: »Für dich gibt es keine Arbeit.« Die Arbeiter klettern in die Lastautos, ohne die leiseste Ahnung, wohin sie gebracht werden, wieviel man ihnen zahlt oder ob sie auch am nächsten Tag Arbeit bekommen.
Man weiß, daß die Arbeitgeber eine Vielzahl von Taktiken anwenden, um aus jedem einzelnen Arbeiter mehr Profit herauszuholen – sei es, indem sie die Essenspause verkürzen, Überstunden machen oder sieben Tage in der Woche ohne Extrabezahlung arbeiten lassen. Da die Arbeiter täglich den Schädlingsbekämpfungsmitteln ausgesetzt sind, sind die Folgen Erbrechen, Ohnmachtsanfälle, schwere Kopfschmerzen, ja sogar der Tod. Bemühungen, sich für bessere Arbeitsbedingungen zu organisieren, wurden von den Arbeitgebern stets mit Gewalt beantwortet.
Und was ist mit den Fabriken, in denen die Erdbeeren verarbeitet und eingefroren werden? Entwickeln sie durch ihre berühmte »Übertragung der Technologie« neue Geschicklichkeiten, und bieten sie anständige Arbeit?
Die Erdbeerverarbeitungsfabriken sind auf nur eines ausgerichtet

– auf Erdbeeren. Da Erdbeeren weniger als ein halbes Jahr geerntet werden, liegen die Fabriken sechs bis sieben Monate still und beschäftigen niemand. Trotz dieser Vergeudung der Kapitalinvestitionen kann der Besitz einer Fabrik doch recht lukrativ sein. Feder berichtet, daß einzelne Gesellschaften ihr Kapital in einem einzigen Jahr wieder herausgeholt haben. Während einiger weniger Spitzenwochen beschäftigen die Gefrieranlagen in Zamora (zumeist mit amerikanischem Kapital) 10 000 bis 12 000 Frauen und Mädchen – hauptsächlich zwischen vierzehn und fünfundzwanzig Jahren. Die Arbeit ist für die meisten allerdings nur sehr kurzfristig, da die Fabriken zu Beginn und am Ende der Ernte nicht mit voller Kapazität arbeiten.

Obwohl Kinderarbeit illegal ist, berichtet Feder, daß er in den vom amerikanischen Kapital kontrollierten Fabriken bis zu sechzig Kinder bei der Arbeit angetroffen hat. Die Arbeit ist monoton und die Bedingungen gewissenlos. Die Arbeiterinnen müssen während der Hauptsaison den ganzen Tag stehen, das bedeutet am Tag ein Stehen von 18 Stunden zu 40 bis 50 Cents in der Stunde. In einigen Fabriken verdienen die Aufseher ein Extrageld, indem sie die obligatorischen weißen Uniformen verkaufen, die vier oder fünf Tagelöhne kosten.

Und was ist mit den Kleinbauern in der Region – können nicht wenigstens sie vom Anbau von Erdbeeren profitieren? Nur in der Theorie. Erstens regulieren die Regierungskonzessionen, die eine massive Überproduktion verhindern sollen, wer wie viele Acres anbauen darf. Da Geld zu verdienen ist, sorgen die Besitzer mit politischem und wirtschaftlichem Einfluß dafür, daß sie die Konzessionen bekommen.

In einer *ejido*-Landreform-Gemeinde erhielten 19 von 220 Familien Konzessionen. Jeder Empfänger hatte eine klare Verbindung zu den Herrschenden. Keiner arbeitete tatsächlich auf dem Land.

Nach Feders Bericht verengen die Verarbeitungsfabriken weiterhin die Zahl der Erdbeeranbauer. Die Produktionsverträge begünstigen die größeren Lieferanten, sie geben ihnen die Priorität und bessere Bedingungen bei der Verteilung des Pflanzguts und dem Verkauf ihrer Erzeugnisse.

Einige große Anbauer benützen ihren Einfluß buchstäblich dazu, die Schlüssel zu den Schleusen des Bewässerungssystems in die Tasche zu stecken. Sie können dann das Wasser über das legale Limit hinaus verwenden, während es den kleinen Bauern überlassen bleibt, um

das restliche Wasser zu kämpfen, das zu ihnen durchsickert. Hauptsächlich wegen der Überflutung der Erdbeerfelder ist die durch das Zamorasystem bewässerte Fläche tatsächlich zusammengeschrumpft. Die Erdbeeren verbrauchen 75 Prozent des Wassers auf nur 20 bis 30 Prozent der bebauten Gesamtfläche.
Im Gegensatz zu den von der Agroindustrie kontrollierten Monokulturen des heutigen Zamora würde eine von den Bauern kontrollierte Landwirtschaft natürlich auf einem gemischten Anbau basieren. Die Mischkultur ist nicht nur umweltfreundlich (wie in der Antwort auf Frage 19 erörtert wurde), sie bedeutet auch Arbeit und Nahrung über das ganze Jahr. Wenn des weiteren die Landbevölkerung individuell oder kollektiv die landwirtschaftlichen Produktionsmittel besitzt und verwendet, wird sie wahrscheinlich ihre Freiheit dazu benützen, diese landwirtschaftlichen Produktionsmittel zu verbessern: Entwässerung, Bewässerung, Terrassierung, das Pflanzen von Bäumen, die Lagerung und so weiter. Im Gegensatz dazu kann die heutige Bevölkerung von Zamora nur Teilzeitarbeit erhalten. Die Kontrolle der landwirtschaftlichen Produktionsmittel des Tals durch eine exportorientierte Industrie mit einem ausgesprochenen jahreszeitlichen Gipfel und unstabilen Exportmärkten hat zumeist unsichere Teilzeitarbeit zur Folge sowie eine Ausplünderung des Landes. In Zamora schafft ein einziges System Millionäre und Arme. Das addiert sich zu einer erschreckenden Vergeudung menschlichen Lebens genau wie der landwirtschaftlichen Produktionsmittel. Es führt sogar zu einer starken Unterauswertung des Investitionskapitals. Das ist schwerlich die Grundlage für eine Entwicklung.

Landgegenreform

Viel von dem, was wir gelernt haben, weist auf eine einzige Wahrheit: Die Menschen müssen ihre landwirtschaftlichen Produktionsmittel selbst kontrollieren, wenn sie sich vom Hunger befreien wollen. Und doch haben geplante Landverteilungsprogramme in Ländern wie Brasilien, Kolumbien, Zentralamerika, dem Iran und den Philippinen Land der Agroindustrie verschont, obwohl es oft das beste ist.
Die Philippinen, ein Raum mit geschätzten 3 000 000 landlosen Bauern, bieten ein klassisches Beispiel aus der jüngsten Zeit. Ein »umfassendes« Landreformprogramm, das in den Medien manchmal

als die Rechtfertigung dafür dargestellt wird, daß alle Menschenrechte durch Kriegsrechte aufgehoben wurden – nahm volle zwei Drittel des landwirtschaftlich nutzbaren Landes aus, weil es in der Produktion für den Globalen Supermarkt gebraucht wird. Kein Wunder, daß nach vier Jahren nur 15 000 landlose Bauern Land erhalten haben.
In der Bukidnon-Region versucht ein US-Konzern selbstversorgende Kleinbauern dazu zu zwingen, ihr Land an die Gesellschaft zu verpachten. Bewaffnete Agenten der Gesellschaft haben das Land derer, die die Verpachtung verweigern, eingezäunt und Vieh auf die bebauten Felder getrieben.[27] Ein amerikanischer Priester, der verhaftet wurde, weil er den Bauern bei ihrem Widerstand half, beschrieb den Landraub durch den Konzern so: »Sie haben die Leute mit Bulldozern buchstäblich vom Land gewalzt. Jetzt verwenden sie Sprays, die den Farmtieren schaden und die Menschen verätzen.«[28]
Als wir vor wenigen Jahren damit begannen, unsere Forschungen über die Agroindustrie in der unterentwickelten Welt kartographisch aufzunehmen, waren wir keineswegs sicher, daß die Agroindustrie den Menschen in einem Land wie dem Iran mit Öleinkünften von 20 Milliarden Dollar, großen Ackerbauflächen und dem größten Zuwachs des Bruttosozialprodukts in der Welt viel Schaden tun könnte. Wir haben uns geirrt. Der Iran ist ein ausgezeichnetes Beispiel, ein Land, in dem die Gleichsetzung von landwirtschaftlicher Entwicklung mit den Investitionen der Agroindustrie eine Umkehr der Landreform bedeutet hat. Die Folgen für die Landbevölkerung waren verheerend.
1962 befahl der Schah von Persien eine substantielle Landreform, die die politische Macht der Großgrundbesitzer unwiderruflich zerbrach. »Land an den Besteller« wurde jedoch wörtlich genommen. Wenn eine Familie nicht reich genug war, um einen Pflug und ein Zugtier zu besitzen – und das waren viele –, konnte sie sich nicht für einen Teil des zerschlagenen Grundbesitzes qualifizieren.
Im ganzen Iran begannen die Bauern, die Land erhielten, mit der Erzeugung von Lebensmitteln. In der Provinz Khuzistan, die an den Irak und den Persischen Golf grenzt, war die Produktivität der Bauern ganz außerordentlich, besonders wenn man das Fehlen von technischer Hilfe, Bewässerung und der Tatsache bedenkt, daß 98 Prozent Analphabeten sind. Die traditionellen Anbaumethoden gaben aber allen Arbeit.

Ebenfalls während der 1960er Jahre begann die Regierung mit dem Bau mehrerer großer Dämme unter der Aufsicht von David Lilienthal – Roosevelts Planer für die Tennessee-Tal-Behörde. Der größte Damm befindet sich am Dez-Fluß in Khuzistan. Er bot den Kleinbauern die Aussicht auf über 200 000 Acres bewässerten Landes. Gerade als der Damm dann fertig war, entschieden der Schah und seine Beraterelite, was Khuzistan brauche, seien ausländische Agroindustriegesellschaften.[29]
Heute sprechen die Bauern von Khuzistan nicht mehr von der Landreform. Sie warten auch nicht mehr darauf, daß die Wasser des Dez-Flusses ihr ausgetrocknetes Land erreichen. Bewässerungskanäle, die nur für *ein Fünftel* der potentiellen Fläche gebaut wurden, bringen Wasser auf das Land, das von Firmen wie Hawaiian Agronomics, der Diamond A-Rinderkompanie, Mitsui, Chase Manhattan, Transworld Agriculture Development Corporation, Bank of America, Dow Chemical, John Deere & Cie., Shell, Mitchel, Cotts und Hashem Naraghi (einem iranischen Emigranten, der ein kalifornischer Großfarmer wurde) gemanagt wird.[30]
Für die meisten dieser Firmen ist Khuzistan lediglich das jüngste Unternehmen auf der Globalfarm. Hawaiian Agronomics, z. B. ist eine Tochtergesellschaft von C. Brewer – die in den meisten westlichen Staaten durch ihren C und H-Rinderbrand bekannt ist – und verdiente 1974 3,8 Millionen Dollar an den Agroindustrieunternehmen im Iran, in Indonesien, Ekuador und Guadalcanal. Statt ein Raum vieler kleiner Familienbauern zu sein, die ihr neues Bewässerungsnetz verwenden, ist Khuzistan heute eine Provinz, die von großen (12 000 bis 50 000 Acres) hochmechanisierten, kapitalintensiven Ertragseinheiten beherrscht wird. Etwa 17 000 Iraner sind von ihrem Land verdrängt worden.[31]
»Hawaiian Agronomics« haben geprahlt: »Land, das seit 23 Jahrhunderten unfruchtbar war, erzeugt jetzt Nahrung und erhält Vieh.«[32]
Die Tatsache, daß Bauern dort schon vor dem Kommen der Agroindustrie Nahrung erzeugten, wird ignoriert. Was noch bezeichnender ist – es war das Bewässerungssystem, das vor dem Kommen der Agroindustrie mit öffentlichen Mitteln erbaut wurde, das das ausgetrocknete Land wirklich fruchtbar gemacht hat. Ein Direktor der Agroindustrie sagte: »Sie entwickeln zuerst das Wasser, dann kommen wir und befarmen das Land. Das ist ein attraktives Arrangement.«[33]
Was dem Schah wie ein Weg erschienen sein mochte, eine wirksame verfeinerte landwirtschaftliche Produktion zu erzielen, funktioniert

nicht einmal nach den eigenen Maßstäben der Agroindustriegesellschaften. Bisher erzielte erst eine Firma einen Gewinn; drei Gesellschaften haben sich bereits erboten, an die Regierung zu verkaufen. Die Produktivität auf diesen vollmodernisierten Flächen ist niedriger als die mittelgroßer iranischer Farmen in bewässerten Regionen.[34] Zwei Wirtschaftswissenschaftler berichten, daß die Firmen ihre Kapazitäten überschätzt haben.
Einer erklärt: Man kann nicht einfach hingehen, einige Bodenproben nehmen und dann sagen: diese 1000 Acres bringen Artischokken. Ein anderer Wirtschaftswissenschaftler wies auf die hohen Betriebskosten »dank der hohen Gehälter der technischen Experten und ausländischen Manager« hin. Ironischerweise nennt eine Studie einer amerikanischen Beratungsfirma aus dem Jahr 1975 »Management-Probleme infolge der Größe der Produktionseinheiten«.[35]
Entmutigen diese Schwierigkeiten jedoch die Agroindustrie? Einige Firmen wie Chase Manhattan, John Deere und Bank of America haben mit ihren »fummelnden Landwirtschaftsprojekten« wegen einer Reihe von Regierungsmaßnahmen wie Abzügen von Steuern aus anderen Einkünften mit dem Wunsch weitergemacht, den Schah zufrieden zu stimmen. Mitsui kommt damit gut zurecht, indem es das entwässerte Alfalfa, das die Gesellschaft aus Khuzistan exportiert, in Japan als Viehfutter verkauft. Die ausländischen Gesellschaften, die den Bedarf für die Viehbetriebe decken, stellen sich ebenfalls gut. Der Schah wünscht Vieh so dringend, daß die Regierung die World Airways dafür bezahlt, daß sie 250 000 gedeckte Kühe bis 1979 in den Iran fliegt – also lebendes Vieh aus dem Ausland. Eine britische Firma, Fowler Ltd., importiert Vieh, das so schlecht dem Klima angepaßt ist, daß die Regierung Ställe mit Klimaanlagen zur Verfügung stellen muß. Und wie geht es den Menschen in dem landwirtschaftlichen Khuzistan? Die meisten sind land- und arbeitslos. Einige sehen keine andere Alternative, als in die bereits überfüllten städtischen Slums zu fliehen. Viele dieser Flüchtlinge sind noch unter 20 oder in den Zwanzigern. Sie wären gern Bauern, wenn sie ihr eigenes Land hätten; ihr wirkliches Geschick ist das kleiner Reisbauern. Die Regierung hat nicht einmal versucht, sie für Anlernberufe als Bauarbeiter, Lastwagenfahrer und Maschinisten in der angeblich aufblühenden Wirtschaft des Irans auszubilden. Während die städtische Arbeitslosigkeit in die Höhe schnellt, importiert die Regierung Arbeiter – 80 000 Südkoreaner und ungezählte Pakistaner für solche Arbeiten.

In der Zwischenzeit sitzen die Agroindustrieflüchtlinge vor den Lagerhäusern und hoffen auf ein paar Cents für das Heben eines Sacks, das Fegen des Bodens oder das Ausschaufeln des Hühnermists aus der neuen britischen Zehn-Millionen-Vögel-im-Jahr-Geflügelfabrik in Teheran.
Andere, die früher Land bestellt haben, sind in die schwach besiedelten arabischen Staaten jenseits des Persischen Golfs gegangen und beweisen einigen Leuten, daß der Iran »übervölkert« ist.
Die Bauern in Khuzistan, die ihr Land an Agroindustrieprojekte verkaufen mußten, landen schließlich in einem der »Arbeitszentren« der Regierung.[36]
Zweck dieser neuen Arbeitszentren ist, die Agroindustrieprojekte mit einem »Arbeitspool« zu versehen, die meisten davon zu $ 3 am Tag.
Ein ausländischer Experte, der aus Angst unbekannt bleiben möchte, schreibt uns. »Sie können die Theorie der Regierung, daß die Agroindustrie viel mehr Arbeitskräfte braucht, als sie verdrängt, in Berichten der Regierung und sogar der Weltbank dokumentiert sehen, aber nicht in den Straßen und Häusern, wo sich die Arbeitslosen sammeln.«
Er hatte Dörfler gesehen, die früher zu von sich aus eingeleiteten Kollektivarbeiten, wie dem Bau neuer Dörfer, Moscheen und Schulen fähig waren – jetzt waren sie demoralisiert, passiv und individualistisch. Er berichtet auch, daß diese Familien, die gezwungen sind, in Agroindustrieprojekten zu arbeiten, jetzt weniger zu essen haben als früher.
Wenn man solche Beschreibungen liest, könnte man denken, daß Khuzistan, Iran, gar nicht so weit von Crystal City, Texas, entfernt ist.

»Süßer« Mais

Natürlich sind nicht alle Vertragsprojekte der Agroindustrie exportorientiert. Auf einem Symposium über den Hunger in der Welt im September 1975 legte CPC International die Geschichte ihrer Investitionen in Pakistan vor, um zu beweisen, welchen positiven Beitrag ein ausländisches Unternehmen für die Lebensmittelversorgung eines Landes leisten kann. CPC International (am besten bekannt durch Skippins Erdnußbutter und Mazola Maisöl) ist kein Neuling in den unterentwickelten Ländern.

Sie hat in drei unterentwickelten Ländern ansehnliche Unternehmungen. Man kann die Gesellschaft daher für ein bezeichnendes Beispiel dafür halten, was die Agroindustrie zu bieten hat.
Es gibt zwei Möglichkeiten, die Fallstudien zu lesen, die die Gesellschaft vorgelegt hat. Die beabsichtigte Sieg-über-den-Hunger-Version lautet ungefähr so:
1962 kaufte CPC International die Kontrolle über Rafhan Maize Products, die größten Maismühlen- und Verarbeitungsgesellschaft in Pakistan. In den späten 1960er Jahren hatte sich Rafhan mit Anleihen von der US-, AID- und der pakistanischen Regierung ausgeweitet. Ihre Mühlen bekamen aber einfach nicht genügend Mais. Im Januar 1970 begann Rafhan daher mit einem ›Maisentwicklungsprogramm‹. CPC entschied, daß es die landwirtschaftliche Expertise ihrer assoziierten Gesellschaften verwenden müsse, und brachte ihre Tochtergesellschaft aus den Vereinigten Staaten, die Funk Seed Company, um eine hochertragreiche Hybride zu entwickeln. CPC besitzt, wie die Gesellschaft feststellt, ›Leute mit Know-how‹. Rafhan arbeitete ein Vertragssystem mit den führenden Farmern aus, wobei die Gesellschaft auf Kredit den richtigen Samen, Schädlingsbekämpfungsmittel und Dünger stellte. Im Herbst sollten die Beträge von den Erntepreisen abgezogen werden.
»Die Vertragsbauern erhielten doppelt so hohe Erträge als der nationale Durchschnitt.« Des weiteren:
»Der Begriff einer zweiten Ernte gewann Anhänger. Rafhan baute auch moderne Anlagen zur Enthülsung, Trocknung und Lagerung des Getreides. Rafhahn war so erfolgreich, daß es sich entschloß, die Verarbeitungsanlagen noch weiter auszubauen.«
Das klingt gut. Lesen wir den Bericht aber noch einmal und genauer. Warum bekam CPC nicht genug Mais für die Mühlen? Die Gesellschaft schreibt: »Historisch gesehen, war Mais in Pakistan ein Nahrungsmittel, das von den Unterprivilegierten (sic!) auf dem Land und in den Dörfern gegessen wurde. Der Mais war beliebt, weil er während sechs Monaten im Jahr immer in Fülle zur Verfügung stand. ... der Preis war niedriger als der anderer Getreidearten – die die Alternative bildeten: Weizen und Reis. Der Mais diente den Bauern in ländlichen Gegenden auch als Tauschgut.«[37]
Mais war das Getreide, auf das sich die Bauern mit dem schlechtesten Land verließen. »Es war normalerweise ein Sekundärgetreide, das dort angebaut wurde, wo anspruchsvollere Getreidearten nicht gediehen.« Man verwendete wenig Dünger, praktisch keine Schäd-

lingsbekämpfungsmittel und traditionell Saatgut aus der Ernte des vergangenen Jahrs, deshalb waren die Erfolge gering.
Als CPC in den 1960er Jahren kam, stiegen die Maispreise, einige besser gestellte Farmen erweiterten die Maiserzeugung. Trotzdem nahm die der Gesellschaft zufolge zur Verarbeitung zur Verfügung stehende Maismenge nur wenig zu.
Die Gesellschaft sieht dafür drei Gründe. Erstens einmal aßen die Maisbauern zuviel von ihrem Mais oder vertauschten ihn gegen andere Lebensmittel. Als zweitens die Zahl der Armen schnell wuchs, verzehrten sie gemeinsam immer größere Mengen Mais als Hauptnahrung. Drittens bewarb sich auch die wachsende Geflügelindustrie um Mais als Futter. Um diese Probleme zu beseitigen, versuchte Rafhan 1968, schon vor der Anpflanzung allen Mais zu kaufen, den die Bauern produzieren konnten. Aber selbst diese Methode steigerte den Maisnachschub von Rafhan nicht beträchtlich.
Rafhans Vertragssystem ließ die Sache schließlich funktionieren.
Rafhan änderte »das Schema der Maiserzeugung« vollkommen. Der Mais ist nicht mehr das Subsistenzgetreide des kleinen Bauern.
»Der Mais«, so stellt CPC fest, »war früher auf sehr kleinen Flächen angebaut worden – auf nicht mehr als fünf Acres je Bauer. Jetzt wird er auf viel größeren Feldern angebaut.«
Ein »verbesserter« Maisanbau ist nach Pakistan gekommen. Früher eine Subsistenzanpflanzung, wird Mais jetzt von den Großbauern angebaut – als ein Glied in einem Prozeß, der vom Saatgut bis zum fertigen Produkt von CPC/Rafhan kontrolliert wird.
Und wozu das alles? Um »Maissüßstoff« als Zuckerersatz in den schnell wachsenden Markt für Soft Drinks und andere »Snack«-Produkte für die gehobenen städtischen Klassen in Pakistan herzustellen.
Ausländische Gesellschaften in der Landwirtschaft eines unterentwickelten Landes sind demnach keine Hilfe für die Hungernden, die Landlosen oder die Kleinbauern. Natürliche Produktionsmittel wie Land und Wasser sowie große Summen Kapitals werden verwendet, um Gewinne für die Gesellschaften und einige wenige einheimische Partner zu erzielen. Die Hungrigen haben keinen Nutzen, sie sind es nicht, die die Nahrung verzehren (wenn tatsächlich Nahrung angebaut wird). Sie sind es nicht, die die Produkte verkaufen. Ihre Löhne müssen erbärmlich niedrig bleiben, wenn die Produkte auf dem

Globalen Supermarkt konkurrenzfähig sein sollen. Ihre Arbeitsplätze – relativ wenige und saisonbedingt verglichen mit dem, was die Alternative sein könnte; sind grundsätzlich unsicher. Die einst relativ billige Nahrung wird zu Preisen kommerzialisiert, die sich nur die Wohlgenährten dieser Erde leisten können.
Die Agroindustrie dreht ferner die Landreform um und bringt sie zum Scheitern.
Wenn sich die Elite eines Landes einmal entschieden hat, die Agroindustrie zum Motor der Entwicklung zu machen, muß sich die Regierung um die Agroindustrie bemühen. Dadurch wird ihr in steigendem Maß die Fähigkeit zur selbständigen Wirtschaft und zur sozialen Planung geraubt. Das Interesse des Staates ist nicht mehr von den Interessen der multinationalen Gesellschaften in ihrem Land zu unterscheiden.

* * *

»Finanzielle Ermutigungen führen zu weiteren finanziellen Ermunterungen. Da ist die immer präsente Drohung der Gesellschaften aufzuhören oder mit einem anderen Land zusammenzuarbeiten.
Während eine nationale Gesellschaft nicht mehr an der Wohlfahrt eines Volks interessiert sein mag als eine multinationale, ist sie doch leichter zu kontrollieren.
In der Praxis werden immer mehr nationale Gesellschaften und reiche Unternehmer zu bloßen Partnern multinationaler Agroindustrien.
Sie alle sind in der Opposition gegen die Mehrheit der Bauern vereinigt, die die Kontrolle über die landwirtschaftlichen Produktionsmittel übernehmen wollen.
Die multinationale Agroindustrie, die häufig auf einem kolonialen Erbe aufbaut, ist eine elitekontrollierte Exportlandwirtschaft unter einem anderen Namen.
Zu den wichtigsten Gründen für die Internationalisierung der multinationalen Gesellschaft gehört die Steigerung ihrer Nützlichkeit in der Entwicklungswelt Lateinamerikas, Asiens und Afrikas. Ihre Rolle in dem Entwicklungsprozeß wird mit jedem Tag dringender klar, wenn wir Zeugen der Beschränkungen und Handikaps der örtlichen Regierungen werden . . . selbst wenn die örtlichen Regierungen stark und die Hilfe für sie groß ist, besteht doch die Tatsache, daß die enorme Kompliziertheit des Entwicklungsprozesses Fähig-

keiten und Eigenschaften erfordert, die für die multinationalen Gesellschaften genauso natürlich wie für die örtlichen Regierungen unnatürlich sind.«
Herbert C. Cornuelle, United Fruit Company, Jahresbericht 1968, Boston.

»Die armen Länder andererseits müssen versuchen, das Thema der Agroindustrie-Investition zu ›entnationalisieren‹ und als das zu behandeln, was es ist: eine erstaunlich wirksame Möglichkeit, die Übertragung technischen Wissens in der Landwirtschaft zu institutionalisieren.«
Lester Brown »Seed of Chance«, 1970.

34

Die Agroindustrie im Ausland: Ein Geschenk für Amerikaner?

Frage: Die Tatsache, daß die Agroindustrie die Produktion von Luxuserzeugnissen in die unterentwickelten Länder verlegt, scheint für die Mehrheit der dort lebenden Menschen verheerende Folgen zu haben. Das gefällt niemand. Ist es aber nicht richtig, daß es den Vereinigten Staaten nicht schadet und daß wir wenigstens billigere Lebensmittel bekommen?

Unsere Antwort: Um die Auswirkung auf die Amerikaner zu verstehen, wollen wir uns zuerst einmal die großen Pflanzungsgesellschaften wie Del Monte und Castle and Cook (Dole) ansehen.[1]
Sie verbreiten ihre Produktionsstätten über die ganze unterentwikkelte Welt. Am kontroversesten ist die Verlagerung eines Teils ihrer Ananasproduktion von Hawaii auf die Philippinen.
Noch 1950 produzierte Hawaii drei Viertel des Weltbedarfs. Jahrelang importierten die großen Gesellschaften Tausende billiger Arbeiter aus den Philippinen und anderswoher. Aber in einem unterentwickelten Land heizte die Abhängigkeit vom Tourismus und Importgütern statt der Erzeugung von Grundnahrungsmitteln die Inflation an. In den 1960er Jahren streikten die Plantagenarbeitergewerkschaften mehrmals für ausreichende Löhne, die wenigstens die minimalsten Lebenskosten deckten. Sie erreichten schließlich die höchsten landwirtschaftlichen Löhne in der ganzen Welt, $ 2.85 pro Stunde. Diese hohen Lohnkosten haben zusammen mit dem steigenden Landwert (in Konkurrenz mit den Landspekulanten für Touristikzwecke) Hawaii im Vergleich zu anderen Ländern, wie etwa die Philippinen, wo die Löhne zum Teil nur 15 Cents in der Stunde betragen, weniger attraktiv gemacht.
In den letzten Jahren hat die Staatsregierung von Hawaii all die üblichen Verlockungen eines typischen unterentwickelten Landes geboten, um Del Monte und Dole »daheim« zu halten – die Beseitigung eines vorgeschlagenen Mindestlohns, verringerte Umwelt-

schutzbedingungen, auf Dauer halbierte Grundstücksteuern und mit Steuergeldern bezahlte Agrarforschung.
Während die Plantagengesellschaften diese Subsidien in der Vergangenheit gierig schluckten, erklären sie heute, sie seien nicht genug. Del Monte hat die Produktion auf Hawaii um 40 Prozent verringert und die Erzeugungs- und Büchsenverarbeitung auf den Philippinen gesteigert, eine neue Plantage in Kenia eröffnet und eine Ananasproduktion in Guatemala für 1977 geplant.
Die Gesellschaft behauptet jetzt, sie wolle einige Plantagen auf Hawaii weiter betreiben, um den Ananas-Frischmarkt zu beliefern – falls die potentiell explosive Lage auf den Philippinen, in Kenia oder Guatemala »den Deckel hochgehen läßt«.
Dole, das 1959 noch zu 100 Prozent auf Hawaii arbeitete, hatte 1975 dort nur mehr 25 Prozent. Dole besitzt jetzt 19 000 Acres auf den Philippinen und hat sich 1972 nach Thailand ausgeweitet.
Was ist aber mit den Arbeitern, deren Lebensunterhalt von dem Export von Ananas aus Hawaii abhängt?
Ihr Streik gegen die Produktionsverlagerung durch die Gesellschaften war 1974 unwirksam, hauptsächlich wegen der Schwierigkeit, ihn mit den Ananasarbeitern in anderen Ländern zu koordinieren.
Die Gesellschaften reden davon, sie wollten versuchen, ihnen Arbeit in den Hotels auf anderen Inseln zu verschaffen. Tony Hodges von einer Lobby für öffentliche Interessen erwidert darauf: »Man nimmt einen Mann von 45 Jahren – Das Durchschnittsalter der Ananasarbeiter, der sein ganzes Leben lang Ananas gepflückt hat, steckt ihn – peng – in einen Anzug und macht ihn zu einem Entertainer in einem Nachtklub.«
War die Kontrolle des Ananasbaus durch einige wenige Riesengesellschaften, die jetzt die Produktion ins Ausland verlagern, im Interesse der Menschen auf Hawaii und der Vereinigten Staaten in ihrer Gesamtheit? Wie wäre es nun, wenn die Vereinigten Staaten als Alternative dazu genug Ananas produzieren und amerikanische Arbeiter – oder besser nicht-amerikanische Farmer mit einem anständigen Einkommen versorgen? Die Verlagerung großer Segmente der amerikanischen Landwirtschaft durch die großen Gesellschaften ins Ausland – wie die Flucht der Industriebetriebe in den sechziger und frühen siebziger Jahren – wird Tausende von Arbeitsplätzen kosten. Mit der bereits erwähnten Verlagerung der Produktion von weißem Spargel nach Mexiko haben über 6000 Arbeiter in Kalifornien ihre Arbeitsplätze verloren. Mehr noch: die bloße Dro-

hung mit einer Verlagerung wirkt als Bremse für die Bemühungen der Arbeiter, sich für höhere Löhne und bessere Arbeitsbedingungen im Binnenland zu organisieren.

Man kann nicht mehr annehmen, daß die verdrängten Landarbeiter und Kleinfarmer von einer blühenden städtischen Industrie »absorbiert« werden. Die Arbeitslosen- und Wohlfahrtslisten beweisen, daß die Industrie nicht einmal mehr die aufnehmen kann, die außerhalb des landwirtschaftlichen Sektors ohne Arbeit sind. Die Agroindustrie wird versichern, daß in den Vereinigten Staaten neue Stellungen in den Maschinen- und anderen landwirtschaftlichen Exportfabriken geschaffen werden, die an die modernisierten Sektoren im Ausland verkaufen werden. Aber wie viele? Und wie leicht wird es sein, einen Traktorenfarmer in einen Arbeiter in einer Traktorenfabrik umzuschulen, einen Tomatenpflücker mittleren Alters in einen Ingenieur einer Ammoniakfabrik?

Die Frage deutet an, daß das eine, was wir Amerikaner von dem Globalen Supermarkt gewinnen könnten, niedrigere Preise für Lebensmittel sind, die im Ausland erzeugt werden. Während die ausländischen Produkte in der Erzeugung tatsächlich billiger sind, werden wir wahrscheinlich den gleichen Preis bezahlen müssen wie für das einheimische Erzeugnis. Die Gesellschaften, nicht der Verbraucher, stecken die Ersparnisse ein.

Pilze sind ein gutes Beispiel. Noch vor wenigen Jahren verkauften mehrere hundert Gesellschaften im Familienbesitz Pilze (in Büchsen), die sie von Farmern in Pennsylvanien erhielten.

Jetzt werden diese Gesellschaften von großen Korporationen wie Clorox (Mr. Mushroom), Green Giants (Dawn Fresh), Ralston Purina (Steak Mate) und Castle and Cook (Shady Oak West) ausgekauft oder verdrängt.

Diese Agroindustrieriesen wenden jetzt den amerikanischen Produzenten den Rücken zu und schließen statt dessen jetzt der billigeren Löhne wegen Verträge mit Südkorea und Taiwan.[2] Als Folge davon haben sich die Pilzimporte vervierfacht. Einer von drei bearbeiteten Pilzen ist jetzt ein Import. Bedeutet dieser Verlust des Lebensunterhalts für amerikanische Farmer und Fabrikarbeiter aber wenigstens billigere Pilze für die Amerikaner? Keineswegs. Green Giant, der fast alle Pilze, die er verkauft, in Krügen importiert, gab der US-Tarifkommission gegenüber zu, daß die Firmen im eigenen Land genug Qualitätspilze bekommen könnten, daß die Importe aus dem Ausland jedoch größere Gewinne für Green Giant abwerfen.[3]

Der Agroindustrie-»Wachhund« Jim Hightower bemerkt dazu: »Einige wenige Lebensmittelfirmen können ihre Gewinnspannen mit Pilzen mästen, die doch angeblich einen geringen Kaloriengehalt besitzen.«[4]

Des weiteren haben die wenigen gebliebenen amerikanischen Pilzzüchter jetzt die Ausrede, sie könnten wegen der Konkurrenz durch die Importe keine anständigen Löhne mehr bezahlen.

Bei einer Untersuchung der Ananasgewinne hat die Bundestarifkommission auf ähnliche Weise festgestellt, daß Del Monte und Dole die importierten Erzeugnisse zu dem gleichen Preis vermarkten, den sie für ihre im Inland in Büchsen verpackten Ananas verlangen, und zwar das trotz der Tatsache, daß die Lohnkosten an den ausländischen Produktionsstätten nur einen Bruchteil derer in den Vereinigten Staaten betragen. Tatsächlich verkauft die kleine Maui Pineapple Co., die ausschließlich im Inland angebaute Ananas durch Supermarktketten vermarktet, billiger als Del Monte und Dole ihre ausländischen Erzeugnisse.

Vielleicht ist der Tag nicht mehr fern, an dem Agroindustriegesellschaften in der Lage sein werden, die Preise wie die Lieferung auf einer globalen Basis zu manipulieren – und zwar durch viele der Praktiken eines »geteilten Monopols«, das sie in den Vereinigten Staaten bereits vervollkommnet haben. Wenn die Erzeugung einmal auf die ganze Welt verlagert ist, wird keine nationale Regierung mehr in der Lage sein, die Wahrheit über die Erzeugungsmengen und die Kosten zu erfahren.

Die US-Regierung unterstützt die Agroindustrie

Der bloße Umstand, daß wir durchschnittlichen Amerikaner keinen Nutzen von der Ausweitung der in den USA basierenden Agroindustrie ins Ausland haben, bedeutet nicht, daß die US-Regierung nicht alles tut, um diese Ausweitung zu ermutigen. Zusätzlich zu der militärischen, polizeilichen und finanziellen Unterstützung, die Regierungen an der Macht erhält, die amerikanische Investitionen begünstigen, gewährt die Regierung der Vereinigten Staaten ein ganzes Paket von finanziellen Anreizen und Verlockungen für die Investitionen durch die Gesellschaften im Ausland.

Den Hauptanreiz bilden die US-Steuergesetze selbst. Wie bereits früher festgestellt, kann eine Gesellschaft die Einkünfte, die ihre

Tochtergesellschaft im Ausland verdient, absetzen, solange die Einkünfte im Ausland verbleiben. Selbst wenn das Geld in die USA zurückgeführt wird, können Steuern, die an die ausländischen Regierungen gezahlt wurden, von den geschuldeten Gesamtsteuern abgesetzt werden.

Das Ergebnis dieser zwei Vorschriften ist, daß eine Gesellschaft jeden denkbaren Anreiz hat, Tochtergesellschaften in Übersee zu gründen und – oft durch »kreative Buchführung« – den Anteil der Gesamteinnahmen zu vergrößern, die in den Büchern ihrer überseeischen Tochtergesellschaft erscheinen. Gesellschaften stellen auch fest, daß sie die Steuern, die sie an eine ausländische Regierung bezahlen, verringern können, indem sie ganz einfach eine »Ein-Zimmer-Tochtergesellschaft« in einer Freihandelszone wie Panama oder den Bahamas einrichten. Eine Gesellschaft, die einen Vertrag für die Produktion von Gemüse in Mexiko hat, könnte die Erzeugnisse technisch an die »Tochtergesellschaft« in Panama verkaufen, die sie dann wieder an das Firmenhauptquartier in San Francisco weiterveräußert.

Der Kongreß schuf 1942 einen weiteren Anreiz für Investitionen in Lateinamerika, als er US-Gesellschaften autorisierte, ihre Geschäfte über die sogenannten »Handelskorporationen der westlichen Hemisphäre« zu führen, die die Regierung zu einem herabgesetzten Satz besteuert, zu 34 statt der üblichen 48 Prozent.[5]

Am bezeichnendsten ist vielleicht, daß sich die amerikanische Regierung selbst, und damit letztlich den Steuerzahler, hinter eine Gesellschaftsinvestition im Ausland stellt.

Die Overseas Private Investment Corporation (OPIC), ein von der Regierung eingeleitetes Programm, das durch das US-Schatzamt gedeckt wird, versichert Investitionen von Gesellschaften gegen Verluste, die eintreten, wenn eine örtliche Währung nicht in Dollar umgewandelt werden kann, sowie gegen Kriegsschäden und Enteignungen. Durch die OPIC hat die Regierung der Vereinigten Staaten insgesamt 3,2 Milliarden Steuergelder hinter Investitionen gestellt, die durch private Gesellschaften gemacht wurden. Und das geschieht zu günstigen Bedingungen: die OPIC verlangt nur 1,5 Prozent mit Fristen bis zu zwanzig Jahren.[6]

Fast zwei Drittel aller privaten US-Investitionen in unterentwickelten Ländern – Erdöl nicht eingeschlossen – sind durch OPIC versichert. Zu den Nutznießern gehören einige der größten amerikanischen Gesellschaften. Anfang der siebziger Jahre versicherte OPIC sowohl die Agroindustrieinvestitionen von Del Monte wie von CPC in Kenia. Des weiteren gewährt OPIC Gesellschaften Anleihen zu einem Start in unterentwickelten Ländern. Eine Anleihe in letzter Zeit diente der Einrichtung einer exportorientierten Gemüseverarbeitungsfabrik in Costa Rica.

OPIC ist aber nicht nur eine passive Behörde. Sie hilft auch, Investitionsmöglichkeiten auszusuchen. OPIC führt Investitionsforschungsreisen für Angestellte von Gesellschaften in unterentwickelten Ländern durch. Sie beschreibt diese Arbeit als »Maklergeschäft«: sie sucht die vielversprechendsten Investitionsmöglichkeiten aus und unternimmt eine konzertierte »Aktion«, um amerikanische Gesellschaften an ihnen zu interessieren.

In der Landwirtschaft gehört der Großgrundbesitz zu den vielversprechendsten Investitionen.

Der OPIC-Beamte Pat Counts erklärte: ». . . unsere OPIC-Politik . . . beschränkt unsere Hilfe auf Projekte, die großen Landbesitz betreffen.«[7]

Der schädlichste Aspekt von OPIC ist jedoch die Tatsache, daß sie die Regierung der USA in Opposition zu jeder Bewegung der Regierung in einem unterentwickelten Land bringt, die schließlich amerikanische Firmen enteignen könnten, selbst wenn derartige Bewegungen den besten Interessen der Mehrheit des betreffenden Volkes dienen. Eines der Motive, warum die Vereinigten Staaten 1970–73 in Chile heimlich die gegen Allende gerichteten Kräfte unterstützten, war die Annahme, daß der Erfolg Allendes die Reserven der OPIC erschöpfen und dem US-Schatzamt zusetzen konnte, das ja jetzt der Garant für alle durch die OPIC versicherten Verluste in Fällen von Enteignungen war.

Gegen die Hungernden?

Für die Amerikaner gibt es ein noch subtileres, aber auch ernsteres Problem.

Wenn sich die multinationalen Gesellschaften in die unterentwickelten Länder ausweiten, werden die amerikanischen Verbraucher von einem weiten Bereich importierter landwirtschaftlicher Erzeugnisse abhängig. Wenn diese Verlagerung einmal beendet ist, wird es in den Vereinigten Staaten nicht mehr die Hunderttausende von Farmen geben, die das Gemüse, das Obst, das Fleisch und sogar die Blumen liefern, die die Amerikaner kaufen.

Der Nahrungsbedarf der amerikanischen Verbraucher wird von der aktiven Aufrechterhaltung eines verzerrten Systems der Landnutzung in unterentwickelten Ländern abhängig gemacht werden. Wir werden gezwungen sein, unsere eigenen legitimen Nahrungsbedürfnisse in Opposition zu denen von Ländern zu stellen, wo Hunderte von Millionen hungern. Indem die Agroindustrie die amerikanischen Verbraucher in Gegensatz zu den Interessen der Hungernden in der Welt stellt, schafft sie eine wechselseitige Abhängigkeit, die niemand braucht.

Die Kaufkraft der Amerikaner, die in Amerika keine Anbieter mehr finden können, wird eine mächtige Saugwirkung gegen Veränderungen in der Landverwendung darstellen, die jetzt in den unterentwickelten Ländern vorgenommen werden müssen, wenn die Hungrigen essen sollen.

Natürlich hat die Agroindustrie derartige Veränderungen bereits schwieriger gemacht – nicht nur indem sie den Wohlhabenden einen größeren Anteil an dem Status quo gaben, sondern auch, indem sie die Regierungen ermutigten, in so grundlegenden Fragen wie der Landreform den Rückzug anzutreten, wie wir das in Mexiko, den Philippinen und dem Iran gesehen haben, um nur einige Länder zu nennen.

Diese Art von amerikanischer Lebensmittelabhängigkeit fördert eine bestimmte Außenpolitik. Die amerikanischen Steuergelder werden in offener oder geheimer Zusammenarbeit mit Regierungen ausgegeben, die die Bemühungen ihrer Völker unterdrücken, die Kontrolle über die Produktionsmittel zu übernehmen, die sie brauchen, um existieren zu können.

Wenn die Gesellschaftsinteressen einmal amerikanische Farmer aus dem Geschäft gedrängt haben, wird es nicht leicht sein oder über Nacht wieder erreicht werden können, Amerika nahrungsautark zu machen. Eine amerikanische Nahrungsabhängigkeit, die durch die Politiker der Gesellschaften und der Regierung geschaffen wurde, bedeutet aber folgendes: Wenn die Unterdrückten in den unterentwickelten Ländern einmal die Kontrolle erlangen und ihre nationalen Prioritäten neu ordnen, werden wir mit Verknappungen und hohen Preisen konfrontiert werden – mit Preisen, die die Mittel vieler von uns übersteigen werden.

Die Frage lautet daher: Werden wir weiter eine Subventionspolitik unterstützen, um zu versuchen, diese Neuordnung hinauszuschieben, oder werden wir darum arbeiten, einer immer größeren Abhängigkeit sowohl von den Monopolgesellschaften wie von den Nahrungsproduktionsmitteln, die anderen Völkern gehören, Halt zu gebieten?

35

Besser als Bohnen und Reis?

Frage: Vielleicht sieht sich ein unterentwickeltes Land einer Schwierigkeit gegenüber, wenn eine Agroindustriegesellschaft kommt und die Produktion kontrolliert. Übersehen Sie hier nicht etwas? Gibt es nicht noch andere Typen von Agroindustriegesellschaften? Wie steht es mit den Verarbeitern und Verteilern von Nahrungsmitteln, die in den Vereinigten Staaten ein wirksames Lebensmittelverteilungssystem vervollkommnet haben? Bringen diese Formen den unterentwickelten Ländern nicht eine nahrhaftere und abwechslungsreichere Nahrung als ihre traditionelle eintönige Kost?

Unsere Antwort: Die Bohnen- und Maiskost Lateinamerikas, die Linsen und der Reis Indiens und die Sojabohnen- und Reiskost Chinas erscheinen den meisten Amerikanern als eintönig und ernährungsmäßig armselig. Tatsächlich sind sie das nicht. Eine derartige Kost wurde entwickelt, weil sie wirkt.

Als Grundnahrungsstoffe sind diese Kombinationen in Wirklichkeit geradezu ingeniös. In jedem Fall ergeben die beiden Nahrungsmittel zusammen mehr biologisch verwendbare Proteine, als wenn sie getrennt gegessen würden. Wenn wir daher das Problem des Hungers in der Welt studieren, sollten wir immer bedenken, daß die traditionelle Kost angemessen ist – wenn man genug davon bekommt. Das Problem ist gewöhnlich nicht die Qualität, sondern die Quantität.[1]

Was haben denn die großen Lebensmittelfirmen vor, um die Nahrung der Armen zu verbessern?

Bis vor wenigen Jahren war eine Beteiligung ausländischer Lebensmittelfirmen bei der Lebensmittelverarbeitung in unterentwickelten Ländern nur unbedeutend. Nachdem die Märkte im Inland blühten und es in den unterentwickelten Ländern so wenig urbanisierte Verbrauchermärkte gab, schien es kaum einen Grund zu geben, sich damit zu befassen. Plötzlich haben jedoch die multinationalen Lebensmittelverarbeiter einen anderen Standpunkt eingenommen. Die obersten 10 oder 20 Prozent der Bevölkerung in den unterentwickelten Ländern bilden eine kommende Verbraucherklasse – aber eine, der die Diener fehlen, die die Fertigkost früher unnötig machten. Gleichzeitig war in den Industrieländern der Markt für stark verarbeitete teuere Fertigkost gesättigt.

1973 veröffentlichte ein Artikel in *Business Week* eine Übersicht, die andeutete, daß die Lebensmittelverarbeitungsgesellschaften in den USA unter allen überprüften Industriezweigen die niedrigste jährliche Zuwachsrate (5 Prozent) aufwiesen. Jeder neue Dollar, der in Reklame investiert wurde, die zum Kauf dieser oder jener aufregenden neuen Fertigkost anreizen sollte, erbrachte immer weniger Marktresultate. Das Bevölkerungswachstum war stark abgesunken. Es war unwahrscheinlich, daß die Mittelklasse in den Industrieländern im Jahr je mehr als 1700 bis 2000 Pfund Getreide pro Kopf verzehren würde.[2]

Ein vielleicht noch schlimmeres Anzeichen für die amerikanischen Lebensmittelverarbeiter war jedoch nach Joseph Winski vom *Wallstreet Journal* folgendes: Nach Jahren, in denen die Amerikaner nach der schnellen und leichten Art gesucht haben, kehren sie jetzt in ihrem Lebensmittelverzehr zu den Grundstoffen zurück. Bei der Zunahme des Anbaus im eigenen Garten, dem Einmachen und dem Selbstbacken und Selbstkochen ist der Verkauf von Fertigkost stark abgesunken.[3] Nach einer Schätzung haben die Verkäufe von Lebensmittelbüchsen je nach der Gattung um 25 bis 60 Prozent abgenommen. Eine große Supermarktkette berichtete, daß der Verkauf von fertiger Tiefkühlkost allein in einem Jahr um 16 Prozent abnahm. Der Präsident der Gesellschaft Donald S. Perkins bemerkte: »Die Verbraucher von heute sind bereit, es selbst zu machen.« Noch viel entmutigender für die Manager der Lebensmittelverarbeitung ist die Erkenntnis, daß ihre eigenen Untersuchungen bewiesen, daß das Absinken in der sehr einträglichen Fertigkost nicht nur eine vorübergehende Phase ist, die man der Rezession zuschreiben kann. Eine Umfrage der Zeitschrift *Better Homes and Gardens* bewies, daß 63 Prozent auf die Frage zustimmten, daß sie »wichtige und bleibende« Änderungen in der Art ihres Einkaufs und der Nahrung, die sie regelmäßig essen, vornehmen.

Die riesigen Lebensmittelgesellschaften haben auf drei verschiedene Arten auf die Verschlechterung auf dem Inlandsmarkt reagiert: Erstens, indem sie auf Verbraucherprodukte, die nicht dem Lebensmittelsektor angehören (wie Spielzeuge) umstiegen. Zweitens: indem sie, wie wir bereits gesehen haben, billigere Versorgungsquellen im Ausland zu kontrollieren suchten. Und drittens, indem sie sich in die neuen städtischen Märkte Lateinamerikas, Asiens und Afrikas ausweiteten.

Wir haben die Märkte betont, weil die Nahrungsmittelgesellschaften das selbst tun.

Der Leiter einer weltumspannenden Lebensmittelgesellschaft denkt an unterentwickelte Länder nicht in Begriffen der Einwohnerzahlen, geschweige denn in solchen der Unterernährten. Länder *sind* Märkte.

Peter Drucker, der ideenreiche »Theologe« der großen Gesellschaften, rät den Direktoren, sie sollten sich nicht durch die offensichtliche Armut Indiens abschrecken lassen, sondern bedenken, daß in der großen Masse von Armut, die Indien darstellt, »eine ansehnliche moderne Wirtschaft enthalten ist, die immerhin 10 Prozent der indischen Bevölkerung umfaßt – oder mit anderen Worten 50 Millionen Menschen, die auf dem gleichen Standard verbrauchen können wie die meisten Amerikaner und Westeuropäer«.[4] Als wir die Zukunft von *Nabisco* in der unterentwickelten Welt mit Lee Bickmore, dem damaligen Generaldirektor der Gesellschaft, besprachen, berichtete er uns von seiner Begeisterung über die anfänglichen Untersuchungen, die ergaben, daß Brasilien potentielle 20 Millionen Konsumenten bedeuten könnte, selbst wenn schätzungsweise die Hälfte von Brasiliens 100 Millionen so arm sind, daß sie nie Geld in die Hand bekommen. In Mexiko, das man für einen der größten und dynamischsten Märkte der Lebensmittelverarbeitungsgesellschaften ansieht, hat knapp ein Drittel der Bevölkerung die Mittel, um irgendwelche Büchsenprodukte zu kaufen, im Vergleich zu 90 Prozent in den Vereinigten Staaten.[5]

Andre van Dam, der Strategien plant, um Hellmanns Mayonnaise, Skippys Erdnußbutter, Knorr Suppenwürfel und andere Fabrikate in den lateinamerikanischen Markt eindringen zu lassen, ist sich völlig klar darüber, welch großer Teil der Bevölkerung außerhalb seines Industrienetzes bleibt. Bei so großen Gesamtbevölkerungen ist van Dam aber über die absoluten Zahlen erregt, die zu Kunden gemacht werden könnten. In seiner Rede, die er 1975 vor leitenden Direktoren von Lebensmittelgesellschaften in Lateinamerika hielt, schätzte er die potentiellen Kunden:

»In zehn Jahren wird Lateinamerika 444 Millionen Einwohner

haben. Von dieser Zahl wird ein Fünftel dank seiner Wirtschaft fast alle Produkte kaufen können, die die Gesellschaften der hier anwesenden Gentlemen produzieren, während ein Drittel nur sehr selten in der Lage sein wird, einige dieser Erzeugnisse zu erwerben. Der Rest der Bevölkerung, also etwa die Hälfte der Gesamtzahl, sind, außer für die einfachsten und die Grunderzeugnisse keine Kunden und werden wahrscheinlich auf einer Basis des Existenzminimums bleiben. Der potentielle Markt wird von Land zu Land und von Produkt zu Produkt variieren, diejenigen von ihnen aber, die eine kontinentale Vision besitzen, werden erkennen, daß der potentielle Markt in Lateinamerika 1985 doppelt so groß sein wird wie heute.«[6]

Zweifellos möchte sich Mr. van Dam gern um die Hungernden kümmern. Mit der »kontinentalen Vision«, daß 89 Millionen reicher Lateinamerikaner zum Kauf bereit sind, muß er sich schwerlich wegen der 208 Millionen sorgen, die so jämmerlich arm sind, daß sie nie einen Topf Hellmanns Mayonnaise oder Skippys Erdnußbutter kaufen können.

Daheim – fern von daheim

Die Frage unterstellt, daß die Lebensmittelgesellschaften neue Produkte und eine größere Leistungsfähigkeit mitbringen – das heißt ein besseres Lebensmittelsystem. Bringen die multinationalen Lebensmittelverarbeiter aber tatsächlich etwas Neues, und sind sie erfolgreich, weil sie leistungsfähiger sind?

Gesellschaften benehmen sich wie Einzelmenschen, fern von daheim genauso wie daheim[7]. Vielleicht sind fern von daheim die Beschränkungen geringer. Daheim sind die Gesellschaften nicht deshalb zu Riesen geworden, weil sie ein besseres Produkt und größere Leistungsfähigkeit boten, sondern indem sie lokale Konkurrenten ausboxten, geschickte Reklame machten. Und genauso weiten sich die multinationalen Lebensmittelgesellschaften in der unterentwickelten Welt aus.

Statt von kleinauf zu beginnen, verschaffen sich die Gesellschaften einen Ansatzpunkt, indem sie eine örtliche Firma aufkaufen, die mindestens eines der gleichen Produkte herstellt. Nabisco hat lokale Biskuit- und Cracker-Firmen in Ländern wie Venezuela, Mexiko, dem Irak, Brasilien, Nikaragua und Puerto Rico übernommen.

Pepsi, das seit der Erwerbung von Frito-Lay auf dem Snackmarkt in den Vereinigten Staaten groß geworden ist, hat eine etablierte venezolanische Bäckereigesellschaft übernommen, Borden hat den größten Hersteller von Pasten in Brasilien aufgekauft. 1966 erwarb W. R. Grace – ein Firmenkonglomerat mit einer historischen Basis in Guano (Dünger aus dem Vogelmist) und Schiffstransport nach Lateinamerika Alimentos Korn in Guatemala. Grace entwickelte die Gesellschaft zu einem Produzenten von Tiefkühlkost. 1969 behauptete Grace, 60 Prozent des mittelamerikanischen Markts für verpackte Fertigkost zu beherrschen, der Umsatz stieg um 70 Prozent pro Jahr.[8]

General Foods ist ein Star unter den Aufkäufern. Der ehemalige Präsident C. W. Cook überdachte die Lektionen aus den Erfahrungen der Gesellschaft. »Nach den schnellen Fortschritten, die wir in England durch den Erwerb von Alfred Bird and Sons machten, schlossen wir, daß wir, wo das möglich war, weitergehende Geschäfte mit einem Management machen sollten, das das Land, den Handel, die Bankmöglichkeiten, die Regierung und die Menschen kennt.« Er bemerkte, daß es »eine schwierige Sache« gewesen sei, in Deutschland von »kleinauf« zu beginnen. Also lautete die Frage – wo konnte man noch einträgliche Übernahmen tätigen? Als wir uns umsahen, war Europa ziemlich ausgekämmt. Lateinamerika bot jedoch ausgezeichnete Aussichten.[9]

1956 kaufte General Foods La India, den größten Schokoladeproduzenten und den bestbekannten Fischverarbeiter in Venezuela. 1960 übernahm man Kibon, den größten Speiseeishersteller in Brasilien. Andere Aufkäufe brachten General Foods zwei Drittel des Kaugummimarkts in Brasilien. Den Kaugummimarkt in Europa hatte General Foods durch die dortigen Übernahmen (Hollywood und Maple Leaf) bereits in der Tasche. In Mexiko kaufte General Foods in den 60er Jahren mehrere Kaffee- und Suppenproduzenten auf.

Die Ausweitung durch Ankäufe hat ihre Vorteile. Die Startkosten werden auf ein Minimum gedrückt. Des weiteren fordert General Foods, daß sich jede neue Tochterfirma durch zurückbehaltene Gewinne und lokale Anleihen selbst erhält.

Mit einer derartigen Strategie die für das Hauptquartier nur wenige Kosten machte, kann eine große Lebensmittelgesellschaft fast gleichzeitig in mehrere Märkte eindringen. Auch politisch hat das seine Vorteile. Die neue Tochtergesellschaft zeigt kein ausgesprochen »amerikanisches« Profil. Die meisten Brasilianer halten Kibon für genauso brasilianisch wie Mardi Gras. Was aber den Nutzen aus der Unterstützung durch die US-Regierung anlangt, die Investierungsbürgschaft durch die Regierung – OPIC – oder die diplomatische oder moralische Hilfe machen Kibon so amerikanisch, wie das nur möglich ist.

Was bietet die Agroindustrie?

Die Lebensmittelfirmen, die sich nach Übersee ausweiten, stellen keinen Querschnitt durch die US-Lebensmittelindustrie dar, es sind vielmehr die Gesellschaften, deren amerikanische Tätigkeit sich auf die stark durch die reklamegeförderten Produkte konzentriert. »Indem diese Firmen im Ausland investieren, haben sich diese Gesellschaften die schnell wachsenden Fertiggerichte ausgesucht, bei denen mehr die Reklame als das Senken der Preise das Instrument des Wettbewerbs ist.«[10]

Die unterentwickelten Länder bekommen so das Schlechteste und nicht das Beste. Sie bekommen die Unternehmen, die am allerwenigsten die wirklichen Bedürfnisse befriedigen oder nützliche Modelle darstellen. Die unterentwickelten Länder sind die neuesten Märkte, die diese Firmen erobern können, die dadurch größer werden, weil sie eine Formel für große Gewinnspannen, maximale Verarbeitung und Reklame gefunden haben. Ist es das, was sowohl wir wie die unterentwickelten Länder brauchen?

Mindestens 92 Prozent der »Forschungs- und Entwicklungskosten« dieser großen Lebensmittelgesellschaften werden für die schnelle Zubereitung und den Verbraucherappeal verwendet oder das, was die National Science Foundation (Nationale Wissenschaftsstiftung) die »motivierende Forschung und Produktförderung« nennt.[11]

Schnell zubereitete Fertiggerichte bedeuten vorgewaschene, vorgeschälte, vorgekochte, vorzerkleinerte, vorgemischte – und fast vorgegessene – Nahrungsmittel.

Nehmen wir die gewöhnliche Kartoffel – seit Jahrhunderten ein menschliches Grundnahrungsmittel – und nicht bloß deshalb, weil sie den Magen füllt. Sie enthält tatsächlich einen so weiten Bereich von Vitaminen, Mineralien und Protein, daß man praktisch von der Kartoffel allein leben könnte. Das gilt für die Kartoffel, so wie sie aus der Erde kommt: ein billiges, nahrhaftes Lebensmittel, das man billig kaufen kann. Je mehr die Kartoffel jedoch verarbeitet wird, desto mehr steigt ihr Preis, und desto mehr sinkt ihr Nährwert (d. h., man bekommt mehr Fett und mehr Chemikalien pro Einheit richtiger Kartoffel). Birds Eye (General Foods) Pommes frites kosten 66 Cents das Pfund – Französischer Instant-Kartoffelbrei $ 1.30 – reguläre Kartoffelchips von $ 1.18 bis $ 1.68 und Pringle's New Fangled Potato Chips (Proctor and Gamble) schießen mit $ 2.10 pro Pfund den Vogel ab.[12]

Natürlich ist die Kartoffel nur ein Beispiel eines billigen Grundnahrungsmittels, das keinen großen Gewinn einbringt und in eine teure moderne Nahrung mit hohem Profit umgewandelt wird. Genauso große Gewinne macht man in der Frühstücksnahrungs-Industrie, die die Federal Trade Comission ein »geteiltes Monopol« genannt hat, wobei die »Großen Vier« sich in 91 Prozent des Umsatzes teilen.[13]

Im Oktober 1975 erhielt General Mills $ 75.04 für ein Bushel Mais in Form der Cocoa Puffs (Kakao-Puffmais). Die Farmer bekamen pro Bushel Mais $ 2.95, Quaker Oats verlangte $ 69.44 für ein Bushel Mais (Cap'n Crunch) und $ 110.04 für ein Bushel Weizen, der »gepufft« wurde. Der Lebensmittelforscher Jim Hightower unternahm ähnliche Untersuchungen und stellte fest, daß in dem Normalpaket, das für 53 Cents verkauft wird, nur Weizen im Wert von 2 Cents enthalten ist. Die Verpackung kostet mehr als der Weizen.[14]

In einem Bemühen, das Nährwertbewußtsein nicht zu verlieren, bringt General Mills auch »Total« heraus. Wie Dr. Michael Jacobsen von dem »Zentrum für die Wissenschaft im öffentlichen Interesse« aber nachweist, besteht »Total« lediglich aus Weizen, die mit Vitaminen bestreut sind. Die zusätzlichen »Kosten« ½ Cent für General Mills, 22 Cents für den Käufer.[15] So überrascht es keineswegs, daß der Frühstücksnahrungsmittelmarkt fast das doppelte Profitniveau der Lebensmittelindustrie in der Gesamtheit erreicht.

Bei den hochbearbeiteten Nahrungsmitteln werden Frische, Farbe, Form und Feinheit häufig chemisch herbeigeführt. Das macht es den großen Verarbeitern möglich, mit billigeren Sorten von Farmerzeugnissen auszukommen. 1971 nannte Alfred Eames jr., der Präsident von Del Monte, die Puddingbecher-Desserts ein Beispiel einer fortdauernden Verlagerung »auf für höheren Gewinn formulierte« oder »hergestellte Produkte«.[16]

Nach einer Studie der Federal Trade Commission wurden die meisten Aufbereitungstechnologien ironischerweise mit öffentlichen Mitteln – viele durch Verträge mit dem Pentagon – entwickelt – eine Erinnerung daran, daß Napoleon den ersten Vertrag für Lebensmittel in Büchsen für seine weithin marschierenden Armeen belohnte.

Die Steuerdollars der Amerikaner bezahlten die Forschung für gefrorene Fruchtsaftkonzentrate, vorbereitete Mischgerichte, Lebensmittel und Getränke mit geringer Kalorienzahl, Babynahrung, Trockenmilchprodukte, Instant-Getränke, gefrorenes Geflügel und tiefgekühlte Biskuits.[17]

Reklame ist der zweite Teil der Wachstumsformel für diese Riesen. In Produktionsbereichen, die von nur drei oder vier Großgesellschaften beherrscht werden, gestattet die Reklame jeder Gesellschaft, ihr Umsatzvolumen zu steigern, ohne den Preis unter den des Konkurrenten senken zu müssen – das wäre nämlich eine unsportliche Handlung, die die bequeme Profitspanne aller »Klubmitglieder« verkleinern würde.

Die Lebensmittel›veredlungs‹-Industrie steckt einen größeren Anteil ihres Budgets in die Werbung ($ 13 pro Jahr für jeden Mann, jede Frau und jedes Kind in Amerika) und weniger in die Forschung als jeder andere amerikanische Industriezweig.

Die Nationale Kommission für Lebensmittelvermarktung berichtete, daß die US-Lebensmittelindustrie 1966 für die Grundnahrungsmittel und Ernährungsforschung nur ein Zehntelprozent dessen ausgab, was sie in die Werbung steckte. Schon 1962 belief sich die Reklame der Lebensmittelindustrie auf mehr als ein Fünftel aller Werbung und stand nur hinter der Kosmetik- und Toilettenartikelreklame an zweiter Stelle. Um ein großer Lebensmittelverarbeiter zu sein, muß eine Gesellschaft enorme Werbung treiben, um sich das jedoch leisten zu können, muß sie bereits wohletabliert sein. Von den fast 30 000 Lebensmittelfirmen bezahlten die 20 größten über 70 Prozent der gesamten Reklame für Lebensmittel. Die fünfzig großen Lebensmittelfirmen bestreiten 62 Prozent der gesamten Reklame im Fernsehen.

Genau diese Lebensmittelriesen sind es, denen es gelungen ist, sich durch maximale Verarbeitung und umfassende Reklame ins Ausland auszuweiten – zuerst nach Kanada, Lateinamerika, Westeuropa und Südafrika, dann in den Fernen Osten und sogar nach Afrika.

Markenbewußtsein

Das unmittelbare Ziel einer Lebensmittelgesellschaft ist das Markenbewußtsein: dem Käufer angebliche Unterschiede zwischen dem eigenen Erzeugnis und der Marke X bewußt zu machen.

Man kann sicher sein, Markenbewußtsein zu haben, wenn man nach dem Erzeugnis mit dem Markennamen greift, selbst wenn es identisch mit dem Privatetikett der Supermarktkette zu sein scheint (und das wahrscheinlich auch ist). Die Entwicklung dieser Markentreue, nicht die Ernährung, ist das Ziel der multinationalen Gesellschaften in unterentwickelten Ländern. Der ehemalige Präsident von Nabisco, Lee Bickmore, sagte uns, sein Maßstab zur Messung des Erfolgs seiner Gesellschaft in Brasilien sei es, wenn die Käufer nicht mehr Crackers sondern nur mehr »Ritz« verlangen. »Das nenne ich Verbrauchernachfrage«, sagte er.

Was eine globale Lebensmittelgesellschaft demnach den unterentwickelten Ländern anzubieten hat, ist nicht gute Nahrung, sondern gute Reklame. Als Gesellschaft, die multinational arbeitet, kann sie die gleiche Vorstellung vor jedem neuen Publikum wiederholen – die Wiederholung eines erfolgreichen Reklamefeldzugs, der ursprünglich durch die Verkäufe auf dem amerikanischen Markt basierte.

Die Kosten der Entwicklung eines derartigen Feldzugs hätte sich eine lokale Firma niemals leisten können. Robert Ledogar bemerkt in seiner wohldokumentierten Studie der amerikanischen Lebensmittel- und Drogengesellschaften in Lateinamerika:

»Die Übertragung dieses Erfolgs eines amerikanischen Reklamefeldzugs in eine andere Sprache ist für eine multinationale Gesellschaft viel leichter als die Entwicklung neuer Produkte, die spezifischen örtlichen Bedürfnissen gerecht werden.«[18]

General Foods brachte Marketing- und Reklameexperten ins Land, als sie Kibon, ihre brasilianische Tochtergesellschaft, erwarben.[19] Warum, so überlegten sie, sollten sie den Absatz von Kibonprodukten in ländlichen Gebieten nicht dadurch fördern, daß sie Spielzeuge in Form von Eis am Stiel anboten. Das wirkliche Problem war jedoch, wie man die Brasilianer dazu bringen konnte, in der winterlichen Regenzeit Eiscreme zu essen. Eine kluge Idee waren die »Glücksbesuche«. Ein Kibonvertreter machte eines Abends Besuch in einem Haus und überreichte ein Geschenkzertifikat, wenn der Besuchte ein Paket Kiboneiscreme im Kühlschrank hatte. (Für Millionen kam das natürlich nicht in Frage, weil sie zu arm waren, um einen Kühlschrank zu besitzen.)

In Mexiko übernahm General Foods eine Trockensuppengesellschaft als Startvehikel (für Jell-O). Man verließ sich dabei auf einen erprobten und wahrhaft förderlichen Trick. Man befestigte auf der

Rückseite jedes Drei-Packungen-Kartons eine Walt Disney-Figur aus Kunststoff (Preis 6 Cents pro Stück) und überschwemmte dann die Medien mit der Aufforderung an die Kinder, »der erste zu sein, der alle 24 Figuren besaß«. Auf einem Testmarkt schnellte der Jell-O-Umsatz in einer einzigen Woche um 1000 Prozent in die Höhe (Jell-O hat praktisch keinen Nährwert).
Ebenfalls in Mexiko fand General Foods einen meisterlichen Weg, die Mexikaner mehr für eines ihrer traditionellsten Nahrungsmittel-Chilipulver bezahlen zu lassen. Sie fügten einige Kräuter hinzu, rechneten aus, wie klein die Päckchen sein mußten, um auch von den Leuten mit niedrigeren Einkommen gekauft werden zu können (50 Centavos) und formten die Packungen, »triangulito« genannt, so, daß sie die eines örtlich sehr beliebten Eintopfs imitierten. Den Abschluß bildete dann ein riesiger Reklamefeldzug, komplett mit einem kleinen Geschenk, Plakaten in Tausenden von kleinen Geschäften im ganzen Land und Fördertricks wie einer Lotterie und einem Fernsehwettbewerb.

Soft Drinks – etwas für jeden?

Obwohl die meisten Lebensmittelgesellschaften mit ihren Produkten auf die kleinen Gruppen mit höherem Einkommen zielen, sind einige entschlossen, auch etwas an die Armen, sogar die sehr Armen, zu vermarkten. Ist es aber möglich, ein Produkt zu finden, das die Armen wollen und dessen Preis so festgesetzt werden kann, daß es von Millionen gekauft wird und doch einen Gewinn abwirft, groß genug, um das große Reklamebudget zu tragen, das nötig ist, damit die Armen das Produkt auch kaufen wollen? Nichts paßt besser auf die Bedingungen als die Soft Drinks. Die Bestandteile kosten wenig, es sind praktisch nur Zucker und Wasser. Und doch kann man die Armen dazu bringen, daß sie die Soft Drinks für Symbole des guten Lebens halten.
Die extensivsten Auswirkung der ausländischen Gesellschaften auf dem Lebensmittelsektor haben in den unterentwickelten Ländern zweifellos die Soft Drinks. In vielen unterentwickelten Ländern, die kulturell so verschieden sind wie der Iran und Venezuela, wird der Sprung im Zuckerverbrauch zum großen Teil dem gesteigerten Umsatz von Soft Drinks zugeschrieben. Bei den Mexikanern beläuft sich der Umsatz weit über erstaunliche 14 Milliarden Flaschen im

Jahr oder wöchentlich fünf Flaschen für jeden Mann, jede Frau und jedes Kind.[20]

Bei solchen Umsätzen bedeutet auch ein kleiner Profit pro Flasche riesige Reklamebudgets und gewaltige Gewinne. Albert Stridsberg, der im *Advertising Age* schreibt, zufolge, ist es die Sättigungsreklame, die den Unterschied ausmacht. Er stellt mit Befriedigung fest, daß es in »den ärmsten Regionen Mexikos, wo Soft Drinks eine funktionelle Rolle in der Kost spielen (was immer das bedeuten mag!), die internationalen Marken Coke und Pepsi sind, und nicht örtliche Erzeugnisse, die den Markt beherrschen«. Coke, die mehrere örtliche Erzeugermarken übernommen hat, hat 42 Prozent des mexikanischen Marktes erobert. Stridsberg denkt augenscheinlich, den Reklameleuten von Coca Cola sollte empfohlen werden, daß »ein palästinensischer Flüchtlingsjunge, der in Beirut Schuhe putzt, seine Piaster für eine ›echte‹ Coca Cola spart, die doppelt so teuer ist wie ein örtliches Erzeugnis«.[21]

Um abzuschätzen, wie tief Soft Drinks in die entlegensten Regionen eines unterentwickelten Landes eindringen können, möchten wir aus einem Brief zitieren, den ein mexikanischer Priester, Pater Florencio, im Juni 1974 geschrieben hat.

»Es scheint, daß die Soft Drinks bei der Entwicklung der Dörfer ein sehr wichtiger Faktor sind. Ich habe einige Leute sagen hören, daß sie keinen Tag leben können, ohne einen Soft Drink zu sich zu nehmen.

Andere Menschen müssen, um ihren gesellschaftlichen Status zu beweisen, zu jeder Mahlzeit Soft Drinks haben, besonders wenn Gäste kommen . . .

In der Nähe größerer Städte, wo die Tagelöhne etwas höher sind, sind die Soft Drinks billiger. Aber in den sehr entlegenen Dörfern, wo die Menschen weniger verdienen und wohin Soft Drinks auf Tieren transportiert werden müssen, kosten die Soft Drinks an vielen Orten doppelt soviel. Die typische Familie in Metlatonoc kann im Jahr nicht mehr als 1200 bis 2000 Pesos verdienen. Aber selbst das wenige, das sie im Jahr verdienen, geben sie für Soft Drinks aus. Selbst in dem reichsten Dorf, Olinala, wo die Mehrzahl der Bewohner Handwerker sind und täglich zwischen 20 und 70 Pesos ($ 2 bis $ 5.60) verdienen, werden täglich etwa 4000 Flaschen Soft Drinks verbraucht. Olinala hat 6000 Einwohner.

Die große Mehrzahl der Leute ist überzeugt, daß man täglich Soft Drinks zu sich nehmen muß. Das ist hauptsächlich der extensiven

Reklame zuzuschreiben, besonders jener im Radio, das in den Bergen so weit verbreitet ist.

Gleichzeitig werden in den gleichen Dörfern Naturprodukte wie Obst weniger verzehrt, in einigen Familien nur einmal in der Woche.

Andere Familien verkaufen ihre eigenen Naturprodukte, um Soft Drinks kaufen zu können . . .«[22]

Robert Ledogar stellte fest, daß Coca Cola auch in Brasilien tätig war. Der Hauptkonkurrent Coca Colas ist dort ein örtlich beliebter Soft Drink mit stimulierenden Eigenschaften, der aus der Guaranafrucht hergestellt wird. Diese Frucht wird von Kleinfarmern im Amazonasbecken erzeugt. Anders als beim Coke ist das Koffein in der Guarana ein natürlicher Bestandteil der aus den Samen des Guaranabaums extrahiert wird. Weil er pasteurisiert wird, braucht er die Zusätze nicht, die von Coca Cola und Pepsi-Produkten verwendet werden. 1972 beschloß Coca Cola, das beliebte örtliche Getränk ein für allemal auszuschalten. Sie begann, einen Soft Drink zu produzieren, der jedoch künstlich ist und schwerlich das »Richtige« darstellt.

Fanta Orange ist nach Coke selbst der größte Verkaufserfolg von Coca Cola in Brasilien. Und doch ist Brasilien der größte Exporteur von Orangensaft in der ganzen Welt. Brasilien verkauft fast seine ganze Orangenernte in das Ausland, vor allem in die USA, wo Coca Cola einer der Hauptkäufer für seine Orangensaftmarken Snow Grop und Minute Maid ist. Eine Untersuchung in den Jahren 1969/70 bei den Familien der Arbeiterklasse in dem volkreichen São Paolo ergab, daß die Familien der armen Arbeiterklasse nur etwa die Hälfte der täglich nötigen Menge Vitamin C erhielten.

Ein »Grapefruit-Saft« enthält nicht einen einzigen Tropfen Grapefruit-Saft . . .

Und doch gibt es im südlichen Brasilien einen »chronischen Überschuß« an Grapefruits – manchmal 200 000 Tonnen, der Subsidienprogramme der Regierung nötig macht.

Obstanbauer haben in der letzten Zeit die Regierung wegen eines »Fruchtsaft-Gesetzes« unter Druck gesetzt, das fordert, daß Soft Drinks mit dem Etikett eines Fruchtsaftdrinks eine spezifizierte Menge dieses Safts enthalten. Die Soft-Drink-Gesellschaften bekämpfen diese Bestrebungen. Wie Ledogar in seiner Studie feststellt, »wollen die Gesellschaften es ›unbedingt vermeiden, ihren Produkten kostspielige nahrhafte (natürliche) Ingredienzien hinzuzufügen‹, weil sie dadurch vielleicht aus dem sich ausweitenden ›armen‹ Markt gedrängt werden«.

Eine weitere Strategie ist es, einen immer jüngeren Markt neuer Verbraucher zu erreichen. Der Brasilianer Robert Orsi, der das Millionen-Dollar-Reklamekonto von Pepsi verwaltet, paßte den amerikanischen Werbefeldzug von Pepsi den brasilianischen »Bedürfnissen« an. Die »Pepsi-Generation« wurde die »Pepsi-Revolution«.

Orsi erklärt diese Wahl:

»In diesem Land verfügen die Jungen über keine Protestkanäle. Die gegenwärtige Generation erhält keine soziale oder politische Erziehung. Wir versehen sie daher mit einem Mechanismus, protestieren zu können. Es ist ein Protest durch Konsum; der Teenager geht von dem altmodischen Coca Cola weg und zu Pepsi über, dem Pepsi mit einem jungen und neuen Image – und er ist glücklich, weil er jung ist und junge Leute Pepsi trinken.«

Die Verführung auf dem »Jugendmarkt« beginnt schon in der Schule. Die Cola-Gesellschaften stellen oder finanzieren Kühlschränke und andere Einrichtungen und liefern bei Schulfeiern kostenlos Drinks gegen die Erlaubnis, in den Schulen verkaufen zu dürfen. Dr. Anne Dias von dem Ernährungsinstitut in Rio de Janeiro studierte die 6–14jährigen. Bei allen, mit Ausnahme der sehr Armen mit einem Familieneinkommen unter monatlich $ 80, stellte sie einen sehr hohen Verbrauch von Coke, Fanta und Pepsi fest (ein bis zwei Flaschen pro Tag). Dr. Dias fand auch in der Kost der reichsten Kinder (die am meisten Soft Drinks verbrauchten) Vitaminmängel. Die Kinder aus der Mittelklasse wiesen Symptome der Proteinunterernährung wie Vitaminmängel auf.

Die Kinder aus armen Familien litten natürlich sowohl unter Protein-, Kalorienunterernährung wie an Vitaminmangel. Praktisch keines dieser Kinder trank Milch.

In Sambia wurden Babys unterernährt, weil ihre Mütter ihnen Coke und Fanta fütterten, da sie glaubten, es sei das Beste, was sie den Kindern geben könnten. Im Gebiet des Landes, das einen großen Teil des Kupfers der Welt liefert, berichtet Dr. Stevens, der einzige Kinderarzt, daß bei 54 Prozent der ernstlich unterernährten Kinder, die in das Kinderkrankenhaus Ndola aufgenommen wurden, am Fuß ihrer Betten »Fanta-Baby« auf dem Krankenblatt stand. Nach Berichten hat die Regierung von Sambia jetzt die Fanta-Reklame wegen ihres »Einflusses auf die Armen verboten«.[23]

Neben den Soft Drinks erreichen heute einige der am wenigsten nahrhaften Lebensmittel, die die Gesellschaft planen konnte, die Armen. Während Tiefkühlkost und Aerosolbüchsen offensichtlich nie an die Armen verkauft werden können, gibt es andere Produkte, die sie erreichen, indem man sie in kleinere Einheiten aufteilt. Eine kleinere verkaufbare Einheit bedeutet einen niedrigeren Preis – aber auf das Volumen berechnet, hat dies natürlich höhere Kosten zur Folge.

Man braucht nur viele der hüttenartigen Geschäfte in armen und ländlichen Gegenden der dritten Welt zu besuchen. Man wird dort Kaugummi finden, der pro Stück und sogar pro halbes Stück verkauft wird. Ritz-Crackers werden stückweise abgezählt. Kellogs Gefrorene Flocken werden aus den regulären Schachteln ausgelöffelt und tassenweise verkauft. Eis am Stiel wird geteilt, Zigaretten einzeln verkauft, und ähnliches mehr. In dem ananasreichen Mexiko findet man sogar Geschäfte, die Del Montes Büchsenananas in Stücken verkaufen.

Wie wir gesehen haben, sind die Stärken der multinationalen Lebensmittelgesellschaften nicht die Lebensmittel, sondern die Reklame und die Marketing-Strategien. Die Werbung reicht bis in die entlegensten Dörfer der unterentwickelten Welt. V. G. Rayadhyaksha, der frühere Präsident von Unilever (Lever Brothers, Good Humor Ice Cream Liptons in den Vereinigten Staaten) in Indien ist begeistert über die »neue und erregende Herausforderung« die ländlichen Märkte zu durchdringen.[24]

Sein Ziel ist es, Unilever-Produkte in 565 000 indischen Dörfern zu verkaufen. Unilever hat »Händler« in den großen Städten überredet, Filialen in den Dörfern zu errichten, besonders in solchen, in denen sie Verwandte haben. Kein Mittel der Förderung wird übersehen, einschließlich von Werbefilmen, Marionettenshows, Clowns, Wandmalereien und Verkäufern auf Stelzen. Die Rundfunkwerbung ist in den sogenannten wohlhabenden Dörfern möglich, wo 30 bis 50 Prozent der Menschen Transistorgeräte besitzen. Man kann in das kleinste Geschäft in dem entlegensten Dorf der dritten Welt gehen und hat doch eine gute Chance, ein Plakat von Nestlé oder Coca Cola zu finden.

Lee Bickmore, der ehemalige Nabisco-Direktor, der schon zitiert wurde, sah schon vor langer Zeit den Zusammenhang zwischen der

Medienreklame und der Möglichkeit, Ritz-Crackers in die kleinsten Geschäfte zu bringen.
»Nun, wir planen eines Tages eine Werbung in der ganzen Welt. Wir könnten, sagen wir 8 Millionen Dollar für Reklame durch einen Nachrichtensatelliten ausgeben. Das könnte 359 Millionen Menschen erreichen. Was wir jetzt tun, ist, unsere Produkte in allen Einzelhandelsgeschäften der ganzen Welt zur Verfügung zu stellen.«[25]
Mit dieser Reklameanstrengung werden sogar die Menschen mit sehr wenig Geld erreicht. Sie überzeugt sie, daß die Lebensmittel in der Packung besondere Kräfte besitzen. Ihre subtile Botschaft bedeutet, daß die traditionelle Kost dieser Menschen aus Bohnen, Mais, Hirse und Reis im Vergleich mit dem, was die Amerikaner essen, wertlos ist.
Berg, der mehrere Jahre in Indien arbeitete, stellte fest, daß die »Sättigungswerbung« viele Familien mit niedrigem Einkommen überzeugte, daß sie gewisse teure nahrhafte Produkte kaufen *müßten*, um ihre Kinder wohlauf und gesund zu halten. Als Folge stellte Berg fest, daß Familien mit niedrigem Einkommen dazu »verführt würden, einen unverhältnismäßig großen Anteil ihres Einkommens für Babynahrung in Büchsen und ähnliche Dinge auszugeben – und zwar auf Kosten der dringender benötigten Grundnahrungsmittel«.
Wenn die Menschen in den Vereinigten Staaten auf verarbeitete Markennahrung bestehen, geben sie ganz einfach mehr von dem Familieneinkommen für Nahrung aus. In den unterentwickelten Ländern, wo die Familien im allgemeinen 80 Prozent ihres Einkommens für Lebensmittel ausgeben müssen, ist die Auswirkung der Verlagerung auf teurere, aber weniger nahrhafte Lebensmittel sehr ernst.

* * *

»Der Mangel an wirksamen Medien in Entwicklungsgemeinden verhindert Tätigkeiten, die die Nachfrage stimulieren. Kreative, angepaßte Anwendungen von die Nachfrage stimulierenden Techniken sind für die Entwicklungsgemeinden nötig.«
Charles C. Slater, Foreign Agribusiness
Beitrag zu Marketing Agriculture Products Mai 1972

»Was kann GFC für eine ausländische Tochtergesellschaft beisteuern?

Nun, einmal haben wir über 10 Prozent aller Lebensmittelforscher in der Privatindustrie in diesem Land – deshalb haben wir eine Kapazität in der Nahrungstechnologie zu verteilen. Unser Dream Whip und unsere Gainsburger Hundenahrungserzeugnisse waren technische Leistungen.«
Präsident General Foods

»Wie oft sehen wir in den Entwicklungsländern, daß, je ärmer die wirtschaftliche Lage ist, der kleine Luxus eines aromatischen Soft Drinks oder einer Zigarette um so wichtiger wird . . . zum großen Unwillen von Möchtegern-Wohltätern . . . geben die Unterernährten, je ärmer sie sind, einen unverhältnismäßig größeren Teil dessen, das sie haben, lieber für einen Luxus als für das aus, was sie wirklich brauchen . . . Beobachten, studieren, lernen (wie man in sich schnell verändernden ländlichen Gemeinden verkauft). Wir versuchen das bei der IFF. Es scheint sich für uns zu lohnen. Vielleicht lohnt es sich auch für sie.«
H. Walter, Aufsichtsratsvorsitzender International Flavors and Fragrances, Marketing in Developing Countries, Columbia Journal of World Business, Winter 1974

36

Bringen sie wirklich die Babys um?

Frage: Einige Gesellschaften wurden kritisiert, weil sie Kindernahrungsprodukte in unterentwickelte Länder verkauft haben. Ist aber nicht ein Produkt mit hohem Protein- und Vitamingehalt genau das, was arme Mütter brauchen, um ihre Babys auf den richtigen Weg zu bringen?

Unsere Antwort: Als die Geburtsquote in den 1960er Jahren in den Industrieländern abzusinken begann, verkündeten Artikel in Wirtschaftsmagazinen die Krise mit »Die Baby-Pleite« und »Schlechte Nachrichten aus Babyland«.[1]

Eine Antwort der Babynahrungsgesellschaften war die, daß sie auf andere Produkte umstiegen. Eine andere war die, Produkte für die schnellwachsenden Kinderpopulationen in den Entwicklungsländern zu verkaufen. Abbott Laboratories, American Home Products und British Myers (durch die Mead Johnson-Abteilung) wuchsen schneller als der Umsatz im Inland. Nestlé, mit 81 Fabriken in 27 unterentwickelten Ländern und 728 Verkaufszentren in der ganzen Welt, fördert intensiv ihre Produkte Lactogen, Nan und Cerelac. Borden und Carnation stiegen ebenfalls in das schnellwachsende Geschäft ein.

Die meisten Menschen nehmen sicher an, daß der Verkauf von Babynahrung in einem dramatischen Widerspruch zu der Verkaufsförderung von nicht-nahrhafter verarbeiteter Nahrung steht.

Warum hat dann die Weltgesundheitsorganisation (WHO) vor über fünf Jahren damit begonnen, den gesteigerten Verkauf von Babynahrung in unterentwickelte Länder als ein ernstes Gesundheitsproblem anzusehen? Tatsächlich begann eine Öffentliche Interessengruppe War on Want (Kriege gegen den Mangel) in England 1974 eine internationale Kampagne, in der behauptet wurde, die Verkaufsförderung von Kindernahrung in unterentwickelte Länder trage zur ernsten Unterernährung, ja sogar zum Tod der Kinder bei.[2]

Als die Flugschrift »Nestlé tötet Babys« ins Deutsche übersetzt wurde, reichte Nestlé bei Schweizer Gerichten eine Schadenersatzklage über 5 Millionen Dollar ein. Nestlé behauptete, daß die Beschuldigungen in der Schrift, daß die Tätigkeiten unethisch und unmoralisch seien, daß die Verkaufstechniken zum Tod von Kindern führten und daß Nestlé seine Vertreter als medizinisches Personal maskiere – alle verleumderisch seien. In letzter Minute entschloß sich Nestlé jedoch, diese drei Verleumdungsbehauptungen fallenzulassen. Die einzige Klage, die Nestlé weiterführte, war die, daß der Titel der Schrift »Nestlé tötet Babys« verleumderisch sei. Obwohl der Richter in diesem Punkt für Nestlé entschied, erklärte er »Das Urteil ist kein Freispruch für Nestlé.«
Was meinte der Richter damit? War es der Beweis, der die Vermarktung von Flaschennahrung mit der gesteigerten Todeszahl von Kindern verbindet?
In unterentwickelten Ländern ist die Sterblichkeitsquote von Flaschenkindern etwa doppelt so hoch wie die von gestillten. Eine kürzliche interamerikanische Untersuchung der Sterblichkeit in der Kindheit, die die Ursachen von 35 000 Todesfällen bei Kindern überprüfte, stellte fest, daß Ernährungsmängel als zugrunde liegende oder begleitende Todesursache »bei Kindern, die brustgestillt und nie entwöhnt wurden, weniger häufig sind als bei Kindern, die nie oder nur für begrenzte Perioden gestillt wurden.«[3]
Im ländlichen Punjab in Indien »starben« einem Bericht in dem medizinischen Journal *The Lancet* von 1974 zufolge »bei der untersuchten Bevölkerungsgruppe praktisch alle Kinder, die in den ersten Lebensmonaten nie Muttermilch erhielten«.[4]
Vor zwei Jahrzehnten, als das Stillen bei der armen Bevölkerung noch weit verbreitet war, wurde eine ernste Unterernährung bis über das absolut kritische erste Lebensjahr eines Kindes hinaus durch die Muttermilch abgewehrt. Dem Ernährungswissenschaftler der Weltbank Alan Berg zufolge hat aber jetzt die schnelle Abnahme des Stillens in den letzten zwei Jahrzehnten dazu geführt, daß das Durchschnittsalter bei der einsetzenden Unterernährung von achtzehn Monaten auf viel kritischere acht Monate abgesunken ist.[5]
Babynahrung ersetzt die Muttermilch. Weil sich aber, wie die wissenschaftliche Forschung andeutet, die Muttermilch zusammen mit der menschlichen Rasse entwickelt und verbessert hat, kann sie wie nichts anderes die Neugeborenen erhalten. Sie enthält nicht die »höchsten«, sondern die richtigen Mengen von Protein und Fetten

für das menschliche Baby. Die Muttermilch enthält nur 1,3 Prozent Protein, die Kuhmilch 3,5 Prozent.[6]

Die Protein-, Mineral- und Fettspiegel in der Muttermilch, so schreibt der prominente Kinderarzt Dr. Hugh Jolly in der Londoner *Times*[7], paßt sich vollkommen der Kapazität der Niere eines menschlichen Babys an. Kälber brauchen mehr Protein und werden damit auch fertig, weil sie so viel schneller wachsen. Ein sechs Wochen altes Kalb ist letzten Endes bereits eine kleine Kuh.

Das ist einer der Gründe, warum der Kinderarzt Professor Paul Gyorgy von der Universität Pennsylvania gerne sagt: »Kuhmilch ist das Beste für Kälber und menschliche Muttermilch das Beste für Menschenbabys.«[8]

Wenn man noch davon überzeugt werden muß, daß die Natur weiß, was sie will, muß man bemerken, daß die Muttermilch komplett mit Infektionsimmunisatoren für Menschen geliefert wird, was in sanitär ungenügenden Verhältnissen besonders wichtig ist. Die Wissenschaftler stellen die Hypothese auf, daß diese Immunität wahrscheinlich von der anfänglichen Dosis von Antikörpern im Kolostrum resultiert, der gelben Flüssigkeit, die nach der Geburt aus der Brust der Mutter kommt (Vormilch). Offensichtlich schützt das Kolostrum das Kind gegen allgemeine lokale Infektionen, besonders des Magen-Darm-Trakts, und gegen Nahrungsallergien. »Das könnte erklären, warum Allergien bei künstlich gefütterten Babys häufiger sind«, bemerkte Dr. Alan Berg. »Die Gastroenteritis ist bei brustgestillten Kindern fast unbekannt, während sie bei den mit Kuhmilch ernährten tödlich sein kann, besonders dort, wo eine Sterilisierung der Flaschen unmöglich ist«, bemerkt Dr. Jolly.[9] »Die Diarrhöe, die die Absorption von Nährstoffen überhaupt verhindern kann, ist bei brustgestillten Babys sehr selten.«[10]

Eine Mutter kann ihr Baby ungefähr sechs Monate lang ausreichend ernähren. Selbst Mütter, die selbst unterernährt sind, können ausreichend stillen – wenn auch teilweise auf Kosten ihres eigenen Gewebes. Physiologen stimmen darin überein, daß die ersten Lebensmonate für eine normale Gehirnentwicklung entscheidend sind. Die negativen Auswirkungen einer späteren Unterernährung sind, wenn auch wenig wünschenswert, doch viel eher heilbar.

Tatsächlich kann ein Kind zwei Jahre oder länger mit Muttermilch ernährt werden, wenn einige wenige andere Nahrungsstoffe hinzugefügt werden – und sie brauchen bestimmt nicht aus einer Büchse kommen. In einigen Kulturen werden Kinder noch viel länger gestillt. Noch vor vierzig Jahren stillten chinesische und japanische Mütter ihre Kinder bis zu fünf oder sechs, Bewohnerinnen der Karolinen bis zu zehn und Eskimos bis zu fünfzehn Jahren.

Mehrere multinationale Gesellschaften waren jedoch mit der Natur nicht zufrieden – oder zumindest damit nicht, daß die Natur keinen Platz für kommerzielle Ausbeutung zu lassen schien. Um aber einen Markt zu schaffen, wo keiner zu bestehen schien, stellten die multinationalen Gesellschaften fest, daß sie einen weiteren Aspekt der menschlichen Natur ins Spiel bringen konnten – das natürliche Verlangen der Eltern, die Gesundheit des Babys zu sichern. Zahlreichen Plakaten, Zeitungsanzeigen und Posters ausgesetzt, kamen die Eltern in den unterentwickelten Ländern schließlich dazu, ein glückliches gesundes Baby mit einer Flasche oder Büchse Lactogen gleichzusetzen. Sie sehen, daß gebildete Familien und die der oberen Klassen Flaschennahrung benützen. Auch sie wollen natürlich das Beste für ihr Baby. Die tragische Ironie liegt aber für die meisten Eltern in den unterentwickelten Ländern darin, daß die Flaschennahrung tatsächlich das Leben ihres Babys gefährdet.

Erstens können es sich die meisten Familien einfach nicht leisten, die notwendigen Mengen zu kaufen. Um ein viermonatiges Kind in Guatemala zu füttern, wären fast 80 Prozent des Pro-Kopf-Einkommens nötig. Ein Baby in Lima, Peru, angemessen mit der Flasche zu ernähren, würde fast 50 Prozent verschlingen.[11]

Diese Kostenschätzungen schließen die Flaschen, die Sauger, Kochutensilien, Kühlung, Brennstoff und medizinische Versorgung (die bei Flaschenkindern zehnmal häufiger nötig ist als bei gestillten) nicht ein. Kann aber eine Familie die Hälfte ihres Einkommens oder noch mehr für die Nahrung ihres jüngsten und noch völlig unproduktiven Mitglieds aufwenden? Die Antwort lautet: Sie kann es nicht.

Die scheinbare Lösung ist es, die Babynahrung mit Wasser zu »strecken«. Berichte über Verwässerungen sind allgemein bekannt. Eine Untersuchung auf Barbados im Jahre 1969 stellte fest, daß 82 Prozent der Familien, die Babynahrung als einzige Nahrung für ihre zwei- oder drei Monate alten Babys verwendeten, eine Vier-Tage-Packung auf fünf Tage bis drei Wochen strecken.[12]

Dr. Adewale Omolulu, Professor der Ernährungswissenschaften in Nigeria, berichtet von der Behandlung eines schwer unterernährten Kindes, dessen Mutter vom Stillen zur Flasche umgestiegen war. Einen Monat lang erhielt das Kind nichts als Wasser aus der Flasche, weil nur Geld für die Flasche vorhanden gewesen war; es dauerte einen Monat, bis man Geld für die Büchse Babynahrung gespart hatte!

Bei verdünnter Babynahrung verliert ein Baby Gewicht und verschlechtert sich progressiv in den Marasmus genannten Zustand der Unterernährung. Das Kind wird empfänglicher für eine Infektion, ein Problem, das, wie wir noch sehen werden, durch die Flaschennahrung weiter vergrößert wird.

Zweitens erfordert die Nahrung mit der Flasche reines Wasser und Bedingungen für eine hygienische Zubereitung, die in den unterentwickelten Ländern oft nicht einmal bei der Mittelklasse existieren. »Waschen Sie sich jedesmal, wenn Sie eine Mahlzeit für das Baby zubereiten müssen, die Hände gründlich mit Seife«, heißt es in dem »Mutterbuch« von Nestlé, das durch die Gesellschaft in Malawi verteilt wird.[13]

Aber 66 Prozent der Familien haben selbst in der Hauptstadt keine Waschgelegenheit. »Legen Sie die Flasche und den Deckel in einen Kochtopf mit genug Wasser, daß beides bedeckt ist. Lassen Sie das Wasser 10 Minuten lang kochen«, ist der Rat, den die Cow and Gate-Gesellschaft in ihrer Broschüre für Babypflege in Westafrika gibt. Begleitet ist der Text von einem Foto eines glänzenden Aluminiumtopfs auf einem Elektroherd. Man muß in Westafrika allerdings sehr weit gehen, bis man auf einen Elektroherd stößt. Die meisten westafrikanischen Mütter müssen sich mit einer »Drei-Steine-Küche« begnügen, das heißt mit drei Steinen, die einen Kochtopf über einem Holzfeuer stützen. Es gibt nur den einzigen Topf. Einen Topf für das Sterilisieren der Babynahrung und die Zubereitung der Familienmahlzeit. In den Augen der westafrikanischen Mutter hat es nicht viel Sinn, die Flasche in kochendes Wasser zu legen, also wird die Sterilisierung wahrscheinlich vergessen.

Die Flasche, den Sauger und die Babynahrung findet man unabänderlich in einem Kontext des Analphabetentums, unsauberem Wasser und dem Fehlen von Waschgelegenheiten, Kühlmöglichkeiten und Haushalthygiene. Die Kombination von Unterernährung und Gefährdung durch Bakterien bildet so schnell einen *circulus vitiosus*. Das Baby bekommt chronische Durchfälle und ist daher nicht in der Lage, selbst die verdünnte Babynahrung zu assimilieren. Sein Ernährungszustand verschlechtert sich, und es wird für eine Infektion der Atemwege und Gastroenteritis noch anfälliger. Das ist der Zustand von Millionen Kindern, die mit der Milch ihrer Mütter angemessen hätten ernährt werden können.

Die Gesellschaften argumentieren oft, daß sie das Bedürfnis nicht schaffen, sondern *erfüllen.* »Denken Sie nur, wie die Lage wäre, wenn wir sagen würden, na schön, diese Leute (die Kritiker) haben recht? Was wäre dann das Ergebnis?« fragt Ian Barter von der Cow and Gate-Gesellschaft.[14] »Es wäre der Tod von Tausenden von Kindern, weil es Zehntausende von Müttern gibt, die in diesen Ländern einen Ersatz für ihre Milch brauchen, um ihre Babys zu ernähren.«

Sehen wir uns die Tatsachen an. Ernährungswissenschaftler wissen, daß es Frauen gibt, die aus physiologischen Gründen nicht stillen können. Aber selbst die Firmen erkennen an, daß die Zahl dieser Mütter im Höchstfall unter 5 Prozent liegt.[15] Dr. David Morley untersuchte ein nigerianisches Dorf und stellte fest, daß weniger als 1 Prozent der Mütter ernstliche Still-Probleme hatte.[16] Zudem haben viele menschliche Gesellschaften ein »Ammensystem« geschaffen, wodurch die Bedürfnisse der Säuglinge befriedigt werden, deren Mütter nicht stillen können.

Tatsächlich scheint Vertrauen – Mangel an Angst – der Schlüssel zu einem Stillen ohne Probleme zu sein. Mehrere Ärzte glauben jetzt, daß die typische Werbung der Gesellschaft sehr dazu beiträgt, das Vertrauen der Mutter zu untergraben. Indem sie bloß »Frauen erwähnen, die keine Milch haben« und »Milch von schlechter Qualität«, wecken sie nicht gerade subtile Zweifel bei den Müttern, die ihr Kind stillen können.

Die Gesellschaften betonen auch, daß ihre Produkte von Frauen gebraucht werden, die arbeiten. Tatsächlich ist der Prozentsatz der Frauen, die in der dritten Welt außerhalb der Familie zur Arbeit gehen sehr gering. (Länder, in denen es mehr Beschäftigung für Frauen gibt, wie die Sowjetunion oder Kuba, gewähren ausreichende bezahlte Mutterschaftsurlaube sowie Tagespflegestätten am Arbeitsplatz, wo arbeitende Mütter mehrmals am Tag stillen können).

Aber selbst wenn eine Notwendigkeit für eine künstliche Ernährung bestehen würde, folgt dann daraus, daß ein Land ein halbes Dutzend profitorientierte multinationale Gesellschaften braucht? Ist das die einzige Alternative, die man sich etwa als Gesundheitsminister eines Landes ausdenken könnte? Ist die Technologie, eine gleichwertige Babynahrung herzustellen, tatsächlich so schwierig? Die Proteinberatungsgruppe der UN hat empfohlen, daß die unterentwickelten Länder ein Produkt herstellen, das besser ist als die teuren, leicht verderblichen Produkte der großen Weltkonzerne.[17] Verschiedene

Ernährungswissenschaftler haben für Mütter, die nicht stillen können, künstliche Fütterungsregeln aufgestellt, die für Familien mit niedrigem Einkommen, mit minimaler Hygiene, ohne Kühlschränke und mit beschränkten Kochmöglichkeiten geeignet sind – mehrere davon würden nur ein Viertel der gegenwärtigen teuren Babynahrung kosten.[18]
Die großen Firmen versuchen sich schließlich zu verteidigen, indem sie behaupten, daß sie ihre Produkte nur für die Reichen planen. Dem Präsidenten von Ross' Laboratories Davis O. Cox zufolge »erreichen die Tätigkeiten seiner Gesellschaft nur ›zufällig‹ die Armen«.[19]
Diese Behauptung entspricht nicht den Tatsachen. Die Gesellschaften haben raffinierte und manchmal ingeniöse Strategien entwickelt, die darauf spezialisiert sind, den Umsatz die Einkommensleiter hinunter voranzutreiben. Zuerst grüßen farbige Wandposters mit einem gesunden Baby, das eine Babyflasche umklammert, die Frauen arm oder reich, die in die Kliniken kommen. Die Unternehmen beschäftigen auch Milchnurses, die gewöhnlich voll ausgebildete Krankenschwestern sind. In Nigeria glauben 96 Prozent der Frauen, die mit der Flasche ernähren, das sei ihnen von ausgebildetem unparteiischem medizinischem Personal empfohlen worden, und zwar hauptsächlich von Krankenschwestern. Tatsächlich sind diese Schwestern aber Vertreterinnen der Gesellschaften. In frischen weißen Uniformen besuchen sie junge Mütter, ganz gleich, welcher Einkommenschicht diese angehören. In vielen Ländern dürfen die Schwestern Geburtsstationen nicht mehr betreten. Oft erhalten sie zu ihrem Gehalt auch eine Provision. Noch mehr: die hohe Bezahlung, die ihnen durch die Gesellschaften geboten wird, wirbt auf Regierungskosten ausgebildete Krankenschwestern von ihrem ursprünglichen Vollzeit-Gesundheitsdienst ab.
Zusätzlich stellen die Unternehmen oft über die Kliniken kostenlose Proben zur Verfügung. Untersuchungen haben bewiesen, daß genauso viele analphabetische wie gebildete Mütter Proben erhalten, ein Hinweis darauf, daß man keinen Versuch macht, Mütter auszusuchen, die sich das Erzeugnis auch leisten können.[20]
Die Firmen versehen Krankenhäuser oft mit Ärztemustern in der Hoffnung, daß die Mütter das Gefühl haben, sie sollten die Produkte weiter verwenden. Abbott Laboratories verkaufte kürzlich Similac im Wert von $ 300 000 für nur $ 100 000 an die Krankenhäuser von New York City. Ein Sprecher der Stadt sagte: »Für die Firma ist das

eine Investierung, sie hofft, das Zukunftsgeschäft zu bekommen.«[21]
Ein weiteres Projekt, das eindeutig auf die Armen zielt, sind die »Milchbanken«[22], gewöhnlich in Krankenhäusern und Kliniken. Sie verkaufen die kommerziellen Produkte zu Diskontpreisen an Mütter, die nachweisen können, daß sie wirklich arm sind. So können sie den Umsatz bei den wirklich Armen ausweiten, ohne die Preise auf dem normalen kommerziellen Markt senken zu müssen. Milchbanken in ihren Krankenhäusern dienen dazu, Frauen zu überzeugen, daß sie etwas brauchen, was sie tatsächlich nicht nötig haben. Aber selbst zu Diskontpreisen (30 bis 40 Prozent) ist die Babynahrung zu teuer, als daß die Eltern genügend kaufen könnten.
In Guatemala City wurden fünfzig Mütter befragt, die in einer Milchbank kauften. Trotz des Diskonts konnten sie nicht genug kaufen – deshalb bereiteten sie die Flaschen mit weniger Milch und mehr Wasser zu – so reichte die Milch länger. Auch Tee oder Schokolade diente oft als Mittel, die Babynahrung zu strecken.
Auch der Rundfunk ist ein Werbungsvehikel, um die Armen zu erreichen. An einem typischen Tag in Sierra Leone erlebte man im Rundfunk fünfzehn 30-Sekunden-Werbespots für Nestlé.
»Lactogen ist eine bessere Nahrung, weil es mehr Protein und Eisen hat – all die wichtigen Dinge, die Kinder groß und stark machen. Lactogen und Liebe.«
Daß man bei dieser Werbung den Dialekt der armen Bevölkerung verwendet, macht es Nestlé schwer, uns zu überzeugen, daß die Werbung nur auf die gerichtet wird, die es sich leisten können.[23]
Unter dem Druck einer ungünstigen Publicity erklären die Unternehmen, sie hätten ihre Reklame modifiziert.[24] Jetzt wird das Produkt vorangetrieben unter: »das Beste nach Muttermilch« in den Fällen, in denen man »einen Ersatz oder eine Ergänzung zur Muttermilch finden möchte«. Nestlé empfiehlt jetzt eine »gelegentliche Flaschenfütterung – wenn die Mütter die Babys nicht völlig selbst stillen können«!
Diese Taktik ist geradezu ingeniös, wie eine von der Verbraucher-Union finanzierte Studie bemerkt. »Indem sie das Stillen empfehlen, können die Gesellschaften ihren Public-Relations-Kredit steigern. Gleichzeitig können die Gesellschaften das Stillen untergraben, indem sie wiederholt andeuten, eine Mutter könnte nicht genügend Milch haben und ergänzende Flaschen Kindernahrung benötigen.«[25]
Le Leche League International, eine Organisation mit dem Zweck,

den Frauen beim Stillen zu helfen, bemerkt. »Die ergänzende Babynahrung ist eines der stärksten Abschreckungsmittel, eine gute Milchversorgung zu schaffen, häufiges Stillen ist eine der größten Hilfen.«[26]

Derartige ingeniöse Veränderungen der Taktik zeigen, daß die Lösung dieser ernsten Situation nicht einfach in einem anderen »Verhaltenskode« für die Unternehmen besteht. Ein derartiger Kode ließe die Milchnurses die Abzeichen der Firma an ihrer Uniform tragen. Die Unternehmen müssen tatsächlich denken, daß ihre Kritiker dumm sind! All diese Kodes entschuldigen die Verwendung medizinischer Möglichkeiten, um ihre Produkte zu verkaufen.[27]

Die Abnahme des Stillens ist nicht nur eine persönliche Tragödie für die Babys, die unter Unterernährung und Krankheiten leiden – es kann auch als Verlust für die natürlichen Hilfsquellen des Landes angesehen werden. In Kenia stellt Alan Berg fest: »Der auf 11,5 Millionen Dollar geschätzte Verlust an Muttermilch ist gleichbedeutend mit zwei Dritteln des nationalen Gesundheitsbudgets oder einem Fünftel der durchschnittlichen jährlichen Wirtschaftshilfe.«[28]

Auf den Philippinen wurden 1958 17 Millionen Dollar auf importierte Milch vergeudet; 1968 sank die Zahl der Mütter, die stillten, um 31 Prozent, und der nationale Dollarverlust hatte sich verdoppelt. Als das Stillen in den 1960er Jahren scharf abnahm, stiegen die kolumbianischen Milchimporte gewaltig. 1968 waren sie siebenmal größer als der Durchschnitt von 1964–67. Berg schätzt, daß die Verluste für die Entwicklungsländer wahrscheinlich in die Millionen gehen. In einigen unterentwickelten Ländern wird jetzt die Flaschenbaby-Tragödie angegriffen. Hier nur einige Beispiele: In Papua, Neuguinea, bedient sich der Gesundheitsdienst der Regierung der Hilfe der Gesundheitshelfer, um die Geschäftsinhaber zu überreden, daß sie keine Plakate für Babynahrung aushängen.[29]

Die Universität von Daressalam in Tansania hat einen neuen Führer für Babypflege herausgebracht, in dem die paramedizinischen Arbeiter vor den Gefahren des Ernährens mit Babynahrung gewarnt werden. In Segbwena, Sierra Leone, ernährt eine Ernährungs-Rehabilitierungseinheit unterernährte Kinder mit örtlich erhältlichen Nahrungsmitteln und zeigt Müttern, wie sie für ihre Familie billige und ausgeglichene Mahlzeiten zubereiten können.[30] Der Stadtrat von Nairobi, Kenia, hat die Milchnursen verbannt. Einige afrikanische Regierungen haben ländliche Gesundheitshelfer sogar angewiesen, Babynahrungsreklamen zu zerstören, wo immer sie sie finden.

Im Gegensatz zu den privaten multinationalen Gesellschaften erklärt eine Gesellschaft im Staatsbesitz in Sambia auf ihrer Büchsenmilch »Still dein Kind«. Das Etikett überzeugt den potentiellen Käufer weiterhin, er solle das Produkt nicht kaufen, wenn er nicht in der Lage ist, das auf viele Monate zu tun.
Die Öffentlichkeitsarbeit in den Industrieländern, die Tragödie aufzuhalten, hörte mit dem Nestlé-Verfahren im Sommer 1976 nicht auf. Später in diesem Sommer trafen sich Gruppen aus acht Ländern, die mit Kindernahrung arbeiten, in Bern, um ihre Bemühungen zu planen und zu koordinieren. Im Herbst dieses Jahres reichten die Sisters of the Precious Blood (die Schwestern vom Kostbaren Blut), die mit dem Interfaith Center for Corporate Responsibility zusammenarbeiten, eine Klage gegen Bristol Myers ein. Die Auseinandersetzung der Sisters mit Bristol Myers hatte tatsächlich schon ein Jahr früher begonnen, als die Aktionäre beschlossen, Informationen über den Umsatz und die Verkaufsförderung der Gesellschaft zu fordern. Bristol Myers weigerte sich jedoch, auch nur bekanntzugeben, wohin die Produkte verkauft würden. In ihrer Klage beschuldigten die Sisters Bristol Myers des Betrugs in der Erklärung an die Aktionäre. In der Erklärung hatte Bristol Myers behauptet, die Firma sei den Besorgnissen in der früheren Resolution der Aktionäre gegenüber »völlig aufgeschlossen« gewesen. Des weiteren behauptet die Gesellschaft, sie fördere nicht den Verkauf ihrer Produkte an Menschen, die es sich nicht leisten können, sie sicher zu verwenden, sie verkaufe sie nicht direkt an die Verbraucher, sondern lediglich durch geschultes medizinisches Personal. Die Sisters, die mit der ICCR zusammenarbeiten, haben 1000 Seiten Zeugenaussagen und anderes Beweismaterial aus der ganzen Welt gesammelt, die diesen Behauptungen direkt widersprechen.
Die Dokumentation beweist, daß Bristol Myers viele Techniken anwendet, um die Armen zu erreichen, einschließlich des Verkaufs der Produkte in Arme-Leute-Geschäften, der Verteilung von kostenlosen Mustern, durch Kliniken und den Einsatz von Verkaufspersonal in Schwesterntracht.
Die Kunde von der Tragödie der Flaschenbabys verbreitet sich durch die Presse, durch eine Kongreßresolution und durch mögliche Hearings genauso wie durch Aktionen lokaler Gruppen in der ganzen Welt. Ein Film »Bottle Babies (Flaschenbabys)«, der die Krise beschreibt, ist durch den Nationalrat der Kirchen in New York zu erhalten.
Wir hoffen, jetzt verständlich gemacht zu haben, was der Richter in

der Schweiz meinte, als er nach dem Urteil zugunsten von Nestlé hinzufügte »Das Urteil ist kein Freispruch für Nestlé«.
Obwohl Indizien vor Gericht vielleicht nicht beweisen können, daß die Formeln der Kindernahrung zum Tode von Kindern beitragen, ergeben die Indizienbeweise, wie wir sie jetzt auf der ganzen Welt gefunden haben, sicherlich eine Schuld vor dem Gerichtshof der menschlichen Anständigkeit.
In einem Interview im Westdeutschen Rundfunk im Jahre 1975 erzählte eine Kinderärztin vom Stab des Kenyatta-National-Hospitals in Nairobi, Dr. Elisabeth Hillmann, folgende Geschichte:
»Vor kurzer Zeit – – – haben uns die Vertreter von Nestlé im Krankenhaus in Nairobi besucht und nach unserer Meinung über den Arikel ›Nestlé tötet Babys‹ gefragt. Sie wollten tatsächlich, wir sollten sagen, daß Nestlé keine Kinder tötet.
Wir besprachen das Thema ausführlich und konnten natürlich statistisch belegt nicht sagen, daß Nestlé Kinder tötet oder nicht tötet. Um die Sache jedoch zu illustrieren, erwähnte ich, daß ein Kind in unserer Notstation liege . . . dem Tode sehr nahe sei, weil die Mutter es mit dem Nestlé-Präparat Lactogen (einem Milchpräparat) ernährte. Aus Interesse fragte ich, ob sie das Baby sehen wollten. Ich nahm die beiden Nestlé-Vertreter in unsere Notstation mit, und als wir durch die Tür traten, erlitt das Kind einen Kollaps und starb. Ich mußte die beiden Nichtmediziner einen Augenblick allein lassen – – um bei den Wiederbelebungsversuchen zu helfen. Das war nicht erfolgreich. Nachdem das Baby für tot erklärt war, sahen wir alle, wie sich die Mutter von dem toten Baby abwandte und die Büchse Nestlé-Milch in ihre Tasche steckte, ehe sie die Notstation verließ . . . In einem gewissen Sinn war das eine lebendige Demonstration dafür, was die Flaschennahrung anrichten kann, weil die Mutter durchaus hätte stillen können. Die beiden Herren verließen den Raum sehr bleich, erschüttert und still – es war nicht nötig, noch mehr zu sagen.«[31]

* * *

»Die breite geographische Beteiligung und Produktstreuung, ihre Beteiligung an der Bevölkerungsexplosion in den rückständigen Ländern, wo sie billige Babynahrung erzeugt, und die Tatsache, daß sie ihr Geld in soliden Schweizer Franken behält, machen die Nestléaktien zu einer guten Rückversicherung gegen Depression, Inflation oder Revolution.«
Barrons, 20. Mai 1968

Teil IX:

Das hilfreiche Almosen – Hilfe für wen?

37

Triage: Können nicht alle gerettet werden?

Frage: Viele Menschen sprechen über »triage«, den Ausdruck, der auf dem Schlachtfeld geprägt wurde, um das Aussondern von Verwundeten in drei Kategorien zu beschreiben, wenn es klar wird, daß nicht alle versorgt werden können. Um überhaupt jemand zu retten, ist es nötig, denen zu helfen, bei denen die größte Aussicht auf ein Überleben besteht. Die hoffnungslos Verwundeten müssen um des Überlebens der anderen willen ignoriert werden. Viele Experten sagen, wir sollten das gleiche Prinzip bei der Auswahl der Länder anwenden, die unsere Hilfe erhalten sollten. Was ist Ihre Meinung?

Unsere Antwort: In einem sehr realen Sinn ist unser ganzes Buch eine Antwort auf die »triage«. Die Triage-Metapher paßt einfach nicht auf die Realität der Welt, die wir bei unseren Forschungen entdeckt haben.

Erstens ist der Triage-Begriff irreführend, weil er unterstellt, daß die Vereinigten Staaten auf eine weichherzige Vorstellung der Not hin geholfen haben und daß wir jetzt realistisch sein und die Empfänger entsprechend der Aussicht auswählen müßten, wer es wahrscheinlich »schaffen« wird. Aber niemand, der die Hilfspolitik der Vereinigten Staaten ernsthaft studiert hat, könnte unser Land beschuldigen, weichherzig zu sein. Ein Mitglied des Nationalen Sicherheitsrats hat es so ausgedrückt: »Lebensmittelhilfe Ländern zu geben, weil Menschen verhungern, ist ein ziemlich schwacher Grund.« Nein, wie wir in diesem Teil demonstrieren werden, ist unsere Hilfe bereits höchst selektiv: sie dient den engen politischen und wirtschaftlichen Interessen gewisser Gruppen in diesem Land.

Zweitens nimmt die »Triage« an, daß die unterentwickelten Länder an dem empfangenden Ende sind, während viele unterentwickelten Länder Netto-Lebensmittelexporteure sind – besonders von so hohen proteinhaltigen Lebensmitteln wie Fleisch, Fischen und Hülsenfrüchten. Das verstärkt die Vorstellung, daß diese Länder die größte

Last sind, weil sie zu viele Menschen haben. Wie wir in unserer Antwort auf Frage 29 gezeigt haben, sind die Industrieländer die größten Lebensmittelimporteure. Zwischen 1970 und 1974 importierten vier der Länder mit dem höchsten Bruttosozialprodukt – Japan, Großbritannien, Italien und Westdeutschland – sechsmal mehr Getreide als China und Indien, obwohl diese Länder nur ein Viertel der Bevölkerung von Indien und China haben.[1]

Drittens ist die »Triage« auf der Schreckidee aufgebaut, daß wir vor einer Ära der absoluten Lebensmittelknappheit stehen. Die Nahrung muß höchst kritisch zugeteilt werden, um – wir müssen uns der Tatsache stellen – das Überleben von uns selbst zu sichern.

Der Biologe Garrett Hardin schlägt eine weitere Analogie vor: die des Rettungsboots. Wie wir aber in dem ganzen Buch gesehen haben, hat die Welt noch schwerlich diesen Punkt erreicht. Wir haben erörtert, was wir die »Unwirksamkeit der Ungleichheit« nennen, daß nämlich die Hauptbeschränkung der Lebensmittelproduktion in den übergroßen Ungleichheiten in der Kontrolle über die Produktionsmittel der Nahrung der Erde ist. Die Hungernden haben immer weniger Kontrolle über den Produktionsprozeß. Das Ergebnis? Eine ungeheure Vergeudung: die zu geringe Ausnützung von Land, die Ausweitung des Nicht-Nahrungs- und Luxusanbaues – dieser letztere, um die bereits gutgenährten zu füttern – und die Verfütterung von mehr als einem Drittel des Getreides und mindestens eines Viertels der Fischfänge der Welt an Vieh. Solange wir ein System haben, das tatsächlich aus der Fülle Mängel schafft, ist die Behauptung, daß wir die natürlichen Grenzen erreichen, noch schlimmer als irreführend. Diese Idee läßt zu, daß das gegenwärtige, den Mangel erzeugende System unerkannt weiterbesteht.

In der Zwischenzeit werden die Menschen von furchterweckenden Bildern der »Knappheiten« und der »Übervölkerung« manipuliert. Metaphern wie »triage« arbeiten so im Interesse der wenigen, die die Macht und den Reichtum für sich selbst ergriffen haben – der Kräfte, die die Wohlfahrt der Menschen sowohl hier wie in den unterentwickelten Ländern stetig untergraben.

38

Schulden für die Entwicklung?

Frage: Wenn die Agroindustrie-Gesellschaften das Problem des Hungers nicht lösen können, kann es dann die Hilfe schaffen, die die Regierung der Vereinigten Staaten gewährt?

Unsere Antwort: Man hört immer, daß die Vereinigten Staaten »Hilfe gewähren«. In Wirklichkeit wird jedoch mehr als die Hälfte der amerikanischen »Hilfe« nicht geschenkt, sondern gegen Zinsen ausgeliehen.[1] Wir alle wissen, daß ein Darlehen kein Geschenk bedeutet, selbst wenn der Zinssatz niedrig ist. Niedrige Zinssätze haben es jedoch nicht verhindern können, daß die Schulden der unterentwickelten Länder zu einer immer unerträglicheren Last geworden sind. Allein in den fünf Jahren von 1967 bis 1972 hat sich die kollektive Schuldenlast von sechsundachtzig unterentwickelten Ländern verdoppelt.[2] 1972 schuldeten die unterentwickelten Länder Banken, Regierungen und Geldverleihinstituten in den Industrieländern 150 Milliarden Dollar. Jedes Jahr muß ein größerer Teil der ankommenden Hilfe wieder aus dem Land gehen, lediglich um Anleihen zurückzuzahlen, die man in den vorausgegangenen Jahren erhalten hat. 1973 mußten fast 40 Prozent aller offiziellen Entwicklungshilfen, die die unterentwickelten Länder erhielten, für Schuldendienstzahlungen für vergangene »Hilfen« ausgegeben werden.[3]
Mehr noch: die Schuldendienstzahlungen wachsen schneller als die Zuwachsraten der Hilfe (in vielen Ländern nimmt das Hilfeniveau ab und nicht zu). Die Schuldendienstzahlungen wachsen zweimal so schnell wie die Exporteinkünfte, die Devisen zur Rückzahlung der Anleihen bringen. Ein Beispiel: zwischen der Mitte der 60er Jahre und dem Ende des Jahrzehnts stiegen die Bruttozahlen der ausländischen Hilfe für Pakistan um 5 Prozent, die Schuldendienstzahlungen aber um 91 Prozent.[4]
Die Situation bringt den unterentwickelten Ländern offensichtlich keinen Gewinn. Viele Amerikaner werden trotzdem zu dem Glau-

ben veranlaßt, daß wir, um zu helfen, nur die Hilfe steigern können. Diese Art von Hilfe wird aber nicht nur die Schuldenlast komplizieren, sie wird auch eine destruktive Abhängigkeit von Exporten erzwingen. Wie wir in Teil VI diskutiert haben, ist der einzige Weg, Devisen für die Bezahlung von Schulden zu bekommen, der Verkauf auf dem internationalen Markt. Die innere Entwicklung (beispielsweise der Bau von sanitären Anlagen, Schulen und Kliniken), die auf einheimischer Produktion und inländischer Währung basieren, zählen nicht. Sie bringen keine ausländischen Devisen. Da die Entwicklungsländer also nichts anderes für Devisen verkaufen können, drängen die Schuldverpflichtungen sie immer weiter in die Sackgasse der immer größeren Verlagerung auf den Exportanbau.

Bei jeder Diskussion der Entwicklungshilfe sollten diese Fakten niemals vergessen werden. »Die Hilfe besteht zum großen Teil aus Darlehen, und die Schulden, die sie schaffen, können schließlich die entscheidende und letztliche Sperre auf dem Weg zur Selbstversorgung sein. Schulden nehmen einen immer größeren Bissen aus den Entwicklungsmitteln und stellen sicher, daß die wirtschaftlichen Wahlmöglichkeiten eines Landes durch ausländische Märkte bestimmt werden, was schwerlich mit den inneren Bedürfnissen des Landes gleichbedeutend ist. Wenn die Entwicklungshilfe »Schulden für die Entwicklung« genannt würde, wäre die Absurdität des Denkens, daß dieser Weg zum selbstversorgenden Wachstum führen könnte, offenkundig.

39

Lebensmittelhilfe für wen?

Frage: In Ihrem ganzen Buch scheinen Sie über eine idealisierte Zukunft zu sprechen. Was aber ist mit der Gegenwart? Die Lebensmittelselbstversorgung klingt gut – aber um den Zustand der Nahrungsmittelselbstversorgung zu erlangen, brauchen die unterentwikkelten Länder *jetzt* Hilfe. Die Vereinigten Staaten waren das großzügigste Land auf der Welt. Seit 1950 haben wir Lebensmittelhilfe im Betrag von 25 Milliarden Dollar gegeben. In den letzten Jahren jedoch, als die Not am größten war und sich die Lebensmittelimportrechnung der meisten unterentwickelten Länder verdoppelt hat, hat unsere Lebensmittelhilfe abgenommen. Ist die Notwendigkeit einer Hilfe denn jetzt nicht größer als je zuvor?

Unsere Antwort: Die Frage deutet an, daß die US-Lebensmittelhilfe ein Ausdruck der nationalen Sorge der meisten Amerikaner ist. Die Absichten der meisten Amerikaner, die die Nahrungsmittelhilfe unterstützen, sind in der Tat ehrlich gewesen. Das erste, was wir aber bei dem Versuch gelernt haben, diese Frage zu beantworten, ist die Tatsache, daß sich die Absichten der amerikanischen Menschen sehr stark von der Funktion der US-Politik unterscheiden können.
Zu verschiedenen Zeiten hat die amerikanische Lebensmittelhilfe vielen Zwecken für verschiedene Interessengruppen gedient – zu keiner Zeit war es aber ihr erstes Ziel, die Hungernden zu ernähren. Tatsächlich wurde die humanitäre Hilfe erst 1966 in dem Lebensmittelhilfegesetz schriftlich festgelegt. Die Nahrungshilfe war ein Zweig der amerikanischen Außenpolitik und von Geschäftsinteressen, die sich in den meisten Fällen gegenseitig unterstützen.
Um zu verstehen, wie die Nahrungsmittelhilfe begann, muß man nicht weiter suchen als bis zu einem Interview mit dem Koordinator der US-Lebensmittelhilfe der Ford-Regierung, Robert R. Spitzer. Nachdem er daran erinnerte, wie Anfang der 1950er Jahre Farmergruppen nach einem Weg riefen, was mit den wachsenden Über-

schüssen angefangen werden solle, die ihr Einkommen bedrohten, und wie es den »Humanitariern« verhaßt war, Lebensmittel vergeudet zu sehen, fährt Spitzer fort:

»Es gab andere Leute, die erkannten, daß es ein großes Potential für die Produkte der amerikanischen Agrargemeinde gab und daß man, wenn man einige dieser Lebensmittel weise in gewisse Länder plazierte, Käufer für künftige Waren entwickeln könnte. Damals dachten wir noch nicht so sehr an das Öl, aber ich glaube, daß einige unserer fortschrittlicheren Denker allmählich erkannten, daß wir, soweit die Spurenmineralien in Frage kommen, keineswegs unabhängig waren. Jemand mußte also etwas nachdenken. Okay, was haben wir zu verfrachten? So wurde das Bundesgesetz Food Law (480 Lebensmittelhilfe) geschaffen.«[1]

Spitzer berührte damit praktisch alle Motive für die Lebensmittelhilfe, das Interesse der Farmer, potential preisdrückende Überschüsse loszuwerden, das Interesse der Agroindustrieunternehmen, Märkte zu schaffen, und die Möglichkeit, die Nahrung als Waffe bei der Sicherung des Zugangs zu strategischem Material zu benützen. Tatsächlich hat schon Ende der 1940er Jahre eine Sonderkommission der Regierung Truman geschlossen, daß die Vereinigten Staaten hinsichtlich mehrerer strategischer Rohmaterialien vom Ausland abhängig sei.[2] 1951 richtete Indien eine dringende Bitte um Getreide an die USA, um eine Hungersnot zu verhindern, die durch ein Ausbleiben des Monsuns beschleunigt wurde. Seit dem Ende des Zweiten Weltkriegs hatte Indien ein Embargo auf die Ausfuhr von Monazitsand erlassen. Der Monazitsand enthält Thorium, das bei der Erzeugung von Atomenergie verwendet wird. Jetzt erkannte die Regierung, daß Getreide ihr den Hebel geben konnte, um das Embargo aufzuheben. Kongreßmann Charles K. Kersten, der Republikaner aus Wisconsin, erklärte unverblümt: »Als Ausgleich für den Weizen, den wir Indien geben sollen, ist das allerwenigste, was wir von Indien erbitten sollten, die Erlaubnis, daß die Vereinigten Staaten einige dieser strategischen Materialien kaufen können.«[3]

Das Resultat war das Indien-Lebensmittelnotgesetz von 1951, das ein direkter Vorgänger des Public Law (Bundesgesetz P. L.) 480 ist, das 1954 erlassen wurde und das man später »Lebensmittel für den Frieden« nannte.

Das P. L. 480 selbst war das Ergebnis einer noch unmittelbareren Krise. Eine noch größere Notwendigkeit als der Erwerb von benötigtem Material war es, Unnötiges loszuwerden. Amerika hatte zuviel Lebensmittel!

Während der 1940er Jahre war die Getreideproduktion in den Vereinigten Staaten um etwa 50 Prozent gestiegen, während der heimische Verbrauch zurückblieb und nur um etwa 30 Prozent wuchs. Der Produktionszuwachs, der auf mehr Kunstdünger und Schädlingsbekämpfungsmitteln plus besserem Saatgut und Subsidien für die Farmer beruhte, schuf gewaltige Überschüsse, die allein für die Lagerung die Steuerzahler täglich eine Million Dollar kosteten. Diese Überschüsse bedeuteten ein schreckliches Dilemma. Die Farmer-Lobby gestattete nicht, daß sie auf den Binnenmarkt gebracht wurden. Warf man sie auf den Weltmarkt, so fiel der Getreidepreis um einen Dollar pro Bushel. Die US-Getreidegesellschaften widersetzten sich einer derartigen Störung ihres internationalen kommerziellen Markts. Bei seiner Tagung 1952 schlug das American Farm Bureau, eine Gruppe, die große und mittlere Farmer repräsentierte, eine Lösung vor.

»Man schaffe einen sekundären Arbeitsmarkt, indem man Ländern mit einem Lebensmitteldefizit gestattet, Importe amerikanischer Lebensmittel statt in Dollars in ihrer eigenen Währung zu bezahlen. Das erreichte P. L. 480. Man sah im P. L. 480 einen Weg, der Ländern mit niedrigem Einkommen, die sonst überhaupt keinen Markt dargestellt hätten, amerikanische Überschuß-Lebensmittel kaufen half, während der amerikanische Dollarpreis für Länder mit höheren Einkommen beibehalten blieb. P. L. 480 bedeutete, daß die Vereinigten Staaten ihren Kuchen bekamen und ihn auch essen konnten.

Drei Viertel unserer »Lebensmittelhilfe« fielen unter Titel I des P. L. 480. Titel I gewährte Dollarkredite (auf einer langfristigen, zinsbilligen Basis) an befreundete Regierungen für den Nahrungsmittelimport aus den Vereinigten Staaten. Die ausländische Regierung verkaufte die Lebensmittel dann an den lokalen kommerziellen Markt oder in Ausnahmefällen in regierungseigenen Rationierungsgeschäften an die, die bezahlen konnten. Bis Ende 1971 akzeptierte die US-Regierung die örtlichen Währungen, die die Verkäufe einbrachten als Rückzahlung für die Anleihen.

Die Tatsache, daß die Nahrung auf örtlichen kommerziellen Märkten verkauft wird, bedeutet natürlich, daß der größte Teil der Lebensmittel nie die Menschen erreicht, die sie wirklich brauchen.

Als Berichte über die Trockenheit Anfang der siebziger Jahre Lebensmittelhilfe nach Westafrika brachten, wurde der größte Teil der Getreidehilfe, die in Obervolta und an der Elfenbeinküste anlangte, zu horrenden Zinssätzen auf Kredit an die Bauern verkauft. Ein Beobachter, der mit dem Gebiet vertraut ist, behauptet, daß die Bauern, da die Ernte nicht ausreichte, um die Zinsen zu zahlen, mit ihren Kindern gezwungen sein würden, für ihre Gläubiger zu arbeiten, um die Schulden abzudecken. So hielt die Lebensmittelhilfe den Prozeß der praktischen Versklavung der Landbevölkerung in Gang[4].

Markt-Entwicklung

In den ersten fünf Jahren nach dem Erlaß von P. L. 480 gelang es dem Gesetz, amerikanisches Getreide im Wert von über 5 Milliarden Dollar oder 28 Prozent des gesamten amerikanischen Agrarexports im Ausland loszuwerden. Aber selbst das war nicht genug. Die Überschüsse wuchsen weiter. 1959 hatten die USA die höchsten Lagerbestände ihrer Geschichte. Die bloße Reaktion auf Lebensmitteldefizite genügte nicht mehr, um die Überschüsse abzuladen. Die Macher der Politik entschieden, daß sie bei der Schaffung von Märkten eine aktive Rolle spielen müßten. Das Ziel, das schon in der Präambel des P. L. 480 festgelegt ist, lautete unter anderem »Exportmärkte für Agrarprodukte der Vereinigten Staaten zu entwikkeln und auszuweiten«. Das Ziel war klar, die Frage war nur, wie man es erreichte.
Die Antwort lautete »Entwicklung«. Indem das P. L. 480 Ländern gestattete, Nahrung ohne die Verwendung von Dollars zu importieren, machte es wahrscheinlicher, daß arme Länder Dollars für den Import amerikanischer Kapitalgüter für eine leichte Industrialisierung zur Verfügung hatten. Der Stellvertretende Staatssekretär W. C. Clayton sagte aus, daß die Weltbank, die derartige Kapitalgüter finanzierte, »sicherlich gut für die Agrarexporte der USA sein würde, weil man, wenn man hilft, sie industriell zu entwickeln, ihre Wirtschaft zu einer Industriewirtschaft verlagern wird. Ich denke mir daher, daß dadurch am Ende mehr Märkte für die eigenen Agrarprodukte geschaffen werden«.[5]
Um diese Tendenz zu verstärken, änderte der Kongreß 1957 das P. L. 480 dahingehend ab, daß bis zu 25 Prozent der für Nahrung angenommenen lokalen Währung zu sehr niedrigen Zinssätzen an

US-Firmen ausgeliehen werden konnte, die in diesen Ländern investierten. Man dachte, daß einige Unternehmen eine direkte Nachfrage nach US-Agrarexporten schaffen könnten. Eldridge Haynes, Präsident der Business International, der Hilfsorganisation für multinationale Gesellschaften, berichtete dem Ausschuß des Senats unter Vorsitz von Senator Humphrey von dem Bedürfnis, die amerikanische Lebensmittelverarbeitungsindustrie in die unterentwickelten Länder auszuweiten.

»Wir exportieren nicht Brot, wir exportieren Weizen. Jemand muß ihn in Brot umwandeln. Wenn sie es nicht tun, wenn es nicht genügend Möglichkeiten gibt, Brot zu backen, wird es nicht gegessen.«[6]

Haynes sagte weiter, daß das gleiche für Baumwolle und Tabak gelte. Er schlug daher vor, daß die amerikanischen Gesellschaften »Cooley-Anleihen (benannt nach einem Vorsitzenden des Agrarausschusses des Kongresses aus Nord-Carolina) erhalten sollten, um Verarbeitungsmöglichkeiten für Stoffe und Zigaretten zu schaffen.

Die Nahrungsüberschüsse der Vereinigten Staaten wurden auf Kredit an ausländische Regierungen verkauft, die die Lebensmittel gegen lokale Währung weiterveräußerten. Diese lokale Währung finanzierte dann zum Teil die amerikanischen Gesellschaften, die, wie man hoffte, die Notwendigkeit schaffen würden, noch mehr Lebensmittel zu importieren. Unter dem Cooley-Anleiheartikel, der bis 1971 ein Teil des P. L. 480 war, wurden 419 Tochtergesellschaften amerikanischer Firmen in einunddreißig Ländern eingerichtet oder haben ihre Tätigkeiten mit sehr geringen Kosten ausgeweitet.

Allein in Indien gingen Cooley-Darlehen an Wyeth Labs, Union Carbide, Otis Elevator, Sylvania, Rockwell International, Goodyear, CPC International, Sunshine Farms, die First National City Bank, die Bank von Amerika und unter anderem auch an American Express.

Zusätzlich dazu verwendet das Landwirtschaftsministerium die Rückzahlung von Lebensmittelanleihen (allein 1975 12 Millionen Dollar), um private Handelsgenossenschaften wie den US-Feed Grains Council (US-Futtergetreiderat) zu unterstützen, dessen Mitglieder die größten getreideexportierenden Gesellschaften sind. Der Rat verwendet die Gelder, um Futtergetreide, Vieh- und Geflügelindustrien in der gesamten unterentwickelten Welt aufzubauen.[7]

Die Schaffung eines Futtergetreidemarkts
Der Fall von Cargill Inc.

1968 beschloß Cargill, in Südkorea ein komplettes Geflügelunternehmen aufzubauen, in dem Hühner gezüchtet, Hühnerfutter produziert und Hühner verkauft werden sollten. Die amerikanische Regierung, das heißt der amerikanische Steuerzahler, stellte 95 Prozent der Finanzierung eines, wie es aussah, sehr einträglichen Unternehmens zur Verfügung. Fast $ 500 000 kamen als Cooley-Darlehen. Korea Cargill (dessen Partner zufällig der Diktator Park war) holte sich aus dem Artikel für Privathandel des P. L. 480 weitere 1,9 Millionen Dollar.
All diese Hilfe genügte Cargill jedoch nicht. 1972 geriet das Cargill-Unternehmen in Schwierigkeiten. Cargill hatte alle zu erhaltenden P. L.-480-Kredite zum Import von Getreide verbraucht. Da er bisher nie abgewiesen worden war, wandte sich Cargill an seine Freunde in der Regierung der USA, sie sollten Südkorea überreden, die einheimischen Preiskontrollen und Importbeschränkungen zu lockern, die seine Futtergetreideimporte behinderten. Das Außenministerium instruierte die Botschaft in Korea, dafür zu sorgen, daß die Geflügel- und Viehindustrie von der Regierung besonders berücksichtigt wurde. Als schließlich alles andere fehlschlug, erbat und erhielt Cargill einen Zahlungsaufschub für seine beiden P. L.-480-Kredite. Augenscheinlich kann diese riesige Gesellschaft, die die Regierung laut deswegen verdammt, daß sie sich in den Handel einmischt, ohne die Gefälligkeiten eben dieser Regierung nicht auskommen.
Die P. L.-480-Kredite ermöglichten es auch Ralston Purina und der Peavey-Gesellschaft, Geflügelunternehmen in Südkorea zu beginnen. Als Resultat wurde Südkorea stark vom Futtermittelimport abhängig. Während Südkorea früher kein Futtergetreide importiert hatte, mußte es 1974 über eine Million Tonnen aus den Vereinigten Staaten einführen. Mehr noch: nachdem Südkorea von der Futtergetreideeinfuhr aus den Staaten abhängig geworden war, mußte es erleben, daß die Preise zwischen 1970 und 1974 um das Dreieinhalbfache erhöht wurden.
Das Ziel, Südkorea zu einem Markt für das US-Getreide zu machen, war erreicht.[8]

Durch P. L. 480 gelang es, auch bei den ursprünglichen Reis-Liebhabern einen Markt für Weizen zu schaffen. Das P. L. 480 war »das Beste, was der Weizenindustrie je zugestoßen ist«, sagte einer der Marktentwicklungsspezialisten und wies auf die ungeheuere Steigerung des Weizenverbrauchs in Ländern wie Japan, Taiwan und Korea hin. Die Weizen-Hilfskredite an die taiwanesische Regierung gestatteten es dieser, den Reis, die Grundnahrung der Bevölkerung, zu exportieren, während sie die Menschen mit Schlagworten wie »Weizen essen ist patriotisch« ermahnte, zu der neuen Nahrung überzugehen.[9] Südkorea hat jetzt 7000 Bäckereien, und die Koreaner essen aus Weizenmehl gefertigte Nudeln italienischer Art.[10] »Wir haben Menschen gelehrt, Weizen zu essen, die ihn früher nicht aßen«, prahlte ein Beamter der USDA.[11]

Das P. L. 480-Gesetz hat bewiesen, daß die Menschen eher mögen, was sie essen, als essen, was sie mögen. Diese Leistung wurde 1974 vor dem Senatsausschuß für auswärtige Beziehungen durch den ehemaligen Landwirtschaftsminister Orville Freman, dem jetzigen Präsidenten von Business International, gepriesen (der gleichen Organisation also, deren Chef Eldridge Haynes, wie man sich erinnern wird, siebzehn Jahre früher darauf gedrängt hatte, das P. L. 480 zur Schaffung von Märkten für den amerikanischen Agrarexport zu benutzen). Freeman bemerkte:

»In den letzten sieben Jahren sind unsere Agrarexporte nach Taiwan um 531 Prozent geklettert und diese (nach Südkorea) um 643 Prozent, weil wir einen Markt geschaffen haben.« Das P. L. 480 »ist sehr sinnvoll«, setzte er hinzu. Ist das Gesetz aber auch für Südkorea sinnvoll?

Lebensmittelhilfe der USA und lokale Produktion

Südkorea war der zweitgrößte Empfänger amerikanischer Lebensmittelhilfe und hat mehr US-Agrarprodukte gekauft als jedes andere Entwicklungsland. Wie aber war die Auswirkung auf Koreas eigene Landwirtschaft? Das aus den Vereinigten Staaten importierte Getreide hat amerikanischen Farmern und Gesellschaften geholfen, aber es hat das Einkommen der koreanischen Bauern und Landarbeiter abgewürgt. Die Vernachlässigung der Nahrungsproduktion

hat zu einem starken Absinken der Agrarerzeugung und nach einer Analyse der Weltbank aus dem Jahre 1974 zu einer starken Verringerung der ländlichen Einkommen im Gegensatz zu den städtischen geführt.[12]
Südkorea wird bald die Hälfte der für den Inlandbedarf benötigten Nahrung einführen müssen, aber selbst dann werden die Arbeitslosen nicht essen können. Die wirkliche Aufgabe der US-Lebensmittelhilfe war, die Nahrungsmittelpreise niedrig zu halten und damit die städtische Bevölkerung mit dem autoritären Regime des Präsidenten Park weniger unzufrieden zu machen, das Streiks und alle anderen Formen des Protests verbietet.
Trotzdem behauptet der ehemalige Landwirtschaftsminister Clayton Yeutter kürzlich: »Südkorea ist die größte Erfolgsgeschichte des ›Nahrung für den Frieden-Programms‹ (P. L. 480) inbegriffen seines Beitrags für das Wachstum der Nation.«[13]
Kolumbien ist ein weiterer dramatischer Fall, der die Auswirkungen der P. L.-Verfrachtungen beweist. Zwischen 1955 und 1971 importierte Kolumbien über eine Million Tonnen Weizen, den man im Land billiger hätte produzieren können.[14] Die Vermarktungsagentur der kolumbianischen Regierung setzte die Preise des importierten Getreides so niedrig an, daß sie die des im Inland erzeugten Weizens unterboten. Dieses Dumping hatte zur Folge, daß die kolumbianischen Bauern um 50 Prozent niedrigere Preise erzielten.
Von 1955, dem ersten Jahr der P. L.-480-Verfrachtung an, fiel die kolumbianische Weizenproduktion bis 1971 um 69 Prozent, während die Importe um 800 Prozent bis zu dem Punkt anstiegen, daß sie 90 Prozent des einheimischen Verbrauchs deckten.[15]
Hinzu kommt: zwei Drittel der 407 550 Acres Weizenland, die durch subventionierte Weizenimporte aus der Produktion gedrängt wurden, sind nicht durch eine Steigerung von anderen Anbauarten für den heimischen Verbrauch wiederverwendet worden. So wird zum Beispiel das fruchtbare Sabana de Bogotatal, in dem früher Weizen angebaut wurde, heute als Rinderweide benutzt – in erster Linie für den Export.[16] Diese Geflügel- und Rindermästung wurde durch P. L.-480-Darlehen gefördert, die Tochtergesellschaften von US-Firmen, wie Ralston Purina, Quaker Oats, Pfizer und Abbott Laboratories gewährt wurden, um Anlagen zur Verarbeitung von Lebensmitteln und der Herstellung von Arzneimitteln zu bauen. Die Landbesitzer, die jetzt durch Vieh, Blumen und Gemüse für den Export größere Gewinne einstreichen, weiten ihre Unternehmen

aus, vertreiben ihre Pächter und sperren im allgemeinen immer mehr gewöhnliche Bauern aus dem Land aus. Ohne Land und ohne Arbeit können die, die Lebensmittelhilfe brauchen, die Lebensmittelhilfe nicht kaufen. Diese Verarmung der Landbevölkerung ist in Kolumbien sehr weit fortgeschritten. Die reichsten 10 Prozent der Landbevölkerung erhielten 1970 35 Prozent des Gesamteinkommens, die ärmsten 20 Prozent, jedoch nur vier.[17] In diesem traditionellen Land der Maisesser soll der importierte Weizen die »Nachfrage« der »amerikanisierten« Minderheit decken, die sich verarbeitete Markenartikel leisten kann.

Ähnlich war die Auswirkung der amerikanischen Lebensmittelhilfe auf Bolivien. Die Schraube wurde aber noch weiter angezogen, als die Vereinigten Staaten damit aufhörten, lokale Währungen anzunehmen, und, wenn auch zu leichten Bedingungen, Dollars für die Importe verlangten. Trotz seines reichen landwirtschaftlichen Potentials und der hohen landwirtschaftlichen Unterbeschäftigung ist Bolivien von den US-Importen abhängig geworden, die lokale Weizenerzeugung aber stagniert. Die Müller hatten sich selbst zu mehlimportierenden Gesellschaften zusammengeschlossen, weil der Import einträglicher war als das Mahlen von Mehl. Daher mußte Bolivien auch dann noch Mehl importieren, als die lokale Währung nicht mehr als Bezahlung für die P. L.-480-Lieferungen angenommen wurde (das war endgültig 1971 der Fall). Der große Unterschied war jedoch, daß sich Bolivien gezwungen sah, seine knappen Devisen für den Ankauf von Mehl in Dollars zu verwenden. Diese Dollars hätten dazu verwendet werden können zu kaufen, was Bolivien nicht selbst herstellen konnte, wie etwa produktive industrielle Güter.

Noch ehe wir mit den Recherchen für dieses Buch begannen, waren wir mit Behauptungen vertraut, daß die amerikanischen Lebensmittellieferungen den Ansporn der einheimischen Bauern lähmten, ihre eigene Nahrung selbst anzubauen. Wir sahen uns versucht, diese Schlußfolgerung zurückzuweisen, weil sie wie eine unbegründete Kritik an der Wohlfahrt durch den »rechten Flügel« klang (»Wenn du sie fütterst, werden sie nicht mehr arbeiten«).

Wir haben eine wichtige Unterscheidung nicht verstanden. Viele Kritiker sagten: »Wenn man den Menschen Lebensmittel gibt, wollen sie Lebensmittel nicht mehr selbst anbauen«, während die Tatsache die ist, daß ein Dumping großer Mengen billigen amerikanischen Getreides in unterentwickelten Ländern es den kleinen Produzenten unmöglich macht, in Konkurrenz zu produzieren, ganz gleich, wie sehr sie das wollten. Da sie keinen fairen Betrag für ihr Getreide bekommen können, sind diese Bauern oft gezwungen, ihr Land zu verkaufen und landlose (und oft arbeitslose) Arbeiter zu werden. Eine Studie, die 1969 in einem landwirtschaftlichen Journal veröffentlicht wurde, schloß, daß für jedes Pfund importierten P. L.-480-Getreides in Indien in den folgenden zwei Jahren die einheimische Produktion um fast ein halbes Pfund abnimmt, weil die Erträge für die Bauern reduziert wurden.[18]

Lebensmittelhilfe mit Vorbehalten

In einem kürzlich erschienenen Artikel mit dem Titel »Humanitäre Bemühung hilft Märkte schaffen« beglückwünscht sich die USDA selbst dazu, daß sie die Lebensmittelverkäufe im Ausland angeregt habe. »Viele Länder«, so heißt es dort, »haben von dem P. L.-480-Status ›graduiert‹.«[19]

Neben der Hilfe an amerikanische Firmen zum Aufbau von importheischenden Industrien im Ausland hat das P. L. 480 noch eine andere Methode geschaffen, um Länder zu kommerziellen Käufen zu »graduieren«. Um Lebensmittelhilfe zu erhalten, mußte der potentielle Empfänger eine Bedingung annehmen: er mußte einverstanden sein, in der Zukunft amerikanische Agrarerzeugnisse zu kommerziellen Bedingungen zu kaufen.

1973 machte unsere Regierung einen Lebensmittelkredit an die Dominikanische Republik von viel größeren kommerziellen Käufen abhängig. 1975 waren P. L. 480-Darlehen an Ägypten für Weizen und an Südkorea für Reis an weitere kommerzielle Käufe dieser Güter geknüpft.

Die Regierung der Vereinigten Staaten wendet diese Bedingung regelmäßig für alle Waren außer für Weizen an, behält sich aber das Recht vor, sie auch auf Weizen auszudehnen. »Die USA nehmen das ernst«, betonte ein amerikanischer Beamter. »Wenn das Land seine kommerziellen Verpflichtungen bis zum Ende des Jahres nicht erfüllt hat, wird die Verpflichtung auf das nächste Jahr übertragen.«[20]

Augenscheinlich beschränkt sich das Mitleid der Vereinigten Staaten auf zukünftige Kunden.

Jetzt kann man vielleicht verstehen, warum der frühere Landwirtschaftsminister Earl Butz kürzlich sagte:

»Es war mein Glück, daß ich Stellvertretender Landwirtschaftsminister in der Mitte der 1950er Jahre war, als das Public Law 480 erlassen wurde und das Marktentwicklungsprogramm begann. Wenn ich an diese Periode zurückdenke, erkenne ich, daß sie wirklich historisch und zukunftweisend war – in einer Zeit, in der die Grundarbeit für den Erfolg des Agrarhandels in den letzten Jahren geleistet wurde.«[21]

Lebensmittel als Waffe

Die Lebensmittelhilfe der USA als politische und militärische Waffe in den sechziger und siebziger Jahren ist keine neue Geschichte. Unmittelbar nach dem Ersten Weltkrieg lieh der spätere Präsident Herbert Hoover einem Lebensmittelhilfeprogramm für Deutschland seine Unterstützung, um zu verhindern, daß das hungrige Deutschland sozialistisch wählte (und auch um das Problem der Agrarüberschüsse in den Staaten zu lösen, die durch die Anstrengungen auf dem Agrarsektor im Krieg entstanden waren).

1943 schufen dreiundvierzig Länder das, was die von den USA beherrschte United Relief and Rehabilitation Administration (UNRRA) werden sollte, um den Kriegsopfern Lebensmittelhilfe zu geben. Diese Hilfe sollte nicht »als politische Waffe benützt werden, außerdem sollte in der Verteilung keine Diskriminierung aus rassischen, religiösen oder politischen Gründen erfolgen«.[22]

Trotz dieser ausdrücklichen Bedingung ging die amerikanische Lebensmittelhilfe an faschistische Kräfte in Griechenland und an Tschiang Kai-schek in China. Indien dagegen erhielt nach der großen Hungersnot von 1943, bei der 4 Millionen Inder starben, keine Hilfe, ebensowenig in der Hungersnot von 1946–47. Genauso wie es das Außenministerium heute von Afrika sagen könnte, qualifizierte sich Indien nicht als »befreite Kriegszone« oder als »antikommunistische Frontzone mit Priorität«, wie der damalige Außenminister Dean Acheson erklärte.

Nach dem Zweiten Weltkrieg wurden über ein Viertel der US-Mittel, die für Nahrung verwendet wurden, unter dem Marshallplan ausgegeben. Riesige Mengen von Getreide strömten auf Kredit nach Italien und Frankreich, um zu verhindern, daß die verarmte Arbeiterklasse dieser Länder gegen den Kapitalismus stimmte. Marshall selbst erklärte damals: »Die Lebensmittel sind ein wichtiger Faktor in unserer Außenpolitik.«

1959 kritisierte Humphrey diejenigen, die die Lebensmittelhilfe nur für einen Mechanismus zur Beseitigung der Überschüsse hielten. Er sah in der Nahrung eine potentielle politische Waffe.

»Man hat uns wiederholt gesagt, daß wir einen weltweiten Kampf zwischen den Kräften des Bösen und den Kräften des Anstands erleben . . . Wir alle wissen, daß wir in den Kampf um das Denken der Menschen, um ihre Loyalitäten verwickelt sind. Es ist ein Kampf um die »ways of Life«, um ein System der Werte. Unsere Werte sind anders als die der totalitären Staaten. Wenn es ein weltweiter Kampf ist, erscheint es mir nötig, daß wir soweit wie möglich alle Hilfsmittel mobilisieren, um diesen Kampf zu gewinnen. Was aber ist in einer Welt der Not und des Hungers mächtiger als Nahrung und Kleidung?«[23]

Da man uns gesagt hat, daß China, Nordvietnam und Nordkorea Kräfte des Bösen sind, ist natürlich der größte Teil unserer Lebensmittelhilfe in die angrenzenden Länder gegangen: nach Indien, Südvietnam während des Vietnam-Kriegs, Kambodscha, Südkorea und Taiwan.

1973 ging fast die Hälfte der amerikanischen Lebensmittelhilfe nach Südvietnam und Kambodscha. Zwischen 1968 und 1973 erhielt Südvietnam allein den zwanzigfachen Wert an Nahrung, den die fünf afrikanischen Länder bekamen, die in der gleichen Periode von einer Trockenheit schwer getroffen wurden.[24]

Auch die Rücknahme einer Lebensmittelhilfe kann eine mächtige politische Waffe sein. Die Lebensmittelhilfe an Chile wurde, wie wir später erörtern werden, plötzlich unterbrochen, als dort eine Regierung gewählt wurde, die die amerikanischen Gesellschaften bedrohte. Das Zurückziehen von Lebensmitteln, um damit politische Ziele zu erreichen, ist nicht einmalig. Während des Sommers 1974 verweigerte das Außenministerium Lebensmitteldarlehen zu billigen Zinsen für Bangladesh, falls das Land nicht damit aufhörte, Jutesäcke nach Kuba zu exportieren.[25]

Es leuchtet ein, daß die Vereinigten Staaten, wenn sie ihre politische Stärke fühlbar machen wollten, schwerlich ihre Lebensmittel an Stellen geben wollten, wo die Richtung und Verwendung der Hilfe außerhalb ihrer Kontrolle standen. Das aber ist der Fall. Im Oktober 1974 berichtete die Washington Post über ein nicht freigegebenes Regierungsdokument, es betraf die Vorbereitung für die Welt-Ernährungs-Konferenz im folgenden Monat. In dem Dokument widersetzten sich die USA einer Ausweitung des World Food Program

(WFP Weltnahrungsprogramm), einem Programm der UN für Hilfe in Hungergebieten. Der Entwurf sagte, die Vereinigten Staaten seien »in den letzten Jahren nicht in der Lage gewesen, in merklicher Weise die Politik und die Prozeduren des WFP oder die Verteilung der Hilfe auf bestimmte Ziele zu beeinflussen. Es scheine den USA keine Vorteile zu bringen, eine größere Rolle oder mehr Hilfsmittel für das WFP zu begünstigen«.[26]

Die US-Regierung wollte offensichtlich nichts mit Lebensmittelprojekten zu tun haben, die sie nicht für ihre eigenen Zwecke formen konnte.

Lebensmittelhilfe als perfekte Tarnung

1973, als die kommerziellen Verkäufe dank der US-Nahrungsmittel-Machtpolitik blühten, fiel die Menge der unter dem P. L. 480 gelieferten Agrarprodukte auf 3,3 Millionen Tonnen, ein Fünftel des Standes in der Mitte der 1960er Jahre. Das Landwirtschaftsministerium brauchte das P. L. 480 nicht mehr, um seine Überschüsse loszuwerden. Aber jetzt war der Nationale Sicherheitsrat unter Kissinger da, um den Staffelstab der Lebensmittelhilfe aufzunehmen.

Der Kongreß hatte damit begonnen, sich den Bemühungen der Regierung zu widersetzen, die Regime in Südvietnam und Kambodscha weiter zu unterstützen, genauso wie der Junta in Chile zu helfen, die die Menschenrechte so flagrant verletzte. Das P. L. 480 lieferte der Regierung gerade das Finanzierungsvehikel, das sie brauchte, um die Kontrollen durch den Kongreß zu umgehen.

Erstens einmal war die Regierung zuversichtlich, daß sich der Kongreß nur schwer sich ausweitenden Ausgaben für die Lebensmittelhilfe würde widersetzen können, weil so viele wohlmeinende Amerikaner glaubten, die Lebensmittelhilfe diene dazu, hungrige Menschen zu ernähren. Zweitens sind die P. L. 480-Programme nicht einer jährlichen Bewilligung durch den Kongreß unterworfen. Das vorgelegte Budget ist lediglich eine Schätzung, die ohne Billigung durch den Kongreß geändert werden kann. So sollte beispielsweise Kambodscha in dem Fiskaljahr 1974 30 Millionen Dollar Lebensmittelhilfe bekommen, in der Tat erhielt es jedoch $ 194 Millionen.[27]

Zusätzlich hat die Commody Credit Corporation (CCC-Warenkreditgesellschaft, die 1957 gegründet wurde, um die Märkte für amerikanische Agrarprodukte auszuweiten) ihre eigene Kapazität, um begünstigten Regierungen Kredite zu Käufen von Agrarprodukten zu geben. Auch hier besteht eine Flexibilität. Während des Fiskaljahrs 1976 waren die tatsächlichen CCC-Kreditverkäufe doppelt so hoch wie der ursprünglich vorgesehene Betrag. All das gab der Regierung einen beträchtlichen Spielraum.

Drittens kann die Lebensmittelhilfe leicht, aber diskret in eine direkte Unterstützung auswärtiger militärischer Anstrengungen umgewandelt werden. Die Lebensmittel können lokal durch die ausländischen Regierungen verkauft werden und so Mittel für das Militärbudget der Regierung schaffen. Im Fall gewisser Länder verlangt die US-Regierung keine Rückzahlung der Lebensmittelanleihe. Sie ermächtigt einfach die empfangende Regierung, die Erträge aus dem Lebensmittelwiederverkauf für die »gemeinsame Verteidigung« zu verwenden.

Im Oktober 1973 gestattete ein mit Südvietnam unterzeichnetes Abkommen, daß alle Beträge, die die Saigoner Regierung aus den P. L.-480-Verkäufen erzielte, in das Militärbudget gingen. In Kambodscha betrugen die entsprechenden Zahlen 80 Prozent der Lebensmittelhilfeverkäufe. Zwischen 1946 und 1975 wurden 6 Milliarden Dollar in lokaler Währung aus dem Verkauf von P. L.-480-Lebensmitteln für militärische Zwecke ausgegeben; über ein Drittel davon in Südkorea und Südvietnam.[28] Eine Studie zeigte, daß 1965 über 85 Prozent der Wiederverkaufserträge für »gemeinsame Verteidigung und Sicherheit« verwendet wurden[29].

Diese drei Realitäten machen die Lebensmittel in der Tat zu einem brauchbaren Werkzeug. Im Fiskaljahr 1974 kürzte der Kongreß zum Beispiel über 30 Prozent der von der Regierung für Indochina geforderten Wirtschaftshilfe. Unbeirrt vergrößerte das Weiße Haus die P. L.-480-Zuteilung für Südvietnam und Kambodscha auf mehr als das Doppelte, nämlich auf 499 Millionen Dollar, und gewährte den beiden Ländern mehr als die Hälfte aller Lebensmittelkredite für dieses Jahr.[30] Ein amerikanischer Reporter in Kambodscha belegte dokumentarisch ein Flüchtlingslager, in dem 70 Prozent der kleinen Kinder unterernährt waren, während in der Nähe Säcke mit Lebensmitteln zur Bezahlung der Truppen verkauft wurden.[31] Bangladesh erhielt in diesem Jahr weniger als 4 Prozent der Lebensmittelhilfe.

1973 versuchte der Kongreß unter dem Druck wütender Bürger,

Amerikas Lebensmittel-für-den-Krieg-Programm zu stoppen. Er untersagte die Verwendung von P. L.-480-Wiederverkaufserträgen für militärische Zwecke. Die Wirkung war jedoch fast bedeutungslos. Da die Erträge aus dem Wiederverkauf amerikanischer Lebensmittel häufig in die allgemeinen Finanzkassen der empfangenden Länder gehen, ist es unmöglich zu überprüfen, wie sie weiter ausgegeben werden.[32]

Für das Fiskaljahr 1975 sah die Regierung abermals die Hälfte aller P. L.-480-Kredite für Südvietnam und Kambodscha vor. Im Licht des wachsenden Bildes eines Amerika, das sich für die Nöte der Hungernden gleichgültig zeigte, versuchte der Kongreß, die offensichtlichen militärischen und politischen Absichten durch eine gewisse Sorge für die Verhungernden auszugleichen. Er nahm einen Gesetzzusatz an, der vorsah, daß 70 Prozent der Lebensmittelhilfe an die Länder gingen, die als »am ernstesten betroffen« auf der Liste der Vereinten Nationen standen.

Hier gab es eine echte Herausforderung für die Regierung. Welche Schritte sollte man ergreifen? Der erste war der zu behaupten, daß die 70-Prozent-Vorschrift nur für Lebensmittel gelte, nicht aber für Baumwolle und Tabak, die ebenfalls nach dem P. L. 480 verschickt wurden. (Die Regierung war sich bewußt, daß diese Waren genauso leicht in Kanonen umgewandelt werden konnten wie Lebensmittel.)

Eine weitere Strategie, die von Kissinger, dem damaligen Außenminister initiiert wurde, war, einfach Vietnam auf die Liste der Vereinten Nationen über die am ernstesten betroffenen Länder zu setzen. Diese Strategie schlug fehl.

Um das Maß an militärischer Unterstützung zu erlangen, das für Kambodscha und Vietnam gewünscht wurde, und um anderen repressiven Regimen in Chile, Südkorea und dem Nahen Osten ihr Vertrauen zu beweisen, vermehrte die US-Regierung einfach den Umfang der verfügbaren Lebensmittelhilfe. Sie konnte damit die Klientenregime unterstützen und doch innerhalb der Vorschrift bleiben, die bestimmte, daß 70 Prozent unserer Lebensmittelhilfe an die bedürftigsten Länder gingen. Dabei behauptete sie die ganze Zeit, sie habe großzügig auf die Forderung der »Humanitarier« reagiert, indem sie die Lebensmittelhilfe von 1 Milliarde auf 1,6 Milliarden Dollar erhöhte.

1975 verfügte der Kongreß im Protest gegen die repressive Politik der Junta in Chile eine Begrenzung von 26 Millionen Dollar für die

Wirtschaftshilfe an dieses Land (das war immer noch der zweithöchste Betrag, den die Vereinigten Staaten einem Land in Lateinamerika gewährten) und strich die Militärhilfe vollständig. Das alles bedeutete aber nur wenig. Ende des Jahres betrug die Lebensmittelhilfe für Chile über 60 Millionen Dollar.[33]
Mit der Niederlage der USA in Südvietnam hat Südkorea in Ostasien eine neue strategische Bedeutung erlangt. Das schon vertraute Schema wird wiederholt: der Kongreß versucht, die Militärhilfe enden zu lassen, aber die Regierung füllt die Lücke durch die Lebensmittelhilfe. Die Lebensmittelkredite Südkoreas sind für das Fiskaljahr 1975/1976 doppelt so hoch wie im vergangenen Jahr.

Lebensmittel für strategisches Material

Heute, in der Mitte der siebziger Jahre, stehen wir genau an dem Punkt, den wir vor zwanzig Jahren erreichten. Die Förderer der Macht der Lebensmittel spielen auf die Anwendungen der Lebensmittelhilfe im Sinn des Kongreßmanns Kersten an, der, wie man sich erinnern wird, in den 1950er Jahren vorschlug, daß die Lebensmittel ein Weg sein könnten, um strategische Materialien zu sichern. Heute sieht man die Nahrung als Waffe für einen Gegenangriff gegen jene unterentwickelten Länder, die, wie die US-Regierung fürchtet, dem Modell der OPEC folgen werden, die ein bessere Geschäft für ihren Export von Rohmaterialien sucht.
Präsident Fords Warnung an die unterentwickelten Länder, die solche Ideen haben könnten, war unverkennbar. In einer Rede vor der Generalversammlung der UN im Jahr 1974 sagte er:
»Der Versuch irgendeiner Nation, ein Produkt für politische Zwecke zu verwenden, wird unvermeidlich andere Länder verlocken, ihre Produkte für ihre eigenen Zwecke zu verwenden . . . Es wäre für die Vereinigten Staaten, die durch eine Inflation und die in die Höhe schießenden Energiepreise betroffen sind, verlockend, auswärtigen Bitten um Lebensmittelhilfe gegenüber taub zu sein.«[34]
In dieser gar nicht so verhüllten Drohung hat die Verwendung der amerikanischen Lebensmittelhilfe einen vollen Kreis beschrieben.

Ende 1975 reagierte der Kongreß auf diese lange Geschichte des Mißbrauchs der Lebensmittelhilfe, indem er das H. R. 9005 erließ, ein neues Hilfegesetz, in dem die »Humanitarier« angeblich die Lebensmittelhilfe für ihre Zwecke zurückeroberten.
Wir lasen dieses Gesetz sehr eifrig, um festzustellen, wie der Kongreß mindestens zwanzig oder dreißig Jahre der amerikanischen Geschichte umgestalten wollte. Vielleicht hätten wir gar nicht so überrascht sein sollen, als wir feststellten, daß der humanitäre Grundton des Gesetzes durch das bekannte Thema der Lebensmittelhilfe, die den wirtschaftlichen Interessen der Vereinigten Staaten dienen, verwässert wurde. Unter der Überschrift »Lebensmittelhilfe für arme Länder« besagt das Gesetz:
»Indem der Präsident nach diesem Gesetz Lebensmittelhilfe gewährt ... soll er sicherstellen, daß die Zuteilung von Waren oder die konzessionelle Finanzierung auf der Möglichkeit basiert, die Märkte für Amerikas Überschüsse im Ausland auszuweiten.«
Das Ziel, die kommerziellen Märkte für amerikanische Waren auszuweiten, wird wieder einmal deutlich ausgesprochen.
1976 diente die Lebensmittelhilfe weiterhin als ein Programm zur Beseitigung von Überschüssen. (Beseitigung von Überschüssen ist kein Begriff, den wir erfunden haben. Ein multilaterales Komitee, das organisiert wurde, um Schwierigkeiten auf dem Lebensmittelsektor zu glätten, nennt sich selbst »Konsultativer Ausschuß zur Beseitigung von Überschüssen«.)
Amerika erzeugte »zuviel« Reis, deshalb versuchte es, ihn durch P. L.-480-Abkommen mit Bangladesh und Indien loszuwerden. Indien und Bangladesh wollten jedoch keinen Reis, da sie ebenfalls eine Rekordernte hatten. Der Landwirtschaftsminister war mit Recht besorgt, daß der importierte Reis die lokalen Preise drücken und so den Anreiz der Bauern für die neue Aussaat untergraben würde.[35]
Das neue Lebensmittelhilfegesetz bestimmt auch, daß 80 Prozent aller P. L.-480-Produkte an Länder mit einem Pro-Kopf-Jahreseinkommen von weniger als $ 250 gehen müssen.
Wird das aber nach allem, was wir über die Budgetmanöver der Regierung wissen, auch durchgeführt werden?
Wir behaupten nicht, alle Antworten für die Lebensmittelhilfe zu besitzen. Einige Punkte sind uns jedoch klargeworden.

Erstens einmal sollen die hungernden Völker wissen, daß die Vereinigten Staaten niemals eine Quelle der Ernährungssicherheit sein können. Die Ernährungssicherheit kann in der Tat niemals garantiert werden, nicht einmal von einer ausländischen Regierung mit den besten Absichten. Die unterentwickelten Länder nehmen besser an, daß die USA ihre Lebensmittelüberschüsse verwenden werden, um ihre kommerziellen Märkte auszuweiten, um die Durchdringung durch die Agroindustrien zu unterstützen und den Regimen den Rücken zu stärken, die in direkter Opposition zu den Politiken arbeiten, die es hungernden Völkern ermöglichen, sich selbst zu ernähren.

Zweitens: die Lebensmittelreserven müssen durch eine multinationale Institution kontrolliert werden, an der alle spendenden und empfangenden Nationen teilnehmen, um die Möglichkeiten für eine politische und kommerzielle Manipulation zu vermindern. Wir haben gesehen, daß sich die Regierung der Vereinigten Staaten einem Schritt in diese Richtung, dem Welternährungsrat, energisch und insgeheim widersetzt hat.

Drittens: wenn eine multinationale Institution einmal geschaffen ist, sollte die Lebensmittelhilfe als Bezahlung für Arbeit geleistet werden, die direkte Beiträge zu den Vorbedingungen für die Lebensmittelselbstversorgung schafft. Ein Beispiel mag erklären, was wir meinen. Die WFP der UN lieferte Senegal Sorghum (Durra, Negerhirse), um damit Arbeiter zu entlohnen. In einem Dorf wurde aus diesem Sorghum eine Tonne der lokalen Grundkost, Kuskus, hergestellt. Diese eine Tonne Nahrung wurde dann verwendet, um sechzig Menschen zu mobilisieren, die 74 Acres Busch rodeten und bepflanzten. Das ergab schon bald 45 Tonnen Reis.[36]

Die Lebensmittelhilfe führte in diesem Fall dazu, daß Menschen ihre eigene Nahrung anbauten.

Viertens: Besorgte Amerikaner müssen aufhören zu denken, daß die Lebensmittelhilfe der direkteste Weg ist, den Hungrigen zu helfen. Das Verweilen bei der Frage der amerikanischen Lebensmittelhilfe – wieviel und wer sie bekommt – lenkt die Aufmerksamkeit von dem Prozeß ab, wie Hunger entsteht. Wir vergessen, daß der überwältigende Einfluß der Vereinigten Staaten auf die Fähigkeit der Völker, sich selbst zu ernähren, nicht durch die Lebensmittelhilfe erfolgt, sondern durch ihre gesellschaftliche, militärische und wirtschaftliche Beteiligung.

* * *

»Amerikas Agrarkraft, die stetig, wie in unsere Binnenmärkte, auch zu fremden Nationen fließt, ist wahrscheinlich der größte Beitrag zum Weltfrieden, den wir heute besitzen. Die Lebensmittelhilfe überschreitet unüberschreitbare Grenzen, sie umgeht Bambus- und durchstößt eiserne Vorhänge.«
Landwirtschaftsminister Earl Butz, 1976.

»Ich habe gehört, daß Menschen von uns hinsichtlich der Nahrung abhängig werden. Ich weiß, daß das keine gute Nachricht sein soll. Für mich ist sie das aber, weil Menschen essen müssen, ehe sie etwas tun können. Und wenn man nach einem Weg sucht, der Menschen dazu führt, sich in Begriffen ihrer Zusammenarbeit auf einen zu verlassen und von einem abhängig zu sein, scheint mir, daß die Abhängigkeit in der Ernährung kolossal wäre.«
Senator Hubert M. Humphrey, 1957.

»Während der letzten 10 Jahre stellten die Vereinigten Staaten 80 Prozent der Lebensmittelhilfe der Erde. Sie taten das, im großen und ganzen, ohne die empfangenden Nationen allzusehr von unserer fortwährenden Hilfe abhängig zu machen – diese Gefahr ist zum größten Teil abgewendet worden.«
Don Paalberg, USDA-Beamter.

40

Wie steht es mit der »neuen« Hilfe?

Frage: Die großen multilateralen Hilfsorganisationen wie die Weltbank scheinen aus ihren Fehlern während der 1960er Jahre gelernt zu haben. Sie geben zu, daß sie sich allzusehr auf die Industrialisierung konzentriert haben. Sie geben auch zu, daß sie irrigerweise das Augenmerk auf die großen Landbesitzer gerichtet haben, weil sie dachten, das sei der Weg zu einem schnellen Fortschritt. Diese Organisationen konzentrieren sich jetzt auf den Kleinbauern als Antwort auf das Welternährungsproblem. Ist es für die Amerikaner, die wegen des Hungers in der Welt besorgt sind, nicht das beste, diese sinnvollere Methode – die man »neue Hilfe« nennt – zu unterstützen? Sollten wir unsere Vertreter im Kongreß nicht anspornen, die Unterstützung der USA für die Weltbank zu steigern?

Unsere Antwort: In der Rhetorik der Weltbank hat es einen dramatischen Wandel gegeben. Robert McNamara, ehemaliger Verteidigungsminister und jetzt Präsident der Bank, hat seine Laufbahn von der Führung des Kriegs in Südostasien auf einen weltweiten Krieg gegen die »absolute Armut« umgestellt. Kürzlich erklärte er:
»Das Ziel der Entwicklung ist der Mensch. Mit anderen Worten: es genügt einfach nicht, eine Straße oder einen Damm oder ein Kraftwerk zu bauen. Es ist notwendig, diese Dinge so zu tun, daß sie dazu beitragen, ein besseres, volleres und produktiveres Leben für die Menschen zu schaffen.«[1]
Wie könnte man diesen Herzenswandel kritisieren? Die Literatur der Weltbank ist voll von Hinweisen »auf den Kleinbauern«, »verbesserte Einkommensverteilung«, »die Armen auf dem Lande«, »die integrierte Landentwicklung« und auf »arbeitsintensive Techniken«.
All diese Hinweise sind richtig, aber was bedeuten sie?
Selbst wenn wir annehmen, daß Robert McNamara es »gern« haben möchte, wenn die Weltbank all ihre Resourcen gerade auf den

Kleinbauern richtet, scheint die Bank in dieser Richtung nichts zu tun.

Zwischen der Zeit, in der McNamara die Bank Ende der sechziger Jahre übernahm und 1973 gingen nur 25 Prozent der Agrarkredite, die durch die Bank finanziert wurden, an die Kleinbauern (selbst wenn man diese großzügig einschließlich derer definiert, die bis zu 12 Acres bewirtschaften), während 75 Prozent an mittlere und Großfarmer gegeben wurden. Die Weltbank gibt selbst zu, daß ihre Kredite weniger *als ein Prozent* aller derartigen Kleinbauern in den unterentwickelten Ländern erreichen. Die Bank sagt, daß in der nächsten Fünf-Jahres-Periode fast die Hälfte ihrer landwirtschaftlichen Kredite an Kleinbauern gehen wird.[2]

Anders herum gelesen, bedeutet das, daß über die Hälfte der Kredite immer noch an die mittleren und die Großfarmer gehen wird, die nur 20 Prozent aller Landbesitzer in den unterentwickelten Ländern darstellen.[3] Des weiteren gehen keinerlei Kredite an die vielen Millionen, die gern Bauern wären, aber entweder wenig oder überhaupt kein Land besitzen.

Das gleiche gilt natürlich für alle Kanäle in den unterentwickelten Ländern, durch die die Bank ihre Mittel verteilt. In der Periode von 1969 bis 1973 gingen 80 Prozent aller Weltbankkredite über fremde Regierungen an kommerzielle Banken, Entwicklungsbanken, Landwirtschaftsbanken oder spezielle Projektbehörden. Nur 20 Prozent gingen an »Kooperativen«, und nicht einmal »Kooperativen« bedeuten unbedingt »Kleinbauern«.[4]

Die Weltbank selbst bestätigt, daß diese spezialisierten Landwirtschafts- und Entwicklungsbanken Geld in erster Linie an Großfarmer verleihen, selbst wenn ihr festgelegter Zweck der ist, dem Kleinbauern zu helfen.[5]

Auf den Philippinen gab die Weltbank beispielsweise zwei Anleihen an die. Landwirtschaftsbanken, die zum Teil in Regierungsbesitz waren. Obwohl es der Zweck war, Kleinbauern zu helfen, tatsächlich den kleinen Landbesitzern, die weniger als 7 Acres bearbeiten (das sind 73 Prozent der Bauern in diesem Raum), erhielten weniger als ein Prozent von ihnen diesen Kredit. Dieses Schema ist allzu typisch. Die Weltbank selbst scheint nicht optimistisch zu sein, die Politik der Stellen ändern zu können, durch die die Mittel fließen.[6]

In seiner vielzitierten Rede in Nairobi im Jahre 1973 definierte McNamara das primäre Ziel der Bank als die Steigerung der Produktion der Kleinbauern. Da sie zu glauben scheint, daß ein Konflikt zwischen der Betonung des Kleinbauern und der Steigerung der Produktion besteht, erklärt die Bank, warum sie dem Großfarmer nicht den Rücken kehren wird.

»In der Erkenntnis der hohen Priorität der Lebensmittelproduktion sieht die Bank die Notwendigkeit, die Armut in den ländlichen Gebieten zu reduzieren, als ein Zwillingsziel an. Sie betont daher, die Ackerbaukredite nicht nur an die Menschen in den Armuts-Zielgruppen zu gewähren, sondern auch an die großen Bauern, wenn es nötig ist, ihre Produktion zu steigern, um die heimischen Lebensmittelvorräte zu vermehren und/oder zu den Exporten beizutragen.«

Die Weltbank unterstützt also weiterhin die großen Farmer, obwohl es aus jedem Winkel der Erde Beweise dafür gibt, daß der Kleinbauer produktiver sein kann als der Großfarmer, wie McNamara selbst an einer anderen Stelle seiner Rede in Nairobi betont.

Kann die Bank sowohl den Kleinbauern wie den Großfarmer fördern? Die Förderung des Großfarmers untergräbt zwangsläufig den Anteil des Kleinbauern. Die reichen Farmer können ihren Zugang zu den Krediten benützen, um ihren Besitz auszuweiten und die Produktion zu mechanisieren; dadurch verdrängen sie sowohl Kleinbauern wie Landarbeiter. Des weiteren untergräbt die Kreditgewährung an Großfarmer, die wahrscheinlich in erster Linie Exportprodukte anbauen, weiterhin die lokale Lebensmittelversorgung. Schließlich werden die Großfarmer, die feststellen, daß die Weltbankkredite ihre eigenen Unternehmungen noch einträglicher machen als je zuvor, sich noch weiter gegen eine Neuverteilung des Landes verhärten – genauso wie die nationalen Regierungen, die die Rückzahlung der Bankdarlehen garantieren müssen.

Vermarktungsfähiger Überschuß

Wenn die Bank sich so wegen des Hungers sorgt, warum unterstützt sie dann weiterhin die Großbesitzer? Wenn wir die Position der Bank verstehen wollen, dürfen wir nicht vergessen, daß das »Füttern der Hungrigen« zwar das Herz McNamaras erwärmen kann, daß es in den Kontobüchern der Bank aber keine Rubrik »volle Mägen« gibt. Hungrige Menschen, die Nahrung anbauen, damit sie besser essen können, produzieren nicht viel Geld und Devisen. Nur wenn sie genügend anbauen, um verkaufen zu können, das heißt, wenn sie einen vermarktungsfähigen Überschuß erzielen, werden die Darlehen mit Zinsen zurückgezahlt werden.[7] Darum sorgt sich aber die Weltbank. Wie jede andere Bank ist die Weltbank darauf bedacht, ihre Risiken zu verkleinern. Die Bank selbst stellt fest: Die Verleihung nur an die Bauern mit Investierungsmöglichkeiten, die ausreichen, einen bedeutenden vermarktungsfähigen Überschuß zu erzielen, ist vielleicht der beste Weg, die Höhe des Verlusts zu reduzieren.[8] »Die Bauern mit Investierungsmöglichkeiten« ist natürlich ein euphemistischer Ausdruck für die Großfarmer. Es ist eben sehr schwer, wenn man versucht, gleichzeitig eine Bank und der Retter der Welt zu sein!

Die Bank setzt nicht nur auf den Großfarmer, sie geht oft bei der Verminderung des Risikos noch einen Schritt weiter: Großfarmer erzeugen sicherlich einen vermarktungsfähigen Überschuß, tatsächlich geht sogar ihre ganze Produktion auf den Markt, wenn sie dazu »ermutigt« werden, »Nichtlebensmittel«-Anbau zu betreiben. Baumwolle und Gummi können schließlich nicht von dem Produzenten gegessen werden. Des weiteren stellt die Bank fest, »Ausfälle (in der Rückzahlung von Darlehen) sind auch reduziert worden, wenn die Rückzahlung mit dem Verkauf von Ernten koordiniert wird, die zentral bearbeitet wurden, wie beispielsweise Tabak, Baumwolle, Kakao, Tee und Kaffee«.[9]

Um die eigenen Risiken zu verringern, zieht es die Weltbank also vor, Geld für den Anbau von Grundnahrungsmitteln nicht auszuleihen. Die tatsächlichen Agrardarlehen demonstrieren dieses Verhalten geradezu überwältigend.

Die Weltbank und ihre Zweigorganisation, die International Development Association, liehen Kamerun 26 Millionen Dollar, um Palmöl-, Gummi-, Tee- und Pfefferplantagen auszubauen. In Ghana und Nigeria ist Kakao ihr Ziel, Tee in Uganda und auf Mauritius, Kaffee in Burundi und Kenia, Tabak in Uganda und Tansania und Baumwolle in Obervolta.[10]

Vieh ist ein weiteres »Bargeldprodukt«, das von der Weltbank stark begünstigt wird. Vieh bildet in der Kategorie der Agrardarlehen die größte Rubrik, fast ein Drittel der Agrardarlehen der Bank ist für die Viehprojekte bestimmt. In einigen Gebieten steigen die Beträge. In Lateinamerika gehen beispielsweise über 70 Prozent in Viehprojekte.[11]

Ein Kredit von 4 Millionen Dollar, der 1967 für das erste Stadium eines Viehprojekts in Ekuador gewährt wurde, stellte 240 Ranchern, die kaum als »arm« bezeichnet werden konnten, durchschnittlich

$ 16 000 zur Verfügung. Keiner der 60 Prozent Menschen in Ekuador, die im Jahr weniger als $ 75 verdienten, könnte möglicherweise so kreditwürdig sein. 1971 gewährte die Bank ihren ersten Kredit für landwirtschaftliche Entwicklung in Guatemala.
Mit 4 Millionen Dollar sollten 52 Prozent der Kosten eines Rinderprojekts bezahlt werden, 15 Millionen Dollar wurden zusätzlich für dessen Ausweitung versprochen. Die begünstigten Rancher sollten »mittelgroß« sein.[12]
Tatsächlich gingen dann die Unterdarlehen an die 300 reichsten Rancher des Landes.
Neben der Zielrichtung auf die größeren Farmer und auf »Bargeldernten« ist ein weiterer Weg, dafür zu sorgen, daß die sogenannten vermarktbaren Überschüsse nicht gegessen werden, und Kontrolleure zu schicken, um zu verhindern, daß das geschieht. Wieder zitieren wir die Bank selbst: »Die Aufsicht ist dazu bestimmt, den Bauern zu helfen, aber auch, um zu verhindern, daß die Darlehensmittel für die Finanzierung des Konsums verbraucht werden, und weiter zur Sicherung der Rückzahlung ... *Die Aufsicht kann aber nie völlig Steigerungen im Konsum nach dem Erhalt von Darlehen eliminieren,* selbst wenn ein derartiger Kredit gewährt wird.«[13] Nicht einmal die Weltbank kann immer verhindern, daß die Menschen essen, was sie anbauen!

Haltet das Boot ruhig

In seiner Rede in Nairobi sagte Mr. McNamara 1973: »Was können die Entwicklungsländer tun, um die Produktivität der Kleinbauern zu steigern?«
Bei der Beantwortung seiner eigenen Frage setzte McNamara die Landreform an die erste Stelle auf der Liste der notwendigen Schritte.
Wie paßt aber McNamaras erklärte Priorität zu einem jüngeren Papier über die Politik der Bank, das erklärt, wie die »Bank mit dem existierenden Sozialsystem verfahren muß«?
Im Papier wird festgestellt:
»In vielen Ländern ist die Vermeidung einer Opposition mächtiger und einflußreicher Sektoren der landwirtschaftlichen Gemeinde wesentlich, wenn das Programm nicht von innen subvertiert werden soll.«[14]

Kann die Bank die Landreform fördern und zugleich die Opposition der »Mächtigen und Einflußreichen« vermeiden? Obwohl die Bank in der Öffentlichkeit klagt, scheint es ihr zu gelingen, die »Mächtigen und Einflußreichen« zufrieden zu halten.

Die exportierenden Großfarmer, denen von der Bank geholfen wird, spielen bei den »Mächtigen und Einflußreichen« sicherlich eine bedeutende Rolle. Das Papier erklärt weiter ausführlich, daß man nicht erwarten könne, daß der große Teil des Nutzens des Projekts an die Armen geht. Mit anderen Worten, man darf das Boot nicht schlingern lassen, sonst könnte man keine »Entwicklung« erreichen.

Die Weltbank spricht so viel von der Hilfe für die Hungernden, daß man ganz vergißt, daß drei Viertel ihrer Anleihen nicht an die Landwirtschaft, sondern für kommerzielle Entwicklungen gewährt werden. Die meisten Projekte der Bank zielen auf das, was Wirtschaftswissenschaftler die »Infrastruktur« nennen – Elektrizitätswerke, Eisenbahnen, Straßen, Häfen, Telekommunikationen –, alle von dem Typ, den die ausländischen Gesellschaften brauchen, um ihre Investitionen nutzbringend zu machen. Man muß wohl nicht erwähnen, daß sie sehr glücklich sind, die Rechnungen dafür nicht selbst bezahlen zu müssen.[15]

Solche Bankdarlehen helfen den Industrieländern, indem sie deren Exporte von Kapitalgütern finanzieren – nach der Charta der Bank eines ihrer Hauptziele.

Für uns erstaunlich ist jetzt die Tatsache, daß die Weltbank dabei erfolgreich war, so viele zu überzeugen, sie habe ihr Hauptaugenmerk von der Industrie auf die Landwirtschaft verlagert, sie habe ihre Sorge von den Groß- auf die Kleinbesitzer verlegt und sei in der Praxis eine »Hilfsbehörde« geworden.

Die Weltbank ist aber immer noch eine *Bank;* ihre Sorge gilt der Stabilität der gegenwärtigen von einer Elite kontrollierten Wirtschaft – und ihre Klientel werden nie die Hungrigen unserer Welt sein.

41

Können freiwillige Organisationen eine konstruktive Rolle spielen?

Frage: Sie haben über die Hilfe so gesprochen, als ob sie nur durch die Regierungen erfolge. Das ist aber nicht wahr. Amerika hat eine lange Geschichte großzügiger Hilfeleistungen durch freiwillige Organisationen, besonders durch Gruppen der Kirche, die direkt mit den Hungernden in vielen Teilen der Welt zusammenzuarbeiten versuchen. Können nicht kleine nicht der Regierung angehörige Organisationen wirksamer sein, eben weil sie nicht auf all die Arten, die Sie hinsichtlich der offiziellen Hilfe erwähnen, behindert sind?

Unsere Antwort: Da wir freiwillige Hilfsprojekte rund um die Welt studiert haben, befanden wir uns in einem Dilemma: Welche Organisation oder welches Projekt sollten wir unseren Lesern empfehlen? Bald erkannten wir, daß die nützlichste Lösung, die wir finden konnten, nicht eine lange Kritik von freiwilligen Hilfsorganisationen ist, sondern daß wir den Lesern die Fragen mitteilen, die wir selbst *allen* Hilfsorganisationen gestellt haben.

Sieben Fragen an ein Hilfsprojekt:

1. Wer führt das Projekt durch? Ist es die Organisation der Spender, oder hat sie ihren Ursprung bei dem betroffenen Volk?
2. Diagnostiziert das Projekt das in Angriff zu nehmende Problem als einen technischen oder physikalischen Mangel (d. h. schlechte Anbaumethoden oder ausgelaugter Boden), die mit den richtigen Techniken und dem richtigen Know-how überwunden werden können?
Oder
sieht man das physikalische oder technische Problem lediglich als eine Widerspiegelung der sozialen und politischen Beziehungen, die geändert werden müssen?

3. Stärkt es die wirtschaftliche und politische Macht einer gewissen Gruppe, die sich dann noch mehr den Änderungen widersetzt, die ihre Privilegien zerstören könnten?
Oder
bewirkt es eine Verlagerung der Macht auf die Machtlosen?
4. Nimmt es durch das Eingreifen von ausländischen Experten lokale Initiative weg?
Oder
erzeugt es einen Prozeß der demokratischen Entscheidung und einen Vorstoß in Richtung auf die Selbstversorgung, die zu zukünftigen Projekten weiterführen kann?
5. Verstärkt es die Abhängigkeit von ausländischen Materialien, lokale Erfindungsgabe, lokale Arbeit und einheimische Materialien, und kann sie mit örtlichem Know-how betrieben werden?
6. Hilft es lediglich Individuen, sich ihrer Ausbeutung durch äußere Kräfte wie nationale Regierungen und internationale Märkte anzupassen?
Oder
ermutigt es ein Verständnis dieser Ausbeutung und einen Widerstand dagegen?
7. Wird der Erfolg nur nach den erreichten Zielen von vorbestimmten Plänen von Außenstehenden gemessen?
Oder
ist das Projekt im Ausgang offen, und wird der Erfolg durch die Einheimischen gemessen, während das Projekt voranschreitet?

Gibt es Gruppen, die diesen Erfordernissen entsprechen könnten? Wir haben einige wenige kleine Gruppen entdeckt, die über eine Kombination von Erfahrung in unterentwickelten Ländern, Verständnis politischer Zusammenhänge und den Einfallsreichtum verfügen, die nötig sind, um möglicherweise eine echte Hilfe zu bieten.

Eine Organisation, das Economic Development Bureau (EDB – Wirtschaftliches Entwicklungsbüro), ist die Gründung eines ehemaligen Akademikers. Während der amerikanische Wirtschaftswissenschaftler Idrian Resnick in dem Planungsministerium Tansanias arbeitete, fiel ihm die erstaunliche Fähigkeit der Tansanianer auf, viel von dem, was sie von Ausländern erbaten, selbst zu tun. 1975 richtete er einen »alternativen Beratungsdienst« ein. Es ist keineswegs ein gewöhnlicher Beratungsdienst. Die über 200 technischen

Experten aus über fünfunddreißig Ländern, die mit dem EDB assoziiert sind, sehen das Entwicklungsproblem nicht nur als eines technischer Natur an. Sie haben begriffen, daß ihr eigenes Wissen erst dann konstruktiv werden kann, wenn die einheimische Gemeinde einen wahrhaft demokratischen und kollektiven entscheidungsbildenden Prozeß begonnen hat.

Der Kontrast zwischen der EDB-Methode und der einer typischen Beratungsstelle ist aufschlußreich. In Tansania, einem Land mit einem der niedrigsten Ernährungsniveaus auf der Erde, gehen jedes Jahr 50 bis 75 Prozent des Getreides durch Mehltau verursachte Schäden und Insektenplagen zugrunde. Auf die Bitte der tansanianischen Regierung warb die Schwedische Internationale Entwicklungsagentur mehrere Beratungsfirmen an, um das Problem der Getreidelagerung zu studieren. In drei Jahren erstellten die Beratungsfirmen vier Berichte – alle empfahlen dabei stark mechanisierte, extrem teuere Silos, die alle zu ihrer Führung ausländische Techniker erforderlich machten. Weitere dreiviertel Millionen Dollar wurden für weitere Modelle der Beratungsfirmen gefordert. Aber sechs Jahre nach dem ersten Bericht war noch kein einziger Silo gebaut worden.

Nun erschien das EDB. Durch den Community Development Trust Fund von Tansania eingeladen, beschloß das EDB, das Problem auf der Dorfebene in Angriff zu nehmen – und zwar so, daß die direkte Kontrolle durch die Dorfbewohner während des ganzen Projekts sichergestellt war. Das EDB-Team, zu dem auch ein Tansanianer gehörte, der in der Erwachsenenbildungstechnik des exilbrasilianischen Lehrtheoretikers Paulo Freire ausgebildet worden war, kam in das Dorf. Die Dorfbewohner bildeten einen Ausschuß für Getreidelagerung. Das Team leitete eine Diskussion ein, bei der die Teilnehmer zusammenarbeiteten, um die Kräfte verstehen zu lernen, die die Dorfbewohner bedrückten und sie daran hinderten, ihr Getreide angemessen zu behandeln und zu lagern. Das Problem war nicht einfach eine Frage der Ratten, des Mehltaus und der Insekten und auch nicht des Trocknens, Besprühens und von Neubauten. Das Aufdecken und Verstehen der sozialen und wirtschaftlichen Beziehungen in dem Dorf war nötig, ehe eine wirksame Aktion eingeleitet werden konnte. Während des Dialogs und der Arbeit der Modifizierung der Lagerung erkannten die Dorfbewohner, daß sie Kenntnisse besaßen, die sie nicht zu besitzen geglaubt hatten; sie erlebten die kollektive Kraft, die sie haben, ihr eigenes Leben ändern zu können.

Bei dem Volk existierte bereits viel von einer wirksamen Technologie. Da das Dorf aber aus vielen ethnischen Gruppen zusammengesetzt ist, waren sich Nachbarn oft der gegenseitigen Strukturen und Methoden nicht bewußt. Indem sie ihre Erfahrungen teilten, wurden sich die Leute über den Reichtum ihrer verschiedenartigen Erfahrungen und ihres Wissens klar. Einer der EDB-Berater drückte es so aus:

»Es war nötig, die Dorfbewohner zu überzeugen, daß wir keine vorgefaßte Idee ... im Ärmel stecken hatten und die ganze Zeit darauf warteten, daß sich das kleine Drama der Dorfdemokratie entwickelte.«

Die Glaubwürdigkeit der EDB-Techniker war endgültig etabliert, als sie auf eine ernste Kritik der Dorfbewohner hin ein Modell fallenließen, das sie in der Diskussion vertreten hatten. Erst jetzt glaubten die Dorfbewohner, daß sie nicht bereits »mit einer Antwort« gekommen seien.

Anstelle der Einführung einer ausländischen Technologie erwies sich das erfolgreiche Lagerungssystem, das bei diesem Vorgang entwikkelt wurde, als eine Neukombination der besten Elemente aus den traditionellen Lagerungsmethoden des Dorfs. Die Menschen waren Teil einer dynamischen Entfaltung von Ereignissen, sie waren nicht am empfangenden Ende einer technischen Übung. Sie schufen auch etwas, das nicht einmal die besten Planer aus dem Ausland schaffen konnten: einen weitergehenden Prozeß des Ummodellierens.

Man ging das Problem der Getreidelagerung als ein soziales Problem an, das durch die Dorfbewohner gelöst werden konnte. Eine technische Lösung war nur ein Teil des Projekts wie es sich das EDB vorgestellt hatte. Darin integriert – und viel wichtiger als eine technische Lösung – war es, einen Prozeß der Definition und Erkundung der örtlichen materiellen Ressourcen und Beschränkungen zu ermöglichen, sowie das Modell einer wirksamen Aktion, das von den Dorfbewohnern verwendet werden konnte, um zukünftige Hindernisse in Angriff zu nehmen.

Tatsächlich gelang es durch dieses Projekt nicht nur, den Bau von zwanzig rattensicheren erhöhten Lagerhäusern für Sorghum in einer einzigen Erntezeit zu realisieren; es schuf auch ein Team von Dorfbewohnern, das in der Lösung von Problemen jetzt gut geschult war – den Lagerungsausschuß. Ein benachbartes Dorf hat jetzt Vertreter dieses Ausschusses gebeten, öffentliche Diskussionen abzuhalten, um diesen Prozeß des Wandels zu demonstrieren. Am Ende von acht

Wochen hielt der Lagerungsausschuß des Dorfes ein Seminar für den Stab und die Studenten der Agrarwissenschaftlichen Fakultät der Universität von Daressalam ab.
Dieses Projekt spiegelt die innewohnende Philosophie des EDB hinsichtlich der wirtschaftlichen Entwicklung in der dritten Welt. Um die Menschen für die Entwicklung, von den Ursachen und der Substanz ihrer Armut zu befreien, muß ein Prozeß eingeleitet werden, den sie selbst kontrollieren können. Die multinationalen Gesellschaften beklagen den Verlust von Lebensmitteln durch tierische Schädlinge in den unterentwickelten Ländern, sie behaupten, die kommerzielle Verpackung oder Schädlingsbekämpfungsmittel (die nur sie entsprechend liefern können) könnten das Problem lösen. Die Geschichte der EDB in Tansania ist ein Beweis dafür, daß nicht nur Lagerungsprobleme mit örtlichen Materialien und einheimischem Know-how gelöst werden können, sondern daß die Einleitung eines kollektiven Problemlösungsprozesses genauso entscheidend ist wie das Produkt selbst.
Oxfam, ursprünglich eine in England gegründete Hilfsorganisation, versucht ebenfalls, den Fallstricken zu entgehen, die wir in unseren sieben Fragen beleuchtet haben. Eines der vielen Oxfam-Projekte läuft in Guatemala, wo es das Problem in Angriff nimmt, den Opfern der Erdbebenkatastrophen zu helfen. Für die meisten Menschen bedeutet Hilfe ganz einfach ein Almosen; der Erfolg bedeutet, daß man annähernd etwas errichtet, das schon früher bestand. Als Antwort auf die erklärten Wünsche der guatemaltekischen Bauern lehrt Oxfam die Konstruktion von einfachen Hütten, die zukünftigen Erdbeben widerstehen können. Es ist ein Baumuster, das die guatemaltekischen Dorfbewohner selbst mit lokalem Material bauen können. Die Dörfer können einander weiter durch ihre Kooperative unterrichten, bei deren Start Oxfam ebenfalls bereits geholfen hat.
CARE auf der anderen Seite studierte die Wohnungsprobleme in Guatemala. Man bemühte sich hier vor allem um Schnelligkeit. Es war das Ziel, in sechs Monaten 26 000 Häuser fertigzustellen. Auf die Frage, ob die Dorfbewohner an der Planung und dem Bau beteiligt werden würden, erklärte ein Vertreter von CARE:
»Die Leute werden genug Gelegenheit zur Teilnahme bekommen, wenn sie ihre Wände ausfüllen. Das Projekt ist zu groß, als daß man es durch Einzelheiten aufhalten könnte. Wenn die Leute zurückbleiben und das Projekt aufhalten, kommen wir und graben, wenn wir

müssen – Bum-bum-bum – die Pfostenlöcher selbst und ziehen dann in die nächste Stadt weiter.«[1]

Der Kontrast zwischen der Methode von Oxfam und der von CARE ist der zwischen der Ansicht, daß Entwicklung der Prozeß ist, daß Menschen für ihr eigenes Leben sorgen sollen, und der, daß Entwicklung eine Arbeit ist, die getan werden muß.

Wir haben ein weiteres Beispiel einer freiwilligen Organisation gefunden, die bereit ist, das Risiko auf sich zu nehmen und sich den wirklichen Ursachen des Hungers zu stellen. Seit mehreren Jahren hat das Unitarian-Universalist-Service-Komitee eine Zeitung in San Salvador, *»Justic and Peace«* (Gerechtigkeit und Frieden) unterstützt. Es ist das einzige Vehikel des Widerspruchs gegen die Ungerechtigkeiten und Abscheulichkeiten, die Bauern zugefügt werden, die um ihr Überleben kämpfen. 1975 haben beispielsweise Armee-Einheiten in El Salvador unbewaffnete Bauern massakriert. In zwei Fällen berichtete die salvadorianische Presse, Guerillaeinheiten hätten Armee-Einheiten angegriffen. Nur *»Justice and Peace«* gab die Version der Bauern wieder.

Wir sagen natürlich nicht, daß wir jedes Projekt dieser Organisation unterstützen. Sie haben aber demonstriert, daß sie nicht glauben, die Entwicklungsprobleme erforderten lediglich technische Hilfe. Die Entwicklungshilfe ist vielmehr die Ermöglichung eines Prozesses, durch den sich die Menschen durch das Erwachen zu ihrem eigenen kollektiven Potential die nötige Kraft verschaffen. Technisches Wissen wird nur dann konstruktiv, wenn es als Antwort auf Bedürfnisse gewährt wird, die von den Menschen selbst identifiziert werden, und nur, wenn es dazu benützt werden kann, die Möglichkeiten für eine Selbstbestimmung zu fördern.

Man stelle diese nicht in Gegensatz zu dem, was ein Führer auf dem Gebiet der freiwilligen Hilfe für Landentwicklung kürzlich vor einem Unterausschuß des amerikanischen Kongresses sagte. Er lobte das, was seine Organisation tun könne, und stellte fest:

»Indem wir apolitisch bleiben und Projekte fördern, deren Hauptziel es ist, Menschen mit niedrigem Einkommen Würde erlangen zu lassen, scheint ein subtiler Depolarisierungsprozeß stattzufinden; die Entfremdung zwischen reich und arm, Regierung und Volk, zwischen Stammesgruppen, ja sogar zwischen Ländern kann reduziert werden.«[2]

Apolitisch bleiben bedeutet, nicht an der Verlagerung der Macht von einer elitären Besitzerklasse auf die Mehrheit beteiligt zu sein. Die

Konzentration auf »apolitische« Projekte kann nur bedeuten, Projekte auszuwählen, die die gegenwärtige Machtverteilung bestärken und vielleicht eine neue Klasse von Entrepreneurs (Unternehmern) schaffen. Eine derartige Wahl wird aber unvermeidlich den Interessen derer dienen, die bereits an der Macht sind, indem man eine weitere Schicht verhältnismäßig wohlhabender Individuen schafft, die dann ebenfalls einen Anteil an dem Status quo haben.
Die Annahme, daß die Hilfe der einzige Weg ist, dem Hungrigen zu helfen, zeigt einen fundamentalen Mangel an Verständnis dessen, was wir in diesem Buch zu übermitteln versucht haben – der Ansicht, daß sich die Menschen selbst ernähren wollen. Wenn sie es nicht tun, bedeutet das, daß sie jemand daran hindert.
Wir brauchen ihnen nicht zu »helfen«, sie zu lehren oder zu zwingen. Wenn die Hindernisse entfernt sind, werden sie sich selbst ernähren. Aber wie können wir zur Entfernung dieser Hindernisse beitragen? Wir werden diese Frage in unserer Schlußantwort behandeln.

* * *

»Wir sahen diese jungen Freiwilligen (von der Elfenbeinküste) in diesem Sommer im Yakasse und Abengourou an der Arbeit. Sie zeigten exemplarischen Mut und Zähigkeit, und man muß zugeben, daß sie einen besseren Empfang durch die Bevölkerung verdient hätten. Die Bauern haben die Gewohnheit angenommen, nicht mit Entscheidungen assoziiert zu werden. Warum sollten wir daher erstaunt sein, daß sie nicht an der Arbeit teilnahmen? Weil die Entscheidungen für sie getroffen wurden, dachten sie, diese jungen Leute seien gekommen, um für sie zu arbeiten. In dem Yakassedorf waren sogar Gerüchte im Umlauf, die jungen Freiwilligen seien zur Strafe für ein Versagen in der Schule gekommen!«
Mr. Rafransoa, UN-Entwicklungsprogramm, »Freiheit von Hunger-Kampagne«, 1974.

Teil X:

Food first! Nahrung zuerst!

42

Was bedeutet Nahrungs-Selbstversorgung?

Frage: In dem ganzen Buch haben Sie die Selbstversorgung mit Nahrung erwähnt. Was bedeutet sie, und wie kann sie erreicht werden?

Unsere Antwort: Die Erreichung der Nahrungsselbstversorgung schließt mindestens sieben Grundsätze ein. Diese Grundsätze sind keine spekulativen Punkte, sondern Elemente, die bereits in Ländern als notwendig erwiesen wurden, die die Selbstversorgung mit Lebensmitteln erreicht haben oder doch auf dem besten Weg dazu sind – in Ländern, das sollten wir nicht vergessen, die 40 Prozent aller Menschen in der unterentwickelten Welt umfassen.

Grundsätze der Lebensmittel-Selbstversorgung

1. Die Selbstversorgung mit Lebensmitteln erfordert die Zuteilung der Kontrolle über Agrarressourcen an örtliche, selbstversorgte Einheiten, die demokratisch organisiert sind.
Nur dann wird eine gesteigerte Agrarproduktion der örtlichen Mehrheit statt örtlichen und auswärtigen Eliten zugute kommen. Ein schmaler Fokus auf die Produktion hat nur größeren Hunger zur Folge. Wie wir in Teil V bewiesen haben, ist das kein theoretischer Punkt. Kürzlich haben Tiefenstudien der Internationalen Arbeitsorganisation (ILO) von sieben asiatischen Ländern (die 70 Prozent der Menschen umfassen, die in unterentwickelten Ländern leben) enthüllt, daß sich dort, wo ein schmaler Produktionsfokus das Bruttosozialprodukt pro Kopf und die Gesamtproduktion gesteigert hat, das Wohlbefinden der unteren 20–80 Prozent tatsächlich verschlechterte.[1]
Viele sogenannte Landreformen in den letzten zwanzig Jahren haben beansprucht, die Kontrolle über die landwirtschaftlichen Re-

sourcen neu verteilt zu haben. Die meisten haben das aber nicht getan.
Landreformgesetze in Ländern wie Pakistan, den Philippinen, Indien und Ägypten haben die Landlosen vernachlässigt – die 30–40 Prozent der Landbevölkerung ausmachen. Ja, es ist nur ein geringer Teil des Landes von der Landreform erfaßt worden – auf den Philippinen waren zwei Jahre nach der Landreform erst zwei Prozent des bebauten Landes neu verteilt. In einigen Fällen sind die Großbesitzer die wahren Nutznießer dieser »Reformen«. 1959 kompensierte die Landreform in Pakistan die Landbesitzer sehr ordentlich für »schlechtes, nicht bewässertes Land, das ihnen früher keine Erträge gebracht hatte«.[2] Solche falschen Reformen haben nur eine Bewertung dessen verdunkelt, was die Auswirkung einer wirklichen Neuverteilung hätte bedeuten können.
Fortschritte der Produktion sind in den Ländern nicht geopfert worden, die authentisch das Land und die Produktionsmittel neu verteilt haben – Ländern, die so verschieden sind wie Japan, Kuba, Taiwan, China und Nordvietnam. Die Menschen, die entweder privat oder kollektiv ihr eigenes Land besitzen, investieren natürlich mehr Zeit, Arbeit und Geld in das Land als Nichtbesitzer. Nur die Neuverteilung des Landes kann einen neuen Typ von Bauern schaffen, einen Bauern, der bereit ist, sich den schwierigen Herausforderungen zu stellen, und der die Bosse, Geldverleiher und Landherren nicht mehr fürchtet. 1940 wurden in Japan nur etwa 31 Prozent des Landbesitzes von Menschen bearbeitet, denen das Land gehörte, 1960 wurden über 75 Prozent des Landes von Besitzerbauern bestellt.[3] Dieser Wandel gibt einen guten Teil der Erklärung dafür ab, warum die Acre-Erträge Futtergetreide in Japan um 60 Prozent größer waren als die entsprechenden Zahlen in den Vereinigten Staaten.[4]
Die Geschichte deutet darauf hin, daß eine Neuverteilung der Kontrolle über die Produktion jedoch keinen Erfolg haben kann, wenn man eine allmähliche Reform versucht. Sie muß eine schnelle und totale Rekonstruktion sein. 1959, während der ersten Phase der Agrarreform in Kuba wurden 50–60 Prozent des kubanischen Akkerlands, das im Besitz von nur 5 Prozent der Landherren war, für die Neuverteilung bestimmt. Als die großen Landbesitzer versuchten, die Reform zu subvertieren, indem sie sich weigerten, anzupflanzen, und indem sie die Produktion zurückhielten, mußte das Nationalinstitut für die Agrarreform schnell arbeiten, um die Pro-

duktion zu sichern. So mußte eine Landverteilung, die, wie sich Ministerpräsident Castro gedacht hatte, drei Jahre erfordern würde, in wenigen Monaten vollendet werden.[5]

Wie die Sowjetunion tragisch demonstriert hat, garantiert der öffentliche Besitz nicht in sich selbst die Kontrolle durch die Bevölkerung. In der Stagnation der Produktion auf den Staatsfarmen kann man, wenn man sie mit der offensichtlichen Produktivität von privaten Gartenanteilen vergleicht, einen Widerstand der Bauern gegen ein System sehen, in dem sie lediglich Angestellte sind – und schlechtbezahlte obendrein.

2. Die Lebensmittelselbstversorgung hängt von der Masseninitiative und nicht von Regierungsdirektiven ab.

Die Selbstversorgung bedeutet nicht nur Massenbeteiligung, sondern auch Masseninitiative, die Initiative von Menschen, die psychologisch von der Abhängigkeit von Autorität befreit sind, ob das jetzt Landbesitzer oder Regierungsbeamte sind. Eine Masseninitiative ist das Gegenteil von einem Selbstsuchen, sie beruht auf dem Erwachen des Vertrauens der Menschen darauf, daß eine echte Entwicklung nur durch eine kooperative Arbeit eintreten kann, an der alle teilnehmen und von der alle den gleichen Nutzen haben. Es hat sich gezeigt, daß Menschen gewillt sind, zu opfern und hart für einen zukünftigen Lohn zu arbeiten, wenn sie sehen, daß auch die Opfer gleichmäßig gebracht werden. Die Gleichheit ist daher eine notwendige Vorbedingung für die Masseninitiative. In Ländern, in denen eine große Ungleichheit im Reichtum und Einkommen besteht, werden Appelle für nationale Opfer von der armen Mehrheit richtig als ein Weg ausgelegt, durch die besondere Anstrengung der Massen weiteren Reichtum herauszuholen.

Da die Selbstversorgung Gleichheit voraussetzt, sollten Regierungsprogramme, die nur einem Segment der Armen helfen, nicht mit einer Selbstversorgungspolitik vermischt werden. Oft steigern sie nur die Ungleichheit. Zwischen 1957 und 1970 wurde etwa ein Viertel der Kleinlandbesitzer in Malaysia durch ein Landentwicklungsprogramm der Regierung angesiedelt. Ihr Einkommen stieg um das Mehrfache des durchschnittlichen Bauernhaushalts. Und doch erlebten alle anderen Kleinbesitzer, daß ihr Einkommen halbiert wurde. Die Selbstversorgung ist nicht der »Projektzugang« zum Hunger.

Die Masseninitiative ist des weiteren das Gegenteil einer von der Regierung »gemanagten« Entwicklung. Wenn die Nahrungsselbstversorgung von oben gemanagt wird, haben die Menschen das

Gefühl, daß sie für die Regierung und nicht für sich selbst arbeiten. Die Menschen werden zu »Klienten« und nicht zu der bewegenden Kraft.

Eine Regierungspolitik, die einfach Land an kleine Bauern ausparzelliert, bedeutet beispielsweise keine Selbstversorgungsentwicklung. Die Landreform muß die Menschen selbst einbeziehen, die es sich überlegen und entscheiden, wie sie Ressourcen verwenden und wie Streitigkeiten geregelt werden sollen. Eine Landreform muß nicht nur das Land neu verteilen, sondern auch der erste Schritt zu einer Massendemokratie sein. Der Prozeß der Landreform ist so wichtig wie die Landreform selbst. Im Gegensatz dazu hat Sri Lanka (Ceylon) versucht, die Entwicklung von oben durch eine Reihe von Wohlfahrtsprogrammen wie kostenlose Gesundheitsfürsorge und Preissubsidien von Grundnahrungsmitteln wie Reis und Zucker auf dem Verwaltungsweg zu verordnen. Das kostet etwa die Hälfte aller Regierungsausgaben.[6]

Eine grundlegende Neuverteilung der Kontrolle über die Produktionsmittel hat nicht stattgefunden, die Schemata der Abhängigkeit wurden nicht erschüttert. Obwohl die Verteilung der Einkommenszahlen die Tatsache verdunkeln, ist der Konsum in Sri Lanka für alle bis auf die oberen 10 bis 20 Prozent gesunken.

Selbst das fortschrittliche Tansania ist in die Fallstricke des Versuchs geraten, die »Selbstversorgung zu managen«. Der Wirtschaftspolitiker P. L. Raikes stellt in seiner detaillierten Studie der *ujamma*-Dörfer in Tansania fest[7], daß bürokratische Interventionen von außen die Freimachung der Begeisterung und der produktiven Energie der Bauern korrumpiert haben. Unter verstädterten und auslandsorientierten Administratoren handhabten die Bauern die Gemeindeländereien so, als ob es Regierungsfarmen seien. Die Anwendung von Zwang führt zu passivem Widerstand. Raikes stellt beispielsweise fest, daß die Administratoren den Bauern allzu oft einen Plan präsentieren, der in erster Linie eine Aufstellung von Produktionszielen ist. Die Zuteilung des nötigen Farmbedarfs und der sozialen Dienste wird von der Annahme des Plans abhängig gemacht. Die Dörfler wissen, daß es den Bürokraten mißfallen wird, wenn sie die Vorzüge des Plans in Frage stellen, und daß sie dadurch die Wahrscheinlichkeit, Hilfe zu bekommen, verringern. Eine derartige »Selbstversorgung durch Regierungsanordnung« ist nicht das, was wir unter Selbstversorgung verstehen – und zwar zum Teil deshalb, weil sie einfach nicht klappen wird.

3. Mit der Lebensmittelselbstversorgung wird der Handel eine natürliche Folge der Entwicklung und nicht die zerbrechliche Angel, an der das Überleben hängt.
Landwirtschaftliche Exporte sollen erst erfolgen, nachdem die landwirtschaftlichen Ressourcen in den Händen von Menschen sind, die zuerst ihren eigenen Nahrungsbedarf befriedigen. Erst nachdem die Nahrungsmittelproduktion verteilt ist und die Menschen sich selbst ernähren, kann der Lebensmittelhandel eine positive Rolle spielen. Sicherlich kann kein Land hoffen – wie wir das in Teil VI gesehen haben –, in dem Spiel des internationalen Handels zu »gewinnen«, solange sein eigenes Überleben davon abhängt, daß es jedes Jahr seine ein oder zwei Produkte verkauft. Ein Land kann einfach nicht gerechte Preise für seine Exporte erzielen, wenn es verzweifelt Devisen braucht, um Lebensmittel zu importieren. Wenn jedoch einmal die Grundbedürfnisse erfüllt werden, kann der Handel eine gesunde Ausweitung der *heimischen Bedürfnisse* werden, statt von der *ausländischen Nachfrage* bestimmt zu werden.
Nachdem das kubanische Volk die Diktatur Batistas gestürzt hatte, verlegte es sich auf Nahrungsmittelanbau und Viehzucht für den einheimischen Bedarf. Zusätzlich wurde neues Land gerodet und die Fläche des Brachlands verringert, so daß die bebaute Fläche substantiell wuchs.
Zwischen 1958 und 1962 verdoppelte sich die Produktion von Reis und Mais beinahe, die Bohnenerzeugung stieg um über das Doppelte.[8] Des weiteren machte die garantierte Beschäftigung und das Recht auf angemessene Grundnahrung dem Hunger ein Ende.
Der Zuckerexport ging jetzt nicht mehr auf Kosten der Gesundheit der kubanischen Bevölkerung, sondern er war lediglich ein Weg, um produktive Güter kaufen zu können, die für die weitere Entwicklung nützlich sind. Wie anders ist das Schicksal der Bevölkerung der Dominikanischen Republik, deren Nahrungsbedarf der »Verzuckerung« des Landes geopfert wird. Eine sich schnell ausweitende Fläche des Landes wird mit Zuckerrohr bepflanzt, um die Profite von multinationalen Konglomeraten wie Gulf and Western[9] zu erhöhen, während die Lebensmittelproduktion pro Person abnimmt.
Etwa 90 Prozent des produzierten Zuckers werden in die Vereinigten Staaten zur Erzeugung von Soft Drinks, Süßigkeiten, Kuchen und Keks exportiert, wie Robert Ledogar in seiner von der Verbraucherunion unterstützten Studie feststellt:

»Für die unterernährten Kleinbauern, die Bauern, die um ihr Existenzminimum ringen, und die landlosen Arbeiter – zusammen umfassen sie etwa 75 Prozent der Landbevölkerung – sehen die endlosen Zuckerrohrfelder wie eine große grüne Plage aus, die allmählich ihr Land zerstört.«

Die Selbstversorgung zielt daher auf die örtliche Autarkie in den Grundlebensmitteln ab. In dieser Hinsicht kann es keine Ausflüchte und keine Wortverdrehungen geben. Abgesehen von dem Lebensmittelgrundbedarf, muß die Entwicklung zur Selbstversorgung auch im frühen Stadium den Handel nicht völlig aussperren. Bei gewissen nützlichen Dingen, wie etwa Pumpen, sollte es nicht notwendig sein, zu warten, bis die industrielle Entwicklung so weit fortgeschritten ist, daß man sie im eigenen Land herstellen kann. Der Handel kann helfen, die Frage ist lediglich, welche Art von Handel. Wenn wir an einen »wohltätigen« Handel als Kooperation denken, ergibt sich ein klares Prinzip: Man wähle einen Partner mit der verhältnismäßig gleichen Machtebene – aber auch ergänzenden Bedürfnissen. So werden die Chancen einer Manipulierung stark vermindert. Die Suche nach einem Handelspartner sollte erst beginnen, nachdem alle Wege für die einheimische Produktion getestet wurden.[9]

Wenn unterentwickelte Länder die Industrieländer als *das* Modell ansehen, ist die unvermeidliche Folge eine Uniformität – die Selbstversorgung andererseits wird zur Mannigfaltigkeit führen.

Es gibt kein technologisches Modell und keine Agrarpraxis, die universell angewendet werden können. Selbstversorgung bedeutet eine Herausforderung an die menschliche Ingenuität, einzigartige Modelle für einzigartige Räume zu schaffen.

Wie der Entwicklungsanalytiker Johan Galtung bemerkt, wird jeder Verlust an Effektivität, der aus der Wiedererfindung einer Sache erwächst, die bereits erfunden wurde, »durch den Gewinn an Selbstvertrauen, durch die Annahme der Herausforderung, ein Erneuerer zu sein, mehr als ausgeglichen«.[10]

4. Die Lebensmittelselbstversorgung bedeutet die Wiedervereinigung von Ackerbau und Ernährung.

Als die Plantagen des Kolonialismus erstmals Nahrung in eine bloße Ware verwandelten, vervollständigten die Kontrakte der großen multinationalen Gesellschaften für den »Globalen Supermarkt« die Trennung von Ackerbau und Ernährung. Die Selbstversorgung würde es nicht zur zentralen Frage machen: »Welche Anbauart könnte in Monaten oder sogar Jahren einige Cents mehr auf dem

Weltmarkt einbringen?«, sondern »Wie können sich die Menschen mit diesem Stück Land am besten ernähren?«
So offenkundig das erscheinen mag, wird die Politik, die auf der Verwendung des Landes für die Ernährung basiert, heute nur in wenigen Ländern praktiziert. Für diese Länder ist die Nahrung nicht mehr bloß eine Ware. Als Lebensnotwendigkeit hält man sie für so wichtig wie das Leben selbst.
Mit der Lebensmittelselbstversorgung an erster Stelle können industriell bedingte Erzeugnisse (wie Baumwolle und Gummi), Futtergetreide für Vieh und Luxusobst und -gemüse angepflanzt werden, *nachdem* die Grundbedürfnisse der Bevölkerung befriedigt sind. Im Gegensatz dazu ist in den Vereinigten Staaten, wie das in »Diet for a Small Planet« nachgewiesen wurde, die Viehproduktion praktisch eine Antithese zur Erzielung der maximalen Lebensmittelproduktion aus unserem Land. Man benützt das Vieh, um die »Überproduktion« in einer Welt loszuwerden, wo die meisten Menschen nicht das Geld haben, das Getreide zu kaufen, das sie brauchen. Das Vieh frißt so die Produktion von mehr als der *Hälfte der* Erntefläche in den Vereinigten Staaten. Gleichzeitig entschwinden Bohnen und Getreideprodukte, die in der Nutzung des Landes mit dem Futtergetreide konkurrieren, aus den Einkaufsmöglichkeiten der wirklich Armen, die auf diese Grundnahrungsmittel angewiesen sind.
Eine Selbstversorgungspolitik in den Vereinigten Staaten würde das Land nutzen, um die Amerikaner mit all unserem nötigen Getreide sowie mit anderen Pflanzennahrungsmitteln zu versorgen, ehe es für den Anbau von Futtergetreide zur Verfügung gestellt wird.
Mit einer neuen Blickrichtung auf die Entwicklung besserer Futterstoffe und Abfallprodukte, die das Getreide bei der Fütterung ersetzen, sollten die Vereinigten Staaten nach der Schätzung eines USLM-Beamten die Menge des an Vieh verfütterten Getreides um 50 Prozent reduzieren und trotzdem etwa die gleiche Menge Fleisch produzieren können.[11]
In einem Food-first-(Lebensmittel zuerst-)Land wie China konkurrieren die Menschen nicht mit dem Vieh. Das Getreide wird nicht von den Menschen auf das Vieh abgeleitet; tatsächlich wird an Vieh nur sehr wenig Getreide verfüttert. Die meisten Tiere wurden durch individuelle Haushalte in erster Linie mit Farm- und Haushaltsabfällen großgezogen. Auch die Schweine liefern ihren Beitrag für das Ackerland. Jedes Schwein produziert im Jahr vier bis fünf Tonnen Mist[12], eine Hauptquelle organischen Düngers. Als der amerikani-

sche Weizenbauer Norman Borlaug hörte, daß es in China etwa 250 000 000 Schweine gibt (etwa viermal soviel wie in den Vereinigten Staaten), konnte er das kaum glauben.
Was konnten diese Schweine nur fressen? Er reiste nach China und beobachtete selbst die, wie er es ausdrückte »ziemlich mageren Schweine«. Sie wuchsen sehr langsam, aber er gab fast ehrfürchtig zu, daß sie, als sie die Reife erlangten, sehr anständig aussahen. Und das alles mit Baumwollblättern, Maisstengeln, Reishülsen, Wasserhyazinthen und Erdnußschalen! Für uns Amerikaner, die wir mit maisgefüttertem Rindvieh und milchgefütterten Kälbern aufgewachsen sind, ist es tatsächlich schwer, uns vorzustellen, daß es die einzigartige Rolle des Viehs ist, aus Dingen, die wir nicht essen können, eine für Menschen geeignete Nahrung zu bilden.
5. Die Lebensmittelselbstversorgung macht den Ackerbau zu einem Ziel und nicht zu einem Mittel.
In Ländern, wo heute ein so großer Teil der Bevölkerung hungert, hat man den Ackerbau seit dem Vorstoß des Kolonialismus als einen Sektor angesehen, aus dem man Reichtum herausholt, um städtischen, industriellen und ausländischen Interessen zu dienen. In der Theorie haben sich die Dinge geändert. War das aber wirklich der Fall? In den meisten unterentwickelten Ländern trägt der Ackerbau weiterhin viel mehr zum nationalen Einkommen bei, als er an Investierungen erhält.
Obwohl die Agrarproduktion gewöhnlich den größten Teil der landwirtschaftlichen Erzeugung und des Außenhandels bildet, stellte kürzlich eine Untersuchung fest, daß der Ackerbau in unterentwikkelten Ländern lediglich 11 Prozent aller Investitionen bekommt. Andererseits bekommen der Bergbau und die industrielle Erzeugung über ein Viertel aller Investitionen.[13]
Eine Afrika-Studie der Vereinten Nationen stellte fest, daß der Ackerbau, obwohl er 20–50 Prozent des Bruttosozialprodukts beträgt, nur 10 bis 30 Prozent der öffentlichen Investitionen erhält.[14]
Die Chinesen haben einen anderen Weg gewählt. Sie haben sich ganz bewußt dazu entschlossen, die sowjetische Methode zu verwerfen, nämlich die Bauern durch niedrige Preise für ihre Produkte und hohe für Verbrauchsgüter und Farmbedarf auszupressen. Sie haben eine Politik relativ hoher und langsam ansteigender Preise für Agrarprodukte zusammen mit niedrigen Preisen für Farmbedarf gewählt.[15]
Dazu wurde die Besteuerung der Bauern praktisch halbiert.[16] Statt aus dem Ackerbau einen Überschuß herauszuholen, steuert der Rest

der Gesellschaft 23 Prozent über das hinaus bei, was sie vom Ackerbau erhält.[17]

Mit der Lebensmittelselbstversorgung wird die Agrarentwicklung ein Ziel für sich selbst. In Teil V haben wir gesehen, daß die Lebensmittelproduktion durch eine Agrarmodernisierung gesteigert werden kann, die man schwerlich als *Agrarentwicklung* ansehen kann, da sie dazu führt, daß viele oder sogar die meisten Landbewohner weniger essen. Da wir mit Lebensmittelselbstversorgung nicht nur eine angemessene Lebensmittelerzeugung, sondern auch einen angemessenen Lebensmittelkonsum durch alle meinen, kann sie nicht ohne eine echte Agrarentwicklung erreicht werden, an der alle teilhaben. Man muß in der Tat die Lebensmittelselbstversorgung und eine wahre Entwicklung als ein und dasselbe ansehen.

6. Mit der Food-first-(Lebensmittel zuerst-)Selbstversorgung wird die Industrie der Landwirtschaft dienen; Stadt und Land werden sich begegnen.

Wenn die Menschenmassen den Befehl übernommen haben, werden Erfindung und Produktion auf dem Bedürfnis nach einem Produkt basieren. Ein ländliches, verteiltes Industrienetz kleinen Maßstabes wird heranwachsen und den Bedarf an Dünger, Farmbedarf und anderen einfachen Industrieerzeugnissen befriedigen. Wir sprechen nicht davon, Fabriken, die für einen städtischen Bedarf erzeugen, bloß um der »Dezentralisierung willen« mitten in Reisfelder zu stellen, sondern von der Entwicklung der Industrie als natürliche Folge der Bedürfnisse einer arbeitsintensiven Landwirtschaft und der örtlichen Bevölkerung.

Indien machte die Dezentralisierung der Industrie zu einer offiziellen Politik, verstand aber den richtigen Prozeß nicht. Uhren- und Radiofabriken wurden in ländlichen Bezirken angesiedelt. Weil aber sowohl das Material für die Produktion wie der Markt für das fertige Produkt in den Städten lag, brauchte man viel Geld, um Uhrfedern auf das Land und Uhren in die Stadt zu transportieren. Die Schwierigkeit lag darin, daß eine Uhrenfabrik nichts dazu tun konnte, das Wachstum der Landwirtschaft zu stimulieren, und daß das landwirtschaftliche Wachstum der Uhrenfabrik keinen Anreiz gab.

Mehr noch: die Lebensmittelselbstversorgung wird den Strom der landlosen Flüchtlinge, die täglich in der Hoffnung auf Arbeit in die Städte wandern, anhalten, wenn nicht sogar umdrehen.

Die große Kluft in dem Einkommen zwischen ländlichen und städtischen Arbeitern wird sich allmählich schließen. Man wird das Landleben nicht länger als rückständig ansehen. Das kubanische Volk beispielsweise verstand das Bedürfnis, gesundheitliche, Bildungs- und kulturelle Einrichtungen, Tanz, Film, Theater in ländliche Gebiete zu bringen, die sonst besonders von den jungen Leuten unweigerlich mit dem Stadtleben assoziiert werden. In den letzten Jahren sind mehr als 500 Internat-Highschools auf dem Land für Studenten aus ländlichen und städtischen Gebieten gebaut worden. Diese Schulen gehören zu den besten des Landes und bieten nicht nur eine Highschool-Bildung, sondern auch tägliche Arbeit in der Lebensmittelproduktion. Durch solche Schulen auf dem Land lernen Zehntausende junger Leute die Schwierigkeiten, aber auch den Lohn der Landarbeit kennen und werden sich darüber klar, daß auch sie zu der Entwicklung ihres Landes beitragen können.

Studenten auf das Land zu schicken, wie das die Politik in Ländern wie Kuba, Somalia und China ist, ist westlichen Beobachtern oft als eine Form des Anti-Intellektualismus erschienen. Es ist aber vielmehr die Erkenntnis, daß die ganze Bevölkerung und besonders die Jugend die Bedeutung der Landwirtschaft schätzenlernen muß. Wenn das nicht so ist, wird die landwirtschaftliche Entwicklung wahrscheinlich durch verstädterte Bürokraten mit weißen Kragen geopfert, die weiterhin glauben, daß die Landwirtschaft das Stubenmädchen für andere Sektoren und die Bedürfnisse einer Elite (sie selbst eingeschlossen) ist.

7. Die Lebensmittelselbstversorgung erfordert eine koordinierte soziale Planung.

Wenn Menschen aus dem Westen China studieren, sind die meisten von der riesigen Größe der Organisationsprobleme überwältigt, die man bei der buchstäblichen Umwandlung des Landes in Angriff genommen hat. Wenn wir sehen, wie Mammutdämme allein durch Menschenkraft geschaffen und mit der ganzen Landschaft gerechten Mitteln umgestaltet werden, begreifen wir schwerlich etwas anderes, als daß Menschen ohne selbst zu denken, Plänen folgen, die ihnen von oben gereicht werden.

Eine soziale Planung muß aber nicht eine autoritäre Herrschaft von oben bedeuten. Vielleicht kann eine effektive soziale Planung des nötigen Ausmaßes nur durch eine Dezentralisierung der Autorität kommen, die es jeder Region gestattet, angemessene Lösungen auszuarbeiten.

Der Umbau der Gesellschaft bezieht auch eine soziale Planung von unten nach oben/von oben nach unten in einem großen Maßstab ein.

So beginnt beispielsweise die Lebensmittel-zuerst-Selbstversorgung mit dem Ernährungsbedarf aller Menschen und übersetzt sie dann in einen nationalen Agrarplan. Ein kanadischer Bericht über Ackerbau und Ernährung in Kuba beschreibt, wie die Bauern lokal an dieser Umsetzung teilnehmen.

»Man veranstaltet Zusammenkünfte mit allen Landarbeitern und Kleinbauern auf lokaler Ebene, um den Plan und die Produktionsquote zu erörtern, die der Region zugewiesen wurden. Man macht Vorschläge für Revisionen oder Änderungen. Dieser Rückkopplungs-Prozeß ist sehr wichtig, weil es die Bauern und die Arbeiter des Ortes sind, die am besten wissen, welche Sorten in dem Gebiet am besten gedeihen.«[18]

Der »Reklamewagen« der Lebensmittelselbstversorgung

Die verheerende Auswirkung des Exportackerbaus auf die Mehrzahl der Menschen wird immer weniger zu leugnen sein; die Abhängigkeit von der Ernährung wird weiterhin zu Lebensmittelknappheiten und steigenden Preisen für die politisch wankelmütigen städtischen Zentren führen. Wie vorauszuberechnen ist, werden nationale Politiker in steigendem Maß nach der Lebensmittelselbstversorgung rufen; einige haben ja mit der Verwirklichung bereits begonnen. Sie werden behaupten, daß ihre neue Landwirtschaftspolitik ihre Länder unabhängig machen wird. Die Lebensmittel-Selbstversorgungspolitik, die wir beschrieben haben, kann jedoch von den Regierungen der meisten unterentwickelten Länder einfach nicht durchgeführt werden. Warum nicht? Ganz einfach, weil diese Politik den Eigeninteressen der wohlhabenden Elite, die jetzt an der Macht ist, im Wege steht. Lebensmittel-zuerst ist daher nicht einfach ein Ruf, Lebensmittel in hungrige Mäuler zu stecken. Es ist die Erkenntnis, daß alle gesellschaftlichen Beziehungen umkonstruiert werden müssen, wenn es die erste Priorität sein soll, die Menschen zu befähigen, sich selbst zu ernähren.

Wenn die heutigen Regierungen die Politik des Lebensmittel-zuerst nicht erfüllen wollen – was ist dann der Wert dieses Rezepts für die Lebensmittelselbstversorgung? Wir denken, sein Wert liegt darin, aufzuzeigen, was möglich ist, indem man Gruppen, die um die Selbstbestimmung kämpfen, den Beweis liefert, daß die Nahrungsmittelselbstversorgung eine gangbare Alternative ist.

Ein Rezept für die Nahrungsselbstversorgung und eine fortdauernde

Bemühung, den Beweis an Erfahrungen aufzuspeichern, daß es möglich ist, wird alle Regierungen unglaubwürdig machen, die jetzt eine fortwährende Abhängigkeit als für das Überleben notwendig ansehen. Die stärkste Waffe der Unterdrückung ist tatsächlich der Glaube bei Bedrückern wie bei Unterdrückten, daß die Abhängigkeit zwar nicht wünschenswert sein mag, aber doch immer noch besser ist als der Hungertod. Die Selbstversorgung ist der Eckstein der echten Selbstbestimmung – und sie ist für jedes Land dieser Welt möglich.

Die Lebensmittelselbstversorgung und die Industrieländer

Wie würde sich die Lebensmittelselbstversorgung in den unterentwickelten Ländern auf uns in den Industrienationen auswirken? Viele könnten dann annehmen, daß die Bürger der Industrieländer aus einer andauernden Abhängigkeit der unterentwickelten Länder Nutzen ziehen.

Wie wir schon gesehen haben, ist die Antwort ein entschiedenes »Nein«. Die Selbstversorgung der jetzt abhängigen Länder würde das jetzige Globale-Supermarkt-Phänomen ins Herz treffen, das heißt die Zusammenarbeit der Eliten in den Industrie- wie in den unterentwickelten Ländern, um aus dem Land und dem Volk der unterentwickelten Nationen Nutzen zu ziehen, indem man daheim wie im Ausland diejenigen unterstützt, die am meisten bezahlen können. Obwohl die Apologisten der Großindustrie den Bürgern der Industrieländer sagen könnten, daß der »Globale Supermarkt« existiert, um ihnen zu dienen, ist das nicht der Fall. In Kapitel VIII haben wir bereits gesehen, daß er nur denen dient, die ihn geschaffen haben.

Würde aber die Lebensmittel-zuerst-Selbstversorgung in den unterentwickelten Ländern wichtige Märkte für die Agrarprodukte von Ländern wie den Vereinigten Staaten oder Kanada schließen?

Offensichtlich! Bedeutet das aber, daß jedes Mittel angewandt werden muß, um andere Länder lebensmittelabhängig zu halten, weil die amerikanischen Farmer sonst nicht in der Lage wären, einen anständigen, sicheren Lebensunterhalt zu verdienen? Wir denken nicht. In Teil VII haben wir damit begonnen, die Umbalancierung in der amerikanischen Landwirtschaft und Lebensmittelindustrie zu skizzieren. Keineswegs der unwichtigste Punkt, auf den wir hinwiesen,

ist der, daß die Vereinigten Staaten riesige Mengen von Lebensmitteln importieren, die leicht und ertragreich von amerikanischen Farmern angebaut werden könnten, ohne die Preise für die Konsumenten in die Höhe zu treiben.
Des weiteren ist es das richtige Ziel des Familienfarmers, nicht ein maximales Volumen, sondern ein befriedigendes und stetiges Einkommen zu erzielen. Es ist wichtig, jetzt zu arbeiten, um die Politik zu verstehen und durchzuführen, die das Farmen zu einem guten, zuverlässigen Lebensunterhalt macht, ohne unseren »Überfluß« anderen aufdrängen zu müssen, die für sich selbst sorgen wollen und das auch können.
Das hier dargebotene Rezept für die Lebensmittelselbstversorgung ist nicht einfach das, was »jene armen, hungernden Länder« tun könnten. Die Neuverteilung der Kontrolle über die lebensmittelproduzierenden Ressourcen ist der einzige Weg für die wahre Selbstversorgung auch der Industrienationen. Indem man die Parallelen versteht, wird die Mehrheit in den Industrieländern begreifen, daß die hungrigen Massen, vor denen man ihnen oft Angst macht, in Wirklichkeit ihre natürlichen Verbündeten sind. Wir stehen alle in einem gemeinsamen Kampf um die Kontrolle über das grundsätzlichste menschliche Bedürfnis – die Nahrung.

43

Woher käme aber das Entwicklungskapital?

Frage: Ihr Rezept für die Selbstversorgung klingt gut. Woher aber wollen Ihrer Meinung nach die unterentwickelten Länder das Kapial nehmen, das sie brauchen? Woher bekämen die unterentwickelten Länder ausländisches Geld, um Baumaterial, Dünger, Landwirtschaftsmaschinen, Treibstoff und so weiter zu kaufen? Sie brauchen nicht nur Devisen, sie müssen auch den Reichtum ihrer Oberklassen in das Wachstum investieren. Wenn sich unterentwickelte Länder selbst absondern oder ihren Reichtum nur verteilen, fürchte ich, daß sie sich mit einem Zustand erbärmlicher Stagnation abfinden müssen.

Unsere Antwort: Die Frage unterstellt, daß die Lebensmittel-zuerst-Alternative, die wir eben umrissen haben, die Anhäufung von Kapital für die Entwicklung schwieriger machen würde, als das jetzt der Fall ist.

Sollten wir aber nicht jeden Vorschlag zur Änderung zuerst durch einen Vergleich mit dem, was jetzt existiert, beurteilen? Wir glauben, wenn man wirklich untersucht, »was« in den unterentwickelten Ländern »heute ist«, wird man bald erkennen, daß niemand ein System mit *weniger* Chancen, Kapital anzuhäufen, planen könnte.

Kapital ist nicht bloß »Geld auf der Bank«. Die meisten Arbeiter in jedem unterentwickelten Land, ganz gleich wie arm und unterernährt die Mehrheit der Bevölkerung ist, produzieren mehr als sie konsumieren können. Dieser durch ihre Arbeit erzeugte Überschuß ist die Wurzel des Kapitals. So besteht der Überschuß, der in Kapital umgewandelt werden kann. Die wirkliche Frage ist nur, wer die angehäuften Güter und die Mittel kontrolliert, um noch mehr zu produzieren.

In den meisten unterentwickelten Ländern steht dieser Überschuß der Mehrheit der Menschen, die ihn produzieren, nicht zur Verfügung, weil er von Landbesitzern, Geldverleihern, Kaufleuten, Industriellen,

Staatsbürokraten und ausländischen Gesellschaften kontrolliert wird. Der Tradition nach wird behauptet, die ungleiche Kontrolle über den Überschuß sei für eine Gesellschaft »gut«, weil nur die Reichen den Überschuß sparen und ihn in die Zukunft einer Gesellschaft investieren. In der letzten Zeit sind jedoch geachtete Wirtschaftswissenschaftler, die die unterentwickelten Länder studieren, unabhängig voneinander zu dem Schluß gekommen, daß eine derartige Rationalisierung der ungleichen Kontrolle einfach nicht zutrifft.[1]

Sie stellen fest, daß auf dem flachen Land die Landbesitzer, Geldverleiher und Kaufleute, die sich so viel von dem Überschuß angeeignet haben, im allgemeinen *nicht* neu investieren: sie geben das Geld lieber für importierte Luxusartikel und teure Verbrauchsgüter aus, die oft in Fabriken im ausländischen Stil hergestellt werden, in Fabriken, die viel Kapital verschlingen und nur wenig Arbeitsplätze bieten. Selbst wenn sie, wie wir in Kapitel IV bemerkt haben, investieren, geschieht das unweigerlich im Ausland oder unproduktiv, zum Beispiel in Hotels, Bars, Restaurants, Miethäusern, Taxis und dergleichen.

Einer von uns lebte mehrere Monate lang in einem Dorf in dem entlegenen südlichen Yukatan-Dschungel Mexikos. Die Indianer waren Kleinbauern, ehemalige Chiklegummisammler für Wrigleys Kaugummi – bis Wrigley schließlich mit einem neuen synthetischen Gummi herauskam. Diese Indianer wurden von dem Besitzer des lokalen Kaufladens und Geldverleihers Don Eziquiel schamlos ausgebeutet. Eines Tages verwendete Don Eziquiel seine aufgespeicherten Gewinne, um das zu importieren, was sein Herzenswunsch gewesen war, seit er eines Tages ein Zeitungsinserat gesehen hatte – einen Ford Galaxy. Im Dschungel gab es aber nicht einmal einen einzigen gepflasterten oder geteerten Weg!

Wie steht es mit ausländischem Investitionskapital?

Ausländische Gesellschaften behaupten gern, die unterentwickelten Länder brauchten sie, weil sie Kapital benötigen. Zahlreiche Studien[2] haben jetzt aber aufgezeigt, daß diese multinationalen Gesellschaften anfänglich nur sehr wenig kostbares Kapital in diese Länder bringen. Warum sollte sich eine Gesellschaft auch viel Mühe machen, wenn sie feststellt, daß sie die lokalen Ersparnisse anzapfen kann, da jedermann gern, sagen wir General Foods, Geld leiht.

Oft besteht ein großer Teil der Beteiligung einer Auslandsgesellschaft an einem gemeinsamen Unternehmen mit einem lokalen Partner oder der Regierung nicht in Kapital, sondern in technischem oder Vermarktungs-Know-how. Des weiteren wird häufig der ganze Gewinn oder ein Teil davon nicht wieder investiert, sondern »repatriiert«, das heißt, in das Heimatland der Gesellschaft zurückgebracht.

Wir haben gesehen, daß sich Agroindustriegesellschaften, ob sie nun Pflanzungen betreiben oder durch Verträge, den Löwenanteil des Werts der Produkte durch ihre Monopolstellung auf den ausländischen Märkten aneignen. Alle Typen von ausländischen Gesellschaften saugen regelmäßig Kapital (zusätzlich zu dem erklärten Gewinn) durch unbesteuerte Lizenzgebühren, Schuldenzahlungen und aufgeblähte Forderungen der Hauptquartiere für Beratung durch das Management, Forschung und so weiter ab. Alle Möglichkeiten, die ihnen offenstehen, stützen sich auf die Wunder der neuen Gesellschaftsbilanzführung (die kürzlich ein Buchhalter als Unterabteilung für kreative Schriftstellerei definiert hat).

Es ist zweifelhaft, ob selbst ein Land wie die Vereinigten Staaten genügend geschulte Beamte hätte, um die Buchführungsalchemie der multinationalen Gesellschaften, die über die Grenzen hinweg arbeiten, zu überwachen. Sicherlich kommt ein unterentwickeltes Land damit niemals zurecht. Die Hauptbuchhaltungsalchemie besteht in überhöhten Preisen für Importe vom Hauptquartier (einschließlich wertgeminderter Maschinen) und Exporte zu Unterpreisen an eine andere Tochterfirma der gleichen Gesellschaft.

Diese Methoden ermöglichen es der örtlichen Tochtergesellschaft zu behaupten, sie verliere Geld. Dann kann sie damit drohen, sie werde aufgeben, wenn sie nicht noch mehr Subsidien »Steuerfeiertage«, Garantien gegen Streiks, freie Straßen und Kanäle und so weiter erhält.

Einige Regierungen erkennen schließlich, daß ausländische »Investoren« häufig Nettoexporteure von Kapital sind. Ironischerweise gehört die Regierung von Brasilien zu ihnen. Wir sagen »ironisch«, weil die brasilianische Militärregierung seit 1964 versucht hat, das richtige »Klima« für ausländische Investitionen zu schaffen. Eine amtliche Studie Ende 1975 hat aufgezeigt, daß die elf wichtigsten ausländischen Gesellschaften mehr Kapital aus Brasilien ausgeführt als sie eingebracht haben. Seit 1965 hat beispielsweise die riesige Agroindustriefirma Anderson Clayton ein Kapital von 1,6 Millionen

Dollar nach Brasilien gebracht. Bis 1975 hatte sie einen 32mal größeren Überschuß erzielt, von dem 16,8 Millionen Dollar in der Form von Gewinnen und Dividenden ins Ausland wanderten.[3]

Plastikschuhe für die Entwicklung

Gesellschaften, die nicht der Agroindustrie angehören, können sich ebenfalls das Kapital der Bauern aneignen und eine Verzerrung der potentiellen Lebensmittelreserven des Landes verewigen. Ein Missionar in Kamerun hat uns ein gutes Beispiel dafür übersandt. Ein Schuhkonzern, eine überall vertretene multinationale Gesellschaft mit dem Sitz in Kanada, begann vor wenigen Jahren in der Küstenstadt Duala mit der Fabrikation von Plastikschuhen. In dem vorwiegend von der Landwirtschaft bestimmten Land wurde eine starke Reklame durchgeführt, und bald wurden die Plastikschuhe zu einem der Statussymbole, die arme Leute kaufen. Die Touristen in Duala suchen die traditionellen Handarbeitsschuhe, während die Bauern Geld aus dem Export ihres Kakaos, ihrer Erdnüsse und Baumwolle sparen, um Plastikschuhe kaufen zu können.

Unter dem Anreiz solcher Verlockungen steigern die Bauern ihre Produktion von Exporterzeugnissen (und senken dadurch häufig den Marktpreis) auf Land, das ausgezeichnet für Lebensmittelanbau geeignet wäre, obwohl in dem Land ernste Unterernährung herrscht.

Dieser Schuhkonzern und andere ähnliche multinationale Gesellschaften fangen daher tatsächlich einen Teil der Devisen ab, die Kamerun für seine Agrarexporte bezahlt – Devisen, die theoretisch für Bedürfnisse der Entwicklung gebraucht werden. Gleichzeitig verlieren Tausende von Dorfschuhmachern, die durchaus in der Lage waren, den Bedarf des ganzen Landes zu befriedigen, ihre Arbeit und werden wahrscheinlich hungern. Die Plastikschuhfabrik beschäftigt, wie der Missionar mitteilt, ganze dreißig Arbeiter!

In den letzten Jahren verlagern sich europäische Textilfirmen wie früher ihre neuenglischen Gegenstücke nach Süden. Nur gehen sie jetzt nach Zentralafrika, um Gewerkschaften und höheren Arbeitskosten auszuweichen.

Die erste, in Ländern wie Tschad und Mali, bereits dramatische Auswirkung ist ein gesteigerter Druck auf die Baumwollproduktion auf Kosten der Lebensmittel. Zudem verläßt ein großer Teil der

Devisen, der durch Agrar- und Textilexporte verdient wird, für Repatriierungen der Firmen, für Zahlungen für Maschinen, Darlehen und Dienstgebühren wieder das Land. Mit anderen Worten: die Devisen werden nicht für die Art von Entwicklung ausgegeben, die Armut, Arbeitslosigkeit, Ungleichheit und Hunger mindern kann. Zehntausende einheimischer Handwerker, ehemalige Schneider und Hersteller von Baumwoll- und Wollfäden und Stoffen werden arbeitslos. Solche Gesellschaften verewigen die Unterentwicklung, indem sie das tatsächliche und das potentielle Kapital des Landes aufsaugen, fehlinvestieren und in die falschen Kanäle leiten.

Die Kapitalbildung beginnt über das Land und die Menschen

In einer Food-first-Wirtschaft würden die Menschen das potentiale Kapital ihrer Arbeitskraft und des ungenügend genützten Landes mobilisieren. Weite Flächen untergenützten Landes bestehen auf großen Gütern, Monokulturplantagen und mechanisierten Farmen, die Kapital benützen, um Menschen zu verdrängen.

Mehr noch: die Neuverteilung des Einkommens, die ein Produkt der Food-first-Wirtschaft ist, wie wir das in unserer Antwort auf Frage 41 beschrieben haben, kann mehr – und nicht weniger – Ersparnisse für Investitionen bedeuten. In Teil IV haben wir gesehen, daß arme Bauern, selbst unter den gegenwärtigen Bedingungen, besonders wenn sie etwas Land besitzen, besser sparen als die reichen. Wenn die armen Bauern zudem Grund für die Annahme haben, daß ihnen ihre Ersparnisse Nutzen bringen, können sie in eindrucksvollem Ausmaß sparen. Nach der chinesischen Revolution stieg das Nettosparverhältnis in China von ein bis zwei Prozent im Jahre 1949 auf 20 Prozent 1953.[4]

Das chinesische Volk hat durch seinen eigenen Kampf, den Hunger zu überwinden, gelernt, daß weder das Kapital noch die natürliche geographische Ausstattung eines Raums die bestimmenden Faktoren sind. Das Dorf Tatschai illustriert diese Lektion für uns genauso wie für die sechs Millionen chinesischer Bauern, die das Dorf bereits als Teil einer landwirtschaftlichen Ausbildung besucht haben.

In den 1950er Jahren waren Tatschai und Wu Tschai-ping zwei benachbarte Dörfer mit sehr verschiedenen natürlichen Gegebenheiten. Wu Tschai-ping wollte sich von Tatschai trennen, weil man das Gefühl hatte, daß die überlegene natürliche Ausstattung durch den Nachbarn, das an Produktionsmitteln arme Tatschai, zurückgehalten werden würde.

Die beiden Dörfer trennten sich. Durch intensive kollektive Arbeit hat Tatschai jedoch seine fehlenden natürlichen Ressourcen mehr als ausgeglichen. Tatschai erzielt jetzt bessere Ernten und hat ein beträchtlich höheres Einkommen als das Nachbardorf. Die Leute von Tatschai überwanden eine äußerst feindselige Umgebung *ohne jegliche materielle Unterstützung von außen.*[5]

Die Chinesen weisen jetzt auf Tatschai als eine Lektion, daß Kapital, um Farmbedarf zu kaufen und Experten zu bezahlen, ja, daß nicht einmal eine günstige Umwelt für die Entwicklung nötig sind. Nötig ist vielmehr, daß die Menschen fest überzeugt sind, daß sie selbst durch kollektive Arbeit Hunger und Armut überwinden können. Kein Betrag an Hilfsgeldern, keine Maschinen und auch keine wohlorganisierte Verwaltung können diesen Glauben schaffen.

Die ersten Phasen von Food first werden sich auf die Mobilisierung der arbeitslosen und unterbeschäftigten Arbeitskräfte zur Verbesserung der Produktivität des Landes stützen müssen. Aber es wird nicht lange dauern, bis der angehäufte Überschuß, besonders auf einer kollektiven Basis, verwendet werden kann, um Kapitalgüter zu kaufen, um die Produktion weiter zu steigern und die Arbeitslast zu erleichtern. In chinesischen Kommunen stimmen Farmerkooperationen darüber ab, welcher Prozentsatz des Überschusses angesammelt werden soll (gewöhnlich haben sie sich entschieden, in einem schnelleren Tempo zu sparen, als das von der Regierung empfohlen wird) und wie diese Ersparnisse verwendet werden sollen. Da die Staatspolitik allmählich, aber systematisch, die Preise des fabrikmäßig hergestellten Farmbedarfs im Vergleich zu denen der Agrarprodukte senkt, konnten sich die Kommunen beträchtliche Verbesserungen für die Farmen kaufen. Ein Bericht der FAO gibt uns eine gewisse Vorstellung.

Was eine Kommune mit bescheidenen Mitteln mit ihren angesammelten Ersparnissen tun kann, wird durch das Beispiel der Yuechi-Kommune in Wuxien-Hsien, in der Provinz Kiangsi, illustriert. Innerhalb der fünf Jahre des Dritten Plans kaufte das Kollektiv zwei 35-PS-Traktoren und 67 8-, 10- und 12-PS-Handtraktoren, stellten 11 Entwässerungsstationen auf, kauften 15 Elektromaschinen mit zusammen 284 Kilowatt, 71 Elektropumpen, 18 Erntemaschinen, 183 kleine Dreschmaschinen, 193 Sprenger, 11 Mahlgeräte, 56 Reisver-

pflanzer, 19 5-Tonner-Transportbarken für Eisenbeton, 520 andere Sampans, 12 Straßenanhänger und 43 große Landkarren.[6]
Die Entwicklung einer Kommune, wie Yuechi begann nicht mit einer »Spritze« ausländischen Kapitals. Die Menschen mobilisierten vielmehr ihr örtliches Kapital, hauptsächlich in der Form ihrer Arbeitskraft, die auf die natürliche Produktionsmittelbasis angesetzt wurde.
Man stellte die Frage, ob die unterentwickelten Länder keine Devisen brauchen, um Dünger, Farmbedarf, Baumaterial und Treibstoff einzuführen. Sicherlich können die grundsätzliche Farmausstattung und Baumaterial lokal produziert werden. Wie steht es aber mit den Düngemitteln?
Vor allem einmal geht der größte Teil des importierten Kunstdüngers, der durch viele unterentwickelte Länder eingeführt wird, in zwei oder drei Produktionen von Exporterzeugnissen. Wir haben bereits diskutiert, wie das Pflanzen einzelner kommerzieller Fruchtarten auf weiten Flächen den Boden auslaugt und zu einer beträchtlichen Abhängigkeit von teurem Kunstdünger führt. Ein Übergang zum Fruchtwechsel und zur Mischung verschiedener Fruchtarten auf den gleichen Feldern würde, selbst als erste Schritte, den Bedarf an Kunstdünger stark reduzieren.
Am wichtigsten ist jedoch die Ausnützung des riesigen unbenützten Potentials für die Verwendung von organischem Dünger, indem man einheimische Abfälle verwertet. Man hat bereits geschätzt, daß das jährliche lokale Potential in den unterentwickelten Ländern sechs- bis achtfach die Mengen von Nährstoffen liefert, die von den unterentwickelten Ländern 1970–1971 in der Form teuren chemischen Düngers verwendet wurden.[7] Glücklicherweise kann dieses Energie- und Dünger-Potential gleich auf der Dorfebene angezapft werden und Materialien verwenden, die oft vergeudet wurden. Die Biovergasung ist eine einfache Methode der Fermentierung organischen Rohmaterials wie von Ernteabfällen und Mist zur Herstellung von Methan (als Treibstoff) und einem nährstoffreichen Dünger. Der durch die Biogastechnik hergestellte Dünger ist an Nährstoffen viel reicher als Abfallstoffe, die dabei verwendet wurden. Indem sie den Abfall eines Dorfes mit 500 Menschen und 250 Tieren verwertet, kann eine »Biogasanlage« das durchschnittlich bebaute Land eines typischen indischen Dorfs mit zweieinhalbmal soviel Stickstoff versorgen, wie er heute in der Form von Kunstdünger angewendet wird[8].

Des weiteren kann eine derartige Anlage fast das Doppelte der Energiemenge liefern, die heute für den täglichen Bedarf des Dorfes für das Kochen, für Wasser, Pumpen, Elektrizität und Industrie benötigt wird.
Die Produktion von Dünger durch die Biovergasungstechnik schafft tatsächlich aus Abfällen Energie, während die typische Düngerfabrik eine Energiemenge verbraucht, die den Bedürfnissen von etwa 550 indischen Dörfern gleichkommt. Was aber vielleicht am wichtigsten ist: Biogasdüngererzeuger können von den Dorfbewohnern selbst mit örtlichem Material gebaut werden. Die Exkremente von Vieh und Menschen und andere Abfallprodukte werden in hochwertige Nährstoffe umgewandelt. Mischanbau und andere Farmmethoden, die die Bodenfruchtbarkeit verbessern, werden heute universell angewendet. Während eines kürzlichen Besuchs in China stellten Experten der FAO fest, daß sich die Böden Chinas zu verbessern scheinen – das kann nur von wenigen anderen Böden der Erde gesagt werden.
Nachdem Food first für alle erreicht ist, versucht China seine Agrarproduktion durch die Anwendung von Kunstdünger, der, regional verteilt, hergestellt wird, noch weiter zu steigern. Dabei macht man von den reichen Mineralienlagern des Landes Gebrauch. Nun könnte man argumentieren: »Da China es macht«, das heißt, unter der Verwendung ausländischer Technologie Kunstdüngerfabriken zu bauen, sollten das *alle* unterentwickelten Länder auch tun. Man übersieht dabei aber den entscheidenden Punkt, daß in China jedes Dorf zuerst die Verwendung des örtlich vorhandenen organischen Materials bis ins letzte ausgenützt hat und daß erst dann regionale Kollektive damit begannen, einen Teil ihres Überschusses in Kunstdünger als Ergänzung zu dem organischen zu investieren. Mehr noch: China hat einige moderne Technologien gekauft, aber ohne alle Bedingungen. Keine ausländische Kunstdüngergesellschaft wird die Anlagen besitzen oder die Rohmaterialien liefern.
Eine echte kollektive Aktion mag in einer Kultur wie der unsrigen in weiter Ferne liegen – oder auch in den meisten unterentwickelten Ländern. Die Menschen fühlen intuitiv und richtig, daß in einer höchst ungleichen Gesellschaft der Ruf nach einem nationalen »Opfer« gewöhnlich ein bequemer Weg für die Reichen ist, die Nicht-Reichen gegenüber der Tatsache blind zu machen, daß nur sie dazu bestimmt sind, etwas aufzugeben. Nur wenn die Menschen genug zu essen haben, Sicherheit besitzen und hoffen können, ist es möglich,

sich an sie zu wenden und sie aufzufordern, die Selbstsucht zugunsten der kollektiven Arbeit zu meiden. »Solche Appelle ergäben«, meint die Wirtschaftswissenschaftlerin Joan Robinson, »für die Arbeiter und Bauern, etwa in Mexiko oder Pakistan, nicht viel Sinn.«[9]

Gerechtigkeit ist daher eine absolute Vorbedingung für die Mobilisierung menschlicher Arbeit, die die Basis jeglicher Kapitalbildung ist.

Wenn der Leser das nächstemal von einem Mangel an Hilfe, schlechten Handelsbedingungen oder der armseligen natürlichen Situation der unterentwickelten Länder hört oder liest, darf er nicht den Schluß ziehen, daß sie die Ursachen der Unterentwicklung sind. Der Mangel an Kapital ist nicht das Problem. Das Problem sind die starken Beschränkungen, die wir in dem ganzen Buch besprochen haben, die Beschränkungen, die die arme Mehrheit daran hindern, ihre kollektive Kraft zu realisieren.

44

Sind die armen Bauern nicht zu sehr unterdrückt, als daß sie sich je ändern könnten?

Frage: Sind aber nicht die Bauern in den unterentwickelten Ländern so unterdrückt, unterernährt und an einen Zustand der Abhängigkeit gewöhnt, daß sie über den Punkt hinaus sind, sich mobilisieren zu können? Selbst wenn Sie darin recht haben, daß ein wirklicher Wandel nur ganz unten beginnen kann – ist das nicht einfach unrealistisch?

Unsere Antwort: Vielleicht spiegelt diese Frage genauso unsere eigenen Gefühle der Frustration über die sozialen Probleme unseres Landes wie die jener Bauern in den unterentwickelten Ländern wider. Es mag eine Anschauung der menschlichen Natur wiedergeben, die wir beinahe durch Osmose in unserer Kultur lernen, eine Anschauung, daß die Menschen im Grunde passiv und unfähig sind, die Verantwortung für ihr eigenes Leben zu übernehmen. Diese Anschauung leitet sich des weiteren von einer tiefverwurzelten Auffassung über die Armen im allgemeinen ab, daß sie nämlich nicht »aufstehen und gehen« wollen oder können, daß sie infolge persönlicher Mängel oder einer Kultur der Armut zurückgeblieben sind, einer Kultur, in die sie schicksalhaft hineingeboren wurden und in der sie zum Sterben verdammt sind.

Weil wir unsere eigene Gesellschaft so betrachten, sehen wir die anderen auf die gleiche Weise. Wenn kleine Farmer in unserem Land es nicht schaffen, wie sollten es dann »die da drüben« tun?

Wenn unsere eigene Mehrheit die Macht nicht von den Gesellschaften zurückgenommen hat, wie könnten wir dann annehmen, daß arme analphabetische Bauern den Landbesitzern und den Bürokraten, die man sie fürchten gelehrt hat, die Macht entreißen?

Gutsituierte Amerikaner beklagen die Tatsache, daß wir einfach nicht wissen, wie das Problem des Hungers zu lösen ist (es gibt tatsächlich ein Buch mit diesem Titel). Selten versuchen sie jedoch,

aus den Beispielen der Bauerngesellschaften zu lernen, die den Hunger besiegt haben.
Selbst während der schlimmsten Jahre des Krieges sind die Nordvietnamesen nicht verhungert, sie haben im Gegenteil ihre Landwirtschaft noch verbessert. Nach einem FAO-Bericht steigen die Erträge, die Bewässerung wurde von 20 Prozent der bebauten Fläche Mitte der 1950er Jahre auf fast 60 Prozent Mitte der 60er Jahre ausgeweitet.[1]
Haben die Amerikaner aber überhaupt eine Vorstellung davon, was die Nordvietnamesen geleistet haben? Ho Tschi-Minh schrieb 1945 einen Appell an das Volk, den Hunger zu überwinden:
»Infolge der barbarischen Politik der französischen Kolonialisten, die unter anderem den Reis beschlagnahmten und unsere Bauern zwangen, Jute statt Reis anzubauen, sind im ersten Teil dieses Jahres zwei Millionen Menschen in BacBo verhungert. Dann kamen Hochwasser und Dürre . . .
Der Hunger ist noch gefährlicher als der Krieg . . . Im Krieg müssen alle Kräfte des Landes mobilisiert und organisiert werden, um den Feind zu bekämpfen. In unserem Kampf gegen den Hunger müssen wir ebenfalls unser ganzes Volk mobilisieren.«[2]
Während des Kriegs wurde ein großer Teil des bebaubaren Landes in Nordvietnam bombardiert. In dem Dorf Xuan Hoa wurden 80 Prozent des bebaubaren Landes durch B-52-Bombenangriffe zerstört. Die Dorfbewohner warteten nach dem vermutlich letzten Angriff einen Monat, dann füllten sie viele der Bombentrichter aus. Heute wächst wieder Reis und bringt die höchsten Erträge, die je erzielt wurden (eine Tonne pro Acre). Xuan Hoa versorgt sich nicht nur selbst, es kann auch seine Steuern mit Reis bezahlen. Fische, die in Weihern gezüchtet werden, die in anderen Bombenkratern angelegt wurden, versorgen die Dorfbewohner alljährlich mit mehreren Tonnen hochwertigen Proteins.[3]
Andere Länder bieten ähnliche Beispiele, aber unsere gewöhnlichen Informationsquellen sagen uns wenig darüber, wie Vietnam, Nordkorea, China, Kuba, Guinea Bissau, Mozambique und andere Länder die Lebensmittelsicherheit für ihre ganze Bevölkerung erreicht haben.
Es ist auffällig, daß sich so viele, die fragen, was Bauern für sich selbst tun können, der Tatsache nicht bewußt zu sein scheinen, daß erst seit Anfang der 50er Jahre über 40 Prozent der Bevölkerung der unterentwickelten Länder sich durch ihre eigenen Anstrengungen völlig vom Hunger befreit haben.

Wir können auch auf Afrika blicken, um zu lernen, wie sich arme Völker wirksam mobilisieren können. Wenige erkennen beispielsweise, daß die Bewegung für die Befreiung Angolas 1961 entzündet wurde, als 15 000 Männer, Frauen und Kinder getötet wurden, weil sie gegen den von den Portugiesen erzwungenen Anbau von Baumwolle zu Exportzwecken protestierten. Noch bezeichnender ist, daß viele Menschen im Westen die Befreiung der portugiesischen Kolonien – Guinea Bissau, Mozambique und Angola – als das Ergebnis der Bewegung der jungen (portugiesischen) Offiziere von 1974 ansehen. Nicht viele wissen, daß es im Gegenteil der fünfzehnjährige Kampf der kolonialisierten Völker Afrikas war, der zu dem Sturz des Faschismus in Portugal führte. Ein Schweizer Bericht drückte das so aus:

»Der alltägliche Heroismus des guinesischen Volkes war an der Wurzel des langsamen Prozesses des politischen Bewußtseins bei den jungen Offizieren.«[4] Über lange Jahre des Widerstands demonstrierte das afrikanische Volk die Absurdität des Kolonialkriegs.

Was bedeutet die hart erkämpfte Unabhängigkeit in Begriffen des Volkes und der Ernährung? In Mozambique stellt, um ein Beispiel zu zitieren, die Befreiungsbewegung, die jetzt an der Macht ist, erfolgreich eine Bauern-Lebensmittelwirtschaft wieder her, die durch den portugiesischen Kolonialismus zerstört wurde.

Seit dem Eingeborenen-Arbeitsgesetz von 1928 wurden die Bauern in Mozambique gezwungen, ihre Quote an Exportprodukten wie Reis, Zucker, Baumwolle, Kaffee und Kobra zu liefern, weil das Gesetz das Subsistenzfarmen nicht als »Leben durch eigene Arbeit« anerkannte. 1961 studierte die Internationale Arbeitsorganisation (ILO) das Gesetz und stellte eine Erschöpfung des Bodens des Landes, hauptsächlich wegen der harten Anforderungen des kolonialen Monokulturanbaus fest.

Die von den Bauern getragene FRELIMO-Bewegung (Front für die Befreiung Mozambiques), die schon früh die Kontrolle über die Nordprovinzen erobert hatte, konnte trotz Bombardierungen und Entlaubungsaktionen eine vitale und einfallsreiche Lebensmittelwirtschaft einrichten. 1973 gingen die durch die USA unterstützten Portugiesen zu einem letzten verzweifelten Terrorismus über. Sie trieben die Bevölkerung in strategische »Weiler« – oft in den unfruchtbarsten Gebieten – zusammen, verbrannten bei der Räumung alle Hütten und Felder und konfiszierten alle Ackergeräte aus Furcht, sie könnten als Waffen verwendet werden. Das Resultat

waren weitverbreitete Unterernährung, Niedergeschlagenheit und Krankheiten, darunter auch eine Choleraepidemie.
Nach dem Sieg mußte die FRELIMO das Volk zu einem totalen Wiederaufbau mobilisieren. Die FREMILO wurde durch ihre Experimente mit neuen Anbausorten und vor allem dadurch bekannt, daß sie aus dem Beispiel der Bauern lernte. Sie hat ihre »Lebensmittelhilfe« dazu benützt, rotierende Mittel zum Bau und zum Kauf von landwirtschaftlichem Grundbedarf einzusetzen. Sie hat volkseigene Geschäfte organisiert, wo Grundwaren wie Stoffe, Seife oder Salz gegen Lebensmittel eingetauscht werden. So hat die unabhängige Regierung von Mozambique den Wiederaufbau der Landwirtschaft zur Grundlage eines Wiederaufbaus der Gesellschaft gemacht.[5]
Sind sich die Amerikaner der Kämpfe um die Kontrolle der Lebensmittelproduktion in unterentwickelten Ländern bewußt, wo der Hunger noch nicht beseitigt wurde? In Honduras besitzen nur 667 Familien und zwei Bananengesellschaften – United Brands und Standard Fruits – 85 Prozent des bebauten Landes. Ein großer Teil des erstklassigen Bodens der großen Familiengüter liegt entweder brach oder wird als Viehweide genutzt. Drei Viertel der Bevölkerung von fast drei Millionen müssen auf dem restlichen überwiegend steinigen und gebirgigen Land um ihren Lebensunterhalt kämpfen. Amtliche Statistiken zeigen, daß 90 Prozent der Kinder unter fünf Jahren unterernährt sind: Typhus, Malaria und Tuberkulose sind endemisch.
In letzter Zeit erwachte aber die Hoffnung. Anfang der 1970er Jahre organisierten sich 140 000 Bauern in der Nationalen Bauernbewegung. Ihr Ziel ist, daß das Land kooperativ durch alle Bauern bearbeitet wird (was durch Zerschlagung des Großgrundbesitzes leicht möglich wäre) sowie der Selbstunterricht in besseren Anbaumethoden.
1975 begannen die Bauern mit der Besetzung großer unbebauter Landstriche. Die gedungenen Revolvermänner der Landbesitzer ermordeten Dutzende von ihnen. Die Rancher der Nationalen Viehfarm-Genossenschaften und Soldaten griffen sie an, töteten sechs Bauern und entführten neun weitere einschließlich zweier ausländischer Priester, die später alle summarisch hingerichtet wurden. 1975 wurden über fünfzig Bauern getötet[6].
Was in den amerikanischen Zeitungsberichten über den Kampf in Honduras ausgelassen wird, ist, daß die Rinderleute, die gegen die Landneuverteilung kämpfen und ihretwegen morden, ihr Geld da-

durch verdienen, daß sie die amerikanischen Fleischverpackungsgesellschaften mit importiertem Fleisch versorgen. Wenn die Landreformforderungen der Bauern erfüllt werden, würde das die Gewinne gewisser Segmente der amerikanischen Fleischindustrie, die von dem billigen mittelamerikanischen Fleisch Nutzen haben – ganz zu schweigen von den Profiten der amerikanischen Bananenindustrie – direkt treffen.

Wir hören auch kein einziges Wort von der Existenz einer US-Militär- und Polizeihilfe sowie von CIA-Operationen in Honduras. Während der 1970er Jahre haben Hunderte von honduranischen Offizieren »Militärische Nachrichtenverhöre« in der US-Heeresschule der Amerikaner studiert. Seit 1950 haben Heeresschulen der USA über 2600 Offiziere aus Honduras ausgebildet.[7]

Werden unsere Steuern für ein System ausgegeben, das Hunger schafft?

Wir lesen auch nicht, daß die AID in Honduras ein Schaukasten-Landreformprogramm durchführt, durch das kleine Farmen geschaffen werden sollen, um die Bauernbewegung in Verwirrung zu bringen.

Man fürchtet, daß die Bauern weiter gehen und schließlich die Verstaatlichung und die Eliminierung des Einzelbesitzes an allen staatlichen Produktionsmitteln fordern werden.

Im Staat Sonora in Mexiko haben wir gesehen, wie die konzentrierten Bemühungen zur »Modernisierung« einigen Großgrundbesitzern genützt haben, während sie gleichzeitig die frühere Landreform unterminierten. Obwohl heute der maximale legale bewässerte Kleinbesitz 250 Acres betragen darf, haben einige Besitztümer durch Umwege bis zu 25 000 Acres zusammengerafft. In einer Region hat eine einzige Grundbesitzerfamilie über 60 Wasserlöcher, 1500 benachbarte Familien jedoch kein einziges. In einem Fall hat ein Bauer fünfundzwanzig Jahre gewartet, bis das Landversprechen durch die Regierung erfüllt wurde. Eine weitere Gruppe wartet seit 1942 auf eine amtliche Unterschrift, die eine Landreform-Kooperative autorisieren soll. Die meisten Amerikaner nehmen sicher an, daß die Bauern nach einer so langen Periode der Enttäuschung aufgegeben hätten.[8]

Nein, das ist nicht der Fall. Die verzweifelten, landlosen Bauern im Staat Sonora machen sich jetzt daran, das Land zu besetzen, das rechtmäßig ihnen gehört. Sie wurden durch die Armee und die Polizei mit Maschinengewehren zusammengeschossen. Viele sind im

Gefängnis. Die nationale Regierung, die die wachsende Macht der Bauernbewegung fühlte, entließ den Gouverneur des Staates. Der Polizeichef floh. Zuerst drohten die Großgrundbesitzer in Sonora zurückzuschlagen, indem sie den Städten die Produktion und die Lieferung von Lebensmitteln abschnitten und die Bewässerungskanäle sabotierten. Der neue Gouverneur erhob Anklage, daß die Großgrundbesitzer zwei Millionen Dollar ins Ausland geschafft hätten. Während eines kürzlichen Besuchs in Sonora stellten wir fest, daß die Bauern nicht eingeschüchtert wurden. Sie beschleunigen die Mobilisierung weiterer Bauern und führen eine energische Publicity-Kampagne gegen die Großgrundbesitzer, die jetzt von ihren Drohungen zurückgewichen sind.

Ein weiteres Beispiel für die Mobilisierung der Bauern kommt aus dem afrikanischen Sahel. Die Ereignisse in dem von Hunger geplagten Sahel werden uns hier durch eine »Filterlinse« übermittelt. Oft werden die Ereignisse so gefärbt, daß sie ihre Bedeutung völlig ändern. Wir haben einen Bericht gelesen, daß die Wirtschaft des Senegals wegen eines Zögerns in der Produktion von Exportprodukten ruiniert worden sei. So abgefaßt, gibt es ein völlig falsches Bild von der Sachlage. Was kann getan werden, um die zögernde Erzeugung dieser Produkte wieder anzutreiben? Wie können wir die Wirtschaft wieder ins Rollen bringen? So identifizieren wir uns mit der Exportwirtschaft Senegals, nicht mit dem *Volk*.

Tatsächlich war die Produktion der Exporterzeugnisse hauptsächlich deshalb gesunken, weil die Bauern aufhörten, Erdnüsse anzubauen, und dagegen protestierten, daß ihnen die Regierung für ihre Erzeugnisse nicht genug bezahlte. Die senegalesischen Bauern konnten tatsächlich für das, was sie für die Erdnüsse erhielten, nicht genügend Lebensmittel für ihre Familien kaufen. Die Bauern verschmähten also die Exporternten und bauten statt dessen Grundnahrung für sich selbst an, in erster Linie Hirse und Sorghum. Dieser Wechsel wird von einigen als die Reaktion der traditionsgebundenen Bauern ausgelegt. Man muß diesen Widerstand der Bauern jedoch im Gegenteil als einen Bruch mit der Tradition ansehen, wenn traditionell bedeutet, das zu tun, was die Vorgesetzten in der politischen und gesellschaftlichen Hierarchie immer von ihnen erwartet haben. Wenn man es so ansieht, wurde ein positiver Schritt getan. Zum erstenmal durchbrachen die Bauern das Schema, das ihnen der Kolonialismus auferlegt hatte. Wir sagen, daß derartige positive Lehren selten, wenn überhaupt jemals gezogen wurden. Es ist die

Macht der selektiven Nachrichten, die den Glauben der Amerikaner an die Unbeweglichkeit der unterdrückten Welt verstärkt.
Vielleicht repräsentiert kein anderes Land wie Bangladesh den Amerikanern so sehr die »Passivität der armen Bauern«. Und doch ist im Rangpur-Distrikt von Bangladesh in dem Dorf Kunjikupur eine bemerkenswerte Bewegung zur Selbstversorgung im Gang.[9]
Dadurch, daß ein kollektiver Prozeß des Fällens von Entscheidungen entwickelt wurde, ist es dem Dorf gelungen
– die ausstehenden Darlehen an Kreditfirmen zurückzuzahlen und sie durch einen gemeinsamen Gemeindefonds zu ersetzen,
– allen Landlosen Arbeit zu garantieren,
– auf allem Brachland Obstbäume zu pflanzen, die gemeinsam kultiviert werden,
– durch die arbeitslosen Arbeiter des Dorfs Straßen und Bewässerungskanäle bauen zu lassen,
– ein Bildungsprogramm aufzustellen,
– Streitigkeiten durch ein Volksgericht des Dorfes entscheiden zu lassen,
– die Frauen zur wirtschaftlichen Unabhängigkeit von den Männern zu bringen, indem man den Frauen gestattet, die Verantwortung für die Geflügelzucht und deren Verwertung zu übernehmen.

Durch derartige Fortschritte in nur zwei Jahren ermutigt, haben sich andere Dörfer, jetzt insgesamt sechzig, der Bewegung zur Selbstversorgung angeschlossen.
Die echte Probe erfolgte während der Hungersnot von 1974 im Rangpur-Distrikt, einem der am schwersten getroffenen Gebiete; in Bangladesh starben in wenigen Monaten 80 000 bis 100 000 Menschen den Hungertod. In den sich selbst versorgenden Dörfern von Rangpur starb kein einziger. Diese Dörfer schlugen die Regierungshilfe aus und arrangierten es statt dessen, daß jeder, der Überschuß hatte, Lebensmittel abgab. Die gesammelten Lebensmittel gingen an die Menschen ohne Nahrung, die im Ausgleich dafür arbeiteten oder eine sonst vereinbarte Vergütung leisteten.
Sogar in Crystal City, Texas, regt sich eine Gegenkraft. Crystal City ist die »Spinathauptstadt« der Welt, die wir in Frage 34 als ein Beispiel der schlimmsten Bedingungen beschrieben haben, denen sich Farmarbeiter in den Vereinigten Staaten gegenübersehen. Heute leisten Farmarbeiter, die durch die Raza Unida-Partei organisiert wurden, die Vorarbeiten für eine 1000-Acres-Kollektiv-Farm. Jesus Salas, der Leiter der Nicht-Profit-Organisation, die die Koope-

rative plante, ist über mehr begeistert als die Schaffung von Arbeitsplätzen. Die Arbeiter werden auch an den direkten Farmarbeiten beteiligt werden. Sie werden auf dem Feld warme Mahlzeiten bekommen, auch soziale Pflege und sanitäre Einrichtungen sind vorgesehen. Salas sagt, die Gründe dafür, daß die Farmarbeit herabgewürdigt wurde, seien die Unterdrückung und die schlechte Bezahlung der Farmarbeiter und die schrecklichen Bedingungen, unter denen sie leben mußten. Seiner Meinung nach »muß die kooperative Farm daran beteiligt werden, der Arbeit, die Nahrung erzeugt, wieder Würde zu verleihen«.

Die Frage, ob die Bauern so unterdrückt sind oder nicht, daß sie sich je ändern, ignoriert die Realität, daß in jedem Land der Welt heute darum gekämpft wird, wer die Nahrungs-Produktionsmittel kontrolliert. Beteiligt daran sind eben die Menschen, die viele »als zu unterdrückt, um sich je zu ändern« ansehen. Ein Teil der Gründe, warum wir die weitergehende Arbeit einfacher Menschen für die Nahrungsselbstversorgung nicht zu schätzen wissen, ist Schuld der selektiven Nachrichten, die wir durch unsere Nachrichtenmedien erhalten.

Ein Hauptteil der Überwindung der »Legende von den passiven Armen« ist es daher, andere reguläre Informationsquellen zu suchen, die uns helfen, nicht nur zu versehen, was andere tun, sondern auch zu sehen, wie unsere eigene Arbeit diese Bemühungen unterstützen kann.

45

Nahrung gegen Freiheit?

Frage: Sind die einzigen erfolgreichen Bauernbewegungen nicht die, die am Ende außerordentlich restriktive Gesellschaften geschaffen haben? Sie sprechen über China; um aber den Hunger zu besiegen, mußten die Chinesen ein streng reglementiertes Leben hinnehmen. Haben wir wirklich schon den Punkt erreicht, wo Länder so wie China werden müssen, wenn sie den Hunger beseitigen wollen?

Unsere Antwort: Die meisten Amerikaner, die etwas Gutes über China zu sagen haben, sehen es als Beispiel des »geringeren Übels« – besser ein reglementiertes Leben führen als an Hunger sterben. Was uns jedoch fasziniert hat, ist der Erfolg Chinas bei der Bewältigung von Agrarproblemen, die dem Rest der Welt so schwer zu schaffen machen. Mindestens seit den frühen 1960er Jahren hat es keine Inflation, keine Knappheit an wesentlichen Lebensmitteln, keine Bettler, keine Unterernährung und keinen Hunger gegeben. Zuzüglich gewährte China mehreren anderen Ländern Lebensmittelhilfe und Agrarunterstützung. Und das in einem Land, in dem vor nicht so langer Zeit Hungersnöte alljährlich wiederkehrten – in einem Land mit einer der höchsten Bevölkerungs-Verhältniszahl zum Ackerland auf der ganzen Welt. Die Chinesen, die früher von Überschwemmungen und Dürren geplagt wurden, haben hart gearbeitet, um ihr bewässertes Land in den letzten fünfzehn Jahren zu vervielfachen, so daß sie jetzt ein Drittel des gesamten bewässerten Landes auf der Welt besitzen. In zwei Jahrzehnten haben sie die Erträge der Hauptgetreidesorten verdoppelt. Ihre Geburtenquote sinkt so schnell wie in keinem anderen Land in der Geschichte.

Für einige Leute bedeutet der Erfolg bei der Überwindung des ewigen Hungers nur wenig – lediglich, daß es den Behörden möglich war, die Massen zu indoktrinieren und zu kontrollieren und sie dadurch dazu zu bringen, ein bemerkenswert schwieriges Unternehmen durchzuführen. In diesem Ausmaß erfolgreich zu sein, ist aber nicht bloß eine Frage, Menschen nebeneinander aufzureihen und die Erde für einen Bewässerungskanal ausschaufeln zu lassen. Eine grundsätzliche Rekonstruktion der Landwirtschaft durchzuführen, erfordert Phantasie und Initiative, um neue Schwierigkeiten zu bewältigen. Die Führer der chinesischen Revolution hatten schließlich nie zuvor mit etwas Ähnlichem zu tun gehabt.

Was läßt uns glauben, daß sie einen Meisterplan besaßen, der lediglich durch ein »Es geschehe!« in die Tat umgesetzt wurde? Das Auffälligste an der Agrarrevolution in China ist ihre experimentelle Methode; Menschen können nicht durch die Spitzen von Bajonetten oder durch die Drohung mit dem Hungertod zu Experimenten gezwungen werden.

Die Lebens- und Arbeits-Grundeinheit in China hat sich seit der Revolution in mehreren Phasen entwickelt. Den Chinesen zufolge wird sie das auch weiter tun. Auf die Frage, ob man die Volkskommunen als die letzte Lösung für die Probleme der Agrarorganisation ansehe, erwiderte ein Kommunenmitglied: »Keineswegs! Die Volkskommunen sind die fünfte Form nach der Revolution . . . Sie sind aber keineswegs die endgültige Antwort – für nichts gibt es eine endgültige Antwort!«[1]

Die Evolution der landwirtschaftlichen Organisation in China war ein Produkt der Zufriedenheiten und Unzufriedenheiten des chinesischen Volks und wird das auch weiterhin bleiben.

Wenn wir von einer experimentellen Methode in China sprechen, meinen wir das im buchstäblichen Sinne. In zwei Kommunen arbeiten beispielsweise normale Bauern zusammen, um das Problem zu lösen, was die optimale Dichte beim Pflanzen von Reis sei. Vier Jahre lang blieb die Frage der optimalen Dichte umstritten. Verschiedene Arbeitsteams und Arbeitsbrigaden führten ein Massenexperiment durch und setzten die verschiedenen Techniken und Methoden gegeneinander an.

Diese Pflanzenforschung wurde von den Bauern selbst geplant. Wir fanden es schwer glaublich, daß derartige Experimente durch Zwang veranlaßt worden sein könnten. Tatsächlich ist es im Vergleich mit anderen unterentwickelten Ländern der auffallendste Zug der landwirtschaftlichen Entwicklung in China, daß es dort *weniger* zentralisierte Kontrollen und *weniger* Kontrollen von oben gibt. In den meisten Entwicklungsländern werden Entwicklungspläne durch die nationale Bürokratie ausgearbeitet, die mit internationalen Geldverleihern zusammenarbeitet. Nur in der letzten Phase sagt man den

Bauern, wie sie in die Pläne passen. Im Gegensatz dazu wird die chinesische Planung von einem oft wiederholten Satz geleitet: »Von unten nach oben / von oben herunter.«

Der Planungsprozeß beginnt in jeder Kommune mit einer Auswertung der Leistung des vergangenen Jahres. Die Kommune stellt ihre Vorschläge für das folgende Jahr mit ihren eigenen Bedürfnissen und Prioritäten auf, sie schließt dabei ein, wie sie ihre Arbeitskräfte und ihre Produktionsmittel einsetzen wird und was sie an Dünger und Maschinen brauchen wird. Die Pläne gehen dann an die Provinzebene, wo sie eine Kommission der Provinz einer zentralen Planungskommission vorlegt. Wenn diese Kommission sichergestellt hat, daß die angemessene Produktion – Getreide, Zucker und Baumwolle – auf nationaler Basis geplant ist, werden die angepaßten Ziele über die Provinz an die Kommunen zurückgegeben, wo eine zweite Runde von Versammlungen die Pläne dann bestätigt.

Man sagt, daß zwei Prinzipien den ganzen Prozeß beherrschen: Das »Spielraum-Lassen« oder das Bedürfnis nach einer maximalen Flexibilität und der »Kampf gegen den Egoismus« oder das In-Rechnung-Stellen der Bedürfnisse anderer, ob dieser andere nun eine andere Person, eine andere Kommune oder eine andere Provinz ist.[2]

Viele Agrarwissenschaftler, die China studieren, sind zu dem Schluß gekommen, die einzige Möglichkeit, den Erfolg zu erklären, sei der, daß auf jeder Ebene der Entscheidung eine maximale Beteiligung ermutigt wird. Ein amerikanischer Besucher sah die Wirkung dieser Beteiligung so:

»Für mich, als einen Besucher Chinas, war der eindrucksvollste und revolutionärste Aspekt des Landes die Haltung chinesischer Arbeiter ihrer Arbeit gegenüber.

Sie lieben ihre Arbeit.

Chinesische Arbeiter identifizieren sich mit ihrer Arbeit. Sie glauben an das, was sie tun. Sie sehen ihre Arbeit in umfassenden sozialen Begriffen. Und wenn man je in einer amerikanischen Fabrik gearbeitet hat, wird man zugeben müssen, daß eine derartige Haltung im Vergleich geradezu revolutionär ist.«[3]

Die Chinesen sind der Ansicht, es sei genauso undenkbar, ein Horten von Lebensmitteln oder eine Spekulation mit ihnen zu gestatten, wie wenn man einem Menschen gestatten würde, einen anderen körperlich zu verletzen. So führten die Chinesen schon 1953 einen einheitlichen Preis für jede Ware in jeder Provinz ein sowie einen nationalen Höchstpreis für jede Ware. Der Preis wurde für das ganze Jahr festgelegt, wodurch jahreszeitliche Schwankungen unmöglich gemacht wurden. Das Ergebnis war, daß sich die Bauern sicher fühlen, ihre Erzeugnisse gleich zur Verfügung stellen zu können, statt sie in der Hoffnung auf spätere höhere Preise zurückzuhalten, wie es die Farmer in Ländern wie den Vereinigten Staaten häufig tun.

Der einheitliche nationale Höchstpreis bedeutet, daß es keinen spekulativen oder das Preisgefüge störenden Fruchtwechsel gibt, wie das in der restlichen Welt so oft üblich ist.

Die Frage unterstellt, daß die Bauern in China indoktriniert sein müssen, daß sie Reglementierungen und Arbeit akzeptieren – und daß weiter, *wir nicht* indoktriniert sind. Ja, die Chinesen sind indoktriniert, an den »neuen Menschen« (oder besser die »neue Person«) zu glauben. Sie werden mit dem Glauben indoktriniert, daß Menschen zum Wohl des Ganzen und nicht bloß für das eigene zusammenarbeiten können.

In jeder Gesellschaft wird eine Wahl getroffen, wer zu essen bekommt. Jeder? Einige Menschen? Und nach welchen Kriterien? Werden diese Entscheidungen in unserer Gesellschaft wirklich demokratischer gefällt als in China?

Sicherlich gibt es für die Wahlmöglichkeiten der Menschen in China Grenzen. Das Individuum kann nicht jede Arbeit annehmen, die er oder sie will, oder sich nach Belieben freizügig bewegen. Diese Entscheidungen werden oft von Gruppen von Gleichgestellten auf der Basis der Interessen und der Leistung der betreffenden Person und dessen getroffen, was die Gesellschaft braucht. Haben aber die meisten Amerikaner wirklich eine Wahl? Die hat nur ein sehr kleiner Prozentsatz – oder so hat es wenigstens den Anschein. Können jedoch die meisten Amerikaner die Arbeit wählen, die sie wirklich *wollen?* Wo sie leben wollen? Und die Qualität der Umgebung, in der sie leben wollen?

Schließlich setzt die Frage voraus, daß wir eine Position für oder gegen das chinesische Modell in seiner Gesamtheit einnehmen müssen. Sie setzt voraus, daß wir, um eine der Einsichten anzuwenden, die wir aus dem chinesischen Experiment gewannen, ihre Kultur nachahmen müssen. *Das aber lehnen wir entschieden ab.* Der wirkliche Wert eines Tiefenstudiums dessen, was sich in einem Land wie China ereignet, ist der, daß wir dadurch einen Rückblick auf unsere eigene Kultur werfen und ihre Werte und Modi operandi besser sehen können.

Wir stellen fest, daß die Chinesen in der heutigen Zeit den stärksten Beweis dafür liefern, welche großen Leistungen möglich sind, wenn man die Agrarentwicklung als soziales im Gegensatz zu einem technischen Problem ansieht.
Die Chinesen haben demonstriert, was erreicht werden kann, wenn man an das menschliche Potential für die örtliche Selbstversorgung und an das Treffen von örtlichen demokratischen Entscheidungen sowohl auf sozialem wie auf wirtschaftlichem Gebiet glaubt. Wir haben auch viel von dem chinesischen Standpunkt gelernt, daß die Entwicklung eine dauernde Evolution ist, die durch Selbstkritik und die Kritik anderer, von denen niemand ausgenommen ist, in Gang gehalten wird. Die Entwicklung ist kein Zustand, den man anstrebt, sondern ein fortdauernder Kampf von Individuen für eine noch größere Selbstbestimmung und Verantwortung dafür, wie sich die eigenen Aktionen für alle auswirken.
Trotzdem können wir uns, wenn wir auch durch die Untersuchung der chinesischen Erfahrung gewisse Einblicke gewinnen können, nicht nach irgendeiner anderen Kultur in der Welt ausrichten. Wenn wir daran arbeiten, unsere Wirtschaft demokratischer und menschlicher zu gestalten, können wir eine Gesellschaft schaffen, der keine andere auf der Erde gleichkommt. Sie wird einzigartig sein, weil unsere historische Erfahrung einzigartig ist. Wie wird eine amerikanische Gesellschaft aussehen, deren Zentrum das Volk ist? Wir wissen es noch nicht. Das weiß niemand . . .

46

Was können wir tun?

Frage: Wenn Sie sagen, daß alles die Sache der unterentwickelten Länder selbst ist, welche Rolle bleibt dann für uns?
Die grundsätzliche Botschaft von »Diet for a Small Planet« ist doch die, daß jede grundlegende soziale Änderung bei dem Individuum zu beginnen hat. Fühlen Sie immer noch so? Sind individuelle Taten nicht mehr als symbolische Gesten gegen Ungeheuerlichkeiten der wirtschaftlichen und politischen Realitäten des Hungers?

Unsere Antwort: Die Feststellung, daß Selbstversorgung Selbsthilfe bedeutet und daß es daher für die Amerikaner keine Rolle mehr gibt, könnte der bequemste Weg sein, uns unserer Verantwortung zu entziehen. Es könnte aber auch der Begriff sein, der uns zum ersten Mal frei machen wird, deutlich einen Weg der Arbeit und Aktion zu sehen.
Als »Diet for a Small Planet« zum ersten Mal veröffentlicht wurde, gab es keine Bewegung, die in den Fragen von Ernährung und Hunger gegründet war. Zu dieser Zeit schien es notwendig, in den Brennpunkt zu rücken, was das Individuum tun kann.
Heute ist es aber nicht mehr nötig, nur von dem Individuum zu sprechen. Jetzt können wir auch über eine Bewegung reden. Wir stehen mit Hunderten von Gruppen im ganzen Land in Verbindung, die in den letzten Jahren spontan entstanden sind, in dieser kurzen Zeit hat eine nationale Bewegung Gestalt gewonnen. In Universitäten und Colleges, in religiösen Organisationen – bei gewissen Gesetzgebern auf Staats- und Bundesebene, in Kooperationsbewegungen und bei Ökologie- und Naturnahrungsgruppen besteht das Gefühl, daß die Ernährung der richtige Platz ist, um Aufmerksamkeit und Energie auf einen Wandel zu richten. Auf einer nationalen »Hunger-Tagung«, die wir besucht haben, gab es eine fühlbare Ebene positiver Energie, die Hunderte von Ideen für Aktionen an Universitäten und in Gemeinden schuf.

Es ist ganz entschieden keine Bewegung für junge Leute. Sie schließt Farmergruppen ein, die die Kämpfe, die wir eben erst entdeckt haben, schon seit Jahrzehnten austrugen. Jetzt haben sie neue Verbündete gefunden.
Wo immer Sie in dem Land sind, ist es möglich, Ihren Einfluß innerhalb dieser wachsenden Bewegung geltend zu machen. Was aber sollte der Einfluß sein? Diese Frage stellen wir unaufhörlich. Wir hoffen, daß Ihnen einige unserer Antworten an uns selbst von Nutzen sein werden.

Erkennen Sie die Grundursachen –
Nehmen Sie nicht an, daß wir bereits genug wissen?

Es ist wichtig, nicht zu vergessen, wo die meisten Amerikaner beginnen, wie tief die Mythen in unser aller Psyche eingebettet sind. Nehmen Sie nicht an, daß es selbst unter »Nahrungsaktivisten« ein gemeinsames Verständnis gibt. Zwischen den Ansichten gibt es gewaltige Divergenzen, viele sind noch in den alten Mythen verwurzelt, die wir in diesem Buch zu vertreiben suchten.
Das meiste von dem, was Sie in der Zukunft lesen werden, wird nicht die Realität spiegeln, die wir hier zu vermitteln versucht haben. Das meiste, was Sie lesen, wird die Frage noch auf die »alte« Art formen. Sie werden hören, daß die Vereinigten Staaten der einzige verbliebene »Brotkorb« der Welt sind, daß das Problem einfach im »Bevölkerungsdruck« besteht, in schweren Trockenheiten und »im Mangel an Aufgeschlossenheit für ausländische Investitionen«.
Eine der wichtigsten Lehren, die wir beim Schreiben dieses Buches lernten, war die, daß ein Handeln aus Unwissen gerade *die* Kräfte stören kann, die wir bekämpfen müssen. Die Konzentration auf den kleinen Bauern klingt gut, bis wir uns erinnern, daß in vielen Ländern bis zu 60 Prozent der Menschen auf dem Land keinen Grund und Boden besitzen. Auch die Konzentration auf die Steigerung der Produktion klingt gut, bis wir uns fragen, wessen Arbeitsplatz dadurch beseitigt wird. Nahrung ins Ausland zu schicken klingt gut, bis wir die Auswirkung auf die örtlichen Produzenten richten und uns fragen, was mit den Erträgen der Verkäufe der Lebensmittel geschieht, die wir als Hilfe schicken. Die Rolle der Regierung der Vereinigten Staaten als Helferin der Armen im Ausland klingt edel, bis wir uns an die Auswirkung der wirtschaftlichen und gegen Aufständi-

sche gerichteten Tätigkeiten erinnern, die gerade die Kräfte unterstützen, die die meisten Hungernden unterdrücken. Der Wunsch von Amerikanern, die Hungernden zu ernähren, klingt bewundernswert, bis wir uns erinnern, daß Unternehmen, die einen Gewinn erzielen wollen, das nur tun können, wenn sie die Hungernden daran hindern, sich selbst zu ernähren und Lebensmittel für sich selbst anzubauen.

Eine Neudefinition von »Hilfe«

Die Frage deutet an, daß es einen Widerspruch zwischen der Selbstversorgung als dem ersten Ziel der Hungernden und unserer Fähigkeit zu helfen gibt. Als erstes darf man nicht vergessen, daß sich die Menschen *selbst ernähren werden.* Wenn sie es nicht tun, kann man sicher sein, daß mächtige Hindernisse im Wege liegen. Diese Hindernisse sind nicht, wie wir gesehen haben, die »Hungerlegenden« – ungenügende Produktion, schlechtes Klima, ungenügende Technologie, diskriminierende Handelspraktiken oder mangelndes Kapital. Das wirkliche Hindernis auf dem Weg, daß sich die Menschen selbst ernähren ist, daß die Mehrzahl der Bürger in jeder Marktwirtschaft in steigendem Maß von der Kontrolle über die Produktionsmittel abgeschnitten sind. Daraus ergeben sich für uns folgende Lektionen.

Erstens: Wir können das Problem des Welthungers nicht für andere Menschen lösen. Sie müssen das selbst tun. Wir können jedoch daran arbeiten, die Hindernisse zu entfernen, die es den Menschen in aller Welt immer schwieriger machen, die Kontrolle über die Lebensmittelproduktion zu übernehmen und sich selbst zu ernähren.

Zweitens: Wir sollten uns auf die Beseitigung der Hindernisse konzentrieren, die heute durch Kräfte in unserem eigenen Land verstärkt werden – oft sogar in unserem Namen und mit unseren Steuergeldern.

Drittens: Wir müssen die Menschen in aller Welt unterstützen, die sich bereits der erzwungenen Lebensmittelabhängigkeit widersetzen und neue selbstversorgende Gesellschaften aufbauen, in denen die Mehrheit der Menschen die Nahrungs-Produktionsmittel direkt kontrolliert. Eine direkte finanzielle Hilfe für sie ist wichtig, da sie den Amerikanern, die immer noch glauben, die Menschen seien zu unterdrückt, um sich zu ändern, ihre Existenz aufzeigt.

Viertens: Die Arbeit für die Selbstversorgung auf persönlicher wie

nationaler Ebene bringt jedermann Nutzen. Amerika weniger von dem Import von Lebensmitteln und davon abhängig zu machen, seine eigenen Lebensmittel aufzudrängen, wird ein Schritt darauf hin sein. Amerika für die Welt »sicher zu machen«. Die lokale Selbstversorgung wird es für die Eliten in den Industrie- wie in den unterentwickelten Ländern schwierig machen, die Preise, Löhne und Menschen zu ihrem eigenen Nutzen zu manipulieren. Die Selbstversorgung für Amerika bedeutet gesunde Nahrung, die allen zur Verfügung steht, geliefert von einer gesunden heimischen Landwirtschaft mit weit verteilter Kontrolle.
Die Formen, die unsere Energien bei der Umsetzung dieser vier Punkte in die Tat annehmen, wird natürlich die Folge unserer Zusammenarbeit in den kommenden Jahren sein. Sie wird sich unterscheiden und zwar abhängig davon, wo Sie sind, wer Sie sind und wen Sie zu erreichen suchen. In diesem Stadium wollen wir eine Vielfalt von Methoden willkommen heißen. Hier sind einige Möglichkeiten.

Hunger-Umerziehung

Stellen Sie fest, wie »Hunger« in Ihrer Schule oder der Schule Ihrer Gemeinde gelehrt wird. Lehrt man Sie und Ihresgleichen oder Ihre Kinder, eine Lebensmittelverknappung und hungrige Menschen zu fürchten? Untersuchen Sie Schulbücher und Schulmaterial. Entwikkeln Sie darauf andere Lehrpläne und Sonderveranstaltungen, die eine andere Ansicht anbieten – eine positive Ansicht, daß dieses Problem fest in unseren Händen ist. Bilden Sie eine Anti-Mediengruppe, um eine fortlaufende Antwort auf die Interpretation Ihrer Medien über den Hunger hier und im Ausland zu liefern – durch Briefe an den Herausgeber oder eine regelmäßige Kolumne. In der Zukunft werden wir selbst Lehrpläne, Studienführer, Filme, Kassetten, Vorschläge für Rundfunksendungen und so weiter entwikkeln.
Unsere eigene Umerziehungsarbeit wird in der Form von Forschungen an Ort und Stelle und der Veröffentlichung von Artikeln, Flugschriften und Studienführern fortgesetzt werden. Wenn Sie von uns beliefert werden wollen, schreiben Sie bitte an
Institute for Food and Development Policy
2588 Mission St.
San Francisco, California 94110

Arbeiten Sie hier für die Selbstversorgung

Arbeiten Sie jetzt an der Eröffnung einer nationalen Debatte über die Frage einer nationalen demokratischen Planung in der Auswahl und der Produktion der Lebensmittel, um sicherzustellen, daß die Fülle Amerikas all seinen Menschen zur Verfügung steht.
Organisieren Sie eine Lebensmittelkooperative, und bauen Sie Ihre eigene Nahrung an, so daß Sie aus dem »Lebensmittel-als-Profitware-System« ausscheiden können, das die Knappheit schafft.
Arbeiten Sie an einem Netz, das die Farmer direkt mit den Konsumenten in ihrer Gegend in Verbindung bringt. Das ist ein sicherer Weg, um etwas über die Probleme der Farmer zu erfahren. In so verschiedenen Städten wie Minneapolis und San Francisco sind von Arbeitern gemanagte Lebensmittelsysteme im Entstehen. Arbeiten Sie für eine regionale Selbstversorgungspolitik innerhalb der USA, die eine Botschaft für alle Amerikaner enthalten wird. Wir brauchen keine Lebensmittel aus hungernden Ländern zu importieren oder unseren fossilen Treibstoff zu vergeuden, indem wir Lebensmittel über Tausende von Kilometern transportieren. Die Energieverwendung für Lebensmitteltransporte hat sich in den letzten dreißig Jahren verdreifacht. Vier Staaten haben damit begonnen, einen Schritt in diese Richtung zu studieren, Massachusetts, Vermont, Pennsylvania und West-Virginia. »Ein staatlicher Ausschuß für Ernährungspolitik stellte kürzlich fest, daß Massachusetts 84 Prozent seiner Lebensmittel einführt. Seit 1945 haben die Anbauflächen in Massachusetts um mehr als die Hälfte abgenommen.«

Die Bedeutung von individuellen Lebensentscheiden

Wir wurden gefragt, ob Veränderungen in den persönlichen Lebensschemata nicht nur symbolische Gesten seien und wie wir jetzt über die Schritte denken, die in *Diet for a Small Planet* umrissen wurden. Wie wertvoll ist es, unsere Schemata zu ändern, wenn wir wirklich sagen, daß das Problem in dem wirtschaftlichen und politischen System verwurzelt ist? Wir wollen erklären, was unserer Ansicht nach die wirkliche Bedeutung solcher individuellen Handlungen ist.
Die Botschaft von *Diet for a Small Planet* wurde von einigen in die Ansicht umgewandelt, »wenn jeder von uns nur einen Hamburger

pro Woche weniger äße, könnten alle Hungrigen ernährt werden«. Das haben wir nicht gemeint. Die Änderungen in den Eßgewohnheiten, die das Buch verträgt, sind ein Schritt aus der »Mach-Glauben«-Welt, in der wir leben. Mit »Glauben-Machen« meinen wir, daß man uns glauben läßt, die Dinge seien so, wie sie sein sollten. Man läßt uns beispielsweise glauben, die Lebensmittelknappheit sei ein natürliches Phänomen, zu dem die Menschen wenig tun können. Man läßt uns glauben, daß eine Ernährung mit Fleisch, das von mit Getreide gefütterten Tieren stammt, zugleich notwendig und eine gesunde Verwendung unserer Agrarprodukte ist.

Die amerikanische, um das Fleisch aufgebaute Ernährung bietet uns jedoch ein extremes Beispiel, wie Profitkriterien unsere potentielle Lebensmittelversorgung reduzieren und eine Knappheit schaffen können, um Profit zu sichern.

Mehr als die Hälfte unserer Getreideernte wird an Vieh verfüttert, das uns nur einen kleinen Bruchteil zurückgibt. Weniger Fleisch und weniger bearbeitete Lebensmittel zu essen, auf eine Art zu essen, die die wirklichen Bedürfnisse unseres Körpers widerspiegelt, ist so eine Art, »nein« zu einem System zu sagen, das die Nahrung wie andere einträgliche Waren ansieht und sie vollkommen von den menschlichen Bedürfnissen trennt.

Eine Veränderung in der Ernährung ist zudem ein guter Platz zu erkennen, daß wir wirklich eine Wahl treffen, die auf den Bedürfnissen unseres Körpers und eher auf der besten Verwendung der Erde als darauf basiert, was unser profitorientiertes System diktiert.

Was motiviert uns?

Nach einer Rede, die wir kürzlich hielten, fragten uns Studenten: »Was läßt Sie glauben, daß sich Menschen ändern können, daß sich überhaupt etwas ändern kann? Sie sagen, daß Ihre Position gegen die fatalistische Übervölkerung und die Welttheorien des Hungers eintritt; daß sie die Kontrolle über unser Schicksal wieder in die Hände der Menschen zurücklegt. Ist es aber nicht genauso schwer oder noch schwerer, sich den Kräften der konzentrierten Macht und des Reichtums zu stellen?«

Erstens spiegelt die Fassung der Frage das Gefühl der Studenten, daß die Eliteklasse, die die Ernährungswirtschaft kontrolliert, bei uns wie in den unterentwickelten Ländern jetzt völlig die Oberhand hat.

Und doch haben wir wieder und wieder gesehen, daß die herrschenden Gruppen jetzt dauernd in der Defensive sind und versuchen, ihre Macht zu schützen, da immer mehr von uns sich unserer sich verschlechternden Position bewußt werden. Die Grüne Revolution mit ihrer Kommerzialisierung und Mechanisierung der Landwirtschaft kann zum Teil als ein defensiver Schachzug angesehen werden. Die kommerzielle Umwandlung der Landwirtschaft macht Menschen für die Produktion überflüssig, so daß sich die Landbesitzer nicht mehr mit den berechtigten Forderungen der Landarbeiter und Pächter befassen müssen. (Und doch werden sich die Menschen, wie wir das heute in den Zusammenstößen zwischen Bauern und Grundbesitzern im Geburtsland der Grünen Revolution – Mexiko – sehen, nicht beruhigen.)

Auch das Phänomen des »Globalen Supermarkts« ist zum Teil als Spiegelung der Bemühungen multinationaler Firmen zu sehen, mit der Kraft der Landarbeiterbewegungen in den Industrieländern fertig zu werden, die für ihre Arbeit anständige Löhne verlangen.

Selbst die Riesensummen, die die Gesellschaften für die Reklame ausgeben, in der sie sich als Helfer gegen den Welthunger darstellen, bedeuten, daß sie sich selbst klarwerden, daß die Amerikaner allmählich die Rolle dieser Gesellschaft in Frage stellen.

Vielleicht schätzen diejenigen, die die Lebensmittelwirtschaft kontrollieren, die Kraft des erwachenden Volkes besser ein als wir selbst.

Zweitens bezieht unsere Antwort an jene Studenten eine sehr persönliche Ansicht über unsere eigene Lebenswahl ein. Wir glauben, daß jeder, der genügend privilegiert ist, sich bewußt zu werden, eine Wahl treffen muß. Entweder wir entscheiden uns, Beobachter der Geschichte zu sein und dabei unser Gewicht den Kräften zu leihen, die jetzt die Kontrolle besitzen, oder aber teilzunehmen und aktiv eine neue Kultur aufzubauen, die auf den menschlichen Werten beruht. Haben wir, wenn man es so ausdrückt, wirklich eine Wahl? Die menschliche Gesellschaft ist letzten Endes nur ein Produkt des kollektiven Kampfs aller Menschen. Wenn wir sagen, daß *wir* nicht die Macht haben, die Dinge zu ändern, wer hat sie dann? Wie lautet dann die Antwort?

Wenn wir antworten, daß die Macht in den Händen einer Elite liegt, die allein die Entscheidungen trifft, werden wir genau das tun, was diese Elite von uns will. Wir werden in der Niederlage die Arme verschränken und sagen, daß wir es vorziehen, Schutzhüllen zu

bauen, um uns vor der Realität zu schützen und die schlechten Nachrichten von uns fernzuhalten.
Auf unserer eigenen Erfahrung basierend, sind wir zu dem Glauben gekommen, daß die Menschen eine Schutzhülle nur deshalb vorziehen, weil sie so sehr von negativen Informationen, die sie nicht integrieren können, überwältigt sind. Sie können Tatsachen nicht in eine nützliche Aktion integrieren, weil man sie dazu gebracht hat, sich wegen der Hungernden schuldig und furchtsam zu fühlen.
Zu oft wird das Problem des Hungers in einen Wettbewerb zwischen ihnen und uns verwandelt, alle von uns in der reichen Welt gegen alle von ihnen in der armen. Tatsächlich steht die Mehrheit der Amerikaner nicht gegen die hungernden Menschen; es sind keine Schlachtlinien des Hungerkriegs. Der Kampf geht gegen ein System, das von dem Hunger auf den Philippinen oder in Brasilien genauso profitiert wie dem in den Vereinigten Staaten. Die wirklichen Kräfte, die den Hunger schaffen, umspannen fast alle Nationen der Erde. Wenn die Kampflinien einmal klar sind, können wir nicht mehr von den Verbreitern von Schuld und Furcht manipuliert werden.
Wenn wir einmal verstanden haben, wie der Hunger geschaffen wird und wie wir ihn überwinden, sind Schutzhüllen nicht mehr nötig. Je mehr isolierte, negative Informationen wir erhalten, desto geschlagener fühlen wir uns, während wir um so mehr Energien haben, je mehr wir verstehen. Das ist unsere eigene Lektion, die wir beim Schreiben dieses Buches gelernt haben.
Einige werden uns sagen, daß unsere Wahl – wenn wir wirklich eine haben – begrenzt ist, da alle Menschen egozentrisch sind, können wir lediglich auf diesem *Prinzip* aufbauen. Wir wollen sagen, daß dieser Glaube an den menschlichen Egoismus direkt den Interessen der Mächtigen dient. Es ist eine Ansicht über die menschliche Natur, die sehr schön in den Status quo paßt. Das Wirtschaftssystem, das wir heute haben, ist aber nicht von »Gott gegeben«, es stellt eine Wahlmöglichkeit dar, auf gewissen menschlichen Charakterzügen aufzubauen – mit den menschlichen Unsicherheiten zu spielen. Das sagt uns aber in keiner Weise, was möglich ist.
Neue Systeme der menschlichen Organisation werden gewagt. Systeme, die annehmen, daß Menschen kooperieren und arbeiten können, um die Möglichkeiten zu schaffen, daß jedermann ein erfülltes Leben führen kann. Es gibt heute keine wichtigere Aufgabe, als das den Menschen in den Industrieländern zu erklären. Ehe sie für einen Wandel offen sind, müssen sie glauben, daß ein Wandel

möglich ist, daß eine Kultur, die auf das individuelle Streben nach Gewinn fixiert ist, nicht »natürlich« sein kann.

Die Tragödie liegt darin, daß wir einen Punkt erreichen müßten, an dem Millionen hungern – darunter auch Millionen hier in Amerika –, ehe wir allmählich zu der Einsicht gelangen, daß unser System – ein System, das auf den Verwundbarkeiten statt auf den Stärken der menschlichen Persönlichkeit aufgebaut ist – nie eine menschliche Gesellschaft schaffen kann.

Ungeduld kann jedoch nur zu Frustrierung und Verzweiflung führen. Es hat Jahrhunderte gedauert, diese weltweite Entbehrung zu schaffen, deren Zeugen wir jetzt sind. Es wird auch Zeit erfordern, eine menschliche Welt zu konstruieren. Das verkleinert unsere Aufgabe nicht, es macht sie nur um so wichtiger. Unsere persönlichen Zeitrahmen haben sich geändert. Wir müssen dazu gelangen, den heutigen Kampf im Licht der gesamten Menschheitsgeschichte zu sehen. Wir dürfen unsere Vision nicht auf das beschränken, was wir heute rings um uns sehen. Was wir heute sehen, kann uns vielleicht sagen, was unsere Kinder und deren Kinder erreichen können.

Wenn wir sagen, daß wir durch das Studium des Hungers lernen, wo unser ureigenstes Interesse liegt, sagen wir nicht einfach, daß wir erfahren, wie unser Leben von den gleichen Kräften begrenzt wird, die die hungernden Bauern in Afrika und Indien ausbeuten. Wir sagen auch, daß diese Arbeit in unserem ureigenen Interesse geschieht, weil wir durch sie freier gemacht werden.

Wir wollen, daß Sie zu uns stoßen, nicht einfach wegen des notwendigen Kampfs um eine gerechte und lebenspendende Gesellschaft aufzubauen, sondern weil wir uns durch unsere eigene Erfahrung sicher geworden sind, daß keiner von uns heute ein volles Leben führen kann, solange wir von einer falschen Ansicht von der Welt und einer falschen Ansicht von der menschlichen Natur überwältigt sind. Über den Hunger in der Welt zu lernen wird dann nicht eine Lektion in Elend und Entbehrung, sondern ein Vehikel für ein großes Erwachen in unserem Leben.

Anmerkungen

Teil II:
Die Angst vor der Knappheit

1.
Nur noch Stehplätze? Zu viele Menschen?

[1] Berechnet aus Food and Agriculture Organization (FAO), »Trade Yearbook«, Bd. 28; »Production Yearbook«, Bd. 28–1; und »Yearbook of International Trade Statistics«, 1974.
[2] Helen Ware, »The Sahelian Drought: Some Thoughts on the Future«. Special Sahelian Office, Food and Agriculture Organization, März 1975, S. 16.
[3] Theodore W. Schultz, D. Gale Johnson, »World Food Problems and Prospects«, Foreign Affairs Study 20. Washington, D.C.: American Enterprise Institute for Public Policy Research, 1975, S. 46.
[4] Keith Griffin, »Land Concentration and Rural Poverty«, New York: Macmillan, 1976, S. 134.
[5] Berechnet aus »Trade Yearbook, Bd. 28«; »Production Yearbook, Bd. 28–1«; »Yearbook of International Trade Statistics«, 1974; und José M. Bengo und Gonzalo Donoso, »Prevalence of Protein-Calorie Malnutrition, 1963–1973«, Protein Advisory Group Bulletin, 4, 1, 1974.
[6] New Internationalist (April, 1976): 4, Zitat eines Weltbank-Berichts.
[7] Ray Goldberg, »Agribusiness Management for the Developing Countries – Latin America«, Cambridge, Mass.: Ballinger, 1974, S. 70.
[8] Ebenda S. 147, 150.
[9] »Perspectives para el Desarollo y la Integración de la Agricultura en Centro America«. SIECA y FAO, Secretaria del Trajado General de Integración Economica Centro Americana, Guatemala, Mai 1974.
[10] Griffin, »Land Concentration and Rural Poverty«, S. 135.
[11] Mercado Commún Internacional Barcelona, Fasc., 91/1973.
[12] »The World Food Problem: A Report of the President's Science Advisory Committee«, Washington, D.C.: Government Printing Office, 1967, Tafeln 7–9, S. 434; siehe auch Leroy L. Blakeslee, Earl O. Heady und Charles F. Framingham, »World Food Production, Demand and Trade«, Iowa Staatsuniversität, 1973.

2.
Wie steht es aber mit den wirklich hoffnungslosen Fällen?

[1] Berechnet von Food and Agriculture Organization (FAO), »Production Yearbook«, Bd. 28–1, 1974.

[2] Edgar Owens, U.S. AID, persönliche Mitteilung, 1976.
[3] Dr. Benedict Stavis, Cornell University, persönliche Mitteilung, 23. Dez. 1976.
[4] Samir Amin, »L'Afrique sous-peuplée«, Développement et Civilisations, nos. 47–48 (März/Juni 1972): 6061.
[5] Food and Agriculture Organization, The State of Food and Agriculture – 1974, S. 145.
[6] Berechnet aus »Production Yearbook«, Bd. 28–1, 1974, FAO.
[7] Nick Eberstadt, »Myths of the Food Crisis«, The New York Review of Books, vom 19. Februar 1976, S. 34–35.
[8] Steve Raymer, »The Nightmare of Famine«, National Geographic Juli 1975.
[9] Food and Agriculture Organization, Bangladesh: »Country Development Brief«, 1973, S. 7, 31–32.
[10] United-Nations-Bericht (vertraulich), »Some Notes on Agriculture in Bangladesh«, Dacca, 18. November 1974, S. 4.
[11] »Famine Risk and Famine Prevention in the Modern World«, UNRISD, 1976, S. 28.
[12] Swadesh R. Bose, »The Strategy of Agricultural Development in Bangladesh«, in The Economic Development of Bangladesh: Proceedings of a Conference of the International Economics Association at Dacca, Hrsg. E. A. Robinson und Keith Griffin, New York: Macmillan, 1974, S. 14.
[13] Ebenda S. 140.
[14] Anisur Rahman, »The Famine«, Universität von Dacca, 7. November 1974, vervielfältigt zitiert von Susan George, How the Other Half Dies, London, Penguin, 1976, S. 46.
[15] Food and Agriculture Organization, »Progress in Land Reform«, S. III–82.
[16] Siehe Anm. 11, S. 29.

3.
Das Schreckbild der Preise
[1] U.S.-Landwirtschaftsministerium, »Agricultural Statistics – 1972«, Washington, D.C., Government Printing Office, Tafeln 650, 755 und 759.
[2] Lester Brown mit Erik Eckholm, »By Bread Alone«, New York, Praeger, 1974, S. 60.
[3] Wall Street Journal, 2. September 1975.
[4] Helen Bryant, »Fertilizer: Part of the Solution, or Part of the Problem?«, War on Want, 467 Caledonien Rd., London N7 9BE, 1975, Zitat von Edwin Weheler, Präsident des amerik. Dünger-Institutes, bei der Jahresversammlung, 3. Febr. 1975.
[5] U.S., Department of Agriculture, »Foreign Agricultural Trade of the U.S. (FATUS)«, Washington, D.C., Government Printing Office, April 1975, S. 30.

4.
Mehr Menschen: Eine dünnere Scheibe für jeden?
[1] Reported by Colin G. Clark. »More People, More Dynamism«, Ceres 6, November/Dezember 1973, S. 27 ff.

5.
Sind Menschen eine Bürde oder eine Ressource?
[1] Robert d'A. Shaw, »Jobs and Agricultural Development«, Washington, D.C., Overseas Development Council, 1970, Tafel 2, S. 10.

[2] Weltbank, »The Assault on World Poverty«, Baltimore, Johns Hopkins University Press, 1975, S. 242–243.
[3] Charles Elliot, »Patterns of Poverty in the Third World«, New York, Praeger, 1975, S. 50.
[4] Wolfgang Hein, »Over-unemployment or Marginality«, eine Übersicht über »Urban Unemployment in Developing Countries, The Nature of the Problem and Propisals for Its Solution« von Paul Bairoch, Genf, ILO, 1973, in Ceres, Mai–Juni 1976, 61.
[5] Edgar Owens und Robert Shaw, »Development Reconsideres«, Lexington, Mass., Heath, 1972, S. 54.
[6] Richard Barnet und Ronald Mueller, »Global Reach«, New York, Simon & Schuster, 1974, S. 169.
[7] Colin Tudge, Manuskript, 1976, Kapitel 1.
[8] Robert Maurer, »Work: Cuba«, in Cuba: »People – Questions«, Hrsg. W. L. Kaiser, New York, Friendship Press/IDOC/North America, 1975, S. 22.
[9] New York Times, 1. November 1970.
[10] International Labor Organization, »Agricultural Mechanisation and Employment in Latin America«, Hrsg. K. C. Abercrombie, in: »Mechanisation and Employment in Agriculture«, 1973, S. 61–63.
[11] Steve Hellinger und Doug Hellinger, Overseas Development Council, unveröffentlichtes Manuskript, 1975, Teil II, S. 46.
[12] Gordon Gemmill und Carl K. Eicher, »A Framework for Research on the Economics of Farm Mechanization in Developing Countries«, African Rural Employment Research Network, Papier Nr. 6, S. 2, 1973, Department of Agricultural Economics, Michigan State University, East Lansing, Michigan.

6.
Menschen – eine Belastung der Umwelt?

[1] Lester Brown und Erik Eckholm, »By Bread Alone«, New York, Praeger, 1974, S. 87.
[2] Howard E. Daugherty, »Man-Induced Ecologic in Change in El Salvador«, Dissertation, University of California, Los Angeles, 1969.
[3] »El Salvador Zonificación Agricola« (Fase I), Organization of American States, Washington, D.C., 1974, zitiert nach Erik Eckholm, Losing Ground, New York, Norton, for Worldwatch Institute, 1976, S. 167.
[4] Georg Borgstrom, »Ecological Aspects of Protein Feeding – the Case of Peru«, Hrsg. M. Taghi und John P. Milton, in: »The Careless Technology: Ecology and International Development«, Garden City, N. J., The Natural History Press, 1972, S. 901.
[5] Food and Agriculture Organization, »Production Yearbook«, Bd. 28–1, 1974.
[6] Erik Eckholm, Losing Ground, New York, Norton, 1976.
[7] »The Economic Development of Columbia«, Baltimore, John Hopkins University Press, 1950, S. 63 und 360, zitiert nach Michael Hudson, »Super Imperialism«, New York, Holt, Rinehart and Winston, 1972, S. 103–104.
[8] Ebenda.
[9] René Dumont, »False Start in Africa«, New York, Praeger, 1966, S. 69; »L'Afrique est mal partie«, Paris, Seuil, 1962.
[10] Jeremy Swift, »Disaster and a Sahelian Nomad Economy«, in: »Drought in Africa«, hrsg. von David Dalby und R. J. Harrison, London, Centre for African

Studies, 1973, S. 71–79; Douglas L. Johnson, »The Response of Pastoral Nomads to Drought in the Absence of Outside Intervention«, United Nations Special Sahelian Office, 19. Dezember 1973; F. Fraser Darling und M. T. Farvar, »Ecological Consequences of Sedentarization of Nomads, London, Oxford University Press, 1959.

[11] Ebenda, insbesondere Stenning.

[12] Helen Ware, »The Sahelian Drought: Some Thoughts on the Future«, Special Sahelian Office, Food and Agriculture Organization, 26. März 1975, bes. 3 ff.

[13] Claire Sterling, »The Making of the Sub-Saharan Wasteland«, Atlantic Monthly, Mai 1974, S. 98–105.

[14] Ebenda.

[15] Eduardo Cruz de Carvalho, »›Traditional‹ and ›Modern‹ Patterns of Cattle Raising: A Critical Evaluation of Change from Pastoralism to Ranching«, The Journal of Developing Areas, vom 8. Januar 1974.

[16] Frank L. Lambrecht, »The Tsetse Fly: A Blessing or a Curse?«, in: »The Careless Technology«, S. 72 ff. und 775 ff.

[17] Frances M. Foland, »A Profile of Amazonia«, Journal of Inter-American Studies and World Affairs, vom Januar 1971, S. 72 ff.

[18] Zitiert in Vic Cox, »Brazil: The Amazon Gamble«, The Nation vom 11. Oktober 1975, 328.

[19] Dr. Nelson Chaves, Chef des Ernährungsinstitutes an der Universität von Pernambuco.

[20] »World Environment Report«, Center for Environmental Information, New York, 1 Nr. 8, 12. Mai 1975.

[21] José S. Da Veiga, »Quand les multinationales font du ranching«, Le Monde Diplomatique, vom September 1975, S. 12.

[22] Ebenda S. 13.

[23] Siehe Erik P. Eckholm, Losing Ground, S. 136–141.

7.

Sind mehr Lebensmittel die Gifte wert?

[1] New York Times, 14. Februar 1975 mit Zitaten von Dr. G. M. Woodwell, Marine Biological Laboratory, Woods Hole, Mass.

[2] Kevin Shea, »Nerve Damage«, Environment 16, November 1974, S. 6 ff.

[3] »Man's Impact on the Global Environment«, Bericht von der Gruppe: »Study of Critical Environment Problems«, Cambridge, Mass., Massachusetts Institute of Technology, 1970, zitiert nach Erik Eckholm, Losing Ground, New York: Norton, 1976, S. 162.

[4] Harold M. Schmeck, Jr., »Pesticides' Control of Insects Is Found to Decline Sharply«, New York Times, 6. Februar 1976, S. 1.

[5] Shea, »Nerve Damage«, S. 8.

[6] Erik Eckholm, Losing Ground, S. IX–13.

[7] Siehe James S. Turner, »A Chemical Feast: Report on the Food and Drug Administration«, Ralph Nader Study Group Reports, New York, Grossman, 1970, Über den Einfluß der chemischen und pharmazeutischen Unternehmen auf die Regierung, David Pimentel, »Realities of a Pesticide Ban«, Environment 15, März 1973, gibt ausführliche Hinweise.

[8] Fred Willman, »Biodegradable Pesticides«, R. F. Illustrated, Rockefeller Foundation 2, 1, März 1975, 5.

[9] David Pimentel, »Extent of Pesticide Use, Food Supply and Pollution«, Journal of the New York Entomological Society 81, 1973, S. 3–33.
[10] Ebenda.
[11] Ebenda.
[12] »The AgBiz Tiller«, San Francisco Study Center, P. O. Box 5646, San Francisco, CA 94101, 3, November 1976: I.
[13] Siehe David Pimentel, »Realities of a Pesticide Ban«.
[14] J. P. Hrabovszky, höherer politischer und Planungskoordinator, Landwirtschaftsministerium, FAO Rom, Brief vom 18. März 1976, sich berufend auf Dr. W. R. Furtick, Chief, Plant Protection Service.
[15] Teodoro Bza Barducci, »Ecological Consequences of Pesticides Used for the Control of Cotton Insects in Cañete Valley, Peru«, in: Careless Technology, Ecology and International Development, hrsg. von M. Taghi Farvar und John P. Milton, Garden City, N. J., Natural History Press, 1972, S. 423 ff.
[16] M. Taghi Farvar, »Relationship Between Ecological and Social Systems«, Rede vor der EARTHCARE-Konferenz, New York, 6. Juni 1975, S. 4.
[17] M. Taghi Farvar, »Ecological Implications of Insect Control«, Center for the Study of Biological Systems, Forschungsbericht, 6. Februar 1970, S. 6–8.
[18] Farvar, »Ecological Implications of Insect Control«, 1970, S. 11.
[19] Ebenda S. 15.
[20] »Toward a Self-Sustaining Agriculture«, The Journal of the New Alchemists, The New Alchemy Institute, P. O. Box 432, Woods Hole, Mass., 02543, 1975, S. 49.
[21] New York Times, 5. Dezember 1976, S. 39.
[22] Farvar, »Relationship Between Ecological and Social Systems«, 1975, S. 4.
[23] Farvar, »Ecological Implications of Insect Control«, 1970, S. 10.
[24] Environment Nummer 17, April/Mai 1975, 22.
[25] New York Times, 6. Februar 1976, S. 12.
[26] Richard Franke, »The Green Revolution in a Javanese Village«, Dissertation, Anthropologische Fakultät, Harvard-Universität 1972, S. 39 ff.
[27] Pesticides, The Journal of the Indian Pesticides Industry, Februar 1968, siehe ganze Ausgabe.
[28] Persönliche Mitteilung von L. More, T. F. Watson und Dr. Robert van den Bosch, Division of Biological Control University of California, Berkeley, zitiert in Dr. van den Boschs Vortrag »The Politics of Pesticides«.
[29] Richard Norgaard, »Evaluation of Pest Management Programs for Cotton in California and Arizona«, Anhang C in: »Evaluation of Pest Management Programs for Cotton, Peanuts and Tobacco«, Rosemarie von Rumker, Berater, RVR Projekt 66, Contract # EQ4AC036, Environmental Protection Agency and Council on Environmental Quality, Oktober 1975; siehe auch D. C. Hall, R. B. Norgaard und P. K. True, »The Performance of Independent Pest Management Consultants in San Joaquin Cotton and Citrus«, in: »California Agriculture«, Abteilung für Agrarwissenschaft, Universität von California, 29, Oktober 1975.
[30] John S. Steinhart und Carol E. Steinhart, »Energy Use in the U. A. Food System«, Science, April 1974, S. 3–4.
[31] Ray F. Smith und Harold T. Reynolds, »Effects of Manipulation of Cotton Agro-Systems on Insect Pest Populations«, in: Careless Technology, S. 389.
[32] Martin Brown, »An Orange Is an Orange«, Environment, Nummer 17, Juli/August 1975, S. 6 ff.

[33] New York Times, 6. Februar 1976, S. 12.
[34] Ebenda, Zitat einer Studie der National Academy of Sciences, 1976.
[35] Smith und Reynolds, »Effects of Manipulation of Cotton Agro-Systems on Insect Pest Populations«, S. 389.
[36] Farvar, »Ecological Implications of Insect Control«, 1970, S. 5.
[37] Ebenda S. 15.
[38] David Pimentel, »Realities of a Pesticide Ban«, S. 28.
[39] Barducci, »Ecological Consequences of Pesticides Used for the Control of Cotton Insects in Cañete Valley, Peru«, S. 431.
[40] Erich H. Jacoby, »The Green Revolution in China«, Genf, UNRISD, 18. Dezember 1973, S. 11–12.
[41] A. Ayanaba und B. N. Okigbo, »Muliching for Improved Soil Fertility and Crop Production – Organic Materials as Fertilizers«, Soils Bulletin 27, Swedish International Development Authority and FAO, Rom, 1975, S. 101.
[42] Peter Feldman und David Lawrence, »Social and Economic Implications of the Large-Scale Introduction of New Varieties of Foodgrains«, Afrika-Report (Vorläufiger Entwurf), Genf, UNRISD, 1975, S. 198 ff.

8.
Viele Kinder aus Unwissenheit?
[1] Mahmood Mamdani, »The Myth of Population Control: Family, Class and Caste in an Indian Village«, New York und London, Monthly Review Press, 1972, S. 78, 113.
[2] Helen Ware, »The Sahelian Drought: Some Thoughts on the Future«, Special Sahelian Office, Food and Agriculture Organization, März 1975, S. 13.
[3] S. Hassan, »Influence of Child Mortality on Fertility«, Papier vorgelegt bei der Jahresversammlung der The Population Association of America, New York, April 1966, zitiert in: William Rich, »Smaller Families Through Social and Economic Progress«, Washington, D.C., Overseas Development Council, 1973, S. 13.
[4] David Heer und David May, »Son Survivorship Motivation and Family Size in India: A Computer Simulation«, Population Studies 22, 1968, S. 206, zitiert nach Rich, »Smaller Families . . .«.
[5] Roy E. Brown und J. D. Wray, »The Starving Roots of Population Growth«, Natural History 83, Januar 1974, S. 47 ff.
[6] W. Ahmed, »Population Policy and the Peasant«, The Bulletin of Atomic Scientists, Juni 1974, S. 29 ff.

9.
Intellektueller Fatalismus
[1] Roger Revelle, Center for Population Studies, Harvard University, Briefe, Science, Nr. 187, 21. März 1975.
[2] James Howe und John Sewell, »What Is Morally Right?«, War on Hunger, 9, Juni 1975, S. 4.
[3] Lester R. Brown, »World Population Trends: Signs of Hope, Signs of Stress«, Worldwatch Paper 8, Worldwatch Institute, Washington, D.C., Oktober 1976, S. 7–8.
[4] William Rich, »Smaller Families Through Social and Economic Progress«, Washington, D.C., Overseas Development Council, 1973, Kapitel 1.

[5] Ebenda S. 24.
[6] James Kocher, »Rural Development, Income Distribution, and Fertility Decline«, New York, The Population Council, 1973, S. 75 ff.
[7] Howe und Sewell, »What Is Morally Right?« S. 4.
[8] Alan Berg, »The Trouble with Triage«, New York Times Magazine, 15. Juni 1975, S. 26 ff.
[9] Leo Orleans, »China's Experience in Population Control: The Elusive Model«, World Development 3, Juli/August 1975, 507.
[10] Brown, »World Population Trends«, Anhang B. Unsere Schätzung basiert auch auf Diskussionen mit Leo Orleans, China-Experte von der Kongreßbibliothek.

10.
Geburtenkontrolle oder Kontrolle der Bevölkerung?
[1] Peter Adamson, The New Internationalist?, Oktober 1974, S. 23–24.
[2] James Kocher, »Rural Development, Income Distribution, and Fertility Decline«, New York, The Population Council, 1973, S. x.
[3] Barry Commoner, »The Closing Circle«, New York: Knopf, 1971, S. 249.

Teil III:
Das koloniale Erbe

11.
Warum können sich die Menschen nicht selbst ernähren?
[1] Radha Sinha, »Food and Poverty«, New York, Holmes and Meier, 1976, S. 26.
[2] John Stuart Mill, »Political Economy«, Buch 3, Kapitel 25.
[3] Peter Feldman und David Lawrence, »Social and Economic Implications of the Large Scale Introduction of New Varieties of Foodgrains«, Afrika-Bericht Vorentwurf (Genf: UNRISD, 1975), S. 107–108.
[4] Edgar Owens, The Right Side of History, unveröffentlichtes Manuskript, 1976.
[5] Walter Rodney, »How Europe Underdeveloped Africa«, London, Bogle-L'Ouverture Publications, 1972, S. 171–172.
[6] Ferdinand Ossendowski, »Slaves of the Sunn«, New York, Dutton 1928, S. 276.
[7] Walter Rodney, »How Europe Underdeveloped Africa«, S. 171–172.
[8] Ebenda S. 181.
[9] Clifford Geertz, »Agricultural Involution«, Berkeley and Los Angeles, University of California Press, 1963, S. 52–53.
[10] Walter Rodney, »How Europe Underdeveloped Africa«, S. 185.
[11] Ebenda S. 184.
[12] Ebenda S. 186.
[13] George L. Beckford, »Persistente Poverty: Underdevelopment in Plantation Economics of the Third World«, New York, Oxford University Press, 1972, S. 99.
[14] Ebenda S. 99, zitiert nach Erich Jacoby, »Agrarian Unrest in Southeast Asia«, New York, Asia Publishing House, 1961, S. 66.
[15] Pat Flynn und Roger Burbach, »North American Congress on Latin America«, Berkeley, California, neue Untersuchung.
[16] Feldman und Lawrence, »Social and Economic Implications«, S. 103.

[17] »Special Sahelian Office Report«, Food and Agriculture Organization, 28. März 1974, S. 88–89.
[18] Alan Adamson, »Sugar Without Slaves: The Political Economy of British Guiana, 1838–1904, New Haven und London, Yale University Press, 1972.
[19] Ebenda S. 41.
[20] Eric Williams, »Capitalism and Slavery«, New York, Putnam, 1966, S. 110.
[21] Ebenda S. 121.
[22] Gunnar Myrdal, Asian Drama, Bd. 1, New York: Pantheon, 1966, S. 448–449.
[23] Feldman und Lawrence, »Social and Economic Implications«, S. 189.

12.
Ist der Kolonialismus nicht tot?
[1] Eduardo Galeano, »Open Veins in Latin America: Five Centuries of the Pillage of a Continent«, New York, Monthley Review, 1973, S. 282.
[2] Walter Rodney, »How Europe Underdeveloped Africa«, London, Bogle-L'Ouverture Publications, 1972, S. 240.
[3] Peter Feldman und David Lawrence, »Social and Economic Implications of the Large-Scale Introduction of New Varieties of Foodgrains«, Afrika-Report (vorläufiger Entwurf), Genf, UNRISD, 1975, S. 107.
[4] Walter Rodney, »How Europe Underdeveloped Africa«, S. 106.
[5] George Beckford, »Persistent Poverty: Underdevelopment in Plantation Economies of the Third World«, New York, Oxford University Press, 1972, S. 82.
[6] Robert E. Gamer, »The Developing Nations, A Comparative Perspective«, Boston, Allyn and Bacon, 1976, Kapitel 2.
[7] Edgar Owens und Robert Shaw, »Development Reconsidered«, Lexington, Mass., Heath, 1972, S. 150; siehe auch Gunnar Myrdal, »Asian Drama«, Bd. 1, New York, Pantheon, 1966, Teil III, Kapitel 10.
[8] Francine R. Frankel, »The Politics of the Green Revolution: Shifting Patterns of Peasant Participation in India and Pakistan«, in: Food, Population and Employment, hrsg. von Thomas T. Poleman und Donald K. Freebairn, New York: Praeger, 1973, S. 124.
[9] Thomas P. Melady und R. B. Suhartono, »Development: Lessons for the Future«, Maryknoll, New York: Orbis, 1973, S. 209.

Teil IV:
Trägt die Natur die Schuld?

13.
Hat es nicht schon immer Hungersnöte gegeben?
[1] M. Ganzin, »Pour entrer dans une ère de justice alimentaire«, in: UNESCO-Courrier Mai 1975, zitiert durch Susan George, »How the Other Half Dies«, London, Penguin, 1976, S. 139.
[2] »Famine-Risk and Famine Prevention in the Modern World: Studies of Food systems under conditions of recurrent scarcity«, Genf, UNRISD, Juni 1976, S. 36.
[3] Famine Inquiry Commission, »Report on Bengal«, Delhi, Government of India Publication, 1945, S. 28.

[4] Famine Inquiry Commission, »Report«, S. 106, 198.
[5] George Blyn, »Agricultural Trends in India«, 1891–1947, Philadelphia, University of Pennsylvania Press, 1966, S. 102, zitiert von Gail Omvedt in: »The Political Economy of Starvation«, unveröffentlichtes Manuskript, 1974.
[6] George Blyn, »The Agricultural Crops of India«, 1893–94 to 1945–46, Philadelphia: University of Pennsylvania Press, 1951.
[7] Lester Brown und Gail Finsterbusch, »Man and His Environment: Food«, New York: Harper and Row, 1972, S. 7, zitiert durch Omvedt, »Political Economy of Starvation«.
[8] Special Publication of the American Geographical Society, Nr. 6, S. 1.
[9] »The Report of the American Red Cross Commission to China«, ARC 270, Oktober 1929.
[10] Joseph Needham, »The Nature of Chinese Society: A Technical Interpretation«, eine öffentliche Vorlesung, gedruckt in: University of Hong Kong Gazette, 5. Mai 1974, zitiert durch Harry Magdoff, »China: Contrasts with the U.S.S.R.«, in: »China's Economic Strategy«, Monthley Review 27, Juli–Aug. 1975, S. 15–16.
[11] China Reconstructs, 23, Nr. 2, S. 2 ff.
[12] Richard Greenhill, »Coping«, New Internationalist, Juni 1973, S. 14–15.
[13] China Reconstructs, 23, Nr. 2, S. 2 ff.
[14] A. de Vajda, Höherer Berater, FAO, Rom.
[15] Siehe Anmerkung Nr. 12.
[16] Ebenda.

14.
Können wir die Wüste zurückhalten?

[1] U.S. Agency for International Development, Office of Science and Technology, »Desert Encroachment on Arable Lands: Significance, Causes and Control« (TA/OST 72–10), Washington, D.C., Government Printing Office, August 1972.
[2] Helen Ware, »The Sahelian Drought: Some Thoughts on the Future«, im Auftrag des United Nations Special Sahelian Office, 26. März 1975, besonders S. 2–5.
[3] Douglas L. Johnson, »The Response of Pastoral Nomads to Drought in the Absence of Outside Intervention«, im Auftrag des United Nations Special Sahelian Office, 19. Dezember 1973, S. 3.
[4] Helen Ware, »The Sahelian Drought«, S. 2 f.
[5] A. T. Grove, »Desertification in the African Environment«, in: David Dalby und R. J. Harrison, »Drought in Africa«, London, Centre for Africa Studies, 1973, S. 33–45.
[6] Christian Science Monitor, zitiert in: Environment, Nr. 1, Dezember 1974.
[7] »Deserts«, China Reconstructs, Nr. 23, Oktober 1974, S. 46 ff.
[8] D. Stamp, »Some Conculsions«, in: A History of Land Use in Arid Regions, Paris, UNESCO, 1961.
[9] »Les Ravages de la culture du coton«, Le Monde Diplomatique, Mai 1976: 11.
[10] Claude Raynaut, »Le cas de la region de Maradi (Niger)«, in: »Sécheresses et Famines du Sahel«, Paris, François Maspero, 1975, besonders S. 8–18.
[11] Helen Ware, »The Sahelian Drought«, S. 21, zitiert sind persönliche Mitteilungen von S. Lallemand. »A Yatenga Village in the Course of the 1973 Drought«. Siehe auch René Dumont, »False Start in Africa«, New York, Praeger, 1966.

[12] Gert Spittler, »Migrations rurales et développement economique: Exemple du Canton de Tibiri«, ein unveröffentlichtes Manuskript, besprochen in: »Social Institutions«, eine Studie im Auftrag des United Nations Special Sahelian Office«, 28. März 1974, S. 93.
[13] Berechnung basiert auf Food and Agriculture Organization, »Yearbook of International Trade Statistics«, 1974.
[14] Food and Agriculture Organization, »Production Yearbook«, Bd. 28–1, S. 117 f.
[15] Michael F. Lofchie, »Political and Economics Origins of African Hunger«, The Journal of Modern African Studies, 13, 4, 1975, S. 555 f. Ebenfalls »Sécheresses et Famines du Sahel«, S. 70.
[16] Persönliche Mitteilung von Dr. Thierry Brun, Institut National de la Santé Paris, Hospital Bichat, 17. November 1975.
[17] Lofchie, »Political and Economic Origins of African Hunger«, S. 554 und 561 ff.
[18] »Social Institutions«, eine Studie im Auftrag des Special Sahelian Office, 28. März 1974, S. 79 f.
[19] International Bank for Reconstruction and Development, »Senegal: Tradition, Diversification, and Economic Development«, 1974, S. 62 ff.
[20] Siehe Anmerkung 18, S. 80.
[21] Berechnung beruht auf Food and Agriculture Organization, »Yearbook of International Trade Statistics«, 1974.
[22] Interview mit Dr. Marcel Ganzin, Direktor, Food Policy and Nutrition Division, FAO, 20. April 1976.
[23] Brief von Dr. Marcel Ganzin, Direktor, Food Policy and Nutrition Division, FAO, vom 18. Dezember 1975.
[24] Food and Agriculture Organization, »Progress in Land Reform – Sixth Report«, 1976, besonders S. 24. Ebenso Grigory Lazarev, »Rural Development in the African Countries of the Sudan-Sahelia Africa«, im Auftrag des Unites Nations Special Sahelian Office, 23. Juli 1974, S. 5.
[25] Claude Meillassoux, »Development or Exploitation: Is the Sahel Famine Good Business?«, in: The Review of African Political Economy 1 (August–November 1974), S. 27–34.

Teil V:
Die Modernisierung des Hungers

15.
Ist nicht die Produktion das Problem?
[1] Radha Sinha, »Food and Poverty«, New York, Holmes and Maier, 1976, S. 7.
[2] Cynthia Hewitt de Alcántara, »A Commentary on the Satisfaction of Basic Needs in Mexico, 1917–1975«, vorbereitet durch die Dag Hammarskøld Stiftung, 7. Mai 1975, S. 1 und 9.
[3] Cynthia Hewitt de Alcántara, »The Green Revolution as History«, Development and Change, 5, 2, 1973–1974, S. 25–26.
[4] Hewitt de Alcántara, »Commentary on the Satisfaction Basic Needs«, S. 10.
[5] Hewitt de Alcántara, »The Social and Economic Implications of the Large-Scale Introduction of New Varieties of Foodgrains«, Country Report – Mexico, Genf, UNDP/UNRISD, 1974, S. 30.

[6] Ebenda S. 19.
[7] Ebenda S. 129.
[8] Ebenda S. 156.
[9] »Mexico: Roosting Chickens«, Latin America, 28. November 1975, S. 375.
[10] Andrew Pearse, »Social and Economic Implications of the Large-Scale Introduction of New Varieties of Foodgrains«, Teil 4, UNDP/UNRISD, S. XI–19, XI–20.
[11] Zitiert in Keith Griffin, »The Political Economy of Agrarian Change«, Cambridge, Mass., Harvard University Press, 1974, S. 55.

16.
Aber ist die Natur nicht neutral?
[1] Ingrid Palmer, Science and Agricultural Production, Genf: UNRISD, 1972, S. 6–7.
[2] Weltbank, »The Assault on World Poverty – Problems of Rural Development, Education, and Health«, Baltimore, John Hopkins University Press, 1975, S. 132–133.
[3] Andrew Pearse, »Social and Economic Implications of the Large-Scale Introduction of the New Varieties of Foodgrains, Teil 2, Genf: UNDP/UNRISD, 1975, S. II–7.
[4] S. Ahmed und S. Abu Khalid, »Why die Mexican Dwarf Wheat Decline in Pakistan?«, World Crops, Nr. 23, S. 211–215.
[5] Charles Elliott, »Patterns of Poverty in the Third World – A Study of Social and Economic Stratification«, New York, Praeger, 1975, S. 47–48.
[6] Cynthia Hewitt de Alcántara, »The Social and Economic Implications of the Large-Scale Introduction of the New Varieties of Foodgrains«, Country Report – Mexico, Genf, UNDP/UNRISD, 1974, S. 181.
[7] North London Haslemere, »The Death of the Green Revolution«, London, Haslemere Declaration Group; Oxford, Third World First, S. 4.
[8] Victor McElheny, »Nations Demand Agricultural Aid«, New York Times, 3. August 1975, S. 20.
[9] Keith Griffin, »The Political Economy of Agrarian Change«, Cambridge, Mass., Harvard University Press, 1974, S. 205.
[10] Pearse, »Social and Economic Implications«, Teil 1, S. 111–118.
[11] Nicholas Wade, »Green Revolution I: A Just Technology Often Unjust in Use«, Science, Dezember 1974, S. 1093–1096.
[12] Hewitt de Alcántara, »Country Report – Mexiko«, S. 87.
[13] Pearse, »Social and Economic Implications«, Teil 4, S. XI–52, XI–53.
[14] Pearse, »Social and Economic Implications«, Teil 3 S. IX–23, IX–24.
[15] Ingrid Palmer, »Science and Agricultural Production«, S. 47.
[16] Food and Agricultural Organization, »Report on China's Agriculture«, vorbereitet durch H. V. Henle, 1974, S. 144–145.
[17] Erich M. Jacoby, »The ›Green Revolution‹ in China«, Genf, UNRISD, 1974, S. 6.

17.
Hat uns die Grüne Revolution nicht »Zeit gekauft«?
[1] Erna Bennett, Mitteilung für Pflanzengenetik, FAO, Rom, persönliche Mitteilung, April 1976.

[2] Francine R. Frankel, »The Politics of the Green Revolution: Shifting Patterns of Peasant Participation in India and Pakistan«, in: »Food, Population, and Employment – The Impact of the Green Revolution«, Hrsg. Thomas T. Poleman und Donald K. Freebairn, New York, Praeger, 1973, S. 133.

[3] Joan Mencher, »Conflicts and Contradictions in the ›Green Revolution‹: The Case of Tamil Nadu«, Economic and Political Weekly, Nr. 9, Anm. 6, 7, 8, Februar 1974, besonders 315.

[4] Andrew Pearse, »Social and Economic Implications of the Large-Scale Introduction of New Varieties of Foodgrains«, Teil 2, Genf: UNDP/UNRISD, 1975, S. VI–14, VI–15.

[5] »Tamil Nadu – Starvation Deaths in a Surplus State«, Economic and Political Weekly 10, 22. Februar 1975, S. 348.

[6] H. P. Singh, »Plight of Agricultural Labourers. II., A Review«, Economic Affairs 16, Juni 1971, S. 283.

[7] Wolf Ladejinsky, »Ironies of India's Green Revolution«, Foreign Affairs, Juli 1970, S. 762.

[8] Robert d'A. Shaw, »The Employment Implications of the Green Revolution«, Washington, D.C., Overseas Development Council, 1970, S. 3–20.

[9] A. Eugene Havens und William Flinn, »Green Revolution Technology – Structural Aspects of its Adoption and Consequences«, Genf, UNRISD, 1975, S. 25.

[10] Ebenda S. 35.

[11] Keith Griffin, »Land Concentration and Rural Poverty«, New York, Macmillan, 1976, S. 74.

[12] A. Rudra, A. Majid und B. D. Talib, »Big Farmers of the Punjab: Some Preliminary Findings of a Sample Survey«, Economic and Political Weekly, Review of Agriculture, Nr. 4, 27. September 1969.

[13] A. R. Khan, »Poverty and Inequality in Bangladesh«, in: »Poverty and Landlessness in Rural Asia«, Hrsg. Keith Griffin und Azizur Rahman Khan, eine Studie über das Weltbeschäftigungs-Programm Genf, ILO, 1976, S. 7–41 (Manuskript).

[14] Cynthia Hewitt de Alcántara, »Social and Economic Implications of the Large-Scale Introduction of New Varieties of Foodgrains«, Country Report – Mexico, Genf, UNDP/UNRISD, 1974, S. 148.

[15] Gordon Gemmill und Carl K. Eicher, »A Framework for Research on the Economics of Farm Mechanization in Developing Countries«, African Rural Employment Paper Nr. 6, African Rural Employment Research Network, Department of Agricultural Economics, Michigan State University, East Lansing, Michigan, 1973, S. 32–33.

[16] Susan George, »How the Other Half Dies«, London, Penguin, 1976.

[17] Edgar Owens und Robert Shaw, »Development Reconsidered: Bridgin the Gap Between Government and People«, Lexington, Massachusetts, Heath, 1972, S. 74.

[18] Hewitt de Alcántara, »Country Report – Mexico«, S. 215.

[19] Food and Agriculture Organization, »Agricultural Development and Employment Performance and Planning: A Comparative Analysis«, Agricultural Planning Studies, Nr. 18, 1974, S. 100, 102.

[20] A. R. Khan, »Poverty and Inequality in Bangladesh«, S. 7–36.

[21] Pearse, »Social and Economic Implications«, Teil 3, S. IX–25.

[22] Ingrid Palmer, »Food and the New Agricultural Technology«, Genf, UNRISD, 1972, S. 64–65.

[23] T. J. Byres, »The Dialectic of India's Green Revolution«, South Asian Review Nr. 5, Januar 1972, S. 109.
[24] Donald K. Freebairn, »Income Disparities in the Agricultural Sector: Regional and Institutional Stresses«, in: Food Population, and Employment – The Impact of the Green Revolution, hrsg. von Thomas Poleman und Donald Freebairn, New York, Praeger, 1973, S. 108.
[25] Rodger D. Hansen, »The Politics of Mexican Development«, Baltimore, John Hopkins University Press, 1971, S. 81.
[26] Hewitt de Alcántara, »Country Report – Mexiko«, S. 267.
[27] A. R. Khan, »Growth and Inequality in the Rural Philippines«, in: Poverty and Landlessness in Rural Asia, S. 11–13, 11–24.
[28] A. R. Khan, »Poverty and Inequality in Bangladesh«, in: Poverty and Landlessness in Rural Asia, S. 7–21, 7–22.
[29] E. Lee, »Rural Poverty in West Malaysie«, in: Poverty and Landlessness, S. 9–6.
[30] E. Lee, »Rural Poverty in Sri Lanka, 1963–1973«, in: Poverty and Landlessness in Rural Asia, S. 8–13.
[31] New York Times, 3. März 1976, S. 2.

18.
Wohin ist die ganze Produktion gegangen?

[1] Robert J. Ledogar, »Hungry for Profits: U.S. Food and Drug Multinationals in Latin America«, New York, IDOC/North America Inc., 1975, S. 96.
[2] Ceres, Mai–Juni 1976, S. 8.
[3] Ray Goldberg, »Agribusiness Management for the Developing Countries – Latin America«, Cambridge, Mass., Ballinger, 1974, S. 87.

19.
War die Grüne Revolution nicht ein entscheidender wissenschaftlicher Durchbruch?

[1] Andrew Pearse, »Social and Economic Implications of the Large-Scale Introduction of New Varieties of Foodgrains«, Teil 1, Genf, UNDP/UNRISD, 1975, S. III–9, III–10.
[2] Pearse, »Social and Economic Implications«, Teil 4, S. XI–29.
[3] Pearse, »Social and Economic Implications«, Teil 1, S. III–12.
[4] Edgar Owens, U.S. AID, persönliche Mitteilung, Juni 1976.
[5] Pearse, »Social and Economic Implications«, Teil 1, S. III–6, III–7.
[6] Ingrid Palmer, »Food and the New Agricultural Technology«, Genf, UNRISD, 1972, S. 43.
[7] Roger Blobaum, »Why China Doesn't Starve«, Ramparts, Juli 1975, S. 42.
[8] Pearse, »Social and Economic Implications«, Teil 1, S. III–17.
[9] New York Times, 22. August 1975, S. 4.
[10] Ingrid Palmer, »Science and Agricultural Production«, Genf, UNRISD, 1972, S. 37–38.
[11] Cynthia Hewitt de Alcántara, »Social and Economic Implications of the Large-Scale Introduction of New Varieties of Foodgrains«, Country Report – Mexico, Genf, UNDP/UNRISD, 1974, S. 115–116.
[12] Pearse, »Social and Economic Implications«, Teil 1, S. III–14.
[13] Ingrid Palmer, »Food and the New Agricultural Technology«, S. 59–62.

20.
Braucht die dritte Welt nicht unsere Maschinen?

[1] Zitiert von Wilson Clark, »U.S. Agriculture Is Growing Trouble as well as Crops«, Smithsonian Magazine, Januar 1975, S. 63, 64.

[2] Georg Borgstrom, »The Price of a Tractor«, Ceres, November–Dezember 1974, S. 17, 18.

[3] Berechnet nach Eric C. Howe, u. a. »Measuring Labor Productivity in Production of Food for Personal Consumption«, Agricultural Economics Research, USDA, Economic Research Service (ERS) 28, Nr. 4, Oktober 1976, S. 126–127; »1975 Handbook of Agricultural Charts«, Agriculture Handbook Nr. 491, USDA, S. 21; und Don Durost, USDA/ERS, persönliche Mitteilung, 30. September 1976.

[4] Robert d'A. Shaw, »Jobs and Agricultural Development«, Washington, D.C., Overseas Development Council, Monographie Nr. 3, 1970, S. 34–35.

[5] Andrew Pearse, »Social and Economic Implications of the Large-Scale Introduction of New Varieties of Foodgrains«, Teil 3, Genf: UNDP/UNRISD, 1975, S. IX–12.

[6] Jennifer E. Miller, »Automatic Harvesters Mechanize North Carolina's Tobacco Industry: The Effect on the Tobacco Farmer«, 25. Februar, Universität von North Carolina, 1975, S. 11.

[7] USDA-Studie, zitiert in: CNI Weekly Report, Community Nutrition Institute, 21. Februar 1974, S. 4.

[8] International Labor Office, »Mechanization and Employment in Agriculture«, Genf, 1974, S. 8.

[9] S. R. Bose und E. H. Clark, »Some Basic Considerations on Agricultural Mechanization in West Pakistan«, Pakistan Development Review 9,3, Herbst 1969, zitiert von Owens und Shaw, in: »Development Reconsidered: Bridging the Gap Between Government and People«, Lexington, Mass., Heath, 1972, S. 62.

[10] Randolph Barker u. a., »Employment and Technological Change in Philippine Agriculture«, International Labour Review 106, 2–3, August–September 1972, S. 130.

[11] Frank C. Child und Hiromitsu Kaneda, »Links to the Green Revolution: A Study of Small Scale, Agriculturally Related Industry in the Punjab«, Economic Development and Cultural Change 23, 1974, S. 5.

[12] Roger Blobaum, »Why China Doesn't Starve«, Ramparts, Juli 1975, S. 41.

[13] Amir U. Khan und Bart Duff, »Development of Agricultural Mechanization Technologies at the IRRI (Manila)«, Dokument Nr. 72–02, mimeographiert, International Rice Research Institute, zitiert in »Mechanization and Employment in Agriculture«, Labor Office, Genf, S. 11.

[14] Lester Brown, »Seeds of Change«, New York, Praeger, 1970, S. 59.

[15] »Companies – Massey-Ferguson's Success Story«, Business Week, 2. Februar 1976, S. 44.

[16] Mechanization and Employment in Agriculture, S. 11, siehe Anm. 8.

[17] Keith Griffin, »The Political Economy of Agrarian Change«, Cambridge, Mass., Harvard University Press, 1974, S. 54.

[18] Francine R. Frankel, »The Politics of the Green Revolution: Shifting Patterns of Peasant Participation in India and Pakistan«, in: Food, Population, and Employment – The Impact of the Green Revolution, hrsg. von Thomas T.

Poleman und Donald K. Freebairn, New York, Praeger, 1973, S. 132–133.
[19] M. Taghi Farvar, »The Relationship Between Ecological and Social Systems«, Rede, gehalten anläßlich der EARTHCARE-Konferenz, New York, 6. Juni 1975, S. 9.
[20] Ray Vicker, »This Hungry World«, New York, Scribner's, 1975.
[21] Food and Agriculture Organization, »Report on China's Agriculture«, vorbereitet durch H. V. Henle, 1974, S. 138.

21.
Liegt die Ursache nicht in der Rückständigkeit der Kleinbauern?
[1] Edgar Owens und Robert Shaw, »Development Reconsidered: Bridging the Gap Between Government and People«, Lexington, Mass., Heath, S. 60.
[2] Weltbank, »The Assault on World Poverty – Problems of Rural Development, Education, and Health«, Baltimore, John Hopkins University Press, 1975, S. 215.
[3] Siehe Anmerkung 1, S. 60.
[4] Weltbank, »The Assault on World Poverty«, S. 215–216.
[5] Ebenda S. 244.
[6] U.S.-Landwirtschaftsministerium, »The One-Man-Farm«, vorbereitet durch Warren Bailey (USDA/ERS–519), Washington, D.C., Government Printing Office, August 1973.
[7] Berechnet nach U.S.-Landwirtschaftsministerium, Statistical Bulletin Nr. 547, »Farm Income Statistics«, Tafel 3D, USDA/ERS, Washington, D.C., Government Printing Office, Juli 1975. S. 60; und »The Balance Sheet of the Farming Sector« by Value of Sales Class, 1960–1973–, Ergänzung Nr. 1, Agricultural Information Bulletin Nr. 376, Tafel 2, USDA/ERS, Washington, D.C., Government Printing Office, April 1975, S. 30.
[8] New York Times, 5. November 1974, S. 14.
[9] Keith Griffin, »The Political Economy of Agrarian Change«, Cambridge, Mass., Harvard University Press, 1974, S. 27.
[10] Weltbank, »The Assault on World Poverty«, 1975, S. 105.
[11] Sudhir Sen, »Reaping the Green Revolution«, Maryknoll, New York, Orbis, S. 11.
[12] Andrew Pearse, »Social and Economic Implications of the Large-Scale Introduction of the New Varieties of Foodgrains«, Teil 2, Genf, UNDP/UNRISD, 1975, S. 8–9.
[13] Keith Griffin, Political Economy of Agrarian Change, S. 28.
[14] Keith Griffin, Land Concentration and Rural Poverty, New York: Macmillan, 1976, S. 122.
[15] Internationales Arbeitsamt, »Poverty and Landlessness in Rural Asia, eine Studie über das Welt-Arbeits-Programm«, herausgegeben von Keith Griffin und Azizur Rahman Khan, 1976, S. 1–31.
[16] Erich Jacoby und Charlotte Jacoby, »Man and Land«, New York, Knopf, 1971, S. 79.
[17] C. H. Gotsch, »Technological Change and the Distribution of Income in Rural Areas«, American Journal of Agricultural Economics 54, 2. 5. 1972, S. 326–341.
[18] Cynthia Hewitt de Alcántara, »Social and Economic Implications of the Large-Scale Introduction of New Varieties of Foodgrains«, Country Report – Mexico, Genf: UNDP/UNRISD, 1974, S. 146.

[19] Ebenda S. 90.
[20] Jacoby und Jacoby, »Man and Land«, S. 48–49.
[21] Hewitt de Alcántara, »Country Report – Mexico«, S. 146.
[22] Ebenda S. 260.
[23] Ebenda S. 160.
[24] Weltbank, Assault on World Poverty, S. 142.
[25] Don Paarlberg of USDA, Rede vor der 55. Jahresversammlung der amerikanischen Milchproduzenten, 30. November 1971.
[26] Food and Agriculture Organization, »Agricultural Development and Employment Performance, A Comparative Analysis, Agricultural Planning Studies Nr. 18, S. 124.
[27] Keith Griffin, »Land Concentration and Rural Poverty«, New York, Macmillan, 1976, S. 190.
[28] Ingrid Palmer, persönliche Mitteilung, Mai 1976.
[29] Roger Blobaum, »Why China Doesn't Starve«, Ramparts, Juli 1975, S. 42.
[30] Food and Agriculture Organization, »Report on China's Agriculture«, vorbereitet von H. V. Henle, 1974, S. 259.
[31] Benedict Stavis, Cornell Universität, persönliche Mitteilung, 22. Dezember 1976.
[32] Food and Agriculture Organization, »Progress in Land Reform – Sixth Report«, April 1975.
[33] Ebenda.
[34] U.N., Asian Development Institute, »Toward a Theory of Rural Development«, vorbereitet von Wahidul Haque u. a., Dezember 1975, S. 66 ff.

22.
Hat die Grüne Revolution nicht die Sicherheit der Nahrungsversorgung verstärkt?
[1] Jon Tinker, »How the Boran Ereng Did a Red Khmer on the Green Revolution«, New Scientist, 7. August 1975, S. 316.
[2] Nicholas Wade, »Green Revolution (II): Problems of Adapting a Western Technology«, Science 186, 27. Dezember 1974, S. 1186–1187.
[3] John Prester, »The Green Revolution Turns Sour«, Reports, 7. Dezember 1974.
[4] Andrew Pearse, »Social and Economic Implications of the Large-Scale Introduction of the New Varieties of Foodgrains«, Teil 1, Genf, UNDP/UNRISD, 1975, S. II–8, II–9.
[5] Des Moines Register, 17. April 1974.
[6] Ebenda.
[7] D. H. Timothy und M. M. Goodman, »Plant Germ Plasm Ressources – Futre Feast or Famine?« Diese Arbeit in: »Journal Series of the North Carolina State University Agricultural Experiment Station) zitiert P. C. Mangelsdorf gemäß: Proceedings of the National Academy of Science, 1966, S. 56, 370; und H. Garrison Wilkes, »Too Little Gene Exchange«, Brief an den Herausgeber von Science 171, 12. März 1971, S. 955.
[8] H. Garrison Wilkes und Susan Wilkes, »The Green Revolution«, Environment 14, Oktober 1972, S. 33.
[9] Robert A. Ginskey, »Sowing the Seeds of Disaster?« The Plain Truth 61, Juni 1976, S. 35, zitiert Wilkes.
[10] Ebenda.

[11] Nicholas Wade, »Green Revolution«, S. 1191.
[12] Bettina Conner, »Seed Monopoly«, Elements, Washington, D.C., Transnational Institut for Policy Studies, Februar 1975.
[13] Ebenda.
[14] Frank B. Viets, Jr., und Samuel R. Aldrich, »The Sources of Nitrogen for Food and Meat Production«, in: Sources of Nitrogenous Compounds and Methods of Control, Environmental Protection Agency, Monographie, S. 67, 73 ff.
[15] William Brune, Staats-Naturschutz-Beauftragter, Soil Conservation Service, 823 Federal Building, Des Moines, Iowa, 50309, Aussage vor dem Senatsausschuß für Ackerbau und Forstwirtschaft, Juli 1976.
[16] Ramon Garcia, »Some Aspects on World Fertilizer Production, Consumption and Usage«, Papier, Universität von Iowa, 1975.
[17] Swedish International Development Agency and Food and Agriculture Organization, »Organic Materials as Fertilizers«, Boden Bulletin 27, 1975.

Teil VI:
Die Handelsfalle

23.
Wie steht es mit den natürlichen Vorteilen?
[1] Cheryl Payer, »Coffee«, in: Cheryl Payer, Hrsg. »Commodity Trade in the Third World«, New York, Wiley, 1975, S. 159.
[2] Frederick Clairmonte, »Bananas« in: Payer, Commodity Trade, S. 131.
[3] Ebenda S. 156 ff.
[4] W. Green und A. Siedman, »Africa: Unity or Poverty«, London, Penguin, 1968.
[5] UNDP, »Changing Factors in World Development«, vorbereitet durch Don Casey, Development Issue Paper 5, Global I, UNDP, August 1975, S. 2.
[6] Cheryl Payer, »Coffee«, in: »Commodity Trade in the Third World«, S. 158.
[7] UNCTAD, »Marketing and Distribution System for Cocoa« (Bericht des Sekretariats), Januar 1975, S. 9.
[8] Ebenda S. 6.
[9] Cheryl Payer, »Coffee«, in: »Commodity Trade in the Third World«, S. 185.
[10] David Andelman, »Malaysian Land Plan Thriving, but Snags Arise«, New York Times, 4. September 1976.
[11] Susan de Marco und Susan Sachler, »The Fields Have Turned Brown – Four Essays on World Hunger«, Agribusiness Accountability Project, 1000 Wisconsin Ave., N.W., Washington, D.C., 1975, S. 8.
[12] Food and Agriculture Organization, »The State of Food and Agriculture«, 1974, S. 101.
[13] Food and Agriculture Organization, Commodity Review, 1973–1974, S. 6.

24.
Brauchen die reichen Länder die Produkte der unterentwickelten Länder nicht?
[1] G. K. Helleiner, »International Trade and Economic Development«, London, Penguin, 1972, S. 38–39.
[2] Marion Gallis, »Trade for Justice: Myth or Mandate?«, Genf, Weltkirchenrat, S. 35.
[3] Ebenda S. 52.

[4] William C. Bowser, »World Jute Industry Sees Little Joy in Future Years«, Foreign Agriculture 13, September 1975, S. 8.
[5] Marion Gallis, »Trade for Justice: Myth or Mandate?«, S. 50.
[6] US-Handelsministerium, »Import Preferences Readied for World's Developing Lands: Public Hearings Underway«, vorbereitet durch Rozanne D. Oliver, Office of International Trade Policy, 1974, S. 1.
[7] Ebenda.

25.
Gibt es nicht Kartelle?
[1] UNCTAD, »Marketing and Distribution System for Cocoa«, Bericht des Sekretariats, Januar 1975, S. 89.
[2] John Freivalds, »Futures Market – A New Way to Price Stability«, African Development 9, September 1975, S. 27.
[3] Carl Widstrand, Hrsg., »Multinational Firms in Africa«, African Institute for Economic Development and Planning, Dakar; and Scandinavian Institute of African Studies, Uppsala, 1975, S. 308.
[4] Keith Griffin, »Land Concentration and Rural Poverty«, New York, Macmillan, 1976, S. 153.
[5] Eduardo Galeano, »Open Veins in Latin America: Five Centuries of the Pillage of a Continent«, New York, Monthly Review, 1973, S. 113–114.
[6] Ebenda S. 114–115.
[7] Frederick Clairmonte, »Bananas«, in: Cheryl Payer, Hrsg. »Commodity Trade in the Third World«, New York: Wiley, 1975, S. 138–139.
[8] Ebenda S. 136.
[9] UNDP, »Changing Factors in World Development«, vorbereitet von Don Casey, Development issue Paper 5, Global I, August 1975, S. 5.
[10] Newsweek, »Cartels: Just Bananas«, 26. August 1974, S. 38; siehe auch »Multinationals: A Banana Brouhaha over High Prices«, Business Week, 6. Juli 1974, S. 42.

26.
Hilft das Exporteinkommen nicht den Hungernden?
[1] André Gunder Frank, »Capitalism and Underdevelopment in Latin America«, New York, Monthley Review Press, 1969; London, Penguin, 1971, S. 286–287.
[2] Susanne Jonas und David Tobis, Hrsg., »Guatemala«, New York und Berkeley, North American Congress on Latin America, 1974, S. 9, 16.
[3] Gamini Navaratne, »Tea«, New Internationalist, April 1976, S. 11.
[4] Thierry Brun, »Démystifier la famine«, Cahiers de Nutrition et de Diététique 9 (2), S. 115.
[5] UNCTAD, »Report of Intergovernmental Group on Least Developed Countries«, Genf, 1975, S. 43.
[6] Donal B. Cruise O'Brien, »Cooperators and Bureaucrats: Class Formation in a Senegalese Society«, Africa, Journal of the International African Institute 61, Oktober 1972, S. 273.
[7] UNCTAD, »Marketing and Distribution System for Cocoa«, Bericht des Sekretariats, Januar 1975, S. 34.
[8] Derek Byerlee und Carl K. Eicher, »Rural Employment, Migration and Economic Development: Theoretical Issues and Empirical Evidence from Africa«,

African Rural Employment Study, Papier Nr. 1, Department of Agricultural Economics, State University, East Lansing, Michigan, September 1972, S. 13–14.
[9] Ingrid Palmer, Food and the New Agricultural Technology, Genf: UNRISD, 1972, S. 53.
[10] Uma Lele, »A Cconceptual Framework for Rural Development«, Oktober 1973, S. 8–9.
[11] Latin America Nr. 10, 22. Oktober 1976, S. 326.
[12] Roger Wertling, Jr., »Organic Gardening and Farming«, Emmaus, Penn., September 1972, S. 76.

27.
Warum wird der Anbau für den Export weiter betrieben, wenn er sich als so ungünstig erweist?
[1] Keith Griffin, »Land Concentration and Rural Poverty«, New York, Macmillan, S. 161.
[2] Walter Hink, »Mobutu on tightrope as Crisis Hits Zaïre«, African Development, September 1975, S. 48.
[3] United Nations Economic and Social Council, Preparatory Committee for the Special Session of the General Assembly Devoted to Development and International Cooperation, Second Session, 16–27 Juni 1975 (E/AC, 621/8) 5. Mai 1975, S. 7.
[4] Cheryl Payer, Hrsg., »Commodity Trade in the Third World«, New York: Wiley, 1975, S. 180, 184.
[5] Gamini Navaratne, »Tea«, New Internationalist, April 1976, S. 11.
[6] Robert Shaplen, »Letter from Manila«. The New Yorker, 8. Mai 1976, S. 92.
[7] William Paddock und Elizabeth Paddock, »We Don't Know How«, Ames, Iowa, Iowa University Press, 1973, S. 229.
[8] David Feldman und Peter Lawrence, »Global II Project on the Economic and Social Implications of Large-Scale Introduction of New Varieties of Foodgrains«, Afrika-Bericht, Genf, UNDP/UNRISD, 1975, S. 52.
[9] Peter Dorner, »Export Agriculture and Economic Development«, Land Tenure Center, University of Wisconsin, Madison, Aussage vor dem Interfaith Center on Corporate Responsibility, New York, 14. September 1976, S. 6.
[10] Keith Griffin, »Land Concentration and Rural Poverty«, New York, Macmillan, 1976, S. 162.
[11] Keith Griffin, »The Political Economy of Agrarian Change«, Cambridge, Mass., Harvard University Press, 1974, S. 105.
[12] R. L. Raikes, »Ujamaa and Rural Socialism«, Review of African Political Economy, Mai–Oktober, 1974, S. 36.
[13] Cheryl Payer, »The Debt Trap – The IMF and the Third World«, London, Penguin, 1974.

28.
Isolationismus oder Selbstversorgung?
[1] »Progress in Land Reform – Sixth Report«, Food and Agricultural Organization und International Labor Organization, New York, 1975, S. 104.
[2] Pedro Alvarez Tabio, Hrsg., »The Overall Situation of the Cuban Economy«, Havana, Instituto Cubano de Deportes, September 1975, S. 39 ff.
[3] Ebenda S. 26 ff.

[4] Ebenda S. 39.
[5] Interview, U.S. AID Mission, Santo Domingo, 26. November 1976.
[6] Pedro Alvarez Tabio, »The Overall Situation of the Cuban Economy«, 34 ff.

Teil VII:
Der Mythos von der »Food Power«
(Nahrung als politisches Machtinstrument)

29.
Braucht die dritte Welt unsere Nahrungsmittel nicht?
[1] Die folgenden Vergleiche hinsichtlich MSA wurden berechnet vom US-Landwirtschaftsministerium in: »Foreign Agricultural Trade Statistical Report, Calendar Year 1974«, Mai 1975.
[2] Berechnung von der Food and Agriculture Organization, »Production Yearbook«, 1974, und »Yearbook of International Trade Statistics«, 1974.
[3] Berechnung vom US-Landwirtschaftsministerium, in: »U.S. Foreign Agricultural Trade Statistical Report«, Calendar Year 1974.
[4] Berechnung in: »Yearbook of International Trade Statistics«, 1974.
[5] Food and Agricultural Organization, »The State of Food and Agriculture«, 1972, S. 182–186.
[6] »Commodities«, Ceres 7, Januar–Februar, 1974, S. 21.

30.
»Food Power« zur Rettung der Wirtschaft?
[1] Richard Bell, stellvertretender Sekretär für internationale Angelegenheiten und Warenprogramme, USDA, zitiert von Norman Faramelli, in: »A Primer for Church Groups on Agribusiness and the World Food Crisis«, Boston Industrial Mission, Boston, Mass., 1975.
[2] New York Times, 19. August 1975, S. 16.
[3] Feedstuffs 47, 8. September 1975, S. 4.
[4] Time, 11. November 1974, S. 84.
[5] »U.S. Grain Arsenal«, Latin America and Empire Report, North American Congress on Latin America, New York und Berkeley, 10. Oktober 1975, S. 4.
[6] Richard Barnet und Ronald Mueller, »Global Reach«, New York, Simon and Schuster, 1973, S. 266.
[7] »U.S. Grain Arsenal«, S. 4.

31.
Wer gewinnt, wer verliert?
[1] »The Incredible Empire of Michael Fribourg«, Business Week, 11. März 1972, S. 84.
[2] James Trager, »The Great Grain Robbery«, New York, Ballantine, 1975, S. 27.
[3] Williams Robbins, »The American Food Scandal – Why You Can't Eat Well on What You Earn«, New York: Morrow, 1974, S. 185.
[4] A. V. Krebs, »Of the Grain Trade, by the Grain Trade, and for the Grain Trade«, in: »The Great American Grain Robbery and Other Stories«, hrsg. von Martha Hamilton, Washington, D.C., Agribusiness Accountability Project, 1972, S. 289.

[5] Jim Hightower, »Eat Your Heart Out: How Food Profiteers Victimize the Consumer«, New York, Crown, 1975, S. 194.
[6] Dan Morgan, Washington Post, 2., 3. Januar 1976, S. A5.
[7] U.S. General Accounting Office, »Exporters Profits on Sales of U.S. Wheat to Russia«, B–176943m, 12. Februar 1974, 15 ff.
[8] Jim Hightower, Eat Your Heart Out . . ., S. 194.
[9] Steven Bennett, »U.S. Food Policy for Whom?« Center Survey 4 (1), S. 6.
[10] Cliff Connor, »U.S. Agribusiness and World Famine«, International Socialist Review, September 1974, zitiert James McHale, Landwirtschaftsminister des Staates Pennsylvania.
[11] Morgan, Washington Post, 2. Januar 1976.
[12] Lawrence A. Mayer, »We Can't Take Food for Granted Anymore«, Fortune, Februar 1974, S. 86.
[13] Jim Hightower, »Eat Your Heart Out . . .«, S. 197.
[14] Don Paarlberg, Direktor der Agrarwirtschaft USDA, »Agricultural Trade and Domestic Adjustments in Agriculture«, Rede, 21. März 1974, S. 4.
[15] Jim Hightower, »Eat Your Heart Out . . .«, S. 198–199.
[16] Earl Butz, »A Policy of Plenty«, Skeptic Nr. 10, Nov./Dez. 1975, S. 57.
[17] NFO Reporter, National Farmers Organization 4, April 1976, S. 4.
[18] Phyllis Berman, »Bursting Cupboard«, Forbes, 15. September 1976; and National Farmers Union, Washington Newsletter, 29. November 1976.
[19] Roy D. Laird u. a., »America's Agricultural Illiteracy«, Ag World, Dezember 1975, S. 19, und New York Times, 8. Oktober 1976, S. D4.
[20] Vergleichszahlen von Jim Torp, USDA/ERS, Telefongespräch, 9. Dez. 1976.
[21] Berechnung vom Landwirtschaftsministerium, in: »Farm Income Statistics«, Annual Statistical Bulletin 557, Tabelle 3D, Juli 1976, S. 60.
[22] Ebenda Tabelle 4D, S. 61.
[23] Ebenda Tabellen 1D–4D.
[24] Jim Hightower, »Eat Your Heart Out . . .«, S. 144.
[25] NFO Reporter, S. 4.
[24] Jim Hightower, »Eat Your Heart Out . . .«, S. 144.
[25] NFO Reporter, S. 4.
[26] Peter J. Barry und Donald R. Fraser, »Risk Management in Primary Agricultural Production: Methods, Distribution, Rewards, and Structural Implications«, Texas Agricultural Experiment Station, kein Datum.
[27] U.S.-Landwirtschaftsministerium, »Farmland Tenure Patterns in the United States«, USDA/ERS, Februar 1974, S. 3.
[28] U.S.-Landwirtschaftsministerium, Alternative Futures for U.S. Agriculture – Teil I, USDA, Office for Planning and Evaluation for the Committee on Agriculture and Forestry United States Senate, 25. September 1975.
[29] Don Paarlberg, zitiert nach: Feedstuffs, 16. August 1976, S. 10.
[30] U.S.-Landwirtschaftsministerium, The One-Man-Farm, vorbereitet durch Warren Baily, USDA/ERS–519, August 1973.
[31] Berechnung gemäß: »Farm Income Statistics«, Statistisches Bulletin Nr. 547 Tabelle 3D (USDA/ERS), Juli 1975, S. 60; und »The Balance Sheet of the Farming Sector«, in: »Value of Sales Class, 1960–1973«, Ergänzung Nr. 1, Agricultural Information Bulletin Nr. 376, Tabelle 2 (USDA/ERS) April 1975, S. 3.
[32] NFO Reporter, S. 3.
[33] »Alternative Futures for U.S. Agriculture«, Anhang.

[34] Walter Goldschmidt, »A Tale of Two Towns«, in The People Land, Hrsg. Peter Barnes, Emmaus, Pa., Rodale, 1975, S. 171 ff.
[35] National Farmers Union, Washington Newsletter, 29. November 1976.
[36] U.S. Internal Revenue Service, »Source Book, Statistics of Income, Corporate Income Tax Returns«, zitiert in: »Economic Report on Food Chain Profits, Staff Report to the Federal Trade Commission«, 1975, S. 16, zitiert in: Belden, siehe unten. (Supermärkte behaupten, oft niedrige Gewinne – nur 1% vom Umsatz – zu erzielen. Was nicht berücksichtigt ist, daß der Supermarkt diesen Gewinn von 1% jedesmal erzielt, wenn er seine Vorräte umsetzt – was im Jahr zwölfmal oder öfter geschehen kann. Ein Umsatzgewinn von 1% kann so zu einem tatsächlichen Gewinn von 12% werden.
[37] »Achieving the Goals of the Employment Act of 1946 – Thirtieth Anniversary Review«, Bd. 3, Inflation and Market Structure, Papier Nr. 1. »The Inflationary Impact of Unemployment: Price Markups During Postwar Recessions, 1947–70«, Joint Economic Committee, Congress of the U.S., Washington, D.C., Government Printing Office, 3. November 1976, S. 2 ff.
[38] U.S.-Arbeitsministerium, Bureau of Labor Statistical Report 448–2, Consumer Expenditure Survey Series, Diary Survey 1973.
[39] U.S.-Landwirtschaftsministerium, 1975, »Handbook of Agricultural Charts«, Handbook 491, Washington, D.C., Government Printing Office, 1975, S. 65.
[40] U.S.-Landwirtschaftsministerium, »National Food Situation« (USDA/ERS), November 1975, S. 11.
[41] Clayton Yeutter, »Market-Oriented Farm Policies after Four Years«, Rede vor der nationalen Farmervereinigung, 15. November 1974.
[42] U.S. Congress, Senate Select Committee on Nutrition and Human Needs, »Food Price Changes«, 1973–74 and Nutritional Status, Teil 1, 93. Cong., 2. Sitzung, Washington, D.C., Government Printing Office, 1974, S. 12, 14.
[43] U.S.-Landwirtschaftsministerium, »Our Land and Water Ressources Economic Research Service«, Miscellaneous Publication Nr. 1290, 1974, S. 32.
[44] Eine ausgezeichnete Diskussion über die Konzentration der Macht im Getreidehandel, siehe »The Great Grain Robbery and Other Stories«, hrsg. von Martha Hamilton, Washington, D.C., Agribusiness Accountability Project, 1972.
[45] »The Structure of Food Manufacturing«, ein Bericht des Stabes der Federal Trade Commission, Technical Study Nr. 8, National Commission on Food Marketing, Juni 1966, S. 19.
[46] Hinsichtlich einer ausgezeichneten Erörterung dieser Fragen, siehe Joe Belden, »New Directions For United States Agricultural Policy«, Exploratory Project for Economic Alternatives, 1519 Conn. Ave N.W., Washington, D.C. 20036, Kapitel 2 und 4.

Teil VIII:
Der Welthunger als das große Geschäft

32.
Brauchen die unterentwickelten Länder das Know-how der amerikanischen Unternehmen nicht?
[1] »Feeding the World's Hungry: The Challenge to Business«, Konferenz-Niederschrift, gefördert durch die Continental Bank, Chicago, 20. Mai 1974.

[2] Beratung mit Verantwortlichen der Agrarindustrie bei der Vorbereitung der UN-Welternährungskonferenz, 10.–11. September 1974, Toronto, Kanada.
[3] George L. Baker, »Good Climate for Agribusiness«, The Nation, 5. November 1973, S. 460; »NACLA, Bitter Fruits«, September 1976, Latin America and Empire Report, S. 12 ff.
[4] George L. Baker, »Good Climate for Agribusiness«, S. 460.
[5] »Poverty in American Democracy: A Study of Social Power«, U.S. katholische Konferenz, November 1974, zitiert in: CNI Weekly Report, Community Nutrition Institute, Washington, D.C., 2. September 1976, S. 8.
[6] George L. Baker, »Good Climate for Agribusiness«, S. 460.
[7] Ernest Feder, »The Penetration of the Agricultures of the Underdeveloped Countries by the Industrial Nations and Their Multinational Corporations«, Institute of Social Studies, The Hague, 1975, S. 8.
[8] Siehe Ray Goldberg, »Agribusiness Management for Developping Countries – Latin America«, Cambridge, Mass., Ballinger, 1974, S. 69 ff. Berechnung basiert auf Goldberg, Agribusiness Management, Kapitel 2; und »U.S.-Landwirtschaftsministerium, »U.S. Foreign Agricultural Trade Statistical Report Fiscal Year 1975«, Washington, D.C., Government Printing Office.
[9] Zitiert nach Ray Goldberg, Agribusiness Management for Developping Countries – Latin America«, S. 70.
[10] Ebenda S. 70.
[11] Ebenda S. 150 ff., siehe auch Food and Agricultural Organization, »Production Yearbook«.
[12] Ernest Feder, »Strawberry Imperialism: An Enquiry into the Mechanisms of Dependency in Mexican Agriculture«, The Hague, Institute of Social Studies, in Vorbereitung, bei Erscheinen der amerikanischen Ausgabe (1976).
[13] Ray Goldberg, »Agribusiness Management . . .«, S. 147.
[14] Ebenda S. 150.
[15] Ebenda S. 87.
[16] Ernest Feder, »Strawberry Imperialism«; wenn nicht anders vermerkt, sind die Fakten über die Erdbeerindustrie in Mexiko Dr. Feders umfassender Dokumentation entnommen.
[17] Wenn nicht anders vermerkt, sind die Quellen der Analyse von Bud Senegal: Kees Pels, »Stijgende invoer van Afrikaanse groenten«, 1975. Jan Bunnik, »Bud maakt Senegal groen«, Vakblad vor groothandel in aardappelen, groenten en fruit, 6. und 13. Februar 1975, S. 11–15 und S. 13–16. Transkript von KRO (Netherlands) televised documentary, 3. März 1975. »Une remarquable reussite«, *Senegal 1960–1973: 14 ans de développement;* »De situatie in Senegal«, *Landbouw Wereldnieuws,* Oktober 15, 1974; »Liefermöglichkeiten Senegals«, *Mitteilungen der Bundesstelle für Außenhandelsinformation,* Juli 1974, S. 1 ff., und persönliche Mitteilung von Maureen M. Mackintosh, The Institute of Development Studies, ergänzend eine Studie von Bud Senegal vom 5. Oktober 1976.
[18] Lars Bondestam, »Notes on Foreign Investments in Ethiopia«, in: »Multinational Firms in Africa«, hrsg. von Carl Widstrand und Samir Amin, Uppsala: Scandinavian Institute for Africa Studies, 1975, S. 139 ff. Das erwähnte Interview steht im SIDA-Bericht Nr. 8.
[19] Ebenda.
[20] Alan Berg, »The Nutrition Factor: Its Role in National Development«, Washington, D.C.: The Brookings Institution, 1973, S. 65.

[21] Wall Street Journal, 27. Juli 1972 und 7. Januar 1970.
[22] José da Veiga, »Quand les multinationales font du Ranching«, Le Monde Diplomatique, September 1975, S. 13.
[23] New York Times, 4. Juli 1972.
[24] Wir sind der ausgezeichneten Studie von Ralston Purina in Kolumbien, die durch Rick Edwards durchgeführt wurde, zu großem Dank verpflichtet. Sie bildet im wesentlichen Kapitel 6 in: Robert J. Ledogar, »Hungry for Profits: U.S. Food and Drug Multinationals in Latin America«, New York, IDOC, 1976. Wenn nicht anders vermerkt, stammen die Angaben über Ralston Purina in Kolumbien aus dieser Studie.
[25] Giovanni Acciari u. a., »Producción Agropecuaria y Desnutrición en Colombia«, Cali, Universidad del Valle, División de Ingenieria, 1973.
[26] Ebenda.
[27] Die Berechnungen stützen sich auf Zahlen des U.S.-Landwirtschaftsministeriums: »U.S. Foreign Agricultural Trade Statistical Report, Fiscal Year, 1974«.
[28] Interview mit Gabriel Misas, D.A.N.E. (National Department of Statistics) Bogotà, Columbia, 30. April 1973, am 14. Januar 1974 von der kolumbianischen Botschaft in Washington, D.C. als »mehr oder weniger richtig« bestätigt.
[29] Eine hilfreiche Datenquelle – hauptsächlich aus U.S.-Regierungsstatistiken – findet sich im Anhang J in: Ray A. Goldberg, »Agribusiness Management«, S. 359–374.
[30] Ebenda.

33.
Haben die Menschen nicht doch einen Nutzen?
[1] Overseas Private Investment Corporation, Jahresbericht 1973.
[2] Berechnungen aus Henry Frundt, »American Agribusiness and U.S. Foreign Agricultural Policy«, Dissertation, Rutgers University, Mai 1975.
[3] Wenn nicht anders vermerkt, stammen die Daten aus Susanne Jonas und David Tobis, »Guatemala«, NACLA, P. O. Box 226, Berkeley, CA 94701, S. 127–131.
[4] »Bitter Fruits«, Latin America and Empire Report, NACLA, 10. 9. 1976, S. 30.
[5] UNCTAD, »The Marketing and Distribution System for Bananas«, 24. Dezember 1974, S. 24.
[6] Business Week, 18. Januar 1969, S. 54.
[7] Siehe Kapitel 32, Anmerkung 2.
[8] Dr. Russell C. Parker, Aussage vor Kongreß- und Senatsausschuß, Consumer Economics Subcommittee of the Joint Economic Committee, 21. Mai 1974, S. 4.
[9] Jim Hightower, »Eat Your Heart Out: How Food Profiteers Victimize the Consumer«, New York, Crown, 1975, S. 163.
[10] U.S.-Landwirtschaftsministerium, vorbereitet durch Ronald L. Mighell und William S. Hoofnagle, »Contract Production and Vertical Integration in Farming«, 1960 und 1970, Economic Research Service, S. 4.
[11] U.S.-Landwirtschaftsministerium, »Interrelationships in Our Food System«, vorbereitet durch William T. Manley und Donn. A. Reimund, Economic Research Service, 21. Februar 1973, S. 6.
[12] U.S.-Kongress und -Senat. »Family Farm Act«. Aussage des Staatssekretärs J. Phil Campbell, 22. März 1972, S. 28 ff.
[13] Feedstuffs, 12. Dezember 1970, S. 4, zitiert in Jim Hightower, »Eat Your Heart Out: How Food Profiteers Victimize the Consumer«, S. 165.

[14] Zitiert in: Hightower, »Eat Your Heart Out: How Food Profiteers Victimize the Consumer«, S. 164.
[15] Ebenda S. 149 ff.
[16] Ebenda S. 170.
[17] Ebenda S. 165.
[18] U.S.-Landwirtschaftsministerium, »Packers and Stockyards Administration«, vorbereitet durch Marvin L. McLain, 14. Mai 1974, S. 28.
[19] Zitiert in: Susan De Marco und Susan Sechler, »The Fields Have Turned Brown – Four Essays on World Hunger«, Washington, D.C., The Agribusiness Accountability Project, 1975, 73 ff.
[20] Harrison Wellford, »Sowing the Wind«, New York, Grossman, 1972, S. 101 ff.
[21] Jim Hightower, »Eat Your Heart Out: How Food Profiteers Victimize the Consumer«, S. 168; siehe auch U.S.-Landwirtschaftsministerium »The Broiler Industry«, in: »Packers and Stockyards Administration«, 1967.
[22] ABC-Television Nachrichten. »Food: Green Grow the Profits«, Dokumentarsendung, 21. Dezember 1973, Aufzeichnung, S. 46 ff.
[23] The Food Action Campaign Papers. »Crystal City, Texas – A Del Monte Company Town«, Agribusiness Accountability Project. 1000 Wisconsin Avenue, N.W. Washington, D.C. 20007;. Wenn nicht anders vermerkt, stammen die Daten über Crystal City aus dieser wertvollen Studie.
[24] Jim Hightower, »Eat Your Heart Out: How Food Profiteers Victimize the Consumer«, S. 149.
[25] San Francisco, Consumer Action News, Oktober 1975.
[26] Ray Vicker, »This Hungry World«, New York, Scribner's, 1975, S. 224.
[27] Vincent G. Cullen, »Sour Pineapples«, America, 6. November 1976, S. 300 ff.
[28] Liberation News Service, 22. Juni 1974.
[29] Ismail A. Jami, »Land Reform and Modernization of Farming Structure in Iran«, Institute of Agricultural Economy, Nr. 2, Dezember 1973, S. 118–121. Auch Julian Bharier, »Economic Development of Iran, 1900–1970«, London, Oxford University Press, 1971, besonders S. 138.
[30] »Agriculture and Agribusiness in: Investment Opportunities«, New York, Paul R. Walter & Associates, Inc., März 1975, S. 39. Viele Informationen erhielten wir auch durch die Korrespondenz mit zwei iranischen Wirtschaftswissenschaftlern, die aus Gründen ihrer persönlichen Sicherheit gebeten haben, anonym bleiben zu dürfen. Geholfen hat auch ein Interview mit John Tobey, einem höheren Investitionsbeamten der Chase Manhattan Bank am 16. Juli 1975.
[31] Frances FitzGerald, »Giving the Shah Everything He Wants«, Harper's, November 1975, S. 55.
[32] »International Agribusiness«, veröffentlicht durch: Hawaiian Agronomics, eine Tochtergesellschaft von C. Brewer and Company, Winter 1975, S. 3.
[33] »How Iran Spends Its New Found Riches«, Business Week, 22. Juni 1974.
[34] FitzGerald, »Giving the Shah Everything He Wants«.
[35] »Agriculture and Agribusiness in Iran: Investment Opportunities«, S. 4.
[36] Während wir unsere Informationen sammelten, wurden diese Arbeitszentren ausführlich besprochen in FitzGerald, »Giving the Shah Everything He Wants«, S. 74 ff.
[37] Vorgelegt von CPC International auf dem Welternährungssystem-Symposium

der Universität of California, Berkeley, 17.–19. Sept. 1975. Alle Zitate in diesem Abschnitt stammen daraus.

34.
Die Agro-Industrie im Ausland: Ein Geschenk für Amerikaner?

[1] Die Informationen und Daten in diesem Abschnitt stammen aus Mary Alice Kellogg, »Hawaii Without the Pineapple«, The Nation, 16. März 1974; »Hawaii: Pineapples or Parking Lots?« Newsweek, 25. Februar 1974; »Plantation Decline in Hawaii Spurs Exodus«, New York Times, 11. November 1975; »Bitter Fruits«, Latin America and Empire Report, NACLA, 10, September 1976, S. 21 ff.

[2] Jim Hightower, Eat Your Heart Out: How Food Profiteers Victimize the Consumer, New York, Crown, 1975, S. 151 ff.

[3] Mushroom Processors Association. »Memorandum für das Trade Staff Committee of the U.A. Tariff Commission, 26. Juni 1973. Untersuchung 332–72, S. 15, zitiert in: Jim Hightower, »Eat Your Heart Out: How Food Profiteers Victimize The Consumer«, S. 152.

[4] Jim Hightower, ebenda S. 152.

[5] Robert J. Ledogar, »Hungry for Profits: U.S.-Food and Drug Multinationals in Latin America«, New York, IDOC, 1976, S. 150 ff.

[6] OPIC, Country List, Broschüre von OPIC, 1975.

[7] OPIC, Topics, Juni 1975, S. 4a.

35.
Besser als Bohnen und Reis?

[1] Siehe Frances Moore Lappé, Diet for a Small Planet, New York, Ballantine Books, revidierte Auflage, 1975.

[2] Business Week, 1. Dezember 1973, S. 89.

[3] Joseph M. Winski, »Back-to-Basics Trend«, Wall Street Journal, 29. Mai 1975, S. 1 und 25; siehe auch Peter T. Kilborn, »Food Industry Finds Shoppers Tastes Are Changing«, New York Times, 28. April 1975, S. 45 und 49.

[4] Peter Drucker, »The Age of Discontinuity«, New York, Harper and Row, 1969, S. 107.

[5] »Food Processing and Packing Machinery and Equipment: Mexico«, Office of International Trade Promotion, April 1971.

[6] Andre van Dam, »El Futuro de la Industria Alimenticia en America Latina«, Rede, gehalten in Porto Alegre, 14. Mai 1975.

[7] Thomas Horst, »At Home Abroad«, Cambridge, Mass., Ballinger, 1974.

[8] W. R. Grace und Co. »Annual Report«, 1969.

[9] Zitate aus David F. Hawkins und Derek A. Newton, »Case Study on General Foods Corporation«, Harvard Business School Course Materials, 1964.

[10] Thomas Horst, »At Home Abroad«, S. 127.

[11] Federal Trade Commission, »Structure of Food Manufacturing«, Technical, Study Nr. 8, Washington, D.C., Government Printing Office, Juni 1966, S. 80.

[12] Forschung, durchgeführt im Oktober 1976, »Staat New York, vorstädtischer Supermarkt«.

[13] Federal Trade Commission, »Structure of Food Manufacturing«, Juni 1966.

[14] Jim Hightower, »Eat Your Heart Out: How Foot Profiteers Victimize the Consumer«, New York, Crown, 1975, S. 52.

[15] Michael F. Jacobson, Nitrition Scoreboard, Washington, D.C., Center for Science in the Public Interest, Juli 1973, S. 88.
[16] Zitiert in: Jim Hightower, »Eat Your Heart Out: How Food Profiteers Victimize the Consumer«.
[17] Federal Trade Commission, »Structure of Food Manufacturing«, S. 81, Anmerkung 33.
[18] Robert J. Ledogar, »Hungry for Profits: U.S. Food and Drug Multinationals in Latin America«, New York, IDOC, 1976, S. 111 ff.
[19] Wir bestätigen dankend die Untersuchung über General Food von Henry Frundt, »American Agribusiness and U.S. Foreign Policy, Dissertation, Rutgers University, 1975, besonders S. 194–198.
[20] Wir bestätigen dankend einen großen Teil der Forschung für diesen Abschnitt von Bernardo Kucinsky, durchgeführt für Robert Ledogar, »Hungry for Profits«, S. 111–127. Wenn sich die Analysen auch unterscheiden, stammen die Fakten, wenn nicht anders vermerkt, aus dieser Quelle.
[21] Zitiert in: Richard Barnet und Ronald Mueller, »Global Reach«, New York, Simon and Schuster, 1974, S. 183 ff.
[22] Brief an Robert Ledogar von Rev. Cristoforo Florencio, Gemeindepriester von Olinala, Guerrero, Mexiko, Juni 1974, zitiert in Robert Ledogar, »Hungry for Profits«, S. 113.
[23] Economic and Political Weekly 4, 24. Mai 1969, S. 890 ff.
[24] Ebenda.
[25] Zitiert in: Forbes, 15. November 1968.
[26] Alan Berg, »Industry's Struggle with World Malnutrition«, Harvard Business Review 50, Januar–Februar 1972, S. 135.

36.
Bringen sie wirklich die Babys um?
[1] Roy J. Harries, Jr., »The Baby Bust«, Wall Street Journal, 4. Januar 1972; »The Bad News in Babyland«, Dun's Review 100, Dezember 1972, S. 104.
[2] Mike Muller, »The Baby Killer«. Pamphlet London, War and Want, 1975; 467 Caledonian Road. Enthält ausführliche Hinweise und Bibliographie.
[3] Ruth Rice Puffer und Carlos V. Serrano, »Patterns of Mortality in Childhood«, wissenschaftliche Veröffentlichung Nr. 262, Washington, D.C.: Pan American Health Organization, 1973, S. 161.
[4] William A. M. Cutting, The Lancet, 7870, 29. Juni 1974, S. 1340 zitiert J. B. Wyon und J. E. Gordon, »The Khanna Study« Cambridge, Mass., Harvard University Press, 1971, S. 187.
[5] Alan Berg, »The Nutrition Factor«, Washington, D.C., The Brookings Institution, 1973, S. 95 zitiert D. S. McLaren, in: The Lancet 7461, 27. August 1966, S. 485.
[6] Derrick B. Jelliffe und E. F. Patrice Jelliffe, »An Overview«, in: »The Uniqueness of Human Milk«, Symposion, nachgedruckt in: The American Journal of Clinical Nutrition 24, August 1971.
[7] London Times, 29. Juni 1974.
[8] Paul Gyorgy, »Biochemical Aspects of Human Milk«, The American Journal of Clinical Nutrition 24, August 1971, S. 970.
[9] Hugh Jolly, »Why Breast Feeding Is Food for Mother and Baby«, London Times, 26. März 1975.

[10] Michael C. Latham, »Introduction«, in: »The Promotion of Bottle Feeding by Multinational Corporations: How Advertising and the Health Professions Have Contributed«, hrsg. von Ted Greiner, Ithaca, Cornell University Monograph Series. Nr. 2, 1975, ii ff.
[11] Daten aus der Aussage der »Sisters of the Precious Blood, Inc.« vs. »Bristol Myers Co.«, U.S.-District Court, Southern District of New York, 1976; siehe auch V. G. James, »Household Expenditure on Food and Drink by Income Groups«, Vortragsmanuskript, Kongreß in Kingston/Jamaica vom 27.–31. Mai 1974.
[12] »The National Food and Nutrition Survey of Barbados«, Scientific Publications Nr. 237, Washington, D.C., Pan American Health Organization, 1972, zitiert in: Robert J. Ledogar, »Hungry for Profits: U.S. Food and Drug Multinationals in Latin America«, New York, IDOC, 1976, 130 ff.
[13] Dieses und das nächste Beispiel stammen aus: Mike Muller, »The Baby Killer«, S. 7.
[14] Ebenda S. 6.
[15] Ebenda.
[16] Ebenda.
[17] »Report of an Ad-Hoc Committee on Young Child Feeding«, New York, United Nations Protein Advisory Group, 1971.
[18] Robert J. Ledogar, »Hungry for Profits . . .«, S. 132. Er zitiert M. D. Samsudin u. a., »Rational Use of Skim Milk in a Complete Infant Formula«, The American Journal of Clinical Nutrition 20, 1967, S. 1304; und John McKigney, »Economic Aspects«, in The Uniqueness of Human Milk«, S. 1009.
[19] David O. Cox, »Economics of Feeding Infants and Young Children in Developing Countries«, Papier, vorgelegt bei der U.N. Protein Advisory Group Ad-Hoc Working Group Versammlung, Genf, 11.–13. Dezember 1972.
[20] Mike Muller, The Baby Killer, S. 11 ff.
[21] New York Times, 14. September 1975.
[22] Das und weitere Informationen in Robert J. Ledogar, »Hungry for Profits . . .«, S. 138 ff.
[23] The New Internationalist, März 1975; S. 2.
[24] Alle Bücher zitiert und aufgeführt in Robert J. Ledogar, »Hungry for Profits . . .«, S. 133 ff.
[25] Ebenda S. 135.
[26] »The Womanly Art of Breast Feeding«, Franklin Park, Illinois, La Leche League International, 1963, S. 54.
[27] Information von Leah Margulies, Interfaith Center on Corporate Responsibility, New York, N.Y.
[28] Alan Berg, »The Economics of Breast-Feeding«, The Saturday Review of the Sciences 1, Mai 1973, S. 30.
[29] The New Internationalist, März 1975.
[30] Ebenda.
[31] Development Forum Juli–August 1976. Genf. United Nations, Council for Economic and Social Information.

Teil IX:
Das hilfreiche Almosen. Hilfe für wen?

37.
Triage: Können nicht alle gerettet werden?
[1] Radha Sinha, »Food and Poverty«, New York, Holmes & Meier, 1976, S. 8.

38.
Schulden für die Entwicklung?
[1] Food Policy Notes, Interreligious Taskforce about U.S. Food Policy, 110 Maryland Avenue, N.E. Washington, D.C. 20002, Oktober 1976, S. 4.
[2] UNCTAD, »Debt Problems in the Context of Development«, Bericht des Sekretariats, 1974, S. 5.
[3] UNCTAD, »Money and Finance and Transfer of Real Resources for Development«, Bericht durch das UNCTAD-Sekretariat, TD/188/Anhang, Februar 1976, S. 32.
[4] Debt Problems, S. 1, 16.

39.
Lebensmittelhilfe für wen?
[1] John McClung, »Dr. Spitzer Views Food Resources as Tool in Defending Nation's System«, Feedstuffs, 8. Dezember 1975, S. 7.
[2] Richard Barnet und Ronald Mueller, »Global Reach«, New York, Simon and Schuster, 1974.
[3] John Reibel, »Food Aid to India«, Mt. Airy Red, Croton-on-Hudson, New York 10520, 1975, S. 1.
[4] Pascal de Pury, Agraringenieur, Weltrat der Kirchen/Genf, Schweiz, persönliche Mitteilung, 14. November 1975.
[5] W. L. Clayton, stellvertretender Außenminister, U.S.-Kongreß, House of Representatives, »Hearing on H.R. 2211, Bretton Woods Agreement Act«, Ausschuß für Banken und Währung, 79. Konferenz, 1. Sitzung, 9. März 1945, S. 275, 282; zitiert in: Michael Hudson, »Super-Imperialism – The Economic Strategy of American Empire«, New York: Holt, Rinehart and Winston, 1972, S. 92–93.
[6] Eldridge Haynes, Herausgeber und Verleger, Business International, und Aussage vor dem Senatsausschuß für Landwirtschaft und Forsten, »Policies and Operations under P.L. 480«, Washington, D.C., Government Printing Office, 1957, S. 395.
[7] »U.S. Grain Arsenal«, Latin America and Empire Report, North American Congress on Latin America (NACLA) 9, 7, Oktober 1975, S. 9.
[8] Ebenda.
[9] Dan Morgan, »Opening Markets: Program Pushes U.S. Food«, Washington Post, 10. März 1975.
[10] Dan Morgan, »Impact of U.S. Food Heavy on South Korea«, Washington, 12. März 1975.
[11] North American Congress on Latin America, Interview mit George Shanklin, stellvertretender Administrator, Kommerzielle Exportprogramme, S. 21.
[12] Morgan, »Impact of U.S. Food on South Korea«.
[13] Ebenda.

[14] Leonhard Dudley und Roger Sandilands, »The Side Effects of Foreign Aid: The Case of P.L. 480 Wheat in Colombia«, Economic Development and Cultural Change, Januar 1975, S. 321.
[15] Ebenda S. 331, 332.
[16] Ebenda.
[17] Melvin Burke, »Does ›Food for Peace‹ Assistance Damage the Bolivian Economy?«, Inter-American Economic Affairs 25, 1971, S. 9 und 17.
[18] J. S. Mann, »The Impact of Public Law 480 on Prices and Domestic Suppla of Cereals in India«, Journal of Farm Economics 49, Februar 1969, S. 143.
[19] Arthur Mead, »P.L. 480 – Humanitarian Effort Helps Develop Markets«, Foreign Agriculture (USDA), 13, 26. Mai 1975, S. 29.
[20] Dan Morgan, »Self-Interest, Markets Bedevil World Food Aid«, Washington Post, 5. Juli 1975.
[21] U.S.-Landwirtschaftsministerium, »Foreign Agriculture«, 13, 26. Mai 1975, S. 2.
[22] Jacques Chonchol u. a., »World Hunger: Causes and Remedies«, Washington, D.C., Transnational Institute Report, Institute for Policy Studies, 1974, S. 39–40.
[23] Hubert Humphrey, Aussage vor dem Ausschuß für auswärtige Beziehungen, 1959.
[24] U.S. AID, »U.S. Overseas Loans and Grants and Obligations from International Organizations: Obligations and Loan Authorizations«, 1. Juli 1945 – 30. Juni 1973, »Office of Financial Management«.
[25] William Ryan und Peter Henriot, »Message for Bucharest for Washington and Rome«, America, 2. November 1974, S. 251.
[26] Washington Post, 26. Oktober 1974, S. 7.
[27] North American Congress on Latin America, S. 13.
[28] Ebenda S. 14.
[29] Morgan, »Impact of U.S. Food on South Korea«.
[30] North American Congress on Latin America, S. 14.
[31] Editorial, The New Republic, 7. Dezember 1974.
[32] North American Congress on Latin America, S. 14.
[33] Ebenda S. 15.
[34] Präsident Ford, Rede vor der U.N.-Generalversammlung, New York Times, 19. September 1974, zitiert in: North American Congress on Latin America, S. 17.
[35] Washington Post, 18. Dezember 1975, S. A1 und A16.
[36] Food and Agriculture Organization, »The World Food Programme«, 3. Auflage 1973, S. 19.

40.
Wie steht es mit der »neuen Hilfe«?
[1] Weltbank und IDA, The World Bank in Africa, Washington, D.C. Januar 1973, S. 7.
[2] Die Weltbank, Assault on World Poverty, Baltimore, John Hopkins University Press, 1975, S. 106, 118.
[3] Ebenda S. 194.
[4] Ebenda S. 185.
[5] Ebenda S. 154–155.
[6] Ebenda S. 159–160.

[7] Weltbank, The World Annual Report, Washington, D.C., 1974, S. 75.
[8] Weltbank, Assault on World Poverty, S. 143.
[9] Ebenda.
[10] Weltbank und IDA, The World Bank in Africa, Januar 1973, S. 14.
[11] Weltbank, Assault on World Poverty, S. 125.
[12] Weltbank, The World Bank Group in the Americas. Washington, D.C., Mai 1974, S. 43, 51.
[13] Weltbank, Assault on World Poverty, S. 139–140.
[14] Weltbank, »Rural Development«, Sector Policy Paper, Februar.
[15] Weltbank Annual Report – 1974 und The World Bank Group in the Americas, Mai 1974.

41.
Können freiwillige Organisationen eine konstruktive Rolle spielen?
[1] Gerry Nadel, »Guatemala after the Terremoto«, The Atlantic Monthly, Juli 1976.
[2] Edward Bullard, Präsident von Technoserve, Aussage vor dem Unterausschuß für Auslandshilfe und Wirtschaftspolitik des Senatsausschusses für auswärtige Beziehungen.

Teil X:
Food first! Nahrung zuerst!

42.
Was bedeutet Nahrungs-Selbstversorgung?
[1] ILO, »Rural Poverty: Trends and Explanations«, vorbereitet durch Keith Griffin und Azizur Rahman Khan, Arbeitspapier, World Employment Programme Research, forthcomming, 1977.
[2] ILO, »Land Reform in Asia«, herausgegeben durch Zubeda Ahmad, World Employment Programme Research, Arbeitspapier, 1976.
[3] Takedazu Ogura, Hrsg., »Agricultural Development in Modern Japan«, Tokyo, Japan FAO Association, 1963, S. 25.
[4] Edgar Owens und Robert Shaw, »Development Reconsidered«, Lexington, Mass., Heath, 1972, S. 73.
[5] Donald W. Bray und Timothy F. Harding, »Cuba«, in: »Latin America: The Struggle with Dependency and Beyond«, hrsg. von Ronald Chilcote und Joel Edelstein, Cambridge, Mass., Schenkman; New York, Wiley, 1974, S. 629.
[6] U.N. Asian Development Institute, »Toward a Theory of Rural Development«, vorbereitet durch Wahidul Haque u. a., Dezember 1975, S. 60 ff.
[7] P. L. Raikes, »Ujamaa and Rural Socialism«, Review of African Political Economy, Nr. 3, Mai–Juni 1975.
[8] Leo Huberman und Paul Sweezy, »Socialism in Cuba«, New York, Monthly Review Press, 1969, S. 67. Zahlen von der Nationalbank von Kuba.
[9] Robert Ledogar, »Hungry for Profits«, New York, IDOC/North America, 1975, Kapitel 5.
[10] Johan Galtung, »Self-Reliance: Concepts, Practice, and Rationale«, Ecumenical Institute, Château de Bossey, Ch–1298, Celigny, Schweiz, April 1976.

[11] Harlow Hodgson, »We Don't Need to Eliminate Beef Cattle«, Crops and Soils Magazine, November 1974, S. 9–11.
[12] Food and Agriculture Organization, »Report on China's Agriculture«, vorbereitet von H. V. Henle, 1974, S. 114.
[13] Dudley Jackson, »Third World Food Crisis«, New Society, 16. Mai 1974, S. 380.
[14] David Feldman und Peter Lawrence, »The Social and Economic Implications of the Large-Scale Introduction of New Varieties of Foodgrains«, Afrika-Bericht, UNRISD, Genf, 1975, S. 215.
[15] Food and Agriculture Organization, »Report on China's Agriculture«, S. 37 ff.
[16] »The Chinese Approach to Rural Development«, International Development Review 15, 1973, S. 4.
[17] Food and Agriculture Organization, »First FAO Professional Study Mission to China: Some Preliminary Observations«, Oktober 1975, S. 7.
[18] Latin America Working Group Letter, Bd. 2, 7, Februar/März 1975, S. 18–19.

43.
Woher käme aber das Entwicklungskapital?
[1] Siehe Dudley Seers, »The Meaning of Development«, in: »The Political Economy of Development«, hrsg. von Norman T. Uphoff und Warren F. Ilchman, Berkeley, University of California Press, 1972.
[2] Richard J. Barnet und Ronald Mueller, »Global Reach, The Power of the Multinational Corporation«, New York, Simon and Schuster, 1974.
[3] Banco Central, zitiert in »Latin America Economic Report«, 9. Januar 1976, 4 Nr. 2, S. 6.
[4] J. Gurley, »Rural Development in China«, in: »Employment in Developing Nations«, hrsg. von E. D. Edwards, New York, Columbia University Press,1974, S. 385.
[5] Food and Agriculture Organization, »Progress in Land Reform – Sixth Report«, Rural Institutions Division, Rom, April 1975, S. III–69, III–70.
[6] Food and Agriculture Organization, »Report on China's Agriculture«, vorbereitet von H. V. Henle, 1974, S. 200.
[7] Swedish International Development Authority and Food and Agriculture Organization, »Use of Organic Materials and Green Manures as Fertilizers in Developing Countries«, vorbereitet von Ambika Singh, in: »Organic Materials as Fertilizers«, Rom, 1975, S. 29.
[8] Amulya Kumar und N. Reddy, »The Trojan Horse«, Ceres (März/April 1976): 43; für genauere Details siehe: Arjun Makhijani mit Alan Poole, »Energy and Agriculture in the Third World«, Cambridge, Mass., Ballinger, 1976, Kapitel 4.
[9] Joan Robinson, »Economic Management in China«, Modern China Series, Nr. 4, S. 14.

44.
Sind die armen Bauern nicht zu sehr unterdrückt, als daß sie sich ändern könnten?
[1] Food and Agriculture Organization »Progress in Land Reform – Sixth Report«, Rural Institutions Division, Rom, April 1975, S. III–88.
[2] Ben Wisner, »Famine Relief and People's War«, Review of African Political Economy Nr. 2, S. 77 ff.

[3] Jeunesse du Vietnam, Mai 1974, S. 14.
[4] »Guinea-Bissau, Reinventing Education«, IDAC Dokument 11/12, Winter 1975, Frühling 1976, 27 Chemin des Crêts, CH-1218 Grand Saconnex, Genf, Schweiz, S. 6.
[5] Siehe Ben Wisner, »Famine Relief«.
[6] New York Times, 14. November 1975, S. 6, und 30. November 1975, S. 3, News of the Week in Review.
[7] Katalog der Heeresschule der Amerikas und andere Quelle.
[8] Latin America, eine Wochenzeitschrift, Latin American Newsletter Ltd., 6 & 7 New Bridge Street, London EC4V 6HR 9, 49, 12. Dezember 1975, S. 391.
[9] U.N. Asian Development Institute, »Towards a Theory of Rural Development«, vorbereitet von Wahidul Haque u. a., Dezember 1975.

45.
Nahrung gegen Freiheit?
[1] Johan Galtung und Fumiko Nishimura, »Learning from the Chinese People«, unveröffentlichtes Manuskript.
[2] »The Chinese Approach to Rural Development«, International Development Review 15, 1973, S. 6.
[3] Stuart Dowty, »Work: China«, in: »China – People and Questions«, hrsg. von Ward L. Kaiser, New York, Friendship Press and IDOC/North America, S. 22.

46.
Was können wir tun?
[1] U.S.-Landwirtschaftsministerium, »Our Land and Water Resources«, USDA/ERS, Misc. Publication Nr. 1290, 1974, S. 32.
[2] U.S.-Landwirtschaftsministerium, »Foreign Agricultural Trade of the United States (FATUS)«, USDA/ERS, April 1976, S. 25.

Teil X:
Food first! Nahrung zuerst!
Ahmad, Zubeda, »The Chinese Approach to Rural Development«, International Development Review 15, 4, 1973.
Food and Agriculture Organization, »Progress in Land Reform – Sixth Report«, 1975.
Food and Agriculture Organization, »Report on China's Agriculture«, vorbereitet durch V. Henle, 1974.
Galtung, Johan, »Self-Reliance: Concepts, Practice, and Rationale«, Ecumenical Institute, Château de Bossey, CH-1298, Celigny, Schweiz, April 1976.
International Labor Office, »Land Reform in Asia«, herausgegeben von Zubeda Ahmad. World Employment Programme Research, Arbeitspapier, 1976.
U.N. Asian Development Institute, »Towards a Theory of Rural Development«, vorbereitet von Wahidul Haque, Dezember 1975.

Namenregister